高等学校"十四五"医学规划新形态教材
基础医学系列

（供临床、基础、预防、护理、检验、口腔、药学等专业用）

系统解剖学

Xitong Jiepouxue

（第3版）

主　审　钟世镇

主　编　黄文华　陆　地

副主编　徐　飞　高洪泉　饶利兵　崔晓军

编　者（按姓氏拼音排序）

崔晓军（广东医科大学）	邓祥发（广西医科大学）
董建江（新疆医科大学）	高洪泉（厦门医学院）
高　尚（内蒙古医科大学）	关晓伟（南京中医药大学）
郭开华（中山大学）	郝彦利（广州医科大学）
黄文华（南方医科大学）	景爱红（济宁医学院）
柯荔宁（福建医科大学）	李　莎（河北医科大学）
李严兵（南方医科大学）	刘　丽（首都医科大学）
陆　地（昆明医科大学）	饶利兵（湖南医药学院）
宋慧芳（山西医科大学）	王志勇（新乡医学院）
徐　飞（华南理工大学）	姚立杰（齐齐哈尔医学院）
曾昭明（西南医科大学）	张吉凤（暨南大学）
张　潜（遵义医科大学）	张全鹏（海南医科大学）
张艳丽（大连医科大学）	张媛媛（安徽医科大学）
赵冬梅（滨州医学院）	钟　斌（右江民族医学院）
邹智荣（昆明医科大学）	

编写秘书　贾　宁　钟海蛟

中国教育出版传媒集团

高等教育出版社·北京

内容提要

本书分运动系统、内脏学、脉管学、感觉器、神经系统、内分泌系统6部分共21章，与第2版教材相比，本版教材更新了思维导图，对文字内容进行了精简、凝练，对部分图片进行了修正、重绘，在教学内容上突出重点，解析难点。全书纸质内容与数字化资源一体化设计，数字课程涵盖了本章小结、实物标本图、开放性讨论、自测题、教学PPT、临床视角、知识扩展、动画等资源，利于学生自主学习，提升教学效果。

本书适用于高等学校临床、基础、预防、护理、检验、口腔、药学等专业学生，也是学生参加执业医师资格考试的必备书，还可供临床医务工作者和医学研究人员参考使用。

图书在版编目（CIP）数据

系统解剖学／黄文华，陆地主编 . -- 3版 .

北京：高等教育出版社，2024.12. --ISBN 978-7-04-062669-8

Ⅰ. R322

中国国家版本馆 CIP 数据核字第 2024TW4121 号

策划编辑　尹　璐	责任编辑　尹　璐	封面设计　马天驰	责任印制　刘思涵	

出版发行	高等教育出版社	网　　址	http://www.hep.edu.cn
社　　址	北京市西城区德外大街4号		http://www.hep.com.cn
邮政编码	100120	网上订购	http://www.hepmall.com.cn
印　　刷	高教社（天津）印务有限公司		http://www.hepmall.com
开　　本	889mm×1194mm　1/16		http://www.hepmall.cn
印　　张	24.75	版　　次	2014 年 1 月第 1 版
			2024 年 12 月第 3 版
字　　数	660 千字		
购书热线	010-58581118	印　　次	2024 年 12 月第 1 次印刷
咨询电话	400-810-0598	定　　价	59.80元

新形态教材·数字课程（基础版）

系统解剖学

（第3版）

主编　黄文华　陆　地

新形态教材网 **Abooks**

关于我们 | 联系我们　　登录/注册

系统解剖学（第3版）

黄文华　陆地

开始学习　　收藏

系统解剖学（第3版）数字课程与纸质内容一体化设计，紧密配合。数字课程资源包括本章小结、实物标本图、开放性讨论、自测题、教学PPT、临床视角、知识扩展、动画等，丰富了知识的呈现形式，在提升学习效果的同时，为读者提供思维与探索的空间。

http://abooks.hep.com.cn/62669

"系统解剖学"数字课程编委会

序

  "敬教劝学，建国之大本；兴贤育才，为政之先务。"医学教育是培养医务人员的重要途径，对医务工作者的个人成长和职业发展起到至关重要的作用。系统解剖学是医学教育中最重要的基础课程之一，因此，编写相关教材的责任重大，解剖学教师们应全力以赴。只有为学生打下坚实的基础，才能培养出优秀的医疗人才。

  "如切如磋，如琢如磨"，《系统解剖学》自 2014 年以来已发行 2 版。岁月更迭，医学发展日新月异，教学模式亦如活水源流，时刻涌动。南方医科大学的黄文华教授和昆明医科大学的陆地教授，联合多位解剖学专家，共同编写了《系统解剖学》第 3 版，对教材内容进行了全面革新。他们秉持"知教育者，与其守成法，毋宁尚自然"的理念，着重强调个性化教学和激发医学生的创新思维，反复推敲、深化文字内容。本教材特别注重插图的重要性，重新绘制了部分图片。此外，配套数字资源丰富多样，包括教学 PPT、实物标本图、自测题、动画等，并新增了课程思政内容，扩展了教材内容，有助于学生全面掌握知识要点。

  "经中独无一字疑，正须虚心以受之。"教材的用户是实践的主要参与者，他们的反馈意见对于教材的改进至关重要。我们希望读者们能够积极参与，提供宝贵的意见，以便我们不断改进教材，教学相长，追求更高的质量。

  "风高浪急，舟必勇；宝剑锋利，刃必长。"愿新一代医学生牢记初心，以服务人民为己任，打牢医学基础，勇往直前。祝贺《系统解剖学》第 3 版的问世，感谢编写团队的辛勤付出，也感谢高等教育出版社的大力支持，身为第 3 版的主审，欣为之序。

中国工程院院士
南方医科大学教授 锺世镇
2024 年春

前　言

《系统解剖学》自 2014 年以来已发行两版，被多所院校使用，受到同行和学生的好评。为全面落实《国务院办公厅关于加快医学教育创新发展的指导意见》（国办发〔2020〕34 号）文件精神，迅速适应高等医学教育改革趋势、切实满足高等教育需求、反映基础医学类教改成果和学科发展、纸质出版和数字化资源紧密结合，高等教育出版社组织高校基础医学领域的专家教授启动高等学校基础医学类系列新形态教材第 3 版再版工作。《系统解剖学》第 3 版在总结第 2 版编写和使用的基础上，进行了修订。

第 3 版的修订原则：①科学性。做到概念准确，数据准确，且材料来源可靠。整套教材必须使用规范的医学术语和法定计量单位，名词术语以全国科学技术名词审定委员会公布为标准。②基础性。体现"三基"，即基本理论、基础知识和基本技能。③实用性。符合定位，满足教学需求，兼顾学科发展，体现课程特色。④简洁性。篇幅适中，内容精练，言简意赅。⑤系统性。符合学科系统框架，形成各部教材内容的逻辑体系；遵循循序渐进的学习规律，注重学科知识之间的内在联系与规律，保证教材的系统性。⑥整体性。纸质教材与数字化资源一体化设计，互为补充。

本书的特色是教学内容面向临床医学及相关医学类专业五年制本科生和研究生，紧密结合临床实践和资源共享课建设。主要内容包括新知识、新理论、新方法，同时优化课程体系以增加教学针对性。形式包括纸质教材和数字课程，数字课程在第 2 版基础上进一步更新，包括本章小结、实物标本图、开放性讨论、自测题、教学 PPT、临床视角、知识扩展、动画等，并增加了课程思政内容，与正文相关知识点对应的数字资源类型及编号用鼠标标出，为高校师生和社会学习者提供优质课程教学资源。使用现代信息技术手段共建共享优质课程教学资源，丰富和适合网络传播是基本要求，丰富的数字化资源不仅补充和扩展了专业知识，帮助学生理解和掌握所学知识，还增加了学习兴趣，缩短了学科之间的距离；同时，满足学生个性化学习需求，提高教学质量，顺应时代发展。

本书得到了南方医科大学钟世镇院士的审阅和指导，经空军军医大学李云庆教授审核，其中大量精美的图片由中国医科大学徐国成老师，广西医科大学黄绍明老师，福建医科大学柯荔宁老师和大连医科大学徐小璐、高哲、蓝雯老师绘制完成。本书的编写得到了高等教育出版社和各位编者单位的大力支持和帮助，我们在此一并致以衷心的感谢！期待本书能为古老而年轻的解剖学学科发展起到推进作用，感谢全国广大医学院校师生为前两版教材提出的宝贵意见和建议，希望继续对本书不吝赐教，促使教材不断丰富完善。

2024 年 5 月

目 录

001 绪论

运动系统

008 第一章 骨学
010 第一节 骨学总论
013 第二节 中轴骨
026 第三节 附肢骨

036 第二章 关节学
038 第一节 关节学总论
041 第二节 中轴骨连结
048 第三节 附肢骨连结

062 第三章 肌学
064 第一节 肌学总论
067 第二节 头肌
069 第三节 颈肌
072 第四节 躯干肌
078 第五节 上肢肌
084 第六节 下肢肌
091 第七节 体表肌性标志

内脏学

093 第四章 内脏学总论

097 第五章 消化系统
099 第一节 口腔
104 第二节 咽
106 第三节 食管
107 第四节 胃
109 第五节 小肠
111 第六节 大肠
114 第七节 肝

118 第八节 胰

120 第六章 呼吸系统
122 第一节 鼻
124 第二节 喉
128 第三节 气管和支气管
129 第四节 肺
132 第五节 胸膜
134 第六节 纵隔

136 第七章 泌尿系统
138 第一节 肾
143 第二节 输尿管
144 第三节 膀胱
145 第四节 尿道

147 第八章 男性生殖系统
149 第一节 男性内生殖器
152 第二节 男性外生殖器

156 第九章 女性生殖系统
158 第一节 女性内生殖器
162 第二节 女性外生殖器
163 ［附1］乳房
165 ［附2］会阴

171 第十章 腹膜

脉管学

180 第十一章 心血管系统
182 第一节 心血管系统概述
185 第二节 心
197 第三节 动脉
214 第四节 静脉

225　第十二章　淋巴系统
227　第一节　淋巴系统的结构和配布特点
231　第二节　人体各部的淋巴管和淋巴回流

感觉器

240　第十三章　感觉器概述

243　第十四章　视器
245　第一节　眼球
248　第二节　眼副器
252　第三节　眼的血管和神经

254　第十五章　前庭蜗器
256　第一节　外耳
257　第二节　中耳
260　第三节　内耳
265　［附］其他感受器

神经系统

267　第十六章　神经系统总论

275　第十七章　中枢神经系统
277　第一节　脊髓

284　第二节　脑

307　第十八章　周围神经系统
309　第一节　脊神经
322　第二节　脑神经
339　第三节　内脏神经系统

351　第十九章　神经系统的传导通路
353　第一节　感觉传导通路
358　第二节　运动传导通路

363　第二十章　脑和脊髓的被膜、血管及脑脊液循环
365　第一节　脑和脊髓的被膜
368　第二节　脑和脊髓的血管
375　第三节　脑脊液及其循环
376　第四节　脑屏障

内分泌系统

378　第二十一章　内分泌系统

386　参考文献

387　中英文名词对照索引 🖱

绪论

关键词

系统解剖学　　解剖学姿势　　解剖学术语　　轴和面

解剖学属于形态学学科，绝大部分的内容都是看得见摸得着的，学生在学习本课程时应该多看、多摸，甚至自己亲手解剖。要按照绪论内容描述的解剖学方位术语、解剖学姿势进行描述。解剖学名词甚多，知识量大，多数内容需要记忆，学生要花大量时间和精力才能学好本课程。

思维导图

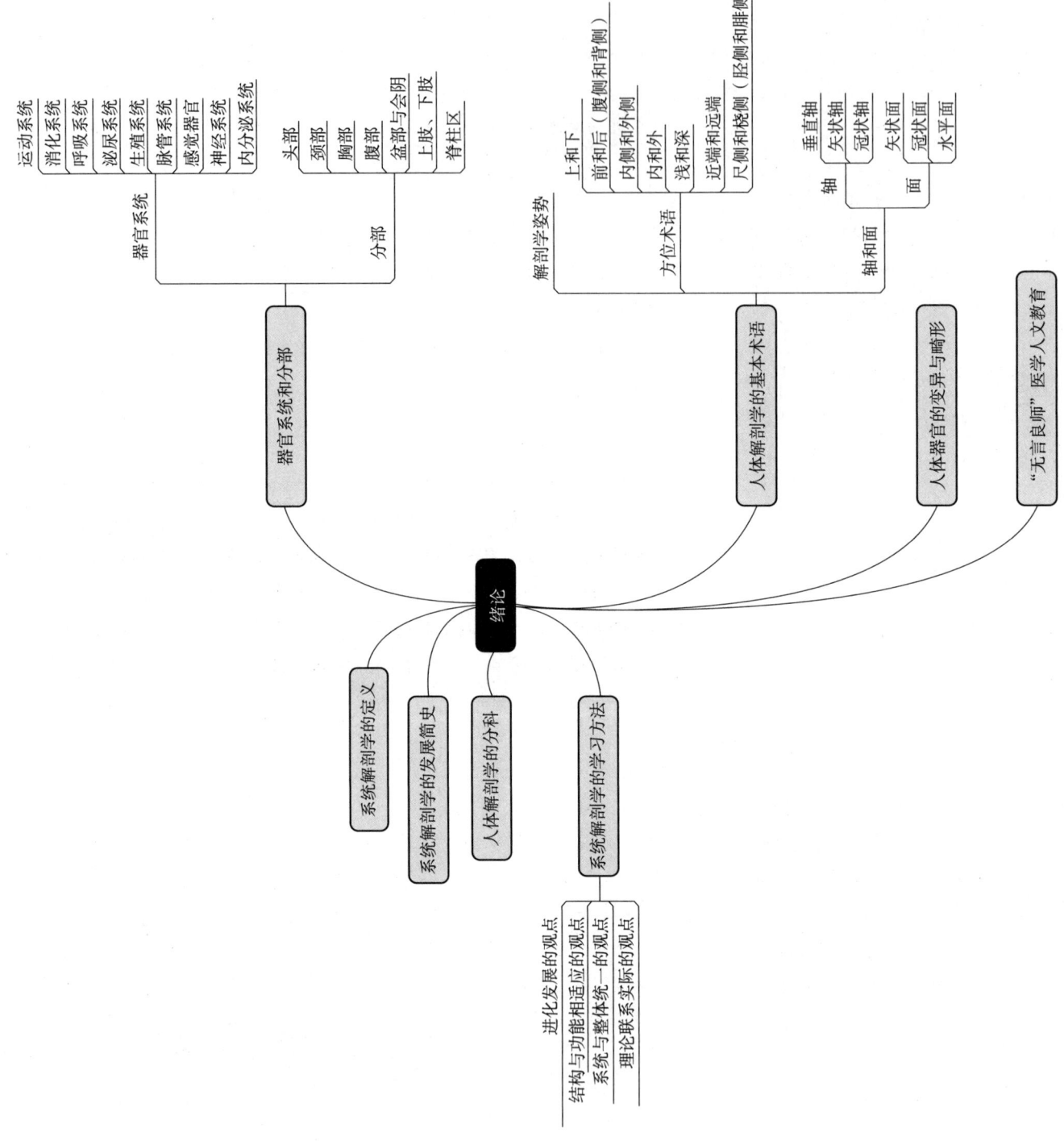

器官系统和分部
- 器官系统
  - 运动系统
  - 消化系统
  - 呼吸系统
  - 泌尿系统
  - 生殖系统
  - 脉管系统
  - 感觉器官
  - 神经系统
  - 内分泌系统
- 分部
  - 头部
  - 颈部
  - 胸部
  - 腹部
  - 盆部与会阴
  - 上肢、下肢
  - 脊柱区

人体解剖学的基本术语
- 解剖学姿势
- 方位术语
  - 上和下
  - 前和后（腹侧和背侧）
  - 内侧和外侧
  - 内和外
  - 浅和深
  - 近端和远端
  - 尺侧和桡侧（胫侧和腓侧）
- 轴和面
  - 轴
    - 垂直轴
    - 矢状轴
    - 冠状轴
  - 面
    - 矢状面
    - 冠状面
    - 水平面

人体器官的变异与畸形

"无言良师" 医学人文教育

绪论
- 系统解剖学的定义
- 系统解剖学的发展简史
- 人体解剖学的分科
- 系统解剖学的学习方法
  - 进化发展的观点
  - 结构与功能相适应的观点
  - 系统与整体统一的观点
  - 理论联系实际的观点

一、系统解剖学的定义

系统解剖学 systematic anatomy 是按正常人体器官活动的功能系统进行描述的一门科学，它阐述人体各器官结构的正常形态、位置、血供、神经支配、生长发育规律及其功能等，是医学课程中重要的基础课之一。医学生只有在掌握了人体正常的形态结构的基础上，才能在后面学习其他基础课和临床各课程中进一步理解和掌握人体的生理功能和病理发展过程，逐步培养学生判断人体正常与异常、鉴别生理与病理状态及对疾病进行正确诊断和治疗的能力。医学生所面对的大量医学名词、术语均来源于解剖学，在解剖学发展过程中，经过历代医家和解剖学家的共同努力，绝大多数的人体结构都有了统一规范的解剖学名词，为当今所有的医学名词提供了坚实的基础。在学习系统解剖学时，医学生将面对所有的人体结构，了解、熟悉和掌握大多数的名词、术语，是系统解剖学的重要学习内容。

二、系统解剖学的发展简史

系统解剖学是一门古老的形态学学科，它凝聚了大量解剖学家和医学家的辛勤劳动，与其他学科一样，也在不断地发展变化。早在公元前 400 多年，我国第一部医学巨著《黄帝内经》中就有人体结构方面的记载。在古希腊，"现代医学之父" Hippocrates（460—377 B.C.）的医学巨著中也有解剖学方面的内容。哲学家和动物学家 Aristotle（384—322 B.C.）就做过许多动物解剖。古罗马医生 Galen（129—200）将前人的解剖学记载系统化，在《医经》中有较完整的解剖学叙述。虽然他的资料都来自动物解剖，错误较多，但在当时仍被作为人体解剖学教科书，并影响解剖学界 1 300 余年，至今的人体解剖学教科书中尚有许多名词来源于 Galen 的著作。

在 16 世纪欧洲文艺复兴时期，Adreas Vesalius（1514—1565）冒着被宗教迫害的危险，解剖了大量的尸体并出版了 7 卷《人体结构学》，系统地描述了人体器官的形态结构。到了 19 世纪，合法获得尸体并进行解剖学研究得到了社会和学术界的认可，解剖学的深入研究为医学事业的发展做出了巨大的贡献。20 世纪，随着医学研究领域的专业化和技术手段的不断发展，人体解剖学的研究范围也逐步延伸，一些新的分支出现并独立成为新的学科，如**组织学** histology，**细胞学** cytology，**胚胎学** embryology，**发育生物学** developmental biology，**神经生物学** neurobiology 等。现代人体解剖学的研究越来越关注活体结构以及发生、发育、成熟、生殖、衰老、死亡的动态过程。同时，人体解剖学与生物化学、分子生物学、分子遗传学和生理学等学科的联系越来越紧密，各学科的发展相互促进，共同促进了整个医学事业的大发展。

三、人体解剖学的分科

狭义的人体解剖学又被称为**大体解剖学** gross anatomy，仅限于切割、剖查、肉眼观察和记述人体的结构特征并探讨其功能。国内医学院校通常将人体解剖学分为系统解剖学和局部解剖学。**系统解剖学** systematic anatomy 是按人体各系统来学习人体器官的形态结构，而**局部解剖学** regional anatomy 则是在学习了系统解剖学的基础之上，就人体的某一局部（如头部、肩部、腕部等）由浅至深侧重学习其局部结构、相互位置、毗邻关系的一门学科。

由于研究角度和应用目的不同，人体解剖学又分出若干门类，如**应用解剖学** applied anatomy 或**外科解剖学** surgical anatomy，根据临床 B 超、计算机断层扫描（CT）和磁共振成像（MRI）的应用而研究人体各局部或器官断面形态特点的**断层解剖学** sectional anatomy，研究人体器官体表投影特点的**表面解剖学** surface anatomy，运用 X 线摄影技术研究人体器官形态的 **X 线解剖学** X-ray anatomy，研究人体生长发育、器官随年龄变化的**年龄解剖学** agespecific anatomy，以及体育学院学生学的运动解剖学、艺术院校学生学的艺术解剖学，还有从低等动物到高等动物与人类进行比较研究的比较解剖学等。

四、器官系统和分部

构成人体的基本单位是细胞。很多来源、功能相似的细胞共同构成组织。人体的组织可分为上皮组织、结缔组织、肌组织和神经组织。几种不同组织组合成具有一定形态和功能的结构称器官，如心、肝、肾、脑等。若干器官结合起来完成相似的生理功能则称系统。人体由九大系统组成，包括运动系统、消化系统、呼吸系统、泌尿系统、生殖系统、脉管系统、感觉器官、神经系统和内分泌系统。系统解剖学将按照人体各个系统阐述其形态结构。

局部解剖学是按照人体的局部阐述各个器官的形态结构，分为头部、颈部、胸部、腹部、盆部与会阴、上肢、下肢和脊柱区，但其更侧重研究不同层次间的位置、毗邻和联属等关系。

五、人体解剖学的基本术语

在描述人体结构的位置关系时，必须使用国际统一的解剖学姿势。在此姿势的基础上，再使用统一的方位术语来描述人体各结构的位置关系。无论标本、尸体或临床上处于任何体位的患者都必须按照解剖学姿势描述人体的器官结构，以免产生误解或引发医疗差错。

（一）解剖学姿势

解剖学姿势 anatomical position 是指人体直立，双眼向正前方平视，双上肢自然下垂于躯干两侧，手掌向前，两足并拢，趾尖向前。

（二）方位术语

在解剖学姿势下，要正确描述各器官、结构的方位及相互的位置关系，必须有统一的方位术语。

上 superior 和**下** inferior，用于描述器官或结构距颅顶或足底的相对远近关系。凡距颅顶近者为上，距足底近者为下。如眼位于鼻的上方，口位于鼻的下方。为了与比较解剖学统一，也可用**颅侧** cranial 和**尾侧** caudal 作为对应。

前 anterior（或**腹侧** ventral）和**后** posterior（或**背侧** dorsal），是指距身体前、后面相对远近的关系。凡距身体腹侧近者为前，距背面近者为后。腹侧和背侧这组术语可通用于人体和四足动物。

内侧 medial 和**外侧** lateral，用于描述结构与正中面的相对距离关系。如眼在鼻的外侧且在耳的内侧。

内 internal 和**外** external，与内侧、外侧不同，用于描述体腔或空腔器官的相互位置关系，近内腔者为内，远离内腔者为外。

浅 superficial 和**深** deep，是指距皮肤表面的相对距离关系，离皮肤近者为浅，反之为深。

在四肢，上又称为**近端** proximal，下亦称为**远端** distal。上肢的**尺侧** ulnar 与**桡侧** radial 和下肢的**胫侧** tibial 与**腓侧** fibular，相当于内侧与外侧，它们是根据前臂和小腿的相应骨——尺骨、桡骨和胫骨、腓骨而言的。

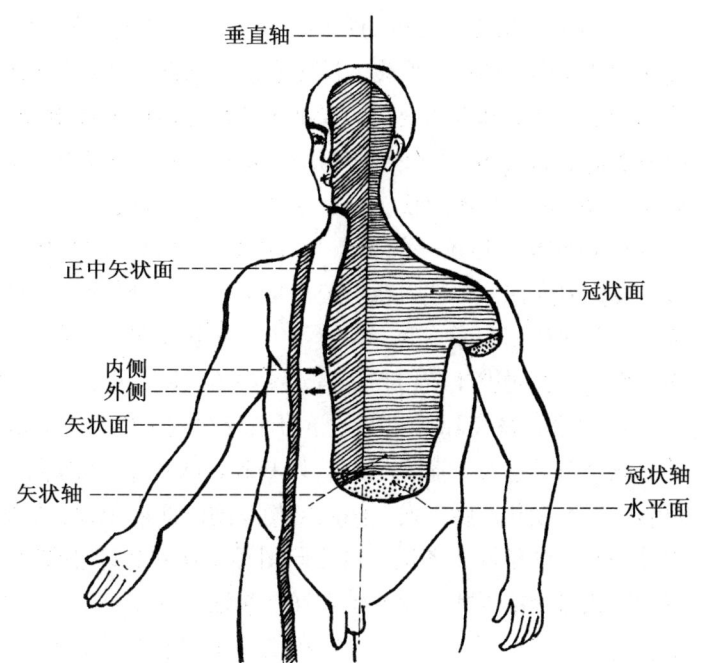

图 0-1 人体的轴和面

（三）轴和面

为了准确表达和理解人体在解剖学姿势下关节运动或器官的形态位置，人体可设计相互垂直的 3 种轴和 3 种面（图 0-1）。

1. 轴

（1）**垂直轴** vertical axis 为上下方向与身体长轴平行，与地面垂直的轴。

（2）**矢状轴** sagittal axis 为前后方向与身体长轴垂直的轴。

（3）**冠状轴** coronal axis 为左右方向与身体长轴垂直的轴。

2. 面

（1）**矢状面** sagittal plane 是沿矢状轴方向将人体分为左、右 2 部分的剖面。通过人体前、后正中线的矢状面（把人体分为左、右基本对称的两半）称为正中矢状面。

（2）**冠状面** coronal plane 又称**额状面** frontal plane，是沿冠状轴方向将人体分为前、后 2 部分的剖面。

（3）**水平面** horizontal plane 是与地平面平行，与上述 2 种剖面相互垂直的切面，此面将人体分为上、下 2 部分。对机体内的某些器官而言，此类切面又称为**横切面** transverse plane 或横断面。

六、系统解剖学的学习方法

在系统解剖学的学习中，需要记忆的名词很多，这也是学习形态学学科的特点之一。除了自己用手摸，用眼观察各结构、器官的形态特征，做到理论联系实际之外，还要理解自己所听到的、读到的、看到的、摸到的和感受到的知识，并在理解的基础上记忆。除了要用标准的解剖学术语来描述人体结构、器官外，还要应用以下几个基本观点来协助学习和理解系统解剖学的基本知识和理论。

1. 进化发展的观点 人类是在漫长的岁月中由单细胞进化发展而来的，现代人的高度发展仍然重复着由单细胞而来的发生发展过程。人体胚胎在发育过程中受内在环境（如基因等遗传因素）和外部环境（如自然环境、母体的自身健康状况、生活条件等）的影响，导致人体相互之间在外形、内部结构方面出现差异，甚至可能出现变异、畸形、返祖等现象。

2. 结构与功能相适应的观点　每个器官的形态结构是其功能活动的物质基础，功能的变化会影响器官形态结构的变化，反之亦然。因此，形态与功能两者既相互联系，又相互制约。人体的形态结构除受基因的内在因素影响外，还与周围环境及功能活动密切相关。如通过在生理范围内适当地增加活动，将使器官组织发生有益于身体健康和体质方面的变化，而长期缺乏锻炼，则会使肌肉萎缩、骨质疏松。

3. 系统与整体统一的观点　人体是一个统一的整体，虽然可以分为若干器官和系统进行学习研究，但任何一个器官或系统都是整体不可分割的一部分。各器官、系统之间在结构和功能上是相互关联和相互影响的。在学习中，必须按照一个器官、一个系统的描述进行学习，并综合所学知识，才会对人体结构有完整、统一的认识，即器官与局部、局部与整体的完整统一。

4. 理论联系实际的观点　学习系统解剖学的目的是要更好地认识人体的形态结构，同时为学习其他医学课程和临床实践打好基础。故在学习本课程中，学生不能只是死记硬背书本知识，要结合书本多从实际出发，如同学相互间的活体观察、实验室示教标本的观察、实地解剖标本或尸体，并结合挂图、图谱、自己画图等。任课教师还要多结合临床知识和病案进行启发式教学，多种方法综合使用才能使学生学好本课程。

七、人体器官的变异与畸形

（一）体型

因家族遗传因素、生活环境及发育情况的差别，人的体型可有高、矮、胖、瘦之分，同样，体内的器官形态与位置也有一定的差异。通常将人分为 3 种体型。

1. 瘦长型　身体细长，肋骨倾斜度大，胸围大于腹围，肌肉纤细，心窄而长，胃长而下垂。

2. 矮胖型　颈短而粗，肋骨位置近乎水平，下肢较短，肌肉粗壮，心宽而趋于水平位，胃短且横列于腹上部。

3. 适中型　中等身材，各项指标适中。

（二）变异

人体的结构基本相同，但各器官的形态、大小、位置，以及血管和神经的分支、起行、配布却不尽相同。系统解剖学的各类教材上所描述和记载的形态、结构、数据等内容都是根据体质调查后的统计资料（占 50% 左右）得出的，是所谓的正常。但任何一种对人体结构的描述并不完全适合所有个体，这就是个体差异。有的差异甚至偏离所谓"正常范围"，但这些差异均不会影响器官、结构的正常功能，故称为变异，如血管走行上的变异、分支数目上的变异、支配器官上的变异等。

（三）畸形

畸形一般指遗传或环境因素导致胚胎发育时期出现的器质性改变，如唇裂、多指（趾）、肾缺如、缺肢、内脏反位等。有的畸形也可能正常生活多年而不被发现。出生后的病患或手术、外伤等也可导致畸形发生。

八、"无言良师"医学人文教育

在系统解剖学教学中，使用的人体标本均来自遗体捐献者，他们奉献出自己的身躯，帮助学生们掌握人体的知识、为医学研究的发展奠定基础，被尊称为"无言良师"或"大体老师"。将医学人文教育融入系统解剖学的教学过程中，能促进医学生提高自主学习能力、树立完善的人格、实现自身成长，最终通过服务社会实现教育本身的价值。

（黄文华 陆 地）

复习思考题

1. 在系统解剖学中，人体分为哪几个系统？
2. 人体的轴、面有哪些？
3. 在同学间相互使用解剖学术语，进行人体表面形态结构的描述。

数字课程学习……

 本章小结　　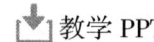 开放性讨论　　 教学 PPT　　📺 微课

运动系统

第一章 骨学
第二章 关节学
第三章 肌学

第一章
骨学

关键词

椎骨　胸骨　肋骨　颅骨　肱骨　股骨　桡骨
尺骨　胫骨　腓骨

　　运动系统 locomotor system 由骨、关节和骨骼肌构成。成人运动系统占其体重的 70% 左右。人体的骨借关节相连，构成**骨骼** skeleton，形成人体的支架，支持、保护人体并赋予人以基本外形。骨骼肌附着于骨，在神经系统的支配下收缩和舒张，带动骨以关节为支点产生运动。因此，运动系统对人体主要起着支持、保护和运动的作用。

　　骨骼是人体的支架，是骨骼肌的附着点。全身骨共有 206 块，每块骨都有一套完整独立的构造装置，是一个完整的器官。按照位置，骨可以分为中轴骨和四肢骨；按照形态，可以分为长骨、短骨、扁骨和不规则骨。

思维导图

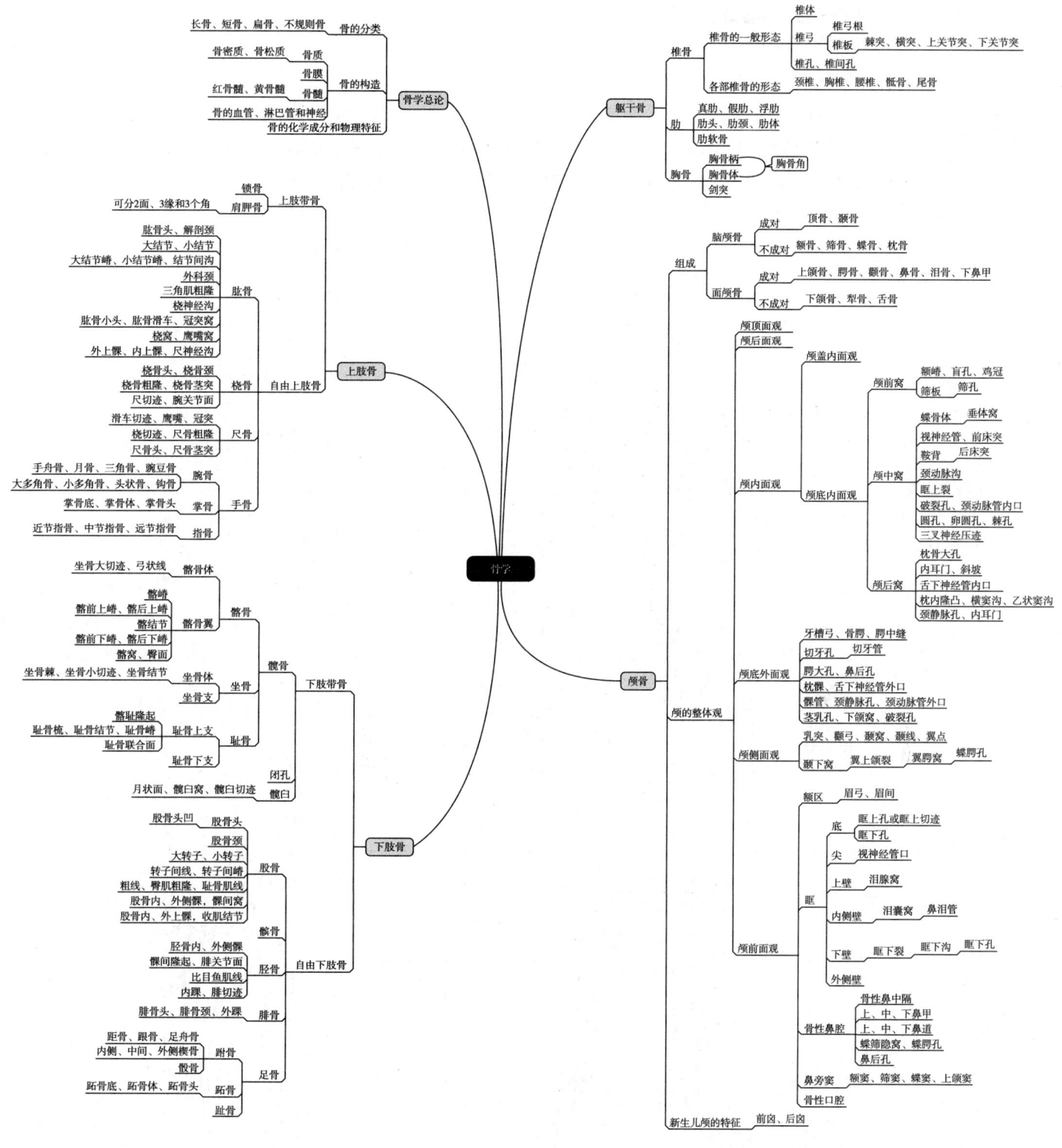

第一节 骨学总论

　　成人骨共有 206 块，按其所在部位可分为颅骨、躯干骨和附肢骨 3 部分（图 1-1）。每块**骨** bone 都具有一定的形态和构造，质地坚硬而有弹性，有丰富的血管、神经及淋巴管，能不断地进行新陈代谢和生长发育，并具有改建、修复和再生的能力。

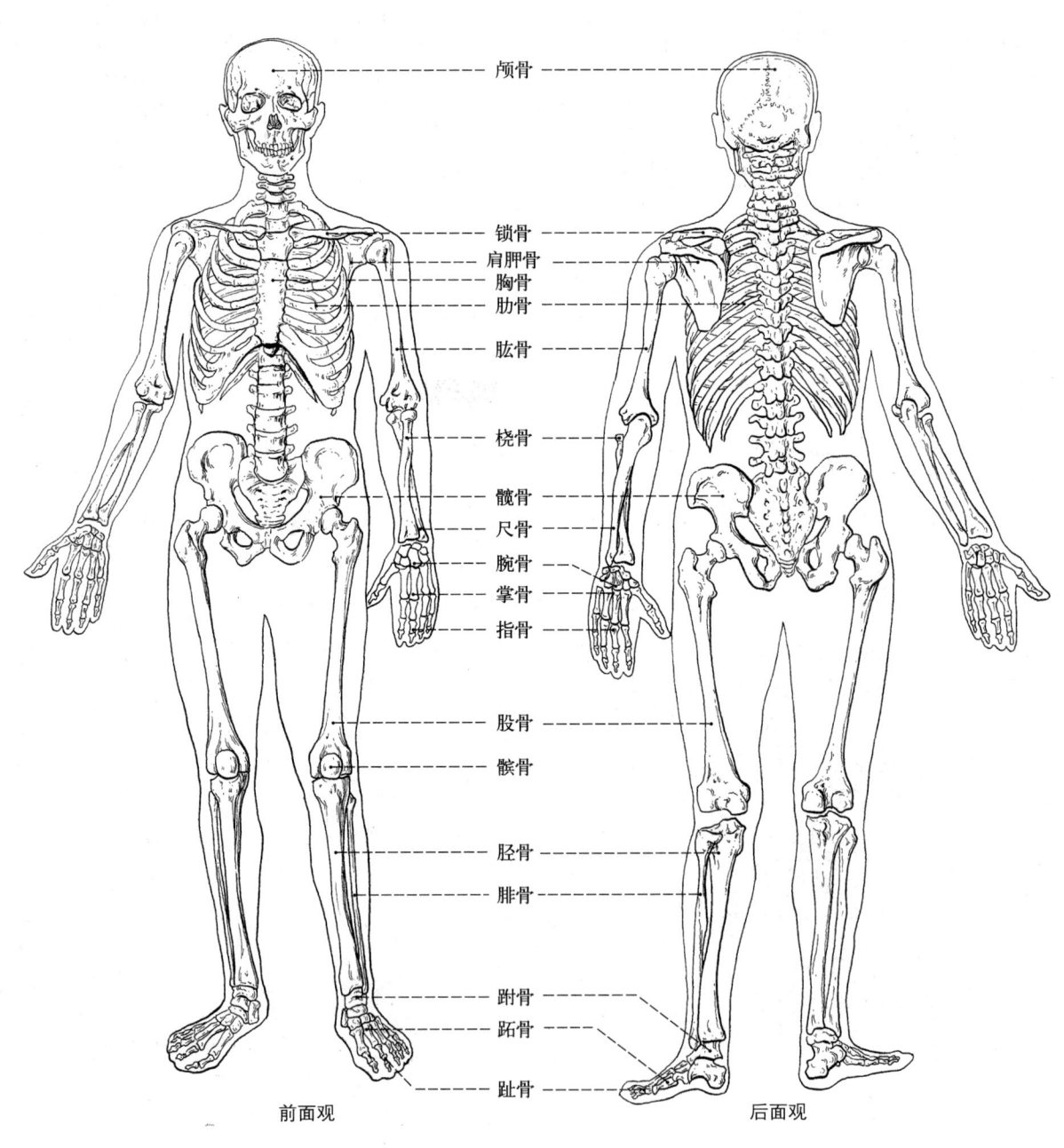

颅骨

锁骨
肩胛骨
胸骨
肋骨

肱骨

桡骨

髋骨
尺骨

腕骨
掌骨
指骨

股骨

髌骨

胫骨

腓骨

跗骨
跖骨

趾骨

前面观　　　　　　　　　　　　　　后面观

图 1-1　全身骨骼

一、骨的分类

骨具有不同的形态，基本上可分为 4 类，即长骨、短骨、扁骨和不规则骨（图 1-2）。

（一）长骨

长骨 long bone 为长管状，分布于四肢，分为一体两端。体又称**骨干** shaft，骨质致密，内有**髓腔** medullary cavity，容纳骨髓。两端膨大称**骺** epiphysis，具有光滑的**关节面** articular surface，覆有关节软骨。幼年时，骨干与骺之间有透明软骨，称**骺软骨** epiphysial cartilage。骺软骨不断生长，使骨的长度增长。成年后，骺软骨骨化，干与骺融为一体，形成致密的骨质，称**骺线** epiphysial line。

（二）短骨

短骨 short bone 呈立方体，多分布于承受重量较大且运动灵活的部位，如腕骨和跗骨。

（三）扁骨

扁骨 flat bone 呈板状，主要参与围成颅腔、胸腔和盆腔，对腔内的器官有重要的保护作用，如顶骨、肋骨等。

（四）不规则骨

不规则骨 irregular bone 形状不规则，分布于人体中轴，如椎骨。有些不规则骨内具有含气的腔，称为**含气骨** pneumatic bone，如上颌骨。

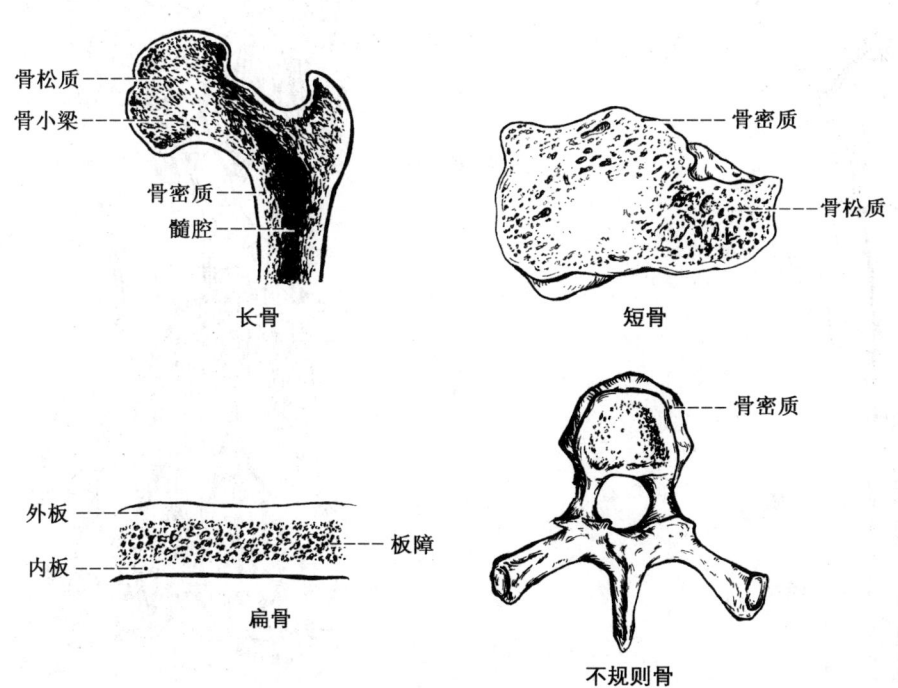

图 1-2　骨的分类

二、骨的构造

骨由骨质、骨膜和骨髓构成（图1-3），并有血管、神经和淋巴管分布（图1-4）。

（一）骨质

骨质 bone substance 是骨的主要组成部分，分为骨密质和骨松质。**骨密质** compact bone 致密坚实，耐压性较大，分布于骨的表面，在长骨的体处较厚。**骨松质** spongy bone 由许多片状的骨小梁交织成海绵状，骨小梁的排列方向与所承受的压力和张力方向一致。骨松质分布于骨的内部。颅盖骨内、外面的骨密质分别称为内板和外板。内板与外板间的骨松质称为**板障** diploë（图1-2）。

（二）骨膜

骨膜 periosteum 是被覆在除关节面以外骨表面的纤维结缔组织膜。骨膜可分为内、外2层。外层致密，含有许多胶原纤维束穿入骨质；内层疏松，有成骨细胞和破骨细胞，具有产生新骨质和破坏旧骨质的功能。骨膜富有血管、神经和淋巴管，对骨的营养和感觉有重要作用，对骨的发生、生长、生后改造及损伤后的修复有着极其重要的意义。

（三）骨髓

骨髓 bone marrow 是充填于髓腔和骨松质腔隙内的结缔组织，分为红骨髓和黄骨髓。**红骨**

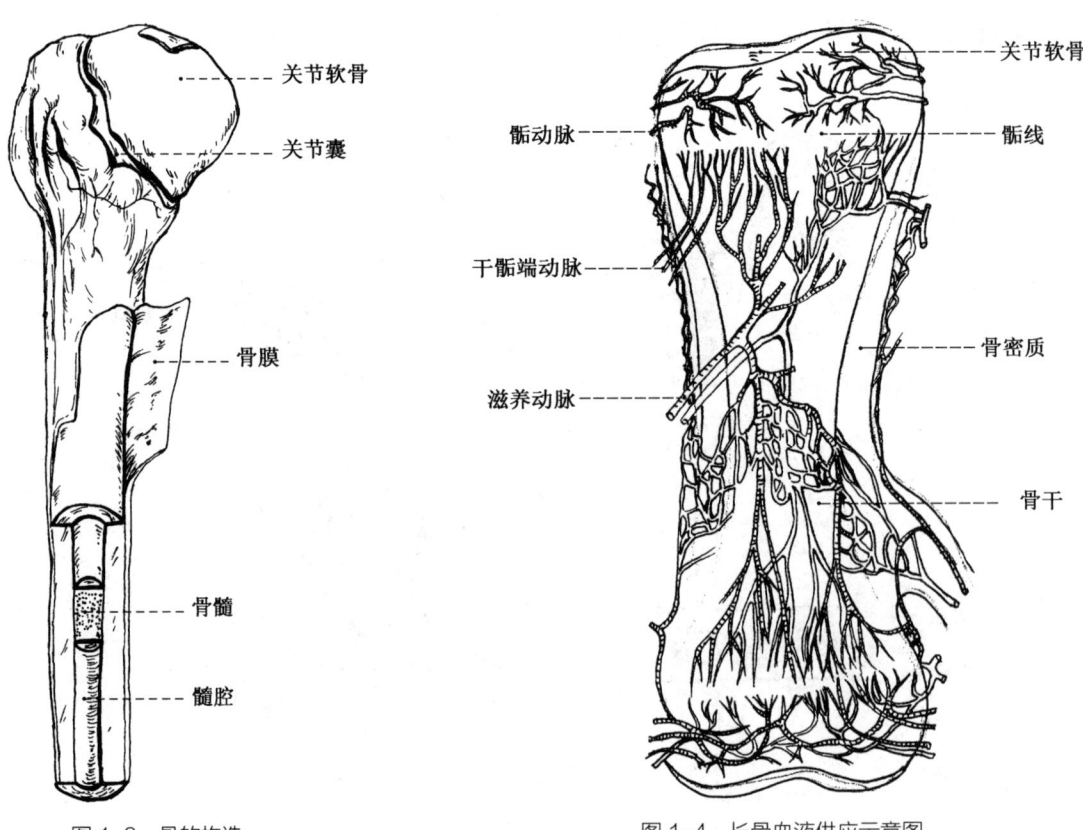

图1-3　骨的构造

图1-4　长骨血液供应示意图

髓 red bone marrow 有造血功能，含有大量不同阶段的幼稚红细胞和某些白细胞，呈红色。**黄骨髓** yellow bone marrow 是含大量脂肪细胞的结缔组织，呈黄色，没有造血功能，但具有在一定条件下转化为红骨髓的潜能。胎儿和幼儿的骨内全是红骨髓，在 5 岁以后，长骨骨髓腔内的红骨髓逐渐被脂肪组织取代而转化为黄骨髓，失去造血功能。当大量出血或贫血时，黄骨髓又能转化为红骨髓，恢复造血功能。在椎骨、髂骨、肋骨、胸骨，以及股骨和肱骨近侧端的骨松质内，终生都是红骨髓。因此，临床上常在髂嵴等处行骨髓穿刺术检查骨髓象，以诊断造血系统的某些疾病。

三、骨的化学成分和物理特性

骨含有机质和无机质 2 类化学成分。有机质主要包含**骨胶原纤维**和**黏多糖蛋白**，使骨具有韧性和弹性。无机质主要是**磷酸钙**和**碳酸钙**，使骨具有硬度和脆性。这 2 类化学成分使骨的物理特性既有一定的硬度和脆性，又具有一定的弹性和韧性。

骨的物理特性取决于骨的化学成分在骨内的配比关系。人的一生中，骨的化学成分随年龄增长而发生变化。幼儿的骨有机质和无机质含量各占一半，所以骨较柔软，易发生变形，不易骨折，或可形成"青枝骨折"。老年人的骨则相反，无机质含量较有机质多，因而骨较脆，易发生粉碎性骨折。中年人的骨有机质和无机质的比例适当，使骨既有硬度，又富有弹性和韧性。所以，成人的骨骼能耐受速度和力量的冲击。

> 临床视角 1-1
> 妊娠期骨质疏松

第二节　中轴骨

一、躯干骨

躯干骨包括 24 块椎骨、1 块骶骨、1 块尾骨、1 块胸骨和 12 对肋，共 51 块。

（一）椎骨

幼年时，椎骨有 33 块，即颈椎 7 块、胸椎 12 块、腰椎 5 块、骶椎 5 块和尾椎 4 块。成年后 5 块骶椎融合成 1 块骶骨，4 块尾椎融合为 1 块尾骨。

1. 椎骨的一般形态　**椎骨** vertebrae 由椎体和椎弓构成。椎体与椎弓围成**椎孔** vertebral foramen，所有椎骨的椎孔连接形成**椎管** vertebral canal，椎管容纳脊髓及其被膜（图 1-5）。

（1）**椎体** vertebral body　位于椎骨的前部，呈短圆柱形，是椎骨负重的主要部分，内部为骨松质，表面为骨密质。

（2）**椎弓** vertebral arch　呈弓形，位于椎骨的后部，由椎弓根和椎弓板构成。**椎弓根** pedicle of vertebral arch 是椎弓与椎体相接的缩窄部分，其上、下缘各有 1 个切迹，分别称椎上切迹 superior vertebral notch 和**椎下切迹** inferior vertebral notch。相邻椎骨的椎下、上切迹共同围成**椎间孔** intervertebral foramina，其间有脊神经和血管通过。两侧的椎弓根向后内侧扩展变宽，称**椎弓板** lamina of vertebral arch。椎弓上有 7 个突起：向后方或后下方发出 1 个突起，称**棘突** spinous process；向两侧各发出 1 个突起，称**横突** transverse process；向上、下方各发出 1 对突起，分别

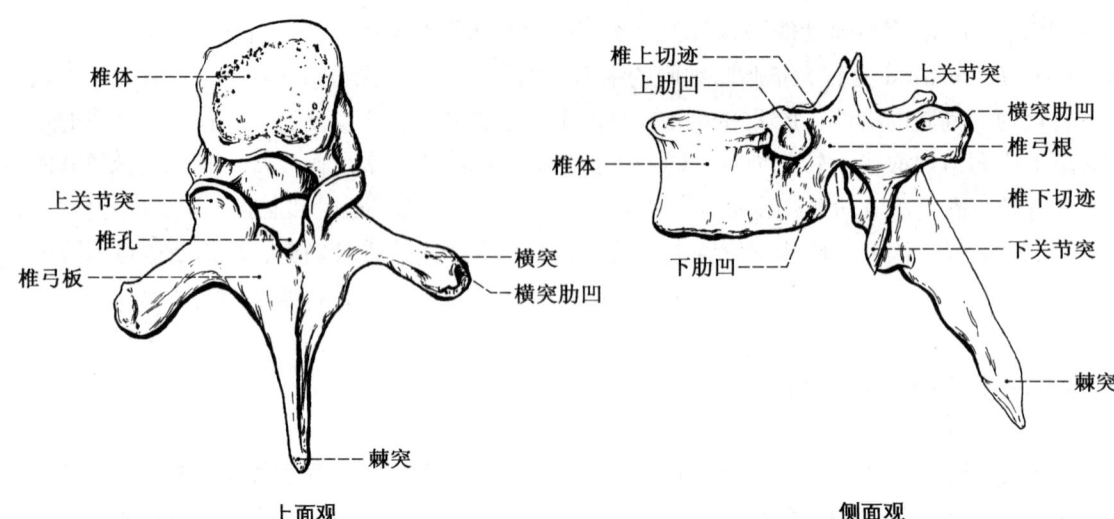

图 1-5　胸椎　　　　　　　　　　上面观　　　　　　　　　　　　侧面观

称**上关节突** superior articular process 和**下关节突** inferior articular process。各关节突上均有光滑的关节面。

2. 各部椎骨的形态

（1）**颈椎** cervical vertebrae　椎体较小，横切面呈椭圆形（图 1-6）。椎孔较大，呈三角形。横突上有孔，称**横突孔** transverse foramen，有椎动脉、椎静脉通过。第 3—7 颈椎椎体上面两侧缘向上突出，称**椎体钩** uncus of vertebral body。若椎体钩与上位椎体下面两侧的唇缘接触，则形成**钩椎关节**，又称 **Luschka 关节**。第 6 颈椎横突末端前部的结节较为突出，称**颈动脉结节**，其前方有颈总动脉经过。当头部出血严重时，用手指将颈总动脉压在此结节上，可达到暂时止血的目的。第 2—6 颈椎的棘突短且末端分叉。

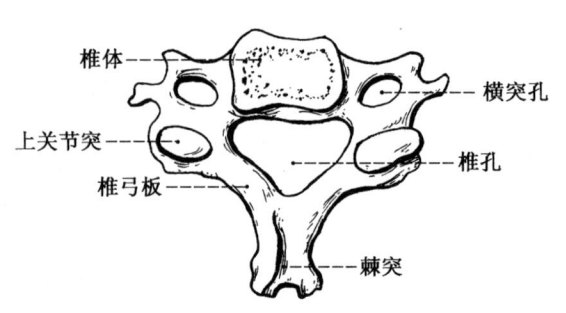

图 1-6　颈椎（上面观）

临床视角 1-2
椎动脉型颈椎病

第 1 颈椎又称**寰椎** atlas，呈环状，无椎体、棘突和关节突，由前弓、后弓和侧块构成（图 1-7）。**前弓** anterior arch 较短，其后面正中有关节面称**齿突凹** dental fovea，与第 2 颈椎的齿突相关节。**后弓** posterior arch 较长，上面有**椎动脉沟** groove for vertebral artery，有椎动脉通过。侧块连接前、后弓，左右各一，上面有椭圆形的**上关节面** superior articular surface，与枕髁相关节；下面有圆形的**下关节面** inferior articular surface，与第 2 颈椎的上关节面相关节。

第 2 颈椎又称**枢椎** axis，其椎体向上伸出突起，称**齿突** dens，与寰椎的齿突凹相关节（图 1-8）。

第 7 颈椎又称**隆椎** vertebra prominens，棘突较长，末端不分叉，呈结节状，隆起于皮下，易于触及，故可作为计数椎骨序数的体表标志（图 1-9）。

（2）**胸椎** thoracic vertebrae　椎体的横切面呈心形。在椎体后外侧上、下缘处，各有凹陷的关节面，分别称**上肋凹** superior costal fovea 和**下肋凹** inferior costal fovea，与肋头相关节。在横突末端的前面，有呈圆形的**横突肋凹** transverse costal fovea，与肋结节相关节。胸椎棘突较长，伸向后下方（图 1-5）。棘突间隙较小，呈叠瓦状排列。

（3）**腰椎** lumbar vertebrae　椎体最大，横切面呈肾形。椎孔较大，近似三角形。棘突呈方

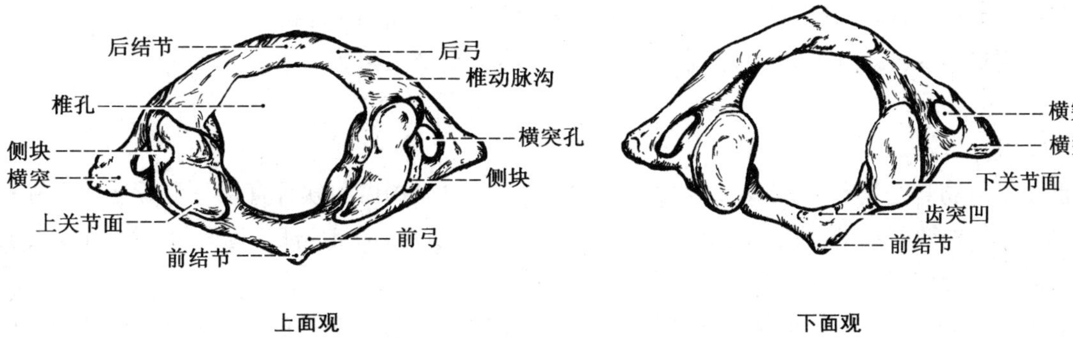

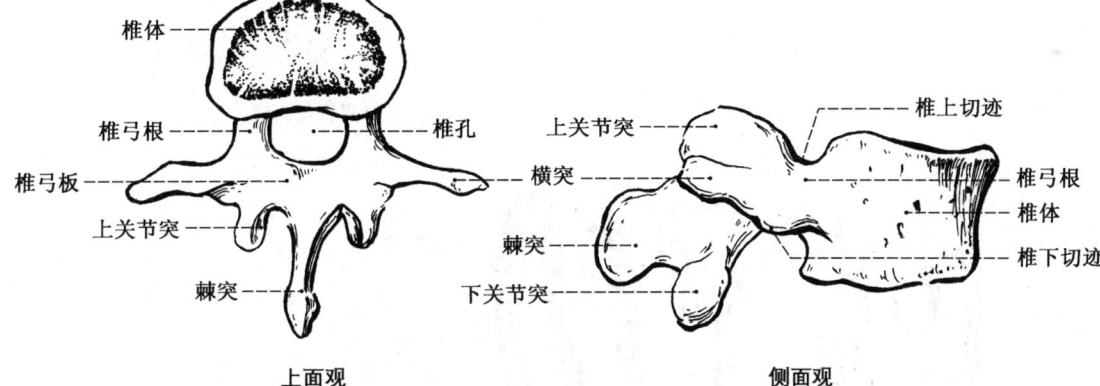

后结节 —— 后弓
椎孔 —— 椎动脉沟
侧块 —— 横突孔
横突 —— 侧块
上关节面 —— 前弓
前结节

上面观

横突孔
横突
下关节面
齿突凹
前结节

下面观

图 1-7 寰椎

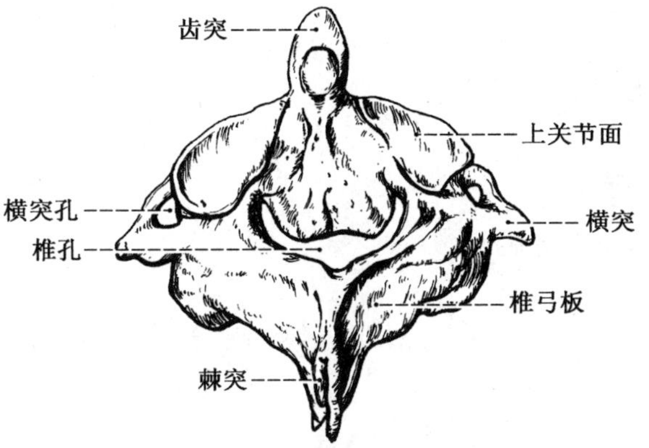

齿突
上关节面
横突孔
横突
椎孔
椎弓板
棘突

图 1-8 枢椎（上面观）

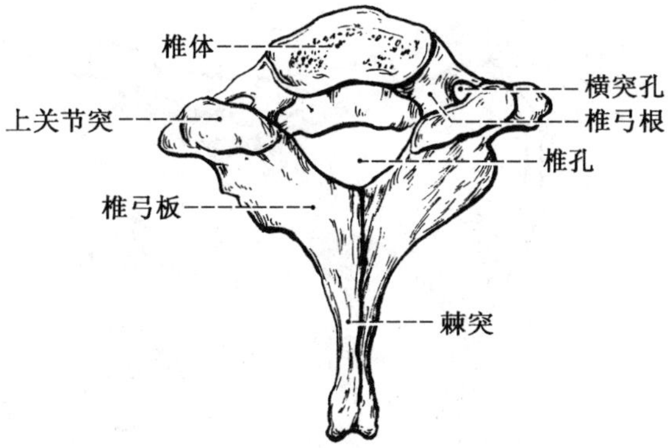

椎体
上关节突
椎弓板
椎孔

横突孔
椎弓根
椎孔

棘突

图 1-9 隆椎（上面观）

椎体
椎弓根 —— 椎孔
椎弓板
上关节突
棘突

上面观

上关节突
横突
棘突
下关节突

椎上切迹
椎弓根
椎体
椎下切迹

侧面观

图 1-10 腰椎

形，水平伸向后（图 1-10）。各棘突间隙较宽，临床上可在此处行腰椎穿刺。

（4）**骶骨** sacrum　位于盆后壁，呈三角形，底向上，尖朝下（图 1-11）。底的前缘中部向前突出，称**岬** promontory，骶骨岬是测量女性骨盆上口的重要标志。骶骨尖向下与尾骨相连。前面凹陷光滑，对向盆腔，中部有 4 条横线，为各骶椎椎体融合的痕迹，横线两端有 4 对**骶前孔** anterior sacral foramina。后面粗糙隆凸，正中线上有**骶正中嵴** median sacral crest，外侧有 4 对**骶后孔** posterior sacral foramina。骶前孔和骶后孔均通入**骶管** sacral canal，分别有骶神经的前、后支通过。骶管向上与椎管连续，向下开口为**骶管裂孔** sacral hiatus，在裂孔两侧有向下突出的**骶角** sacral cornu。骶角为确定骶管裂孔的标志。骶骨侧部的上份有**耳状面** auricular surface，与髋骨的耳状面相关节。耳状面后方的骨面凹凸不平，称**骶粗隆** sacral tuberosity。

（5）**尾骨** coccyx　由4块尾椎融合而成，向上接骶骨（图1-11）。

（二）肋

肋 ribs 由肋骨与肋软骨组成，共12对。第1—7对肋前端借肋软骨直接与胸骨连接，称真肋。第8—10对肋前端借肋软骨与上位肋软骨连接，形成**肋弓** costal arch，称假肋。第11—12对肋前段游离于腹壁肌层，称浮肋。

1. **肋骨** costal bone　是细长而呈弓状的扁骨，共12对。每一肋骨可分为中部的体和前、后两端（图1-12）。后端膨大，称**肋头** costal head，有关节面与胸椎的上、下肋凹相关节。肋头外

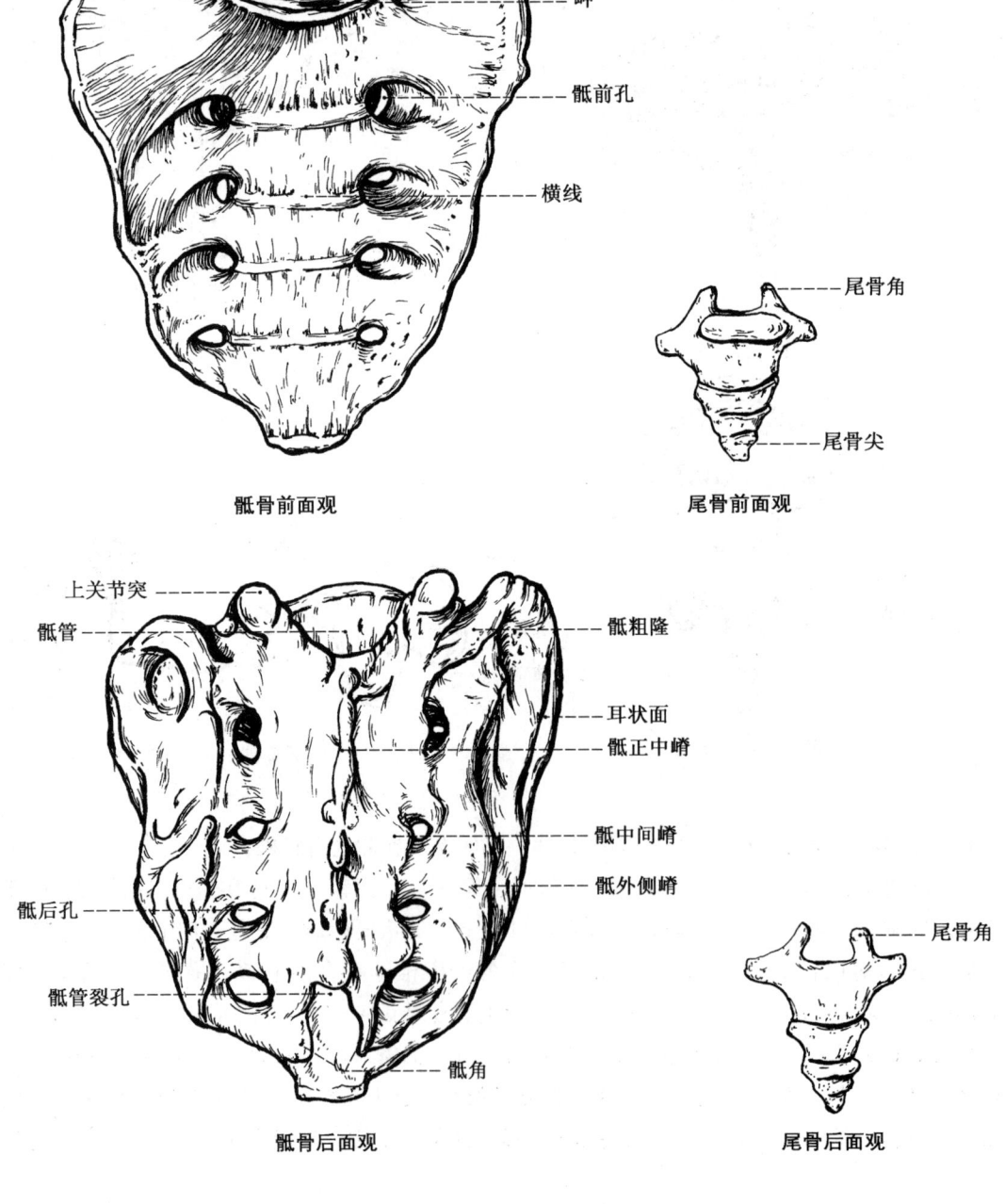

骶骨前面观　　　　　　　　尾骨前面观

骶骨后面观　　　　　　　　尾骨后面观

图 1-11　骶骨和尾骨

侧较细部为**肋颈** costal neck，其外侧有突出的**肋结节** costal tubercle，有关节面与胸椎横突肋凹相关节。**肋体** shaft of rib 扁而弯曲，分内、外面和上、下缘。内面近下缘处有**肋沟** costal groove，肋间神经和肋间后血管沿此沟走行。肋体的后部弯曲较大处称**肋角** costal angle。肋骨的前端接肋软骨。

第 1 肋骨上下扁，宽而短，无肋角和肋沟，分为上、下面和内、外侧缘。其上面内侧缘处有一结节，称**前斜角肌结节** tubercle for scalenus anterior，为前斜角肌附着处。该结节的前、后方分别有锁骨下静脉和锁骨下动脉经过的沟。第 2 肋骨为过渡型。第 11、12 肋骨无肋结节、肋颈及肋角（图 1-12）。

2. **肋软骨** costal cartilage 为透明软骨，终生不骨化，连于各肋骨的前端。

（三）胸骨

胸骨 sternum 位于胸前壁正中皮下，为扁骨，由上至下可分为胸骨柄、胸骨体和剑突 3 部分（图 1-13）。**胸骨柄** manubrium sterni 上宽下窄，上缘的中部凹陷，称**颈静脉切迹** jugular notch，其两侧为**锁切迹** clavicular notch，与锁骨相接。柄与体连接处的前面形成突向前的横形隆起，称为**胸骨角** sternal angle，可在体表触及，两侧平对第 2 肋，可作为计数肋的体表标志。**胸骨体** body of sternum 是长方形的骨板，其侧缘接第 2—7 肋软骨。**剑突** xiphoid process 连于胸骨体下端，形状变化较大，末端游离，可在体表触及。

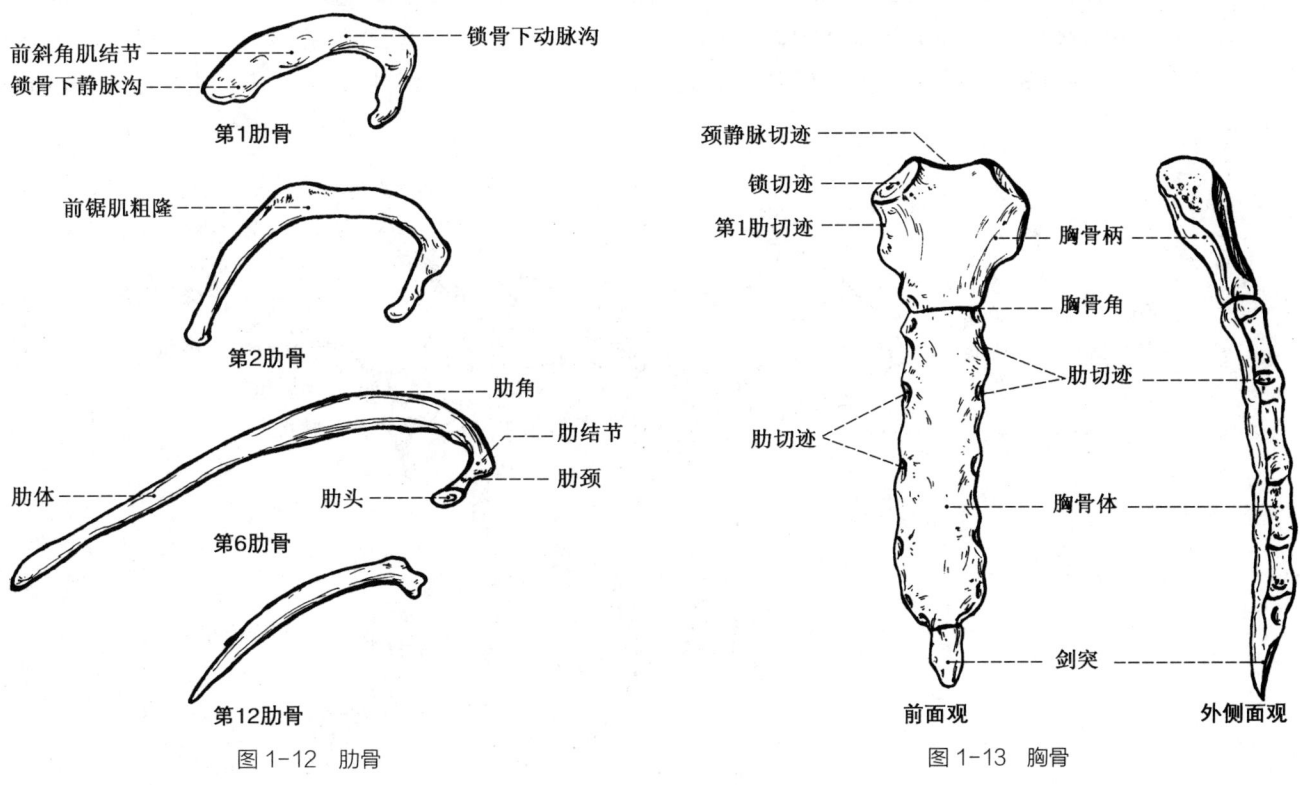

图 1-12 肋骨　　　图 1-13 胸骨

二、颅骨

颅骨有 23 块，除下颌骨和舌骨以外，相互之间借缝或软骨牢固连结。颅骨分为脑颅骨和面颅骨。

（一）脑颅骨

脑颅骨共有 8 块，位居颅的后上部，参与围成颅腔，容纳脑，成对的有颞骨和顶骨，不成对的有额骨、筛骨、蝶骨和枕骨。

1. **蝶骨** sphenoid bone　位于颅底中央，似蝴蝶状，分为体、大翼、小翼和翼突 4 部（图 1-14 至图 1-16）。**蝶骨体** sphenoid body 呈立方体，内在的含气腔为**蝶窦**。体上面呈鞍状，称**蝶鞍** sella turcica，中央凹陷容纳脑垂体，称**垂体窝** hypophysial fossa。**大翼**自体伸向外侧，构成颅中窝底的一部分，并参与构成眶外侧壁、颞窝和颞下窝。在大翼根部由前向后外侧依次有**圆孔** foramen rotundum、**卵圆孔** foramen ovale 和**棘孔** foramen spinosum。**小翼**从体的前上份分出，突向外侧。小翼与大翼之间为**眶上裂** superior orbital fissure。翼突由体与大翼连接处向下突出，分成**内侧板和外侧板**，内、外侧板之间形成**翼突窝** pterygoid fossa。翼突根部有**翼管** pterygoid canal。

2. **颞骨** temporal bone　位于蝶骨和枕骨之间，参与构成颅底及侧壁（图 1-17，图 1-18），分为鳞部、鼓部和岩部。**鳞部** squamous part 参与构成颅腔外侧壁，呈鳞片状，内面有**脑膜中动脉沟**，外面前下部有伸向前的颧突，与颧骨的颞突构成**颧弓**。颧突根部下面的深窝为**下颌窝** mandibular fossa，窝的前缘向下突出的横嵴为**关节结节** articular tubercle。**鼓部** tympanic part 为弯曲的骨片，由前、下、后围绕**外耳道**。**岩部** petrous part 呈三棱锥形。前面朝向颅中窝，其上缘中央有弓状隆起，隆起外侧较平坦的骨面为**鼓室盖**，内侧近尖端处有三叉神经压迹。岩部后面对向颅后窝，中央处有**内耳门** internal acoustic pore，向外通内耳道。下面凹凸不平，中部有颈动脉管外口，向上通**颈动脉管** carotid canal，该管开口于岩部尖端处的颈动脉管内口。在颈动脉管外口的后外侧有细长的骨突，称**茎突** styloid process。其根部后方的小孔为**茎乳孔** stylomastoid

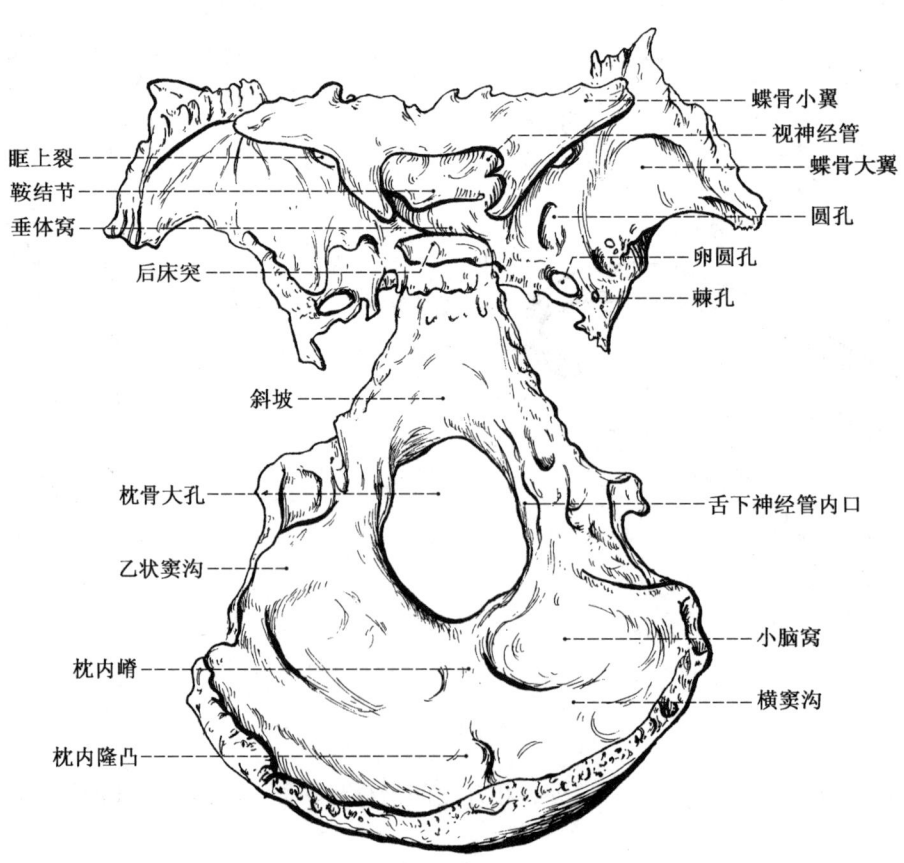

图 1-14　枕骨和蝶骨（上面观）

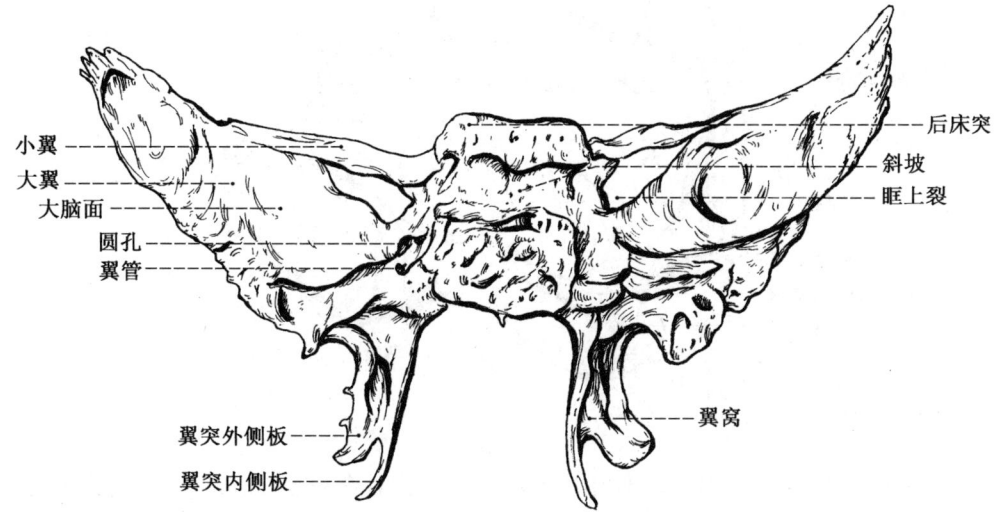

小翼
大翼
大脑面
圆孔
翼管

后床突
斜坡
眶上裂

翼突外侧板
翼突内侧板

翼窝

图 1-15　蝶骨
（后面观）

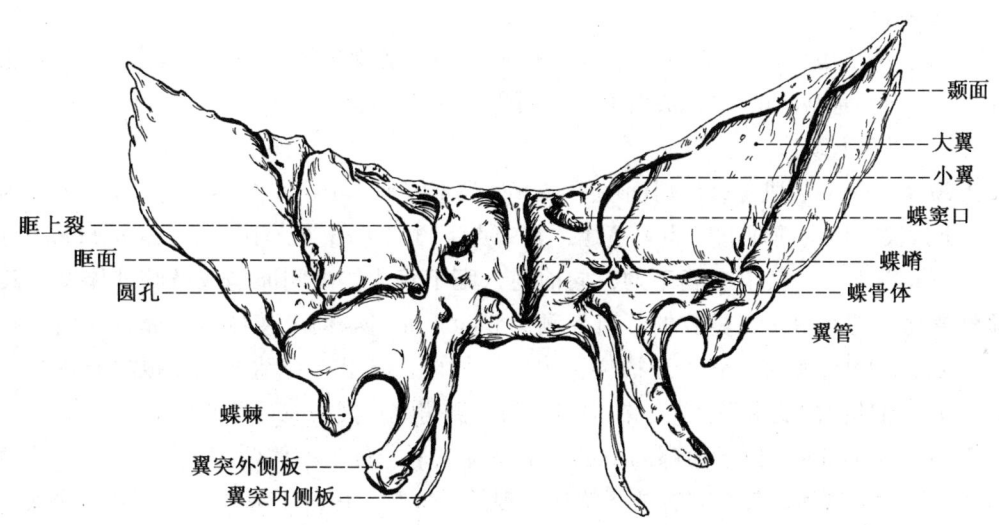

眶上裂
眶面
圆孔

蝶棘
翼突外侧板
翼突内侧板

颞面
大翼
小翼
蝶窦口
蝶嵴
蝶骨体
翼管

图 1-16　蝶骨
（前面观）

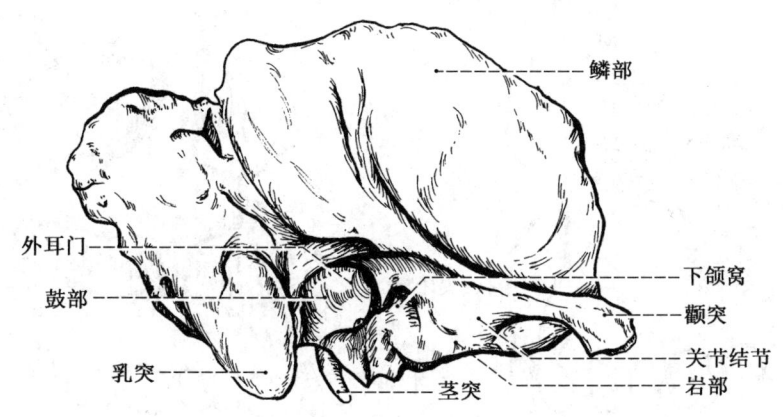

鳞部

外耳门
鼓部

乳突

下颌窝
颞突
关节结节
岩部
茎突

图 1-17　颞骨
（外面观）

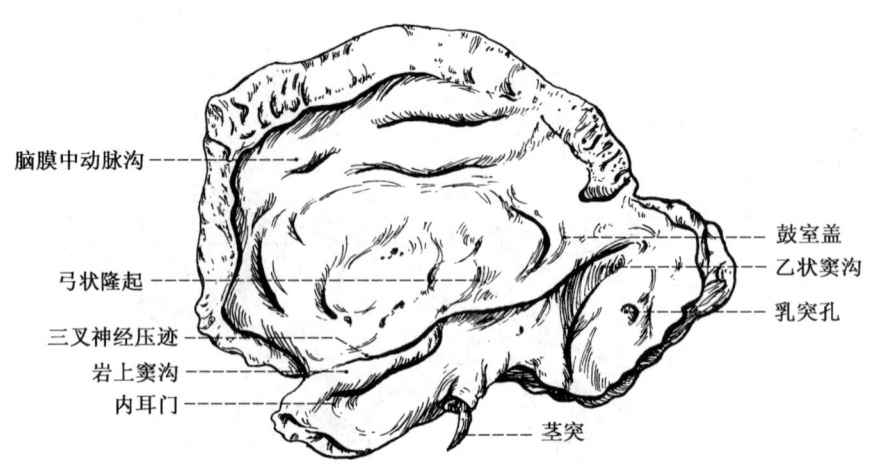

脑膜中动脉沟

鼓室盖
乙状窦沟
乳突孔

弓状隆起

三叉神经压迹
岩上窦沟
内耳门

茎突

图 1-18 颞骨
（内面观）

foramen。在外耳门的后方，岩部向下伸出肥厚的突起，称**乳突** mastoid process。乳突内为许多含气小腔，称**乳突小房**。

（二）面颅骨

知识扩展 1-2
颧骨、鼻骨、泪骨、腭骨、下鼻甲、犁骨、舌骨

面颅骨位于颅的前下部，参与构成颜面的基础，支持和保护感觉器以及消化系统和呼吸系统的起始器官。面颅骨共有 15 块，成对的有上颌骨、颧骨、鼻骨、泪骨、腭骨和下鼻甲，不成对的有犁骨、舌骨和下颌骨。

1. **上颌骨** maxilla　成对，位居面颅中央，分为 1 体和 4 个突（图 1-19）。**体**的内部为含气空腔，称**上颌窦**。体的前面上缘为**眶下缘**，其中点下方约 1 cm 处有**眶下孔** infraorbital foramen。体的上面构成眶下壁，其上有**眶下沟**，向前通入**眶下管**。体内侧面构成鼻腔外侧壁，其后部有**上颌窦裂孔**，是上颌窦在鼻腔的开口。**额突** frontal process 向上接额骨、鼻骨和泪骨。**颧突** zygomatic process 向外侧接颧骨。**牙槽突**由体向下伸出，其上有容纳上颌牙根的**牙槽窝**。**腭突** palatal process 自体向内侧水平伸出，在中线处与对侧腭突相接构成骨腭的前份。

2. **下颌骨** mandible　位于面部的下部，呈马蹄铁形，分为一体两支（图 1-20）。**下颌体**呈 "U" 形，上缘为**牙槽弓**，其上有容纳下颌牙牙根的**牙槽窝**。体的下缘较钝圆，称**下颌底**。体的

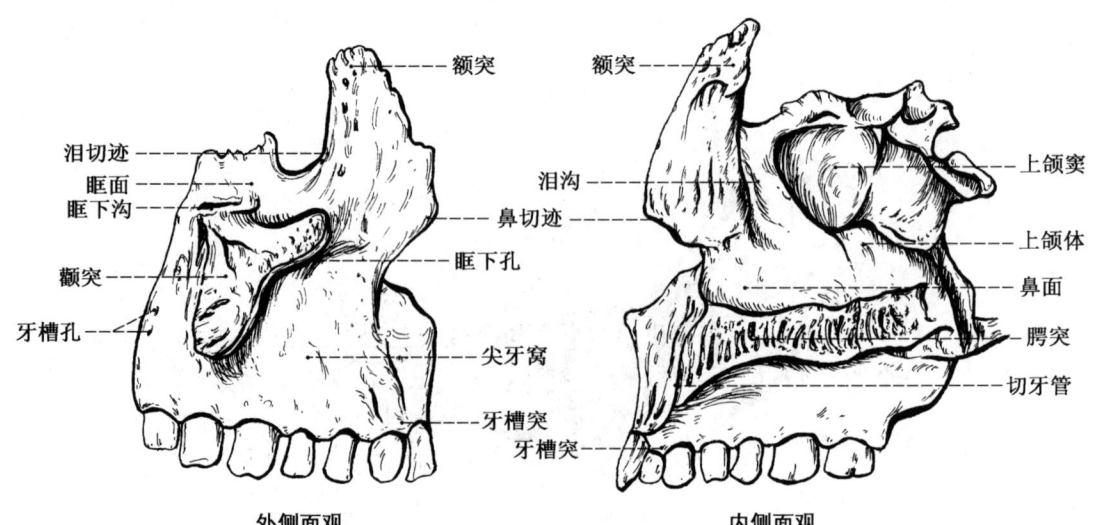

额突

额突

泪切迹
眶面
眶下沟

泪沟

上颌窦

颧突

鼻切迹

上颌体

牙槽孔

眶下孔

鼻面

腭突

尖牙窝

切牙管

牙槽突

牙槽突

外侧面观

内侧面观

图 1-19 上颌骨

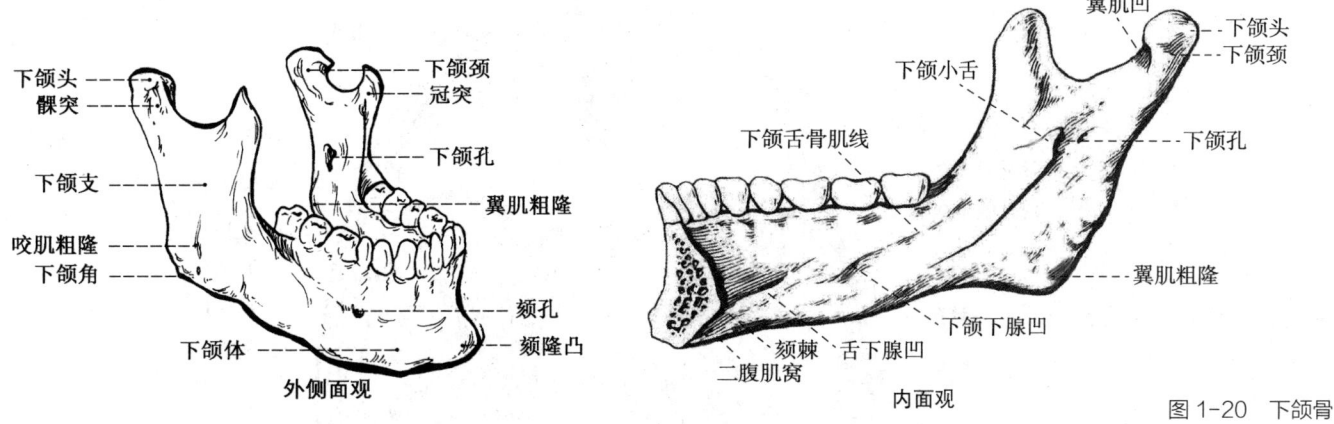

图 1-20　下颌骨

前面正中线两侧下部突出，称**颏隆凸**，其外上方有**颏孔** mental foramen。后面下缘正中线处有 2 个**颏棘**。**下颌支** ramus of mandible 为体的后部伸向上的方形骨板。其上端有 2 个突，前部的为**冠突**，后部的为**髁突**，2 个突之间的凹陷为**下颌切迹**。髁突的上端膨大，称**下颌头**，头上有关节面与颞骨的下颌窝相关节。下颌头下方缩窄，称**下颌颈** neck of mandible。下颌支后缘与下颌底相交形成**下颌角** angle of mandible。下颌支内面中央有**下颌孔**，该孔通入下颌体内的**下颌管**。

（三）颅的整体观

1. 颅顶面观　颅顶外面呈卵圆形，前窄后宽。各骨间以缝相互连结，形成 3 条缝（图 1-21）。额骨与两顶骨之间为**冠状缝** coronal suture，两顶骨间的缝为**矢状缝** sagittal suture，两顶骨与枕骨之间连接形成**人字缝** lambdoid suture。顶骨中央部最隆凸处称为**顶结节** parietal tuber。颅顶内面凹陷，正中线上有浅沟，为**上矢状窦沟**，沟的两侧有一些**颗粒小凹**，为蛛网膜颗粒的压迹。

2. 颅底面观

（1）颅底内面观　颅底内面与脑下面形态对应，由前向后形成阶梯似的 3 个窝，即颅前窝、颅中窝和颅后窝（图 1-22）。

颅前窝 anterior cranial fossa 由额骨眶部、筛骨的筛板和蝶骨小翼构成，以蝶骨小翼后缘与颅中窝分界。筛板的正中有呈矢状位的**鸡冠** crista galli。筛板上的筛孔通鼻腔，有嗅丝通过。由于窝的额骨眶部和筛板的骨质菲薄，故易发生骨折。

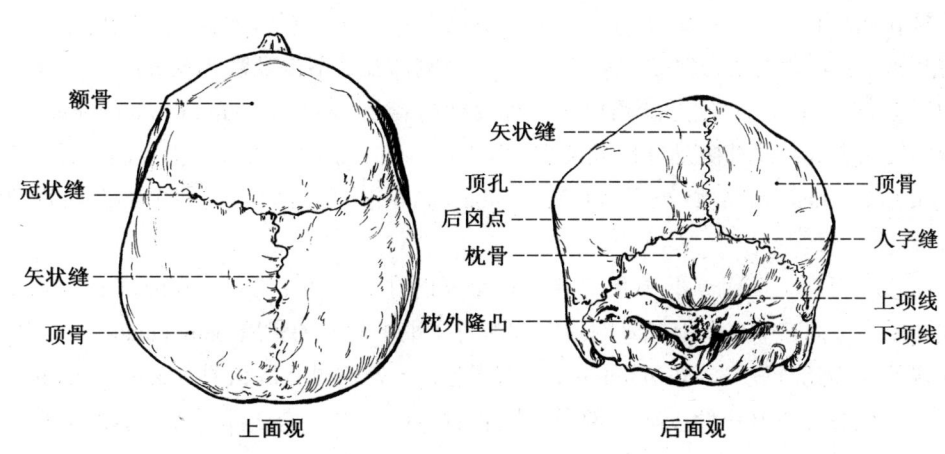

图 1-21　颅顶上面观和颅后面观

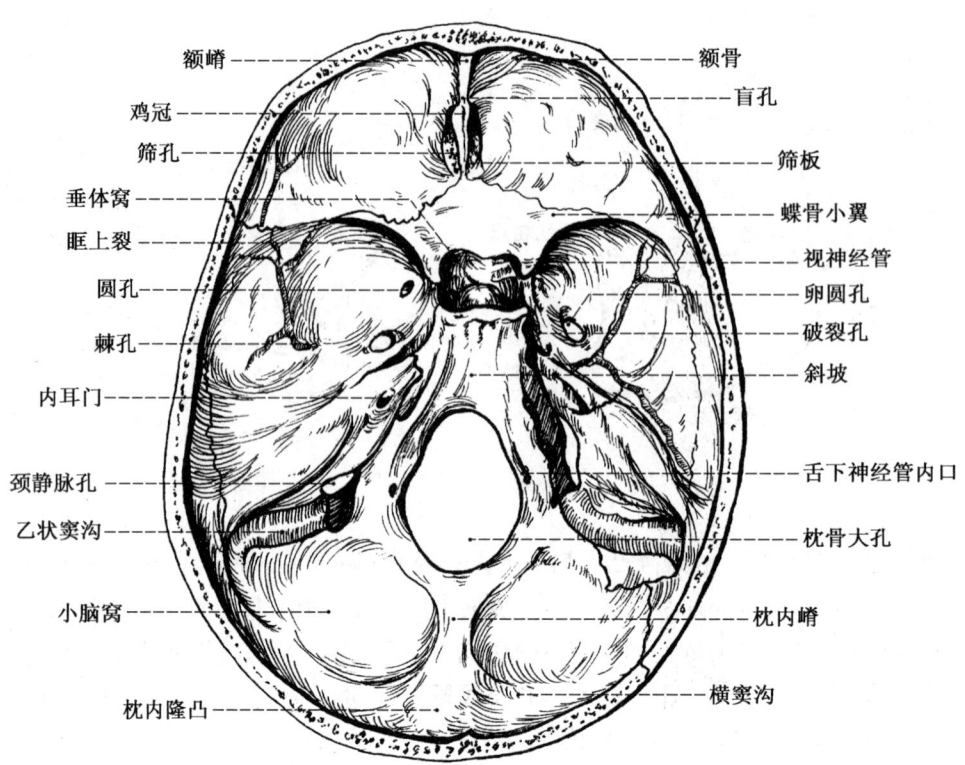

额嵴 —— 额骨
鸡冠 —— 盲孔
筛孔 —— 筛板
垂体窝 —— 蝶骨小翼
眶上裂 —— 视神经管
圆孔 —— 卵圆孔
棘孔 —— 破裂孔
内耳门 —— 斜坡
颈静脉孔 —— 舌下神经管内口
乙状窦沟 —— 枕骨大孔
小脑窝 —— 枕内嵴
枕内隆凸 —— 横窦沟

图 1-22　颅底
（内面观）

　　颅中窝 middle cranial fossa 由蝶骨体、大翼、颞骨的岩部等构成。以颞骨岩部上缘和鞍背为界与颅后窝相隔。颅中窝中部高而狭窄，两侧宽大而深。中部为蝶鞍。蝶鞍上面中央有容纳垂体的凹陷，称**垂体窝** hypophysial fossa。窝的前方横行的为**交叉前沟** sulcus prechiasmaticus，其前外侧有**视神经管** optic canal 通眶。视神经管外侧有突向后的**前床突** anterior clinoid process。蝶鞍两侧的浅沟为**颈动脉沟** carotid sulcus，向后至**破裂孔** foramen lacerum，此孔后外侧有**颈动脉管** carotid canal 内口。垂体窝后方的横形骨嵴为鞍背。蝶鞍两侧最前部有蝶骨大、小翼之间的**眶上裂** superior orbital fissure，向前通眶。由此向后外侧依次排列着 3 对孔：**圆孔** foramen rotundum、**卵圆孔** foramen ovale 和**棘孔** foramen spinosum。由棘孔向外侧的骨面上形成呈树枝状的**脑膜中动脉沟** sulcus for middle meningeal artery。在颞骨岩部尖端处的一指腹样凹陷，称**三叉神经压迹** trigeminal impression，其后外侧岩部上缘中部的圆形隆起为**弓状隆起** arcuate eminence。弓状隆起与颞骨鳞部之间的平坦骨面为**鼓室盖** tegmen tympani，构成中耳鼓室的上壁。

　　颅后窝 posterior cranial fossa 深而大，主要由枕骨和颞骨岩部后面构成。窝底中央有枕骨大孔。孔向上前方至鞍背之间为**斜坡** clivus，孔的前外侧部有**舌下神经管** hypoglossal canal 内口。枕骨大孔的后上方隆起，正与枕外隆凸相对，称为**枕内隆凸** internal occipital protuberance。由此向上延续为上矢状窦沟，向外侧延伸形成**横窦沟** sulcus for transverse sinus。横窦沟延续为**乙状窦沟** sulcus for sigmoid sinus，末端终于**颈静脉孔** jugular foramen。颞骨岩部后面中部有**内耳门** internal acoustic pore。

　　（2）颅底外面观　该面高低不平，有许多重要的孔裂（图 1-23）。其前部有两侧上颌骨牙槽突构成的牙槽弓，其中央有上颌骨的腭突和腭骨水平板构成的**骨腭** bony palate。骨腭中线有腭中缝，前端的孔为**切牙孔** incisive foramina。骨腭近后缘处两侧有**腭大孔** greater palatine foramen。骨腭上方为骨性鼻腔，其中线上有骨性鼻中隔将其分隔为左、右 2 部。骨性鼻腔向后以**鼻后孔**

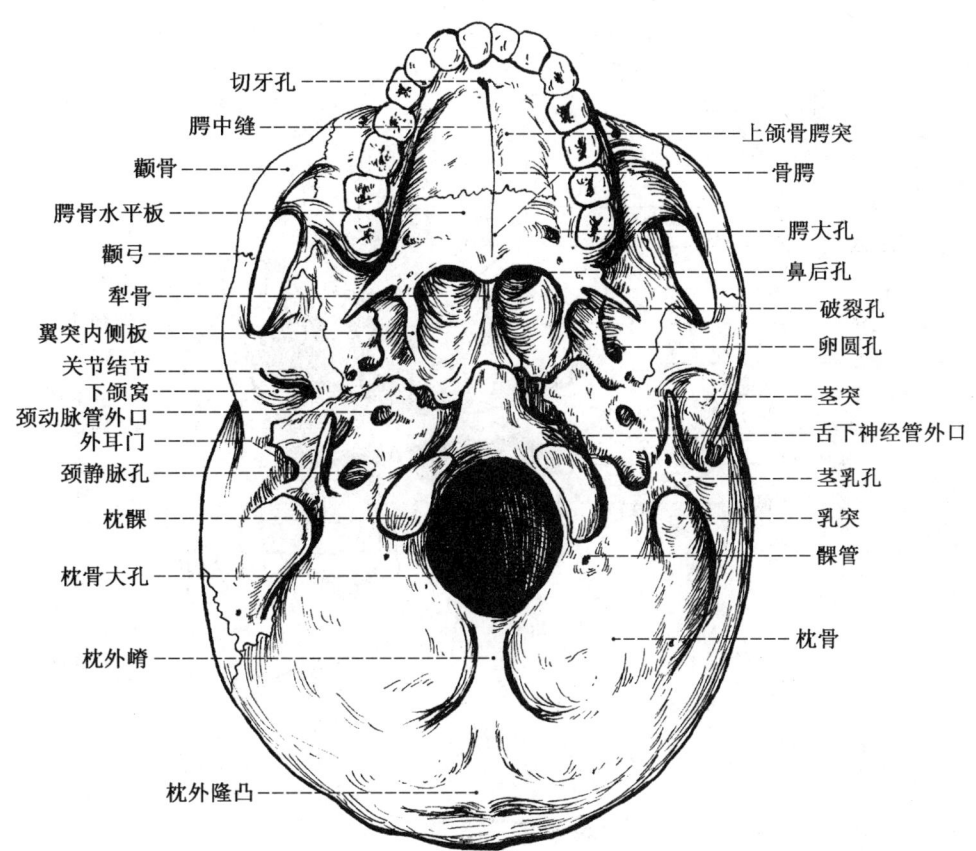

图 1-23　颅底
（外面观）

左侧标注（从上到下）：
切牙孔
腭中缝
颧骨
腭骨水平板
颧弓
犁骨
翼突内侧板
关节结节
下颌窝
颈动脉管外口
外耳门
颈静脉孔
枕髁
枕骨大孔
枕外嵴
枕外隆凸

右侧标注（从上到下）：
上颌骨腭突
骨腭
腭大孔
鼻后孔
破裂孔
卵圆孔
茎突
舌下神经管外口
茎乳孔
乳突
髁管
枕骨

posterior nasal apertures 开口于颅底外面。鼻后孔的两侧有翼突。颅底外面后部正中有枕骨大孔，其两侧有隆起的椭圆形的**枕髁** occipital condyle，与寰椎的上关节面形成寰枕关节。枕髁的前外上可见舌下神经管外口，在其前外侧有颈静脉孔。颈静脉孔前方有颈动脉管外口。颈动脉管外口的前方可见卵圆孔和棘孔，及其内侧的破裂孔。枕骨大孔的外侧有乳突，其前内侧有细长的**茎突** styloid process。茎突根部与乳突间有**茎乳孔** stylomastoid foramen，面神经由此出颅。乳突前方为**下颌窝** mandibular fossa，其前缘横形隆起为**关节结节** articular tubercle。

3. 颅后面观　枕骨中央部可见**枕外隆凸**，隆凸上方为人字缝。隆凸向两侧有延伸至乳突的弓形骨嵴，称**上项线** superior nuchal line（图 1-21）。

4. 颅侧面观　颅侧面在颞骨乳突前上方有**外耳门** external acoustic pore，外耳门向内通外耳道。外耳门的前方有**颧弓** zygomatic arch。以颧弓为界，其上方为**颞窝** temporal fossa，下方为**颞下窝** infratemporal fossa。在颞窝底的前下部，有额、顶、颞、蝶四骨会合处，呈"H"形的缝，称**翼点** pterion（图 1-24），其内面有脑膜中动脉前支经过。此处为颅侧面的薄弱区，如遇暴力打击易发生骨折，若其内面的动脉受损，则引起颅内出血。颞下窝内侧壁的上颌骨与蝶骨翼突间的裂隙称为**翼上颌裂** pterygomaxillary fissure，向内通入深部的**翼腭窝** pterygopalatine fossa。此窝可与颅腔、眶腔、鼻腔和口腔相交通。

5. 颅前面观　颅的前面中部有呈梨形的梨状孔，向后通骨性鼻腔。梨状孔的上外方为容纳视器的眶，下方为骨性口腔（图 1-25）。

（1）**骨性鼻腔** bony nasal cavity　位于面颅中央。前界为**梨状孔** piriform aperture，后界为鼻后孔。其顶主要为筛板，并借筛板与颅前窝相隔；底为骨腭，借此与骨性口腔相隔。内侧壁为**骨性鼻中隔** bony septum of nose，由犁骨和筛骨垂直板构成，将骨性鼻腔分为左、右 2 部。外侧壁由

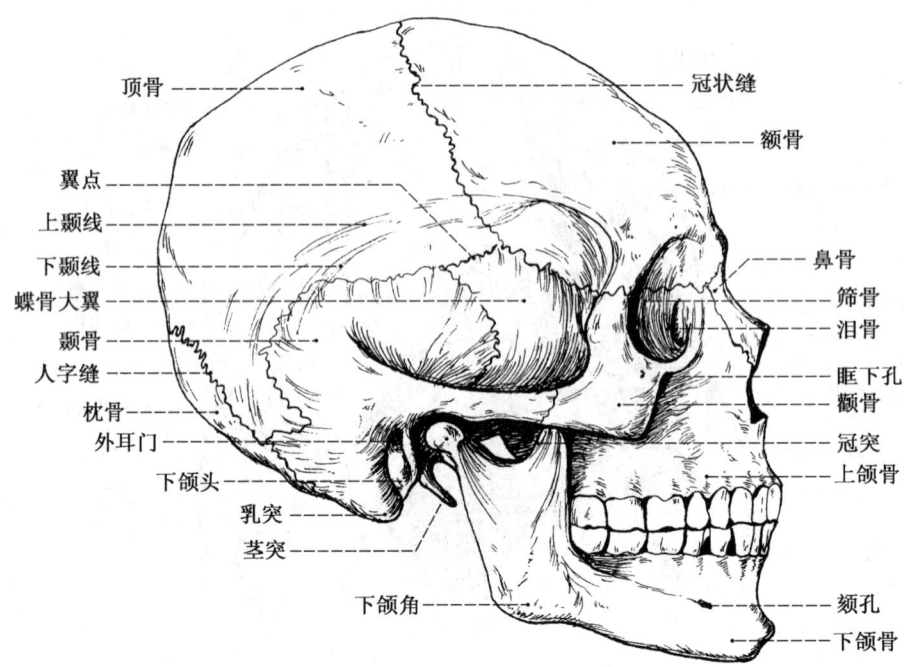

图 1-24　颅侧面观

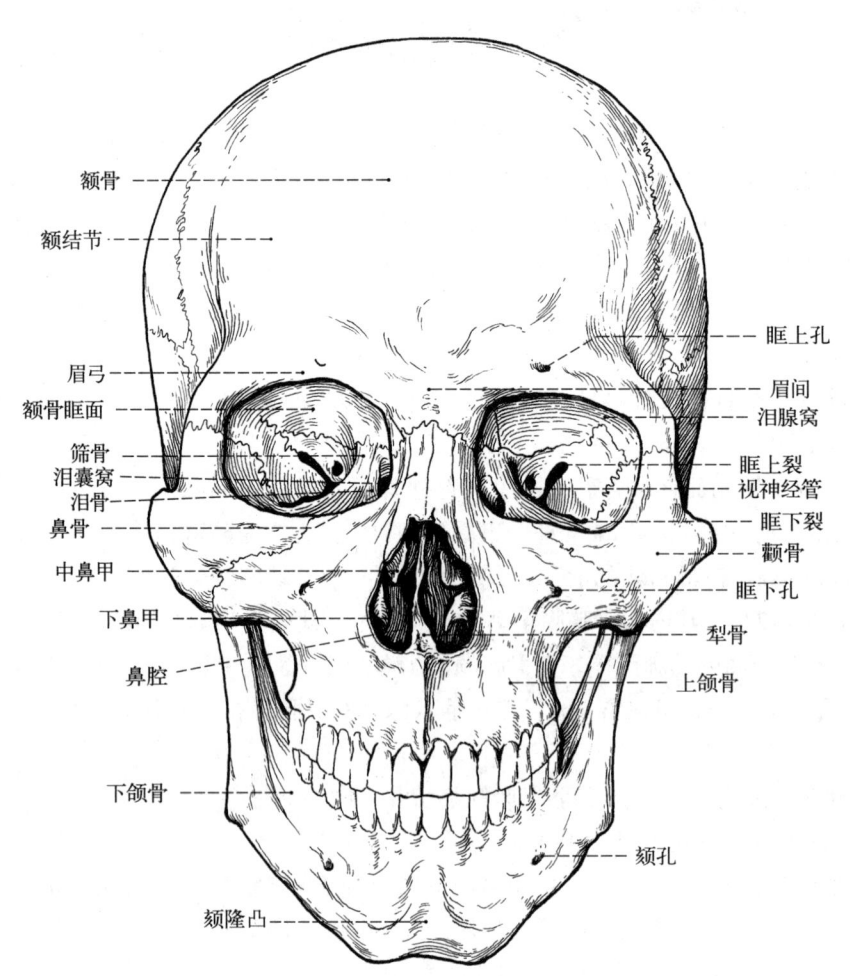

图 1-25　颅前面观

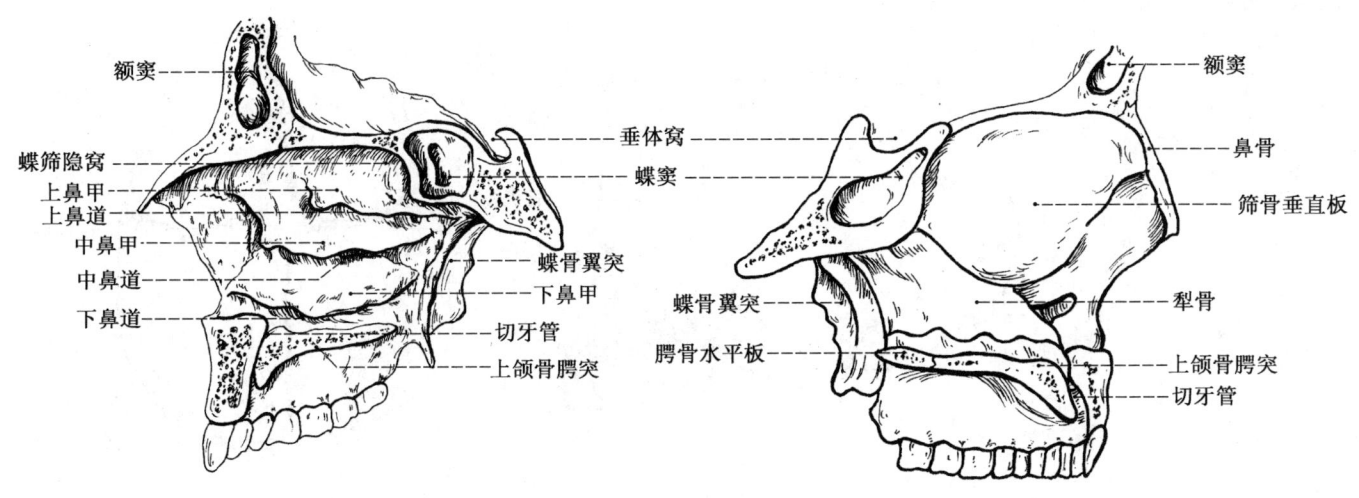

图 1-26　骨性鼻腔

上向下分别有上鼻甲、中鼻甲和下鼻甲，在各鼻甲的下方的鼻道分别称上鼻道、中鼻道和下鼻道（图 1-26）。上鼻甲后上方与蝶骨体之间有蝶筛隐窝。

（2）**鼻旁窦** sinus paranasales　见"呼吸系统"。

（3）**眶** orbit　容纳视器，四棱锥形，分为底、尖和四壁。底也称眶口，略呈四边形。眶上缘的中、内 1/3 交界处**有眶上孔或眶上切迹**。眶下缘中点下方有**眶下孔**。眶尖向后内侧，尖端处有孔，为**视神经管**，视神经由此进入颅中窝。上壁上方为颅前窝，其前外侧有容纳泪腺的**泪腺窝**。内侧壁较薄，其前部有长圆形的窝，称**泪囊窝**，此窝向下经**鼻泪管**通鼻腔。下壁的下方为上颌窦，其后部有**眶下沟**，此沟向前通入**眶下管**，终于眶下孔。外侧壁的后部分别与上壁和下壁之间形成**眶上裂**和**眶下裂**。眶借眶上裂向后通颅中窝，借眶下裂向后下通颞下窝和翼腭窝（图 1-25）。

（4）**骨性口腔** bony oral cavity　由上颌骨、腭骨及下颌骨围成。由于没有软组织，故骨性口腔只有上壁、前壁和外侧壁。上壁为骨腭，其上方即为骨性鼻腔。前壁和外侧壁由上颌骨及下颌骨的牙槽弓围成。

（四）新生儿颅的特征

由于胎儿时期脑和感觉器官发育早，位于头部的呼吸道和消化道器官发育尚未完善，所以，新生儿的脑颅明显大于面颅，其面颅占颅整体的 1/8，在成人其占比为 1/4。

新生儿颅顶各骨发育尚未完善，骨缝之间的纤维组织呈膜状，在与相邻骨的交汇处膜较宽大，称**颅囟** cranial fontanelles。**前囟** anterior fontanelle 最大，呈菱形，位于矢状缝与冠状缝汇合处。**后囟** posterior fontanelle 位于矢状缝与人字缝汇合处，呈三角形。另外，有位于顶骨前下角处的蝶囟和顶骨后下角处的乳突囟。前囟一般于出生后 1 ~ 2 岁闭合，其余各囟于出生后不久闭合（图 1-27）。

临床视角 1-3
前囟与临床

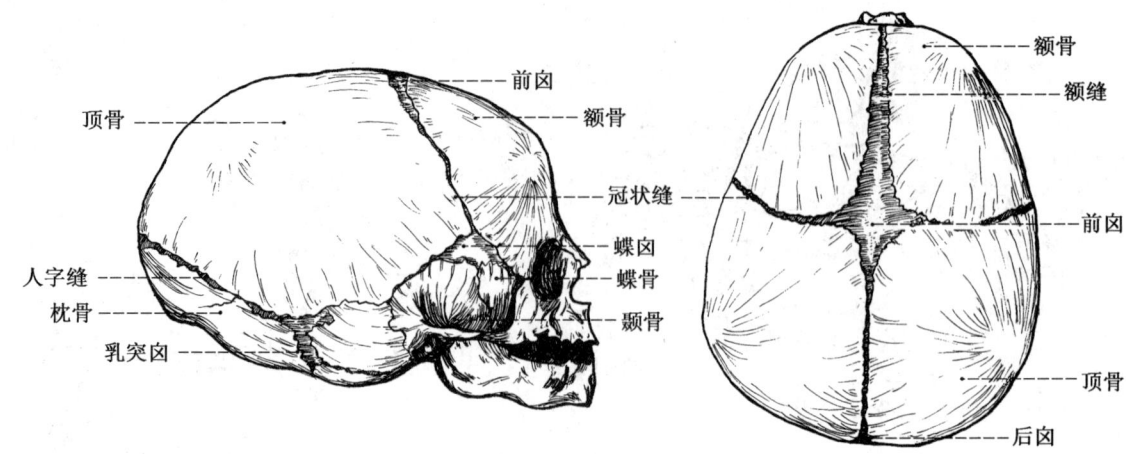

图 1-27　新生儿颅

第三节　附肢骨

附肢骨包括上肢骨和下肢骨。由于人类直立行走，上肢成为能做精细运动的劳动器官，而下肢负责支持和负重。因此，上肢骨形态和体积精巧，下肢骨粗壮。上肢骨每侧 32 块，两侧共 64 块。下肢骨每侧 31 块，两侧共 62 块。上肢骨和下肢骨都可分为肢带骨和自由肢骨。自由肢骨为上、下肢能自由活动的骨，借肢带骨与躯干连接。在上、下肢活动时肢带骨不离开躯干。

一、上肢骨

（一）上肢带骨

上肢带骨 shoulder girdle 包括锁骨和肩胛骨。

1. **锁骨** clavicle　呈 "S" 形的长骨，位于胸廓前上方，全长可在体表扪及，分为两端和一体。内侧端又称**胸骨端**，较粗大，呈棱状，与胸骨柄锁切迹相接。外侧端扁平，又称**肩峰端**，其上有小关节面与肩胛骨肩峰相关节。体上面光滑，下面较粗糙，内侧 2/3 凸向前，外侧 1/3 凸向后（图 1-28）。

2. **肩胛骨** scapula　呈三角形扁骨，位于胸廓背面的外上方，有 3 个缘、3 个角和 2 个面（图 1-29）。

上缘较短，其外侧份有**肩胛切迹** scapular notch，切迹的外侧有一指状突起称**喙突** coracoid process。**外侧缘**肥厚，邻近腋窝。**内侧缘**锐薄而长，靠近脊柱。

外侧角肥厚，是外侧缘与上缘的会合处，有朝向外侧的梨形关节面，称**关节盂** glenoid cavity，与肱骨头相关节。在盂的上、下方有粗糙隆起，分别称**盂上结节** supraglenoid tubercle 和

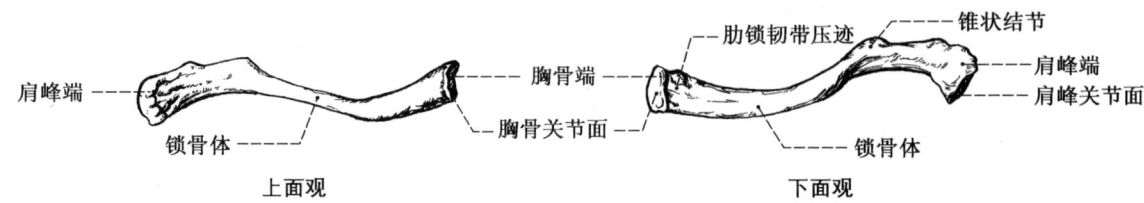

图 1-28　锁骨　　　　　　　　　　　　　　上面观　　　　　　　　　　　　下面观

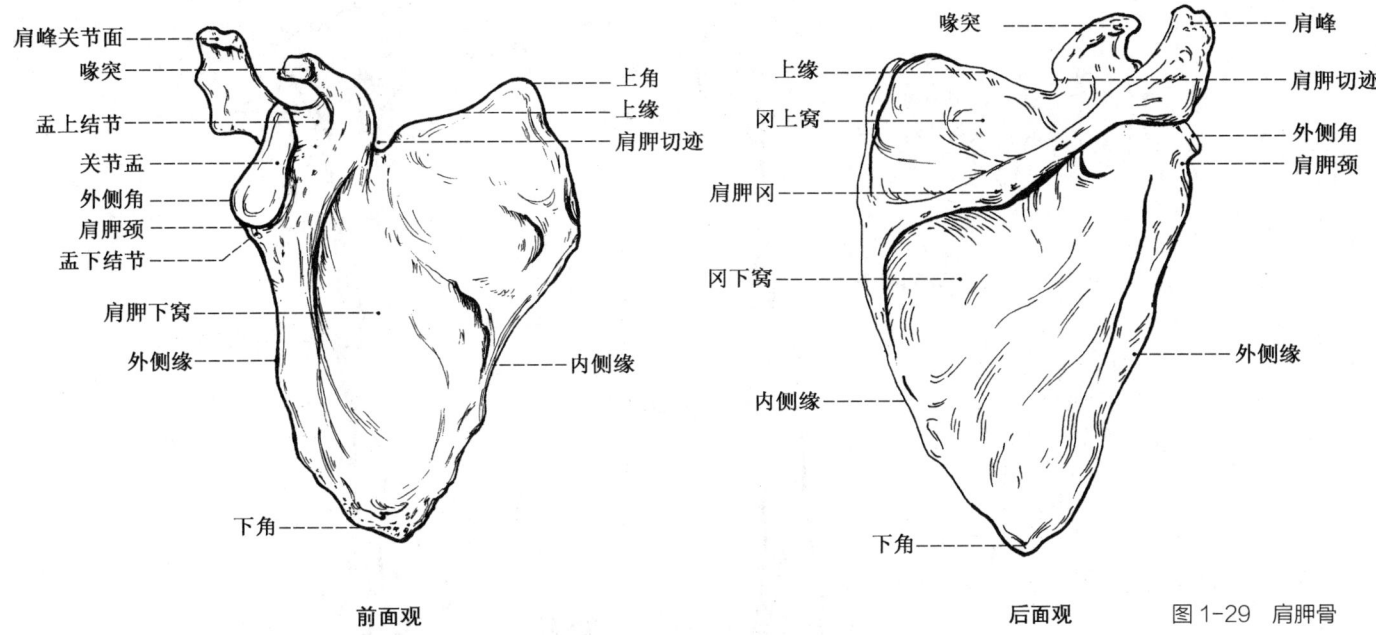

前面观　　　　　　　　　　　　　　　　　　后面观　　图 1-29　肩胛骨

盂下结节 infraglenoid tubercle。肩胛骨的**上角**由上缘与内侧缘会合而成，平对第 2 肋骨。**下角**是内、外侧缘的会合处，平对第 7 肋骨或第 7 肋间隙，是确定肋骨序数的体表标志之一。

前面为一浅窝，称**肩胛下窝** subscapular fossa。**后面**上方有一横形骨嵴，称**肩胛冈** spine of scapula。冈的上、下方各有一个窝，分别称为**冈上窝** supraspinous fossa 和**冈下窝** infraspinous fossa。肩胛冈的外侧端向前外侧伸出并扩大，形成**肩峰** acromion，其末端有朝向内侧、小而平坦的关节面与锁骨肩峰端相关节。肩峰位于肩关节的上方，为肩部最高点。

（二）自由上肢骨

自由上肢骨 bones of free upper limb 由臂部的肱骨、前臂部的桡骨和尺骨及手骨组成。

1. **肱骨** humerus　位于臂部，是典型的长骨，分为上、下两端和体（图 1–30）。

上端膨大，有突向后内上方呈半球形的**肱骨头** head of humerus，与肩胛骨的关节盂形成肩关节。在上端外侧和前方各有一个突起，分别称**大结节** greater tubercle 和**小结节** lesser tubercle；两结节分别有向下延伸的骨嵴为**大结节嵴** crest of greater tubercle 和**小结节嵴** crest of lesser tubercle，两结节间的纵沟，为**结节间沟** intertubercular sulcus，沟内有肱二头肌长头腱通过。肱骨的上端与体交界处较细，称**外科颈** surgical neck，为骨折多发部位。

肱骨体的上部呈圆柱状，下部为三棱形。在外侧面中部有呈 "V" 字形的粗糙隆起，称**三角肌粗隆** deltoid tuberosity，为三角肌的附着处。体的后面中份有一由内上斜向外下方的浅沟，称为**桡神经沟** sulcus for radial nerve，桡神经和肱深动脉紧贴此沟经过，故肱骨中段骨折易伤及桡神经。

下端前后略扁，略向前弯曲。下端外侧份有呈小半球形的**肱骨小头** capitulum of humerus，与桡骨头相关节；内侧份有形如滑车的**肱骨滑车** trochlea of humerus，与尺骨的滑车切迹相关节。肱骨小头与滑车上方各有一窝，分别称**桡窝** radial fossa 和**冠突窝** coronoid fossa；滑车后面上方的深窝为**鹰嘴窝** olecranon fossa。在肱骨下端内、外两侧各有一个突起，分别称为**内上髁** medial epicondyle 和**外上髁** lateral epicondyle。内上髁后下方有尺神经经过的浅沟，称**尺神经沟** sulcus for ulnar nerve。

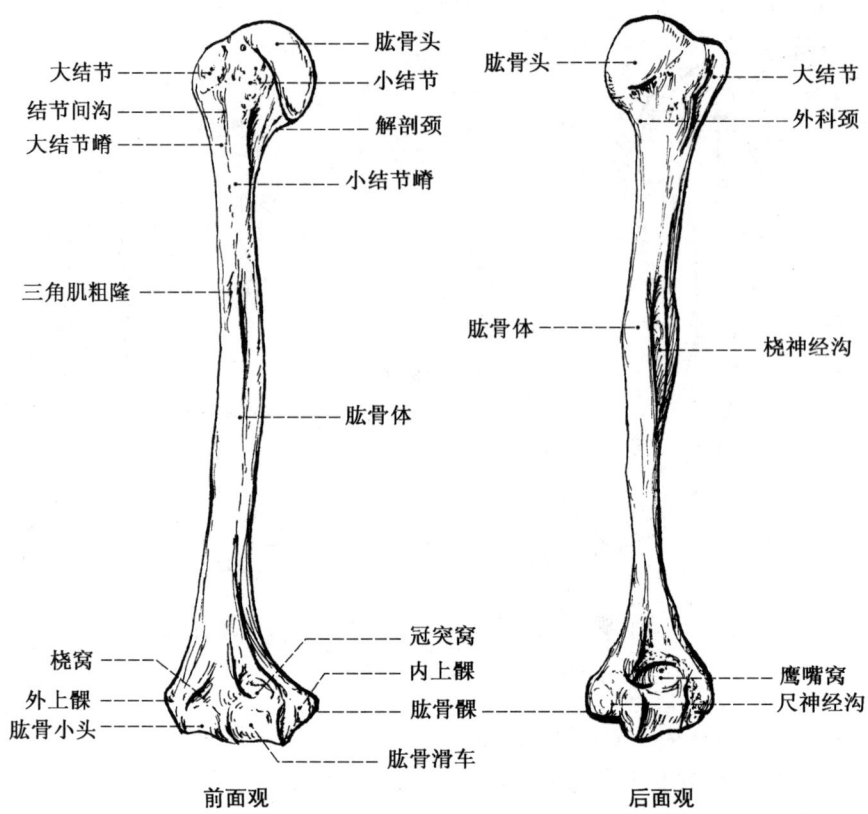

大结节 —— 肱骨头
结节间沟 —— 小结节
大结节嵴 —— 解剖颈
—— 小结节嵴
三角肌粗隆 ——
—— 肱骨体
桡窝 —— 冠突窝
外上髁 —— 内上髁
肱骨小头 —— 肱骨髁
—— 肱骨滑车

肱骨头 —— 大结节
—— 外科颈
肱骨体 —— 桡神经沟
—— 鹰嘴窝
—— 尺神经沟

前面观 　　　　　　　　后面观

图 1-30 肱骨

2. **桡骨** radius　位于前臂外侧部，属长骨，分一体两端（图 1-31）。

上端有膨大的**桡骨头** head of radius，其上面的**关节凹** articular fovea 与肱骨小头相关节。头周缘有环形的关节面，称**环状关节面** articular circumference，与尺骨桡切迹相关节。头下方缩细，称**桡骨颈** neck of radius。桡骨颈的内下方有粗糙隆起，称**桡骨粗隆** radial tuberosity。体呈三棱柱形，内侧缘为锐薄的**骨间缘** interosseous border。**下端**膨大，其外侧有突向下的**桡骨茎突** styloid process。下端内侧面的关节面称**尺切迹** ulnar notch，下面为**腕关节面** carpal articular surface 与腕骨相关节。

3. **尺骨** ulna　为前臂内侧的长骨，分为上端、体和下端（图 1-31）。

上端粗大，前面有呈半月形凹陷的**滑车切迹** trochlear notch，接肱骨滑车。在切迹的前下方和后上方分别有**冠突** coronoid process 和**鹰嘴** olecranon。冠突外侧面的小关节面为**桡切迹** radial notch，与桡骨头相关节。冠突前下方的粗糙隆起，称**尺骨粗隆** ulnar tuberosity。体上部较粗，下部较细且呈圆柱状，外侧缘锐薄，称骨间缘，与桡骨的骨间缘相对。下端为**尺骨头**，其前、外、后有关节面，称环状关节面。头的后内侧有一向下的突起，称尺骨茎突。

4. **手骨**　包括腕骨 8 块、掌骨 5 块和指骨 14 块（图 1-32）。

（1）**腕骨** carpal bones　均为短骨，按近侧、远侧排成两列，每列 4 块。由桡侧向尺侧，近侧列依次为**手舟骨** scaphoid bone、**月骨** lunate bone、**三角骨** triquetral bone 和**豌豆骨** pisiform bone，远侧列为**大多角骨** trapezium bone、**小多角骨** trapezoid bone、**头状骨** capitate bone 和**钩骨** hamate bone。8 块腕骨相互连接，背侧面凸隆，掌侧面凹陷形成沟，称腕骨沟 carpal groove。

（2）**掌骨** metacarpal bones　属于长骨，自桡侧向尺侧依次排列为第 1～5 掌骨。掌骨的上端为**掌骨底** base of metacarpal bone，中部为**掌骨体** shaft of metacarpal bone，下端为**掌骨头** head of

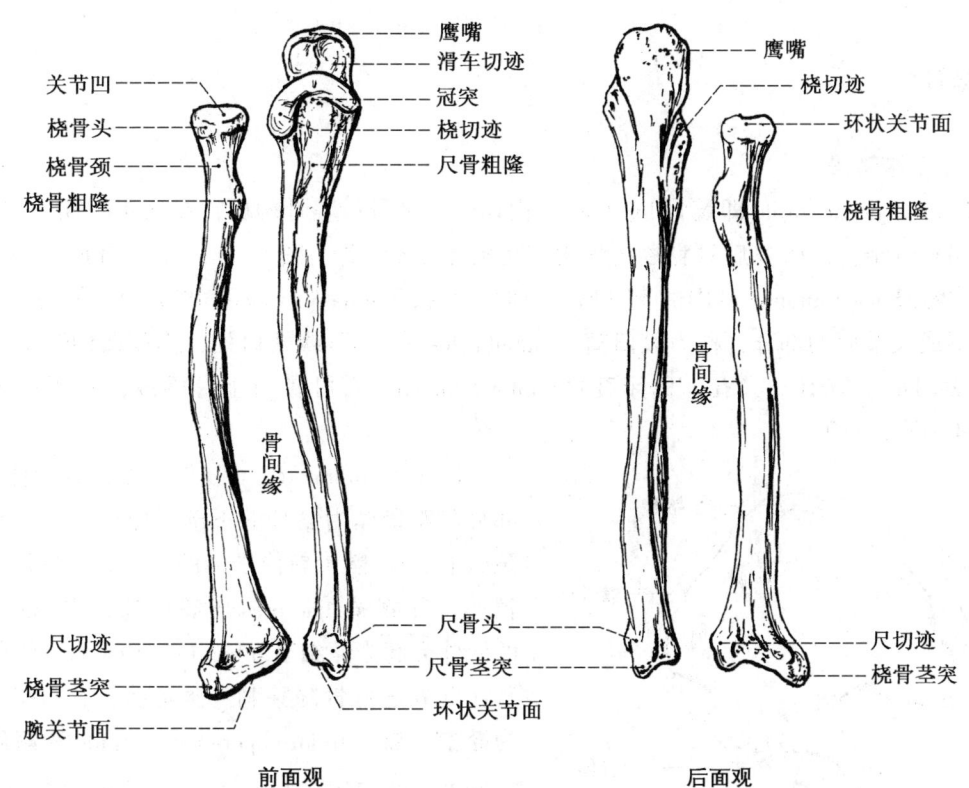

关节凹
桡骨头
桡骨颈
桡骨粗隆

鹰嘴
滑车切迹
冠突
桡切迹
尺骨粗隆

鹰嘴
桡切迹
环状关节面
桡骨粗隆

骨间缘

骨间缘

尺切迹
桡骨茎突
腕关节面

尺骨头
尺骨茎突
环状关节面

尺切迹
桡骨茎突

前面观　　　　　　　后面观　　　　　　　图 1-31　桡骨和尺骨

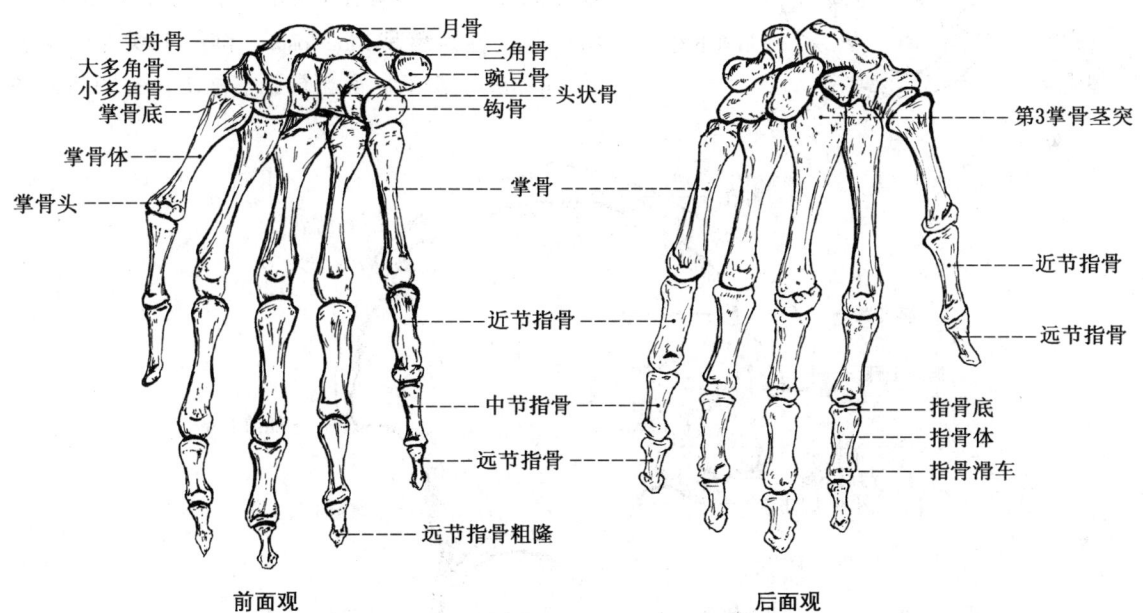

手舟骨
大多角骨
小多角骨
掌骨底
掌骨体
掌骨头

月骨
三角骨
豌豆骨
头状骨
钩骨

掌骨

近节指骨

中节指骨

远节指骨

远节指骨粗隆

第3掌骨茎突

近节指骨

远节指骨

指骨底
指骨体
指骨滑车

前面观　　　　　　　后面观　　　　　　　图 1-32　手骨

metacarpal bone。掌骨头与近节指骨形成掌指关节。

（3）指骨 phalanges of fingers　共 14 块，均为长骨，除拇指为 2 节外，其余各指皆为 3 节。由上向下依次为**近节指骨**、**中节指骨**和**远节指骨**。每节指骨的近端为**指骨底**，中部为**指骨体**，远端为**指骨滑车**。远节指骨远端掌面粗糙，称**远节指骨粗隆**。

二、下肢骨

（一）下肢带骨

下肢带骨 pelvic girdle 即**髋骨** hip bone，由髂骨、坐骨、耻骨构成，在幼年时期，3块骨之间借透明软骨结合，16岁后软骨逐渐骨化，互相融合成髋骨（图1-33）。髋骨外面中央的圆形深窝，称**髋臼** acetabulum，其内的半月形关节面为**月状面** lunate surface，与股骨头相关节；窝的中央未形成关节面的部分，称为**髋臼窝** acetabular fossa；其下缘缺口处，称**髋臼切迹** acetabular notch。髋臼前下方有一大孔，称**闭孔** obturator foramen，由耻骨与坐骨围成，有闭孔膜封闭（图1-34，图1-35）。

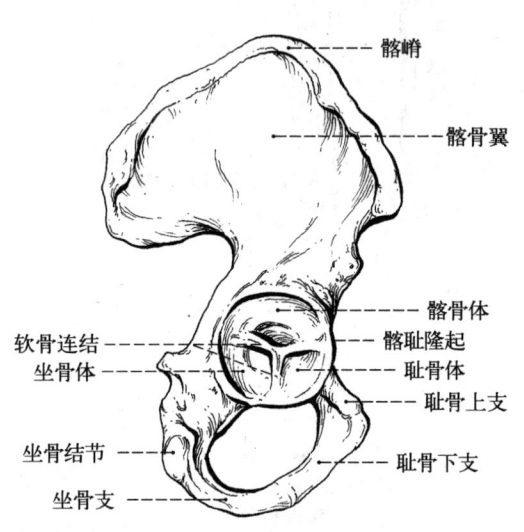

图 1-33　幼儿髋骨

1. **髂骨** ilium　位于髋骨上部，分为体和翼2部分。**髂骨体**为髂骨的下部增厚部分，参与构成髋臼上2/5。**髂骨翼**位于体的上方，呈扇形，上缘较厚，称**髂嵴** iliac crest。髂嵴前、中1/3交界处的向外突起为**髂结节** tubercle of iliac crest，临床上常在此处进行骨髓穿刺。髂嵴前、后两端分别称为**髂前上棘** anterior superior iliac spine 和**髂后上棘** posterior superior iliac spine；两者下方各有突起，分别称**髂前下棘** anterior inferior iliac spine 和**髂后下棘** posterior inferior iliac spine。髂骨翼内面前部光滑凹陷，称为**髂窝** iliac fossa。窝的下缘为**弓状线** arcuate line。窝的后部粗糙，其前下份有凹凸不平

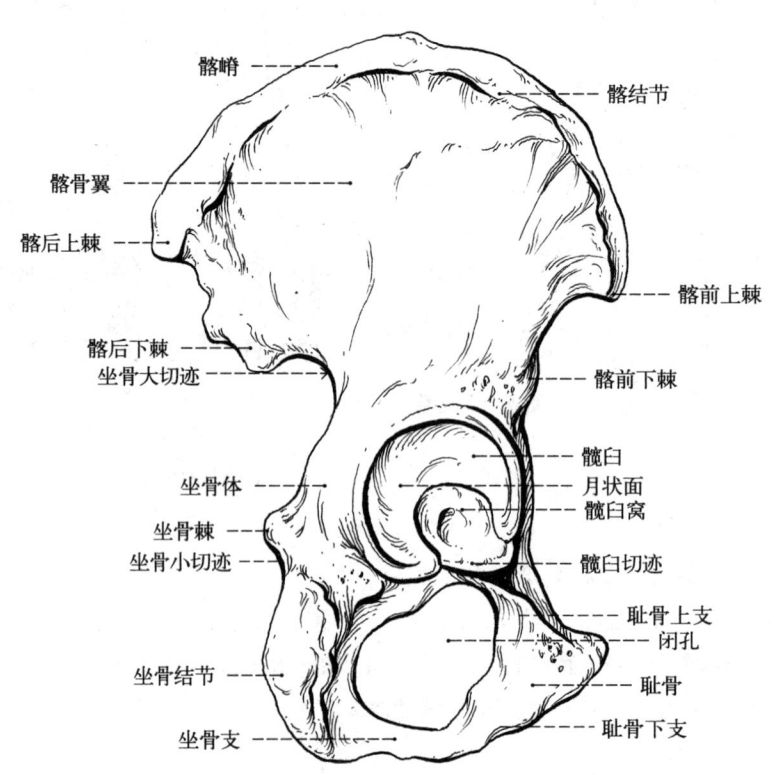

图 1-34　髋骨（外面观）

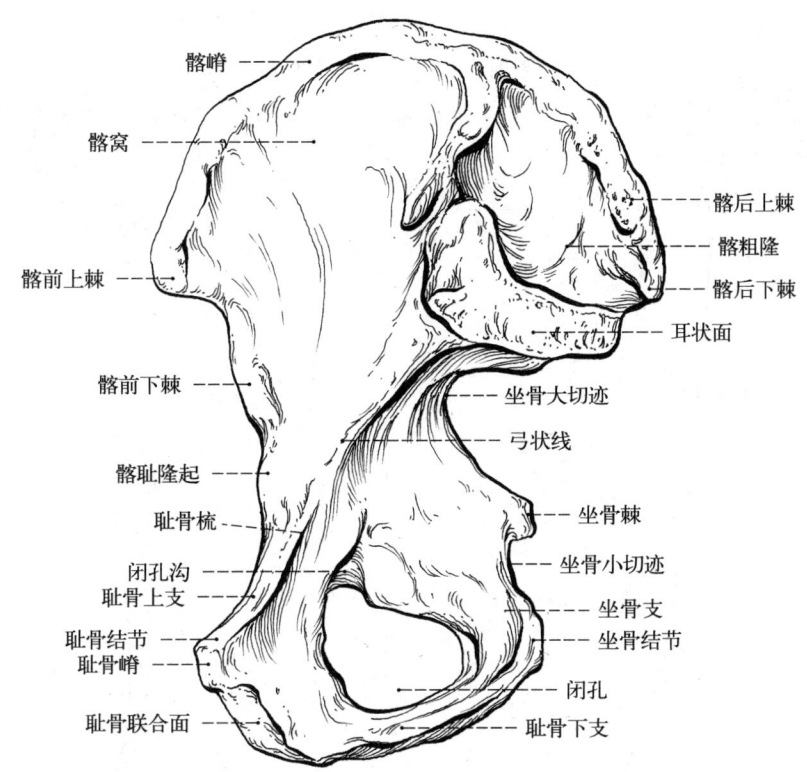

髂嵴

髂窝

髂前上棘

髂前下棘

髂耻隆起

耻骨梳

闭孔沟
耻骨上支

耻骨结节
耻骨嵴

耻骨联合面

髂后上棘

髂粗隆

髂后下棘

耳状面

坐骨大切迹

弓状线

坐骨棘

坐骨小切迹

坐骨支

坐骨结节

闭孔

耻骨下支

图 1-35　髋骨（内面观）

的关节面，为**耳状面** auricular surface，其后上为**髂粗隆** iliac tuberosity。

2. **坐骨** ischium　位于髋骨的后下部，分为体和支 2 部。**坐骨体**粗壮，构成髋臼的后下 2/5。其下端向后下为肥厚粗大的**坐骨结节** ischial tuberosity，是坐骨最低处。在坐骨体后缘上，坐骨结节上方有三角形的**坐骨棘** ischial spine，坐骨棘与髂骨翼和坐骨结节之间分别形成**坐骨大切迹** greater sciatic notch 和**坐骨小切迹** lesser sciatic notch。坐骨体向前内转折形成较细的**坐骨支**，其末端与耻骨下支结合。

3. **耻骨** pubis　位于髋骨的前下部，分为体、上支和下支。**耻骨体**构成髋臼的前下 1/5。与髂骨体之间的结合处上面粗糙稍凸，称**髂耻隆起** iliopubic eminence。耻骨体向前内侧延伸为**耻骨上支**，其上缘锐薄为**耻骨梳** pecten pubis，经髂耻隆起向后与弓状线相续。耻骨梳前端的圆形隆起，称**耻骨结节** pubic tubercle。耻骨结节向内侧延伸至前正中线的骨嵴，称**耻骨嵴** pubic crest。上支末端转向后下方延续为**耻骨下支**。耻骨下支末端与坐骨支相接。耻骨上、下支转折处的内侧面呈长椭圆形的粗糙面，称**耻骨联合面** symphysial surface。

（二）自由下肢骨

自由下肢骨 bones of free lower limb 由大腿的股骨、小腿的胫骨和腓骨及足骨 3 部分组成。在股骨与胫骨之间有髌骨。

1. **股骨** femur　位于大腿，为全身最长最大的长骨，全长约为身高的 1/4，分为上端、下端和体 3 部分（图 1-36）。

上端有朝向上内侧的半球形的**股骨头** femoral head，与髋臼的月状面形成髋关节。头中央稍下方有一小凹，称**股骨头凹** fovea of femoral head，为股骨头韧带附着处。股骨头向外下缩窄变细的部分为**股骨颈** neck of femur，颈与体之间形成约 130° 的颈干角。在颈与体交界处上外侧粗大的

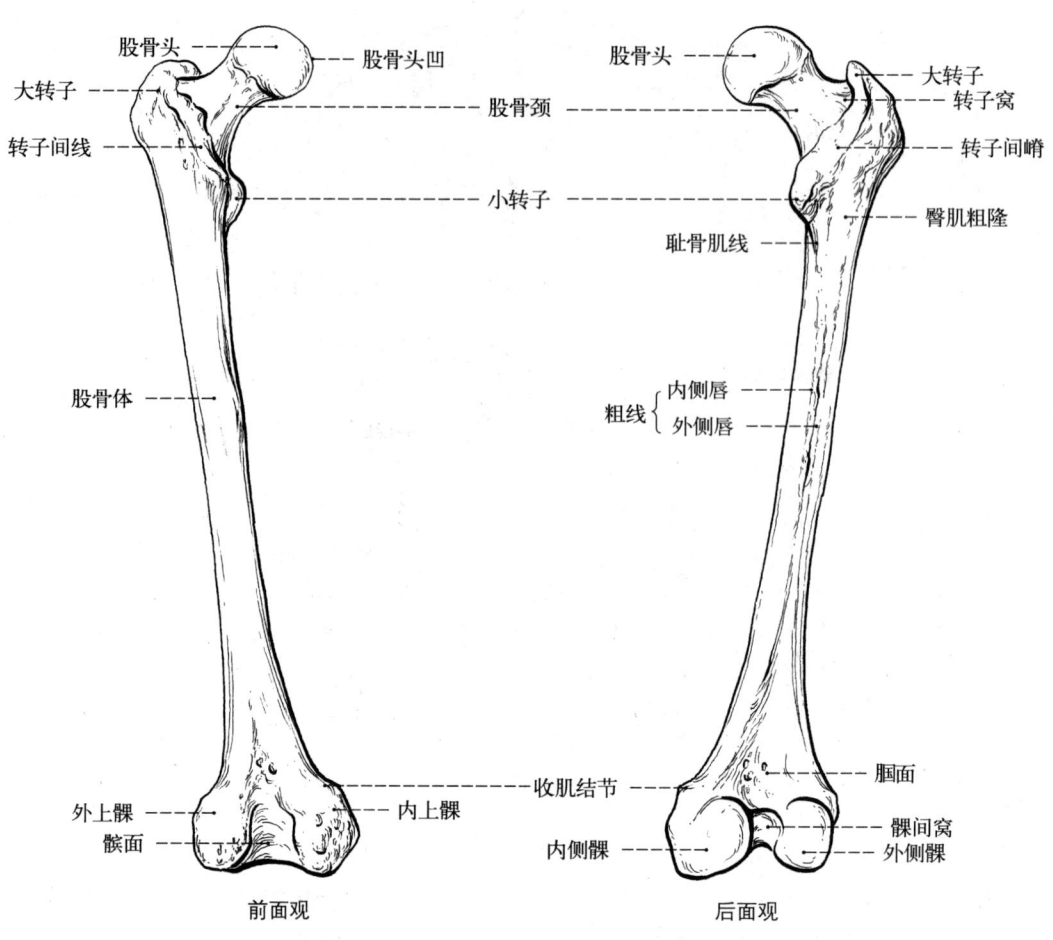

图 1-36　股骨　　　　　　　　　　　　前面观　　　　　　　　　　　　　　　　　后面观

隆起为**大转子** greater trochanter，内下方的突起称**小转子** lesser trochanter。两转子之间，在股骨后面的隆嵴为**转子间嵴** intertrochanteric crest，前面的为**转子间线** intertrochanteric line。

　　股骨体呈向前的弓形。体的前面光滑，后面呈纵行的骨嵴称**粗线** linea aspera。此线向上外延续为粗糙的**臀肌粗隆** gluteal tuberosity，向下分离成三角形的平面，称**腘面** popliteal surface。

　　下端略向后弯曲膨大，形成**内侧髁** medial condyle 和**外侧髁** lateral condyle，两者之间的深窝为**髁间窝** intercondylar fossa，两髁的关节面在前面会合成**髌面** patellar surface。内、外侧髁的侧面最突起处，分别称为**内上髁** medial epicondyle 和**外上髁** lateral epicondyle。内上髁上方的三角形突起，称为**收肌结节** adductor tubercle。

　　2. **髌骨** patella　位于膝关节前方的股四头肌腱内，是全身最大的籽骨。髌骨略呈三角形，上宽为髌底，下尖为髌尖，前面粗糙，后面有与股骨髌面相关节的关节面（图 1-37）。

　　3. **胫骨** tibia　位于小腿的内侧部，属长骨，分为上端、体和下端（图 1-38）。

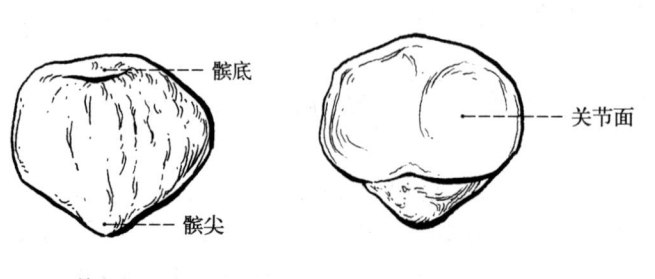

图 1-37　髌骨　　　　　　　前面观　　　　　　　　　　　后面观

　　上端膨大，向两侧突出，形成**内侧髁** medial condyle 和**外侧髁** lateral condyle。内、外侧髁上的关节面与股骨内、外侧髁关节面相对应。两髁之间向上的隆起为**髁间隆起** intercondylar eminence。外侧髁后外侧的一小关节面称为**腓关节面** fibular articular facet，与

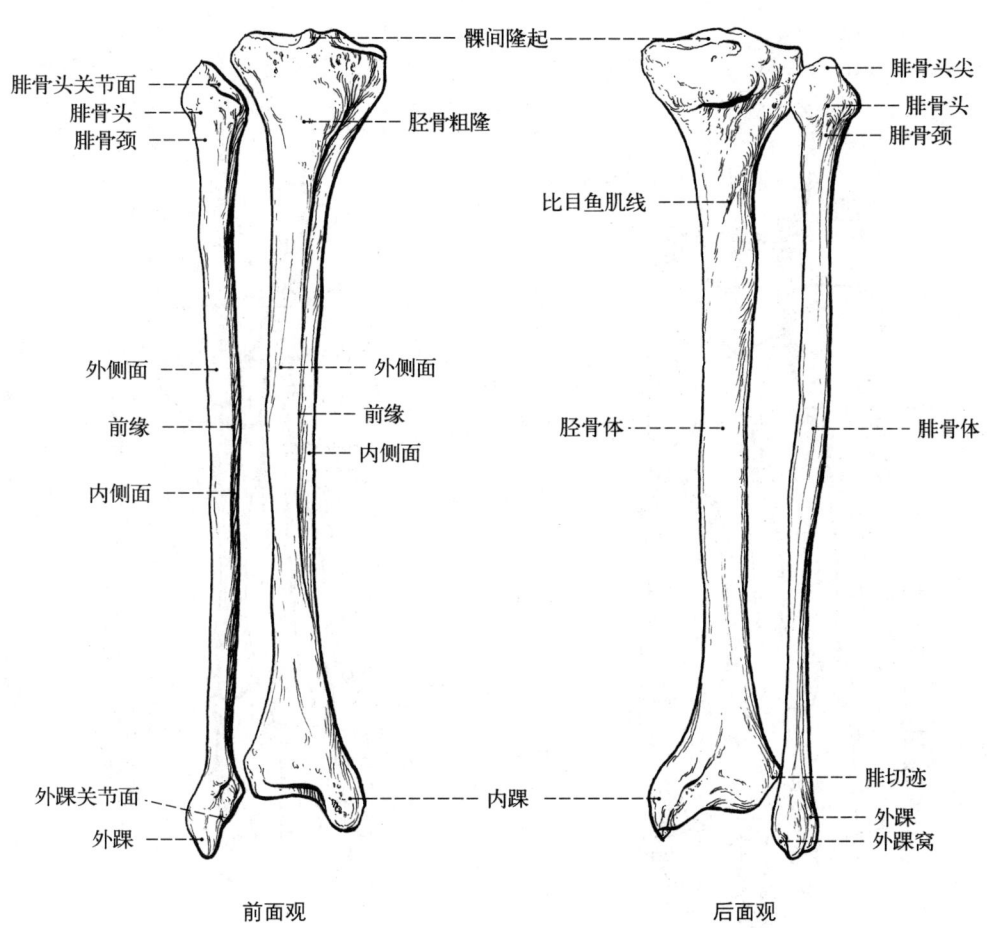

髁间隆起

腓骨头关节面
腓骨头
腓骨颈

胫骨粗隆

腓骨头尖
腓骨头
腓骨颈

比目鱼肌线

外侧面
前缘
内侧面

外侧面
前缘
内侧面

胫骨体

腓骨体

内侧面

外踝关节面
外踝

内踝

腓切迹
外踝
外踝窝

前面观 　　　　　　后面观 　　　　　　图1-38 胫骨和腓骨

腓骨头相关节。

胫骨体的前缘上端处，有一呈"V"形的粗隆，称**胫骨粗隆** tibial tuberosity；体的外侧缘为骨间缘，是小腿骨间膜附着处。

下端的下面为**下关节面** inferior articular surface；内侧有伸向下方的突起，称**内踝** medial malleolus；外侧凹陷形成**腓切迹** fibular notch，接腓骨下端。

4. **腓骨** fibula 　细长，位于胫骨后外侧，由上、下端和体构成（图1-38）。上端稍膨大称**腓骨头** fibular head，其前内侧的关节面与胫骨相关节。头下方缩窄为**腓骨颈** neck of fibula。腓骨体内侧有锐利的骨嵴，称骨间缘，为小腿骨间膜附着处。下端外侧膨大，称**外踝** lateral malleolus，其内侧面有接距骨的关节面。

5. **足骨** 　包括7块跗骨、5块跖骨和14块趾骨（图1-39）。

（1）**跗骨** tarsal bones 　均属于短骨，相当于腕骨，主要起支持体重的作用，故与腕骨的形态和体积不同。跗骨中最后部为**跟骨** calcaneus 和**距骨** talus，跟骨位于距骨后下方。距骨前方为**足舟骨** navicular bone。跟骨前方为**骰骨** cuboid bone。足舟骨的前方与骰骨内侧为3块楔骨，由内侧向外侧依次为**内侧楔骨** medial cuneiform bone、**中间楔骨** intermediate cuneiform bone 和**外侧楔骨** lateral cuneiform bone。

（2）**跖骨** metatarsal bones 　与掌骨类似，由内侧向外侧依次排列为第1—5跖骨。每块跖骨均分为近端的底、中部的体和远端的头3部分。跖骨底分别与3块楔骨和骰骨相关节。第5跖骨底向后外侧突出，称**第5跖骨粗隆**。

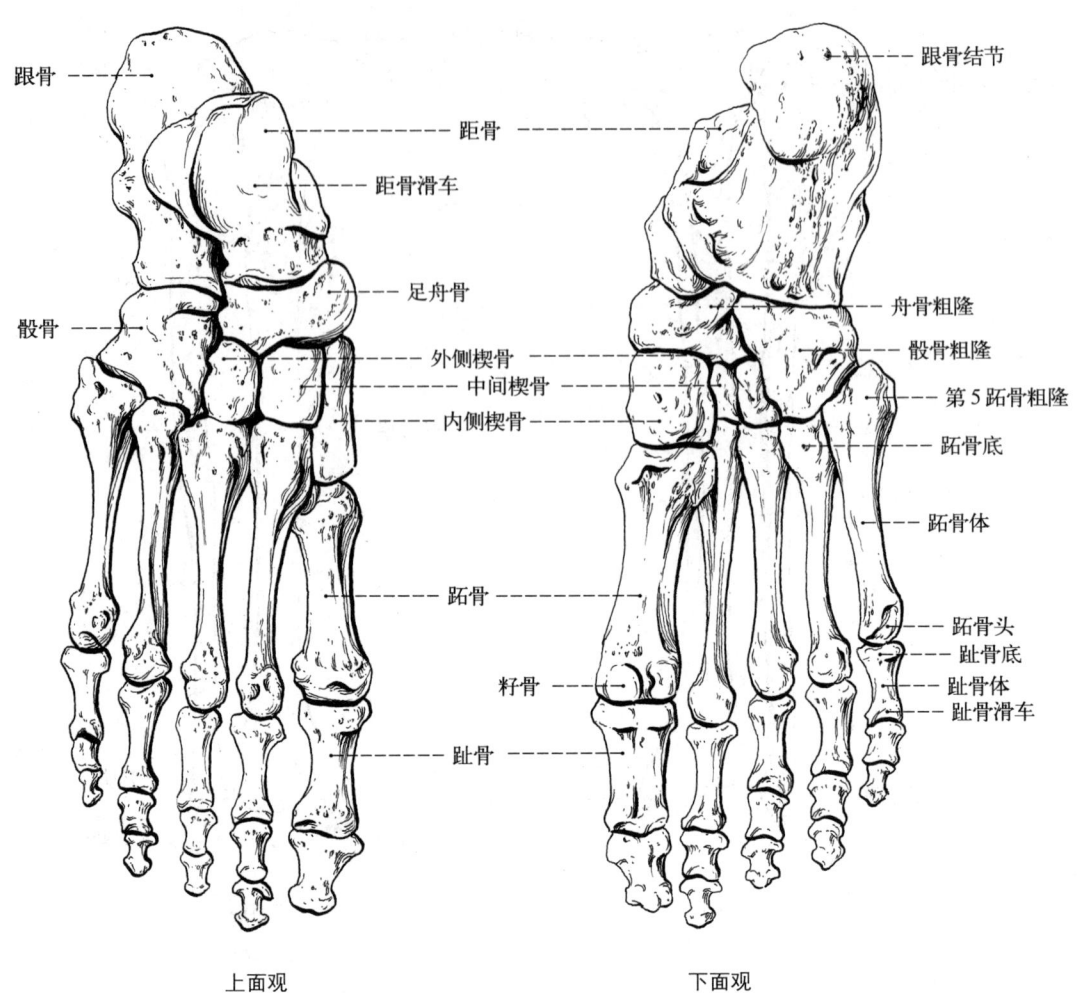

图 1-39 足骨

上面观　　　　　　　　　　下面观

（3）**趾骨** phalanges of toes 除踇趾为 2 节外，其余各趾均为 3 节，分别为**近节趾骨**、**中节趾骨**和**远节趾骨**。近节趾骨和中节趾骨又分为**底**、**体**和**滑车**。

（李严兵　高　尚）

复习思考题

1. 试述运动系统的组成及功能。

2. 骨按部位是如何分部的？各部骨包括哪些？

3. 骨按形态分为哪些类型？各种类型骨的形态特点和分布规律是什么？

4. 简述骨的内部构造和特点。

5. 简述椎骨的一般形态及各部椎骨的差异和特点。

6. 试述颅前、中和后窝的孔和裂，以及通过这些孔和裂的主要结构。

7. 试述眶和骨性鼻腔的构成。

8. 体表可扪及的骨性标志有哪些？

9. 试述翼点的位置和构成。如果翼点处发生骨折会导致怎样的后果？

10. 胸骨角、肩胛下角、骶角、第 7 颈椎棘突末端等在体表易触及的骨性结构在临床上有什么意义？

数字课程学习……

👤≣ 本章小结　　🅦 实物标本图　　👥 开放性讨论　　📝 自测题　　⬇ 教学 PPT

第二章
关节学

关键词

胸廓　　脊柱　　骨盆　　颞下颌关节　　肩关节
肘关节　　桡腕关节　　髋关节　　膝关节　　踝关节

　　骨连结是运动系统的重要组成部分，骨借骨连结形成骨骼，构成人体的支架。在运动中，骨连结是运动的枢纽，骨在骨骼肌作用下围绕骨连结进行运动。骨连结分直接连结和间接连结2类，前者运动幅度较小，后者运动幅度较大，主要完成运动功能。颅骨大部分为直接连结，唯一的间接连结是颞下颌关节。躯干骨借骨连结形成了脊柱和胸廓，脊柱由所有椎骨连结构成，胸廓由肋、胸椎和胸骨连结构成。附肢骨的连结包括肢带骨的连结和自由肢骨的连结。人类由于直立，上肢从支持功能中解脱出来，成为灵活运动的器官，因此，上肢骨的连结以运动的灵活性为主，下肢骨的连结以运动的稳定性为主。

思维导图

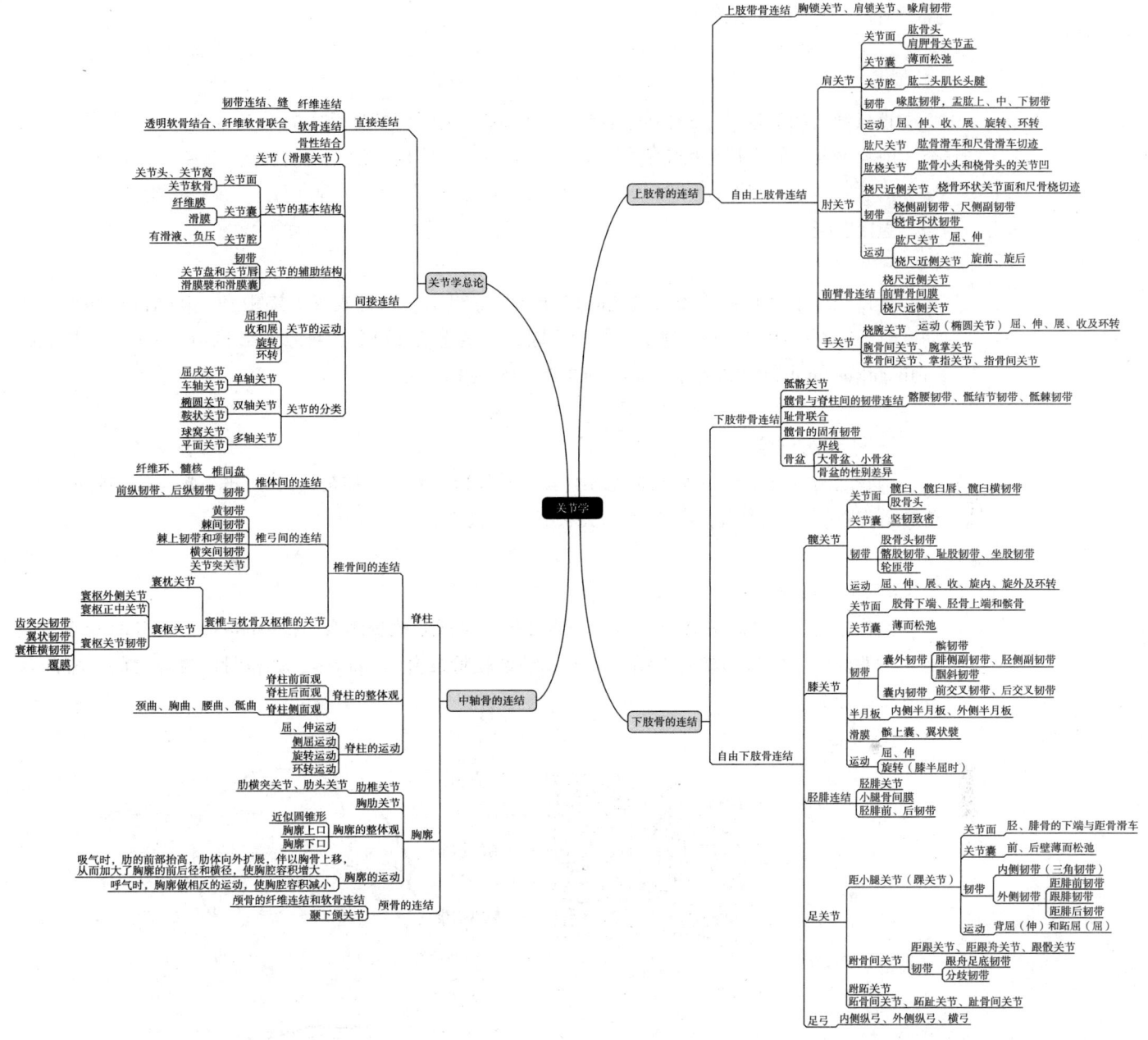

第一节 关节学总论

骨与骨之间的连结结构称**骨连结** articulation，按不同的连结方式分为直接连结和间接连结 2
类。前者主要行使支持、稳定和保护功能，后者主要完成灵活运动的功能。

一、直接连结

直接连结通常是指相邻两骨之间借纤维结缔组织、软骨或骨直接相连，其间没有间隙，活
动度较小或不能活动。根据连结组织的不同，直接连结又可分为**纤维连结** fibrous joint、**软骨连结**
cartilaginous joint 和**骨性结合** synostosis 3 类（图 2–1）。

（一）纤维连结

两骨之间的连结组织为纤维结缔组织，可分为 2 种：①**韧带连结** syndesmosis，如棘间韧带、
前臂骨间膜等。②**缝** suture，如颅的矢状缝和冠状缝等。

（二）软骨连结

两骨之间通过软骨相连结，也可分为 2 种：①**透明软骨结合** synchondrosis，如长骨骨干与骺
之间的骺软骨、蝶骨与枕骨的结合等。②**纤维软骨结合** symphysis，如椎骨的椎体之间的椎间盘
及耻骨联合等。

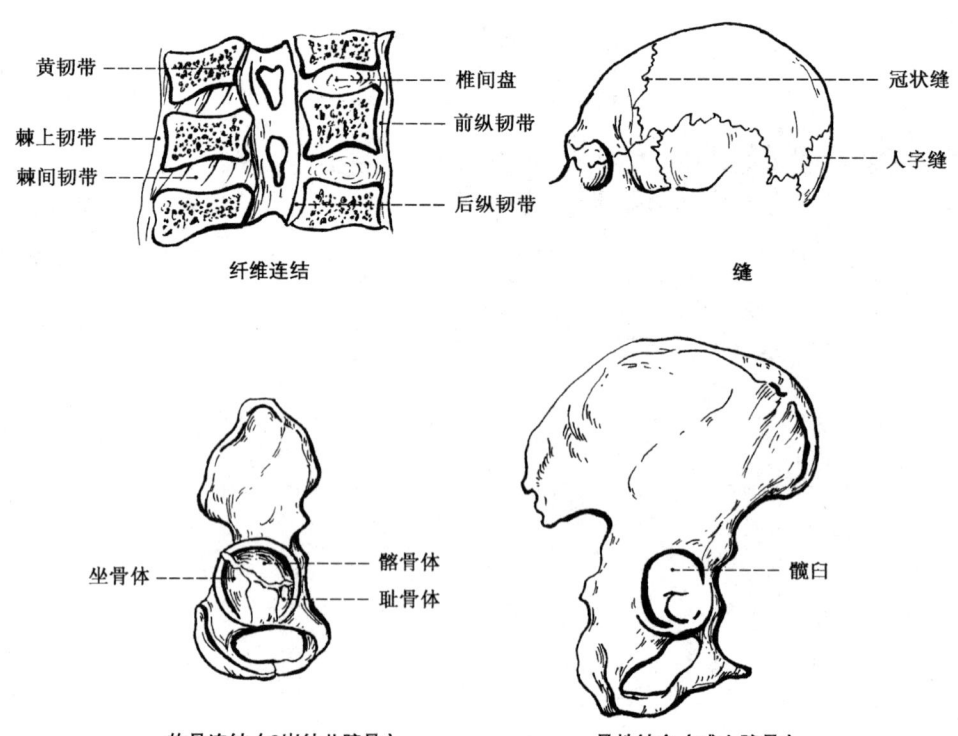

图 2-1 骨直接连结的
分类

（三）骨性结合

两骨间以骨组织相连结，常由纤维连结或透明软骨骨化而成，如骶椎之间的骨性结合等。

二、间接连结

间接连结又称为**关节** articulation 或**滑膜关节** synovial joint，是骨连结的最高分化形式。关节的相对骨面互相分离，周围借结缔组织相连结，其间存在充以少量滑液的腔隙，通常具有较大的活动性。

（一）关节的基本结构

1. **关节面** articular surface　是参与组成关节各骨的接触面。一般为一凸一凹，凸者称为关节头，凹者称为关节窝。关节面上终身被覆有**关节软骨** articular cartilage。关节软骨多数由透明软骨构成，少数为纤维软骨。关节软骨表面光滑，具有弹性，在运动时可减少关节面的摩擦，能够缓冲振荡和冲击（图 2-2）。

2. **关节囊** articular capsule　是由纤维结缔组织膜构成的囊，附着于关节面周围的骨面，并与骨膜融合续连。关节囊可分为内、外 2 层（图 2-2）。外层为**纤维膜** fibrous membrane，厚而坚韧，由致密结缔组织构成，含有丰富的血管和神经。内层为**滑膜** synovial membrane，由薄而柔润的疏松结缔组织膜构成，衬贴于纤维膜的内面，附着于关节软骨的周缘，包被着关节内除关节软骨、关节唇和关节盘以外的所有结构。滑膜富含血管网，能产生**滑液** synovial fluid。滑液是透明的蛋白质样液体，呈弱碱性，为关节腔内提供了液态环境，有润滑作用，也是关节软骨、半月板等新陈代谢的重要媒介。

3. **关节腔** articular cavity　为关节囊滑膜层和关节面共同围成的密闭腔隙，腔内含有少量滑液。关节腔内呈负压，对维持关节的稳固有一定作用（图 2-2）。

（二）关节的辅助结构

关节除具备上述基本结构外，一些关节为适应其功能还形成了特殊的辅助结构，这些辅助结

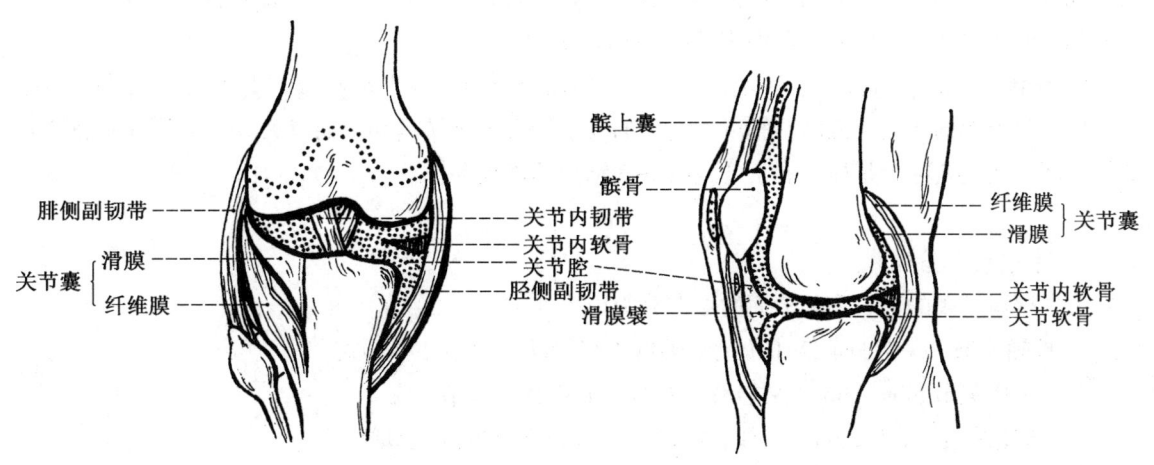

前面观　　　　　　　　　　　　侧面观　　　　　　　　　图 2-2　膝关节的结构

构对于增加关节的灵活性或稳固性具有重要作用。

1. **韧带** ligament　是连于相邻两骨之间的致密结缔组织纤维束，有加强关节的稳固或限制其过度运动的作用。位于关节囊外的称囊外韧带，如膝关节的腓侧副韧带；位于关节囊内的称囊内韧带，有滑膜包裹，如膝关节内的交叉韧带。

2. **关节盘** articular disc 和**关节唇** articular labrum　是关节内 2 种不同形态的纤维软骨。

关节盘位于构成关节的两关节面之间，其周缘附着于关节囊，将关节腔分成 2 部。关节盘多呈圆盘状，中部稍薄，周缘略厚。而关节唇是附着于关节窝周缘的纤维软骨环，其加深关节窝，增强了关节的稳固性。

3. **滑膜襞** synovial fold 和**滑膜囊** synovial bursa　有些关节囊的滑膜重叠卷折并突入关节腔，形成滑膜襞。有时此襞内含脂肪，则形成滑膜脂垫。在纤维膜的薄弱或缺如处，滑膜可呈囊状膨出，充填于肌腱与骨面之间，形成滑膜囊，可减少肌肉活动时与骨面之间的摩擦。

（三）关节的运动

关节面的形态、运动轴的数量及其方向决定了关节的运动形式和范围，其运动形式基本上是沿 3 个互相垂直的轴所做的运动。

1. **屈** flexion 和**伸** extension　通常是指关节沿冠状轴进行的运动。运动时，相关节的两骨之间的角度变小称为屈，反之，角度增大称为伸。一般关节的屈是指向腹侧面成角，而膝关节则相反，小腿向后贴近大腿的运动称为膝关节的屈，反之称为伸。在手部，由于拇指几乎与其他四指呈直角，拇指背面朝向外侧，故该关节的屈伸运动是围绕矢状轴进行的，拇指与手掌面的角度减小称为屈，反之称为伸。足部的屈伸则反映了胚胎早期后肢芽的旋转，足尖上抬，足背向小腿前面靠拢为踝关节的伸，习惯上称之为背屈 dorsiflexion；足尖下垂为踝关节的屈，习惯上称为跖屈 plantar flexion。

2. **收** adduction 和**展** abduction　是关节沿矢状轴进行的运动。运动时，骨向正中矢状面靠拢称为收，反之，远离正中矢状面称为展。手指和足趾的收展，则被人为地规定为以中指和第 2 趾为中轴的靠拢或散开运动。而拇指的收展是围绕冠状轴进行的，拇指向示指靠拢称为收，远离示指称为展。

3. **旋转** rotation　是关节沿垂直轴进行的运动。如肱骨围绕骨中心轴向前内侧旋转，称**旋内** medial rotation；而向后外侧旋转，则称**旋外** lateral rotation。在前臂桡骨对尺骨的旋转运动，则是围绕桡骨头中心到尺骨茎突基底部的轴线旋转，将手背转向前方的运动称**旋前** pronation，将手掌恢复到向前而手背转向后方的运动称**旋后** supination。

4. **环转** circumduction　骨在运动时，其上端在原位转动，下端则做圆周运动，运动时全骨描绘出一圆锥形的轨迹。能沿两轴以上运动的关节均可做环转运动，如肩关节、髋关节和桡腕关节等。环转运动实际上是屈、展、伸、收依次结合的连续动作。

（四）关节的分类

关节按运动轴的数目和关节面的形态分为以下 3 类（图 2-3）。

1. **单轴关节**　关节只能绕 1 个运动轴做 1 组运动，包括 2 种形式。

（1）**屈戌关节** hinge joint　又名滑车关节，如指骨间关节。

（2）**车轴关节** trochoid joint　如寰枢正中关节和桡尺近侧关节等。

2. **双轴关节**　关节能绕 2 个互相垂直的运动轴进行 2 组运动，也可进行环转运动，包括两

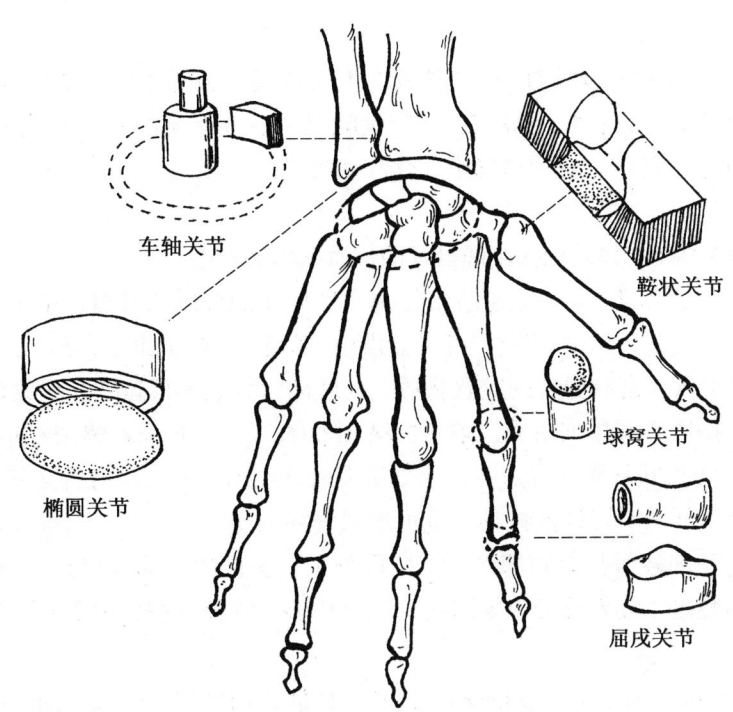

车轴关节

鞍状关节

椭圆关节

球窝关节

屈戌关节

图 2-3　关节的分类

种形式。

（1）**椭圆关节** ellipsoidal joint　如桡腕关节和寰枕关节等。

（2）**鞍状关节** sellar joint　如拇指腕掌关节。

3.　**多轴关节**　关节具有 2 个以上的运动轴，可做多方向的运动，通常也有 2 种形式。

（1）**球窝关节** ball and socket joint　关节头较大，呈球形，关节窝浅而小，与关节头的接触面积不到 1/3，如肩关节，可做屈、伸、收、展、旋内、旋外和环转运动。也有的关节窝很深，包绕关节头的大部分，虽然也属于球窝关节，但运动范围受到一定限制，如髋关节。掌指关节亦属球窝关节，因其侧副韧带较强，旋转运动受限。

（2）**平面关节** plane joint　两骨的关节面均较平坦而光滑，但仍有一定的弯曲或弧度，也可列入多轴关节，可做多轴性的滑动或转动，如腕骨间关节和跗跖关节等。

第二节　中轴骨连结

中轴骨的连结包括躯干骨的连结和颅骨的连结。

一、躯干骨的连结

躯干骨的连结包括由椎骨连结形成的脊柱以及由 12 块胸椎、12 对肋和 1 块胸骨连结构成的胸廓。

（一）脊柱

脊柱 vertebral column 由24块椎骨、1块骶骨和1块尾骨借骨连结形成，构成人体的中轴，上端承载颅，下端连接下肢带骨。脊柱除具有运动功能外，还有支持躯干和保护脊髓的功能。

1. 椎骨间的连结　各椎骨之间借韧带、软骨和滑膜关节相连，可分为椎体间的连结和椎弓间的连结。

（1）椎体间的连结　椎体之间由椎间盘及前、后纵韧带相连。

1）**椎间盘** intervertebral disc：是连结相邻两个椎体间的纤维软骨盘，第1和第2颈椎之间没有椎间盘，故成人共有23个椎间盘。椎间盘由中央的髓核和周围的纤维环2部分构成。**髓核** nucleus pulposus 是柔软而富有弹性的胶状物质，为胚胎时脊索的残留物；**纤维环** anulus fibrosus 由多层纤维软骨环按同心圆排列组成，牢固连接各椎体上、下面，保护髓核并限制髓核向周围膨出（图2-4）。椎间盘既坚韧又富弹性，承受压力时被压缩，解除压力后又复原，具有"弹性垫"样作用，可缓冲外力对脊柱的振动，也可增加脊柱的运动幅度。各部椎间盘的厚薄各不相同，中胸部较薄，颈部较厚，而腰部最厚，所以颈椎、腰椎的活动度较大。当纤维环破裂时，髓核容易向后外侧脱出，突入椎管或椎间孔，压迫相邻的脊髓或神经根引起牵涉性痛，临床称为椎间盘突出症。

2）**前纵韧带** anterior longitudinal ligament：是在椎体前面延伸的一束坚固的纤维束，宽而坚韧，上起自枕骨大孔前缘，下达第1或第2骶椎椎体。其纵行的纤维牢固地附着于椎体和椎间盘，有防止脊柱过度后伸和椎间盘向前脱出的作用。

3）**后纵韧带** posterior longitudinal ligament：位于椎管内椎体的后面，窄而坚韧。起自枢椎并与覆盖枢椎椎体的覆膜相续，下达骶骨，有限制脊柱过度前屈的作用。

（2）椎弓间的连结　包括椎弓板、棘突、横突间的韧带连结和上、下关节突间的滑膜关节（图2-5）。

1）**黄韧带** ligamenta flava：为连结相邻两椎弓板间的韧带，由黄色的弹性纤维构成。黄韧带协助围成椎管，并有限制脊柱过度前屈的作用（图2-6）。

2）**棘间韧带** interspinal ligament：是连接相邻棘突间的薄层纤维，附着于棘突根部到棘突尖。向前与黄韧带、向后与棘上韧带相移行。

3）**棘上韧带** supraspinal ligament 和**项韧带** ligamentum nuchae：棘上韧带是连接胸、腰、骶椎各棘突尖之间的纵行韧带，前方与棘间韧带相融合，有限制脊柱前屈的作用。而在颈部，从颈椎棘突尖向后扩展成三角形板状的弹性膜层，称为项韧带。项韧带常被认为是棘上韧带和颈椎棘间韧带的延续，向上附着于枕外隆凸及枕外嵴，向下达第7颈椎棘突并续于棘上韧带，是颈部肌肉附着的双层致密弹性纤维隔（图2-7）。

4）**横突间韧带** intertransverse ligament：位于相邻椎骨横突间的纤维索，部分与横突间肌混合。

5）**关节突关节** zygapophyseal joint：由相邻椎骨的上、下关节突的关节面构成，属平面关节，只

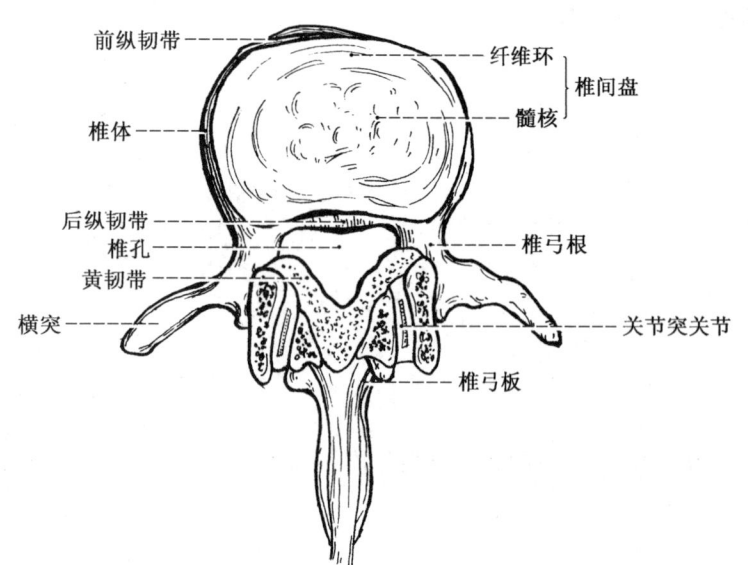

图2-4　椎间盘和关节突（腰椎上面观）

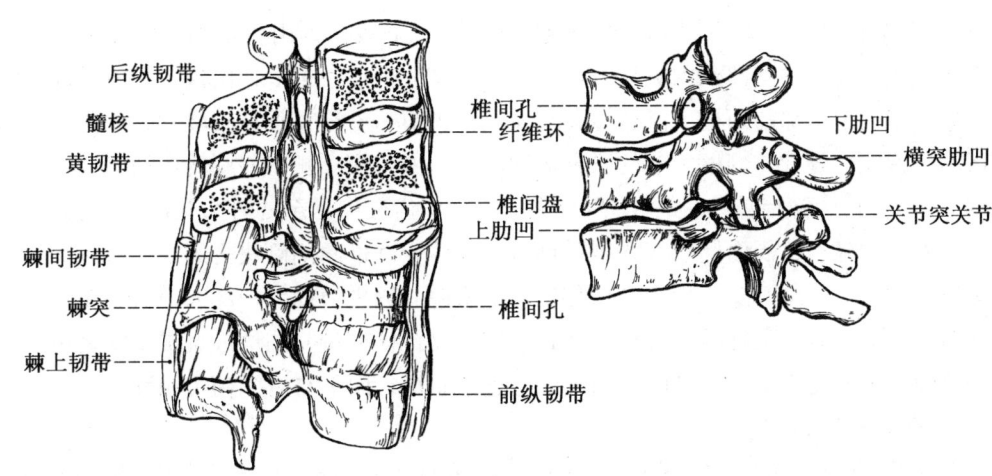

图 2-5 椎骨间的连结

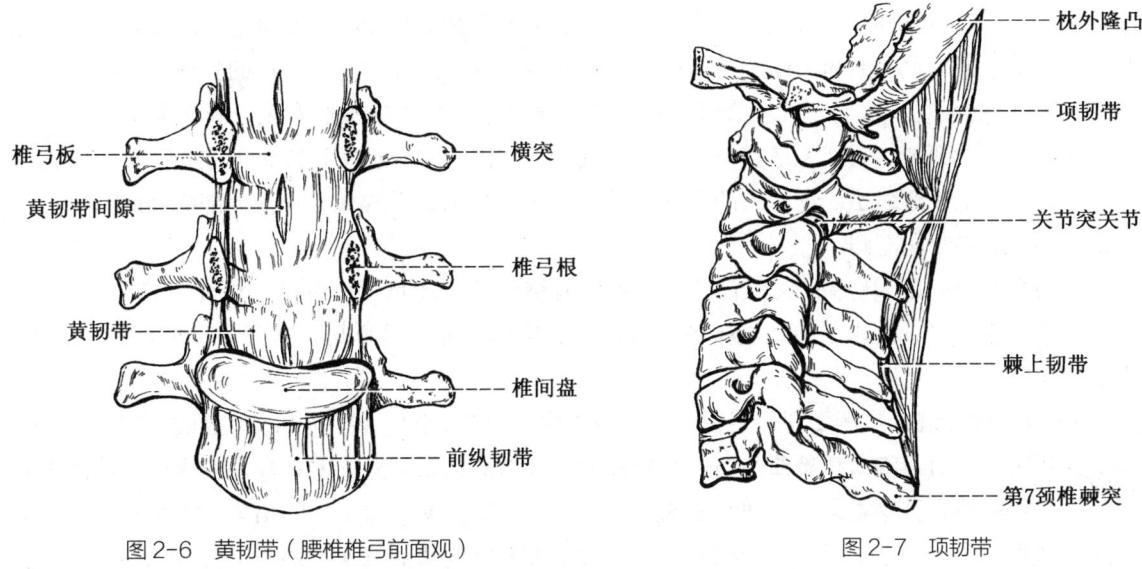

图 2-6 黄韧带（腰椎椎弓前面观）

图 2-7 项韧带

能做轻微滑动。

（3）寰椎与枕骨及枢椎的关节（图 2-8）

1）**寰枕关节** atlantooccipital joint：由枕骨髁与寰椎侧块的上关节凹构成，为椭圆关节。两侧同时运动，属联合关节，使头做俯仰和侧屈运动。关节面有透明软骨覆盖，关节囊松弛，附着于关节面周缘，周围有韧带增强。

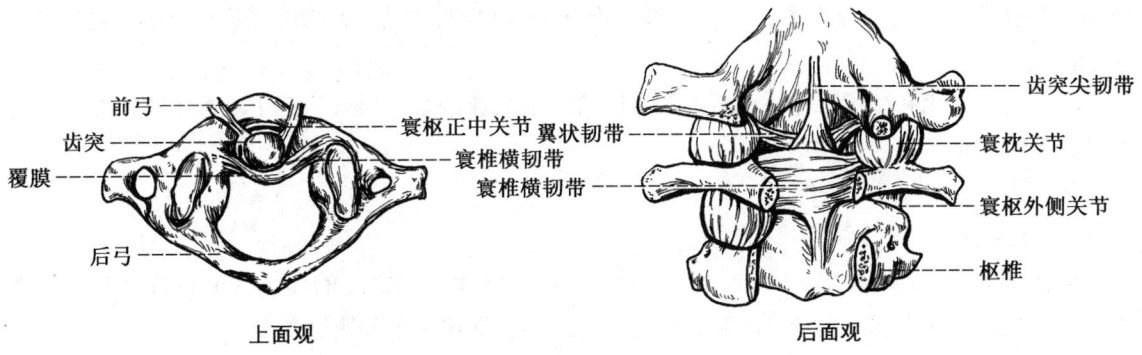

图 2-8 寰枢、寰枕关节

上面观　　　　　　　　后面观

2）寰枢关节包括 3 个关节：①寰枢外侧关节，左、右各一，由寰椎侧块的下关节面与枢椎上关节面构成，关节囊的后部及内侧均有韧带加强。②寰枢正中关节，由齿突与寰椎前弓后面的关节面与寰椎横韧带中部前面构成。寰枢关节属车轴关节，沿齿突垂直轴转动，使头连同寰椎进行旋转运动。因此，寰枕、寰枢关节的联合运动能使头做俯仰、侧屈和旋转运动。

寰枢关节周围有下列韧带加强：①齿突尖韧带，由齿突尖延至枕骨大孔前缘。②翼状韧带，由齿突尖向外上方延至枕髁内侧。③寰椎横韧带，连接于寰椎两侧侧块之间，横过齿突后方，参与构成寰枢正中关节，同时防止齿突向后移位压迫脊髓。寰椎横韧带中部向上有一束纤维附着于枕骨大孔前缘，向下有一束纤维连结枢椎体，它们与寰椎横韧带共同形成寰椎十字韧带。④覆膜为坚韧的薄膜，覆于寰椎十字韧带的后面，向上连于斜坡，向下与后纵韧带相续。

2. 脊柱的整体观及其运动

（1）脊柱的整体观　成年男性脊柱长约 70 cm，女性约 60 cm。其长度可因姿势不同而略有差异，静卧比站立时可长出 2～3 cm，这是由于站立时椎间盘被压缩所致。椎间盘的总厚度约为脊柱全长的 1/4。老年椎间盘可因胶原成分改变而变薄，骨质疏松可致椎体加宽和高度减小，脊柱肌肉动力学下降可致胸曲和颈曲的凸度增加，这些变化都直接导致老年脊柱的长度减小。

1）脊柱前面观：从前面观察脊柱，自第 2 颈椎到第 3 骶椎的椎体宽度，自上而下随负载增加而逐渐加宽，到第 2 骶椎为最宽。骶骨耳状面以下，由于重力经髂骨传到下肢骨，椎体已无承重意义，体积也逐渐缩小。正常人的脊柱有轻度侧屈，惯用右手的人，脊柱上部略凸向右侧，下部则代偿性地略凸向左侧。

2）脊柱后面观：从后面观察脊柱，可见所有椎骨棘突连贯形成纵嵴，位于背部正中线上。颈椎棘突短而分叉，近水平位；胸椎棘突细长，斜向后下方，呈叠瓦状排列；腰椎棘突呈板状，水平伸向后方。

3）脊柱侧面观：从侧面观察脊柱，可见成人脊柱有颈、胸、腰、骶 4 个生理性弯曲。其中，**颈曲**和**腰曲**凸向前，**胸曲**和**骶曲**凸向后。脊柱的这些弯曲增大了脊柱的弹性，对维持人体的重心稳定和减轻振荡有重要意义。胸曲和骶曲在胚胎时已形成。婴儿出生后的抬头、坐起及站立行走是颈曲和腰曲形成的主要因素。脊柱的每一个弯曲都有它的功能意义，颈曲支持头的抬起；腰曲使身体重心垂线后移，以维持身体的前后平衡，保持稳固的直立姿势；而胸曲和骶曲在一定意义上扩大了胸腔和盆腔的容积（图 2-9）。

（2）脊柱的运动　相邻两椎骨之间的运动是有限的，但整个脊柱的活动范围较大，可做屈、伸、侧屈、旋转和环转运动。脊柱各部的运动形式和范围不同，这主要取决于关节突关节的方位和形状、椎间盘的厚度、韧带的位置及厚薄等，同时也与年龄、性别和锻炼程度有关。

3. 常见的脊柱变异与畸形

（1）脊柱裂　是一种先天性的椎管闭合不全。多由胚胎发生时两侧椎弓骨化中心融合不全所致，脊柱后正中线出现裂隙，即脊柱裂。椎管中的脊髓、脊膜等可由此膨出。脊柱裂多见于腰骶部。

（2）腰椎骶化和骶椎腰化　前者为第 5 腰椎与骶骨相融合，后者为第 1 骶椎不与第 2 骶椎融合，而类似腰椎。

（二）胸廓

胸廓 thoracic cage 由 12 块胸椎、12 对肋、1 块胸骨和它们之间的连结共同构成。其上窄下宽，前后略扁，水平面上呈肾形。胸廓的连结主要包括肋椎关节和胸肋关节。

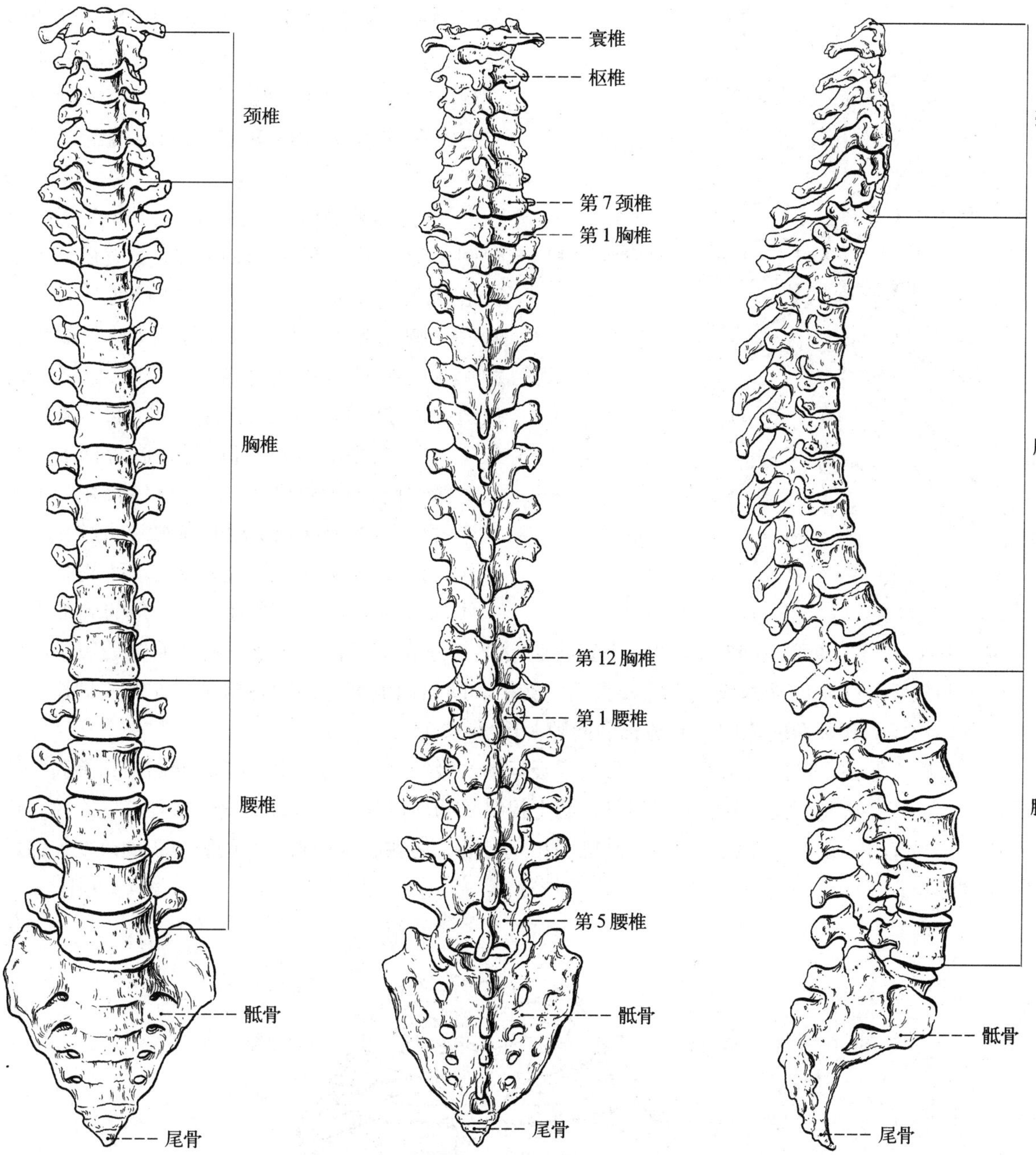

颈椎

胸椎

腰椎

骶骨

尾骨

前面观

寰椎

枢椎

第 7 颈椎

第 1 胸椎

第 12 胸椎

第 1 腰椎

第 5 腰椎

骶骨

尾骨

后面观

颈椎

胸椎

腰椎

骶骨

尾骨

侧面观

图 2-9 脊柱

1. **肋椎关节** costovertebral joint　由肋骨后端与胸椎形成，包括肋头关节和肋横突关节（图 2-10）。这 2 个关节在功能上是联合关节，运动时肋骨沿肋头至肋结节的轴线旋转，使肋上升或下降，以增加或缩小胸廓的前后径和横径，从而改变胸腔的容积，有助于呼吸。

2. **胸肋关节** sternocostal joint　由第 2～7 肋软骨与胸骨相应的肋切迹构成，属微动关节（图 2-11）。第 1 肋与胸骨柄

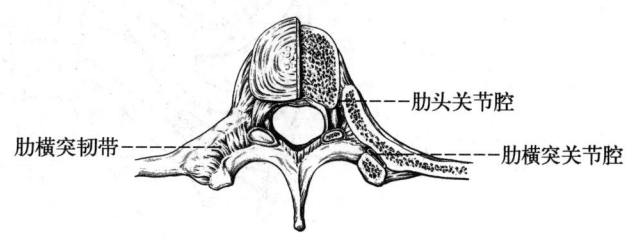

肋横突韧带

肋头关节腔

肋横突关节腔

图 2-10　肋椎关节

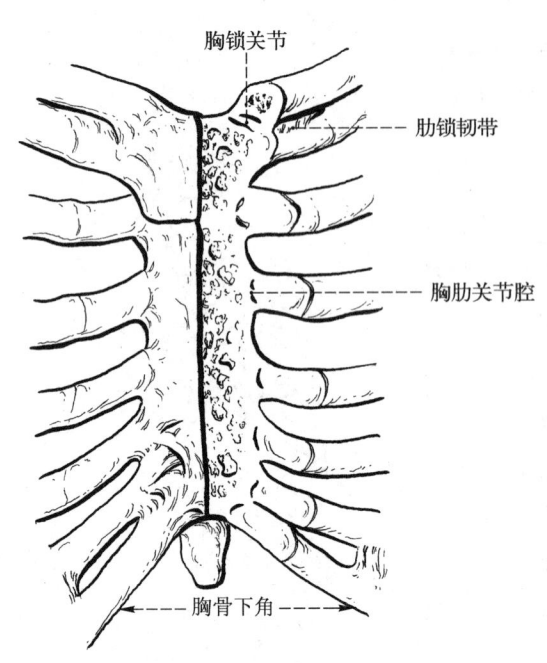

图2-11 胸肋关节和胸锁关节

之间的连结是直接连结。第8~10肋软骨的前端不直接与胸骨相连，而依次与上位肋软骨形成软骨连结，在剑突两侧各形成一个连续的软骨弓，称肋弓。第11和12肋的前端游离于腹壁肌肉之中。

3. 胸廓的整体观及其运动　成人胸廓近似圆锥形，上窄下宽，前后径小于横径，容纳胸腔脏器。胸廓有上、下两口和前、后、外侧壁。胸廓上口较小，由胸骨柄上缘、第1肋和第1胸椎椎体连接而成，是胸腔与颈部的通道。由于胸廓上口的平面与第1肋的方向一致，向前下倾斜，故前部较低，胸骨柄上缘约平对第2胸椎椎体下缘。胸廓下口较宽，由第12胸椎、第12及第11对肋前端、肋弓和剑突围成，由膈肌封闭，形成胸腔底。两侧肋弓在中线构成向下开放的**胸骨下角**。角的尖部有剑突，剑突尖约平对第10胸椎下缘。剑突将胸骨下角分成左、右**剑肋角**。胸廓前壁最短，由胸骨、肋软骨及肋骨前端构成。后壁较长，由胸椎和肋角内侧部分的肋骨构成。外侧壁最长，由肋骨体构成。相邻两肋之间的间隙称肋间隙（图2-12）。

胸廓除保护、支持功能外，主要参与呼吸运动。吸气时，在肌的作用下，肋的前部抬高，伴以胸骨上升，从而加大了胸廓的前后径；肋上提时，肋体向外扩展，加大胸廓横径，使胸腔容积增大。呼气时，在重力和肌作用下，胸廓做相反运动，使胸腔容积减小。胸腔容积的改变，促成了肺呼吸。

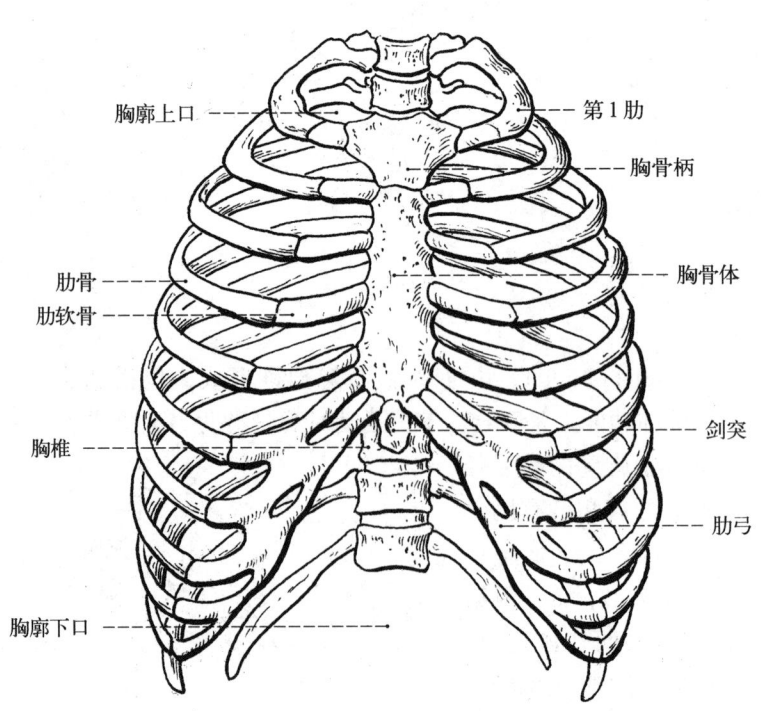

图2-12 胸廓（前面观）

二、颅骨的连结

颅骨的连结可分直接连结和间接连结 2 种。

（一）颅骨的直接连结

各颅骨之间由缝、软骨和骨相连结，彼此之间结合较为牢固。

在发育过程中，颅盖诸骨是以膜化骨方式成骨，骨与骨之间留有薄层结缔组织膜相连，构成缝，有冠状缝、矢状缝、人字缝和蝶顶缝等。随着年龄的增长，缝可发生骨化而成为骨性结合。而颅底诸骨是以软骨化骨的方式成骨，骨与骨之间多为软骨连结，如成年前蝶骨体后面与枕骨基底部之间的蝶枕软骨结合；此外，尚有蝶岩、岩枕软骨结合等，随着年龄的增长都先后骨化而成为骨性结合。

（二）颅骨的间接连结——滑膜关节

颅骨的滑膜关节为**颞下颌关节** temporomandibular joint，又称下颌关节，由下颌骨的下颌头与颞骨的下颌窝和关节结节构成。其关节面表面覆盖的是纤维软骨。关节囊松弛，向上附着于下颌窝和关节结节的周围，向下附着于下颌颈，囊外有外侧韧带加强。关节囊内有纤维软骨构成的关节盘，上面与关节结节和下颌窝的形状相对应。关节盘的周缘与关节囊相连，将关节腔分为上、下 2 部分。关节囊的前份较薄弱，故颞下颌关节易向前脱位（图 2-13）。

颞下颌关节属于联动关节，两侧必须同时运动。下颌骨可做上提、下降、前进、后退和侧方运动。张口是下颌体下降并伴有下颌头和关节盘向前的运动，故大张口时，下颌体降向下后方，而下颌头随同关节盘滑至关节结节下方。如果张口过大且关节囊过分松弛时，下颌头可滑至关节结节前方而不能退回关节窝，造成颞下颌关节脱位。闭口则是下颌骨上提并伴下颌头和关节盘一起滑回关节窝的运动。

临床视角 2-1
下颌关节脱位

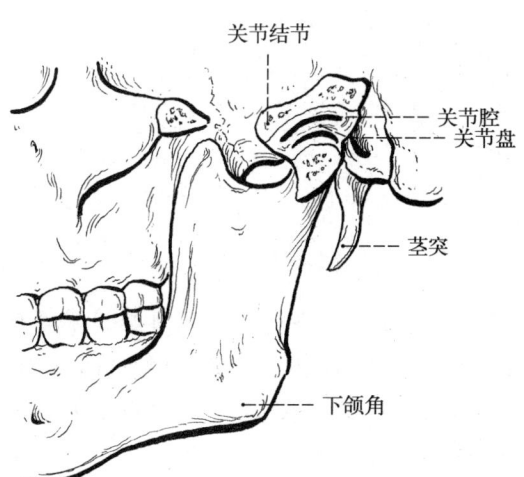

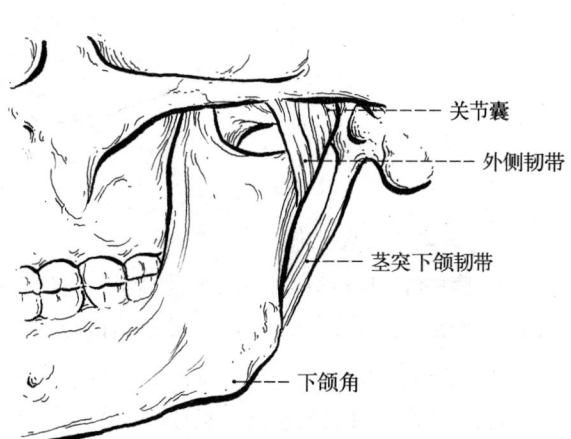

图 2-13　颞下颌关节

第三节　附肢骨连结

由于直立行走，人类的上肢骨形体轻巧，骨连结以灵活为主；下肢骨粗壮结实，骨连结以维持运动稳定和支持身体为主。

一、上肢骨的连结

上肢骨的连结分为上肢带骨连结和自由上肢骨连结。

（一）上肢带骨连结

1. **胸锁关节** sternoclavicular joint　是上肢骨与躯干骨间连结的唯一关节，由锁骨的胸骨端与胸骨的锁切迹及第1肋软骨的上面共同构成，属于多轴关节。关节囊坚韧，囊外有胸锁前、后韧带及锁间韧带、肋锁韧带等加强。关节囊内有纤维软骨构成的关节盘，将关节腔分为外上和内下2部分。关节盘使关节头和关节窝更为适应。胸锁关节的活动度虽小，但以此为支点扩大了上肢的活动范围（图2-14）。

2. **肩锁关节** acromioclavicular joint　由锁骨的肩峰端与肩峰的关节面构成，属于平面关节，是肩胛骨活动的支点。关节的上方有肩锁韧带加强，下方有喙锁韧带加强。

3. **喙肩韧带** coracoacromial ligament　呈三角形，连于肩胛骨的喙突与肩峰之间。它与喙突、肩峰共同构成喙肩弓，架于肩关节上方，有防止肱骨头向上脱位的作用。

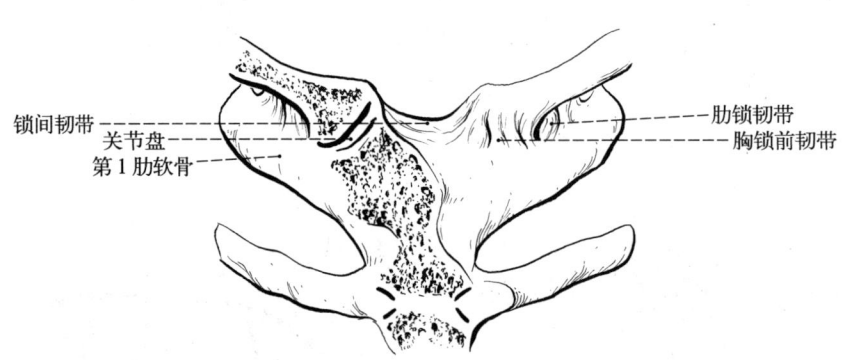

锁间韧带
关节盘
第1肋软骨
肋锁韧带
胸锁前韧带

图2-14　胸锁关节

（二）自由上肢骨连结

1. **肩关节** shoulder joint　由肱骨头与肩胛骨关节盂构成，也称盂肱关节，是典型的球窝关节。肱骨头大，关节盂浅而小。关节盂的周缘有纤维软骨构成的盂唇，使关节盂稍微加深，但也仅能容纳关节头的1/4～1/3。肩关节的这一结构特点增加了运动幅度和灵活性，却降低了关节的稳定性。肩关节周围的肌肉、韧带对其稳定性起着重要的作用（图2-15）。

肩关节囊薄而松弛，向上附着于关节盂的周缘，向下附于肱骨解剖颈，在内侧可达肱骨外科颈。关节囊的滑膜层可膨出形成滑膜鞘或滑膜囊。肱二头肌长头腱在结节间滑膜鞘内穿过关节囊。关节囊的上壁有喙肱韧带，囊的前壁和后壁也有数条肌腱的纤维加入，囊的下壁最为薄弱，无韧带和肌腱纤维加强，因此肩关节前下方脱位最多见。

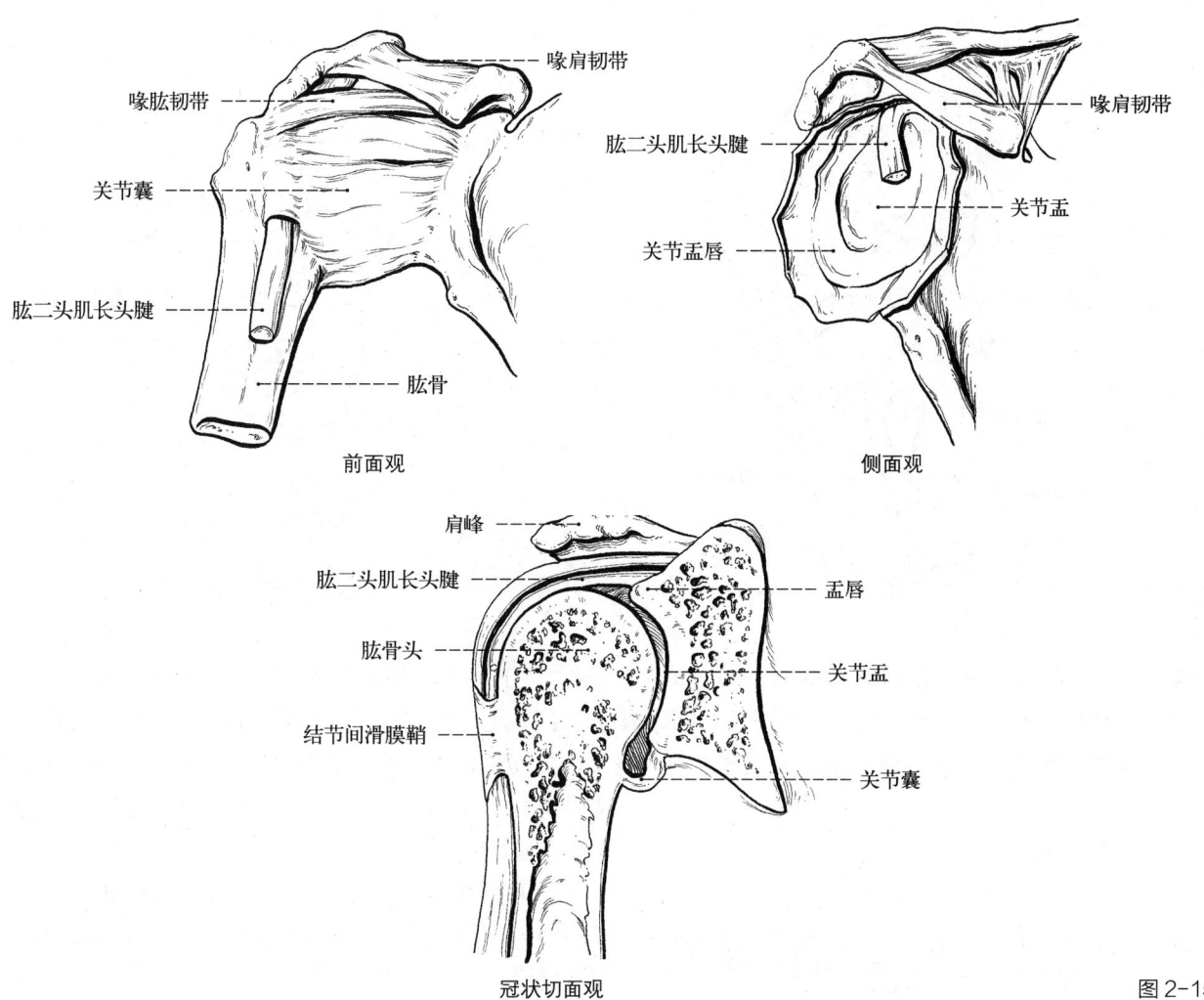

图 2-15 肩关节

肩关节是全身最灵活的关节，可做屈和伸、收和展、旋内和旋外及环转运动。（臂外展超过60°时，常伴随胸锁与肩锁关节的运动及肩胛骨的旋转运动，继续抬高可达180°。肩关节是易损伤的关节，随着关节修复人工替代材料的发展，替换肱骨头的半关节成形术，包括关节盂在内的全关节修复术等让肩关节损伤的治疗效果不断改善。）

2. **肘关节** elbow joint 是由肱骨下端与尺、桡骨上端构成的复合关节，包括3个关节，共同包在一个关节囊内。

（1）**肱尺关节** humeroulnar joint 由肱骨滑车和尺骨滑车切迹构成。

（2）**肱桡关节** humeroradial joint 由肱骨小头和桡骨头的关节凹构成。

（3）**桡尺近侧关节** proximal radioulnar joint 由桡骨环状关节面和尺骨桡切迹构成。

上述3个关节共同包在一个关节囊内。肘关节囊前、后壁薄而松弛，两侧壁厚而紧张，并有韧带加强。囊的后壁最薄弱，常见桡、尺两骨向后脱位，移向肱骨的后上方（图2-16）。

肘关节的韧带如下。

（1）**桡侧副韧带** radial collateral ligament 位于囊的桡侧，由肱骨外上髁向下扩展，止于桡骨环状韧带。

（2）**尺侧副韧带** ulnar collateral ligament 位于囊的尺侧，由肱骨内上髁向下呈扇形扩展，止于尺骨滑车切迹内侧缘。

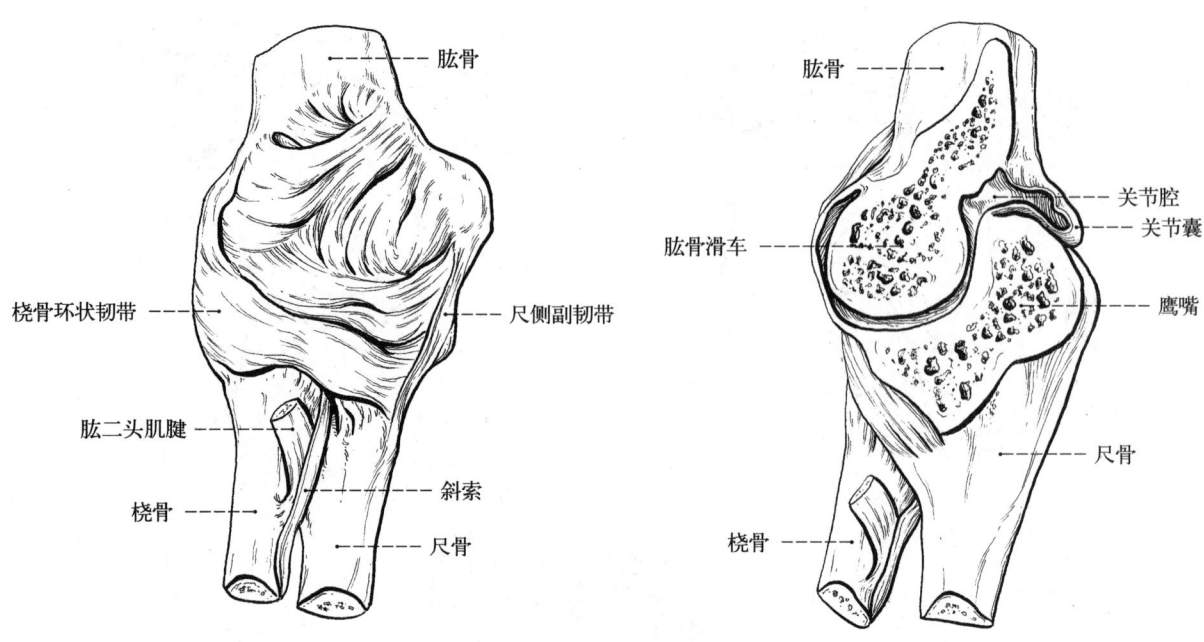

图 2-16 肘关节

临床视角 2-2
桡骨小头半脱位

（3）**桡骨环状韧带** annular ligament of radius 位于桡骨环状关节面的周围，两端附着于尺骨桡切迹的前、后缘，与尺骨桡切迹共同构成一个上口大、下口小的骨纤维环容纳桡骨头，防止桡骨头脱出。幼儿的桡骨头尚在发育之中，桡骨环状韧带松弛，在肘关节伸直位猛力牵拉前臂时，桡骨头易被环状韧带卡住或部分脱出，可发生桡骨小头半脱位。

肘关节的运动以肱尺关节为主，可做屈、伸运动。桡尺近侧关节与桡尺远侧关节联合可使前臂旋前和旋后。

3. 前臂骨连结 前臂的桡、尺骨借桡尺近侧关节、桡尺远侧关节和前臂骨间膜相连。

（1）**前臂骨间膜** interosseous membrane of forearm 前臂骨间膜是坚韧的纤维膜，连于尺骨和桡骨的骨间缘之间。纤维从桡骨骨间缘斜向下内达尺骨骨间缘（图 2-17）。当前臂处于旋前或旋后位时，骨间膜松弛；当前臂处于半旋前位或半旋后位时，骨间膜达到最大宽度，骨间膜最紧张。故在处理前臂骨折时，应将前臂固定于半旋前或半旋后位，防止骨间膜挛缩，以免影响前臂愈后的旋转功能。

（2）**桡尺近侧关节** 见肘关节。

（3）**桡尺远侧关节** distal radioulnar joint 由尺骨头环状关节面、桡骨的尺切迹及自尺切迹下缘至尺骨茎突根部的关节盘共同构成。关节盘为一纤维软骨板，呈三角形，将尺骨头与腕骨隔开。桡尺远侧关节的关节囊附着于关节面和关节盘周缘，较松弛。

桡尺近侧和远侧关节是联动关节，前臂可以通

图 2-17 前臂骨连结

过桡骨头中心至尺骨头中心的连线为旋转轴做旋转运动。当桡骨转至尺骨前方并与之相交叉时，手背向前，称为旋前；而当桡骨转回到尺骨外侧并与尺骨相平行时，称为旋后。

4. **手关节** joints of hand　包括桡腕关节、腕骨间关节、腕掌关节、掌骨间关节、掌指关节和手指骨间关节（图 2-18）。

（1）**桡腕关节** radiocarpal joint　又称**腕关节** wrist joint，是典型的椭圆关节。由手舟骨、月骨和三角骨的近侧关节面作为关节头，桡骨的腕关节面和尺骨头下方的关节盘作为关节窝而构成。关节囊松弛，关节的前、后和两侧均有韧带加强，其中掌侧韧带最为坚韧。桡腕关节可做屈、伸、展、收及环转运动。

（2）**腕骨间关节** intercarpal joint　为相邻各腕骨之间构成的关节，可分为近侧的腕骨间关节、远侧的腕骨间关节和两列腕骨之间的腕中关节 3 部分。各腕骨之间借韧带连结成一整体，各关节腔彼此相通，只能做轻微的滑动和转动，属微动关节。

（3）**腕掌关节** carpometacarpal joint　由远侧列腕骨与 5 个掌骨底构成。除拇指和小指的腕掌关节较为灵活，其余各指的腕掌关节运动范围极小。

拇指腕掌关节 carpometacarpal joint of thumb 由大多角骨与第 1 掌骨底构成，属于鞍状关节，为人类及灵长目动物所特有。关节囊厚而松弛，可做屈、伸、收、展、环转和对掌运动。由于第 1 掌骨的位置向内侧旋转了近 90°，故拇指的屈、伸运动发生在冠状面上，即拇指在手掌平面上向掌心靠拢为屈，离开掌心为伸；而拇指的收、展运动发生在矢状面上，即拇指在与手掌垂直的平面上离开示指为展，靠拢示指为收。对掌运动则是拇指向掌心、拇指尖与其余四指尖掌侧面相

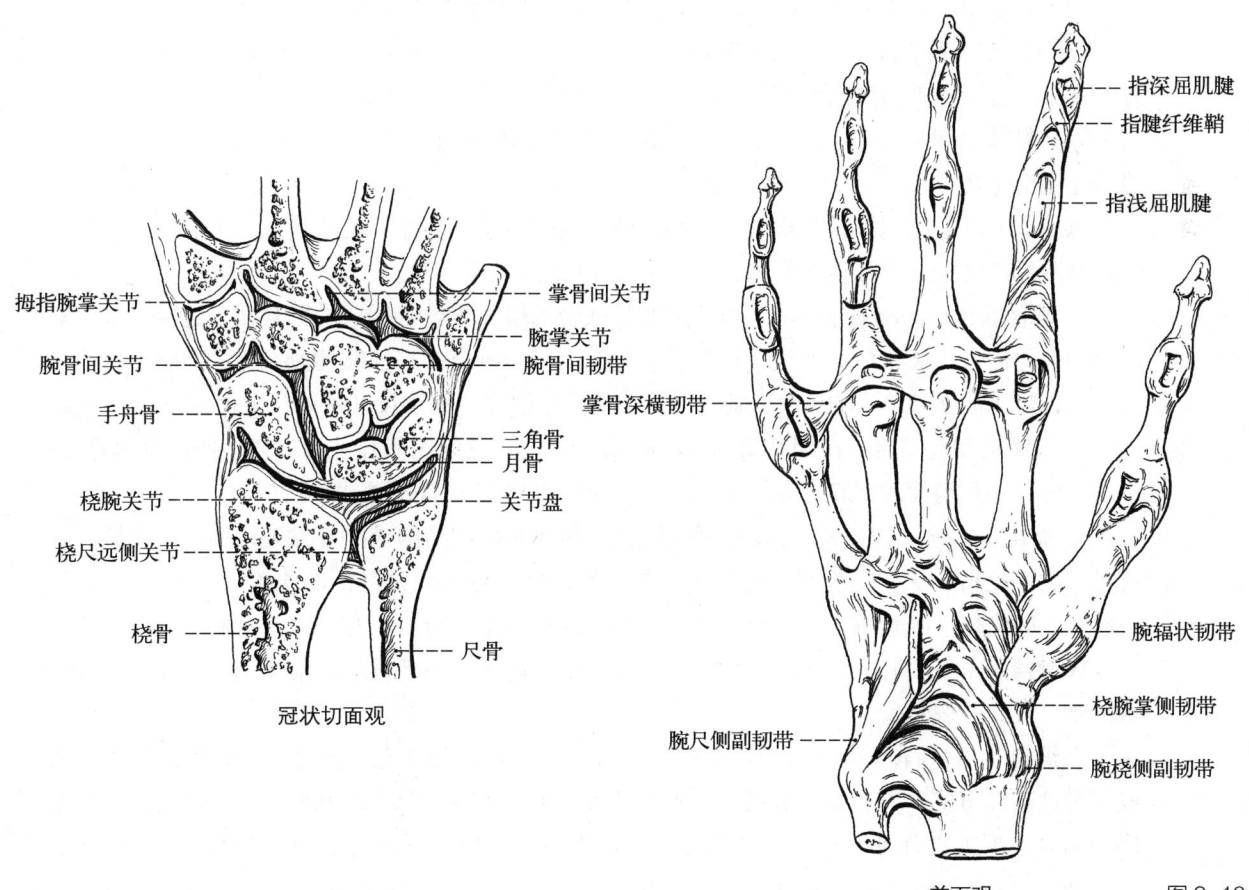

冠状切面观

前面观　　　图 2-18　手关节

接触的运动，这一运动是人类进行握持和精细操作时所必需的动作。

（4）**掌骨间关节** intermetacarpal joint 是第 2～5 掌骨底相互之间的平面关节，其关节腔与腕掌关节腔交通。

（5）**掌指关节** metacarpophalangeal joint 由掌骨头与近节指骨底构成，共 5 个。关节囊薄而松弛，其前、后有韧带增强。手指的收、展是以通过中指的正中线为准的，向中线靠拢是收，远离中线是展。

（6）**指骨间关节** interphalangeal joint 由各指相邻两节指骨的底和滑车构成，共 9 个，是典型的屈戌关节。关节囊松弛，两侧有韧带加强，只能做屈、伸运动。

二、下肢骨的连结

下肢骨的连结包括下肢带骨的连结和自由下肢骨的连结。

（一）下肢带骨连结

1. **髋骨与脊柱间的连结** 包括骶髂关节，以及髋骨与脊柱之间的韧带等连结。

（1）**骶髂关节** sacroiliac joint 由骶骨和髂骨的耳状面构成。关节前后方分别有骶髂前、后韧带加强，后上方尚有骶髂骨间韧带充填和连结。骶髂关节的关节面凹凸不平，关节囊紧张，彼此结合十分紧密。上述特点使骶髂关节活动度较小，连接稳固，以适应支持体重的功能。妊娠妇女其活动度可稍增大。

（2）**髂腰韧带** iliolumbar ligament 由第 5 腰椎横突横行放散至髂嵴的后上部。

（3）**骶结节韧带** sacrotuberous ligament 位于骨盆后方，呈扇形，起自骶、尾骨的侧缘，向外下集中附着于坐骨结节内侧缘。

（4）**骶棘韧带** sacrospinous ligament 位于骶结节韧带的前方，呈三角形，起自骶、尾骨侧缘，止于坐骨棘。

骶结节韧带、骶棘韧带与坐骨大、小切迹共同围成坐骨大孔和坐骨小孔，有肌、血管和神经等从盆腔经坐骨大、小孔达臀部和会阴（图 2-19）。

2. **耻骨联合** pubic symphysis 由两侧耻骨联合面借纤维软骨构成的耻骨间盘连结而成。耻骨间盘中往往出现一矢状位的裂隙。在耻骨联合的上、下方分别有连结两侧耻骨的耻骨上韧带和耻骨弓状韧带（图 2-20）。在女性，耻骨间盘中的裂隙增宽，利于胎儿的娩出。

3. **髋骨的固有韧带** 即**闭孔膜** obturator membrane，它封闭闭孔并为盆内外肌提供附着之处。膜的上部与闭孔沟围成**闭膜管** obturator canal，有闭孔神经、血管通过（图 2-19）。

4. **骨盆** pelvis 由左、右髋骨和骶、尾骨及其间的骨连结构成。骨盆连结躯干与下肢，起着传递重力、支持和保护盆腔脏器的作用；在女性，骨盆还是胎儿娩出的通道。骨盆可由骶骨岬、弓状线、耻骨梳、耻骨结节、耻骨联合上缘构成的环形界线分为上方的大骨盆和下方的小骨盆。

大骨盆 greater pelvis 由界线上方的髂骨翼和骶骨构成。由于骨盆向前倾斜状，大骨盆几乎没有前壁，故又称假骨盆。

小骨盆 lesser pelvis 可分为骨盆上口、骨盆下口和骨盆腔，又称真骨盆。**骨盆上口**由界线围成；**骨盆下口**由尾骨尖、骶结节韧带、坐骨结节、坐骨支、耻骨下支和耻骨联合下缘围成，呈菱形。两侧坐骨支与耻骨下支连成耻骨弓，它们之间的夹角称为耻骨下角，男性为 70°～75°，女性为 90°～100°。骨盆上、下口之间的腔称为骨盆腔，也称为固有盆腔，腔内容纳直肠、膀胱

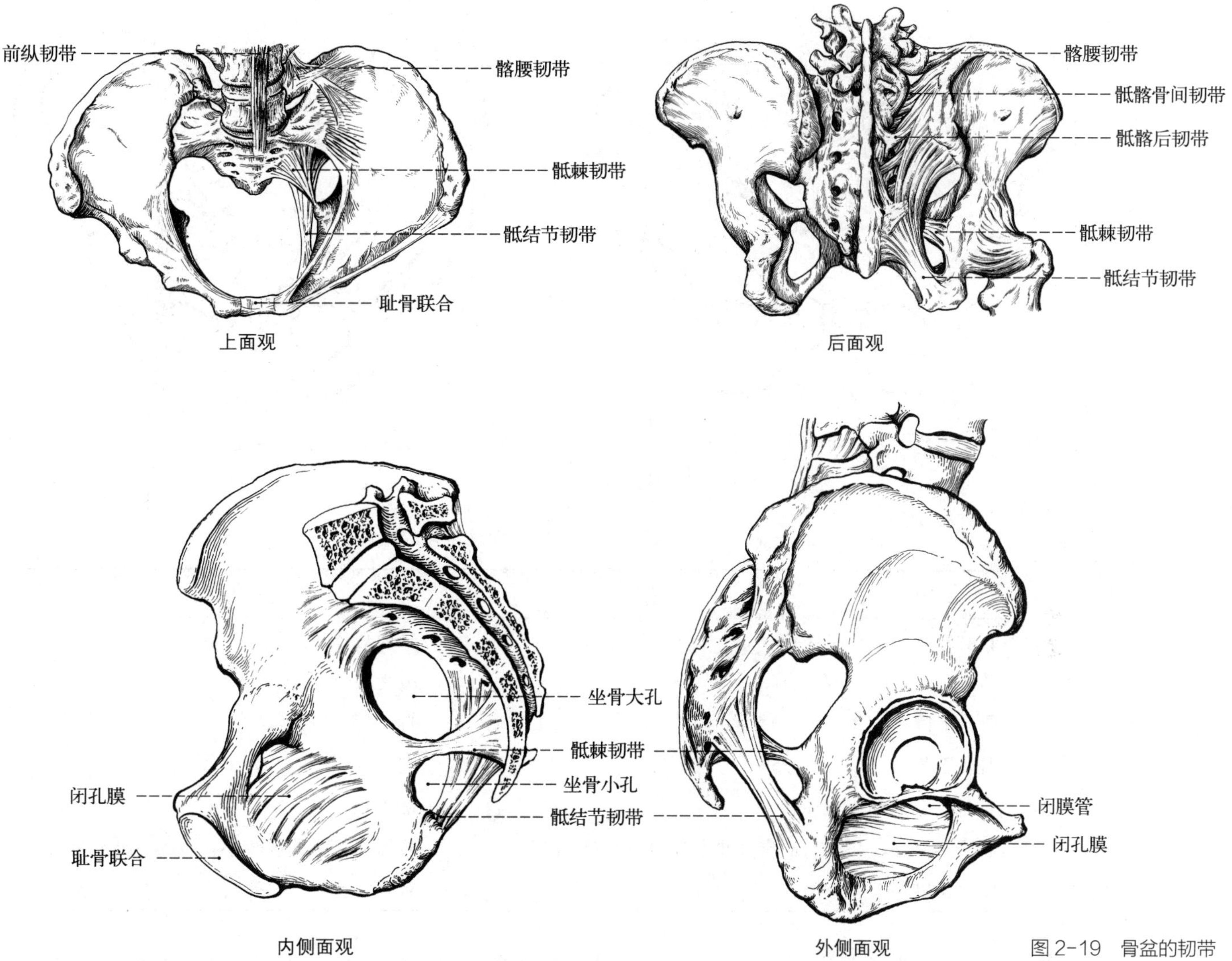

前纵韧带 ————
髂腰韧带 ————
骶棘韧带 ————
骶结节韧带 ————
耻骨联合 ————

上面观

————髂腰韧带
————骶髂骨间韧带
————骶髂后韧带
————骶棘韧带
————骶结节韧带

后面观

闭孔膜 ————
耻骨联合 ————
————坐骨大孔
————骶棘韧带
————坐骨小孔
————骶结节韧带

内侧面观

————闭膜管
————闭孔膜

外侧面观

图 2-19　骨盆的韧带

和部分生殖器。骨盆腔前壁较短，侧壁和后壁较长，其中轴为骨盆轴，是胎儿娩出的通路。

　　骨盆的位置可因人体姿势不同而变动。人体直立时，骨盆向前倾斜，两侧髂前上棘与两耻骨结节位于同一冠状面内，而尾骨尖与耻骨联合上缘位于同一水平面上。此时，骨盆上口的平面与水平面构成 50°～55° 的角（女性约为 60° 角），称为骨盆倾斜度。骨盆倾斜度的增减将影响脊柱的弯曲，如倾斜度增大，则重心前移，必然导致腰曲前凸增大，反之则腰曲减小。

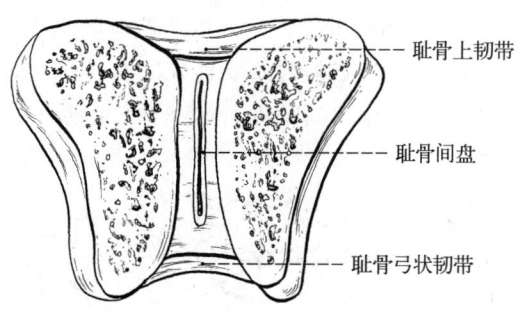

————耻骨上韧带

————耻骨间盘

————耻骨弓状韧带

图 2-20　耻骨联合（冠状面）

　　骨盆的性别差异：在人的全身骨骼中，以骨盆的性别差异最为显著，这种形态差异约在 10 岁以后才逐渐显现，主要与女性骨盆适应妊娠和分娩的功能有关。女性骨盆外形短而宽，骨盆上口近似圆形，盆腔较宽大，骨盆下口和耻骨下角较大（图 2-21）。详见表 2-1。

ⓔ图 2-1 骨盆径线

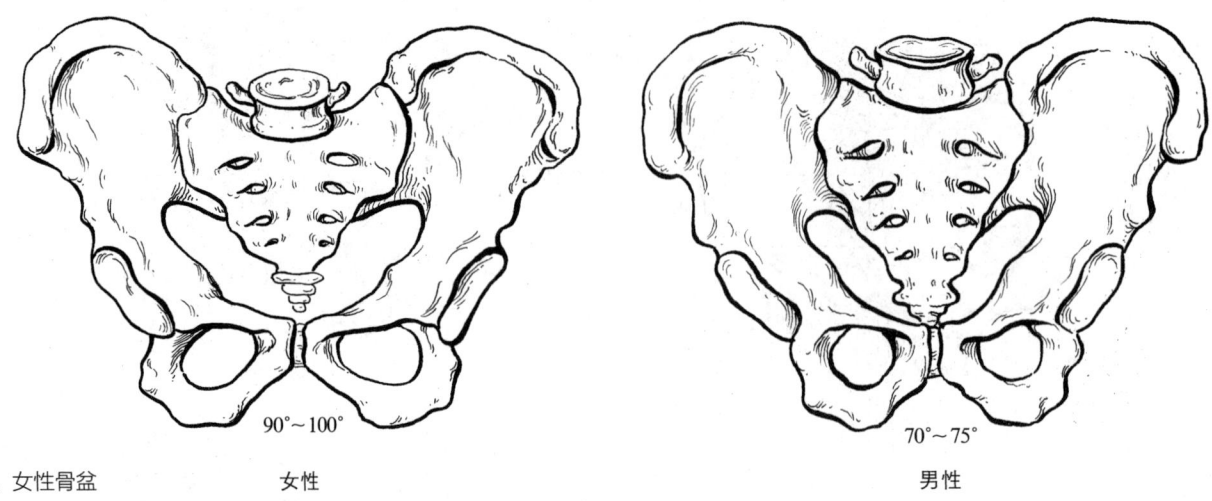

图 2-21　男性、女性骨盆　　　　　　　女性　　　　　　　　　　　　　　　　　　男性

表 2-1　男性、女性骨盆的差异

区别点	男性	女性
骨盆外形	窄而长	宽而短
髂骨翼	较垂直	较平展
骨盆上口	心形、较小	椭圆形、较大
耻骨下角	70°~75°	90°~100°
骨盆腔	漏斗状	圆桶状
骶骨	较长而窄，曲度较大，骶岬突出明显	较短而宽，曲度较小，骶岬突出不明显
骨盆下口	较窄	较宽

从力学角度分析，骨盆是一个传递重力的骨弓。人体直立时，体重自第 5 腰椎、骶骨经两侧的骶髂关节、髋臼传导至两侧的股骨头，此种弓形的重力传递线即为股骶弓。当人在坐位时，重力由骶髂关节传导至两侧坐骨结节，则称为坐骶弓。在骨盆前部还有两条约束弓，以防止上述两弓向两侧分开，一条由两侧耻骨上支借耻骨联合连结形成，可防止股骶弓被压挤；另一条为两侧坐骨支和耻骨下支连成的耻骨弓，能约束坐骶弓不致散开。约束弓不如重力弓坚强有力，外伤时，约束弓的耻骨上支较下支更易骨折（图 2-22）。

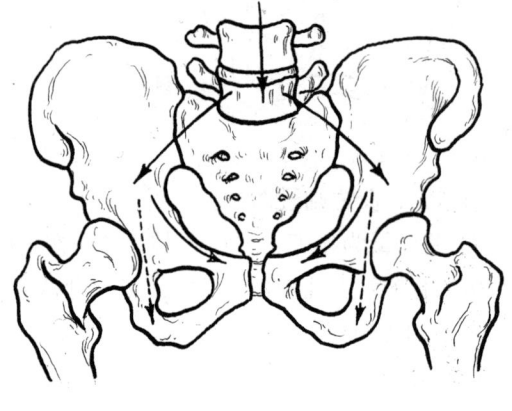

图 2-22　骨盆的力传导方向

（二）自由下肢骨连结

1. **髋关节** hip joint　由髋臼与股骨头构成，是典型的球窝关节。髋臼的周缘附有纤维软骨构成的**髋臼唇** acetabular labrum，以增加髋臼的深度。髋臼横韧带横架于髋臼切迹处，并使半月形的髋臼关节面扩大为环状以紧抱股骨头。韧带下方有血管、神经通过，髋臼窝内还有脂肪组织填充（图 2-23）。

髋关节的关节囊致密而坚韧，向上附着于髋

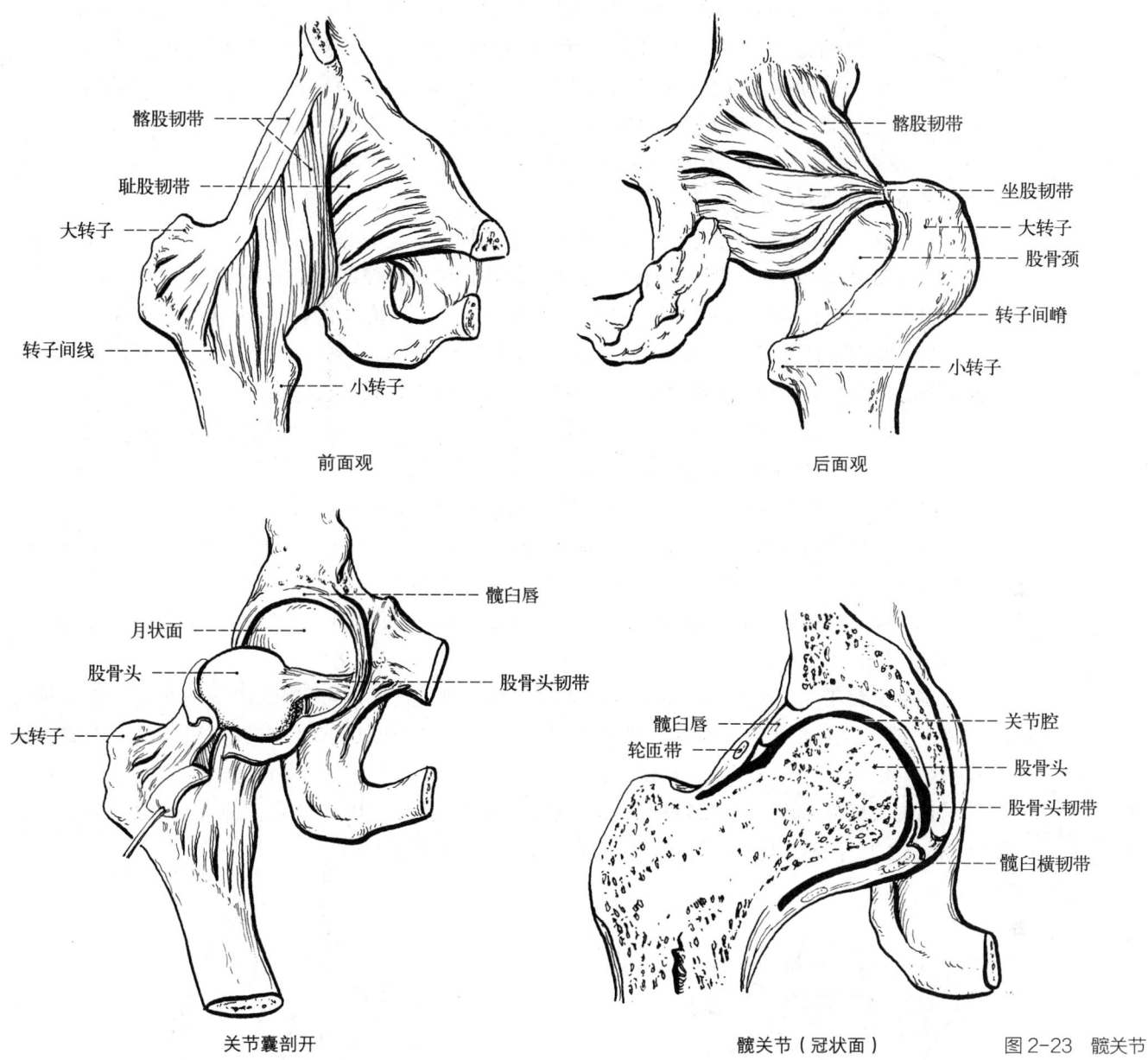

图 2-23 髋关节

臼周缘及髋臼横韧带，向下附着于股骨颈，前面达转子间线，后面仅包罩股骨颈的内侧 2/3，故股骨颈骨折有囊内、囊外骨折之分。关节囊周围有多条韧带加强，分囊外和囊内韧带。

（1）**髂股韧带** iliofemoral ligament　最为坚韧，位于关节囊前方，呈"人"字形。起自髂前下棘，向下止于转子间线。除增强关节囊外，还可限制大腿过伸，对维持人体直立姿势有很大作用。

（2）**股骨头韧带** ligament of head of femur　位于关节囊内，连结股骨头凹和髋臼横韧带之间，为滑膜所包被，内含营养股骨头的血管。

（3）**耻股韧带** pubofemoral ligament　由耻骨上支向外下融合于关节囊前下壁，可限制大腿的外展及旋外运动。

（4）**坐股韧带** ischiofemoral ligament　自坐骨体斜向外上与关节囊融合，加强关节囊的后部，可限制大腿的旋内运动。

（5）**轮匝带** 是关节囊的深层纤维围绕股骨颈的环状增厚部分，可约束股骨头向外脱出。

髋关节可做屈、伸、展、收、旋内、旋外及环转运动。由于股骨头深埋于髋臼内，关节囊相对紧张而坚韧，有多条韧带加固，故其运动幅度远不及肩关节，但具有良好的稳定性，以适应其承重和行走的功能。髋关节囊的后下部相对较薄弱，脱位时，股骨头易向下方脱出（图 2-23）。

2. **膝关节** knee joint 由股骨内、外侧髁与胫骨内、外侧髁和髌骨构成，是人体最大、最复杂的关节（图 2-24 至图 2-26）。

膝关节的关节囊薄而松弛，附着于各关节面的周缘。囊的前壁不完整，自上而下由股四头肌腱、髌骨和髌韧带填补。囊周围有韧带加固，以增加关节的稳定性，主要韧带见图 2-24。

（1）**髌韧带** patellar ligament 为股四头肌腱的延续，自髌骨下缘向下止于胫骨粗隆。

（2）**腓侧副韧带** fibular collateral ligament 位于关节囊的外侧，呈条索状，起自股骨外上髁，向下附着于腓骨头。与关节囊之间留有间隙，且与外侧半月板不直接相连。

（3）**胫侧副韧带** tibial collateral ligament 位于关节囊的内侧，呈宽扁带状。起自股骨内上髁，向下附着于胫骨内侧髁及相邻骨面，与关节囊和内侧半月板紧密结合。

胫侧副韧带和腓侧副韧带在伸膝时紧张，屈膝时松弛，半屈膝时最松弛。

（4）**腘斜韧带** oblique popliteal ligament 位于囊的后壁，起自胫骨内侧髁，斜向外上方，止于股骨外上髁，部分纤维与关节囊融合，可防止膝关节过伸。

（5）**膝交叉韧带** cruciate ligaments 位于膝关节囊内，牢固地连结股骨和胫骨，被滑膜包裹，分为前、后 2 条（图 2-25）。

前交叉韧带 anterior cruciate ligament 起自胫骨髁间隆起的前方内侧，并与内、外侧半月板愈着，斜向后上方外侧，附着于股骨外侧髁的内侧。前交叉韧带在伸膝时最紧张，限制胫骨前移。

后交叉韧带 posterior cruciate ligament 起自胫骨髁间隆起的后方，斜向前上方内侧，附着于股骨内侧髁的外侧面。后交叉韧带在屈膝时最紧张，限制胫骨后移。

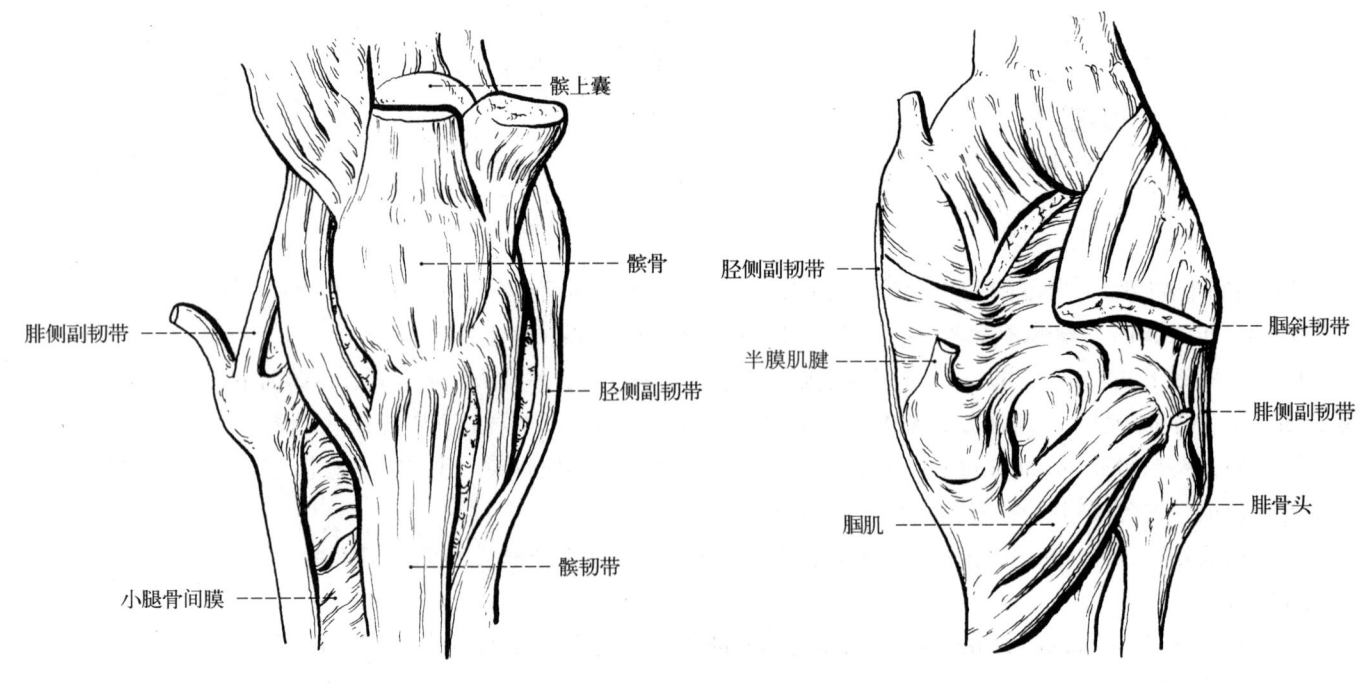

图 2-24 膝关节囊外韧带   前面观   后面观

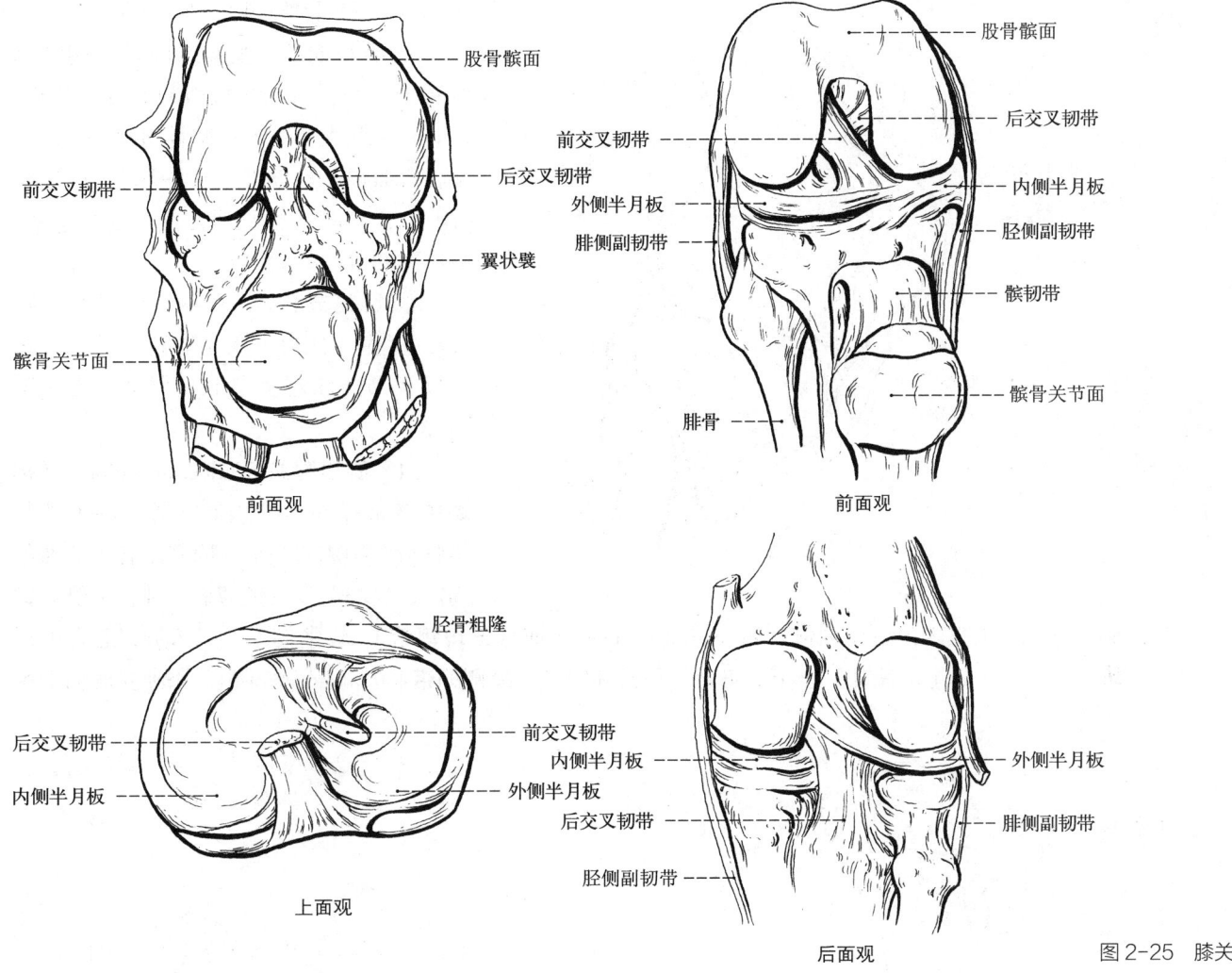

股骨髌面

前交叉韧带 —— 后交叉韧带

前交叉韧带 —— —— 翼状襞

髌骨关节面 ——

前面观

股骨髌面

前交叉韧带 —— 后交叉韧带

外侧半月板 —— —— 内侧半月板

腓侧副韧带 —— —— 胫侧副韧带

—— 髌韧带

—— 髌骨关节面

腓骨 ——

前面观

胫骨粗隆

后交叉韧带 —— —— 前交叉韧带

内侧半月板 —— —— 外侧半月板

上面观

内侧半月板 —— —— 外侧半月板

后交叉韧带 —— —— 腓侧副韧带

胫侧副韧带 ——

后面观

图 2-25 膝关节剖面

　　半月板 meniscus 是垫在股骨内、外侧髁与胫骨内、外侧髁关节面之间的 2 块半月形纤维软骨板，分别称为内、外侧半月板。**内侧半月板** medial meniscus 较大，呈 "C" 形，外缘与关节囊及胫侧副韧带紧密相连。**外侧半月板** lateral meniscus 较小，近似 "O" 形，外缘亦与关节囊相连（图 2-25）。半月板使关节面更为适应，不仅能增加关节窝的深度，而且能连同股骨髁一起对胫骨做旋转运动。半月板能缓冲压力、吸收振荡，起弹性垫的作用。半月板的位置随着膝关节的运动而改变，屈膝时，半月板滑向后方，伸膝时滑向前方。在半屈膝旋转小腿时，一个半月板滑向前，另一个滑向后。故当膝关节在急骤强力动作时，半月板尚未来得及前滑，易造成半月板损伤。

知识扩展 2-1
半月板组织工程

　　膝关节囊的滑膜层也是全身关节中最为宽阔且最为复杂的，附着于各骨关节面的周缘，覆盖关节内除了关节软骨和半月板以外的所有结构。滑膜在髌骨上缘的上方，向上突起形成长 5 cm 左右的**髌上囊**，位于股四头肌腱和股骨体下部之间，与关节囊相通。还有不与关节腔相通的滑液囊，如位于髌韧带与胫骨上端之间的**髌下深囊**（图 2-26）。在髌骨下方的中线两侧，部分滑膜层突向关节腔内，形成一对**翼状襞** alar folds，襞内含有脂肪组织，充填关节腔内的空隙。

　　膝关节属屈戌关节，主要做屈、伸运动。膝在半屈位时，小腿尚可做旋转运动，即胫骨髁沿垂直

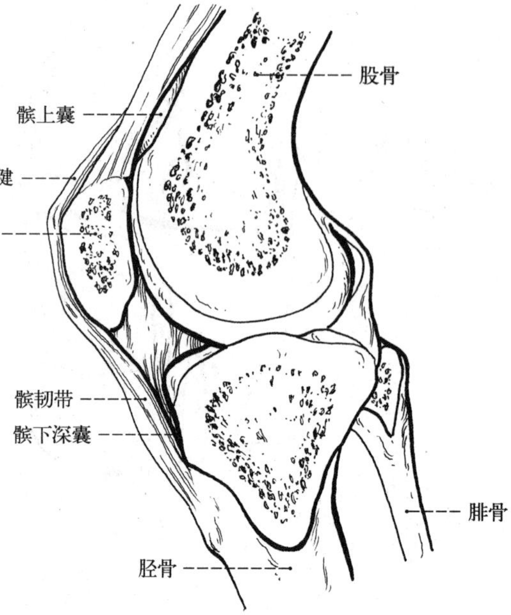
股骨
髌上囊
股四头肌腱
髌骨
髌韧带
髌下深囊
腓骨
胫骨

图 2-26 膝关节矢状面

轴对半月板和股骨髁的运动。

3. **胫腓连结** 上端由胫骨外侧髁的腓关节面与腓骨头构成微动的**胫腓关节**，两骨干之间由坚韧的**小腿骨间膜**相连，下端借胫腓前、后韧带构成坚强的韧带连结（图 2-27）。胫、腓两骨之间的连结紧密，故小腿两骨间的活动度甚小。

4. **足关节** joints of foot 包括距小腿（踝）关节、跗骨间关节、跗跖关节、跖骨间关节、跖趾关节和趾骨间关节（图 2-28）。

（1）**距小腿关节** talocrural joint 又称**踝关节** ankle joint，由胫、腓骨的下端与距骨滑车构成。关节囊附着于各关节面的周围，囊的前、后壁薄而松弛，两侧有韧带增厚加强。内侧为**内侧韧带** medial ligament（或称**三角韧带**），较坚韧，呈三角形，起自内踝尖，向下呈扇形展开，止于足舟骨、距骨和跟骨。**外侧韧带** lateral ligament 由 3 条独立的韧带构

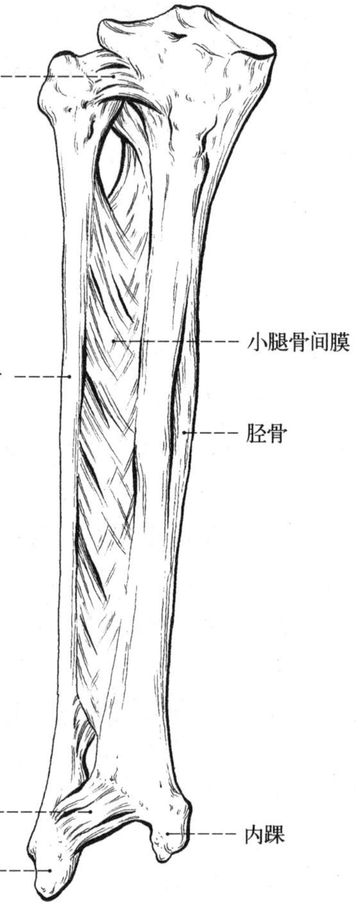
腓骨头前韧带
小腿骨间膜
腓骨
胫骨
胫腓前韧带
内踝
外踝

图 2-27 胫腓连结

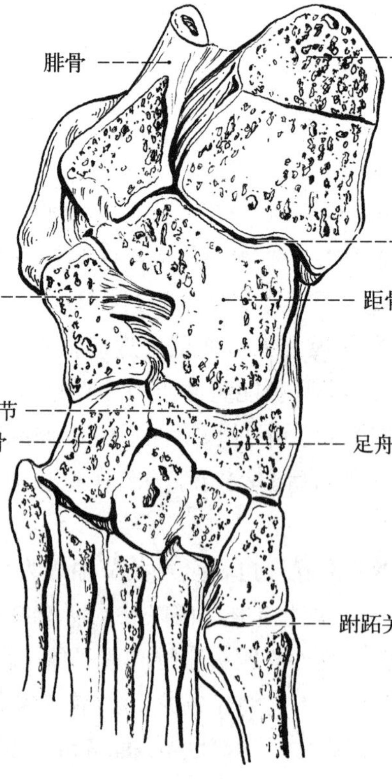
腓骨
胫骨
距小腿关节腔
距跟骨间韧带
距骨
跗横关节
骰骨
足舟骨
跗跖关节

图 2-28 足关节（水平面）

成，前为**距腓前韧带** anterior talofibular ligament，中为**跟腓韧带** calcaneofibular ligament，后为**距腓后韧带** posterior talofibular ligament，3 条韧带均起自外踝，分别向前、向下和向后内止于距骨及跟骨，均较薄弱，足过度内翻容易引起外侧韧带的扭伤（图 2-29）。

踝关节能做背屈（伸）和跖屈（屈）运动。距骨滑车前宽后窄，胫、腓骨下端形成的关节窝也是前宽后窄。当背屈时，距骨滑车完全嵌入关节窝内，踝关节较稳定；当跖屈时，较窄的滑车后部进入较宽的关节窝前部，关节不够稳定，故踝关节扭伤多发生在跖屈（如下山、下坡、下楼梯）的情况下。

（2）**跗骨间关节** intertarsal joint　是跗骨诸骨之间的关节，以**距跟关节** talocalcaneal joint（也称**距下关节** subtalar joint）、**距跟舟关节** talocalcaneonavicular joint 和**跟骰关节** calcaneocuboid joint 较为重要。

距跟关节由距骨和跟骨的后关节面组成；距跟舟关节由跟骨的前、中关节面及舟骨后面的关节面形成一关节窝，以接纳距骨头及距骨的前、中关节面；跟骰关节由跟、骰两骨的关节面构成。跗骨之间有许多坚强的韧带连结，重要的有**跟舟足底韧带** plantar calcaneonavicular ligament，

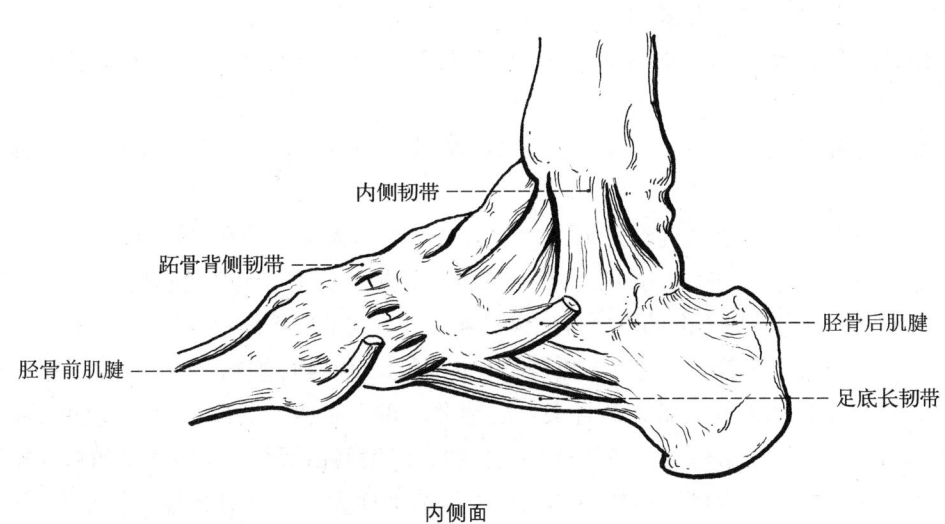

内侧面

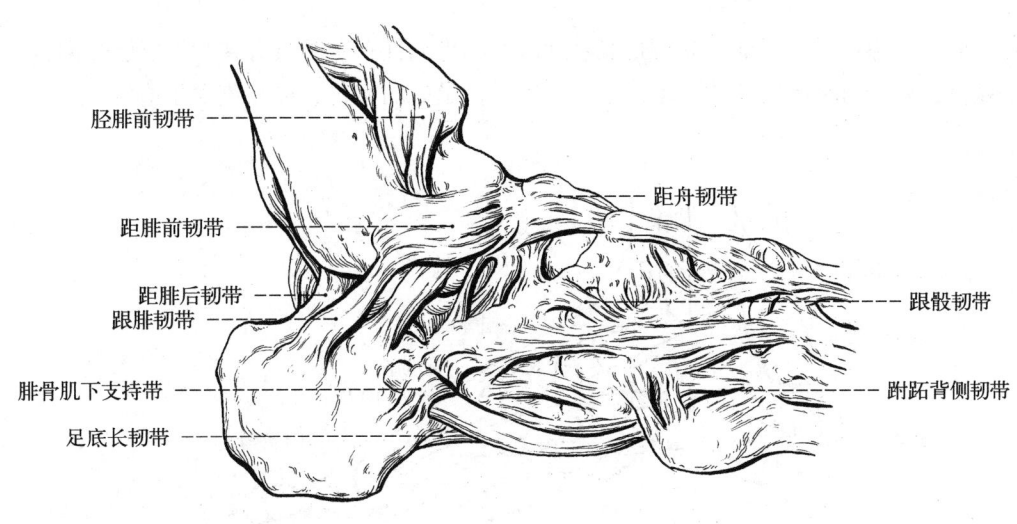

外侧面

图 2-29　踝关节周围的韧带

是一宽而厚的纤维带，连于跟骨与足舟骨之间，它参与足内侧纵弓的形成，因其弹性较大，又称**弹性（跳跃）韧带** spring ligament。另一条为**分歧韧带** bifurcate ligament，为强韧的"Y"形韧带，起自跟骨前部背面，向前分为2股，分别止于足舟骨和骰骨。在足底还有一些韧带强韧有力，对维持足弓都有重要意义，如足底长韧带和跟骰足底韧带等。

距跟关节和距跟舟关节在功能上是联动关节，在运动时，跟骨与舟骨连同其余的足骨一起对距骨作内翻或外翻运动。足的内侧缘提起，足底转向内侧称为**内翻**。足的外侧缘提起，足底转向外侧称为**外翻**。内、外翻常与踝关节协同运动，即内翻常伴有足的跖屈，外翻常伴有足的背屈。跟骰关节和距跟舟关节联合构成**跗横关节** transverse tarsal joint，又称 **Chopart 关节**，其关节线横过跗骨中份，呈横位的"S"形。实际上这两个关节的关节腔互不相通，在解剖学上是两个独立的关节，临床上常可沿此线进行足的离断。

（3）**跗跖关节** tarsometatarsal joint　又称 Lisfranc 关节，由3块楔骨和骰骨的前端与5块跖骨的底构成，属平面关节，可做轻微滑动。在内侧楔骨和第1跖骨之间可有轻微的屈、伸运动。跗跖关节也是临床进行足的离断的关节线。

（4）**跖骨间关节** intermetatarsal joint　位于第2~5跖骨底的毗邻面之间，属平面关节，活动甚微。而第1、2跖骨底之间并未相连，在这一点上踇趾与拇指相似。

（5）**跖趾关节** metatarsophalangeal joint　由跖骨头与近节趾骨底构成，可做轻微的屈、伸、收、展运动。

（6）**趾骨间关节** interphalangeal joint　由各趾相邻的两节趾骨的底与滑车构成，可做屈、伸运动。

5. **足弓**　跗骨和跖骨借其连结形成凸向上的弓形，称为足弓。在灵长目动物中，只有人类的足基于骨骼的形态而形成明显的弓形。足弓与维持其曲度的肌、韧带一起构成功能上不可分割的复合体。足弓可分为前后方向的内、外侧纵弓和内外方向的一个横弓（图2-30）。

内侧纵弓由跟骨、距骨、舟骨、3块楔骨和内侧的3块跖骨连结构成，弓的最高点为距骨头。内侧纵弓前端的承重点在第1跖骨头，后端的承重点是跟骨的跟结节。**外侧纵弓**由跟骨、骰骨和外侧的2块跖骨连结构成，弓的最高点在骰骨。**横弓**由骰骨、3块楔骨和跖骨连结构成，弓的最高点在中间楔骨。内侧纵弓比外侧纵弓高，活动性大，更具有弹性；外侧纵弓则适于传递重力和推力，而不是吸收这些力。横弓通常是由跖骨头传递力，腓骨长肌腱是维持横弓的强大力量。

足弓向下传递重力，保证直立时足底着地支撑的稳固性；足弓具有弹性，能够缓冲行走和跑跳时的振荡，减少对脑等器官的冲击；足弓还可保护足底的血管、神经免受压迫。

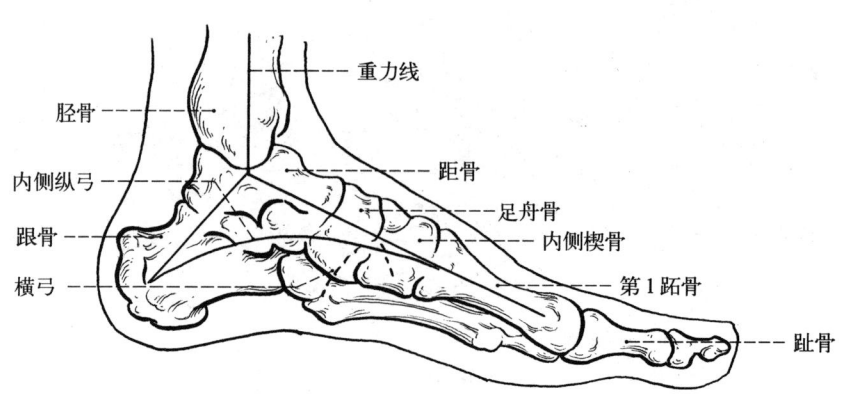

图2-30　足弓

足弓的维持依靠各骨的连结、足底的韧带，以及足底的长、短肌腱的牵引，这些结构损伤或拉长会导致足弓塌陷，成为扁平足。

（关晓伟　张全鹏）

复习思考题

1. 试述颞下颌关节的组成、结构特点和运动。
2. 试述脊柱各连结结构及脊柱的形态特点。
3. 某患者因肩关节疾病来院诊治，经诊断为肩关节脱位，请问：
    （1）肩关节周围有哪些重要的体表标志？
    （2）肩关节的组成、结构特点及运动如何？
    （3）用解剖学知识解释为何临床上肩关节前脱位最多见。
4. 用解剖学知识分析肘关节容易发生脱位的部位。如何区别肘关节脱位与肱骨下端骨折？
5. 试述膝关节的组成、结构特点和运动。
6. 用髋关节的解剖学知识分析其运动的灵活性因素和稳定性因素。
7. 用解剖学知识分析踝关节跖屈状态下易发生扭伤的原因。

数字课程学习……

 本章小结　 实物标本图　👥 开放性讨论　📝 自测题　⬇ 教学PPT

第三章
肌学

关键词

眼轮匝肌	颞肌	咬肌	胸锁乳突肌
背阔肌	竖脊肌	膈肌	肱二头肌
三角肌	肱三头肌	臀大肌	小腿三头肌

人体的肌组织有 3 种不同的类型：心肌、平滑肌和骨骼肌。心肌形成心脏的壁和大血管壁的近心段，平滑肌分布于内脏器官壁、毛囊和大部分血管壁。心肌和平滑肌的运动不随人的意志而改变，故称为不随意肌，将在"组织学与胚胎学"课程学习。骨骼肌的运动受人的意志控制，故称随意肌。通过组织学观察可见心肌和骨骼肌均有横纹，称横纹肌。本章"肌学"主要介绍骨骼肌。

思维导图

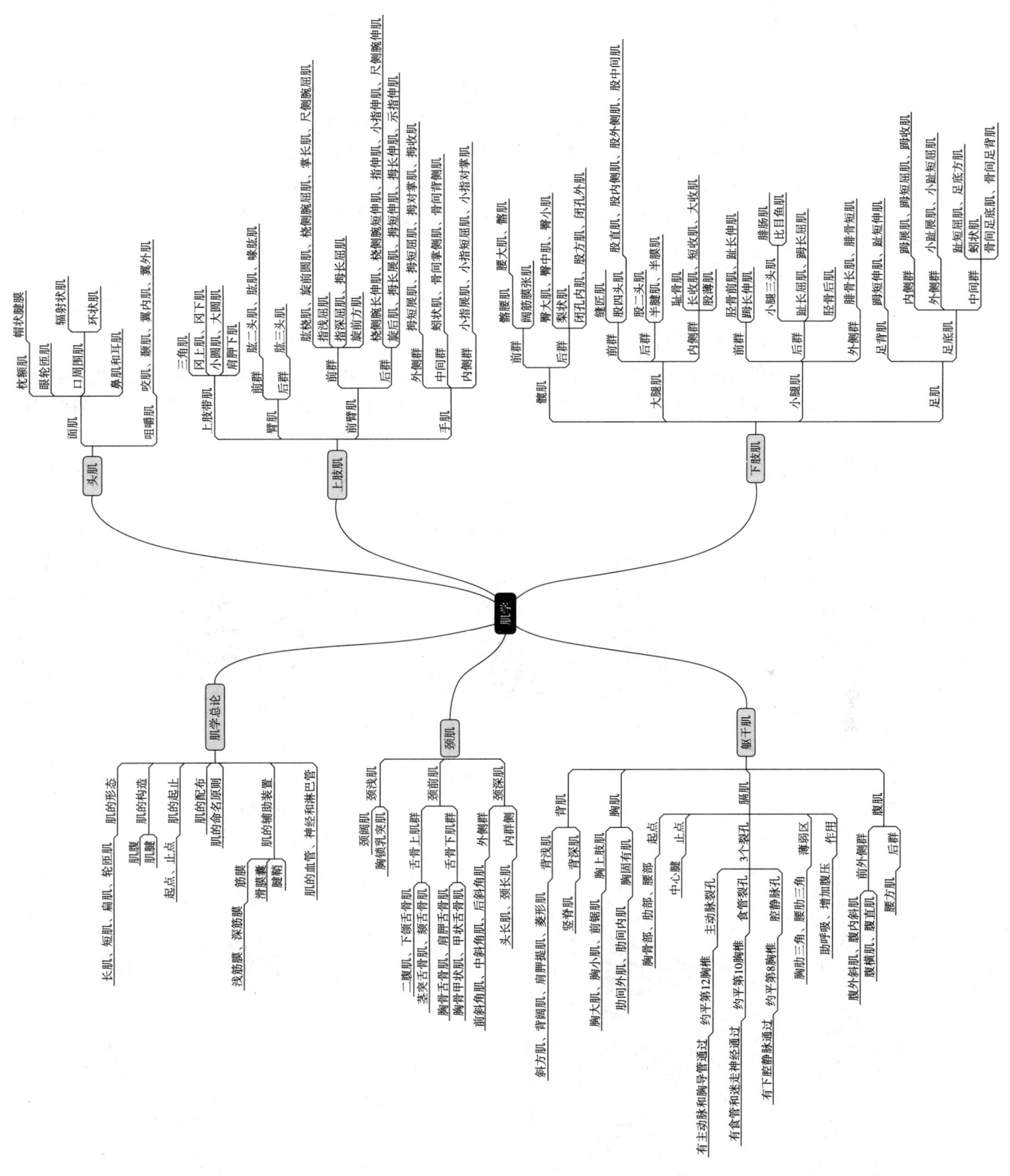

第一节　肌学总论

骨骼肌多附着于骨骼，全身约有 600 余块，占体重近 40%。骨骼肌由肌组织、结缔组织和神经组织构成，每块肌均有特定的功能，为运动系统提供动力。每块肌都有相对固定的位置、形态和辅助结构，有丰富的血液供应和淋巴回流，受神经支配，故每块肌都是一个活器官。骨骼肌的主要功能有：引起运动、产生热量、保护脏器和维持人体姿势。

骨骼肌分为中轴肌和附肢肌。中轴肌包括头肌、颈肌和躯干肌，附肢肌包括上肢肌和下肢肌。

一、肌的形态和构造

根据外形，肌可分为长肌、短肌、扁肌和轮匝肌等（图 3-1）。

长肌 long muscle 肌纤维与肌的长轴平行，附着于四肢骨，肌收缩时牵拉四肢产生大幅度的运动，如跑步、跳高。某些长肌有 2 个或多个肌腱起止，如肱二头肌、小腿三头肌和股四头肌。

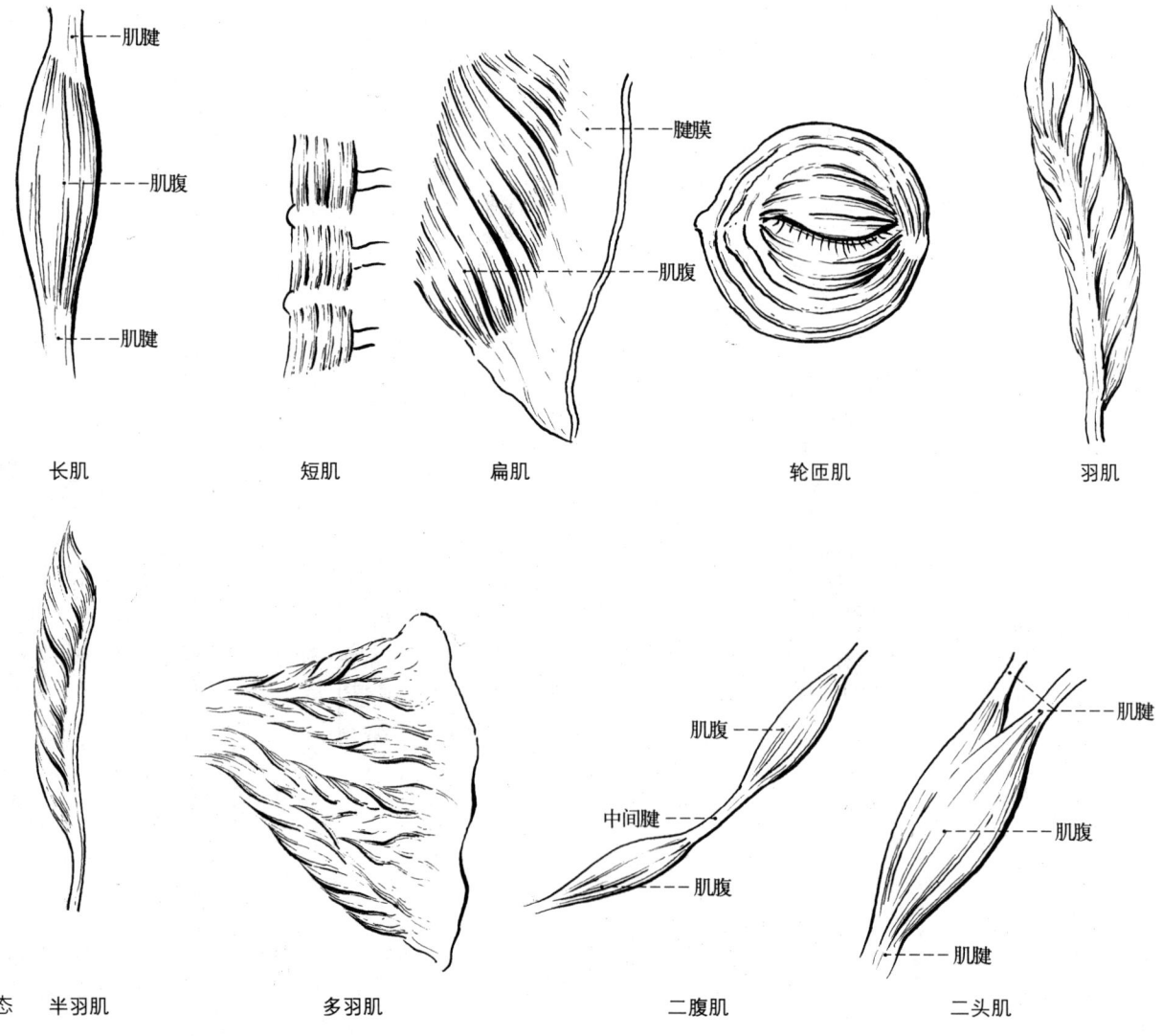

图 3-1　肌的形态

有些肌有 2 个或 2 个以上的肌腹，如腹直肌、二腹肌。

短肌 short muscle 分布于躯干深部，收缩时运动幅度较小，主要维持关节的稳定，如横突间肌。

扁肌 flat muscle 薄而扁阔，多位于颅腔、胸腔和腹腔周围，兼具运动和保护腔内器官的功能，如腹外斜肌。

轮匝肌 orbicular muscle 分布于孔和裂周围，肌纤维呈环形，收缩时可缩小孔裂，如眼轮匝肌、口轮匝肌。

骨骼肌由**肌腹** muscle belly 和**肌腱** muscle tendon 2 部分组成。肌腹由肌纤维组成，质地柔软，因血供丰富且富含肌红蛋白而呈红色。肌腹外包被有结缔组织形成的**肌外膜** epimysium，肌外膜发出若干纤维隔进入肌内，将其分割为较小的肌束，包被肌束的结缔组织称为**肌束膜** perimysium。肌束内每条肌纤维还包有薄层的结缔组织膜为**肌内膜** endomysium。各膜的结缔组织相互连续，分布到肌的血管、神经和淋巴管等沿着这些结缔组织深入肌内。

肌腱多位于肌腹两端，由胶原纤维构成，由于血供匮乏而色泽灰白。宽而扁的肌腱形如膜状，称为**腱膜** aponeurosis。肌腱附着于骨，无收缩功能，具有很强的耐压、抗张力和抗摩擦能力。肌腹收缩时，通过肌腱牵拉骨产生运动。

二、肌的起止、配布和作用

多数骨骼肌两端附着于 2 块或 2 块以上的骨，跨越 1 个或多个关节（图 3-2）。通常近侧骨上的附着点称为**起点** origin 或定点，远侧骨上的附着点称为**止点** insertion 或动点。在特定条件下，定点和动点可以相互转化。如三角肌的起点为锁骨、肩峰和肩胛冈，动点为肱骨三角肌粗隆，作用为展肩关节；但在做引体向上运动时，肱骨上的附着点固定，成为**定点**，而锁骨、肩峰和肩胛冈上的附着点发生相对运动，成为**动点**。

骨骼肌配布于关节周围，其配布方式与关节运动轴的数量相关。单轴关节配布有作用相互拮抗的 2 组肌，如肘关节前方有屈肌，后方有伸肌；二轴关节周围多配布 4 组肌，如拇指腕掌关节周围有拇短屈肌、拇短伸肌、拇长展肌和拇收肌。三轴关节周围配布 6 组肌，如肩关节周围，有前屈的肱二头肌，后伸的肱三头肌，外展的冈上肌，内收的肩胛下肌，还配布有旋外的冈下肌和旋内的大圆肌。

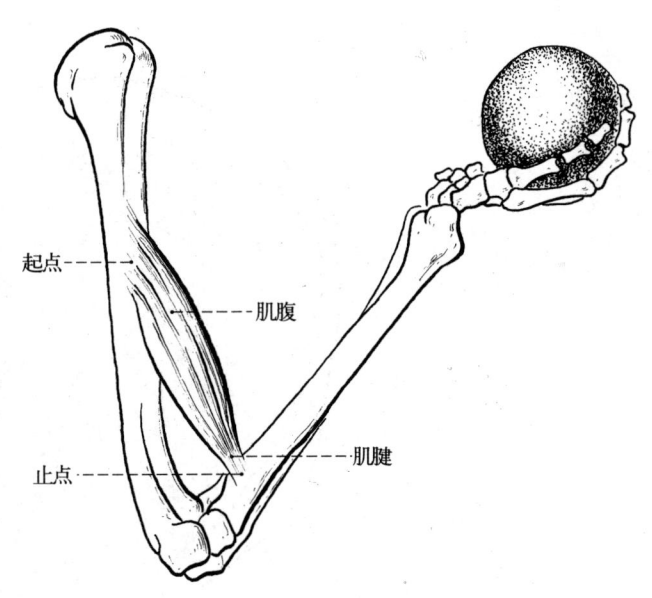

起点 - - - -
- - - - 肌腹
止点 - - - -
- - - 肌腱

图 3-2　肌的起止点

临床视角 3-1
肌肉损伤

三、肌的命名原则

骨骼肌可以按其位置、形态、大小、起止点、肌纤维方向和作用进行命名，也可根据上述因素综合命名。掌握肌的命名原则有助于理解肌的起止和作用。

按形态命名的有斜方肌、三角肌等，按位置命名的有臀大肌、胸大肌等，肱二头肌、股四头肌、小腿三头肌等是按起点肌腱的多少命名，胸锁乳突肌、喙肱肌等按起止点命名，指浅屈肌、大收肌、旋前圆肌等是按作用命名，腹外斜肌、腹横肌是按肌纤维走行方向命名。

四、肌的辅助装置

骨骼肌的辅助装置有筋膜、滑膜囊和腱鞘等。

（一）筋膜
筋膜 fascia 分为浅筋膜和深筋膜（图3-3），被覆全身。

1. **浅筋膜** superficial fascia 又称皮下筋膜或皮下脂肪，位于真皮深面，由疏松结缔组织构成，富含脂肪。浅筋膜的厚度因人而异，与遗传、性别、营养状况有关；不同部位的浅筋膜厚薄不一。并将皮肤与皮下组织连接，对神经、血管和淋巴管有保护作用，也对压力起缓冲作用。

2. **深筋膜** deep fascia 由致密结缔组织构成，包被肌肉、血管和神经，将肌与周围组织紧密连接，并随肌的分群而发出肌间隔，保证肌活动的独立性。如果肌肉出现肿胀，深筋膜会因限制其无限制膨大而引起疼痛症状。深筋膜包绕血管和神经形成神经血管鞘，对血管、神经起支持和保护作用，也参与肌腱、韧带、关节囊的形成。

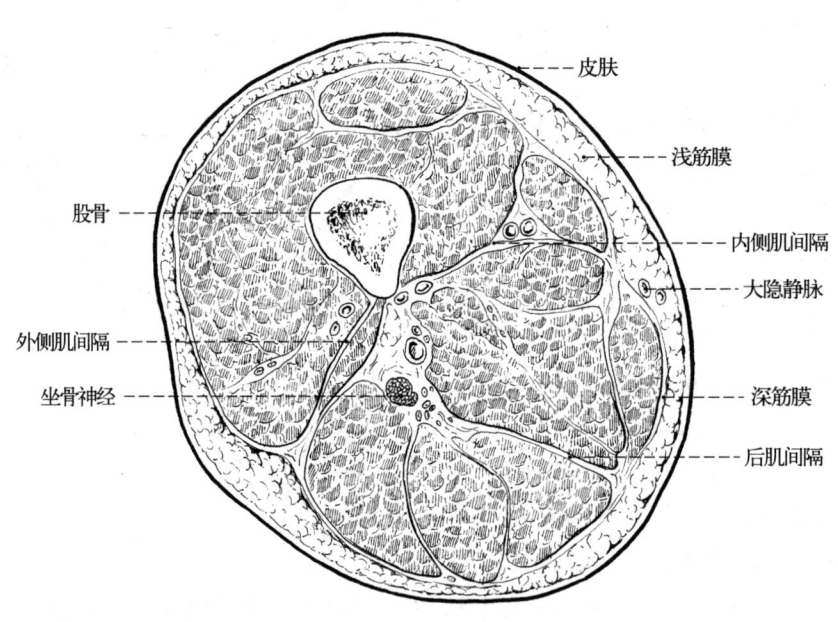

图3-3 筋膜（大腿中段横切面）

（标注：皮肤、浅筋膜、内侧肌间隔、大隐静脉、深筋膜、后肌间隔、股骨、外侧肌间隔、坐骨神经）

（二）滑膜囊
滑膜囊 synovial bursa 多位于肌腱和骨之间，呈扁囊状。部分滑膜囊与附近关节腔相通，内有滑液，可减少骨与肌腱间的摩擦，增加运动的灵活性。滑膜囊大小不一，直径从数毫米至数厘米不等。

（三）腱鞘
腱鞘 tendinous sheath 存在于肌腱活动较灵活的部位，包被于肌腱外面，肌腱可在鞘内自由滑动。腱鞘分为纤维层和滑膜层。纤维层又称为腱纤维鞘，位于肌腱表层，对肌腱有约束作用。滑膜层又称腱滑膜鞘，是由滑膜构成的双层鞘，内层包被于肌腱的表面，为脏层；外层衬贴于纤维层内面，为壁层。脏、壁两层之间为滑膜腔，内有少量滑液。腱滑膜鞘从骨面移行到肌腱的部分，称腱系膜，其中有供应肌腱的血管通过（图3-4）。

临床视角 3-2
腱鞘炎

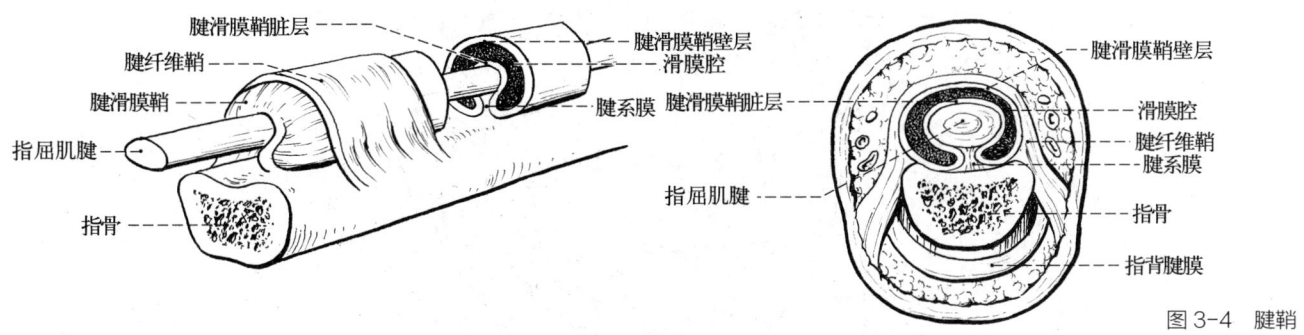

图 3-4　腱鞘

五、肌的血管、神经和淋巴管

骨骼肌新陈代谢旺盛，血液供应丰富，一块骨骼肌可有多个来源的血液供应。血管与神经相伴行于肌间隙内，通过肌门入肌，在肌内分支形成毛细血管网，分布于肌纤维。体积小的肌一般有1条动脉和2条静脉，体积较大的肌肉需要多条动脉和静脉。

管理骨骼肌的神经包括运动神经和感觉神经，肌细胞失去神经支配将会发生萎缩。

肌的淋巴回流起于肌组织内的毛细淋巴管，毛细淋巴管汇合成淋巴管与静脉伴行汇入深淋巴管。

第二节　头肌

ⓔ 表 3-1
头肌的起止和作用

头肌分为面肌（表情肌）和咀嚼肌。

一、面肌

面肌位置表浅，起于颅骨或面部筋膜，多止于眼裂、口裂和鼻孔周围的皮肤（图3-5，图3-6）。人类的面肌发育良好，收缩时可以做出喜、怒、哀、乐等复杂的表情，故又称表情肌。

知识扩展 3-1
不同表情

（一）枕额肌
枕额肌形状扁阔，有枕腹和额腹2个肌腹，中间为**帽状腱膜** galea aponeurotica。枕腹起于枕骨，额腹止于眉部皮肤。额腹可提眉并形成额纹，枕腹可后拉帽状腱膜。

（二）眼轮匝肌
眼轮匝肌 orbicularis oculi 位于眼裂周围，分为眶部、睑部和泪囊部，收缩时眼裂闭合。

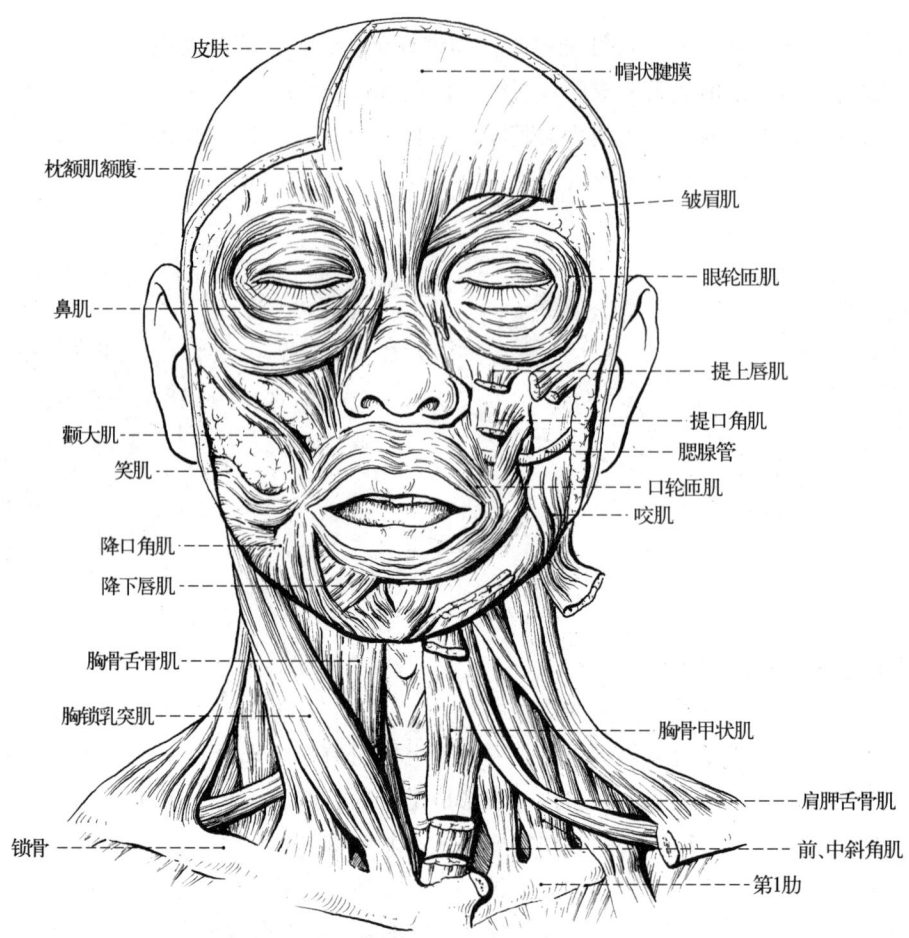

图 3-5　面肌前面观

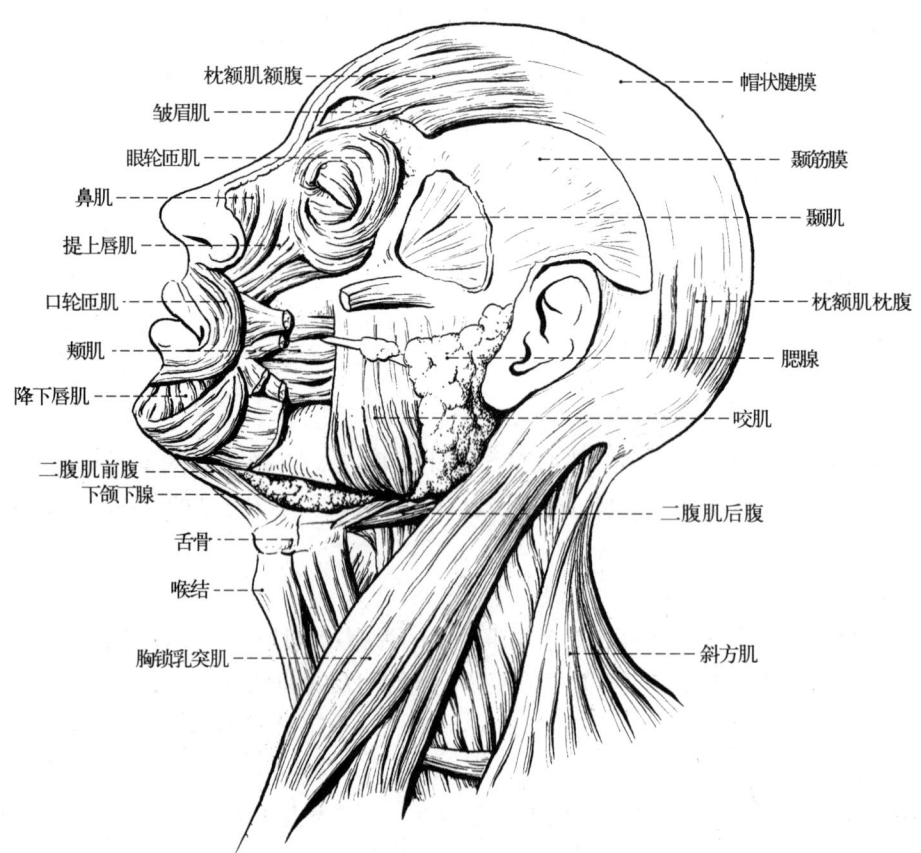

图 3-6　面肌侧面观

（三）口周围肌

口周围肌包括辐射状肌和环状肌。辐射状肌起于口周围骨，止于上、下唇，可提上唇，降下唇，外拉口角。环状肌为**口轮匝肌** orbicularis oris，收缩时可闭合口裂。

（四）鼻肌和耳肌

鼻肌分布于鼻孔周围，可开大和缩小鼻孔。耳肌分布于耳郭周围。

二、咀嚼肌

咀嚼肌 masticatory muscles 包括咬肌、颞肌、翼内肌和翼外肌（图3-6，图3-7），配布于颞下颌关节周围，参与颞下颌关节的运动。

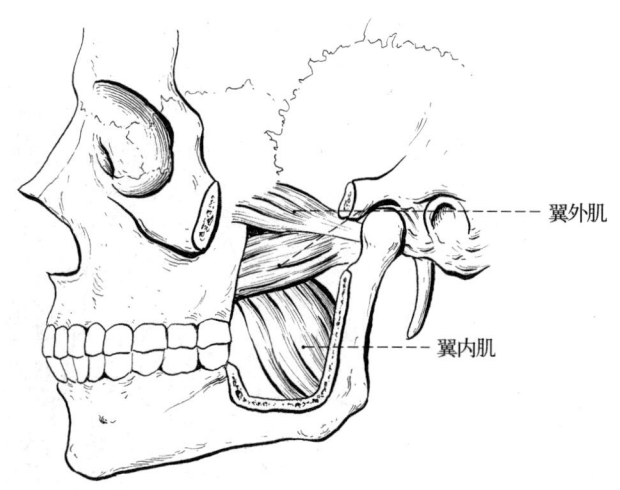

图3-7　翼内肌、翼外肌

（一）咬肌

咬肌 masseter 起自颧弓，肌束斜向后下，止于下颌骨的咬肌粗隆。可上提下颌骨。

（二）颞肌

颞肌 temporalis 起自颞窝，肌纤维呈扇形向前下方集中，穿过颧弓深方，止于下颌骨的冠突。可上提下颌骨，并使其向后缩进。

临床视角 3-3
破伤风

（三）翼内肌

翼内肌 medial pterygoid 起自蝶骨的翼突窝，肌纤维向外下走行，止于下颌角内面。可上提下颌骨，并使其向前方运动。

（四）翼外肌

翼外肌 lateral pterygoid 起自蝶骨大翼和翼突外侧板，肌纤维向后外止于下颌颈。一侧收缩下颌骨向对侧移动，两侧收缩使下颌骨前移做张口运动。

第三节　颈肌

ℯ 表3-2
颈肌的起止和作用

颈肌根据所在位置分为颈浅肌与颈外侧肌、颈前肌和颈深肌。

一、颈浅肌与颈外侧肌

（一）颈阔肌

颈阔肌 platysma 位于颈部浅筋膜内，肌纤维稀疏。起于颈根部和胸部筋膜，止于下颌骨下缘

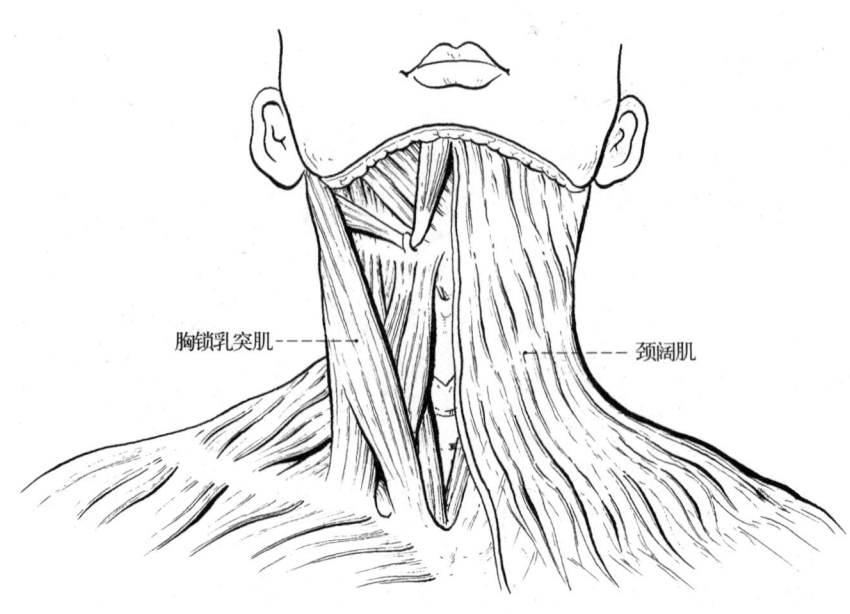

图 3-8　颈浅肌与颈外侧肌

（图 3-8）。此肌收缩可紧张颈部皮肤，并牵拉口角及下颌向下。

临床视角 3-4
斜颈

（二）胸锁乳突肌

胸锁乳突肌 sternocleidomastoid 位于颈阔肌的深方，起自胸骨柄和锁骨内侧端，两头汇合向后上，止于颞骨乳突（图 3-6，图 3-8）。一侧胸锁乳突肌收缩，头转向同侧，面转向对侧；两侧同时收缩，头后仰。

二、颈前肌

颈前肌包括舌骨上肌群和舌骨下肌群（图 3-9，图 3-10）。

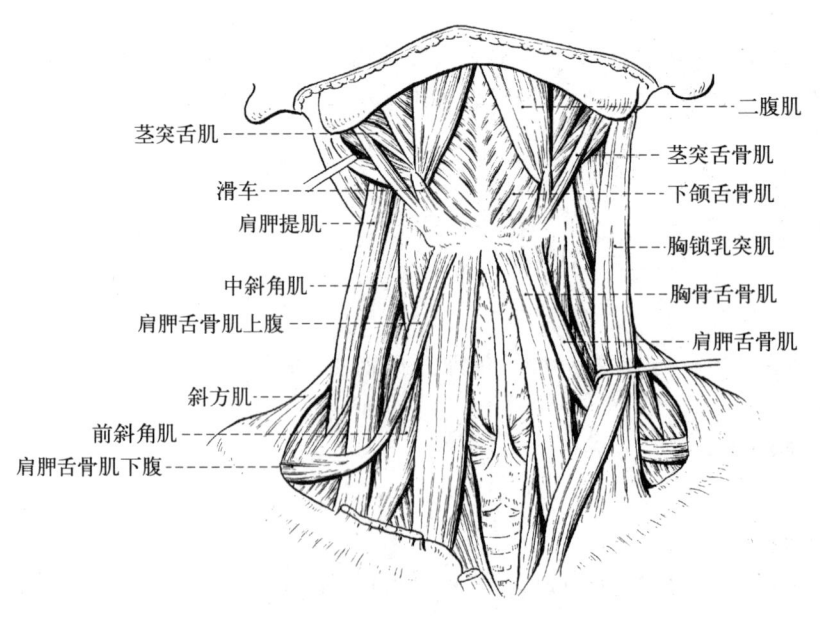

茎突舌肌
滑车
肩胛提肌
中斜角肌
肩胛舌骨肌上腹
斜方肌
前斜角肌
肩胛舌骨肌下腹

二腹肌
茎突舌骨肌
下颌舌骨肌
胸锁乳突肌
胸骨舌骨肌
肩胛舌骨肌

图 3-9　颈前肌（浅层）

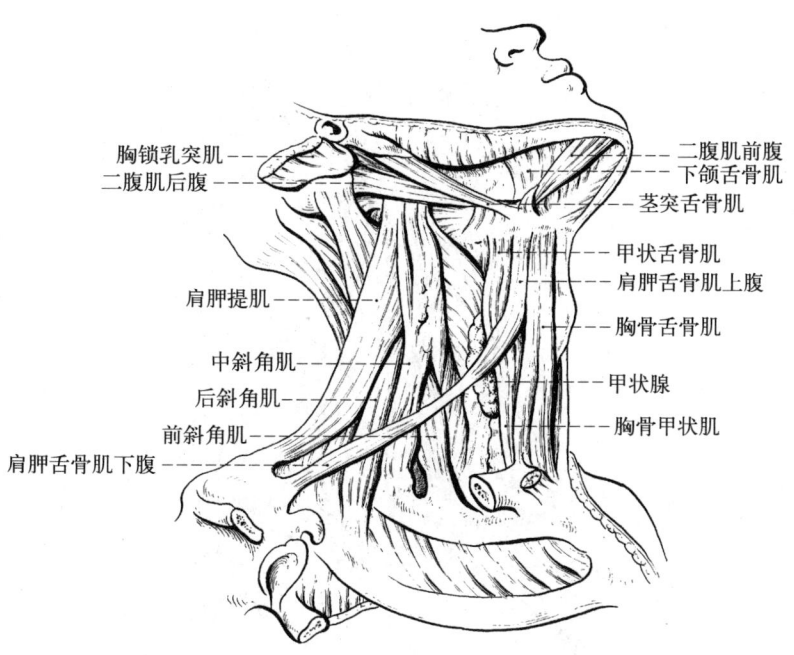

图 3-10　颈肌侧面观

（一）舌骨上肌群

舌骨上肌群位于舌骨与下颌骨之间，每侧有 4 块肌。

1. **二腹肌** digastric　前腹起自下颌骨的二腹肌窝，后腹起自颞骨乳突，两肌腹在舌骨上方以中间腱相连，中间腱借筋膜形成的滑车连于舌骨。二腹肌收缩下拉下颌骨、上提舌骨。

2. **下颌舌骨肌** mylohyoid　位于二腹肌深面，形成口腔底。起于下

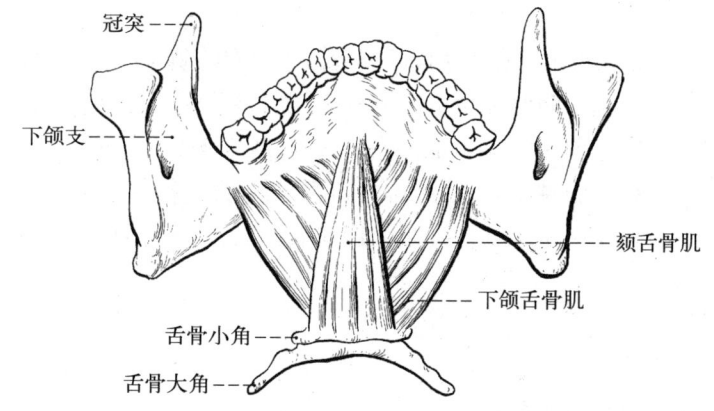

图 3-11　口底肌

颌骨内面的下颌舌骨肌线，止于舌骨上缘，两侧肌纤维在中线会合。收缩时上提口腔底，有助吞咽。

3. **茎突舌骨肌** stylohyoid　起自颞骨茎突，肌纤维向前下止于舌骨，可上提舌骨和舌根。

4. **颏舌骨肌** geniohyoid　位于下颌舌骨肌深面，起自下颌骨颏棘，止于舌骨（图 3-11）。

舌骨上肌群的作用：下颌骨固定时，上提舌骨，帮助吞咽；舌骨固定时，下拉下颌骨。

（二）舌骨下肌群

舌骨下肌群位于舌骨与胸廓上口之间，喉、气管、甲状腺前方。

1. **胸骨舌骨肌** sternohyoid　起自胸骨柄，止于舌骨。收缩时下拉舌骨。

2. **胸骨甲状肌** sternothyroid　起自胸骨柄，止于甲状软骨，下拉喉。

3. **甲状舌骨肌** thyrohyoid　起自甲状软骨，止于舌骨。下拉舌骨，上提喉。

4. **肩胛舌骨肌** omohyoid　起于肩胛骨上角，止于舌骨。

舌骨下肌群的作用：下降舌骨和喉，有利于吞咽活动。

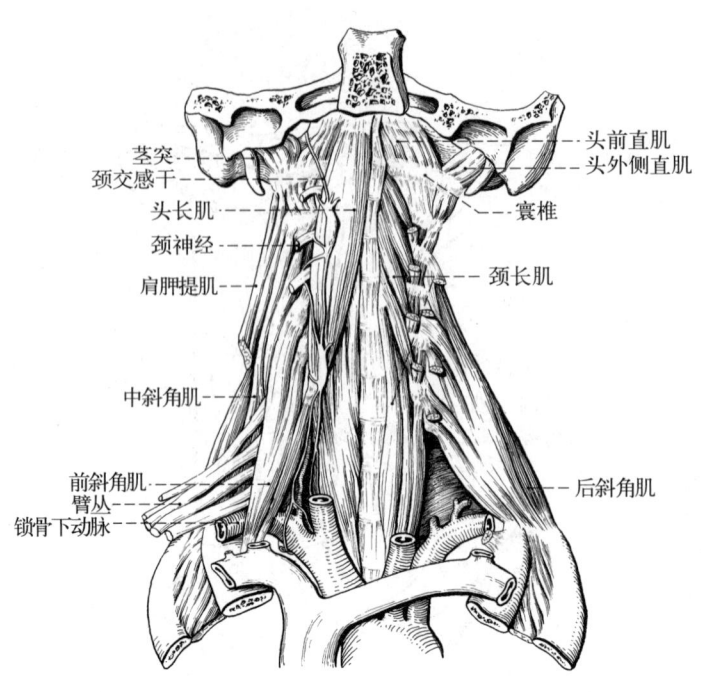

茎突
颈交感干
头长肌
颈神经
肩胛提肌

中斜角肌

前斜角肌
臂丛
锁骨下动脉

头前直肌
头外侧直肌
寰椎
颈长肌

后斜角肌

图 3-12　颈深肌群

三、颈深肌

颈深肌位于脊柱颈段的周围，主要有前斜角肌、中斜角肌和后斜角肌（图 3-12）。

1. **前斜角肌** scalenus anterior　起自颈椎横突，止于第 1 肋骨上缘。
2. **中斜角肌** scalenus medius　起自颈椎横突，止于前斜角肌止点后方。
3. **后斜角肌** scalenus posterior　起自颈椎横突，止于第 2 肋骨。

当胸廓固定时，一侧颈深肌收缩，颈向同侧屈；两侧收缩时可上提肋骨，助吸气，使颈前屈。

第四节　躯干肌

躯干肌包括背肌、胸肌、膈肌和腹肌。

一、背肌

背肌分为浅、深 2 层，浅层肌起自脊柱的不同部位，止于上肢骨，包括斜方肌、背阔肌、肩胛提肌和菱形肌；深层肌在脊柱两侧，主要为竖脊肌。

（一）斜方肌

斜方肌 trapezius 位于项、背部的浅层，一侧呈三角形的扁肌，两侧合起呈斜方形。该肌起点广泛，上起枕外隆凸、项韧带、第 7 颈椎的棘突，下达第 12 胸椎棘突，肌纤维向外集中，止于肩胛冈、肩峰和锁骨外侧段（图 3-13）。收缩时牵拉肩胛骨向脊柱靠拢，上部肌束上提肩胛骨，下部肌束下拉肩胛骨。若该肌瘫痪，可出现"**塌肩**"现象。

（二）背阔肌

背阔肌 latissimus dorsi 位于胸后外侧壁和背下部。为全身最大的扁肌，起自第 6~12 胸椎棘突、全部腰椎棘突、骶正中嵴和髂嵴后部，肌束紧贴胸壁向外上方集中，绕肩关节内侧，止于肱骨小结节嵴（图 3-13）。收缩时肩关节内收、旋内和后伸。

临床上常利用背阔肌制作肌皮瓣，修复乳腺癌根治术后的皮肤大面积缺损、脊髓脊膜膨出症术后创面及肩部和上臂软组织缺损，或制作成肌瓣用于乳房再造，也可用于心肌成形术。

（三）肩胛提肌

肩胛提肌 levator scapulae 位于项部两侧，斜方肌深面。起自第 1—4 颈椎的横突，肌纤维向后下方，止于肩胛骨上角。可上提肩胛骨（图 3-14）。

（四）菱形肌

菱形肌 rhomboideus 位于斜方肌深面。起自第 6、7 颈椎和第 1—4 胸椎棘突，止于肩胛骨内侧缘。上提肩胛骨，使肩胛骨向脊柱靠拢（图 3-14）。

（五）竖脊肌

竖脊肌 erector spinae 位于背部深层，脊柱两侧的脊柱沟内，为 2 条强大的纵行肌束。起自骶骨背面和髂嵴后份，由髂肋肌、最长肌和棘肌组成，肌纤维向上分别止于肋骨、椎骨及颞骨乳突（图 3-14）。竖脊肌一侧收缩时脊柱侧屈，两侧收缩时脊柱后伸，对维持人体直立起重要作用。

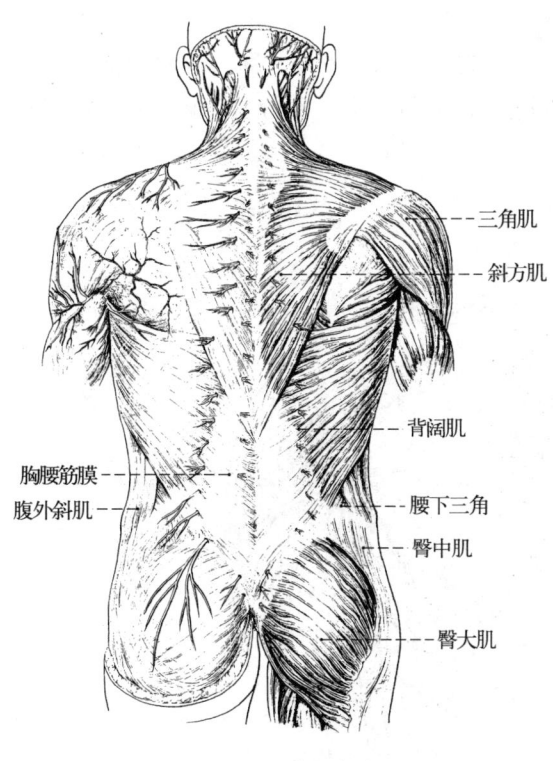

图 3-13 背肌浅层

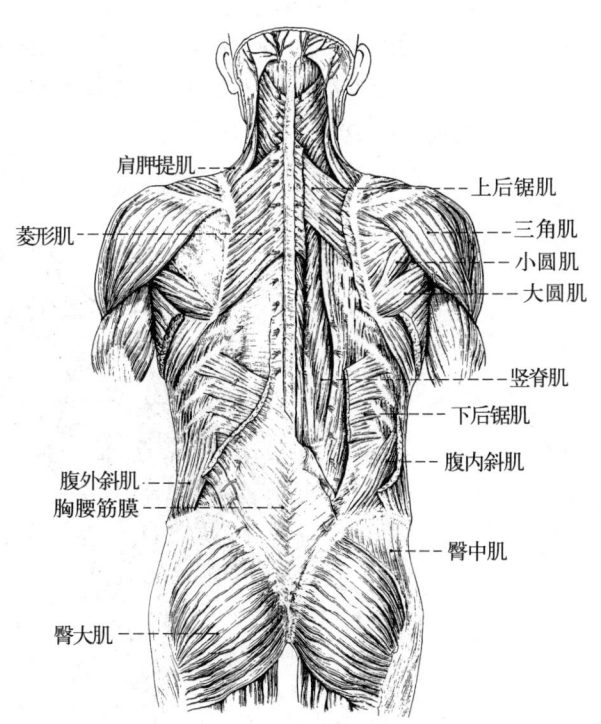

图 3-14 背肌深层

二、胸肌

胸肌位于胸廓前方，均为扁肌，根据附着骨的不同分为胸上肢肌和胸固有肌。胸上肢肌起自胸壁，止于上肢带骨或肱骨，包括胸大肌、胸小肌和前锯肌。胸固有肌参与构成胸壁，在肋间隙内，主要有肋间外肌和肋间内肌。

（一）胸大肌

胸大肌 pectoralis major 位置表浅，覆盖在胸前壁，宽而厚，呈扇形。起自锁骨内侧、胸骨、第 2—6 肋软骨和腹直肌鞘等处，各部肌纤维向外集中，以扁腱止于肱骨大结节嵴（图 3-15）。收缩时肩关节前屈、内收和旋内；做引体向上运动时，上肢固定，可上提躯干，提肋助吸气。

（二）胸小肌

胸小肌 pectoralis minor 位于胸大肌的深面，呈三角形。起自第 3—5 肋，肌纤维向外上方，止于肩胛骨喙突（图 3-15）。可牵拉肩胛骨向前下方；若肩胛骨固定，可上提第 3—5 肋助吸气。

（三）前锯肌

前锯肌 serratus anterior 位于胸廓侧面，宽而大，以多个锯齿状肌齿起于上 8 或 9 个肋骨外面，肌束紧贴胸壁行向后内，绕经肩胛骨前面，止于肩胛骨内侧缘（图 3-16）。收缩时拉肩胛骨向前下，使肩胛骨紧贴胸廓；肩胛骨固定，可提肋助吸气。前锯肌瘫痪时，肩胛下角和内侧缘翘起于皮下，称"**翼状肩**"。

（四）肋间外肌

肋间外肌 intercostales externi 位于肋间隙的浅层，起自上位肋骨下缘，肌纤维斜向前下，止于下位肋骨上缘（图 3-16）。在肋软骨间隙处，肋间外肌肌纤维消失，移行为肋间外膜。收缩时可提肋，助吸气。

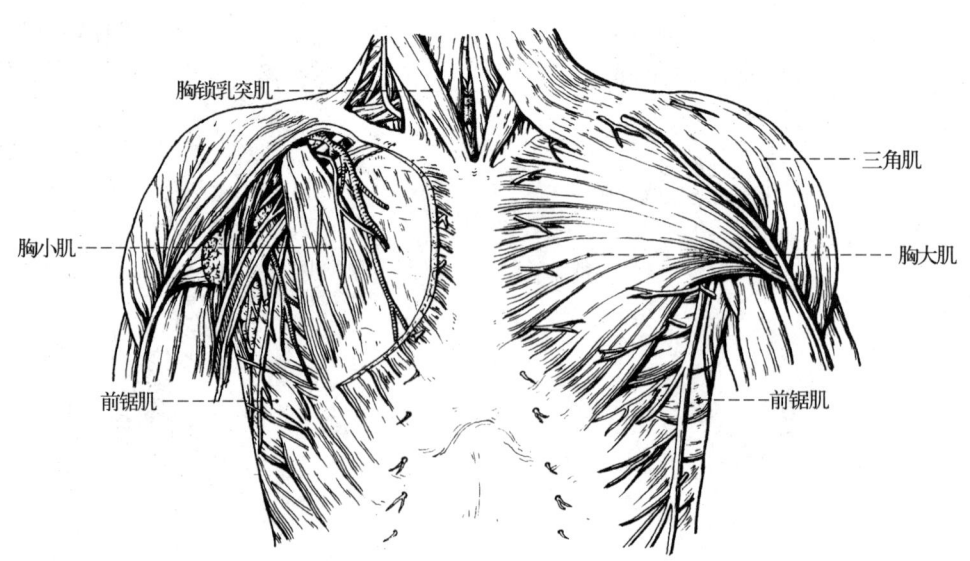

图 3-15　胸肌前面观

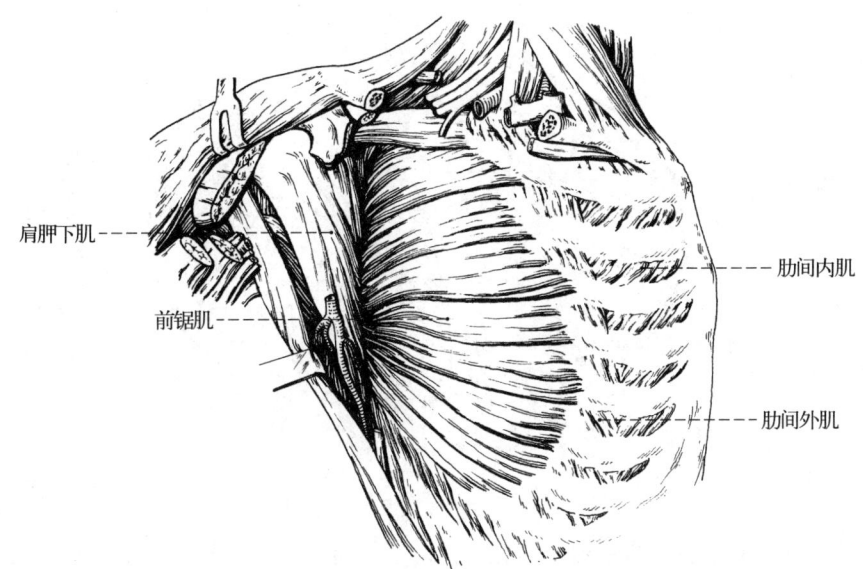

图 3-16　胸肌侧面观

肩胛下肌、前锯肌、肋间内肌、肋间外肌

（五）肋间内肌

肋间内肌 intercostales interni 位于肋间外肌的深面，起自下位肋骨上缘，肌纤维斜向内上，止于上位肋骨下缘，肌束方向与肋间外肌相交叉（图 3-16）。后部肌束到肋角处消失，移行为肋间内膜，收缩时使肋下降，助呼气。

三、膈肌

膈肌 diaphragm 位于胸腔和腹腔之间，为穹隆状扁肌，封闭胸廓下口。膈周围部为肌腹，根据起点的不同分为 3 部：起于胸骨剑突后面的胸骨部，起于肋骨内面的肋部，以左、右膈脚起于腰椎前面的腰部。各部肌束向中央集中移行为**中心腱** central tendon（图 3-17，图 3-18）。

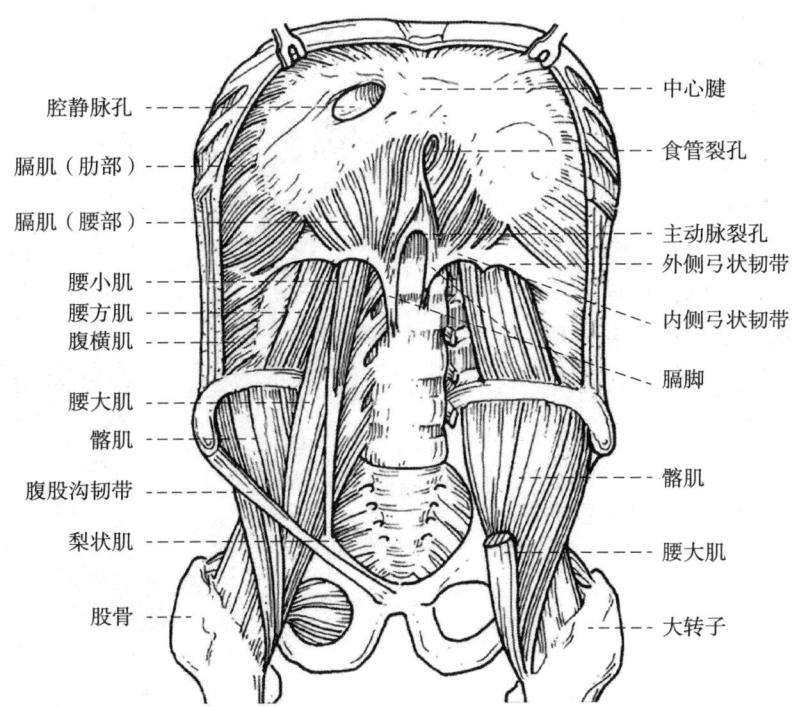

腔静脉孔、膈肌（肋部）、膈肌（腰部）、腰小肌、腰方肌、腹横肌、腰大肌、髂肌、腹股沟韧带、梨状肌、股骨

中心腱、食管裂孔、主动脉裂孔、外侧弓状韧带、内侧弓状韧带、膈脚、髂肌、腰大肌、大转子

图 3-17　膈与腹后壁肌

图3-18 膈裂孔通过的结构

膈肌上有3个裂孔：①**主动脉裂孔** aortic hiatus，约平第12胸椎，在左、右膈脚之间有主动脉及胸导管穿过。②**食管裂孔** esophageal hiatus，约平第10胸椎，主动脉裂孔的左前上方，内有食管和迷走神经穿过。③**腔静脉孔** vena caval foramen，约平第8胸椎，位于食管裂孔右前方，内有下腔静脉穿过（图3-18）。

膈肌为主要的呼吸肌，收缩时膈顶下降，助吸气；舒张时，膈顶回升，助呼气。

在膈的胸骨部与肋部之间、肋部与腰部之间，常有呈三角形无肌束的薄弱区，分别称为**胸肋三角** sternocostal triangle 和**腰肋三角** lumbocostal triangle。若腹腔脏器经上述裂孔或三角突入胸腔，则形成膈疝。最常见的膈疝为食管裂孔疝。

临床视角 3-5
膈疝

四、腹肌

腹肌指围成腹壁的肌，按部位分为前外侧群和后群，主要包括腹外斜肌、腹内斜肌、腹横肌、腹直肌和腰方肌。

（一）腹外斜肌

腹外斜肌 obliquus externus abdominis 位于腹前外侧壁的浅层，以8个肌齿起于下8位肋的外面，与前锯肌的肌齿交错，肌纤维向前下走行，后部肌束止于髂嵴，其他肌束继续向前内下行，移行为腱膜，终于**腹白线** white line（图3-19）。腹外斜肌下缘折返增厚成**腹股沟韧带** inguinal ligament，连于耻骨结节和髂前上棘之间。

（二）腹内斜肌

腹内斜肌 obliquus internus ab-

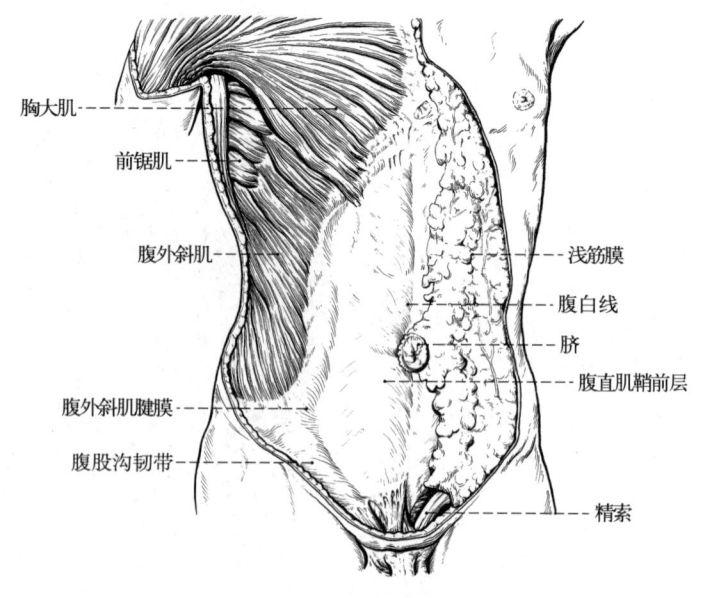

图3-19 胸腹前壁肌（1）

dominis 位于腹外斜肌深面，起自髂嵴、腹股沟韧带外侧半和胸腰筋膜，后部肌束止于下第 3—4 肋软骨，其余肌束行向内上移行为腱膜，包绕腹直肌，最后终于腹白线（图 3-20）。腹内斜肌下部肌束行向前下，横跨精索上方，延续为腱膜，与腹横肌腱膜共同形成**腹股沟镰** inguinal falx 或**联合腱** conjoined tendon，止于耻骨结节周围。腹内斜肌少数散细肌束包绕精索和睾丸，构成提睾肌。

（三）腹横肌

腹横肌 transversus abdominis 位于腹内斜肌深面，起自下 6 位肋软骨、胸腰筋膜、髂嵴和腹股沟韧带外 1/3，肌纤维横行向前内，移行为腱膜，穿经腹直肌后方，参与组成腹直肌鞘后层，终于腹白线（图 3-20）。下部肌束参与提睾肌的组成。

（四）腹直肌

腹直肌 rectus abdominis 位于腹前壁中线的两侧，居腹直肌鞘内。起自耻骨联合和耻骨嵴，肌纤维直行向上，止于胸骨剑突和第 5—7 肋软骨。肌腹被 3~4 条**腱划** tendinous intersection 分割（图 3-20）。

（五）腰方肌

腰方肌 quadratus lumborum 位于腹后壁脊柱两侧，竖脊肌前方，呈长方形。起自髂嵴后部和第 3—5 腰椎，止于第 12 肋和第 1—4 腰椎，收缩时可下拉第 12 肋，并使脊柱侧屈；若两侧同时收缩，脊柱后伸（图 3-18）。

腹前外侧壁 3 层肌的纤维相互交错，形成坚韧而有弹性的腹壁，增加腹壁的抗压力，维持腹内压稳定，保护腹腔脏器。收缩时脊柱前屈、侧屈和旋转，下拉胸廓，助呼吸。

知识扩展 3-3
躯干的局部记载

临床视角 3-6
腹部手术切口示意图

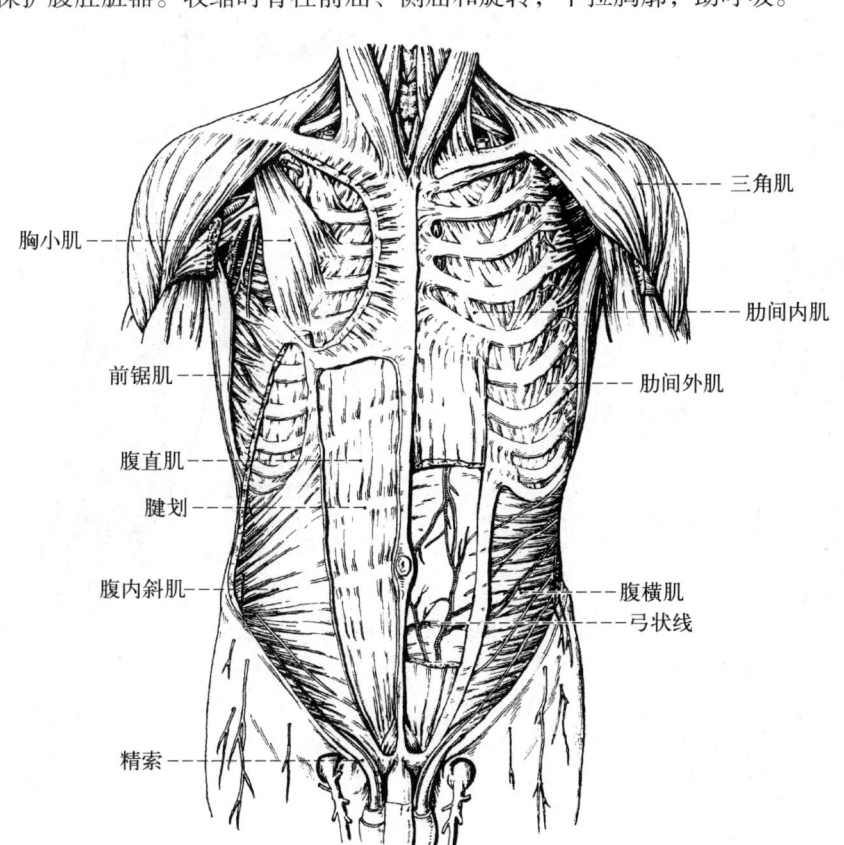

图 3-20　胸腹前壁肌
（2）

第五节　上肢肌

上肢肌分为上肢带肌、臂肌、前臂肌和手肌。

一、上肢带肌

⊜ 表 3-4
肩肌和臂肌的起止和
作用

上肢带肌配布于肩关节周围，均起于上肢带骨，止于肱骨，可运动肩关节，并增强关节的稳固性。包括三角肌、冈上肌、冈下肌、大圆肌、小圆肌和肩胛下肌（图 3-21 至图 3-25）。

（一）三角肌

三角肌 deltoid 位于肩关节周围，呈三角形，构成肩部的膨隆。起自锁骨的外侧段、肩峰和

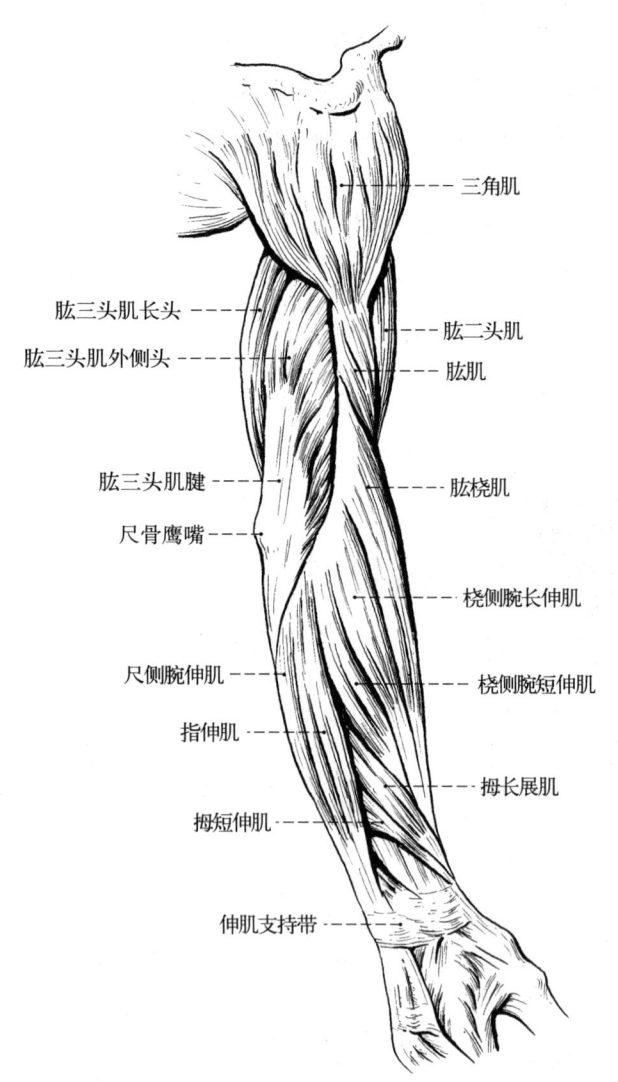

图 3-21　上肢肌外侧面观

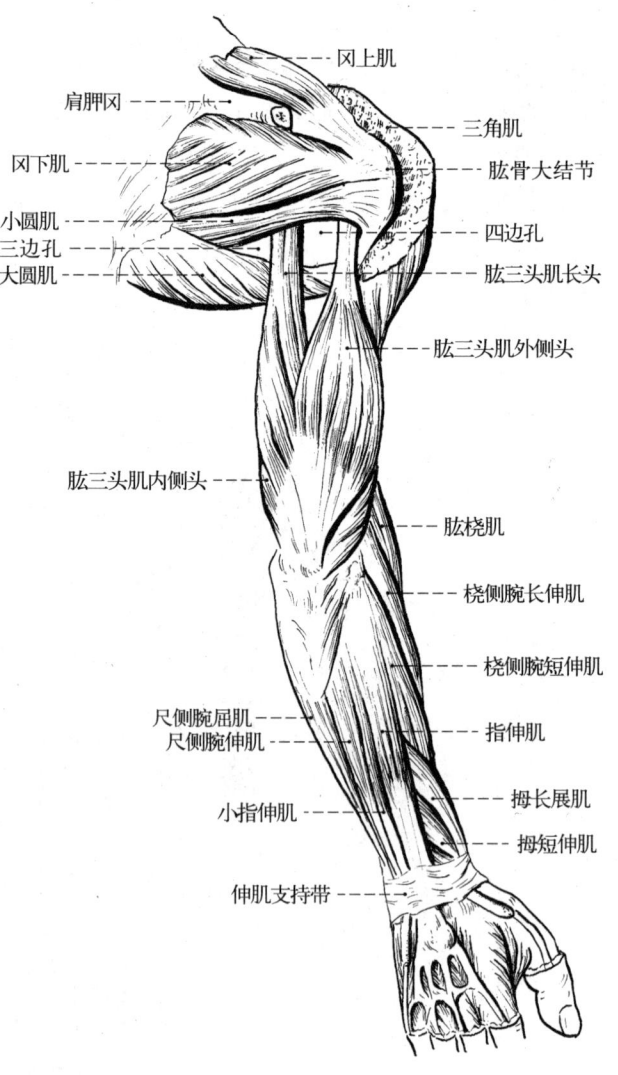

图 3-22　上肢肌后面观（1）

肩胛冈，肌束从前、外、后包裹肩关节，逐渐向外下方集中，止于肱骨三角肌粗隆。**作用**：使肩关节外展、前屈和后伸。三角肌萎缩，形成"**方肩**"。

（二）冈上肌

冈上肌 suprasupinatus 位于冈上窝内，斜方肌深面。起自冈上窝，跨肩关节囊上方，止于肱骨大结节上部。**作用**：外展肩关节。

（三）冈下肌

冈下肌 infraspinatus 位于冈下窝内，起自冈下窝，肌束向外经肩关节后方，止于肱骨大结节中部。**作用**：使肩关节旋外。

（四）小圆肌

小圆肌 teres minor 位于冈下肌的下方，起自肩胛骨外侧缘背面，肌束向外上，经关节囊后方止于肱骨大结节下部。**作用**：使肩关节旋外。

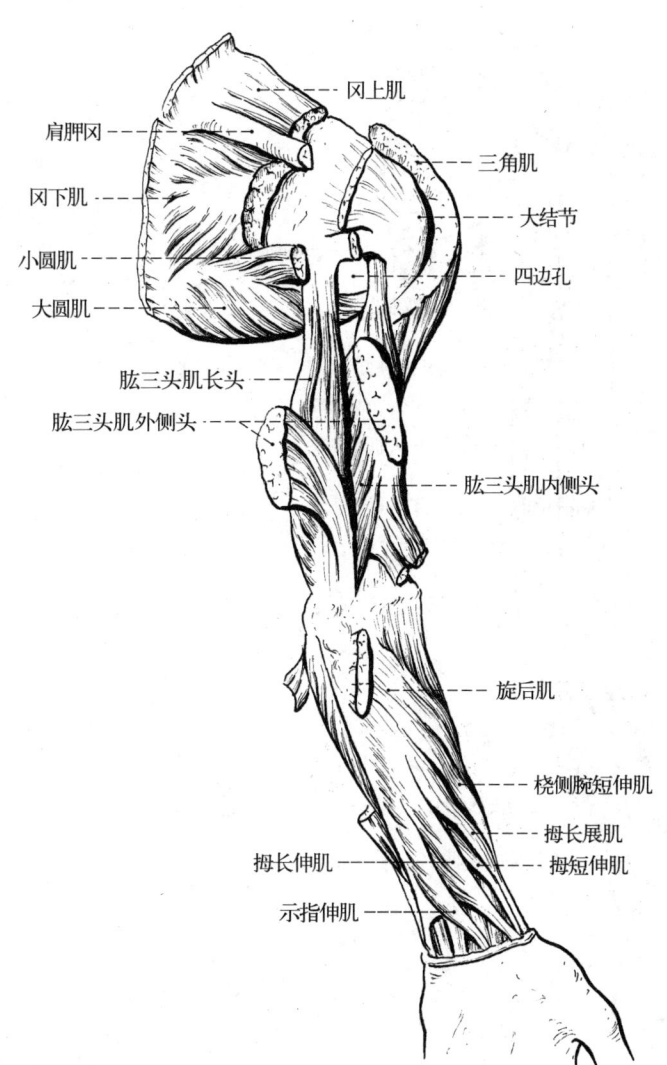

图 3-23　上肢肌后面观（2）

（五）大圆肌

大圆肌 teres major 位于小圆肌的下方，起自肩胛下角的背面，肌束向上外方，绕肩关节囊前方，止于肱骨小结节嵴。**作用**：使肩关节内收、旋内和后伸。

（六）肩胛下肌

肩胛下肌 subscapularis 位于肩胛下窝内，呈扁阔的三角形。起自肩胛下窝，肌束绕经肩关节囊前方，止于肱骨小结节。**作用**：使肩关节内收和旋内。

冈上肌、冈下肌、小圆肌、大圆肌及肩胛下肌的肌腱在经过肩关节囊前面、上面和后面时紧贴关节囊，且有许多腱纤维与关节囊的纤维相交织，形成"**肌腱袖**"（muscle tendinous cuff），对稳定肩关节起重要作用。

二、臂肌

臂肌配布于肱骨周围，分为前、后 2 群，前群为屈肌，包括肱二头肌、肱肌及喙肱肌，后群为伸肌，包括肱三头肌（图 3-24，图 3-25）。

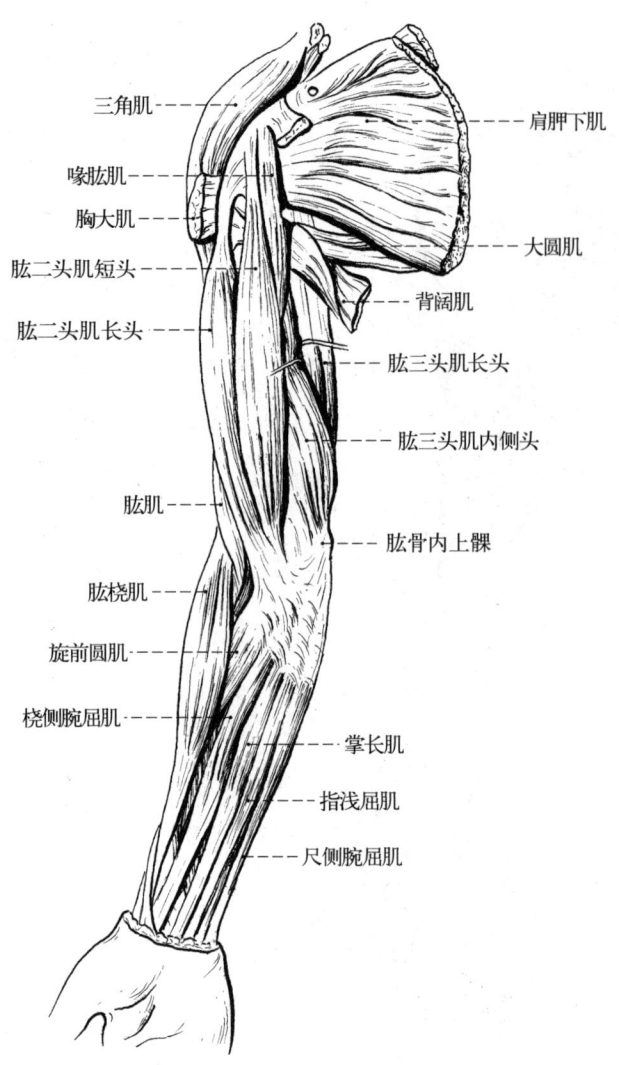

图 3-24 上肢肌前面观（1）

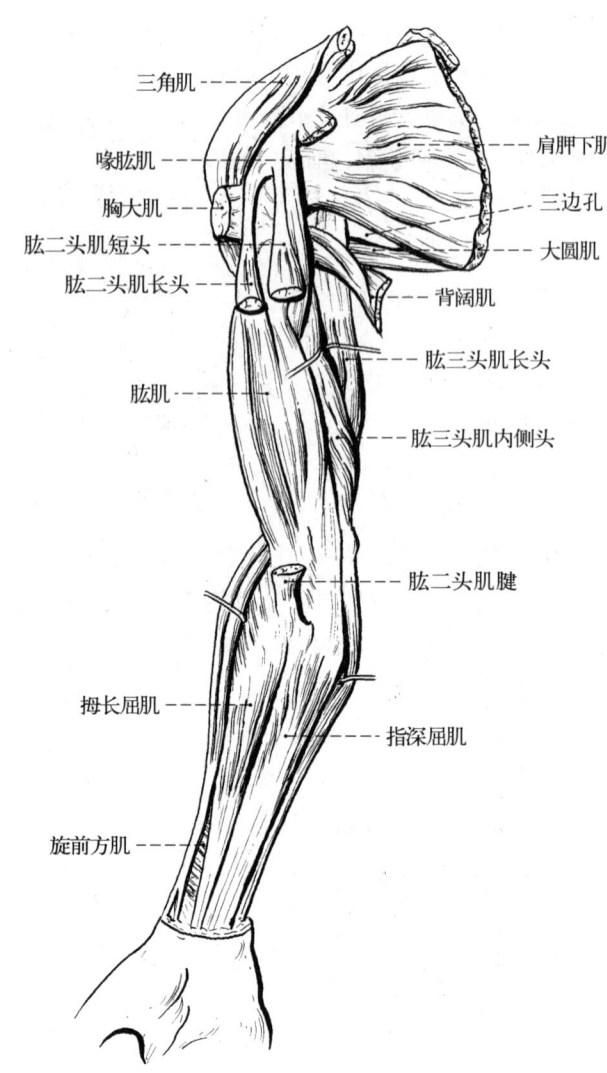

图 3-25 上肢肌前面观（2）

（一）肱二头肌

肱二头肌 biceps brachii 呈梭形，有长、短 2 个头，长头居外侧，起自肩胛骨盂上结节，穿过肩关节囊，经肱骨结节间沟下降；短头居内侧，起自肩胛骨喙突。两头在臂部合成一个肌腹，向下移行为肌腱，止于桡骨粗隆。**作用**：屈肘关节，当前臂处于旋前位时能使其旋后，还可协助屈肩关节。

（二）喙肱肌

喙肱肌 coracobrachialis 位于肱二头肌短头的后内侧，并与肱二头肌短头共同起自肩胛骨喙突，止于肱骨中段的内侧。**作用**：使肩关节前屈和内收。

（三）肱肌

肱肌 brachialis 位于肱二头肌下半部的深面，起自肱骨下段的前面，止于尺骨粗隆。**作用**：屈肘关节。

（四）肱三头肌

肱三头肌 triceps brachii 位于臂部的后方，起端有长头、内侧头和外侧头 3 个头。长头起自肩胛骨盂下结节，向下穿经小圆肌、大圆肌之间；外侧头和内侧头分别起自肱骨体后面桡神经沟外上和内下的骨面。3 个头向下会合成一坚韧的肌腱，止于尺骨鹰嘴（图 3-21 至图 3-24）。**作用：**伸肘关节，长头还可以使肩关节后伸和内收。

三、前臂肌

前臂肌配布于尺、桡骨周围，分为前（屈肌）群和后（伸肌）群，主要运动肘关节、腕关节和手关节。

❸ 表 3-5
前臂肌的起止和作用

（一）前群肌

前群肌位于前臂前面，共 9 块肌，分 4 层排列，多数起自肱骨内上髁，分别止于腕骨、掌骨和指骨（图 3-24，图 3-25）。

1. 第一层　有 5 块肌，自桡侧向尺侧依次为：

（1）**肱桡肌** brachioradialis　起自肱骨外上髁上方，止于桡骨茎突。可屈肘关节。

以下 4 块肌共同以屈肌总腱起自肱骨内上髁以及前臂深筋膜。

（2）**旋前圆肌** pronator teres　止于桡骨中段的外侧面。可屈肘关节、使前臂旋前。

（3）**桡侧腕屈肌** flexor carpi radialis　以长肌腱止于第 2 掌骨底。可屈和外展腕关节，屈肘关节。

（4）**掌长肌** palmaris longus　肌腹短，以长肌腱止于掌腱膜。可屈腕关节和紧张掌腱膜。

（5）**尺侧腕屈肌** flexor carpi ulnaris　向下移行为肌腱，止于豌豆骨。可屈和内收腕关节。

2. 第二层　有 1 块肌，即**指浅屈肌** flexor digitorum superficialis。肌的上端被浅层肌所覆盖，起于肱骨内上髁和尺骨、桡骨前面，肌束向下移行为 4 条肌腱，经腕管入手掌。每一条肌腱在近节指骨中部分为 2 脚，分别止于第 2~5 指中节指体两侧。可屈第 2~5 指近侧指间关节、掌指关节和腕关节。

3. 第三层　有 2 块肌。

（1）**指深屈肌** flexor digitorum profundus　位于内侧，起自尺骨上端前面和前臂骨间膜，向下移行为 4 条肌腱穿经腕管，行于指浅屈肌腱深方，并穿指浅屈肌二脚之间分别止于第 2—5 指远节指骨底掌面。可屈第 2—5 指远侧指间关节、近侧指间关节、掌指关节和腕关节。

（2）**拇长屈肌** flexor pollicis longus　位于外侧，起于桡骨上端前面和前臂骨间膜，肌腱通过腕管下行，止于拇指远节指骨底掌面。可屈拇指掌指关节和指间关节。

4. 第四层　有 1 块肌，即**旋前方肌** pronator quadratus。为扁的四方形小肌，起于尺骨下 1/4 的前面，止于桡骨下端前面。可使前臂旋前。

（二）后群肌

后群肌位于前臂的后部，共 10 块肌，分为浅层和深层。浅层包括桡侧腕长伸肌、桡侧腕短伸肌、指伸肌、小指伸肌、尺侧腕伸肌，均起自肱骨外上髁及附近的筋膜（图 3-21 至图 3-23）；深层包括旋后肌、拇长展肌、拇短伸肌、拇长伸肌和示指伸肌（图 3-23）。

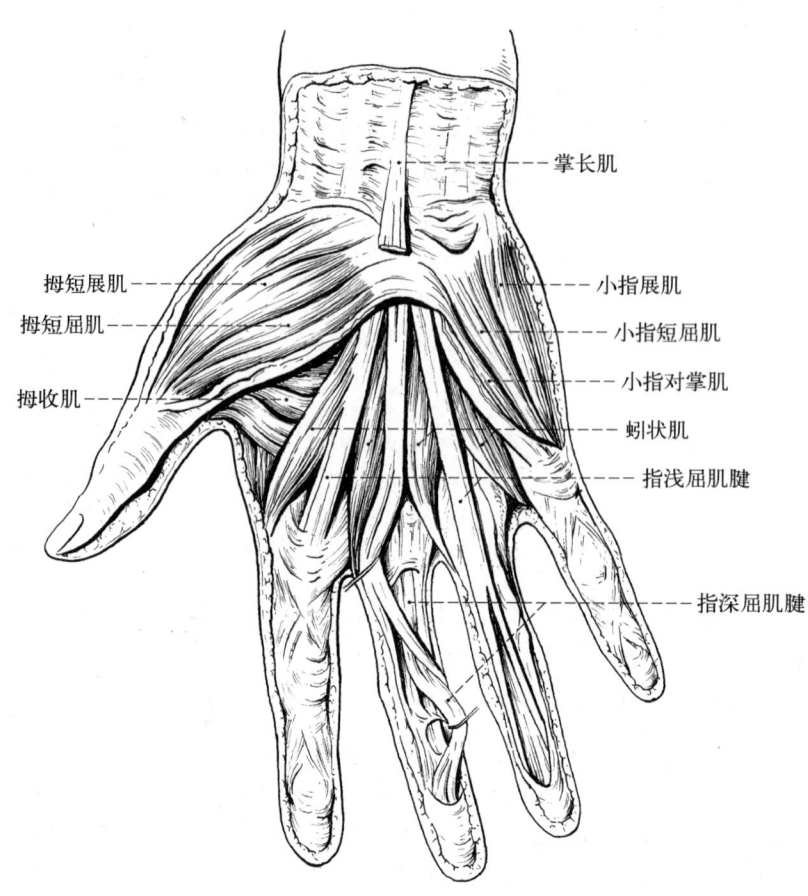

图 3-26　手掌侧肌（1）

　　1. **桡侧腕长伸肌** extensor carpi radialis longus　位于最桡侧，起始后肌纤维下行止于第 2 掌骨底，可伸腕关节。

　　2. **桡侧腕短伸肌** extensor carpi radialis brevis　在桡侧腕长伸肌内侧，止于第 3 掌骨底。可伸腕关节。

　　3. **指伸肌** extensor digitorum　肌腹向下移行为 4 条肌腱，分布到第 2 ~ 5 指背。在掌骨头处，4 条肌腱融合为指背腱膜，止于中节和远节指骨底。可伸指和伸腕关节。

　　4. **小指伸肌** extensor digiti minimi　细长，位于指伸肌尺侧，止于小指中节和远节指骨底。可伸小指。

　　5. **尺侧腕伸肌** extensor carpi ulnaris　位于浅层的最内侧，止于第 5 掌骨底。可伸和内收腕关节。

　　6. **旋后肌** supinator　位置较深，起于肱骨外上髁和尺骨近侧端，止于桡骨上 1/3 的前面。可使前臂旋后。

　　7. **拇长展肌** abductor pollicis longus　止于第 1 掌骨底桡侧。可外展拇指。

　　8. **拇短伸肌** extensor pollicis brevis　止于拇指近节指骨底。可使拇指后伸。

　　9. **拇长伸肌** extensor pollicis longus　止于拇指远节指骨底。可使拇指后伸。

　　10. **示指伸肌** extensor indicis　止于示指指背腱膜，可后伸示指。

四、手肌

ⓔ 表 3-6
手肌的起止和作用

　　人类手运动灵活，运动形式多样，参与手运动的肌有前臂肌，也有手的固有肌。手的固有肌多短小，且多在手掌侧，可分为外侧、中间和内侧 3 群。

（一）外侧群

外侧群肌发达，在拇指侧形成一隆起，称为**鱼际** thenar。鱼际由 4 块肌组成：拇短展肌、拇短屈肌、拇对掌肌和拇收肌（图 3-26，图 3-27）。这些肌使拇指做展、屈、对掌和收的动作。

1. **拇短展肌** abductor pollicis brevis　　位于浅层外侧，可使拇指外展。

2. **拇短屈肌** flexor pollicis brevis　　位于浅层内侧，可使拇指屈曲。

3. **拇对掌肌** opponens pollicis　　位于深层外侧，拇短展肌深方，可使拇指对掌。

4. **拇收肌** adductor pollicis　　位于深层内侧，拇短屈肌深方，可使拇指内收。

（二）中间群

中间群位于掌骨之间，包括 4 块蚓状肌和 7 块骨间肌。骨间肌可分为骨间掌侧肌 3 块，收缩时可使第 2、4、5 指向中指靠拢（内收）；骨间背侧肌 4 块，它们是以中指的中线为中心，能外展第 2、3、4 指。

1. **蚓状肌** lumbricales　　为 4 块细小的长肌，起自指深屈肌腱的桡侧，绕经第 2～5 指掌指关节的桡侧，止于指背腱膜（图 3-26）。可屈掌指关节、伸指间关节。

2. **骨间掌侧肌** palmar interossei（图 3-27）　　共 3 块，位于第 2 掌骨的尺侧及第 4、5 掌骨的桡侧。起自掌骨，止于指背腱膜。可使第 2、4、5 指内收，靠近中指。

3. **骨间背侧肌** dorsal interossei（图 3-28）　　共 4 块，位于掌骨间隙内，每块肌均以 2 头起自掌骨的相对侧，止于第 2、3、4 指的近节指骨底和指背腱膜。收缩时外展第 2～4 指。

（三）内侧群

内侧群共 3 块，在小指侧形成**小鱼际** hypothenar，使小指做屈、外展和对掌运动。分浅、深 2 层（图 3-26，图 3-28）。

1. **小指展肌** abductor digiti minimi　　位于浅层内侧，可外展小指。

知识扩展 3-4
上肢的局部记载

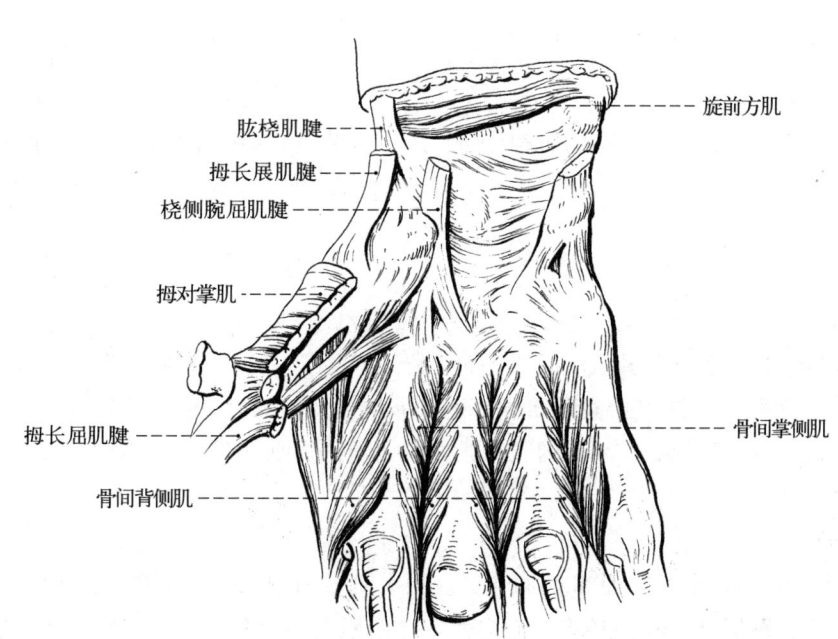

肱桡肌腱
拇长展肌腱
桡侧腕屈肌腱
拇对掌肌
拇长屈肌腱
骨间背侧肌
旋前方肌
骨间掌侧肌

图 3-27　手掌侧肌（2）

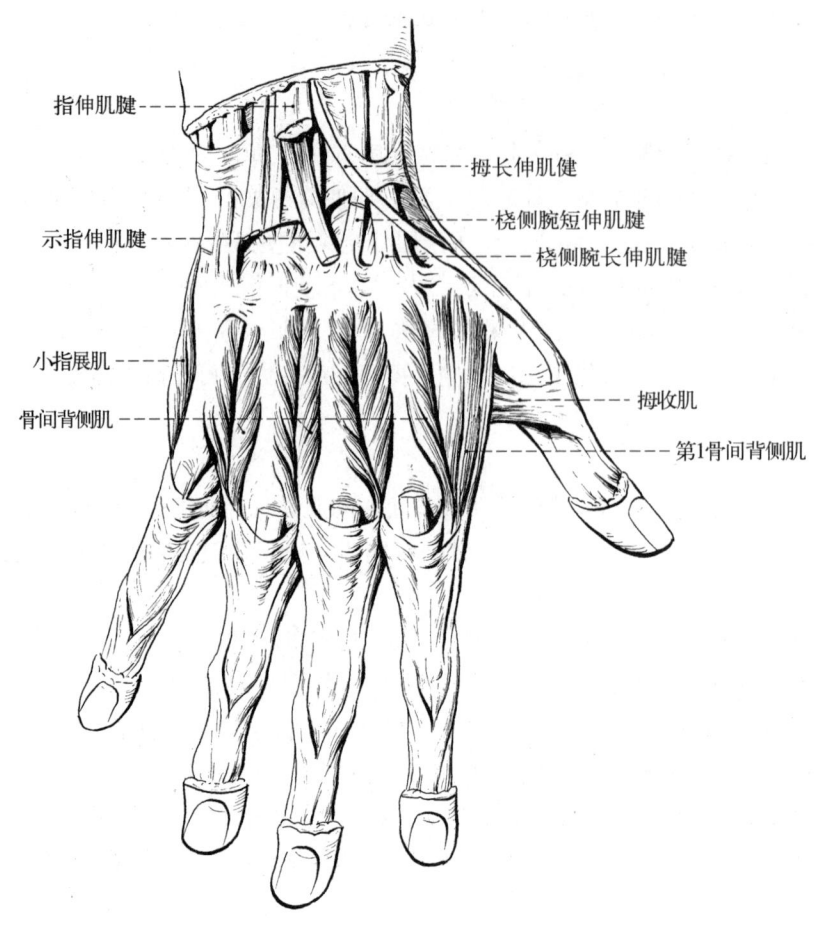

指伸肌腱

拇长伸肌健

桡侧腕短伸肌腱

示指伸肌腱

桡侧腕长伸肌腱

小指展肌

拇收肌

骨间背侧肌

第1骨间背侧肌

图 3-28　手背侧肌

2. **小指短屈肌** flexor digiti minimi brevis　位于浅层外侧，可屈小指。

3. **小指对掌肌** opponens digiti minimi　位于上述两肌深面，可使小指做对掌运动。

第六节　下肢肌

⊜ 表 3-7
下肢肌的起止和作用

下肢肌分为髋肌、大腿肌、小腿肌和足肌。由于下肢肌的功能主要是承重、维持身体直立和行走，故较上肢肌粗壮有力。

一、髋肌

髋肌又称盆带肌，多起自骨盆内面或外面，跨过髋关节，止于股骨上部，能运动髋关节。按分布分为前、后 2 群。前群包括髂腰肌和阔筋膜张肌（图 3-29，图 3-30），后群主要包括臀大肌、臀中肌、臀小肌、梨状肌、闭孔内肌、股方肌和闭孔外肌（图 3-30 至图3-33）。

（一）前群

1. **髂腰肌** iliopsoas　由腰大肌和髂肌合成。**腰大肌** psoas major 位于脊柱腰部两侧，起自腰椎横突和椎体侧面，**髂肌** iliacus 呈扇形，起自髂窝，两肌向下合并为一个肌腱，止于股骨小转子。

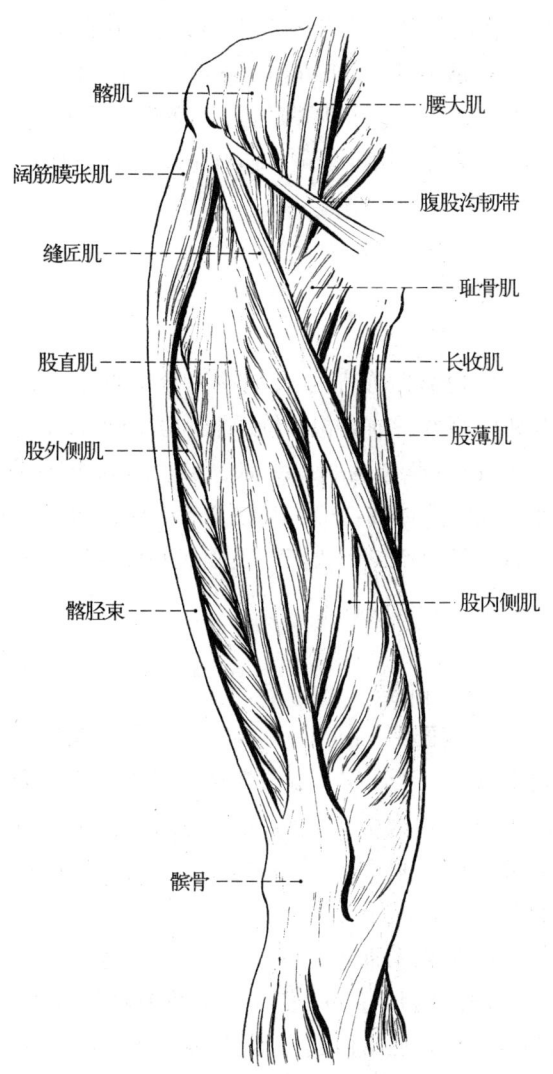

图 3-29 髋肌、大腿肌前群及内侧群浅层

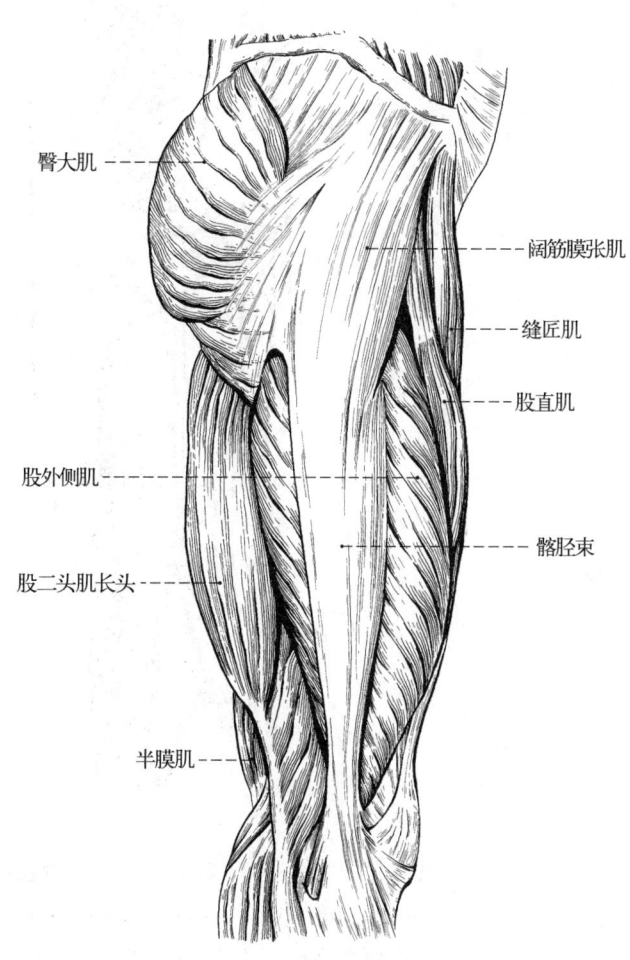

图 3-30 大腿肌外侧面

可使髋关节前屈、旋外；若下肢固定，可使躯干前屈。

2. **阔筋膜张肌** tensor fasciae latae 位于大腿外侧面上部。起自髂前上棘，肌束行于阔筋膜两层之间，向下移行为髂胫束，止于胫骨外侧髁。可紧张阔筋膜，屈髋关节。

（二）后群

1. **臀大肌** gluteus maximus 位于臀部肌的浅层，大而肥厚，起自髂骨翼外面和骶骨背面，肌束斜向下外，止于髂胫束和股骨的臀肌粗隆。可强有力地伸髋关节，并能使髋关节旋外。下肢固定时，可伸直躯干，维持人体直立。

2. **臀中肌** gluteus medius 大部位于臀大肌深面，可外展髋关节。

3. **臀小肌** gluteus minimus 位于臀中肌深面。两肌均呈扇形，皆起自髂骨翼外面，止于股骨大转子。两肌共同外展髋关节，前部肌束使髋关节旋内，后部肌束使髋关节旋外。

4. **梨状肌** piriformis 起自骶骨前面的骶前孔外侧，向外侧穿经坐骨大孔出骨盆入臀部，止于股骨大转子，可使髋关节外展和旋外。

5. **闭孔内肌** obturator internus 起自闭孔膜内面及其周围骨面，肌束向后移行为肌腱，经坐

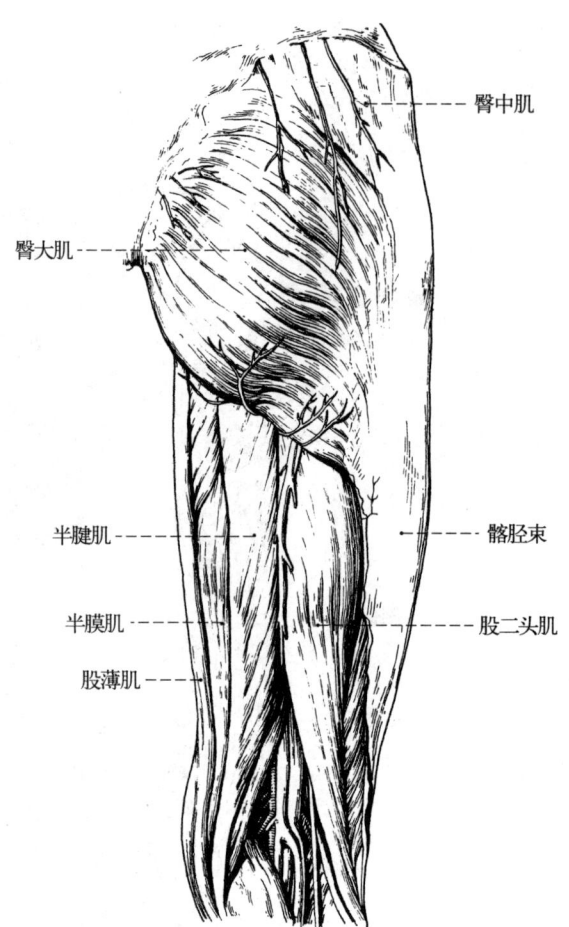

臀中肌

臀大肌

半腱肌

髂胫束

半膜肌

股二头肌

股薄肌

图 3-31　髋肌和大腿肌后群浅层

骨小孔出骨盆，止于转子窝。可使髋关节旋外。

6. **股方肌** quadratus femoris　呈扁长形，位于坐骨结节与转子间嵴之间。可使髋关节旋外。

7. **闭孔外肌** obturator externus　起自闭孔外肌，可使髋关节旋外。

二、大腿肌

大腿肌配布于股骨周围，分为前群、后群和内侧群。前群包括缝匠肌和股四头肌（图 3-29）；后群包括股二头肌、半腱肌和半膜肌（图 3-30 至图 3-32）；内侧群有 5 块，包括耻骨肌、长收肌、短收肌、大收肌和股薄肌（图 3-29，图 3-33）。

（一）前群

1. **缝匠肌** sartorius　为全身最长的肌，呈扁带状。位于浅层，起自髂前上棘，肌束斜向前内下，经大腿前达膝关节内侧，止于胫骨上端内侧。可屈髋关节和膝关节，并使已屈的膝关节旋内。

2. **股四头肌** quadriceps femoris　为全身体积最大的肌，位于股骨前方，有**股直肌** rectus femoris、**股内侧肌** vastus medialis、**股外侧肌** vastus lateralis 和**股中间肌** vastus intermedius 4 个头，故名股四头肌。股直肌起自髂前下棘，股内侧肌和股外侧肌分别起自股骨粗线周围，股中间肌位于股内、外侧肌之间，4 个头向下汇合形成一强大的肌腱，跨过髌骨前面，移行为髌韧带，止于胫骨粗隆。可伸膝关节、屈髋关节。

（二）后群

1. **股二头肌** biceps femoris　位于大腿后群的外侧，2 个头分别起自股骨粗线和坐骨结节，向下合成一肌腱止于腓骨头。可伸髋关节、屈膝关节。

2. **半腱肌** semitendinosus　位于大腿后群内侧，下部肌腱细长，几乎占肌的一半而得名。起自坐骨结节，以一细长肌腱止于胫骨上端内侧面。可伸髋关节、屈膝关节。

3. **半膜肌** semimembranosus　位于大腿后群内侧，半腱肌的深面，上部腱膜扁阔，几乎占肌的一半而得名。起自坐骨结节，止于胫骨内侧髁后面。可伸髋关节、屈膝关节。

（三）内侧群

1. **耻骨肌** pectineus　位于髂腰肌的内侧，起自耻骨上支，止于股骨粗线上部。

2. **长收肌** adductor longus　位于耻骨肌的内侧，呈三角形，上窄下宽，起自耻骨结节周围，止于股骨粗线。

3. **股薄肌** gracilis　位于内收肌群的最内侧，起自闭孔周围，止于胫骨上端内侧。

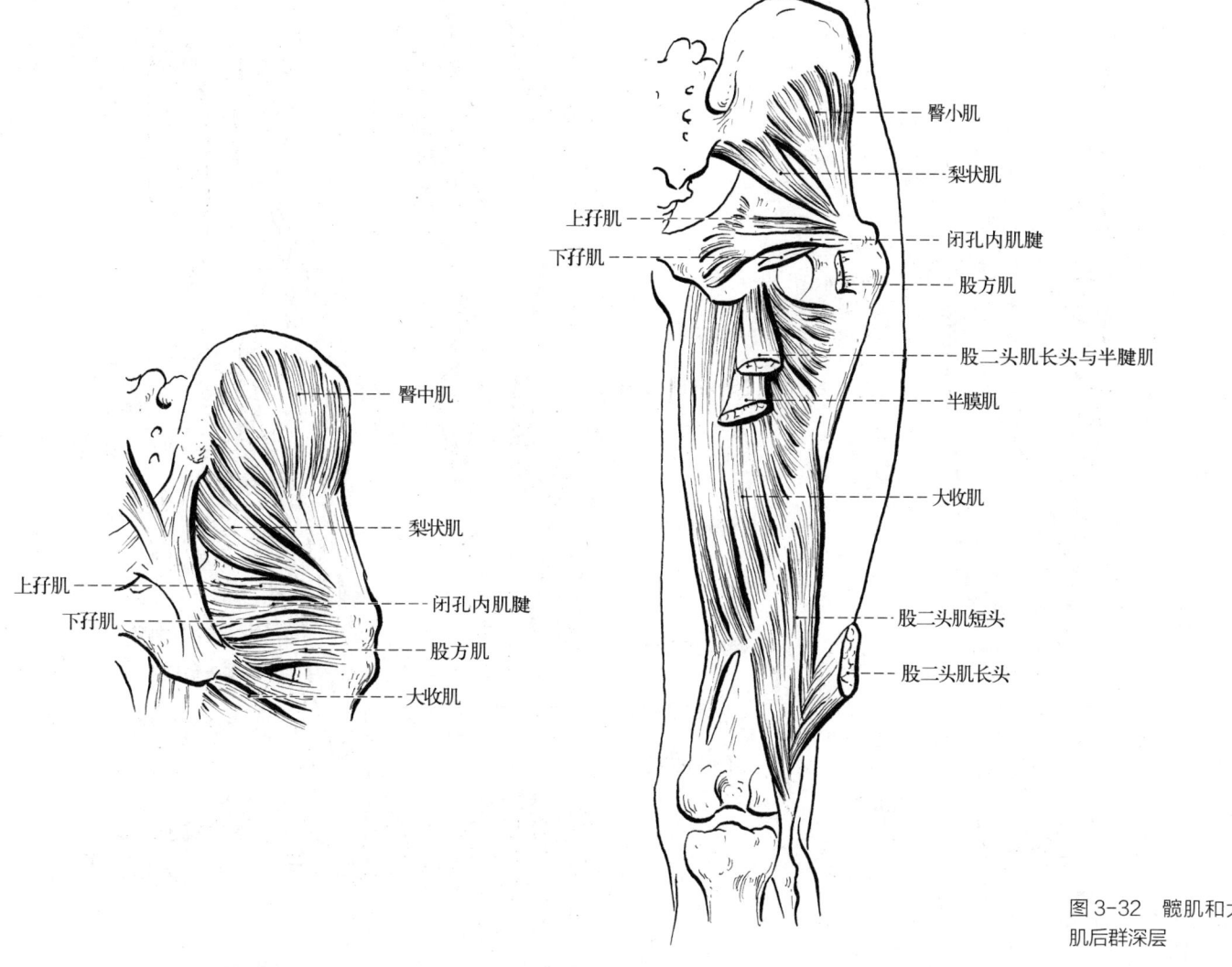

图 3-32 髋肌和大腿肌后群深层

4. **大收肌** adductor magnus 位于股薄肌的深面，呈三角形，上窄下宽，止于股骨粗线和收肌结节。肌腱与股骨间形成一裂隙为**收肌腱裂孔** adductor tendinous opening，内有股动脉和股静脉通过。

5. **短收肌** adductor brevis 位于长收肌的深面，起自耻骨结节周围，止于股骨粗线（图 3-33）。耻骨肌、长收肌、短收肌、大收肌和股薄肌共同作用使髋关节内收和旋外。

股部的股薄肌、半腱肌都是临床常用的移植肌瓣或肌皮瓣的良好供体。股薄肌可用以修复肛门括约肌，半腱肌常用来修补坐骨部压疮。

临床视角 3-7
皮瓣、肌瓣的移植

三、小腿肌

小腿肌配布于胫骨和腓骨周围，分为前群、后群和外侧群。

（一）前群
前群肌位于胫、腓骨及骨间膜前面，由内侧向外侧依次为胫骨前肌、踇长伸肌和趾长伸肌（图 3-34）。

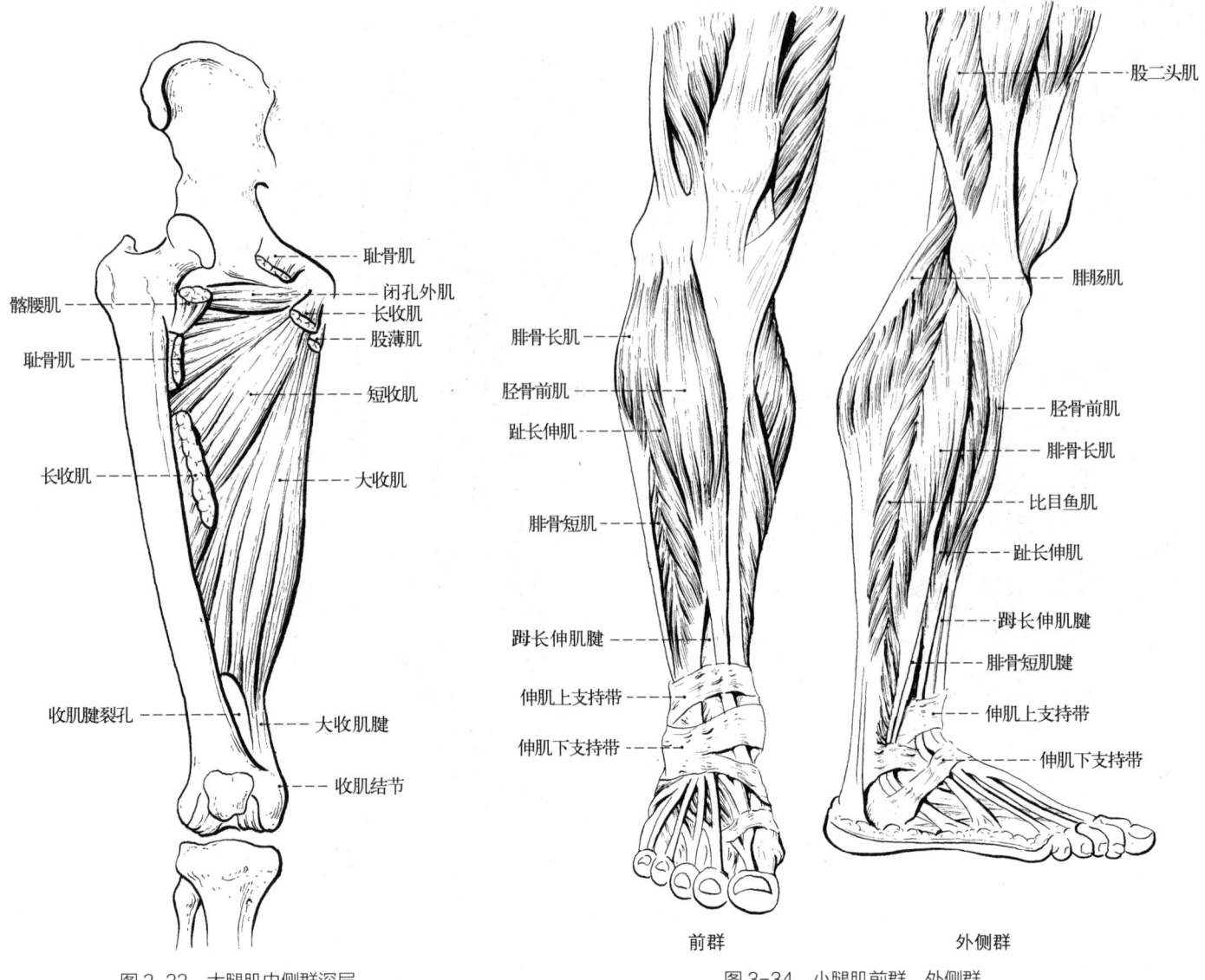

图 3-33 大腿肌内侧群深层

图 3-34 小腿肌前群、外侧群

1. **胫骨前肌** tibialis anterior 位于胫骨外侧，起自胫骨上端外侧骨面，止于内侧楔骨和第1跖骨底。可使踝关节背屈、足内翻。

2. **姆长伸肌** extensor hallucis longus 位于胫骨前肌的外侧，起自腓骨内侧面下部和骨间膜，止于姆趾远节趾骨底。可使踝关节背屈，伸姆趾。

3. **趾长伸肌** extensor digitorum longus 位于姆长伸肌的外侧，起自腓骨前面、胫骨上部和骨间膜，向下经伸肌上、下支持带深面至足背，分为4条肌腱，到达第2~5趾，移行为趾背腱膜，止于中节和末节趾骨底。可伸踝关节和趾骨间关节。

（二）后群

后群肌位于胫骨、腓骨及骨间膜的后方，分为浅、深2层。浅层为小腿三头肌，深层有趾长屈肌、胫骨后肌和姆长屈肌（图3-35，图3-36）。

1. **小腿三头肌** triceps surae 由浅面的**腓肠肌** gastrocnemius 和深层的**比目鱼肌** soleus 组成。腓肠肌有内、外侧2个头，分别起自股骨内、外侧髁的后面；比目鱼肌起自腓骨上端后面和胫骨

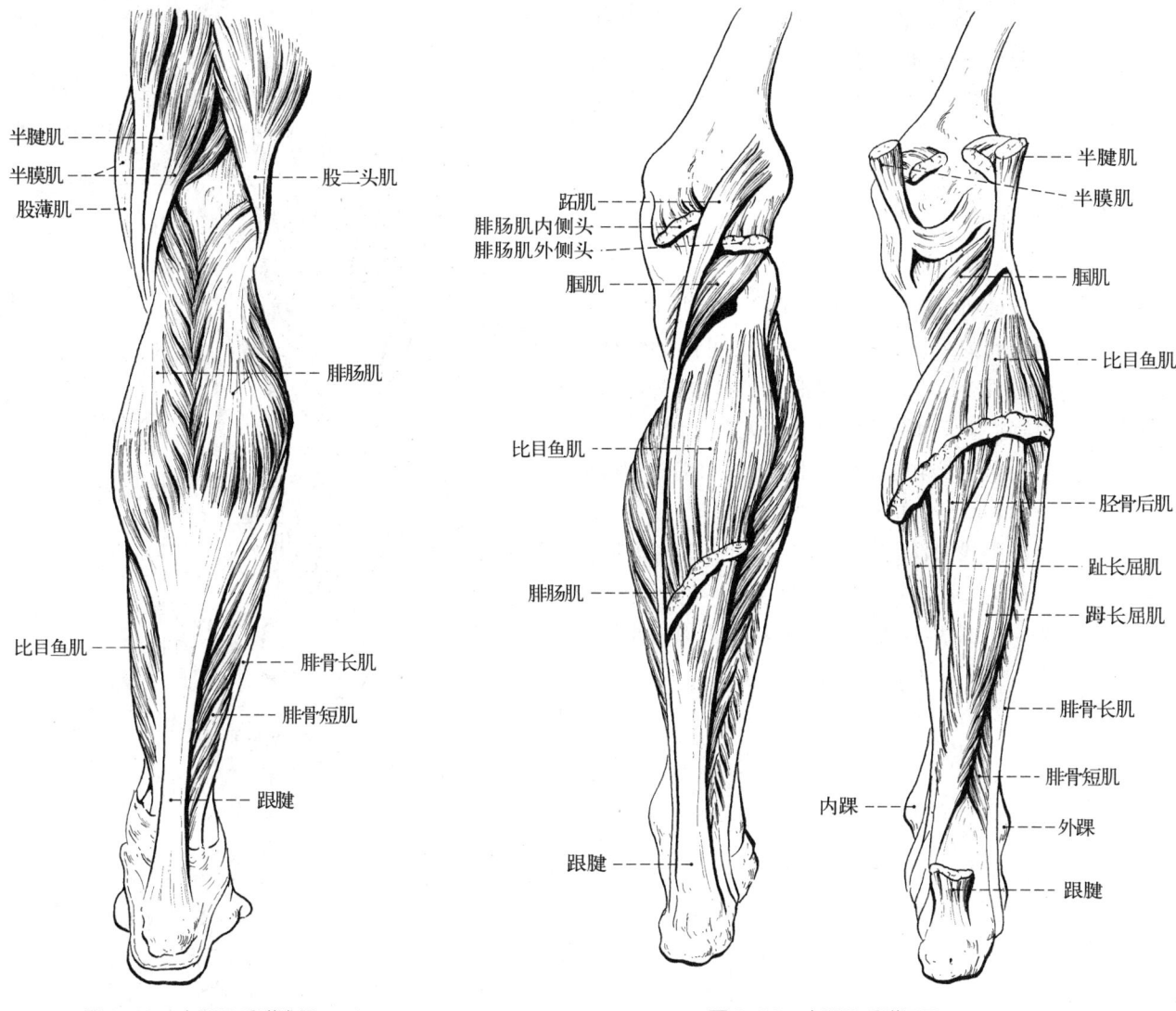

图 3-35　小腿肌后群浅层　　　　　　　　　图 3-36　小腿肌后群深层

的比目鱼肌线，3 个头向下移行为粗大的**跟腱** tendo calcaneus（Achilles's tendon），止于跟骨结节。可屈膝关节和踝关节。在人类行走和身体直立中起重要作用。

2. **趾长屈肌** flexor digitorum longus　位于内侧，起自胫骨后面，下行经内踝后方至足底，然后分为 4 条肌腱，止于第 2—5 趾的远节趾骨底。可屈踝关节，屈第 2—5 趾。

3. **姆长屈肌** flexor hallucis longus　位于外侧，起自腓骨后面，经内踝后方至足底，止于姆趾远节趾骨底。可屈踝关节，屈姆趾。

4. **胫骨后肌** tibialis posterior　位于趾长屈肌和姆长屈肌之间。起自胫骨、腓骨及小腿骨间膜的后面，肌腱绕经内踝后下至足底，止于舟骨粗隆及第 1—3 楔骨。可屈踝关节，使足内翻。

（三）外侧群

外侧群肌有浅层的腓骨长肌和深层的腓骨短肌（图 3-34）。

1. **腓骨长肌** peroneus longus　起自腓骨外侧髁，向下绕经外踝的后方，经足底止于足的内侧楔状骨和第 1 跖骨底。可屈踝关节，使足外翻。

2. **腓骨短肌** peroneus brevis 起自腓骨外侧髁，向下绕经外踝的后方，经足底止于足第 5 跖骨粗隆。可屈踝关节，使足外翻。

四、足肌

知识扩展 3-5
下肢的局部记载

足肌包括足背肌和足底肌。足背肌薄弱，有姆短伸肌和趾短伸肌，可协助伸趾；足底肌较强大，与手掌肌分布相似，也分为内侧、中间和外侧 3 群，但无对掌肌。

内侧群包括姆展肌、姆短屈肌、姆收肌，外侧群包括小趾展肌、小趾短屈肌；中间群由浅入深排列有趾短屈肌、足底方肌、4 块蚓状肌、3 块骨间足底肌和 4 块骨间足背肌（图 3-37 至图 3-39）。各肌作用同其名，主要作用在于维持足弓。

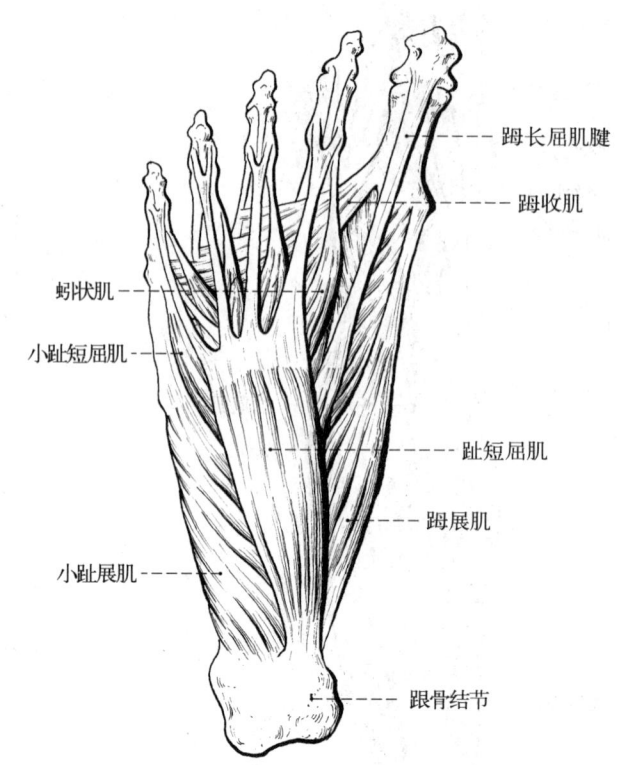

图 3-37 足底肌浅层

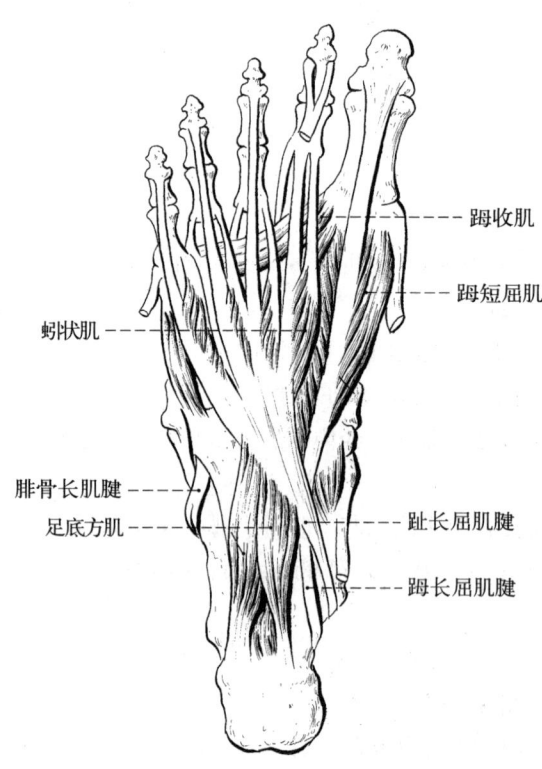

图 3-38 足底肌中层

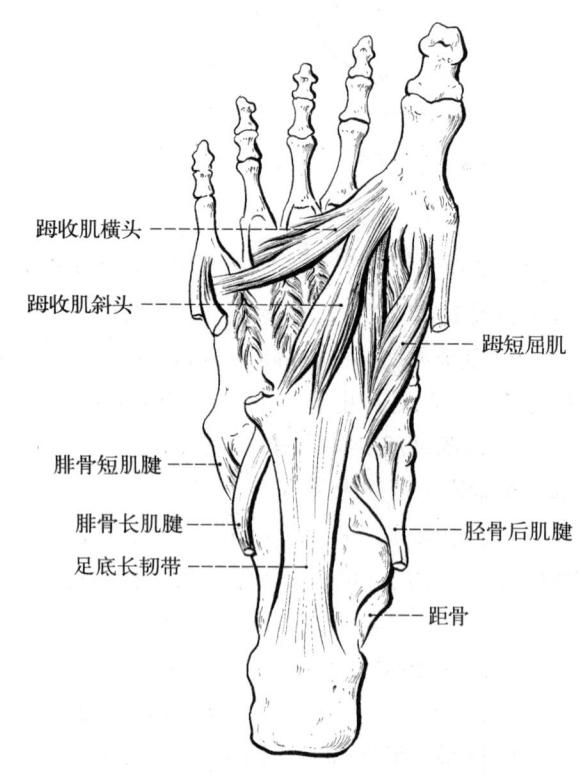

图 3-39 足底肌深层

第七节　体表肌性标志

在人体的某些部位，肌肉常形成较明显的隆起或凹陷，临床上常作为标志进行定位，称为肌性标志。常见的标志如下。

一、头颈部

咬肌：牙关紧闭时，在下颌角的上方与颧弓下方之间可扪及坚硬的条块状隆起。

颞肌：牙关紧闭时，在颞窝处，颧弓上方可扪及坚硬的隆起。

胸锁乳突肌：当头向一侧扭转时，在颈部可见从前下斜向后上的条索状隆起。

二、躯干部

斜方肌：位于项部和背上部，可见斜方肌的外上缘的轮廓突起。

背阔肌：位于背部下方，可见此肌的轮廓。

竖脊肌：位于脊柱两侧的纵行肌隆起。

胸大肌：为胸前壁较膨隆的肌性隆起。

腹直肌：在腹前正中线两侧的纵行隆起，肌肉发达者可见 3 对横沟，为腹直肌腱划的痕迹。

ⓔ图 3-1
背部标记
ⓔ图 3-2
躯干侧面标志
ⓔ图 3-3
躯干前面标志

三、上肢

三角肌：在肩关节周围形成的圆形膨隆。

肱二头肌：在屈肘握拳旋后状态时，臂前面明显膨隆的肌腹。肘窝中央可扪及此肌的肌腱。

肱三头肌：在伸肘时，臂的后面可见到肱三头肌长头膨隆。

肱桡肌：当握拳用力屈肘时，在前臂外侧可见到肱桡肌的膨隆。

掌长肌：当半握拳屈腕时，在掌侧腕横纹的上方可见此肌肌腱的膨隆。

桡侧腕屈肌：握拳时，在掌长肌腱的桡侧，可见此肌的肌腱形成膨隆。

指伸肌腱：伸直手指时，在手背侧，可见此肌的肌腱标志。

ⓔ图 3-4
肩关节周围标志
ⓔ图 3-5
肘关节周围标志
ⓔ图 3-6
腕关节周围标志
ⓔ图 3-7
手部标志

四、下肢

股四头肌：在髋关节屈曲和内收时，可见股直肌、股内侧肌和股外侧肌在大腿前面的下部形成的膨隆。

臀大肌：在臀部形成的膨隆。

股二头肌：在大腿后部的外侧，可扪及此肌的肌腱。

ⓔ图 3-8
膝关节周围标志

视频 3-1
虚拟标志肌学习软件

小腿三头肌：在小腿后面，可见该肌膨隆的肌腹和跟腱。

踇长伸肌：伸踇趾时，在踇趾背部可见肌腱的膨隆。

（王志勇　张　潜）

复习思考题

1. 参与肩关节、肘关节、腕关节、髋关节、膝关节和踝关节的屈、伸运动的肌有哪些？
2. 运动拇指的肌有哪些？
3. 分析运动员在掷铅球和铁饼时肩关节不会发生脱位的原因是什么？
4. 芭蕾舞演员用足尖站立时哪些肌参与了运动？
5. 运动员在踢毽子时，有足内翻与足外翻 2 种踢法，分别有哪些肌参与了该运动？

数字课程学习……

　本章小结　　　实物标本图　　　开放性讨论　　　自测题　　　教学 PPT

内脏学

第四章 内脏学总论
第五章 消化系统
第六章 呼吸系统
第七章 泌尿系统

第八章 男性生殖系统
第九章 女性生殖系统
第十章 腹膜

第四章
内脏学总论

关键词

内脏　　　　　中空性器官　　　　实质性器官　　　　胸部标志线
腹部分区

　　人体解剖学上，通常将消化系统、呼吸系统、泌尿系统和生殖系统的器官合称为**内脏** viscera。研究内脏各器官的形态结构和位置的科学，称**内脏学** splanchnology。与内脏密切相关的胸膜、腹膜和会阴也被纳入内脏学的研究范畴。内脏器官的共同特点是大多位于胸腔、腹腔和盆腔内，并借管道直接或间接与外界相通。

　　内脏器官的主要功能是进行物质代谢和繁衍后代。消化系统可摄取和消化食物、吸收营养物质和排出残渣；呼吸系统从空气中摄取氧气，并将体内产生的二氧化碳排出体外；泌尿系统将机体产生的溶于水的代谢产物（如尿素、尿酸等）、多余的水分及无机盐排出体外；生殖系统产生生殖细胞（精子或卵子）和分泌性激素，并进行生殖活动及繁衍后代。此外，许多内脏器官还兼具内分泌功能，可产生多种类固醇或含氮类激素，参与调节机体多种功能。

思维导图

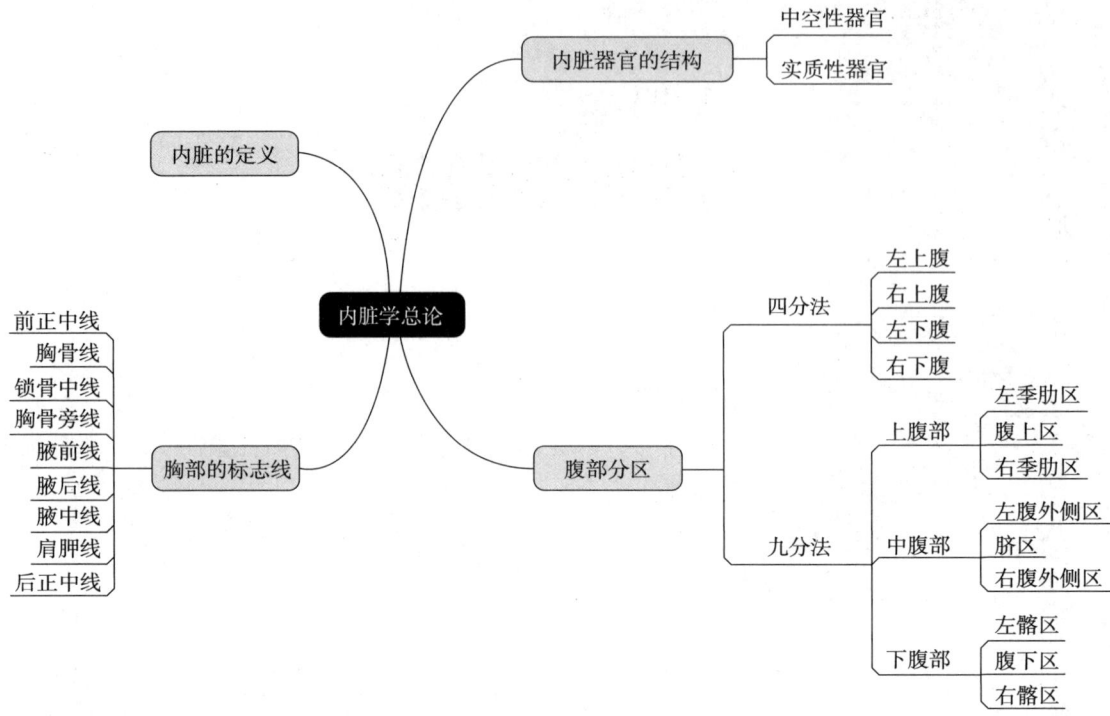

一、内脏器官的结构

内脏器官的形态各不相同，但从基本结构上可分为中空性器官和实质性器官。

（一）中空性器官

中空性器官多呈管状或囊袋状，内部为空腔，管壁由数层组织构成。消化管壁均由 4 层构成，自内而外为黏膜、黏膜下层、肌层和外膜（图 4-1）。呼吸、泌尿和生殖系统的器官壁多数为 3 层。

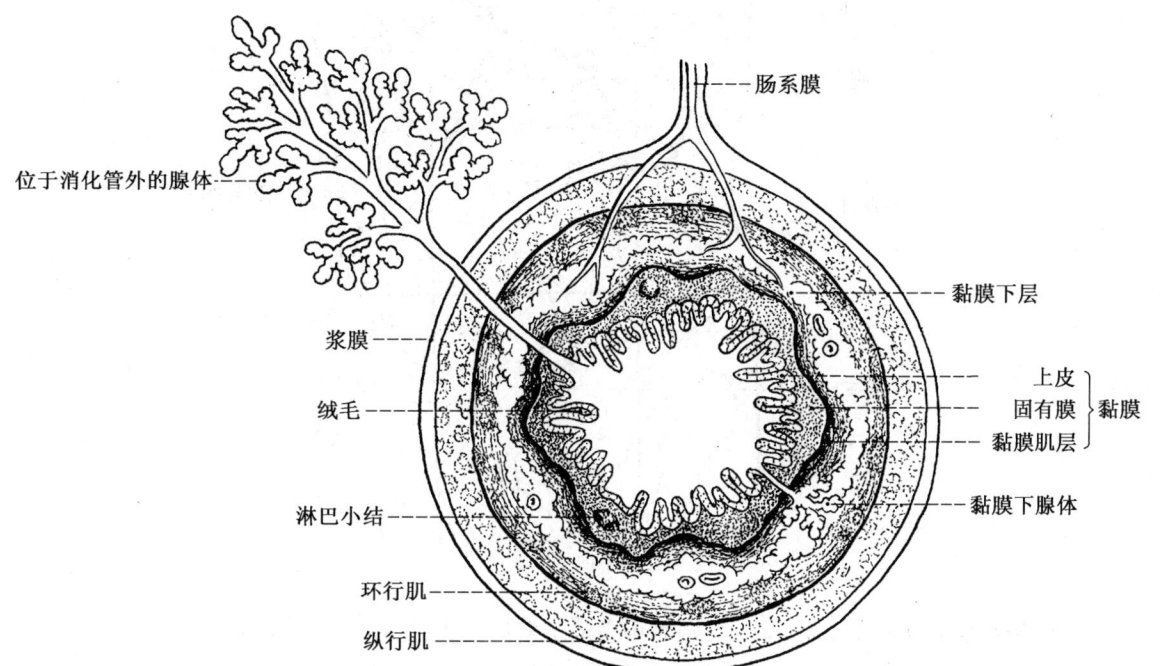

图 4-1 肠壁的一般构造模式图

（二）实质性器官

实质性器官多为腺组织，无特定的空腔，表面被结缔组织被膜或浆膜包裹。被膜常深入器官实质内，将该器官分割成许多小叶，如肝小叶、肺段和肾小叶（段）等。分布于实质性器官的血管、神经、淋巴管及该器官的导管等出入的部位常凹陷，称该器官的门，如肝门、肺门和肾门等。

二、胸、腹部的标志线和腹部分区

大部分内脏器官在胸腔、腹腔和盆腔内均占据相对固定的位置，但常因体型、体位、性别、年龄和功能状态而变化。某些疾病也可使器官的位置、形态、大小等发生变化。为了准确描述各器官的位置、毗邻，通常在胸部和腹部确定一些标志线和划分一些区域（图 4-2）。

（一）胸部的标志线

1. **前正中线** anterior median line　沿身体前面正中线所做的垂直线。
2. **胸骨线** sternal line　沿胸骨外侧缘最宽处所做的垂直线。

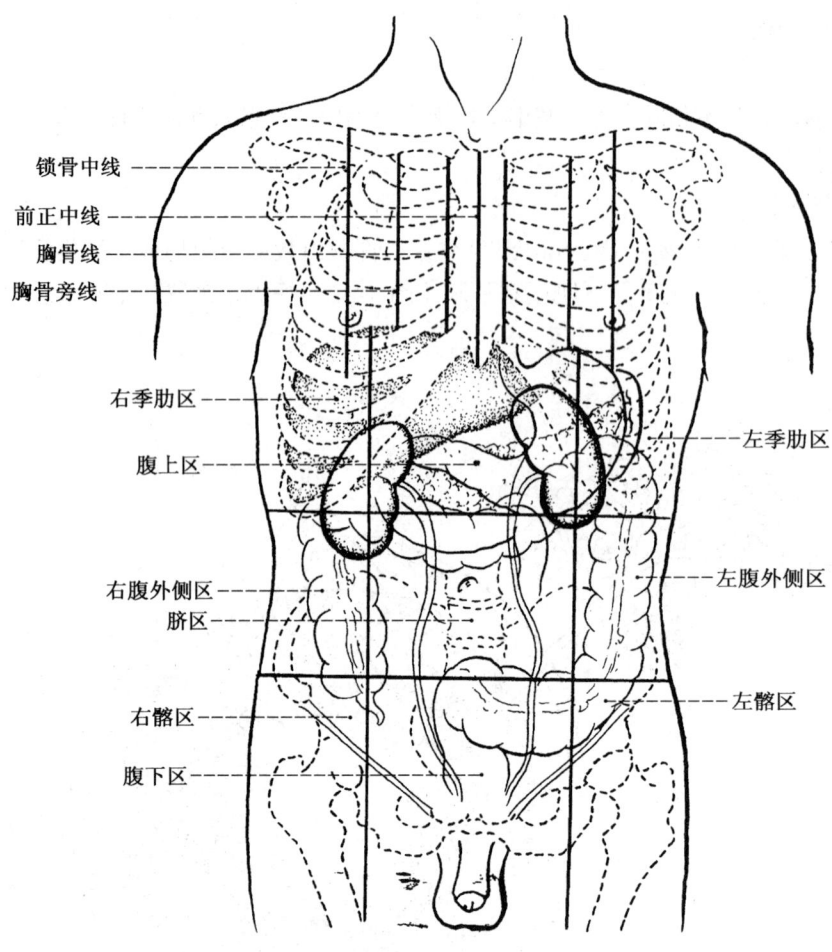

锁骨中线
前正中线
胸骨线
胸骨旁线

右季肋区
腹上区

右腹外侧区
脐区

右髂区
腹下区

左季肋区

左腹外侧区

左髂区

图4-2 胸、腹部的标志线及分区

3. **锁骨中线** midclavicular line　经锁骨中点向下所做的垂直线。

4. **胸骨旁线** parasternal line　经胸骨线与锁骨中线间连线的中点所做的垂直线。

5. **腋前、后线** anterior and posterior axillary line　沿腋前、后襞向下所做的垂直线。

6. **腋中线** midaxillary line　沿腋前、后襞之间连线的中点所做的垂直线。

7. **肩胛线** scapular line　经肩胛下角所做的垂直线。

8. **后正中线** posterior median line　经身体后面正中线，即沿各椎骨棘突所做的垂直线。

（二）腹部的标志线及分区

1. **四分法**　通过脐所做的水平面和矢状面，将腹部分为左上腹、右上腹、左下腹和右下腹4个区。

2. **九分法**　通过两侧肋弓最低点所做的肋下平面和两侧髂结节所作的结节间平面，将腹部分成上腹部、中腹部和下腹部；再经两侧腹股沟韧带中点做两个矢状面，将腹部分成9个区域，即上腹部的腹上区和左、右季肋区，中腹部的脐区和左、右腹外侧（腰）区，下腹部的腹下（耻）区和左、右髂（腹股沟）区。

（徐　飞）

第五章
消化系统

关键词

消化管　消化腺　口腔　咽　食管　胃　小肠
大肠　肝　胰

消化系统由消化管和消化腺组成。消化管是一条从口腔到肛门的管道，各部分的形态和功能各异。消化腺分为大消化腺和小消化腺。消化系统的功能是摄取食物，并进行物理性和化学性消化，吸收营养物质，排出食物残渣。此外，口腔、咽等器官还参与语言和呼吸活动。

思维导图

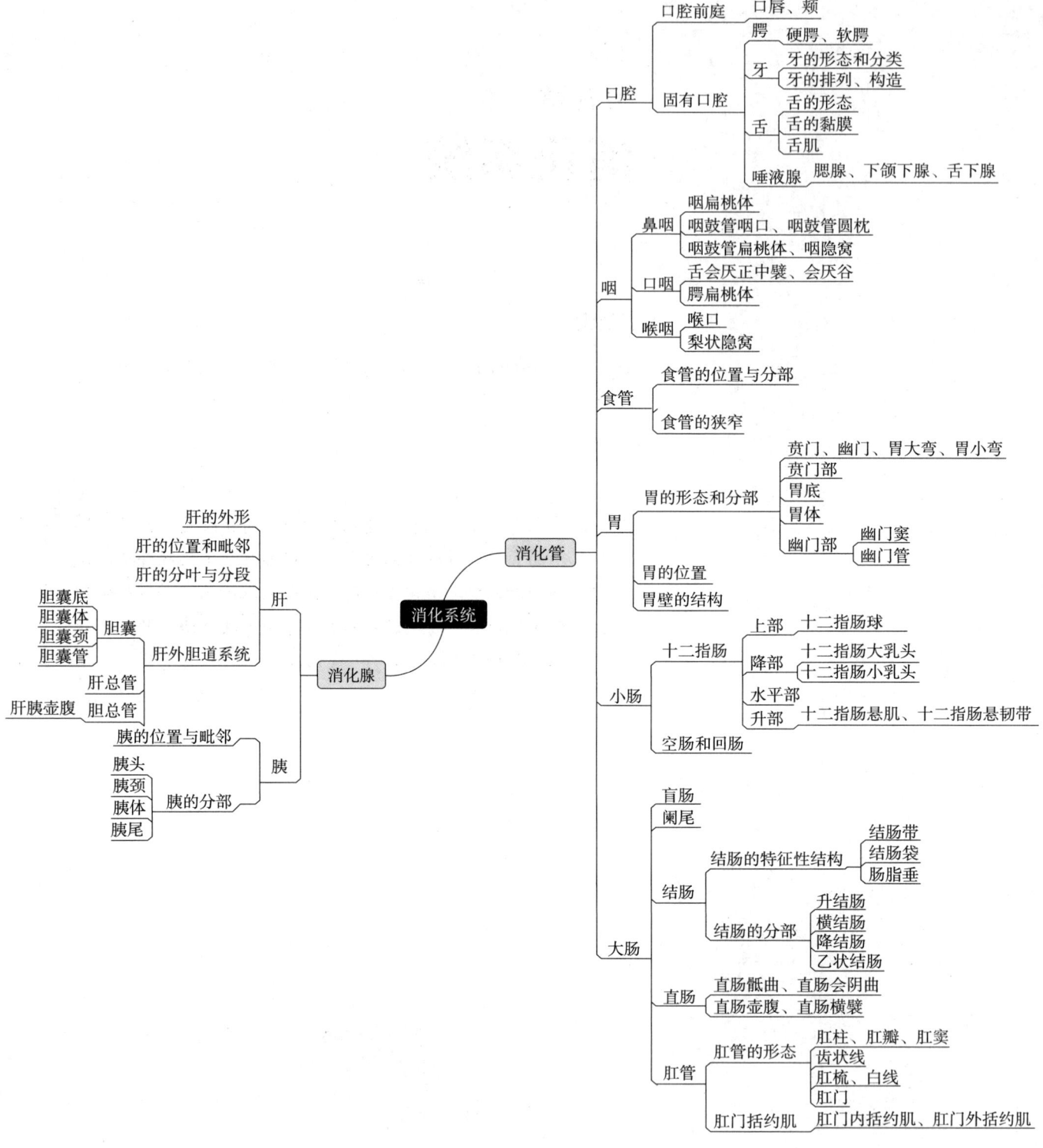

消化系统 digestive system 由**消化管**和**消化腺**组成（图 5-1）。消化管包括口腔、咽、食管、胃、小肠（十二指肠、空肠和回肠）和大肠（盲肠、阑尾、结肠、直肠和肛管）。临床上通常将十二指肠以上的部分称为**上消化道**，空肠以下的部分称为**下消化道**。大消化腺位于消化管壁外，为独立的器官，所分泌的消化液经导管排入消化管腔内，如唾液腺、肝和胰；小消化腺则分布于消化管壁内，如唇腺、颊腺、舌腺、食管腺、胃腺和肠腺等。

动画 5-1
消化系统组成

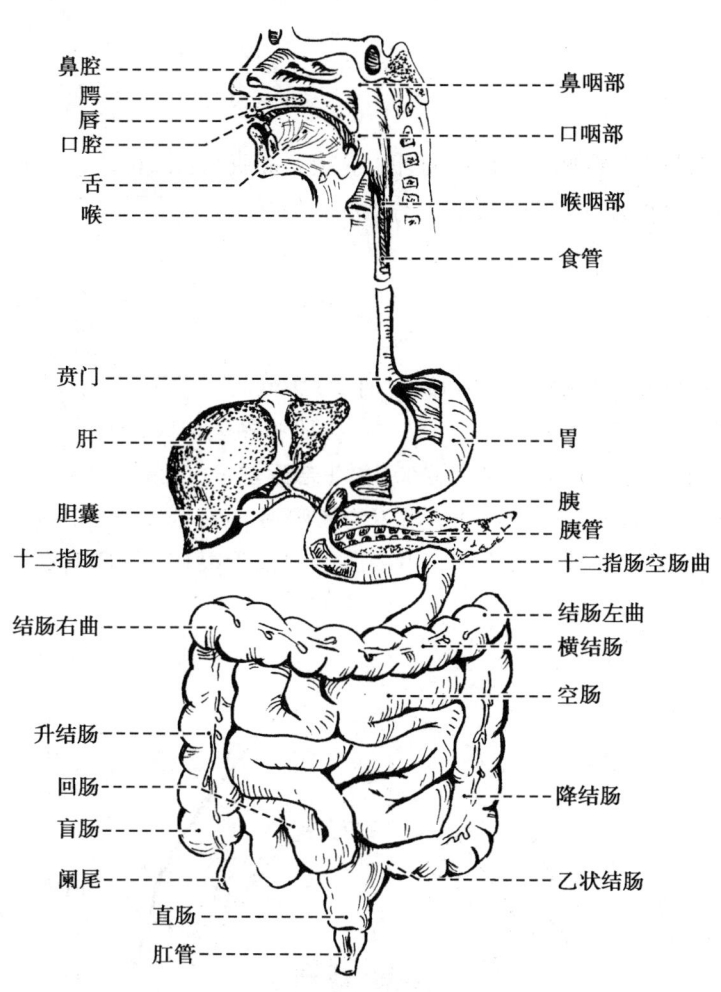

图 5-1 消化系统模式图

鼻腔 — 鼻咽部
腭 — 口咽部
唇 —
口腔 —
舌 — 喉咽部
喉 —
— 食管
贲门 —
肝 — 胃
胆囊 — 胰
— 胰管
十二指肠 — 十二指肠空肠曲
结肠右曲 — 结肠左曲
— 横结肠
— 空肠
升结肠 —
回肠 — 降结肠
盲肠 —
阑尾 — 乙状结肠
直肠 —
肛管 —

第一节 口腔

口腔 oral cavity 是消化管的起始部，其前壁为唇，侧壁为颊，上壁为腭，下壁为口腔底。口腔借上、下牙弓和牙龈分为前外侧的**口腔前庭**和后内侧的**固有口腔**，两者借最后一个磨牙后的间隙相通。口腔向前经口裂与外界相通，向后经咽峡与咽相通（图 5-2）。

一、口唇

口唇 oral lips 分为上唇和下唇，外面被覆皮肤，中层为口轮匝肌，内面为黏膜。唇的游离缘是皮肤和口腔黏膜的移行部分，含有丰富的毛细血管，呈红色，称唇红，其内含皮脂腺。当机体缺氧时，唇红部分常呈暗红色或绛紫色，临床称发绀。一氧化碳中毒时，唇红呈樱桃色。

在上唇上面，从中线至鼻中隔的纵行浅沟称**人中** philtrum，是人类特有的结构；上唇两侧至鼻翼的浅沟称**鼻唇沟** nasolabial sulcus。上、下唇结合处为口角，约平对第 1 前磨牙。在上、下唇内面正中线上，黏膜与牙龈基部间分别有上、下唇系带相连。

二、颊

颊 cheek 为口腔前庭的两侧壁，从内向外由黏膜、颊肌和皮肤构成，皮下含颊脂体，小儿较明显。在平对上颌第 2 磨牙牙冠的颊黏膜上有腮腺管的开口。

三、腭

腭 palate 是口腔的顶，分隔鼻腔和口腔，前 2/3 为硬腭，后 1/3 为软腭。硬腭由上颌骨的腭突和腭骨的水平板表面覆以黏膜所成。软腭主要由肌和黏膜构成，前份水平，后份倾斜称**腭帆** velum palatinum，其后缘中部有向下的突起称**腭垂（悬雍垂）**。自腭帆后缘向两侧各延伸出 2 条弓状皱襞，前方为**腭舌弓** palatoglossal arch，后方为**腭咽弓** palatopharyngeal arch，两弓间为扁桃体窝，其内有腭扁桃体。腭帆游离缘、腭垂、两侧腭舌弓及舌根共同围成**咽峡** isthmus of fauces，是口腔与咽的通道（图 5-2）。

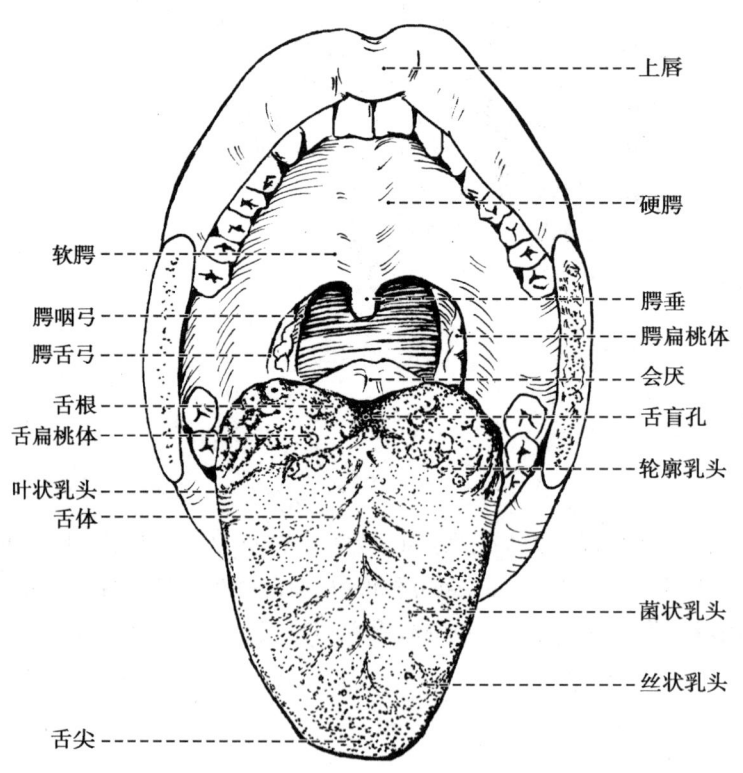

图 5-2　口腔及咽峡

四、牙

牙 teeth 是人体内最坚硬的器官，嵌于上、下颌骨的牙槽内，排列成上、下牙弓，具有咀嚼食物和辅助发音等作用。

（一）牙的形态和分类

牙在外形上可分为牙冠、牙颈和牙根 3 部分。牙冠是露出牙龈以外的部分，内有牙冠腔；牙根是嵌于牙槽骨内的部分，其内的细管为牙根管，开口于牙根尖端的牙根尖孔。牙颈是牙冠与牙根之间的部分，被牙龈包裹。

根据形态和功能的不同，牙可分为切牙、尖牙和磨牙。切牙的牙冠呈扁平状，尖牙的牙冠呈锥状，磨牙的牙冠呈方形。切牙、尖牙和前磨牙一般各有 1 个牙根，但上颌第 1 前磨牙有时有 2 个牙根，上颌磨牙有 3 个牙根，下颌磨牙有 2 个牙根。

（二）牙的排列

人的一生有 2 套牙。第 1 套为乳牙，共 20 颗，从出生后 4 ~ 6 个月开始萌出，到 2 ~ 3 岁时出齐，6 ~ 7 岁开始脱落。第 2 套为恒牙，最多 32 颗，乳牙脱落后逐渐萌出，约 14 岁出齐。第 3 磨牙萌出较晚，故称迟牙或智牙。

临床上，常以患者的体位为标准，来记录牙的位置排列形式，称为**牙式** dental formula。用"+"的 4 个象限代表左上颌、右上颌、左下颌和右下颌的 4 个区域，用罗马数字 I—V 表示乳牙（图 5-3），用阿拉伯数字 1—8 表示恒牙（图 5-4）。

（三）牙的构造

牙由牙质、釉质、牙骨质和牙髓构成（图 5-5）。牙质呈淡黄色，构成牙的大部分；釉质覆盖于牙冠处的牙质外表面，最坚硬；牙骨质包裹在牙根和牙颈的牙质外表面，其结构类似骨

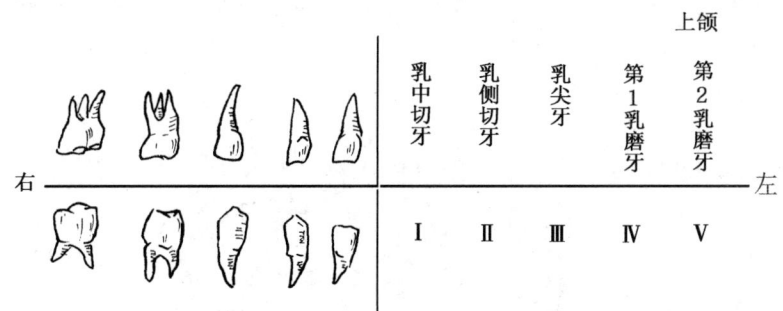

图 5-3 乳牙及牙式

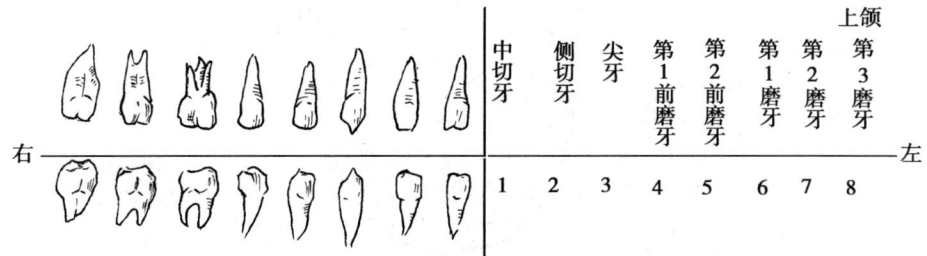

图 5-4 恒牙及牙式

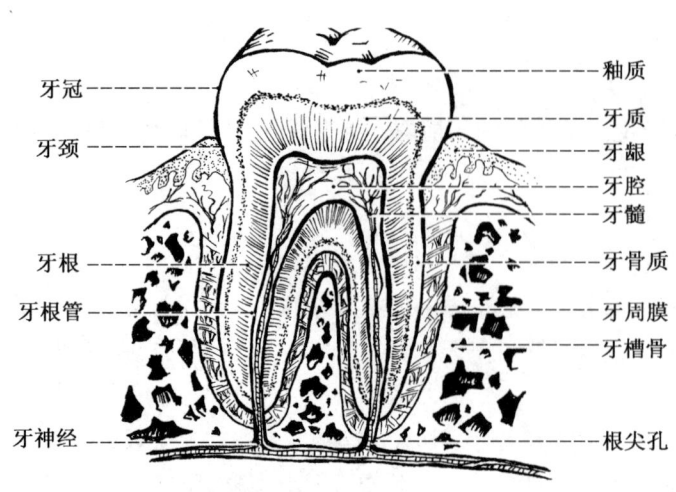

图 5-5 下颌磨牙的构造模式图

牙冠 —— 釉质
牙颈 —— 牙质
—— 牙龈
—— 牙腔
—— 牙髓
牙根 —— 牙骨质
牙根管 —— 牙周膜
—— 牙槽骨
牙神经 —— 根尖孔

组织；牙髓由结缔组织、神经和血管组成，位于牙腔（牙冠腔和牙根管）内。

牙周膜、牙槽骨和牙龈合称牙周组织，对牙起保护、固定和支持作用。牙周膜是位于牙槽骨和牙根之间的致密结缔组织膜。牙龈是口腔黏膜的一部分，附着于牙颈周围的牙槽骨上，富含血管，呈淡红色，坚韧而有弹性，但缺少黏膜下层，与骨组织结合紧密。

五、舌

舌 tongue 位于口腔底，由骨骼肌被覆黏膜构成，具有协助咀嚼、吞咽食物、感受味觉和辅助发音等功能。

（一）舌的形态

舌分上、下 2 面（图 5-6，图 5-7）。舌的上面为舌背，借倒 "V" 字形的界沟分为前 2/3 的舌体和后 1/3 的舌根。界沟尖端的凹陷为舌盲孔，是胚胎时甲状舌管的遗迹。舌体的前端为舌尖。

（二）舌的黏膜

舌背的黏膜呈淡红色，其表面的小隆起为舌乳头。舌乳头分为轮廓乳头、菌状乳头、叶状乳头和丝状乳头 4 种（图 5-6）。**轮廓乳头** vallate papillae 排列在界沟的前方，体积较大，共有 7～11 个，其中央隆起，周围有环状沟。**菌状乳头** fungiform papillae 钝圆，呈红色，数目较少，

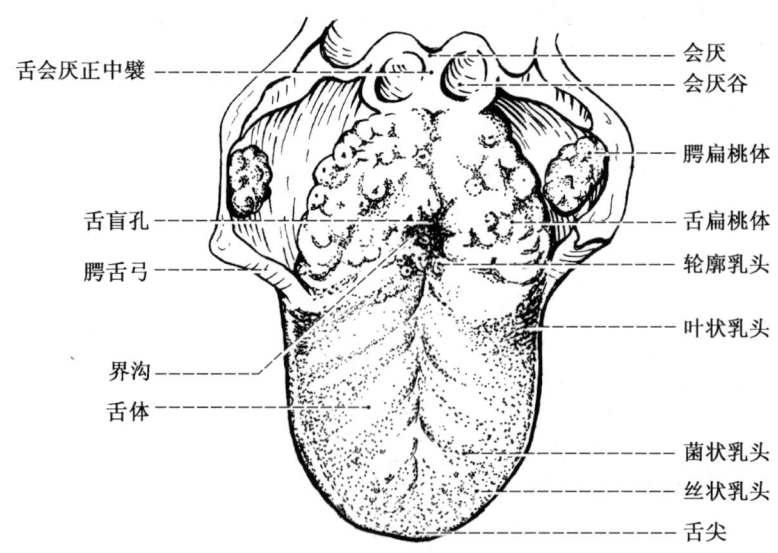

舌会厌正中襞 —— 会厌
—— 会厌谷
—— 腭扁桃体
舌盲孔 —— 舌扁桃体
腭舌弓 —— 轮廓乳头
—— 叶状乳头
界沟 ——
舌体 —— 菌状乳头
—— 丝状乳头
—— 舌尖

图 5-6 舌（背面）

散在于舌背，多见于舌尖和舌两侧缘。**叶状乳头** foliate papillae 呈叶片状，位于舌两侧缘的后部，每侧有 4~8 个。**丝状乳头** filiform papillae 圆锥状，呈白色，数量最多，遍布舌背前 2/3，其浅层上皮细胞角化脱落，形成舌苔。轮廓乳头、菌状乳头、叶状乳头及软腭和会厌等的黏膜上皮中均含有味蕾，是味觉感受器，能够感受酸、甜、苦、咸等。丝状乳头中无味蕾，只有一般感觉，无味觉功能。

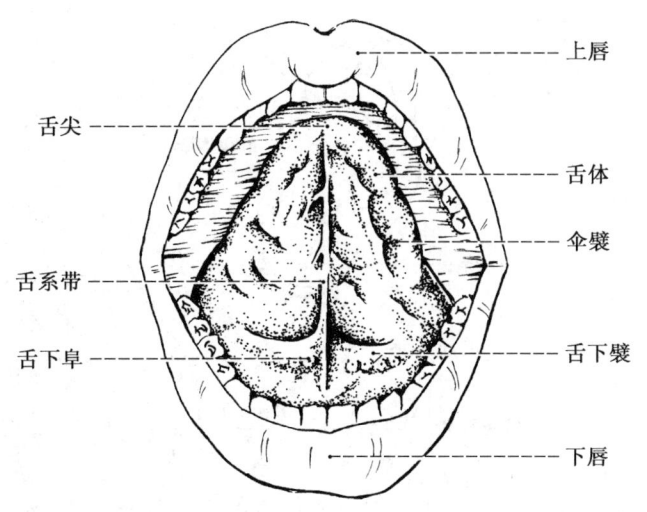

图 5-7 口腔底和舌下面

舌根背面的黏膜上可见由许多淋巴组织构成的小结状隆起，为舌扁桃体。

舌的下面在正中线上有一纵行黏膜皱襞，为**舌系带**，其过短会影响舌的运动和发音。舌系带根部的两侧各有一个黏膜隆起，为**舌下阜** sublingual caruncle，是下颌下腺管和舌下腺大管的开口。从舌下阜向口腔底后外侧延续的黏膜皱襞为**舌下襞** sublingual fold，其深面有舌下腺，表面有舌下腺小管的开口。

（三）舌肌

舌肌属骨骼肌，分为舌内肌和舌外肌（图 5-8）。舌内肌有纵肌、横肌和垂直肌，起点和止点均在舌内，收缩时可改变舌的形状。舌外肌有颏舌肌、舌骨舌肌、茎突舌肌等，起于舌周围各骨，止于舌内，收缩时可改变舌的位置。其中**颏舌肌** genioglossus 起于下颌骨的颏棘，呈扇形止于舌中线的两侧，双侧收缩时拉舌向前下方，即伸舌；单侧收缩则使舌尖伸向对侧。若一侧颏舌肌瘫痪，伸舌时舌尖将偏向患侧。

六、唾液腺

唾液腺 salivary glands 位于口腔周围，能分泌唾液，并借导管排向口腔，可湿润口腔，参与

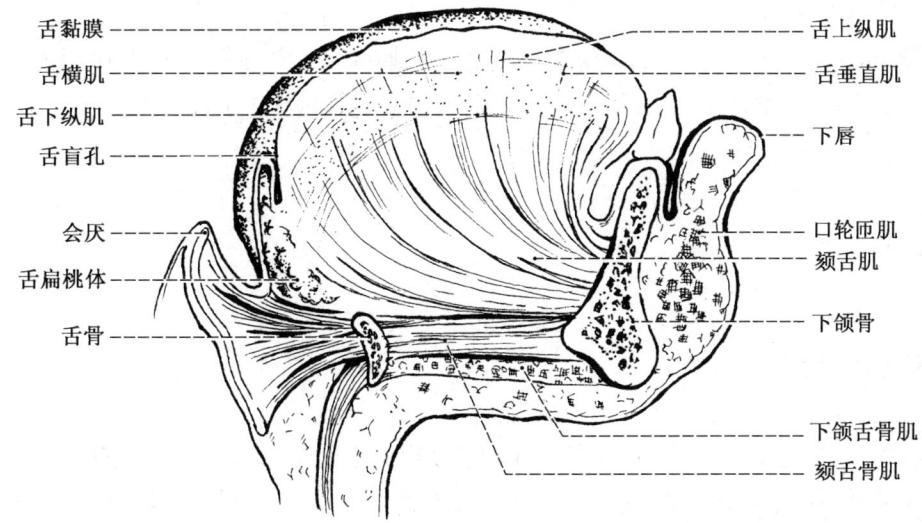

图 5-8 舌的矢状面（示舌肌）

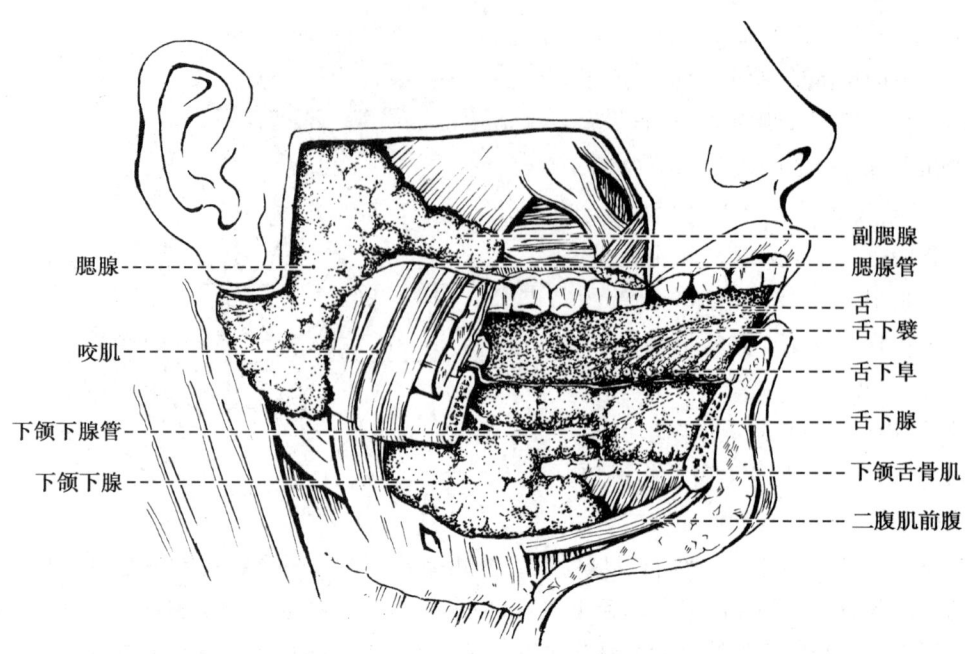

图 5-9　大唾液腺

消化等功能。唾液腺分为大唾液腺、小唾液腺 2 类。小唾液腺位于口腔黏膜内，属黏液腺，包括唇腺、颊腺、腭腺和舌腺等。大唾液腺有腮腺、下颌下腺和舌下腺 3 对（图 5-9）。

（一）腮腺

腮腺 parotid gland 位于外耳道的前下方，呈三角楔形，分浅部和深部。腮腺管从前缘发出，在颧弓下方一横指处前行，横过咬肌浅面至其前缘处穿颊肌，开口于平上颌第 2 磨牙牙冠处的颊黏膜。

（二）下颌下腺

下颌下腺 submandibular gland 位于下颌骨下缘与二腹肌前、后腹所围成的下颌下三角内，呈卵圆形。其导管自腺体的内侧发出，沿口腔底黏膜的深面前行，开口于舌下阜。

（三）舌下腺

舌下腺 sublingual gland 位于舌下襞的深面，呈长椭圆形，其导管有大、小 2 种。大管有一条，与下颌下腺管汇合后开口于舌下阜；小管有 10 余条，直接开口于舌下襞。

第二节　咽

一、咽的位置和形态

咽 pharynx 为上宽下窄、前后略扁的漏斗状肌性管道，长约 12 cm，上起颅底外面，下至第 6 颈椎椎体下缘平面续于食管（图 5-10）。咽的后壁和侧壁完整，侧方与颈部大血管和甲状腺侧叶

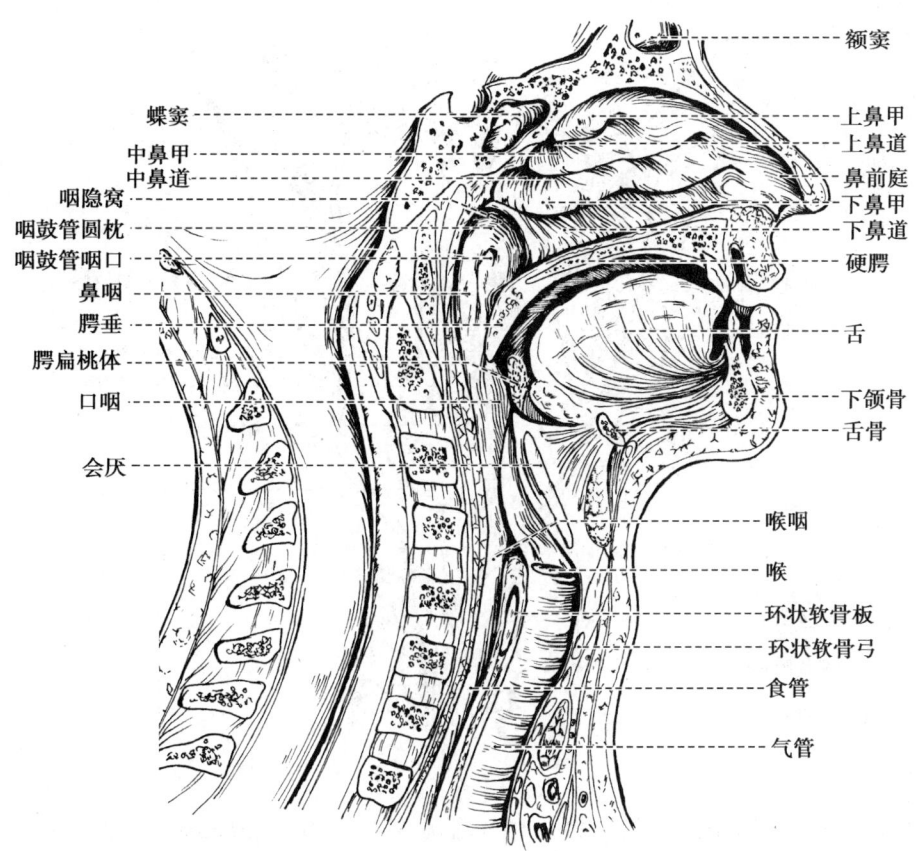

额窦

蝶窦
中鼻甲
中鼻道
咽隐窝
咽鼓管圆枕
咽鼓管咽口
鼻咽
腭垂
腭扁桃体
口咽
会厌

上鼻甲
上鼻道
鼻前庭
下鼻甲
下鼻道
硬腭
舌
下颌骨
舌骨
喉咽
喉
环状软骨板
环状软骨弓
食管
气管

图 5-10 鼻腔、口腔、咽和喉的正中矢状面

等相毗邻；前壁不完整，有鼻腔、口腔和喉腔的开口。

二、咽的分部

咽以其前方的软腭和会厌上缘为界，分为鼻咽、口咽和喉咽（图 5-10，图 5-11）。

（一）鼻咽

鼻咽 nasopharynx 是咽的上部，位于颅底与软腭游离缘之间，经后鼻孔与鼻腔相通。鼻咽的上壁与后壁相互移行，其黏膜内有丰富的淋巴组织，为**咽扁桃体**，幼儿时期较发达。若儿童咽扁桃体异常增大称增殖腺，可致鼻咽腔变窄，影响呼吸。在鼻咽的侧壁上，平下鼻甲后方 1 cm 处，有**咽鼓管咽口** pharyngeal opening of auditory tube，咽腔经此口借咽鼓管与中耳鼓室相通。此口平时关闭，当吞咽或张大口时空气可通过咽鼓管进入鼓室，以维持鼓膜两侧的气压平衡。咽部感染也可经咽鼓管蔓延至中耳，引起中耳炎。咽鼓管咽口的前、上、后方有一弧形隆起，为**咽鼓管圆枕** tubal torus，是寻找咽鼓管咽口的标志，附近黏膜内的淋巴组织为**咽鼓管扁桃体**。咽鼓管圆枕后方的纵行深窝为**咽隐窝** pharyngeal recess，是鼻咽癌多发部位。

（二）口咽

口咽 oropharynx 位于软腭游离缘与会厌上缘平面之间，前与口腔相通，是食物和空气的共同通道。其与舌根间的矢状黏膜皱襞为舌会厌正中襞，连接舌根和会厌。此襞两侧的浅凹为会厌谷，异物易停留此处。

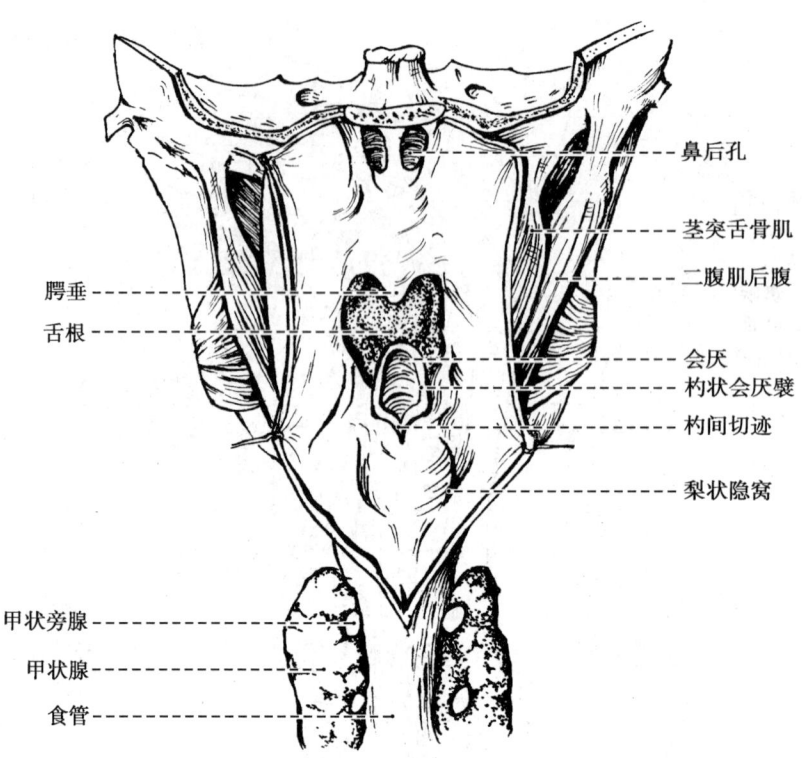

图 5-11　咽 后 面 观
（咽后壁切开）

咽扁桃体、咽鼓管扁桃体、腭扁桃体和舌扁桃体共同构成**咽淋巴环**，对消化道和呼吸道有防御功能。

（三）喉咽

喉咽 laryngopharynx 是咽的最下部，略狭窄，上平会厌上缘，下至第 6 颈椎椎体下缘平面接续食管，向前借喉口与喉相通。在喉口的两侧各有一深窝，为**梨状隐窝** piriform recess，为异物易滞留的部位（图 5-11）。

第三节　食管

一、食管的位置和分部

食管 esophagus 上平第 6 颈椎椎体下缘处接咽，下平第 11 胸椎椎体高度与胃的贲门相续，是前后扁平的肌性管道，长约 25 cm。食管沿脊柱的前方、气管的后方下行，经颈部进入胸腔，继续穿膈达腹腔，故可将食管分为颈部、胸部和腹部 3 部分（图 5-12）。

食管颈部较短，长约 5 cm，起自食管起始端，至胸骨颈静脉切迹平面处。食管胸部最长，长 18～20 cm，起自胸骨的颈静脉切迹，至膈的食管裂孔处。食管腹部最短，1～2 cm，起自食管裂孔，至贲门处。

食管壁的肌层分为内环和外纵 2 层，其上 1/3 段为骨骼肌，下 1/3 段为平滑肌，中 1/3 段则两者皆有。

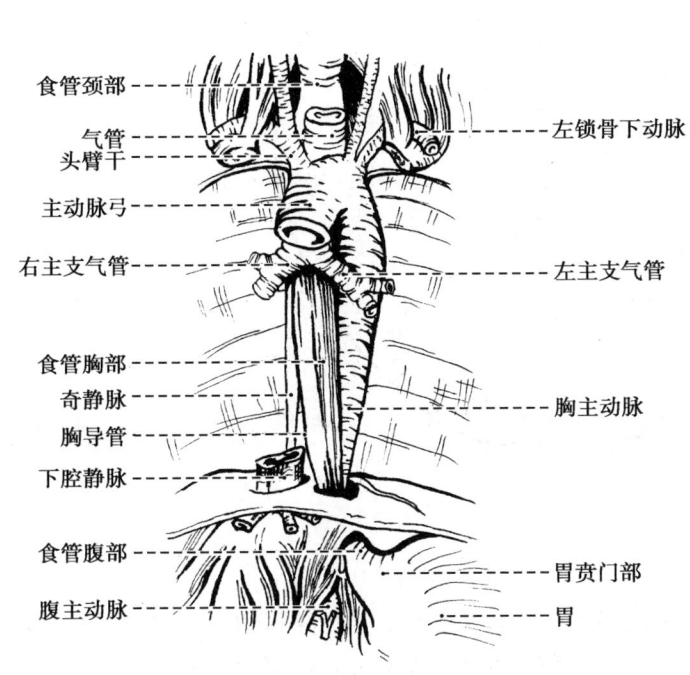

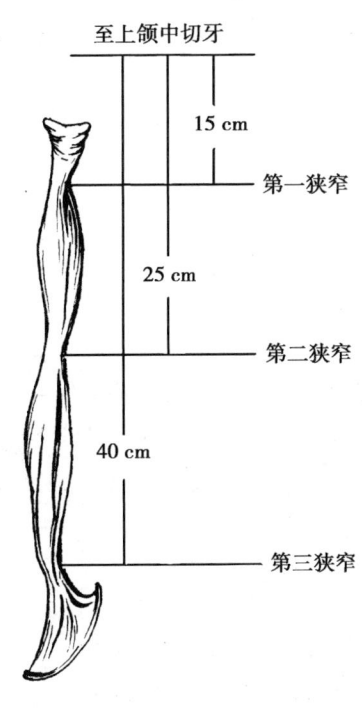

图 5-12　食管的位置和狭窄

二、食管的狭窄

食管全长有 3 处生理性狭窄（图 5-12）。第一狭窄位于食管的起始处，即食管与咽相接处，距上颌中切牙约 15 cm；第二狭窄位于左主支气管跨过食管前方处，即食管与左主支气管交叉处，距上颌中切牙约 25 cm；第三狭窄位于食管穿经膈的食管裂孔处，距上颌中切牙约 40 cm。食管的 3 个生理性狭窄处异物易滞留，也是食管损伤、炎症和肿瘤的好发部位。

视频 5-1
食管造影过程

第四节　胃

胃 stomach 是消化管中最膨大的部分，呈囊袋状，上接食管，下续十二指肠，具有受纳食物和分泌胃液、消化食物的作用，兼有内分泌功能。

一、胃的形态和分部

胃的形态、位置和大小受充盈程度、体位、年龄、性别和体型等因素的影响而变化，成人中度充盈时胃的容量约 1 500 mL。

胃有前、后壁，大、小弯，入、出口（图 5-13）。胃的前壁朝向前上方，后壁朝向后下方。**胃大弯** greater curvature of stomach 大部分凸向左下方，**胃小弯** lesser curvature of stomach 凹向右上方，其最低点为**角切迹** angular incisure。胃的入口为**贲门** cardia，位于第 11 胸椎椎体的左侧，上接食管；出口为**幽门** pylorus，位于第 1 腰椎椎体右侧，下续十二指肠。在贲门的左侧，食管与

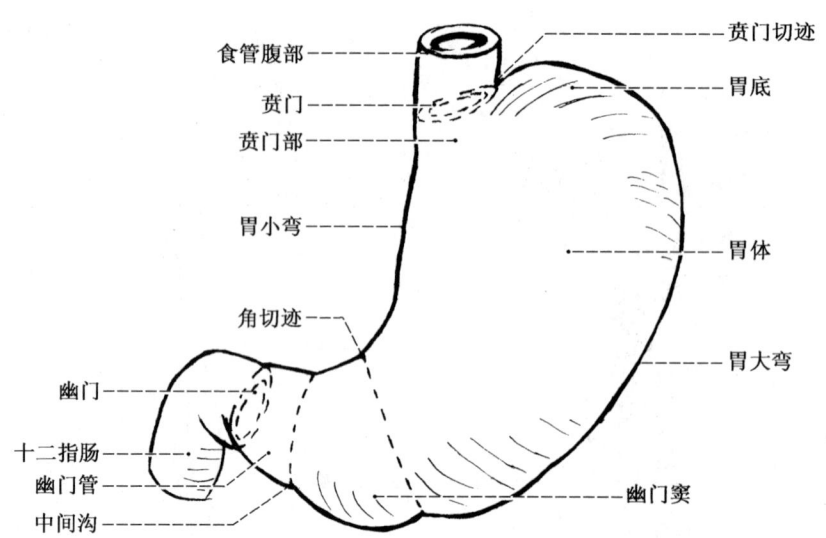

食管腹部
贲门
贲门部
胃小弯
角切迹
幽门
十二指肠
幽门管
中间沟

贲门切迹
胃底
胃体
胃大弯
幽门窦

图 5-13 胃的形态和分部

胃所形成的锐角为**贲门切迹**。

胃可分为贲门部、胃底、胃体、幽门部 4 部分（图 5-13），但各部分无明显界线。贲门附近的部分为**贲门部**；贲门平面以上的膨隆部分为**胃底** fundus of stomach，临床上称胃穹隆，内含空气，X 线胃片可见此气影。从胃底向下至角切迹平面之间的部分为**胃体** body of stomach。胃体向下至幽门的部分为**幽门部**。幽门部的大弯侧有一浅的中间沟，此沟将幽门部分为**幽门窦** pyloric antrum 和**幽门管** pyloric canal。幽门窦偏左侧，壁薄腔大，是胃的最低部分，临床上称**胃窦**，其近胃小弯处是胃溃疡和胃癌好发部位。

二、胃的位置

中等充盈时，胃大部分位于左季肋区、小部分位于腹上区，右邻肝，左侧与膈相邻，被左肋弓掩盖。胃前壁位于剑突下，直接与腹前壁相贴，称**胃裸区**，是临床进行胃触诊的部位。胃后壁与胰、横结肠、左肾、左肾上腺相邻，胃底与脾和膈相毗邻。

三、胃壁的结构

视频 5-2
胃镜检查

临床视角 5-1
胃癌

胃壁由黏膜、黏膜下层、肌层和浆膜 4 层构成（图 5-14）。胃黏膜柔软，空虚时形成皱襞，充盈时变平坦。沿胃小弯处有 4~5 条纵行皱襞，皱襞间的沟为胃道，食糜或流质食物可直接经此流入十二指肠。在幽门处的黏膜皱襞形成环状，突向腔内，称**幽门瓣** pyloric valve。黏膜下层由疏松结缔组织构成，富含血管、淋巴管和神经丛。肌层由外纵、中环、内斜 3 层构成，在幽门处的环行肌增厚，形成**幽门括约肌** pyloric sphincter。幽门括约肌与幽门瓣协同作用，有延缓胃内容物排空和防止十二指肠内容物反流的功能。

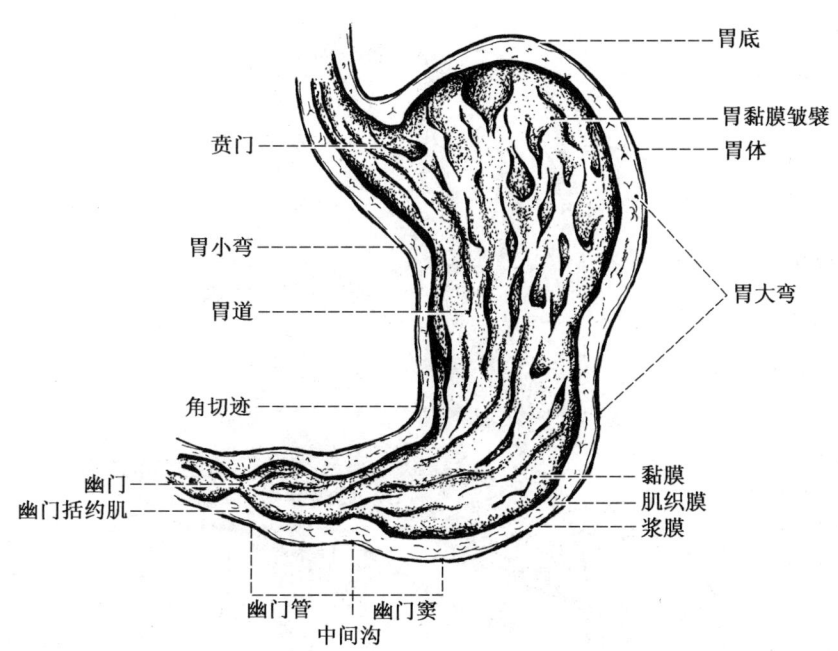

胃底

胃黏膜皱襞
胃体

贲门

胃大弯

胃小弯

胃道

角切迹

幽门
幽门括约肌

黏膜
肌织膜
浆膜

幽门管　　幽门窦
中间沟

图 5-14　胃黏膜

第五节　小肠

小肠 small intestine 上接胃的幽门，下续盲肠，成人长 5~7 m，分为十二指肠、空肠和回肠 3 部分，是消化食物和吸收营养的重要器官，兼有内分泌功能。

一、十二指肠

十二指肠 duodenum 位于腹腔的上中部，贴于腹后壁，介于胃和空肠之间，长约 25 cm，整体呈"C"形，包绕胰头，可分为上部、降部、水平部和升部 4 部分（图 5-15）。

（一）上部

十二指肠上部长约 5 cm，在第 1 腰椎椎体的右侧起自幽门，水平行向右后方，至肝门下、胆囊附近，急转向下移行为降部。其转折处的弯曲称十二指肠上曲。近幽门处十二指肠管腔膨大，黏膜光滑，肠壁薄，称**十二指肠球** duodenal bulb，是溃疡好发部位。

（二）降部

十二指肠降部长 7~8 cm，起自十二指肠上曲，沿第 1~3 腰椎椎体和胰头的右侧下行，至第 3 腰椎椎体右侧转向左，移行为水平部。其转折处的弯曲称十二指肠下曲。十二指肠降部的后内侧壁有**十二指肠纵襞**，其下端的乳头状隆起称**十二指肠大乳头** major duodenal papilla，距中切牙约 75 cm，是肝胰壶腹的开口。在十二指肠纵襞的上端还有**十二指肠小乳头**，是副胰管的开口。

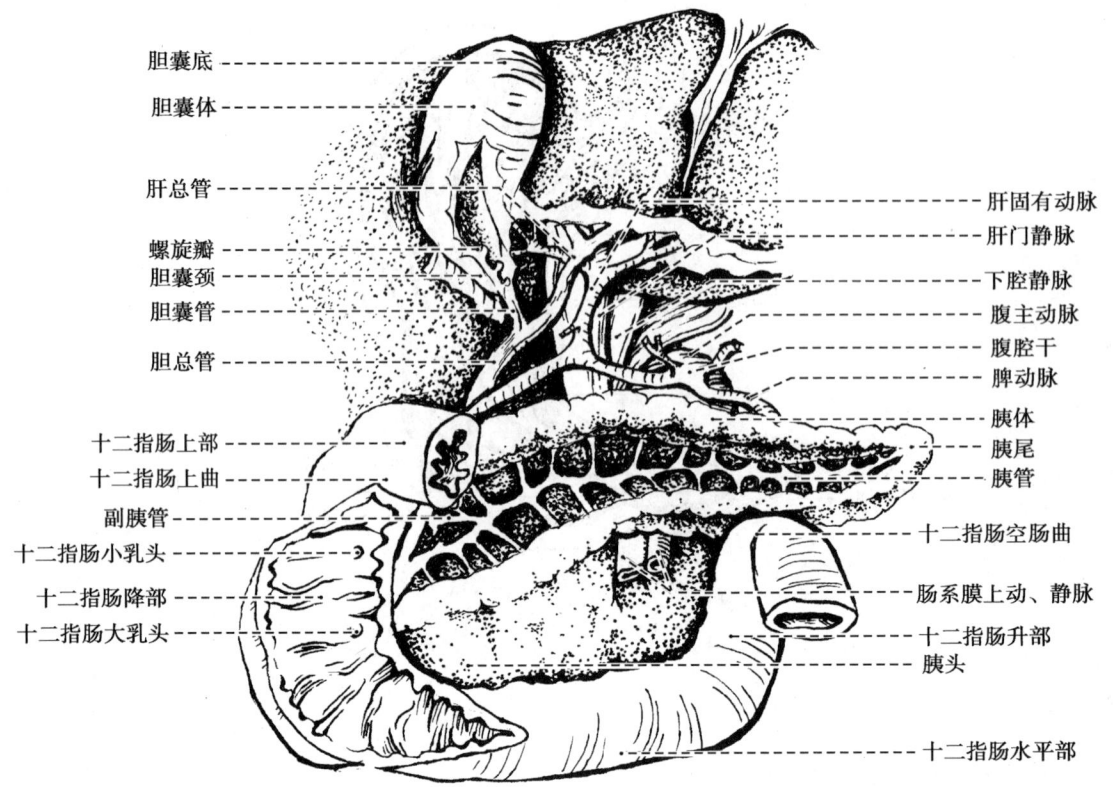

胆囊底
胆囊体
肝总管
螺旋瓣
胆囊颈
胆囊管
胆总管
十二指肠上部
十二指肠上曲
副胰管
十二指肠小乳头
十二指肠降部
十二指肠大乳头

肝固有动脉
肝门静脉
下腔静脉
腹主动脉
腹腔干
脾动脉
胰体
胰尾
胰管
十二指肠空肠曲
肠系膜上动、静脉
十二指肠升部
胰头
十二指肠水平部

图 5-15　肝外胆道、十二指肠和胰

（三）水平部

十二指肠水平部长约 10 cm，起自十二指肠下曲，行向左横过下腔静脉和第 3 腰椎椎体的前方，至腹主动脉前方、第 3 腰椎椎体左侧移行为升部。

（四）升部

十二指肠升部长 2~3 cm，续水平部，斜行左上方，至第 2 腰椎左侧转向前下形成**十二指肠空肠曲** duodenojejunal flexure，移行为空肠。十二指肠空肠曲的上后壁借**十二指肠悬肌**固定于右膈脚，此肌和包绕其下段表面的腹膜皱襞共同构成**十二指肠悬韧带** suspensory ligament of duodenum，又称 Treitz 韧带，是确定空肠起始部的重要标志。

二、空肠和回肠

空肠 jejunum 和**回肠** ileum 上接十二指肠空肠曲，下开口于盲肠，被肠系膜悬于腹后壁，活动度较大。空肠和回肠之间无明显的分界，一般是将其全长的上 2/5 称空肠，位于腹腔的左上部；下 3/5 称回肠，位于腹腔的右下部。空肠管径较粗，黏膜皱襞高而密集，呈环状，管壁较厚，血供较丰富，常呈粉红色。回肠管径略细，黏膜皱襞低平且稀疏，管壁较薄，血供不丰富，常呈粉灰色（图 5-16）。

空肠和回肠的黏膜形成许多皱襞，并且皱襞上还有密集的绒毛，增加了肠黏膜的表面积，更有利于营养物质的吸收。在黏膜的固有层和黏膜下组织中含有淋巴滤泡，分为孤立淋巴滤泡和集合淋巴滤泡 2 种。孤立淋巴滤泡常散在于空肠和回肠的黏膜内；集合淋巴滤泡则多见于回肠下段的黏膜内，呈梭形，其长轴与肠管的长轴一致，肠伤寒常发生在此，可并发肠穿孔或出血。

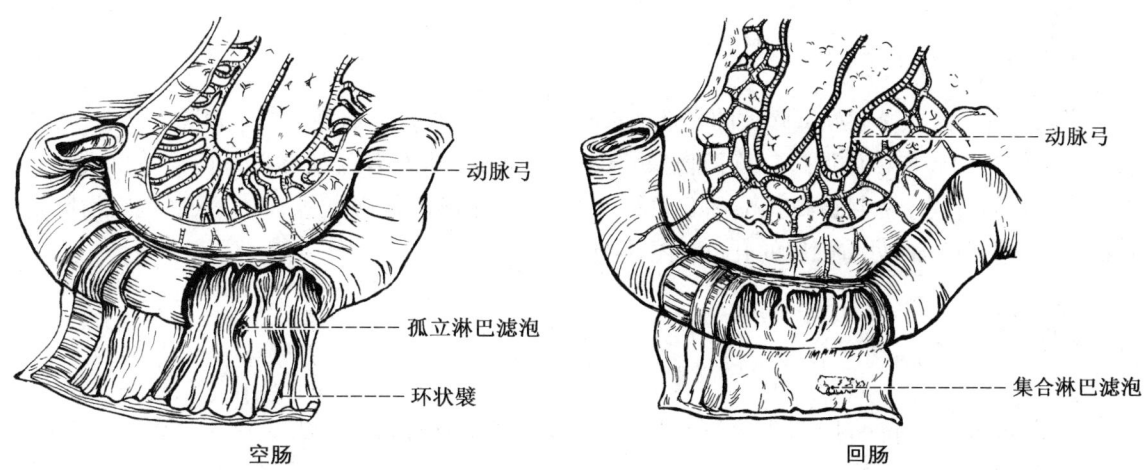

空肠　　　　　　　　　　　　回肠

- 动脉弓
- 孤立淋巴滤泡
- 环状襞
- 动脉弓
- 集合淋巴滤泡

图 5-16　空肠和回肠

据统计约有 2% 的成人，在距回肠末端 0.3～1.0 m 范围内的回肠对系膜缘上，有一长 2～5 cm 的囊状突起物，称 Meckel 憩室，此为胚胎时期卵黄囊管未消失所形成的。此憩室易发炎或溃疡穿孔，因其位置近阑尾，故常被误诊为阑尾炎。

第六节　大肠

大肠 large intestine 全长约 1.5 m，在右髂窝处续回肠，止于肛门，围绕在空肠和回肠的周围，可分为盲肠、阑尾、结肠、直肠和肛管 5 部分（图 5-1）。大肠的主要功能是吸收水分、维生素和无机盐，并将食物残渣形成粪便，排出体外。

大肠的管径较大，肠壁较薄，在盲肠和结肠上有区别于小肠的 3 个特征（图 5-17）：①**结肠带** colic bands，是由肠壁纵行肌增厚形成，沿肠管的纵轴排列，有 3 条，汇于阑尾根部。②**结肠袋** haustrum of colon，是由横沟隔开的向外膨出的囊状突起，因结肠带短于肠管而使肠管皱缩所形成。③**肠脂垂** epiploic appendices，是由浆膜及其内的脂肪组织所形成的指状突起，沿结肠带分布。

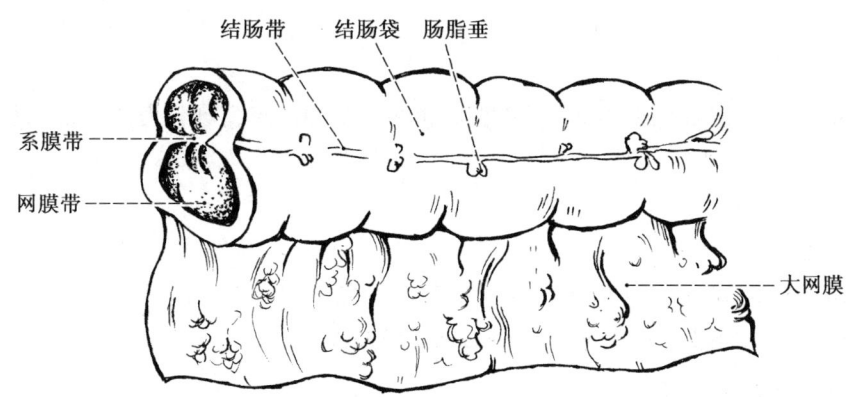

结肠带　结肠袋　肠脂垂

- 系膜带
- 网膜带
- 大网膜

图 5-17　结肠的特征

一、盲肠

盲肠 cecum 是大肠起始部膨大的盲端，长 6～8 cm，一般位于右髂窝内。盲肠上端与结肠延续，其左侧有回肠末端的开口，称**回盲口** ileocecal orifice。此处环层肌增厚，被覆黏膜形成上、下 2 片半月形瓣膜，称**回盲瓣** ileocecal valve，可以延缓小肠内容物通过，防止大肠内容物反流。在回盲口下方约 2 cm 处有阑尾的开口（图 5-18）。

二、阑尾

阑尾 vermiform appendix 形似蚯蚓，长 6～9 cm，连于盲肠的后内侧壁，借阑尾口开口于盲肠。阑尾的远端游离，位置不固定，常有回肠下（盆）位、盲肠后位、盲肠下位、回肠前位和回肠后位等（图 5-18）。阑尾根部附于盲肠上，较固定，并有 3 条结肠带在此汇聚，是寻找阑尾的重要标志。

阑尾根部的体表投影：通常在右髂前上棘与脐连线的中、外 1/3 交点处，该点称**麦克伯尼点**（**麦氏点**）McBurney point。阑尾炎时，此点常有明显的压痛。

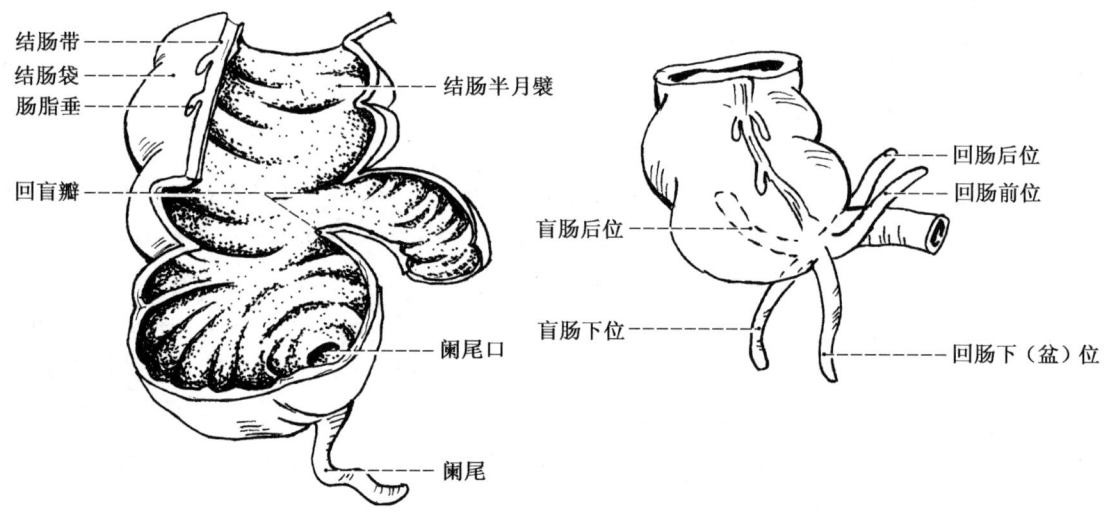

图 5-18　盲肠和阑尾

三、结肠

结肠 colon 介于盲肠和直肠之间，呈方框状包绕空肠和回肠，可分为升结肠、横结肠、降结肠和乙状结肠 4 部分（图 5-1）。

（一）升结肠

升结肠 ascending colon 长约 15 cm，起自盲肠，沿腰大肌和右肾前面上行，至肝右叶下转向左侧移行为横结肠。其转折处的弯曲为**结肠右曲**（**肝曲**）。

（二）横结肠

横结肠 transverse colon 长约 50 cm，始于结肠右曲，先行向左前下方，后转向左后上方，形成一略向下垂的弓形弯曲，延伸到左季肋区脾脏面的下部，转折形成**结肠左曲（脾曲）**，向下延续为降结肠。

（三）降结肠

降结肠 descending colon 长约 25 cm，起自结肠左曲，沿左肾外侧缘和腰方肌前面下降，至左髂嵴处续于乙状结肠。

（四）乙状结肠

乙状结肠 sigmoid colon 长约 40 cm，在左髂嵴处起自降结肠，沿左髂窝转入盆内，全长呈"乙"字形弯曲，至第 3 骶椎平面延续为直肠。

四、直肠

直肠 rectum 长 10 ~ 14 cm，在第 3 骶椎前方续乙状结肠，沿骶、尾骨前面下行，穿过盆膈移行于肛管。直肠在矢状平面上有 2 个弯曲：**直肠骶曲** sacral flexure of rectum，是直肠上段沿着骶、尾骨的盆面下降，形成一个凸向后方的弓形弯曲，距肛门 7 ~ 9 cm；**直肠会阴曲** perineal flexure of rectum，是直肠末端绕过尾骨尖，转向后下方，形成一个凸向前方的弯曲，距肛门 3 ~ 5 cm。

直肠上段较窄，下段膨大成**直肠壶腹** ampulla of rectum。直肠内面有 3 个**直肠横襞**（Houston瓣）由黏膜和环行肌构成（图 5-19），中横襞最明显，大而恒定，位于直肠右侧壁，距肛门约 7 cm，相当于直肠前壁腹膜折返处，因此，在乙状结肠镜检查时，常以直肠中横襞为标志确定肿瘤与腹膜腔的位置关系。

男性、女性直肠的前方毗邻不同，男性直肠的前方有直肠膀胱陷凹、膀胱、前列腺、输精管

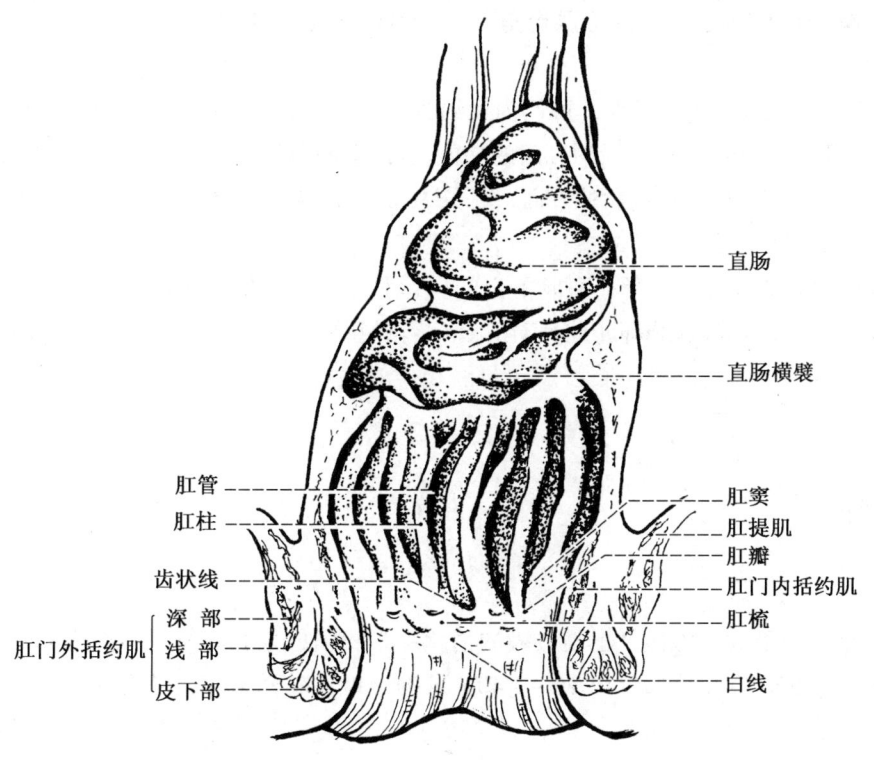

图 5-19　直肠与肛管

临床视角 5-2
结直肠癌

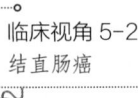

视频 5-3
结直肠镜检查

壶腹、精囊和输尿管末端，女性直肠的前方有直肠子宫陷凹、子宫颈及阴道后穹和阴道后壁。直肠指检可触到这些器官。男性、女性直肠两侧和后面的毗邻一致，均为3个骶椎和尾骨、坐骨肛门窝、尾骨肌、肛提肌、梨状肌及盆腔的血管和神经等。

五、肛管

肛管 anal canal 的上界为直肠穿过盆膈的平面，下界为肛门 anus，长3~4 cm，为肛门括约肌所包绕，平时处于收缩状态，有控制排便的作用（图5-19）。

肛管的黏膜形成6~10条纵行的黏膜皱襞，称肛柱 anal columns，深方有动、静脉及纵行肌。各肛柱下端彼此借半月形黏膜皱襞相连，此皱襞称肛瓣 anal valves。每一肛瓣与其相邻的两个肛柱下端之间形成开口向上的隐窝，称肛窦 anal sinuses，窦深3~5 mm，底部有肛腺的开口。肛窦内往往积存粪屑，感染后易致肛窦炎，严重者可形成肛门周围脓肿或肛瘘等。

肛瓣与肛柱下端共同围成一锯齿状的环形线，称齿状线 dentate line，或称肛皮线，此线以上为黏膜，由内脏神经分布；线以下为皮肤，由躯体神经分布。此外，该线也是静脉、淋巴回流的分界线和内、外痔的区分标志。

在齿状线下方有一宽约1 cm的环形区域，称肛梳 anal pecten（痔环 haemorrhoidal ring），表面光滑，因其深层有静脉丛，故呈浅蓝色。肛梳下有一不甚明显的环行线，称白线 white line，该线相当于肛门外括约肌皮下部与肛门内括约肌下缘之间的水平，肛门指检时可触及此处，为一环形浅沟，即括约肌间沟。

肛门是肛管的下口，为一前后纵行的裂孔，前后径为2~3 cm。肛门周围的皮肤呈暗褐色，成年男性肛门周围长有硬毛，并有汗腺和皮脂腺。

肛梳部的皮下组织和肛柱部的黏膜下层含有丰富的静脉丛，病理状态下可形成静脉曲张，向肛管腔内突起形成痔。发生在齿状线以上的痔称为内痔，发生在齿状线以下的称外痔，也有跨越于齿状线上、下的称混合痔。由于神经的分布不同，内痔无疼痛感，外痔疼痛剧烈。

环绕肛门有肛门内、外括约肌。肛门内括约肌 sphincter ani internus 为肠壁的环行平滑肌层增厚而成，有协助排便功能，但无括约肛门的功能。肛门外括约肌 sphincter ani externus 为横纹肌，受意识支配，围绕在肛门内括约肌的外面，可分为皮下部、浅部和深部3部分，其中浅部和深部是括约肛门排便的重要肌束。

肛门外括约肌的浅部和深部、直肠下份的纵行肌、肛门内括约肌及肛提肌等共同构成一围绕肛管的强大肌环，称肛直肠环，此环对肛管起着极重要的括约作用，若手术损伤，则致大便失禁。

第七节 肝

肝 liver 是人体最大的腺体，也是最大的消化腺。我国成人肝的质量男性为1 230~1 450 g，女性为1 100~1 300 g，占体重的1/50~1/40。肝的质地柔软而脆弱，易受外力冲击而破裂，发生腹腔内大出血。

　　肝参与糖类、蛋白质、脂质和维生素等物质的代谢。肝内血窦丰富，接受来自肝动脉和肝门静脉的血。由胃肠道吸收来的各种物质（除脂质外），在肝细胞内进行多种物质的合成、分解、转化、储存和解毒等。肝细胞分泌胆汁，参与消化活动；还参与吞噬、防御、造血等活动。

一、肝的外形

　　肝呈不规则的楔形，表面大部分光滑，可分为上、下2面，前、后、左、右4缘。肝上面膨隆，与膈相接触，故又称**膈面** diaphragmatic surface（图5-20）。该面与膈之间有相互移行的双层腹膜，略呈"Y"形，呈冠状位的称**冠状韧带** coronary ligament，该韧带的两侧向左、右延伸成**左、右三角韧带** left and right triangular ligament；呈矢状位的称**镰状韧带** falciform ligament，此韧带将肝分成为左、右2叶，**肝左叶** left lobe 薄而小，**肝右叶** right lobe 厚而大。在冠状韧带前、后层之间的肝区无光滑的腹膜被覆，仅有少量的疏松结缔组织与膈相连，为**肝裸区** bare area of liver。

　　肝下面朝向下后方，凹凸不平，与腹腔脏器相邻，故又称**脏面** visceral surface（图5-21）。脏面中部有呈"H"形的沟。左纵沟窄而深，其前部是**肝圆韧带** ligamentum teres hepatis，为胎儿时期脐静脉闭锁后的遗迹；后部是**静脉韧带** ligamentum venosum，为胎儿时期静脉导管的遗迹。右纵沟宽而浅，其前部是**胆囊窝** fossa for gallbladder，容纳胆囊；后部是**腔静脉沟** sulcus for vena cava，该沟向后上伸至膈面，有下腔静脉通过。横沟位于脏面正中，有肝左、右管，肝固有动脉左、右支，肝门静脉左、右支和肝的神经、淋巴管等出入，故称**肝门** porta hepatis 或第一肝门。出入肝门的这些结构被结缔组织包绕，构成**肝蒂**。肝的脏面借"H"形的沟分为4叶。右纵沟的右侧为右叶，左纵沟的左侧为左叶，横沟的前方部分为**方叶** quadrate lobe，横沟后方的部分为**尾状叶** caudate lobe。

　　肝前缘为肝的脏面和膈面的分界线，左缘和前缘较薄锐。前缘左部有**肝圆韧带切迹** notch for ligamentum teres hepatis，是肝圆韧带和镰状韧带移行相连的部位；前缘右部有**胆囊切迹** notch for gallbladder，胆囊底常于此露出肝前缘。右缘与后缘皆较钝圆和厚实。在后缘上有腔静脉沟，容纳上行的下腔静脉，此沟的上端有第二肝门，为肝内3个较大的肝静脉（肝左、中、右静脉）出肝汇入下腔静脉的开口处；此沟的下端还有第三肝门，为肝内其他一些肝的小静脉（副肝右静脉、尾状叶小静脉）出肝汇入下腔静脉的部位。

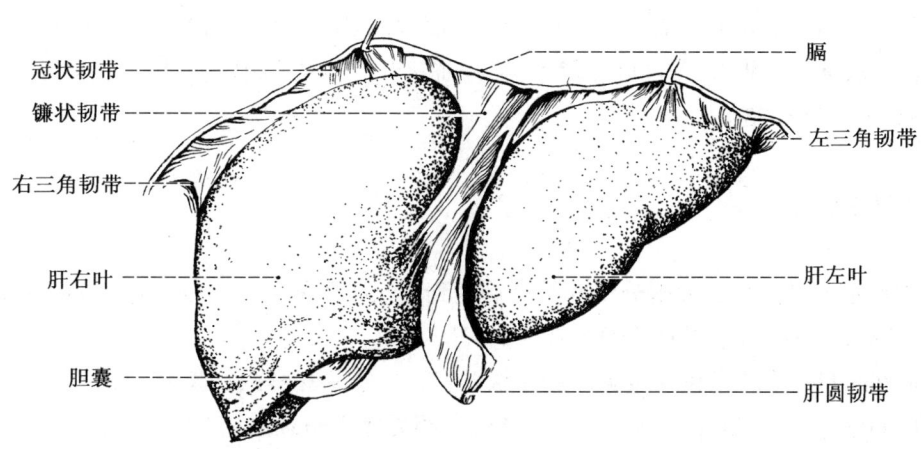

图 5-20　肝的前面观

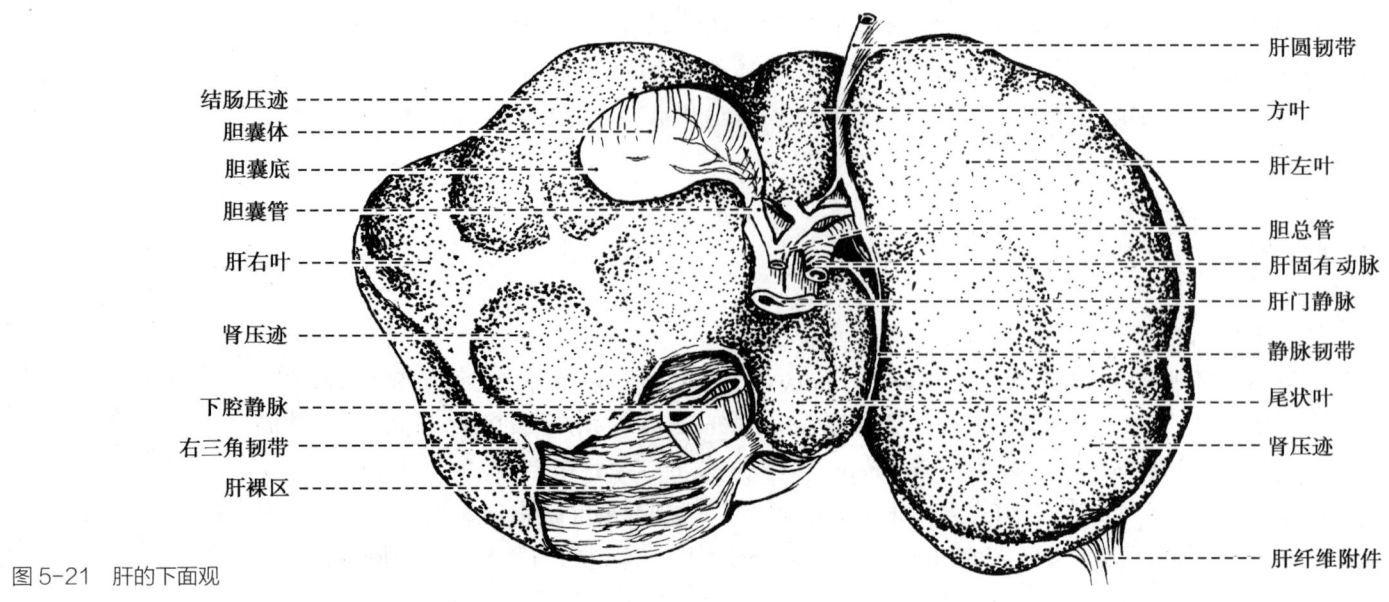

图 5-21 肝的下面观

图中标注（左侧，自上而下）：结肠压迹、胆囊体、胆囊底、胆囊管、肝右叶、肾压迹、下腔静脉、右三角韧带、肝裸区

图中标注（右侧，自上而下）：肝圆韧带、方叶、肝左叶、胆总管、肝固有动脉、肝门静脉、静脉韧带、尾状叶、肾压迹、肝纤维附件

二、肝的位置和毗邻

肝大部分位于右季肋区和腹上区，小部分达左季肋区。肝的前面大部分被肋所掩盖，小部分位于剑突下，直接与腹前壁相接触。

肝的上缘在右锁骨中线对第 5 肋，在左锁骨中线对第 5 肋间隙；肝的下界与肝前缘一致，一般不超出肋弓，但成人肝前缘可超出剑突下方 2 ~ 3 cm。肝的脏面，左叶与胃前壁相邻；右叶前部与结肠右曲相邻，中部近肝门处邻接十二指肠上曲，后部邻接右肾和右肾上腺。

三、肝的分叶与分段

按外形肝可分为左叶、右叶、方叶与尾状叶，然而这种分叶的方法不符合肝内管道系统的分布规律，因此不能适应肝部分切除的需要。

肝内有肝门静脉、肝固有动脉、肝管和肝静脉 4 套管道。肝门静脉、肝固有动脉及肝管的各级分支结伴同行，并有结缔组织包裹，共同组成 **Glisson 系统**，分布于肝段内。肝静脉走行于肝段间，两者在肝内呈镶嵌配布（图 5-22）。按照 Couinaud 肝段划分法，肝可分为 2 半肝（左半肝、右半肝）、5 叶（右前叶、右后叶、左内叶、左外叶与尾状叶）、8 段 [尾状叶（段 I ），左外叶上、下段（段 II 、段 III ），左内叶（段 IV ），右前叶上、下段（段 VIII 、段 V ），右后叶上、下段（段 VII 、段 VI）]（图 5-23）。

四、肝外胆道系统

肝外胆道系统是指将肝细胞分泌的胆汁输送到十二指肠的管道系统，包括胆囊和输胆管道（肝左管、肝右管、肝总管和胆总管）（图 5-24，图 5-25）。

胆囊 gallbladder 是储存和浓缩胆汁的囊状器官，位于胆囊窝内，长 8 ~ 12 cm，宽 3 ~ 5 cm，容量为 40 ~ 60 mL。胆囊分底、体、颈、管 4 部，**胆囊底** fundus of gallbladder 是胆囊突向前下方

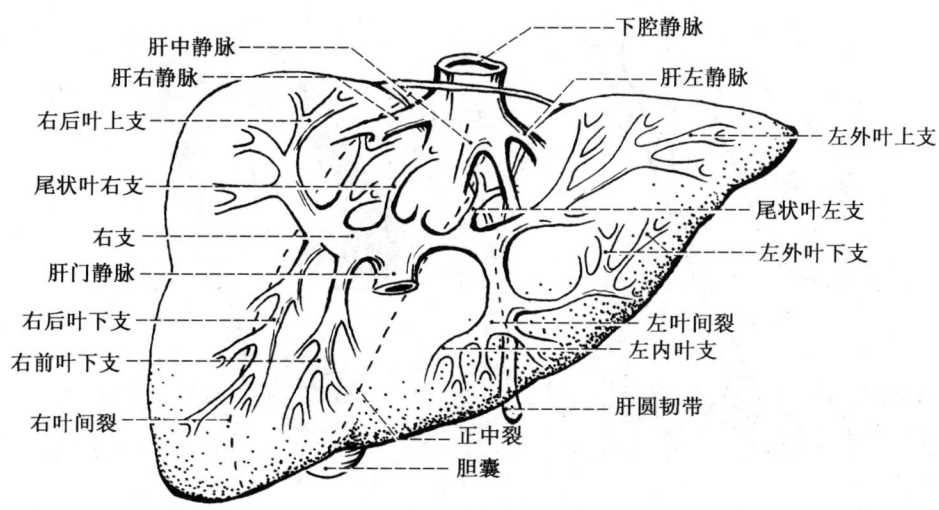

图 5-22 肝内管道与肝裂

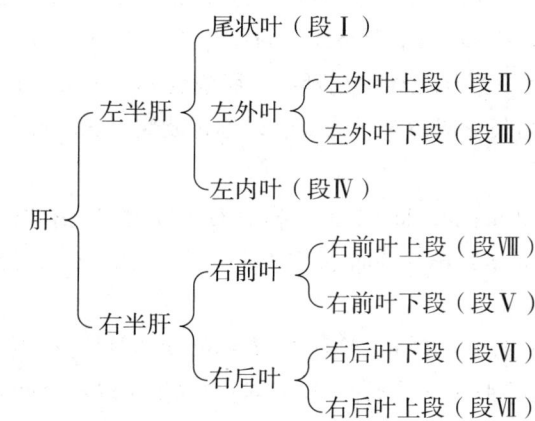

图 5-23 Couinaud 肝段的划分

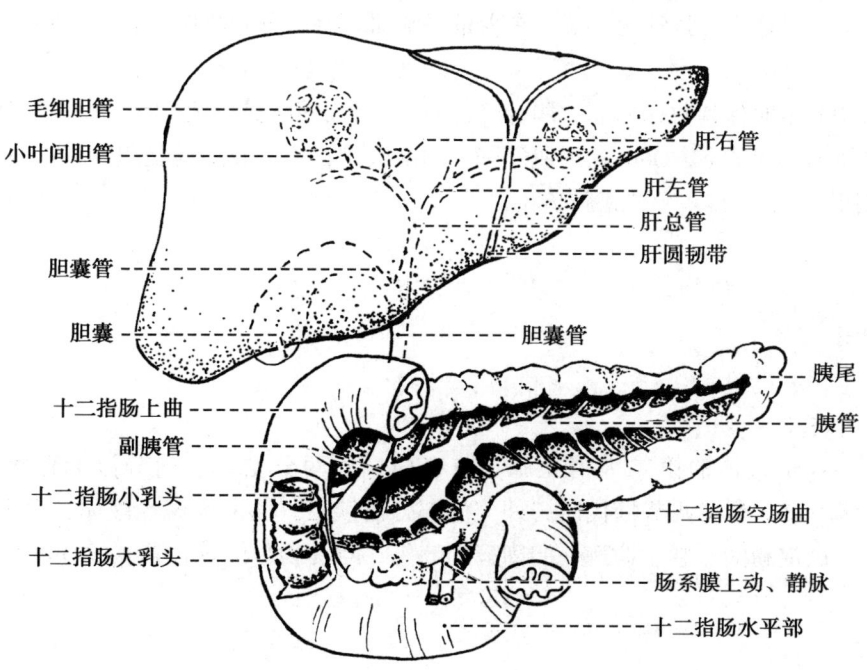

图 5-24 输胆管道和胰管模式图

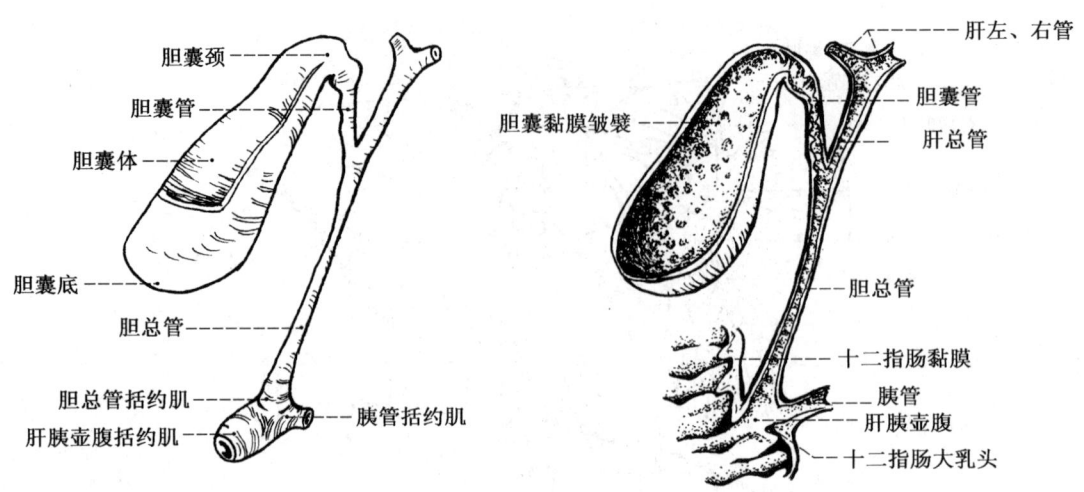

图 5-25　胆囊与肝外输胆管道

的盲端，常在肝前缘的胆囊切迹处露出。当胆汁充满时，胆囊底可贴近前腹壁。胆囊底的体表投影位于右锁骨中线或右腹直肌外侧缘与右肋弓交点附近。胆囊疾病时，该处可有压痛。**胆囊体** body of gallbladder 与底无明显界限。**胆囊颈** neck of gallbladder 为胆囊体向后逐渐变细的部分，颈细而弯曲，然后急转向后下方与胆囊管相延续。**胆囊管** cystic duct 长 3 ~ 4 cm，管径约 0.3 cm（图 5-25）。胆囊管远侧段黏膜形成螺旋状的皱襞，称**螺旋襞** spiral fold，有调节胆汁进出胆囊的作用，胆结石易滞留于此处。

肝左、右管 left and right hepatic duct 分别由左、右半肝内的毛细胆管逐渐汇合而成，出肝门即合成肝总管。**肝总管** common hepatic duct 长约 3 cm，下行于肝十二指肠韧带内，并在韧带内与胆囊管以锐角结合成胆总管。

动画 5-2
胆汁的产生和排出途径

胆总管 common bile duct 长 4 ~ 8 cm，管径 3 ~ 6 mm，由肝总管与胆囊管汇合而成，先行于肝十二指肠韧带内，再经十二指肠上部的后方及胰头与十二指肠降部之间下行，斜穿十二指肠降部的后内侧壁，在壁内与胰管汇合，形成一膨大的**肝胰壶腹** hepatopancreatic ampulla（**Vater 壶腹**），开口于十二指肠大乳头。其周围有**肝胰壶腹括约肌** sphincter of hepatopancreatic ampulla（**Oddi 括约肌**）包绕。在胆总管与胰管的末端也有少量平滑肌包绕，分别称胆总管括约肌和胰管括约肌（图 5-25）。

临床视角 5-3
肝硬化与肝癌

Oddi 括约肌平时保持收缩状态，胆汁经肝左、右管和肝总管、胆囊管进入胆囊内储存。进食时，在神经体液调节下，Oddi 括约肌舒张，胆囊收缩，胆汁自胆囊经胆囊管、胆总管、肝胰壶腹、十二指肠大乳头排入十二指肠肠腔。

第八节　胰

胰 pancreas 是人体的第二大消化腺，兼有内、外两分泌部。内分泌部即**胰岛** pancreas islet，分泌胰岛素，参与调节糖代谢；外分泌部分泌胰液。胰液为碱性液体，含多种消化酶，如胰蛋白酶、胰淀粉酶、胰脂肪酶、胆固醇酯酶等，对食物中的各种营养成分进行消化。

一、胰的位置与毗邻

胰位于腹上区和左季肋区，横置于第 1~2 腰椎椎体前方，紧贴于腹后壁。胰质地柔软，呈灰红色，质量为 80~115 g。胰的前面隔网膜囊与胃相邻，后方有下腔静脉、胆总管、肝门静脉和腹主动脉等重要结构。其右端被十二指肠环抱，左端达脾门。

二、胰的分部

胰可分头、颈、体、尾 4 部（图 5-24），各部之间无明显界限。**胰头** head of pancreas 为胰右端的膨大部分，位于第 2 腰椎椎体的右前方，其上、下方和右侧被十二指肠包绕，胆总管在胰头后面与十二指肠降部之间经过，胰头癌时可压迫胆总管而出现阻塞性黄疸。在胰头的下部有一向左后上方的**钩突** uncinate process。于钩突和胰头之间有肠系膜上动、静脉经过。**胰颈** neck of pancreas 是位于胰头与胰体之间的狭窄扁薄部分，长 2~2.5 cm。胰颈的前上方接邻胃幽门，其后面有肠系膜上静脉和肝门静脉起始部通过。**胰体** body of pancreas 位于胰颈与胰尾之间，占胰的大部分。**胰尾** tail of pancreas 较细，行向左上方至左季肋区，在脾门下方与脾的脏面相接触。**胰管** pancreatic duct 位于胰实质内，偏背侧，其走行与胰的长轴一致，从胰尾经胰体走向胰头，沿途接受许多小叶间导管，最后于十二指肠降部的后内侧壁内与胆总管汇合成肝胰壶腹，开口于十二指肠大乳头，偶尔单独开口于十二指肠腔。在胰头上部常可见一小管，行于胰管上方，称**副胰管** accessory pancreatic duct，开口于十二指肠小乳头，主要引流胰头上部的胰液。

（徐　飞）

复习思考题

1. 一儿童误食硬币，第二天硬币随大便排出，请问硬币经过了消化系统哪些结构？
2. 试述唾液腺的位置、形态和开口部位。
3. 试述舌黏膜舌乳头及其作用。
4. 如何区分大肠和小肠？
5. 试述肝外胆道的组成、胆汁的产生和排出途径。
6. 为何胰头癌的患者会出现黄疸和粪便颜色变浅的现象？
7. 临床上怀疑患者患胆囊炎或阑尾炎时，查体应触压体表何部位？

数字课程学习……

👤 本章小结　　📑 实物标本图　　👥 开放性讨论　　📝 自测题　　⬇ 教学 PPT

第六章
呼吸系统

关键词

呼吸系统	上呼吸道	鼻旁窦	喉	声襞
右主支气管	肺段	胸膜	肋膈隐窝	纵隔

　　呼吸系统是人体与外界进行气体交换的系统，即从外界吸入氧，呼出二氧化碳，维持组织器官的内呼吸和新陈代谢。机体内的心、肝、脾、肺（自身营养）、肾、脑等器官都需要大量的氧气供应，尤其是心、脑需氧量极大，一旦缺血缺氧就会心肌梗死或脑细胞坏死而导致人快速死亡。鼻、咽、喉及气管和支气管等是呼吸系统的气体通道，肺是进行气体交换的场所。呼吸道的不畅通或阻塞会造成严重的呼吸困难，导致全身组织器官缺血缺氧而引发功能障碍。肺和胸膜则是保障进行气体交换的重要组织器官。成人每天呼吸 2 万多次，吸入空气 $10 \sim 15 \ m^3$，消耗氧气约 0.75 L，呼出二氧化碳约 0.9 L。肺除呼吸功能外，还具有滤过、防御、代谢及内分泌等多种非呼吸功能。

思维导图

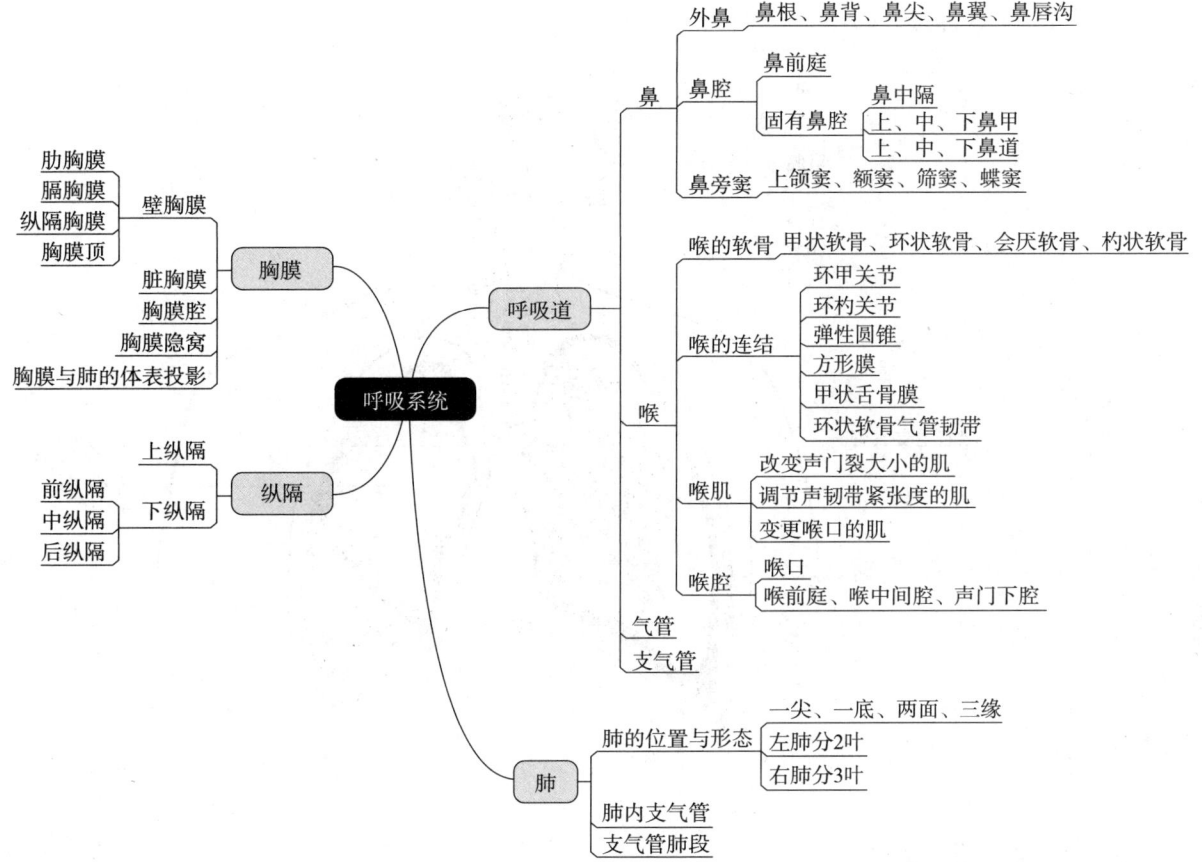

动画 6-1
呼吸过程

知识扩展 6-1
呼吸系统进化

呼吸系统 respiratory system 由呼吸道和肺构成，呼吸道分为上、下呼吸道，上呼吸道由鼻、咽、喉构成，下呼吸道由气管和各级支气管构成（图 6-1）。

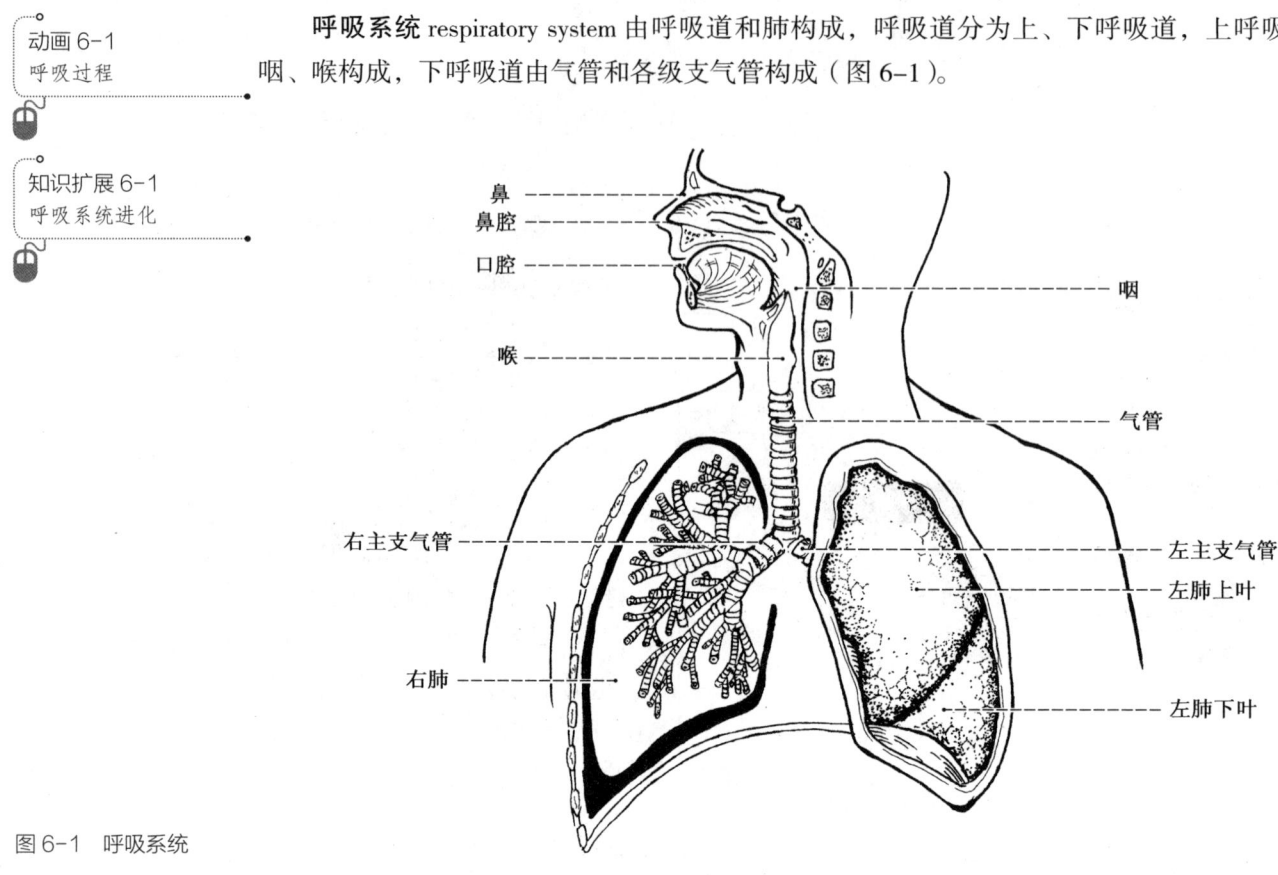

图 6-1 呼吸系统

第一节 鼻

鼻 nose 是呼吸道的起始部，也是嗅觉器官，由外鼻、鼻腔和鼻旁窦 3 部分组成。鼻腔和鼻旁窦有辅助发音的功能。

一、外鼻

外鼻 external nose 位于面部中央，上部较窄与额部相连的部分称**鼻根**，向下延为**鼻背**，末端为**鼻尖**。鼻尖两侧的弧形隆突部分为**鼻翼**，呼吸困难时，可出现鼻翼扇动。从鼻翼沿外下方至口角的浅沟称**鼻唇沟**。外鼻以骨和软骨为支架，表面被覆少量皮下组织和皮肤（图 6-2）。鼻翼和鼻尖部富含皮脂腺和汗腺，皮肤较厚，为痤疮和酒糟鼻的好发部位。

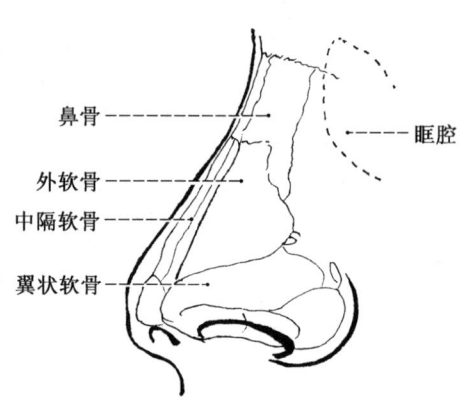

图 6-2 外鼻

二、鼻腔

鼻腔 nasal cavity 由骨和软骨围成，内面衬以黏膜和皮肤。鼻腔向前下经鼻孔通外界，向后经**鼻后孔**通鼻咽。鼻中隔将鼻腔分为左、右 2 个腔。

鼻腔的前下部，鼻尖和鼻翼内面较为扩大的部分称**鼻前庭**，内面覆以皮肤，生有鼻毛，可滤过空气中较大的尘埃。鼻前庭后上方的弧形隆起称**鼻阈**，是鼻前庭与**固有鼻腔**的分界，也是皮肤与黏膜的移行处。

鼻中隔 nasal septum 是两侧鼻腔共同的内侧壁，由骨性鼻中隔（筛骨垂直板和犁骨）和鼻中隔软骨覆以黏膜构成，常偏向一侧。鼻中隔前下份的黏膜较薄，毛细血管网丰富，称为**易出血区**（**Little 区**或 **Kiesselbach 区**），临床上青少年鼻出血约 90% 发生于此区。

鼻腔外侧壁自上而下有**上鼻甲**、**中鼻甲**及**下鼻甲**突向鼻腔，各鼻甲下方的裂隙分别为**上鼻道**、**中鼻道**和**下鼻道**。上鼻甲的后上方有时有一小的长形隆起，即**最上鼻甲**，它与上鼻甲间的小沟，称为**最上鼻道**。上鼻甲或最上鼻甲后上方与鼻腔顶之间的凹陷称为**蝶筛隐窝** sphenoethmoidal recess（图 6-3）。

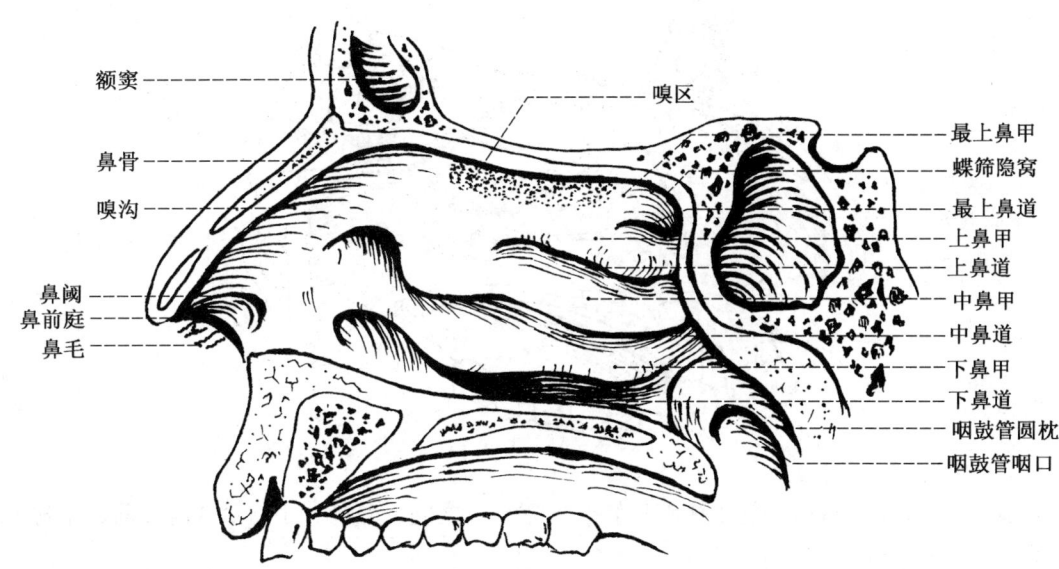

图 6-3 鼻腔外侧壁
（右侧观）

鼻黏膜依结构和功能的不同可分为 2 区：①**呼吸区**，范围较广，与鼻旁窦黏膜相延续。正常情况下呈淡红色，表面光滑湿润，上皮有纤毛，含有丰富的鼻腺和血管，对吸入的空气有过滤、湿润和加温的作用。②**嗅区**，位于上鼻甲内侧面和与其相对的鼻中隔部分，面积约为 5 cm²，活体呈苍白或淡黄色，内含能感受嗅觉刺激的嗅细胞。

三、鼻旁窦

鼻旁窦 paranasal sinuses 由骨性的鼻旁窦衬以黏膜构成，共 4 对，即上颌窦、额窦、筛窦和蝶窦（图 6-4，图 6-5）。

1. **上颌窦** maxillary sinus　位于上颌骨体内，是最大的鼻旁窦，平均容积为 14.67 mL。上壁为眶的下壁，骨质较薄。下壁是上颌骨的牙槽突，紧邻上颌磨牙的根部，其间仅隔一层较薄的骨板，甚至无骨质而仅覆以黏膜，故磨牙根的炎症有时可引起牙源性上颌窦炎。内侧壁即鼻腔的外侧壁，此壁有上颌窦的开口，由于窦口高于窦底，炎症化脓时，分泌物不易排出。

2. **额窦** frontal sinus　位于额骨眉弓深面两层骨板之间，左右各一，窦口向后下开口于中鼻道。

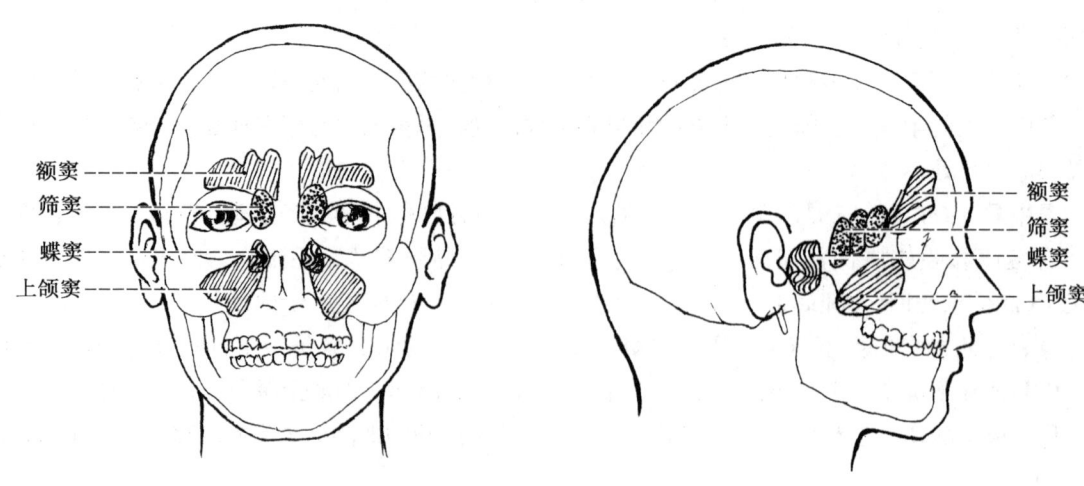

图 6-4 鼻旁窦投影

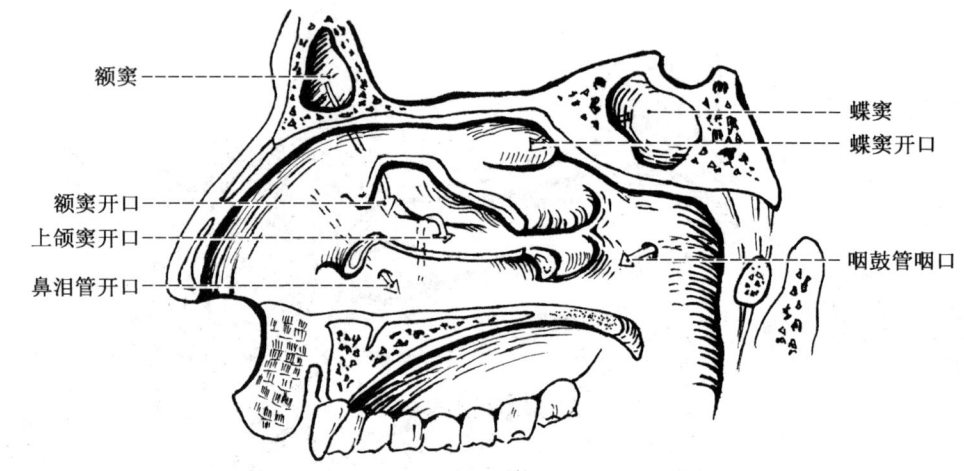

图 6-5 鼻旁窦开口
（鼻甲已部分切除）

3. **筛窦** ethmoidal sinus 位于鼻腔外侧壁上方与眶之间，分前、中、后 3 群，前、中群开口于中鼻道，后群开口于上鼻道。

4. **蝶窦** sphenoidal sinus 位于蝶骨体内，被中隔分为不规则的左、右 2 腔，向前分别开口于左、右蝶筛隐窝。临床上经蝶窦入路可行垂体、海绵窦等手术。

第二节 喉

喉 larynx 既是呼吸道又是发音器官。它以软骨为支架，借关节、韧带和肌连结而成。喉位于颈前部正中，第 3~6 颈椎之间。

一、喉的软骨

喉的软骨主要包括不成对的甲状软骨、环状软骨、会厌软骨及成对的杓状软骨。

1. **甲状软骨** thyroid cartilage 是最大的喉软骨，构成喉的前外侧壁，由四边形的左板和右板构成。两板的前缘在中线愈着，形成**前角**（男性近似直角，女性为钝角）。前角上端向前突出称

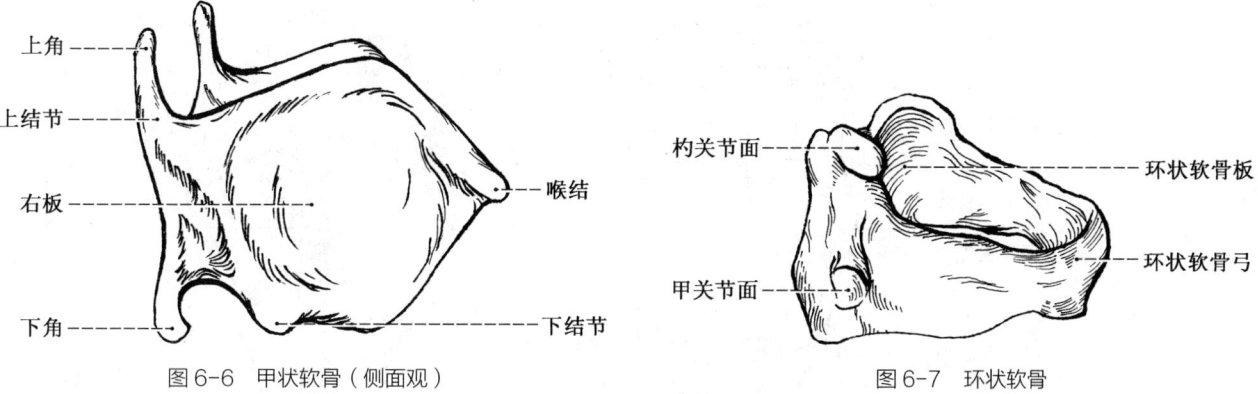

图 6-6　甲状软骨（侧面观）　　　　　　　图 6-7　环状软骨

喉结 laryngeal prominence，成年男性特别显著。喉结上方两板间的凹陷称**上切迹**。左、右板的后缘游离，向上、下各有一突起，分别称**上角和下角**（图 6-6）。

2. **环状软骨** cricoid cartilage　位于甲状软骨下方，下缘与气管相连，是呼吸道支架中唯一完整的软骨环，对支撑和保持呼吸道通畅十分重要，损伤后易引起喉狭窄。环状软骨形似指环，前部低窄，称**环状软骨弓**，平对第 6 颈椎；后部高而宽，称**环状软骨板**，构成喉后壁的大部。在板的上缘、中线的两侧各有一小关节面与杓状软骨相关节。弓和板的交界处，两侧各有一关节面，与甲状软骨下角相关节（图 6-7）。

3. **会厌软骨** epiglottic cartilage　形似树叶，上宽下窄。上缘游离，构成喉口的上缘；下端细窄，借韧带连于甲状软骨前角内面的上部。其前、后面均被覆黏膜，称为**会厌** epiglottis，是喉口的活瓣。吞咽时，喉随咽上提并向前移，会厌封闭喉口，阻止食团入喉。

4. **杓状软骨** arytenoid cartilage　成对，为三棱锥形，尖向上，底朝下，底有 2 个突起，伸向前方的称**声带突**，伸向外侧的称**肌突**（图 6-8）。底与环状软骨板上缘的关节面构成环杓关节。

二、喉的连结

喉的连结包括喉软骨之间以及喉软骨与舌骨、喉软骨与气管间的连结（图 6-9）。

1. **环甲关节** cricothyroid joint　由甲状软骨下角与环状软骨弓、板交界处的关节面构成，属联合关节。甲状软骨可在贯穿两关节的冠状轴上作前倾和复位运动，使声带紧张或松弛。前倾运动时甲状软骨与杓状软骨的声带突间的距离增大，声带紧张；反之，复位时距离缩小，声带松弛。

2. **环杓关节** cricoarytenoid joint　由环状软骨板上缘的关节面与杓状软骨底构成。杓状软骨可沿此关节的垂直轴做旋转运动，使声带突转向内侧或外侧，缩小或开大声门裂。

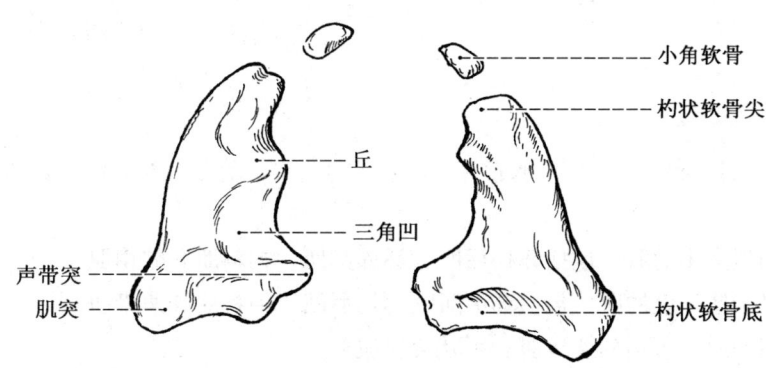

图 6-8　杓状软骨和小角软骨（前面观）

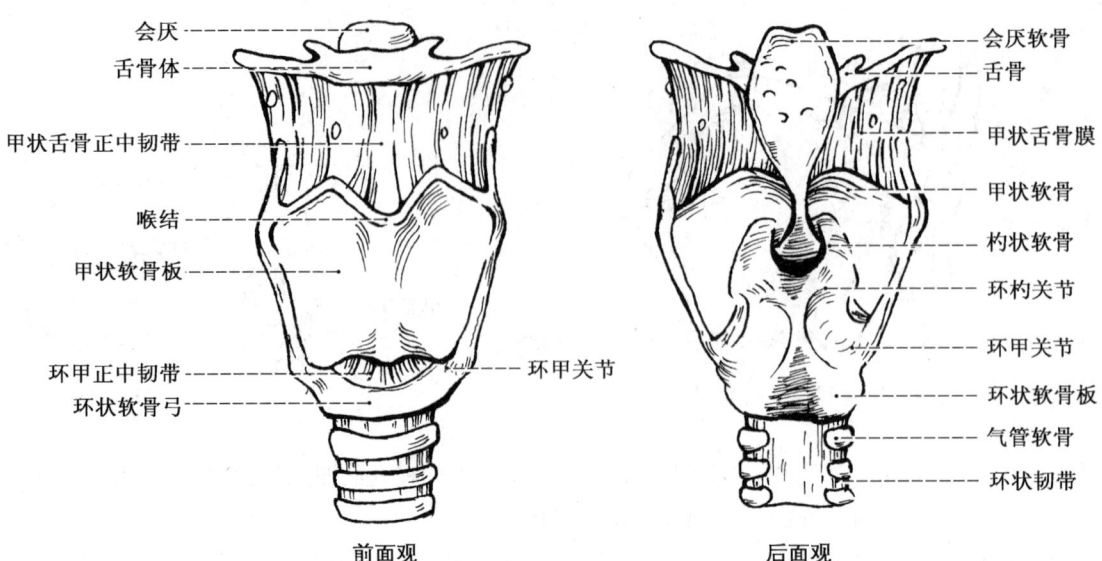

图 6-9 喉软骨连结   前面观   后面观

3. **弹性圆锥** elastic conus　是紧张于甲状软骨前角内面、杓状软骨声带突和环状软骨弓上缘之间的弹性纤维膜（图 6-10）。其上缘游离，称**声韧带** vocal ligament，连结于甲状软骨前角内面与杓状软骨声带突之间，是发音的主要结构与构成声带的基础。弹性圆锥前下部，位于甲状软骨下缘和环状软骨弓上缘之间的纤维组织增厚，称**环甲正中韧带** median cricothyroid ligament，此韧带位置浅表，体表易于触及。当急性喉阻塞时，可在此处进行穿刺或切开术，建立暂时性的呼吸通道。

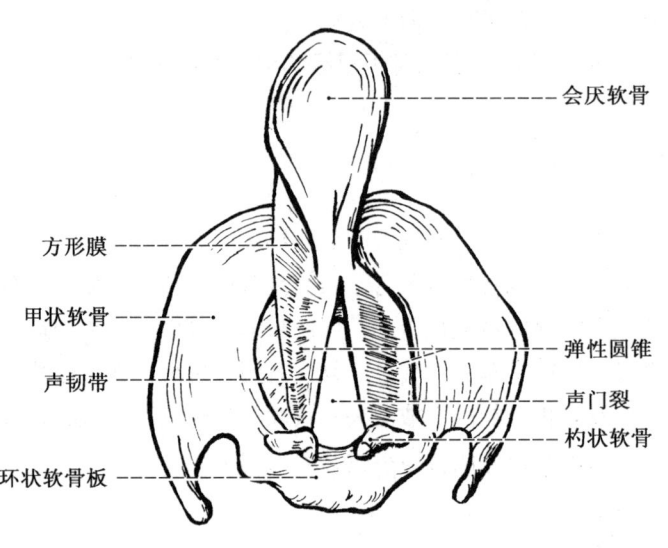

图 6-10 弹性圆锥和方形膜

4. **方形膜** quadrangular membrane 起于甲状软骨前角内面与会厌软骨侧缘，向后附着于杓状软骨前缘（图 6-10）。膜的下缘游离形成大致与声韧带平行的**前庭韧带** vestibular ligament，是构成前庭襞的基础。

5. **甲状舌骨膜**　甲状软骨上缘与舌骨之间的结缔组织膜，中部增厚称为甲状舌骨正中韧带。

6. **环状软骨气管韧带**　环状软骨下缘与第 1 气管软骨环之间的结缔组织膜。

三、喉肌

为细小的骨骼肌，起止点均位于喉软骨，是喉运动的主要动力（图 6-11 至图 6-13）。依其功能可分为：

1. **改变声门裂大小的肌**　包括环杓后肌、环杓侧肌、杓斜肌和杓横肌。

2. **调节声韧带紧张度的肌**　包括环甲肌、环杓后肌、甲杓肌和声带肌。

3. **变更喉口的肌**　包括杓会厌肌和甲状会厌肌。

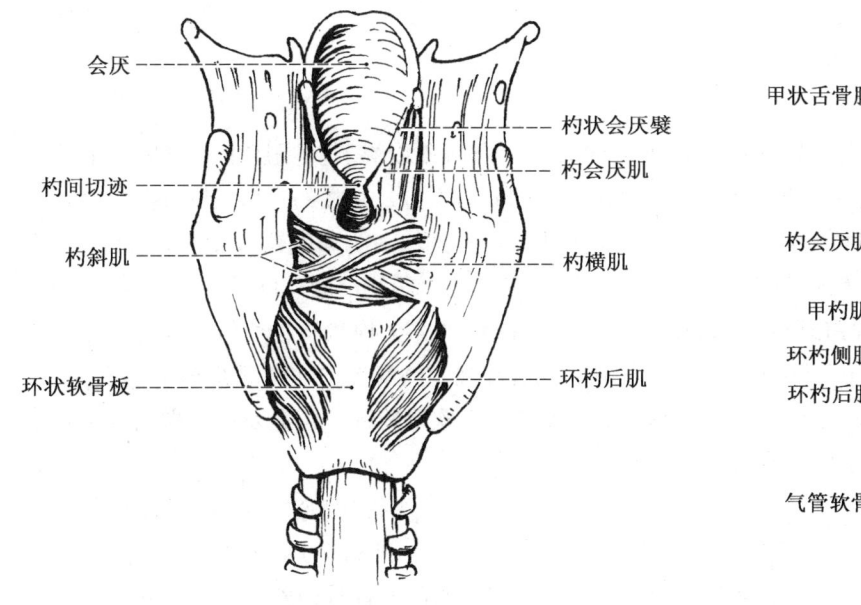

图 6-11 喉肌（后面观）

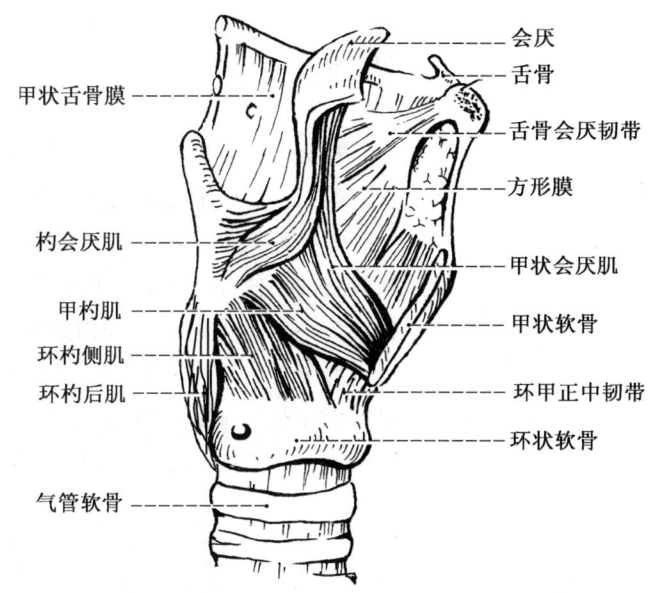

图 6-12 喉肌（侧面观）

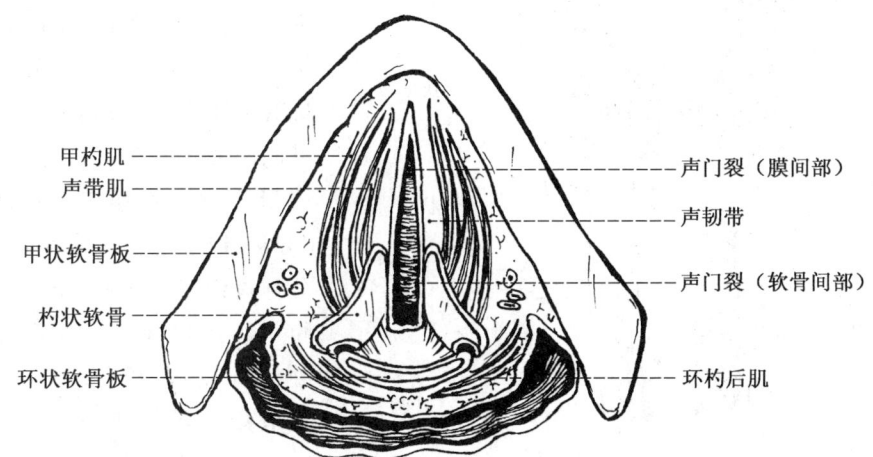

图 6-13 喉肌（经声带的水平面）

喉肌的名称、作用和起止见表 6-1。

表 6-1 喉肌的名称、作用和起止

名称	作用	起点	止点
环杓后肌	开大声门裂，紧张声韧带	环状软骨板后面	杓状软骨肌突
杓斜肌	缩小声门裂，缩小喉口	一侧杓状软骨肌突	对侧杓状软骨尖
环杓侧肌	缩小声门裂	环状软骨弓上缘和外面	杓状软骨肌突
杓横肌		一侧杓状软骨后面	对侧杓状软骨后面
环甲肌	紧张声韧带	环状软骨弓前外侧面	甲状软骨下缘和下角
甲杓肌	松弛声韧带	甲状软骨前角内面	杓状软骨外侧面及声带突；止于声带突的肌束紧贴声韧带，特称声带肌
杓会厌肌	缩小喉口	杓状软骨尖	会厌软骨外侧缘
甲状会厌肌	扩大喉口	甲状软骨前角内面	会厌软骨侧缘及杓状会厌襞

四、喉腔

喉腔 laryngeal cavity 由喉软骨为支架围成的腔隙，内面覆以黏膜。喉腔上通喉咽，下续气管。**喉口**由会厌上缘、杓状会厌襞和杓间切迹围成，朝向后上方，是喉的入口（图6-14）。

喉腔内有上、下2对黏膜皱襞自外侧壁突向腔内。上方的一对为**前庭襞** vestibular fold，自甲状软骨前角内面止于杓状软骨声带突的上方，活体呈粉红色。两侧前庭襞间的裂隙，前窄后宽，称**前庭裂**。下方的一对称**声襞** vocal fold，自甲状软骨前角中部至杓状软骨声带突，较前庭襞更向内侧突出，活体呈珠白色。两侧声襞及杓状软骨基底部之间的窄裂，称**声门裂** fissure of glottis，是喉腔中最狭窄的部位。声门裂前3/5为**膜间部**，后2/5为**软骨间部**。声襞及由其覆盖的声韧带和声带肌三者组成的结构称为**声带** vocal cord。

喉腔借前庭襞和声襞为界分为上、中、下3部分：①喉口至前庭襞之间的部分称**喉前庭** laryngeal vestibule，在喉前庭前壁中下份有会厌软骨茎附着，附着处上方的隆起呈结节状，称会厌结节。②前庭襞至声襞之间的部分称**喉中间腔** intermediate cavity of larynx，其向两侧延伸至前庭襞与声襞之间的梭形隐窝，称**喉室** ventricle of larynx。③声襞以下至环状软骨下缘之间的部分称**声门下腔** infraglottic cavity，其黏膜下组织较疏松，炎症时易引发水肿。小儿喉腔较窄，喉水肿时易引起喉阻塞，导致呼吸困难。

知识扩展6-2
喉的发声功能

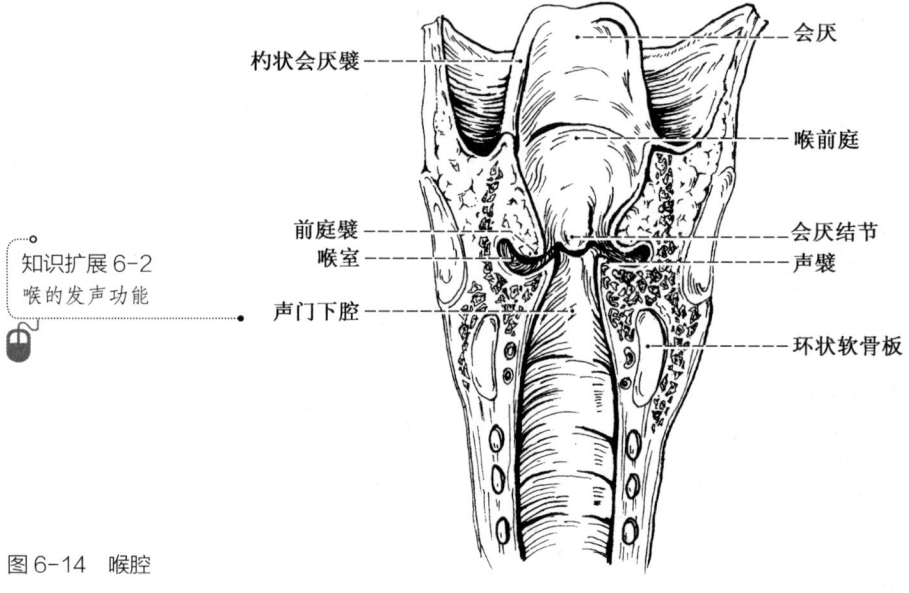

杓状会厌襞
前庭襞
喉室
声门下腔

会厌
喉前庭
会厌结节
声襞
环状软骨板

图6-14　喉腔

第三节　气管和支气管

一、气管

气管 trachea 为后壁略平的圆筒形管道，富有弹性（图6-15）。气管位于食管前方，成人长10~15 cm，上端借韧带连于喉，向下在胸骨角平面分为左、右主支气管，分杈处称**气管杈** bifurcation of trachea，气管杈内面有一向上凸出的半月状嵴，称**气管隆嵴** carina of trachea（图6-16），呈矢状位并略偏左，是临床气管镜检查的定位标志。

气管由14~17个缺口朝后、呈"C"形的气管软骨环以及连于各环之间的结缔组织和平滑肌构成。气管的后壁称膜壁。根据行程与位置气管可分为颈部和胸部，气管切开术常在第3~5气管软骨环处进行。

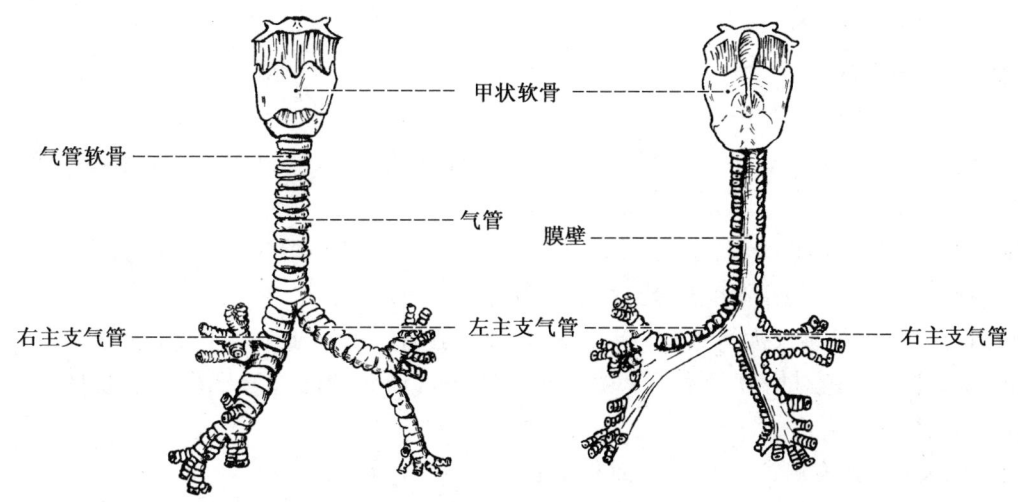

图 6-15　气管和支气管

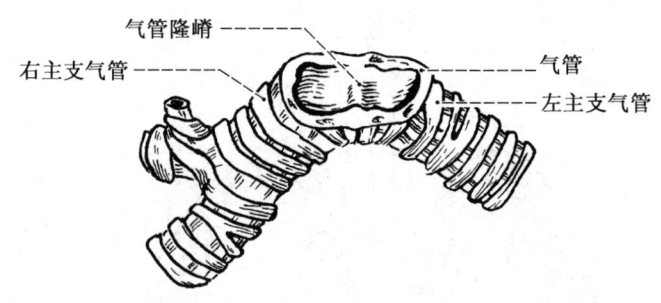

图 6-16　气管隆嵴

二、支气管

　　支气管 bronchi 是气管的各级分支。其中第一级分支为左、右主支气管（图 6-15）。主支气管下缘与气管中线之间的夹角称**嵴下角**。

　　右主支气管 right principal bronchus 短、粗且走向较陡直，平均长度约 2.04 cm。右嵴下角男性约为 21.96°，女性约 24.70°。

　　左主支气管 left principal bronchus 细、长而走向较倾斜，平均长度约 4.72 cm。左嵴下角男性约为 36.4°，女性约 39.3°。

　　由于左、右主支气管的形态特点，以及气管隆嵴常偏向左侧，所以气管异物多坠入右主支气管。

临床视角 6-1
纤维支气管镜检查

第四节　肺

　　肺 lungs 是进行气体交换的器官，包括肺内各级支气管及肺泡，肺也具有内分泌功能。成人肺的质量约等于自身体重的 1/50。

一、肺的位置与形态

肺位于胸腔内，膈的上方，纵隔的两侧。右肺因膈下有肝，较宽而短；左肺受心的影响，较窄而长。

肺表面被覆脏胸膜，光滑润泽。婴幼儿肺呈淡红色，随着年龄的增长，由于吸入空气中的尘埃等颗粒的沉积，颜色逐渐变为暗红色或灰红色。

肺内含有**弹性纤维**及大量的空气，质软而轻，相对密度小于 1，可浮于水中。未经呼吸的肺内不含空气，相对密度较大，入水下沉，法医常借此特点来鉴别出生前或是出生后死亡的胎儿。

肺形似圆锥形，有 1 尖、1 底、2 面和 3 缘（图 6-17，图 6-18）。

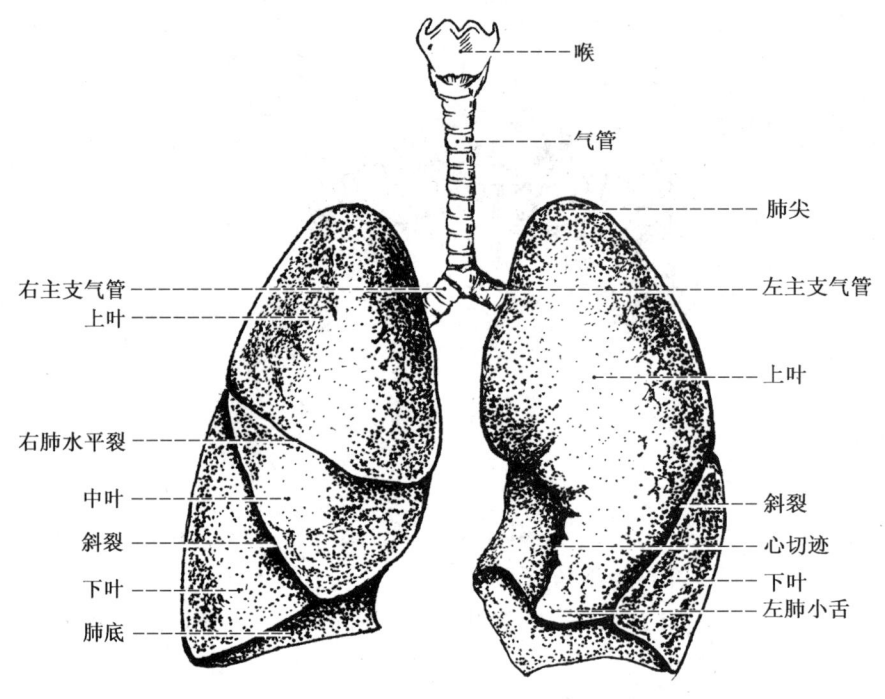

图 6-17　肺的形态
（前面观）

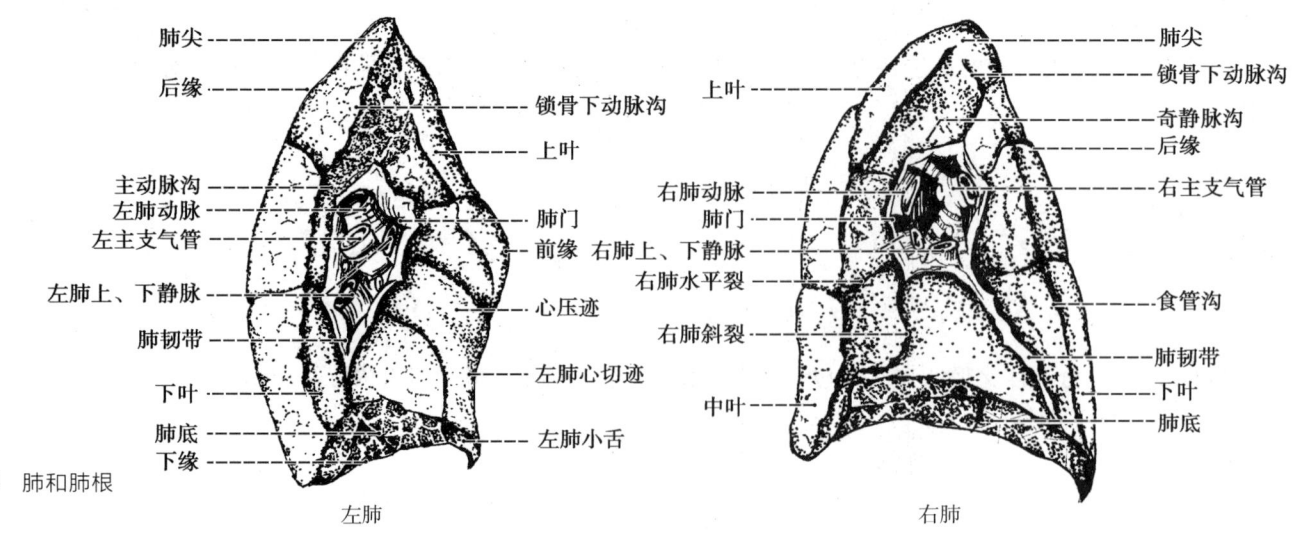

图 6-18　肺和肺根结构

肺尖 apex of lung 钝圆，经胸廓上口向上突至颈根部，高出锁骨内侧 1/3 上方 2～3 cm。**肺底** base of lung 与膈邻贴，又称**膈面**，略向上呈半月形凹陷。**肋面**隆凸而广阔，贴近肋和肋间肌。**内侧面**亦称**纵隔面**，其中部偏后有一凹陷呈椭圆形，是支气管、肺动脉、肺静脉、支气管动脉、支气管静脉、淋巴管和神经出入肺之处，称**肺门** hilum of lung。这些结构被结缔组织包绕，构成**肺根** root of lung。

肺的**前缘**薄锐，遮盖着心和心包的大部分。左肺前缘下份有一明显凹陷，称**心切迹** cardiac notch，切迹的下方向前内突出，称**左肺小舌** lingula of left lung，右肺前缘近于垂直。肺的**后缘**圆钝，紧邻脊柱的两侧。肺的**下缘**较锐利，伸入胸壁与膈之间。

二、肺的分叶

左肺由后上斜向前下的**斜裂** oblique fissure 分为上叶和下叶。右肺除有斜裂外，还有一**水平裂** horizontal fissure，起自斜裂，水平向前，达右肺前缘，故右肺可由斜裂和水平裂分为上叶、中叶和下叶（图 6-18）。临床上的大叶性肺炎即指肺叶的病变。

透过肺表面的脏胸膜，可见许多呈多边形的小区，称**肺小叶** pulmonary lobule。小叶性肺炎是指肺小叶的病变。

三、肺内支气管和支气管肺段

支气管入肺后，呈树枝状逐级分支，越分越细，最后连于肺泡，称**支气管树** bronchial tree。

左、右主支气管在肺门处分为**肺叶支气管** lobar bronchi（图 6-19），进入肺叶。肺叶支气管又分出数支**肺段支气管** segmental bronchi，每一肺段支气管与其所属的肺组织，共同构成**支气管肺段** bronchopulmonary segment，简称**肺段** pulmonary segment（图 6-20）。

知识扩展 6-3
支气管肺段

左、右肺依照肺段支气管的分支分布各分为 10 个肺段。

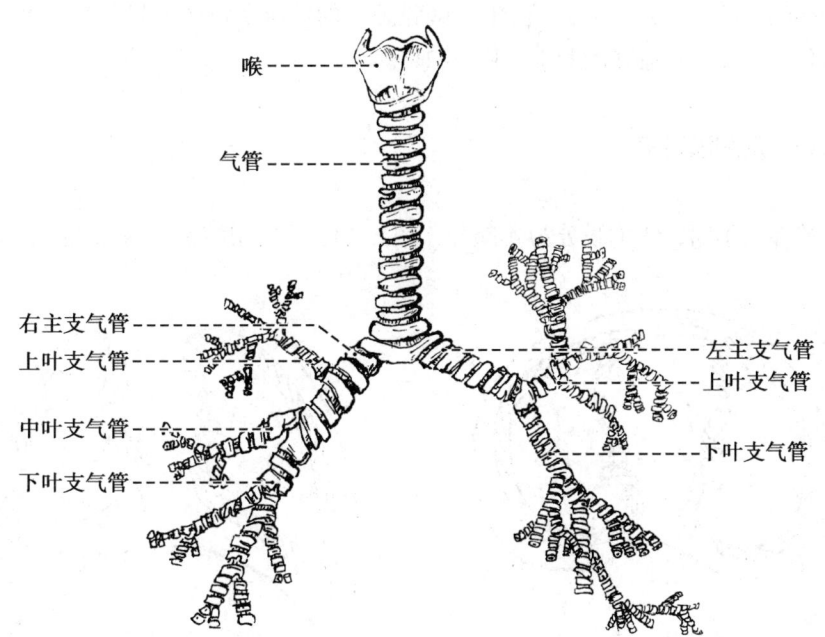

喉

气管

右主支气管
上叶支气管

中叶支气管
下叶支气管

左主支气管
上叶支气管

下叶支气管

图 6-19　支气管树

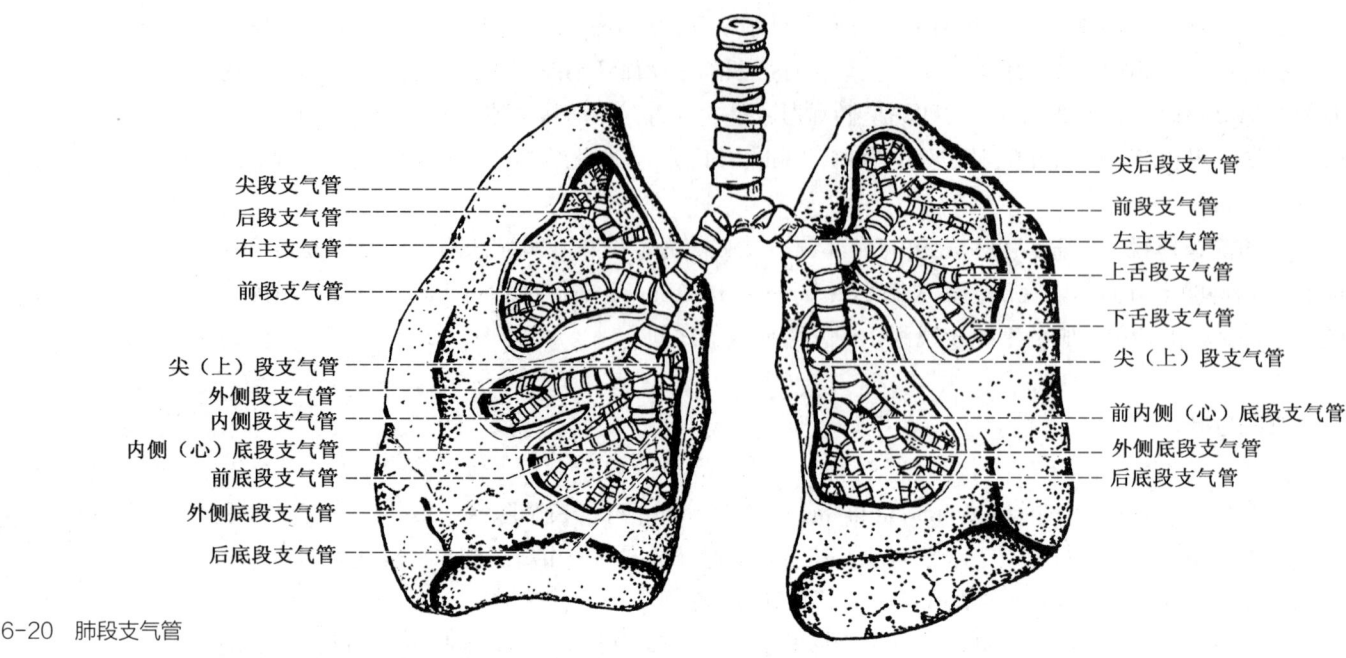

尖段支气管
后段支气管
右主支气管
前段支气管

尖（上）段支气管
外侧段支气管
内侧段支气管
内侧（心）底段支气管
前底段支气管
外侧底段支气管
后底段支气管

尖后段支气管
前段支气管
左主支气管
上舌段支气管
下舌段支气管
尖（上）段支气管

前内侧（心）底段支气管
外侧底段支气管
后底段支气管

图6-20　肺段支气管

第五节　胸膜

一、胸膜及胸膜腔

　　胸膜 pleura 是覆盖在肺表面、胸壁内面、膈上面及纵隔侧面的一薄层浆膜，据其被覆位置分为脏胸膜和壁胸膜。被覆于肺表面的是**脏胸膜** visceral pleura，光滑、湿润而有光泽，与肺实质结合紧密，并伸入斜裂和水平裂内。贴附于胸壁内面、纵隔侧面和膈上面的是**壁胸膜** parietal pleura。脏、壁胸膜在肺根处相互返折移行，形成完全封闭的、呈负压的、内有少量浆液的腔隙，称为**胸膜腔** pleural cavity，左、右各一。由于胸膜腔内的负压及液体吸附作用，脏、壁胸膜紧密相贴，所以胸膜腔实际上是潜在的腔隙（图6-21）。

二、壁胸膜的分部及胸膜隐窝

　　依其附着的部位不同，壁胸膜分为4部分（图6-21）：①**肋胸膜** costal pleura，覆盖于胸壁内

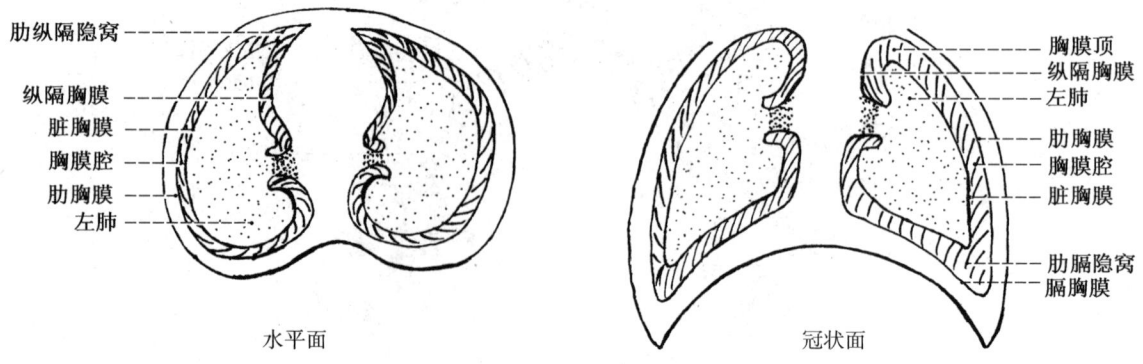

肋纵隔隐窝

纵隔胸膜
脏胸膜
胸膜腔
肋胸膜
左肺

胸膜顶
纵隔胸膜
左肺
肋胸膜
胸膜腔
脏胸膜
肋膈隐窝
膈胸膜

图6-21　胸膜、胸膜腔和肺

水平面　　　　　　　　　　　冠状面

面。②**膈胸膜** diaphragmatic pleura，紧贴膈的上面。③**纵隔胸膜** mediastinal pleura，近似矢状位，贴附于纵隔两侧面，其中部包绕肺根后，移行于脏胸膜。在肺根的下方返折移行的胸膜，前后两层重叠，称**肺韧带** pulmonary ligament，对肺起固定作用。④**胸膜顶** cupula of pleura，覆盖于肺尖的上方，高出锁骨内侧 1/3 上方 2~3 cm。做臂丛神经阻滞或针刺时，要注意胸膜顶的位置，以免损伤。

　　胸膜腔在壁胸膜各部互相返折处的间隙，即使深吸气时，肺缘也不能伸入其内，这些间隙称**胸膜隐窝** pleural recesses。**肋膈隐窝** costodiaphragmatic recess 是最大的胸膜隐窝，位于肋胸膜与膈胸膜返折移行处，是胸膜腔的最低部位，每侧呈半环状，胸腔积液首先积聚于此（图6-21）。

三、胸膜与肺的体表投影

（一）肺的体表投影

　　肺尖投影于锁骨内侧 1/3 上方 2~3 cm 处。两肺前缘的投影起自肺尖，经胸锁关节后方斜向下内，至第 2 胸肋关节处，两侧靠近并垂直下降，左侧于第 4 胸肋关节处急转向外，沿第 4 肋软骨下缘水平向外，继而弯向下内至第 6 肋软骨中点处移行于下界；右侧于第 6 胸肋关节处移行于下界。两肺下缘的投影大致相同，均向外下行，在锁骨中线与第 6 肋相交，腋中线处与第 8 肋相交，肩胛线处与第 10 肋相交，在脊柱旁约平第 10 胸椎棘突平面（图6-22）。

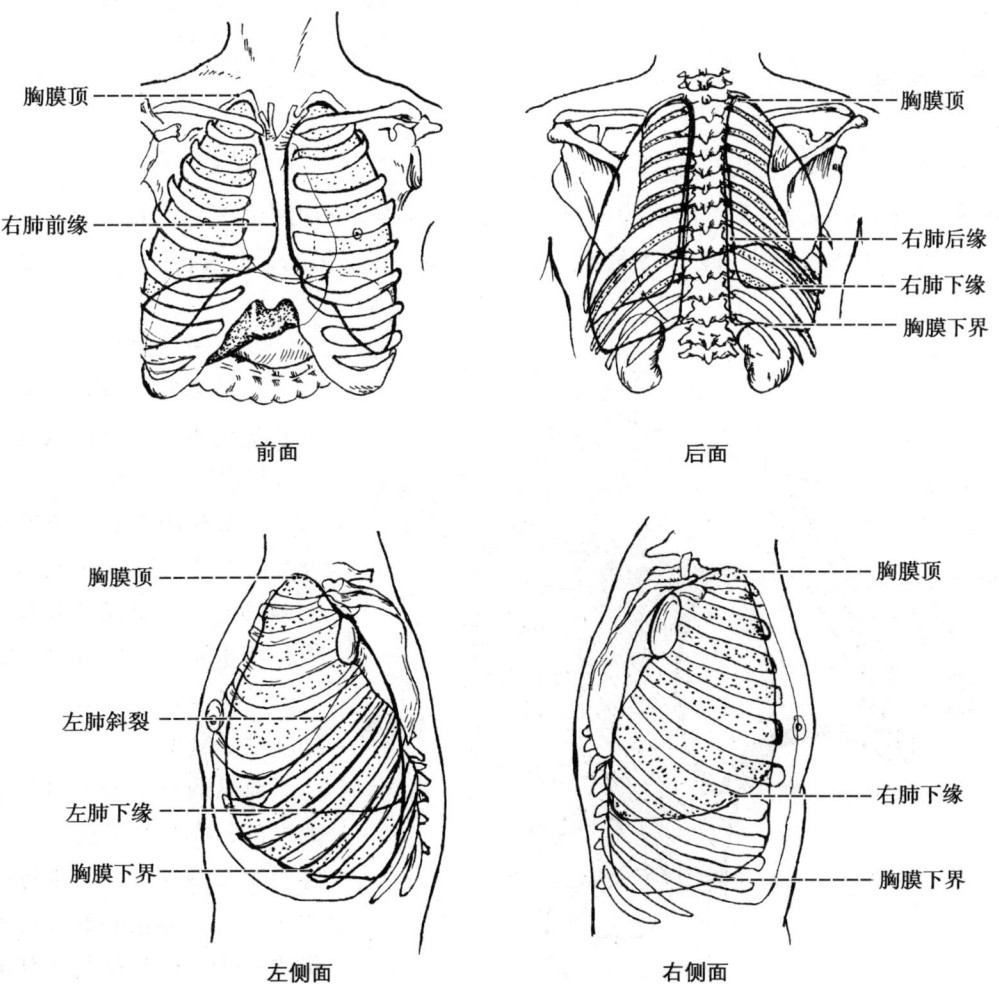

前面　　　　　　　　后面

左侧面　　　　　　　右侧面

图 6-22　胸膜与肺的体表投影

（二）胸膜的体表投影

两侧胸膜顶及胸膜前界的投影，与两肺尖和肺前缘的投影基本相同，不同之处在于左侧胸膜前界从第 4 胸肋关节处斜向外下，沿胸骨左缘外侧 2.0 ~ 2.5 cm 处下行，于第 6 肋软骨后方移行于下界。因此，两侧胸膜前界在胸骨后面第 2 ~ 4 胸肋关节后方相互靠拢，向上、下又分离，形成两个三角形区。上方位于胸骨柄的后方，称为**胸腺区** region of thymus；下方在胸骨体下部左半与左侧第 4、5 肋软骨的后方，因此处心包无胸膜覆盖，直接与胸前壁相贴，称为**心包区** pericardial region。两侧胸膜下界的投影，比肺下界的投影约低 2 个肋。右侧起自第 6 胸肋关节的后方，左侧起自第 6 肋软骨的后方，均斜向外下方，在锁骨中线处与第 8 肋相交，腋中线处与第 10 肋相交，肩胛线处与第 11 肋相交，脊柱旁约平第 12 胸椎棘突。右侧由于肝的影响，胸膜下界略高于左侧（图 6-22，表 6-2）。

表 6-2　肺下界和胸膜下界的体表投影

名称	锁骨中线	腋中线	肩胛线	后正中线
肺下界	第 6 肋	第 8 肋	第 10 肋	第 10 胸椎棘突
胸膜下界	第 8 肋	第 10 肋	第 11 肋	第 12 胸椎棘突

第六节　纵隔

纵隔 mediastinum 是两侧纵隔胸膜间所有器官、结构与结缔组织的总称。前界是胸骨，后界是脊柱胸段，上界是胸廓上口，下界是膈，两侧是纵隔胸膜。纵隔近似矢状位，上窄下宽，稍偏左侧。

纵隔通常以胸骨角平面为界分为上纵隔和下纵隔，下纵隔又以心包为界，分为前纵隔、中纵隔和后纵隔（图 6-23）。

上纵隔内主要有胸腺（成人为胸腺遗迹），左、右头臂静脉及上腔静脉，主动脉弓及其 3 大分支，迷走神经、膈神经、喉返神经、气管、食管、胸导管、淋巴结及结缔组织等。

前纵隔位于胸骨体与心包前壁之间，有少量淋巴结、疏松结缔组织及胸腺下部。**中纵隔**内含心包、心及连接心的大血管。**后纵隔**位于心包后壁与下部胸椎之

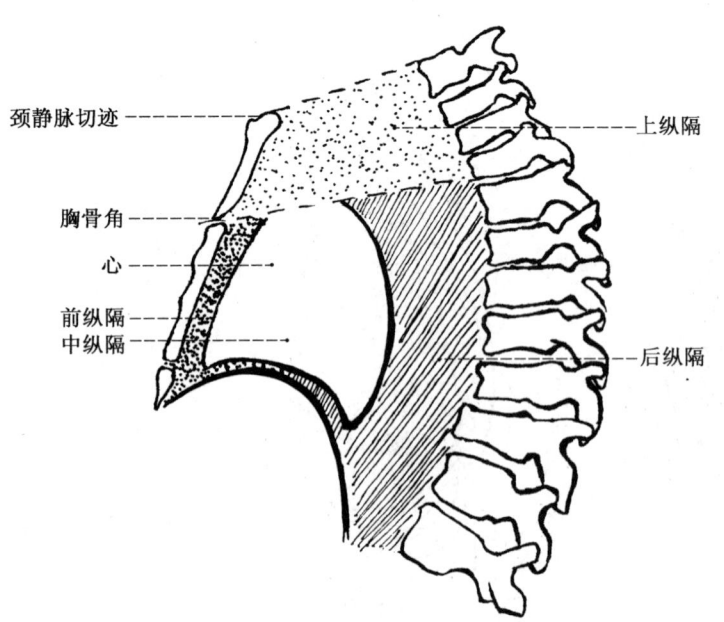

图 6-23　纵隔分部

颈静脉切迹 ----
胸骨角 ----
心 ----
前纵隔 ----
中纵隔 ----
---- 上纵隔
---- 后纵隔

间，内含食管、胸主动脉、奇静脉、半奇静脉、迷走神经、胸交感干、气管权、左主支气管、右主支气管、胸导管及淋巴结等。

（宋慧芳）

复习思考题

1. 鼻旁窦有哪几对？试述其位置和开口部位。
2. 试述喉腔的形态结构及分部。
3. 比较左、右主支气管结构的不同，说明其临床意义。
4. 试述肺的形态结构，肺下界的体表投影。
5. 试述壁胸膜的分部及形成的主要胸膜隐窝。

数字课程学习……

👤≡ 本章小结　　📖 实物标本图　　👥 开放性讨论　　✍ 自测题　　⬇ 教学 PPT

第七章
泌尿系统

关键词

肾门　　肾蒂　　　肾窦　　　　肾小盏　　肾大盏　　肾盂
肾区　　输尿管　　膀胱三角　　尿道

泌尿系统由肾、输尿管、膀胱和尿道组成，其主要功能是排出机体新陈代谢过程中所产生的废物和多余的水分，保持机体内环境的稳定。肾生成尿液，经输尿管输送到膀胱储存，再经尿道排出体外（图7-1）。

思维导图

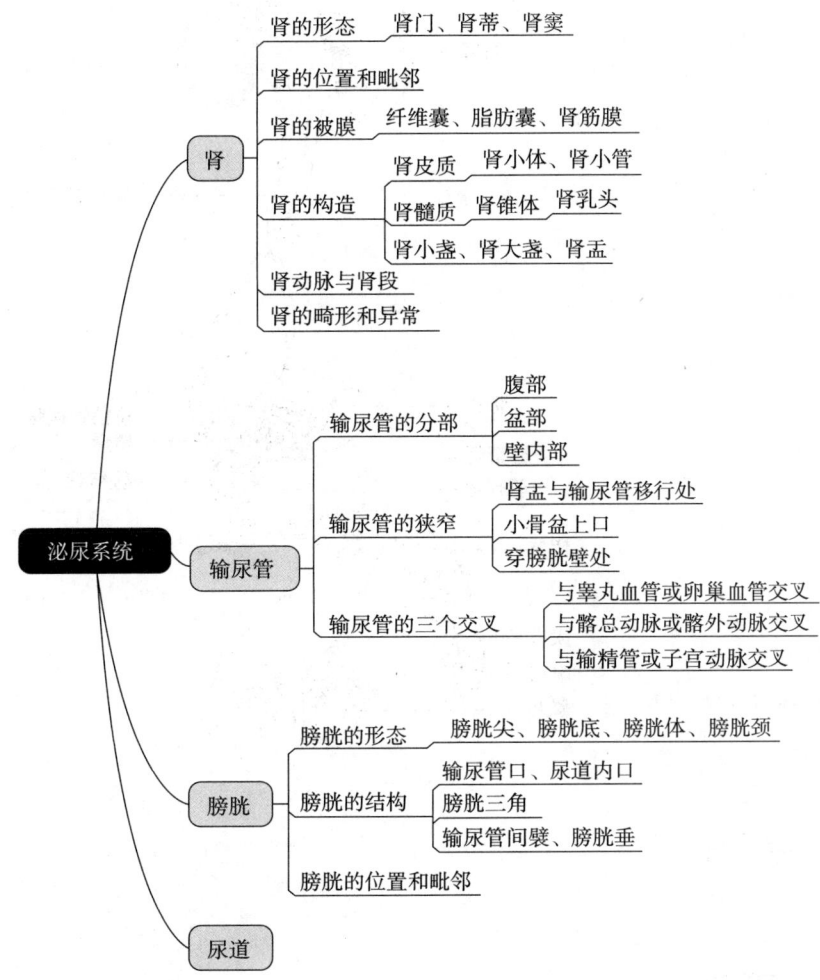

泌尿系统

肾
- 肾的形态 —— 肾门、肾蒂、肾窦
- 肾的位置和毗邻
- 肾的被膜 —— 纤维囊、脂肪囊、肾筋膜
- 肾的构造
  - 肾皮质 —— 肾小体、肾小管
  - 肾髓质 —— 肾锥体 —— 肾乳头
  - 肾小盏、肾大盏、肾盂
- 肾动脉与肾段
- 肾的畸形和异常

输尿管
- 输尿管的分部
  - 腹部
  - 盆部
  - 壁内部
- 输尿管的狭窄
  - 肾盂与输尿管移行处
  - 小骨盆上口
  - 穿膀胱壁处
- 输尿管的三个交叉
  - 与睾丸血管或卵巢血管交叉
  - 与髂总动脉或髂外动脉交叉
  - 与输精管或子宫动脉交叉

膀胱
- 膀胱的形态 —— 膀胱尖、膀胱底、膀胱体、膀胱颈
- 膀胱的结构
  - 输尿管口、尿道内口
  - 膀胱三角
  - 输尿管间襞、膀胱垂
- 膀胱的位置和毗邻

尿道

动画 7-1
尿液的排出过程

知识扩展 7-1
泌尿系统与生殖系统
的关系

图 7-1
男性泌尿系统与生殖
系统
图 7-2
男性盆腔正中矢状面
图 7-3
女性盆腔冠状面

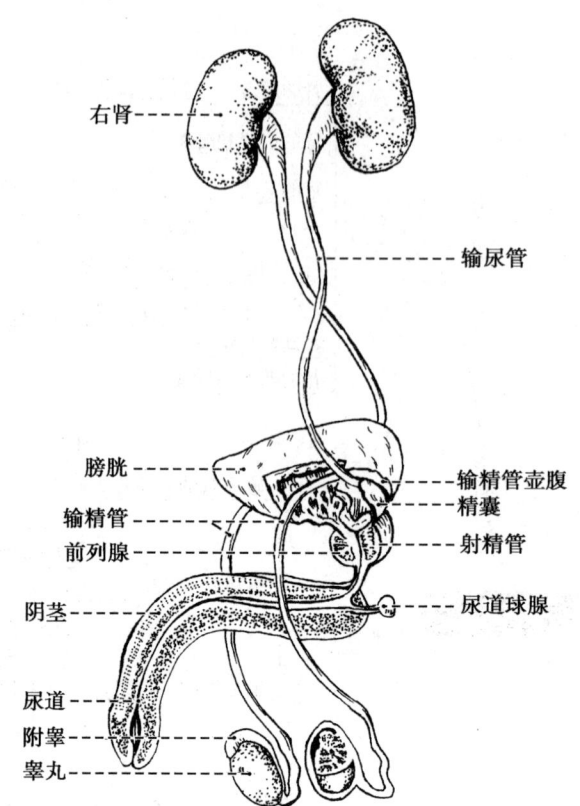

图 7-1 男性泌尿生殖系统概况图

第一节 肾

一、肾的形态

肾 kidney 为实质性器官，形似蚕豆，左右各一，新鲜时呈红褐色。肾重 130~150 g，长约 10 cm，宽约 5.5 cm，厚约 4 cm。肾表面光滑，可分为上、下端，前、后面及内、外侧缘。一般肾的上端宽而薄，下端窄而厚，前面较凸，后面平坦，紧贴腹后壁（图 7-2）。

肾门 renal hilum 是肾内侧缘中部的凹陷，有肾动脉、肾静脉、肾盂、神经及淋巴管等结构出入（图 7-2）。

肾蒂 renal pedicle 是被结缔组织包裹的出入肾门的所有结构。由于下腔静脉靠近右肾，故右肾蒂较短。肾蒂内各结构的排列关系自前向后分别为肾静脉、肾动脉和肾盂，自上向下分别为肾动脉、肾静脉和肾盂。

肾窦 renal sinus 是肾门向肾实质内的凹陷。主要容纳肾动脉的分支、肾静脉的属支、肾小盏、肾大盏、肾盂、淋巴管、神经及脂肪组织等。

二、肾的位置和毗邻

肾位于腹膜后间隙，脊柱的两侧，为腹膜外位器官。右肾因肝的影响较左肾低 1~2 cm，左肾一般在第 11 胸椎椎体下缘至第 2 腰椎椎体下缘之间，而右肾在第 12 胸椎椎体上缘至第 3 腰椎

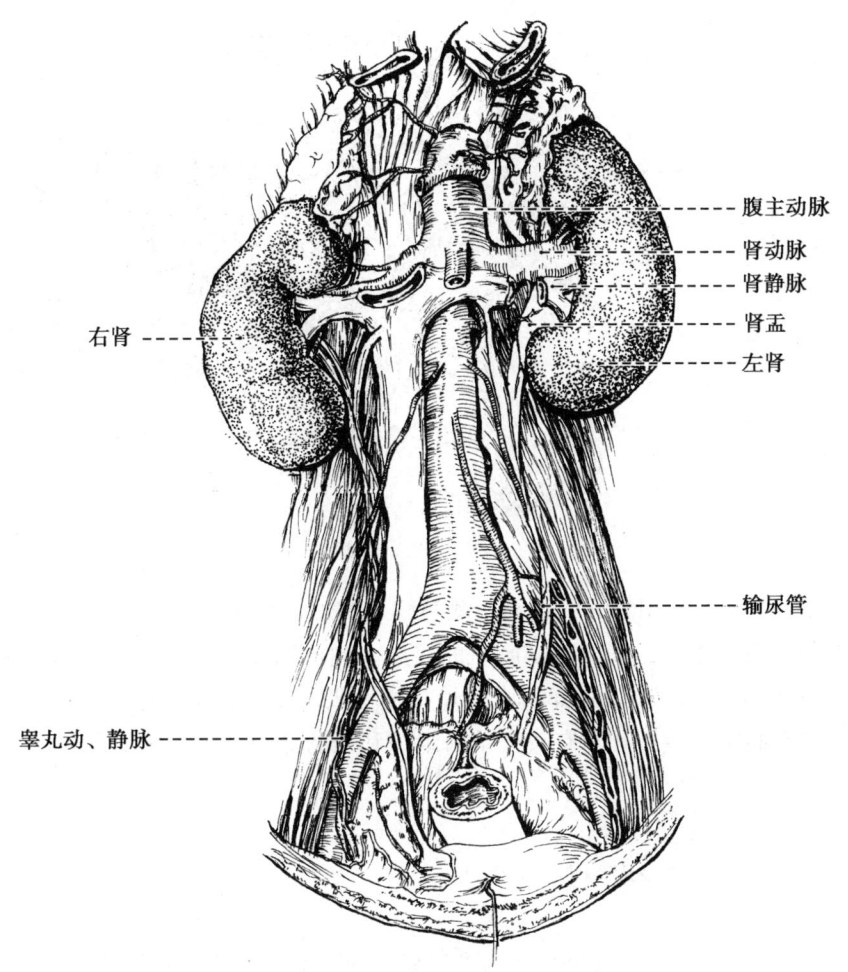

腹主动脉
肾动脉
肾静脉
肾盂
左肾

右肾

输尿管

睾丸动、静脉

图 7-2　肾的形态与输尿管（前面）

椎体上缘之间（图 7-3）。一般女性的肾低于男性，儿童低于成人。肾长轴常向外下倾斜，两肾略呈“八”字排列。第 12 肋斜越左肾后面的中部，右肾后面的上部。肾门约平第 1 腰椎，距中线约 5 cm。竖脊肌的外侧缘与第 12 肋相交处的区域称**肾区**（肾角或脊肋角），肾病患者该处常有叩击痛或压痛。

临床视角 7-1
肾手术时的注意事项

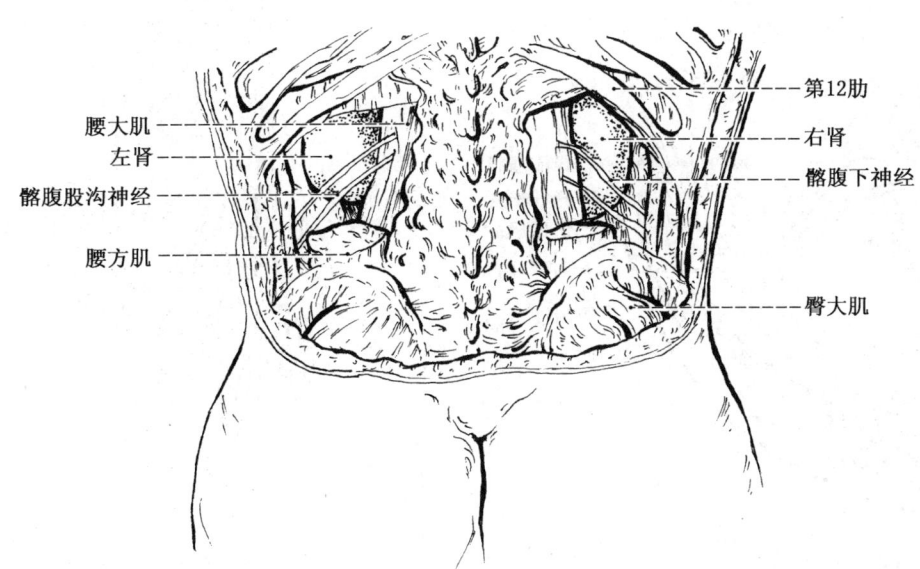

腰大肌
左肾
髂腹股沟神经
腰方肌

第12肋
右肾
髂腹下神经

臀大肌

图 7-3　肾的位置

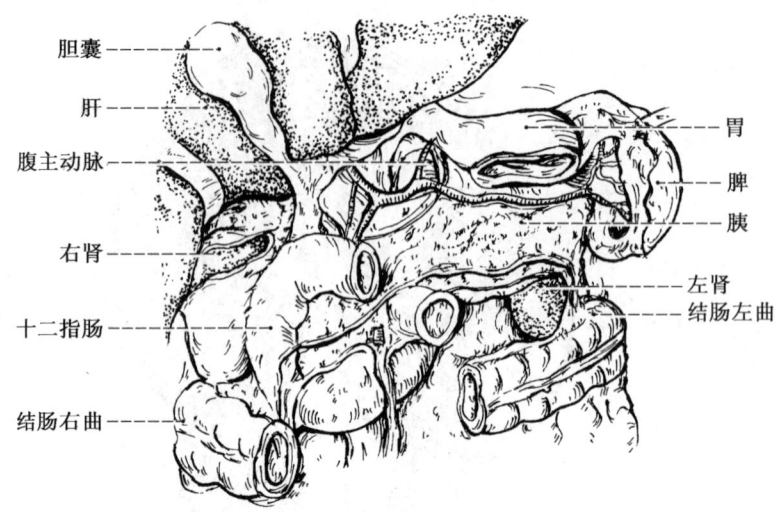

图 7-4　肾的毗邻

ℹ图 7-4
肾的毗邻（1）
ℹ图 7-5
肾的毗邻（2）
ℹ图 7-6
肾的毗邻（3）

　　左肾前上部与胃底后面相邻，中部和内侧与胰尾和脾血管接触，下部邻近空肠和结肠左曲。右肾前上部则与肝右叶相邻，下部与结肠右曲接触，内侧缘邻近十二指肠降部。两肾后面的上1/3 部与膈和肋膈隐窝相邻，下 2/3 部自内向外与腰大肌、腰方肌及腹横肌相邻。肾的上端紧邻肾上腺，二者被肾筋膜包绕，其间有疏松结缔组织和脂肪分隔（图 7-4），故肾下垂时，肾上腺可不随之下降。

三、肾的被膜

　　肾外面包有 3 层被膜，由内向外依次为纤维囊、脂肪囊和肾筋膜（图 7-5，图 7-6）。

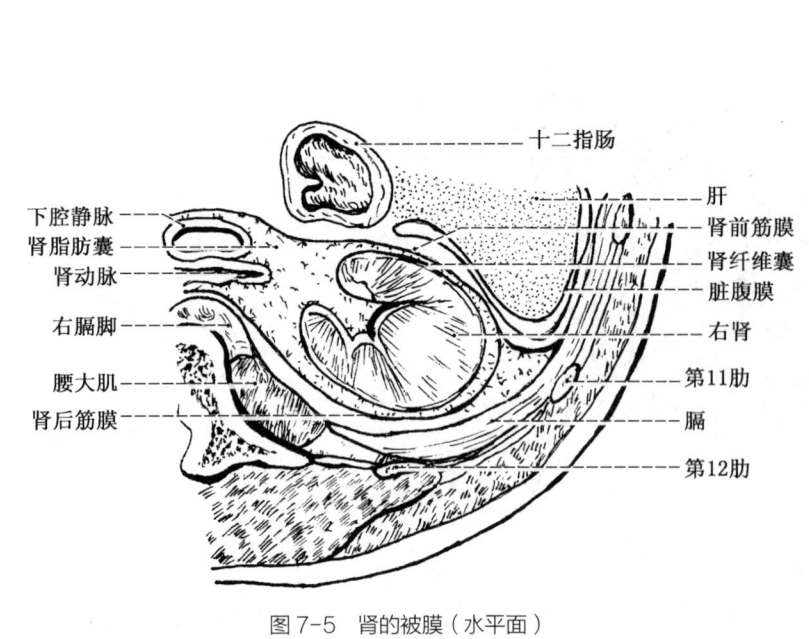

图 7-5　肾的被膜（水平面）

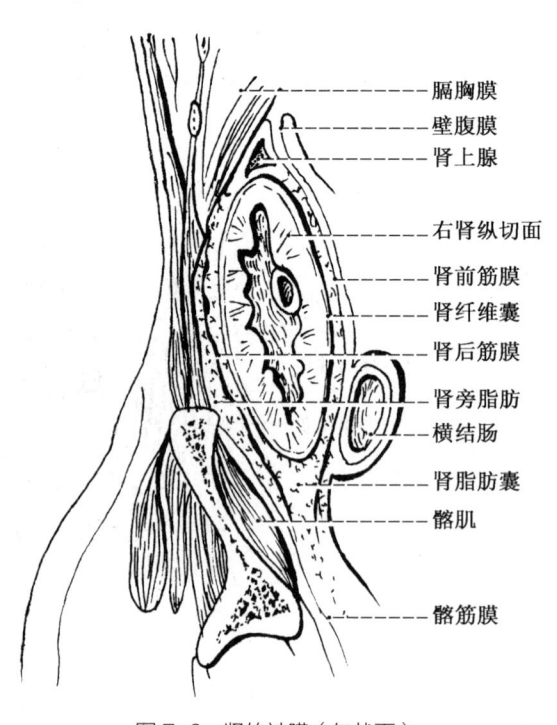

图 7-6　肾的被膜（矢状面）

（一）纤维囊

纤维囊 fibrous capsule 包裹肾实质表面，由致密结缔组织和少量弹性纤维构成。正常情况下，纤维囊易与肾实质分离，如剥离困难即为病理现象。修复肾破裂或部分肾切除时，要缝合此膜，防止肾实质撕裂。

（二）脂肪囊

脂肪囊 adipose capsule 又称肾床，为位于纤维囊外周紧贴肾皮质的囊状脂肪组织，经肾门与肾窦内的脂肪组织相连续，充填于窦内各结构间的空隙中。临床上的肾囊封闭，就是将药物注入该层。脂肪囊对肾起"弹性垫"的保护作用。

（三）肾筋膜

肾筋膜 renal fascia 为覆盖在脂肪囊外面的结缔组织膜，包裹肾和肾上腺，分前、后 2 层，分别称为肾前筋膜和肾后筋膜。2 层筋膜在肾上腺上方和肾的外侧缘融合，在肾的下方 2 层分离，其间有输尿管通过。在肾的内侧，肾前筋膜被覆于肾血管的前面，并与腹主动脉和下腔静脉前面的结缔组织及对侧的肾前筋膜相移行。肾后筋膜向内侧经肾血管和输尿管等结构的后方附着于腰大肌、椎体和椎间盘筋膜。

肾的位置固定主要是靠肾的被膜，其次是借腹压、血管、腹膜及其邻近器官的承托。当肾固定结构薄弱时，可出现肾下垂或游走肾。

临床视角 7-2
肾的移位

ⓔ 图 7-7
肾的被膜

四、肾的构造

在肾的冠状面上，肾实质分为肾皮质和肾髓质 2 部分（图 7-7）。

肾皮质 renal cortex 位于浅层，富含血管，新鲜标本呈红褐色，主要由肾小体和肾小管组成。**肾髓质** renal medulla 位于皮质深层，淡红色，约占肾实质厚度的 2/3，由 15 ~ 20 个**肾锥体** renal pyramids 组成。肾锥体呈圆锥形，底朝向皮质，尖朝向肾窦，2 ~ 3 个肾锥体尖端合并成**肾乳头** renal papillae，并突入**肾小盏** minor renal calices。深入肾锥体之间的皮质称**肾柱** renal column。

ⓔ 图 7-8
肾的内部结构
ⓔ 图 7-9
肾（冠状面）
ⓔ 图 7-10
肾（横切面）

每个肾乳头顶端有多个乳头孔，肾产生的终尿经乳头孔流入肾小盏内。肾窦内有 7 ~ 8 个呈漏斗状的肾小盏，包绕肾乳头，2 ~ 3 个肾小盏汇合成一个**肾大盏** major renal calices，肾大盏再汇成**肾盂** renal pelvis。肾盂出肾门后向下弯行，逐渐变细，约在第 2 腰椎椎体上缘平面移行为输尿管。

五、肾动脉与肾段

肾动脉由腹主动脉发出，到肾门附近分为前、后 2 干。前干较粗，再分出 4 支二级分支；后干延续为后段动脉。每一肾段动脉所分布的肾组织称为一个**肾段** renal segment（图 7-8）。每个肾有 5 个肾段，即上段、上前

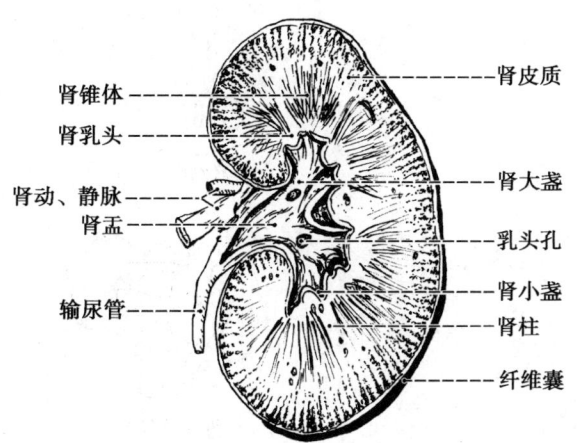

图 7-7 肾的结构

（图中标注：肾锥体、肾乳头、肾动、静脉、肾盂、输尿管、肾皮质、肾大盏、乳头孔、肾小盏、肾柱、纤维囊）

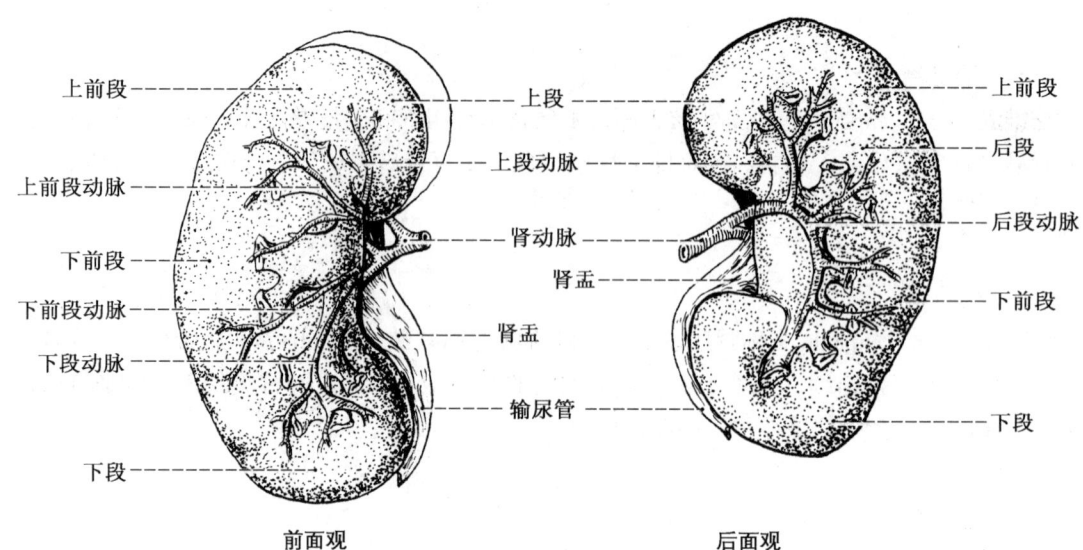

图7-8　肾段与肾段动脉

前面观　　　　　　　　　　后面观

段、下前段、下段和后段，各肾段由其同名动脉供应血液。各肾段动脉分支间缺乏吻合，使肾段成为相对独立的结构和功能单位，肾段动脉阻塞，可致其供血区的肾组织缺血坏死，而临床则可根据肾动脉的供血范围作肾段切除。肾静脉及其属支与同名动脉伴行，但肾内静脉无一定节段性，互相之间有丰富的吻合支。

图7-11
肾段

六、肾的畸形和异常

在发育过程中，肾可发生形态、位置、数量的变异或畸形（图7-9）。常见的有：①多囊肾：胚胎期部分肾小管与集合管未吻合，致使肾小管分泌物不能排出，引起肾小管膨胀而形成囊状，随着囊肿的增大，肾组织逐渐萎缩、坏死，最终导致肾衰竭。②马蹄肾：两肾的下端互相连接成马蹄铁形，发生率为1%～3%，易引起肾盂积水、感染或结石。③单肾：一侧肾发育不全或缺如，发生率为0.5%。④低位肾：一侧者多见，多因胚胎期肾上升受影响所致，多位于髂窝或小骨盆内。⑤双肾盂和双输尿管：由输尿管芽反复分支形成。⑥肾血管异常：肾动脉分支及肾静脉

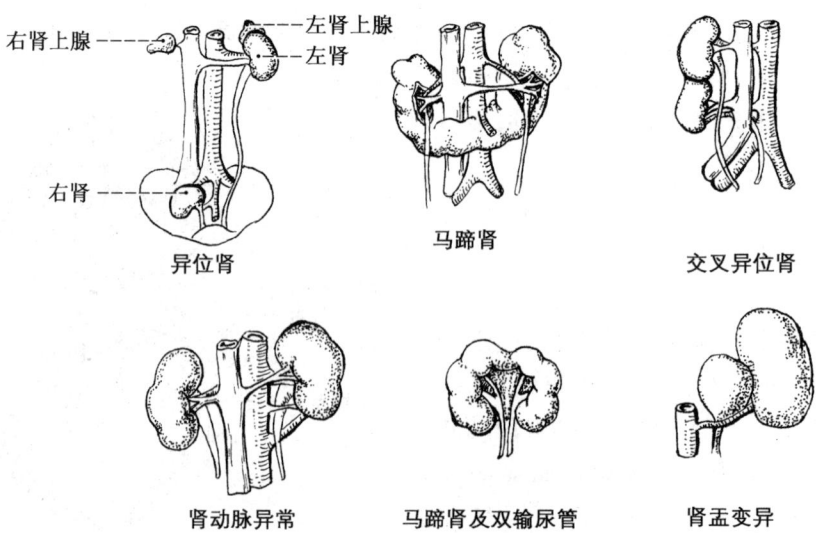

图7-9　肾的畸形

的属支异常是最常见的先天性异常。肾动脉异位可引起输尿管肾盂连接处梗阻，引起肾盂积液。肾血管异常有时可导致肾血液灌注不足及肾发育障碍。在肾切除、肾移植等手术时，了解肾血管是否有先天性异常是极其重要的。

临床视角 7-3
肾移植

第二节　输尿管

　　输尿管 ureter 为成对的细长肌性管道，位于腹膜后间隙，属腹膜外位器官，约平第 2 腰椎上缘，起自肾盂，终于膀胱。长 25～30 cm，管径 0.5～1.0 cm（图 7-2，图 7-10，图 7-11）。根据其走行，输尿管全长由上而下依次分为腹部、盆部和壁内部 3 部分。

　　输尿管腹部起自肾盂下端，沿腰大肌前面下行，至小骨盆上口处，左输尿管越过左髂总动脉末端前方，右输尿管则经过右髂外动脉起始部的前方（图 7-11）。输尿管盆部自小骨盆上口处经盆腔侧壁和髂内血管、腰骶干和骶髂关节前方下行，跨过闭孔神经血管束，达坐骨棘水平。男性输尿管行向前、下、内方，经直肠前外侧壁与膀胱后壁之间，在输精管后方并与之交叉后至膀胱壁。女性输尿管在子宫颈外侧约 2.5 cm 处，绕过子宫动脉后下方，向下内至膀胱底（图 7-12）。壁内部长约 1.5 cm，在膀胱底处斜行穿过膀胱壁，经**输尿管口** ureteric orifice 开口于膀胱。在膀

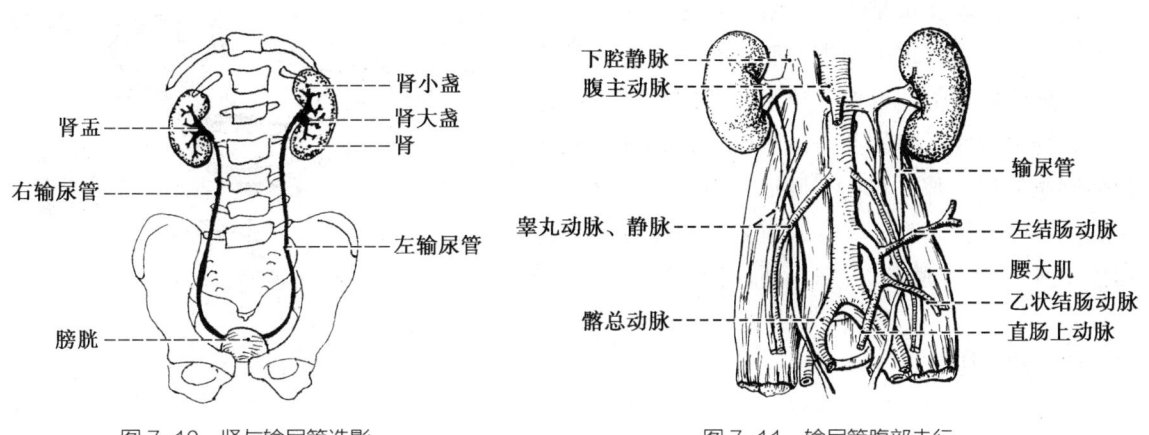

图 7-10　肾与输尿管造影　　　　　　　　　　图 7-11　输尿管腹部走行

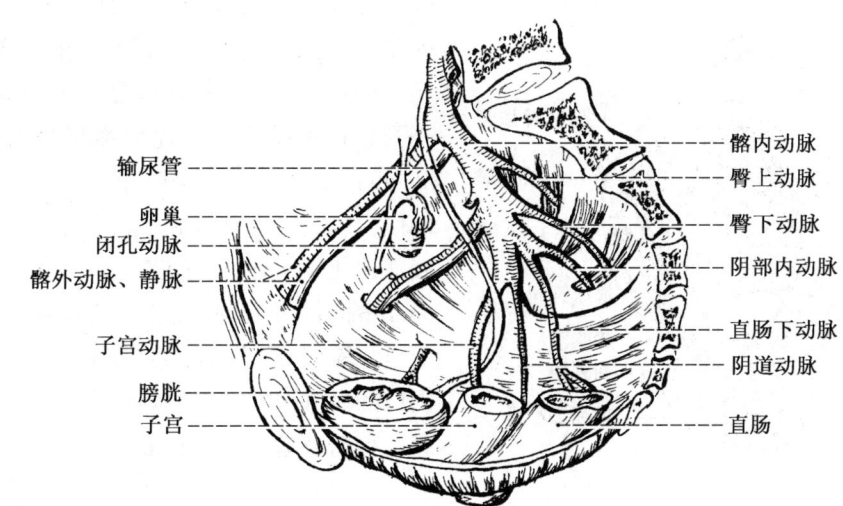

图 7-12　女性输尿管盆段

胱空虚时，两输尿管口间距约 2.5 cm。膀胱充盈时，膀胱内压升高引起壁内部管腔闭合，阻止尿液逆流。输尿管常有数目和形态变异。

图 7-12
输尿管狭窄

输尿管全长有 3 处狭窄，分别位于：①肾盂与输尿管的移行处。②小骨盆上口，跨越髂血管处。③穿膀胱壁处。狭窄处的输尿管口径只有 0.2 ~ 0.3 cm，为结石易嵌留部位。

第三节　膀胱

膀胱 urinary bladder 是储存尿液的肌性囊状器官，其形态、大小、壁的厚度、位置和毗邻关系均可随尿液的充盈程度和年龄不同而变化。成人膀胱容量为 300 ~ 500 mL，最大容量可达 800 mL，女性膀胱容量较男性略小，老年人因膀胱肌张力降低而容量增大。新生儿容量只有 50 mL 左右。正常人的膀胱有 250 mL 的液体充盈时，就会有胀满感。

一、膀胱的形态

空虚的膀胱呈三棱锥形，可分为尖、底、体、颈 4 部，各部间无明显界限。膀胱尖朝向前上方，借膀胱正中韧带与脐部相连；膀胱底为膀胱的后部，近似三角形，朝向后下方；膀胱尖与底之间的部分是膀胱体；膀胱颈为膀胱的最下部，与前列腺底（男性）或盆膈（女性）相邻，下端有尿道内口与尿道相接（图 7-13）。膀胱充盈时呈卵圆形。

图 7-13
膀胱

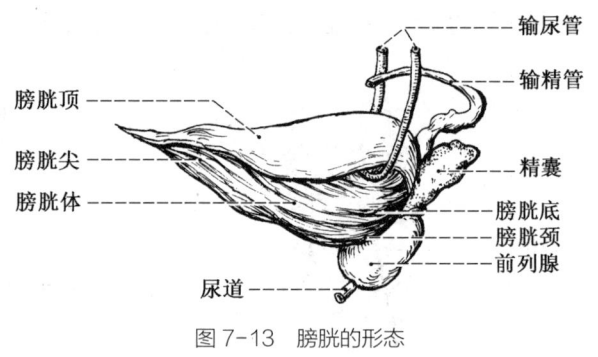

图 7-13　膀胱的形态

二、膀胱的结构

膀胱壁内面被覆黏膜，大部分黏膜与肌层连结疏松。当膀胱收缩时，黏膜形成许多皱襞；膀胱充盈时，皱襞消失。但在输尿管口与尿道内口形成的三角形区内，由于该区缺少黏膜下层，黏膜与肌层紧密结合，无论膀胱收缩或充盈，都保持平滑，此区称**膀胱三角** trigone of bladder（图 7-14），是肿瘤、结核和炎症的好发部位，膀胱镜检查时应特别注意。在膀胱三角的底部，两输尿管口之间的横行皱襞称**输尿管间襞** interureteric fold，膀胱镜下呈一苍白带，是临床上寻找输尿管口的标志。男性在中年以后，尿道内口的后方因前列腺中叶的挤压而形成一嵴状隆起，称**膀胱垂** vesical uvula。

图 7-14
膀胱三角

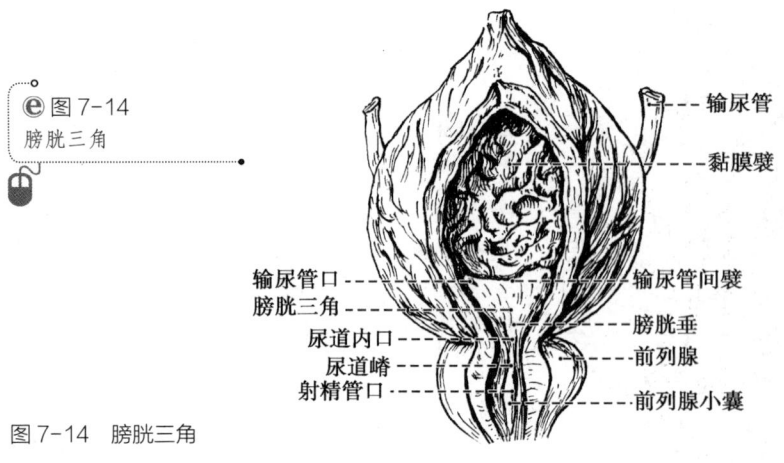

图 7-14　膀胱三角

三、膀胱的位置和毗邻

膀胱位于耻骨联合后方，两者之间为膀胱前隙。男性膀胱上方有腹膜覆盖，后方有精囊、输精管壶腹和直肠，膀胱颈下方邻接前列腺（图 7-15）。女性膀胱上方有子宫伏在其上，后方借膀胱子宫陷凹与子宫毗邻，下方邻接尿生殖膈。膀胱空虚时位于盆腔内，充盈时膀胱腹膜返折线可上移到耻骨联合上方，故此时在耻骨联合上方行膀胱穿刺术可不经过腹膜腔，而避免腹膜腔感染。新生儿膀胱位置高于成人，老年人的膀胱位置较低。

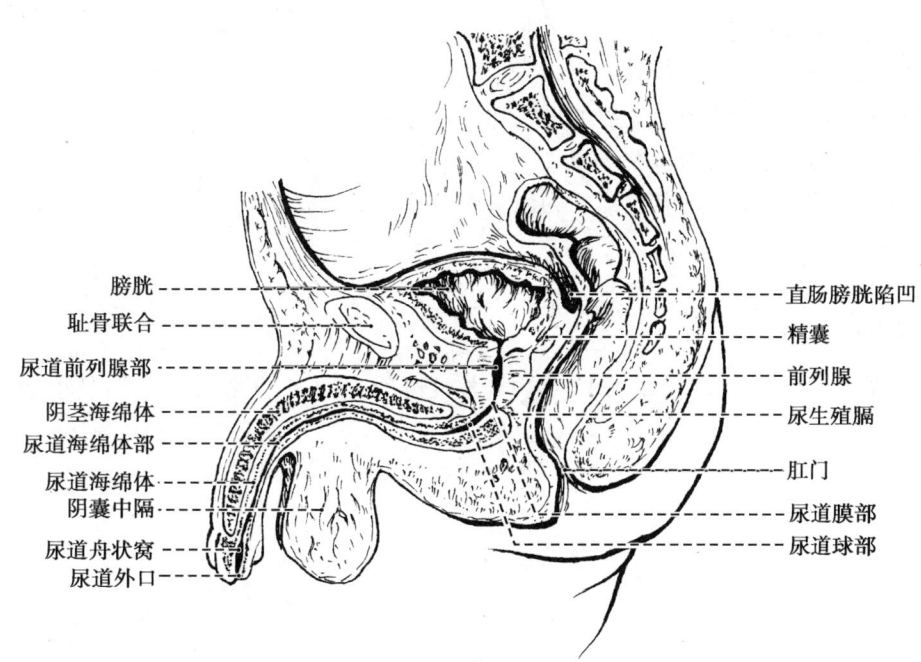

图 7-15　膀胱毗邻（男性）

第四节　尿道

尿道 urethra 为膀胱内尿液排出体外的管道。男性、女性尿道的结构和功能不完全相同，男性尿道在男性生殖系统中叙述。女性尿道较男性尿道宽、短而直，易于扩张，长约 4 cm，直径约 0.6 cm，仅有排尿功能。女性尿道起自膀胱的**尿道内口** internal orifice of urethra，向前下方走行，穿过尿生殖膈，开口于阴道前庭的**尿道外口** external orifice of urethra。尿道外口位于阴道口的前方，阴蒂头后方 2~2.5 cm 处（图 7-16）。女性尿道前方为耻骨联合，后方紧贴阴道前壁，尿道内

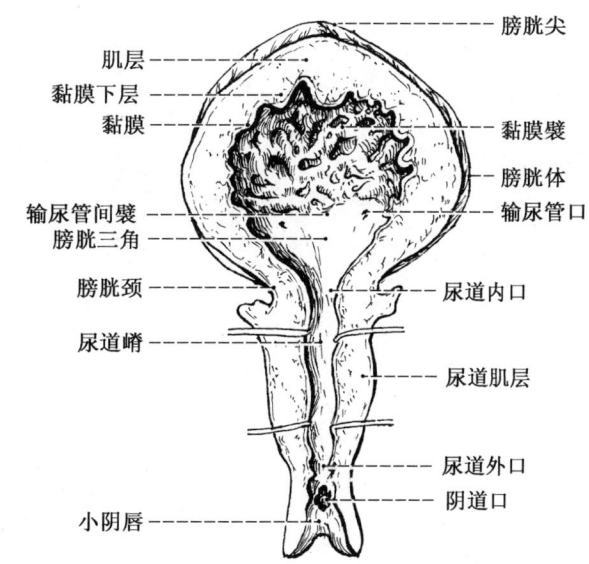

图 7-16　女性尿道（冠状面）

知识扩展 7-2
女性尿道的生理解剖
特点

口周围有平滑肌构成的膀胱括约肌环绕。尿道穿过尿生殖膈处有横纹肌形成的尿道阴道括约肌环绕。在尿道下端有尿道旁腺，其导管开口于尿道周围。尿道旁腺感染时可形成囊肿，压迫尿道，使尿路不畅。

（郭开华）

复习思考题

1. 简述肾的位置、形态和结构。
2. 简述肾的被膜及其意义。
3. 简述输尿管的形态、分部和生理狭窄。
4. 简述不同充盈度和不同年龄时膀胱的形态和位置变化。
5. 简述膀胱三角的形态特点及其临床意义。
6. 男性尿道与女性尿道相比有何特点？为何女性易发生泌尿系感染？

数字课程学习……

本章小结　　实物标本图　　开放性讨论　　自测题　　教学 PPT

第八章
男性生殖系统

关键词

睾丸	附睾	输精管	射精管	男性尿道
前列腺	精索	阴茎海绵体	尿道海绵体	

生殖系统包括男性生殖系统和女性生殖系统。两者均由内生殖器和外生殖器2部分组成。男性内生殖器由生殖腺（睾丸）、输精管道（附睾、输精管、射精管、男性尿道）和附属腺（精囊、前列腺、尿道球腺）组成。睾丸产生精子，分泌雄激素。精子生成后贮存于附睾内，射精时经输精管、射精管和尿道排出体外。附属腺的分泌物参与精液的组成，并供给精子营养，有利于精子的活动。外生殖器为阴茎和阴囊，前者为男性交接器官，后者容纳睾丸和附睾。

思维导图

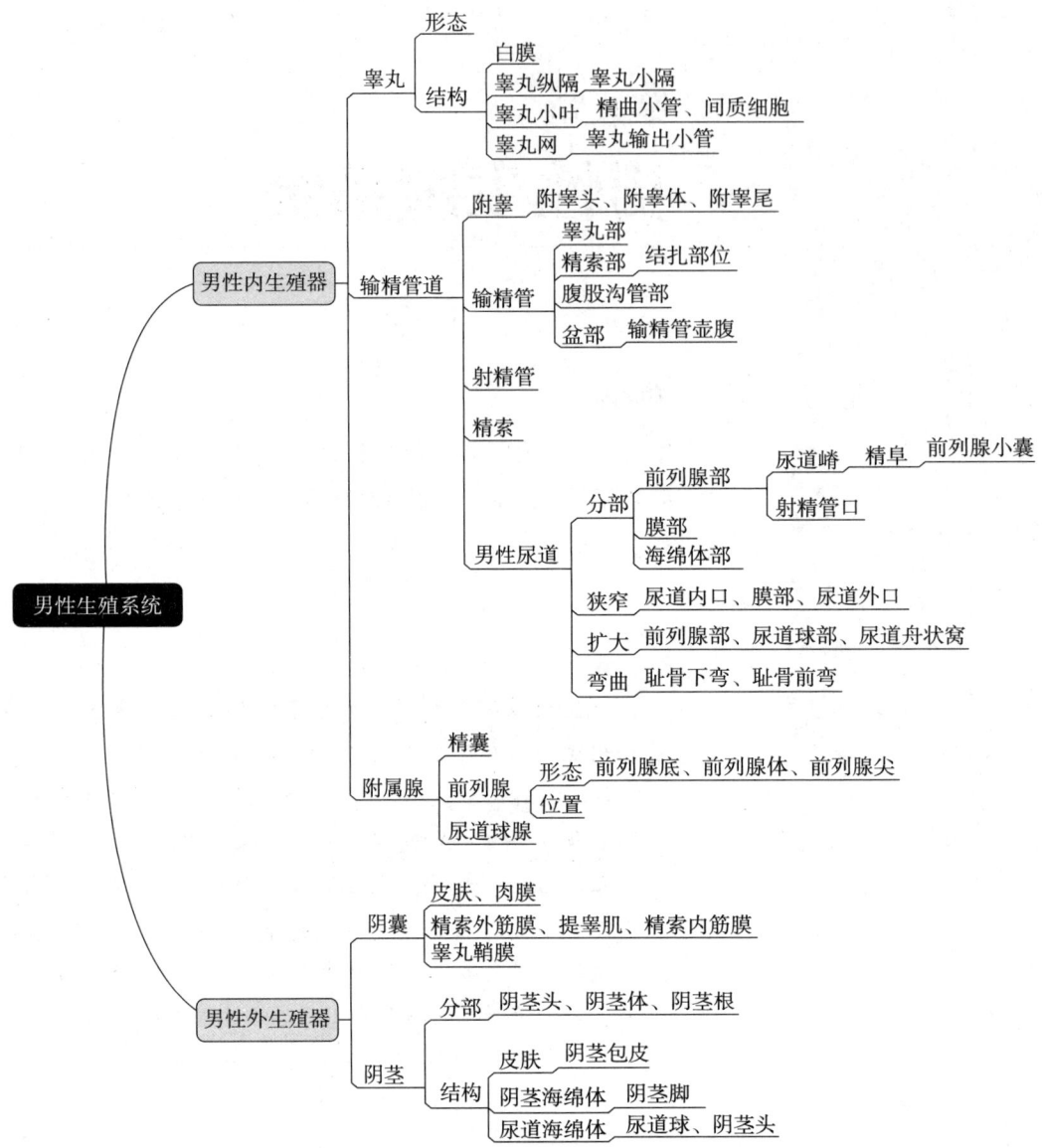

第一节 男性内生殖器

一、睾丸

睾丸 testis 位于阴囊内,左右各一,一般左侧略低于右侧,呈微扁的卵圆形,表面光滑,分上、下端,前、后缘和内、外侧面。前缘和下端游离,后缘有血管、神经和淋巴管出入,与附睾相连。上端被附睾头遮盖(图 8-1)。

睾丸表面被覆浆膜,即鞘膜脏层,其深面是坚韧的**白膜** tunica albuginea,白膜在睾丸后缘增厚凸入睾丸内,形成**睾丸纵隔** mediastinum testis,从睾丸纵隔发出许多**睾丸小隔** septula testis,呈扇形伸入睾丸实质,将睾丸实质分为 100～200 个**睾丸小叶** lobules of testis。每个睾丸小叶内有 2～4 条盘曲的精曲小管,其上皮产生精子。精曲小管间的间质细胞分泌雄激素。精曲小管汇合成精直小管,进入睾丸纵隔吻合成**睾丸网** rete testis。睾丸网发出 12～15 条**睾丸输出小管** efferent ductules of testis,经睾丸后缘上部进入附睾(图 8-2)。

临床视角 8-1
隐睾

二、输精管道

输精管道包括附睾、输精管、射精管和男性尿道。

(一)附睾

附睾 epididymis 呈新月形,紧贴睾丸上端和后缘。上端膨大为附睾头,中部为附睾体,下端为附睾尾。睾丸输出小管盘曲形成附睾头,末端汇合成一条附睾管,迂曲盘回形成附睾体和尾,附睾尾返折向上移行为输精管(图 8-1,图 8-2)。附睾可暂时储存精子,其分泌的附睾液营养

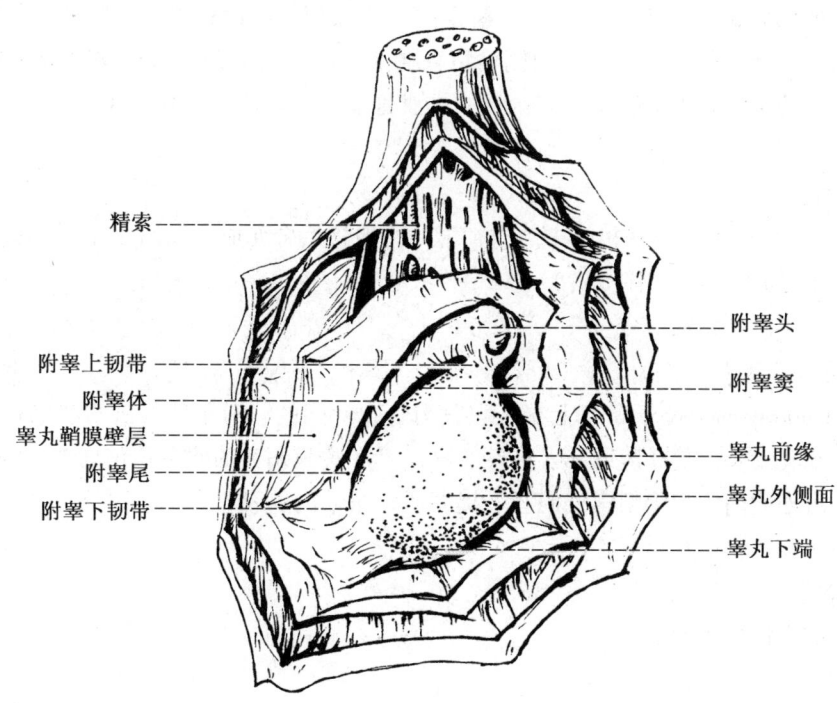

图 8-1　睾丸及附睾
(右侧)

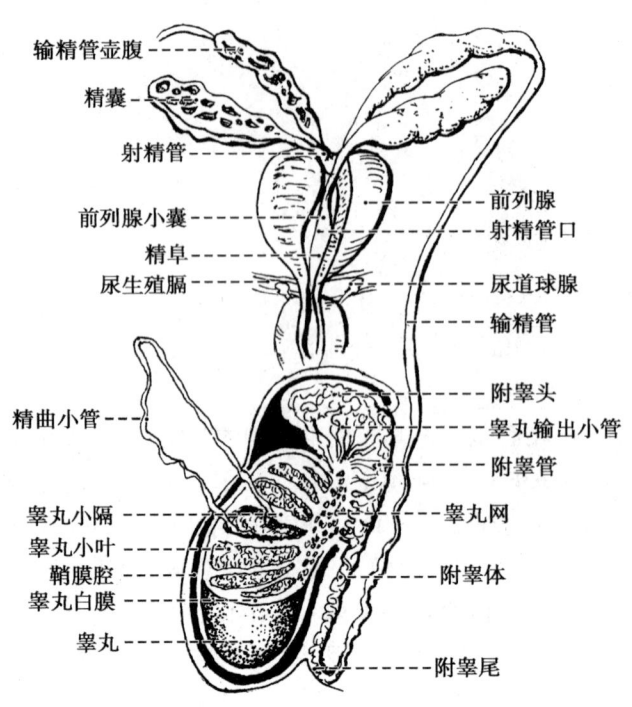

输精管壶腹
精囊
射精管
前列腺小囊
精阜
尿生殖膈
精曲小管
睾丸小隔
睾丸小叶
鞘膜腔
睾丸白膜
睾丸

前列腺
射精管口
尿道球腺
输精管
附睾头
睾丸输出小管
附睾管
睾丸网
附睾体
附睾尾

图8-2 睾丸构造和排精路径示意图

精子，促进精子进一步成熟。附睾为结核的好发部位。

（二）输精管

输精管 deferent duct 是附睾管的直接延续，长约 50 cm，管径约 3 mm，管壁较厚，管腔窄小，活体触摸呈坚实的圆索状。

输精管依行程分为 4 部分：①**睾丸部**，最短，起于附睾尾，沿睾丸后缘上行至睾丸上端。②**精索部**，介于睾丸上端与腹股沟管浅环（皮下环）之间。此段位置表浅，为结扎输精管的理想部位。③**腹股沟管部**，位于腹股沟管的精索内。④**盆部**，此段最长，自腹股沟管腹环，沿盆腔侧壁行向后下，至膀胱底的后面。两侧输精管在此逐渐接近，并膨大成**输精管壶腹** ampulla of deferent duct。输精管壶腹末端变细，与精囊的排泄管汇合成射精管（图8-3）。

（三）射精管

射精管 ejaculatory duct 由输精管末端与精囊的排泄管汇合而成，长约 2 cm，向前下穿前列腺实质，开口于尿道前列腺部（图8-4）。

（四）精索

精索 spermatic cord 是位于睾丸上端至腹股沟管腹环间的一对柔软的圆索状结构。精索内主要有输精管、睾丸动脉、蔓状静脉丛、神经、淋巴管和腹膜鞘突的残余（鞘韧带）等。精索表面有 3 层被膜，由外向内依次为精索外筋膜、提睾肌、精索内筋膜。

临床视角 8-2
精索静脉曲张

（五）男性尿道

详见第二节男性外生殖器。

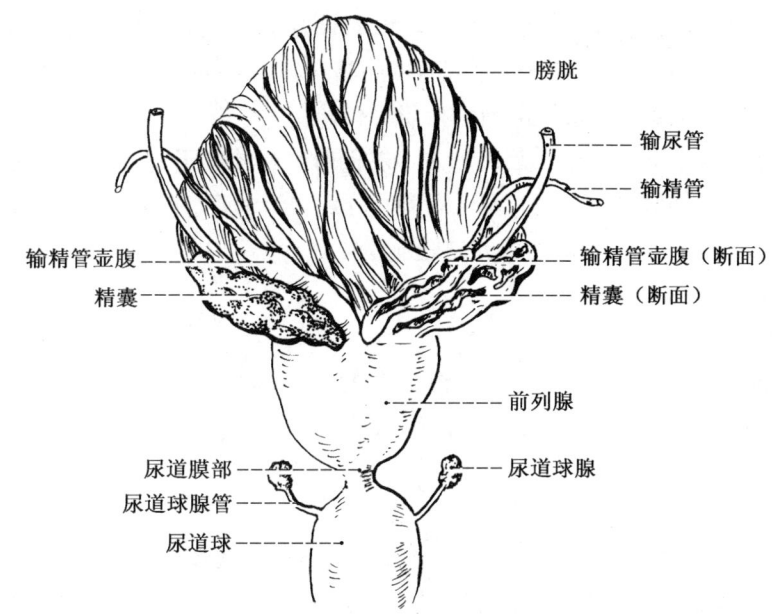

图 8-3 精囊、前列腺和尿道球腺（后面观）

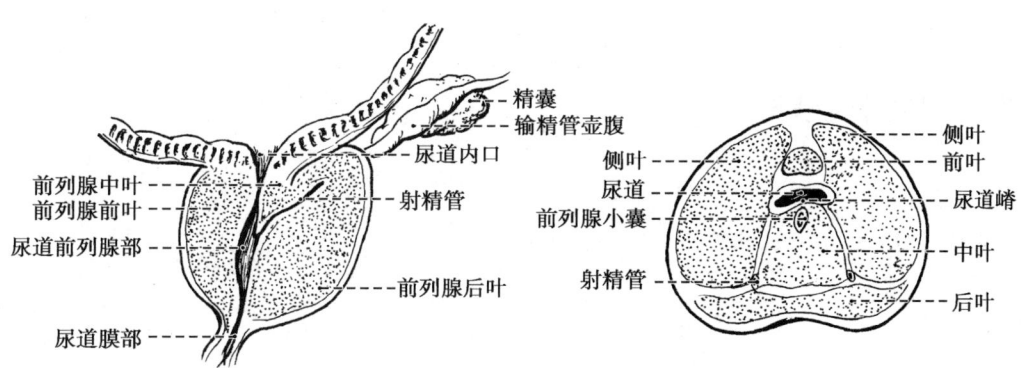

图 8-4 前列腺、射精管及前列腺分叶

三、附属腺体

附属腺体包括精囊、前列腺和尿道球腺。

（一）精囊

精囊 seminal vesicle 又称精囊腺，为长椭圆形囊状器官，表面凹凸不平，位于膀胱底的后方，输精管壶腹的下外侧（图 8-3），其排泄管与输精管末端汇合成射精管。精囊的分泌物参与精液的组成。

（二）前列腺

前列腺 prostate 是实质性器官，由腺组织和平滑肌组织构成，表面包有筋膜鞘，称**前列腺囊**。前列腺的分泌物是精液的主要组成部分。

前列腺形似栗子，位于膀胱与尿生殖膈之间。前列腺上端宽大为前列腺底，邻接膀胱颈；下端尖细为前列腺尖，紧贴尿生殖膈；尖与底之间的部分为前列腺体。体的后面中间有一纵行浅沟，称**前列腺沟** sulcus of prostate，活体直肠指检可触及此沟。前列腺肥大时，此沟变浅或消失。

临床视角 8-3
前列腺增生与肿瘤

男性尿道在前列腺底近前缘进入腺实质，由前列腺尖穿出。射精管在近前列腺底后缘处穿入腺实质，斜向前下方，开口于尿道前列腺部后壁的**精阜** seminal colliculus。前列腺的排泄管开口于尿道前列腺部后壁**尿道嵴** urethral crest 两侧（图 8-4）。

知识扩展 8-1
前列腺增生治疗研究进展

前列腺分为 5 叶：**前叶、中叶、后叶和左、右侧叶**。前叶位于尿道前方和左、右侧叶之间，中叶呈楔形，位于尿道和射精管之间，左、右侧叶分别位于尿道、前叶和中叶的两侧，后叶位于中叶和 2 侧叶后方（图 8-4），是前列腺肿瘤好发部位。

（三）尿道球腺

尿道球腺 bulbourethral gland 是一对豌豆大的球形腺体，位于会阴深横肌内（图 8-2，图 8-3）。尿道球腺的分泌物参与精液的组成。

[附] 精液

精液 seminal fluid 呈乳白色，弱碱性，由输精管道各部及附属腺（特别是前列腺和精囊）的分泌物组成，适于精子的生存和活动。健康男性一次射精量为 2~5 mL，含精子 3 亿~5 亿，如果精子总数少于 4×10^7/mL 是少精症，可致男性不育。

第二节　男性外生殖器

男性外生殖器包括阴囊和阴茎。

一、阴囊

阴囊 scrotum 是位于阴茎后下方的皮肤囊袋，由皮肤和肉膜组成。阴囊皮肤薄而柔软，浅筋膜内含有平滑肌纤维，称**肉膜** dartos coat。平滑肌随外界温度的变化而舒缩，以调节阴囊内的温度，有利于精子的发育与生存。阴囊皮肤表面沿中线有纵行的阴囊缝，其深面的肉膜向深部发出**阴囊中隔** septum of scrotum，将阴囊分为左、右腔，容纳两侧的睾丸、附睾和精索等。

阴囊深面有包被睾丸、附睾和精索的被膜，由外向内：①**皮肤**；②**肉膜**；③**精索外筋膜** external spermatic fascia（来自腹外斜肌腱膜）；④**提睾肌** cremaster（来自腹内斜肌和腹横肌）；⑤**精索内筋膜** internal spermatic fascia（来自腹横筋膜）；⑥**睾丸鞘膜** tunica vaginalis of testis（来自腹膜），分为脏、壁 2 层，壁层紧贴精索内筋膜内面（图 8-5），脏层包绕睾丸和附睾表面，两层之间为**鞘膜腔** vaginal cavity，腔内有少量浆液。

二、阴茎

阴茎 penis 为男性的交媾器官，分为根、体和头 3 部分。后端为阴茎根，藏于阴囊和会阴部皮肤深面；中部为阴茎体，呈圆柱形，悬垂于耻骨联合前下方；阴茎前端膨大，称**阴茎头** glans penis，尖端有矢状位裂隙称**尿道外口** external urethral orifice，头与体交界的狭细处称为**阴茎颈**。

阴茎由 2 条**阴茎海绵体** cavernous body of penis 和 1 条**尿道海绵体** cavernous body of urethra 组

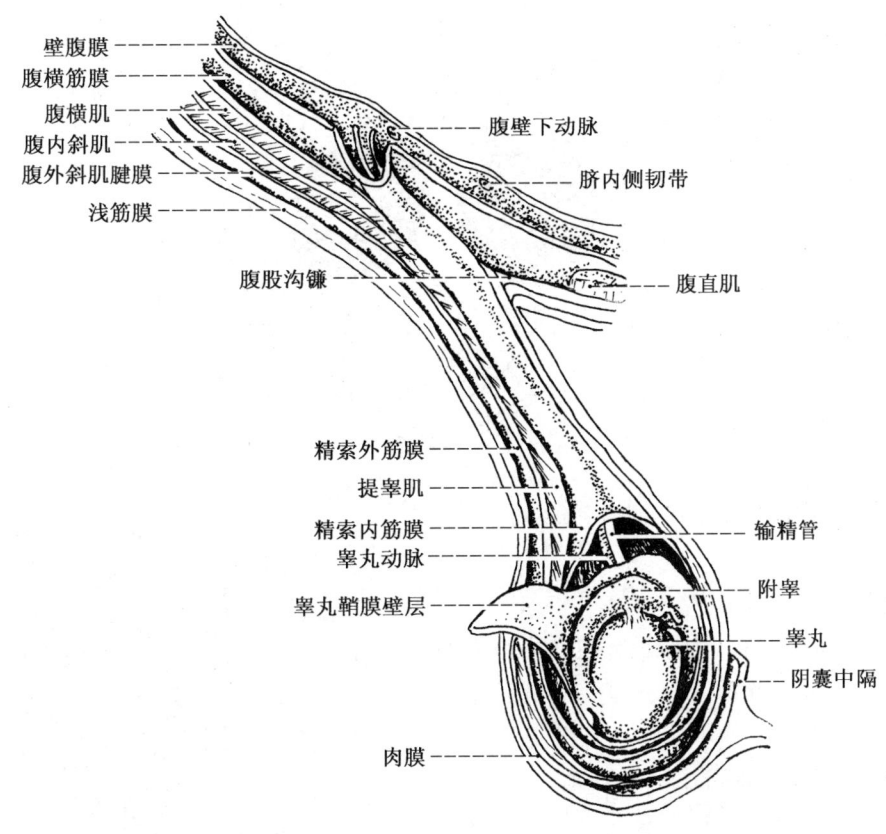

图 8-5 阴囊的结构

成（图 8-6），外包筋膜和皮肤。阴茎海绵体位于阴茎的背侧，构成阴茎的主体，2 条阴茎海绵体紧密结合，前端变细，嵌入阴茎头后面的凹陷内。阴茎海绵体后端左、右分离，称为**阴茎脚** crus of penis。尿道海绵体位于阴茎海绵体的腹侧，尿道贯穿其全长，前端膨大为阴茎头，后端膨大为**尿道球** bulb of urethra。

每条海绵体外面包有一层坚厚的纤维膜，称**白膜**。3 条海绵体外面共同包有深、浅筋膜（图 8-7）。皮肤薄而柔软，并富伸展性。在阴茎颈处，皮肤向前延伸为双层游离环形皱襞包绕阴茎，称**阴茎包皮** prepuce of penis。包皮与阴茎头腹侧中线处连有一皮肤皱襞，称**包皮系带** frenulum of prepuce（图 8-6）。做包皮环切术时勿损伤包皮系带，以免影响阴茎勃起。

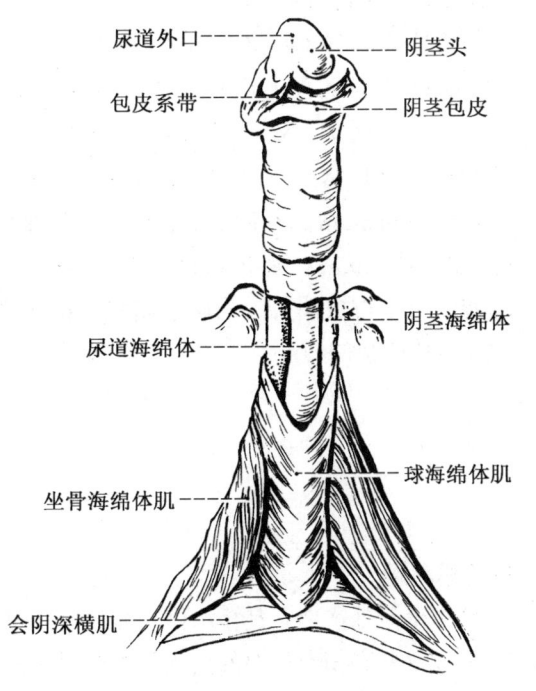

图 8-6 阴茎
（尿道面）

三、男性尿道

男性尿道 male urethra 有排尿和排精的功能，起自膀胱的尿道内口，止于阴茎头的尿道外口，成人尿道长 16～22 cm，管径平均 5～7 mm，分为前列腺部、膜部和海绵体部 3 部分（图 8-8）。

（一）前列腺部

前列腺部 prostatic part 为尿道穿经前列腺的部

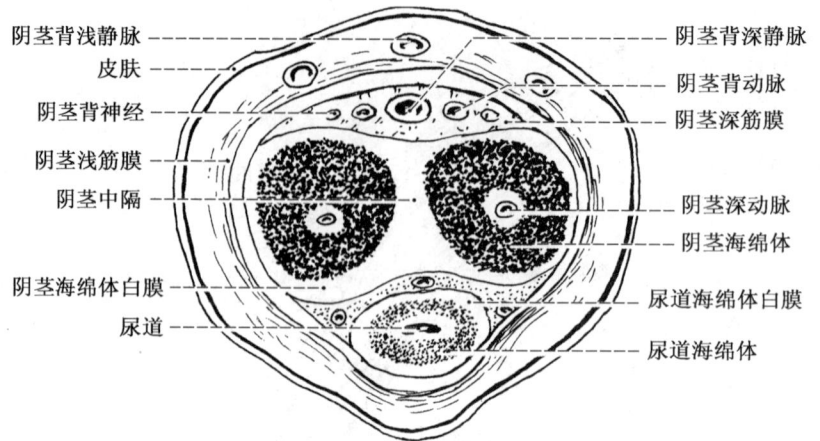

图 8-7　阴茎中部的横切面

分，长约 3 cm，是管腔较宽和最易扩张的部分。

（二）膜部

膜部 membranous part 为尿道穿过尿生殖膈的部分，长约 1.5 cm。此部管腔狭窄，周围有尿道括约肌环绕。

临床上前列腺部和膜部合称后尿道。

（三）海绵体部

海绵体部 cavernous part 为尿道穿过尿道海绵体的部分，长 12～17 cm，临床上称为前尿道。尿道球内管腔扩大，称尿道球部，尿道球腺开口于此。阴茎头内尿道扩大，称**尿道舟状窝** navicular fossa of urethra。

男性尿道有 3 处狭窄、3 处扩大和 2 个弯曲。3 处狭窄分别是尿道内口、尿道膜部和尿道外口，以外口最窄。3 处扩大即前列腺部、尿道球部和尿道舟状窝。2 个弯曲即凹向上的**耻骨下弯** subpubic curvature，是固定的；凹向下的**耻骨前弯** prepubic curvature，阴茎勃起或将阴茎向上提起，此弯曲可变直或消失。临床上膀胱镜检或导尿时应注意这些解剖特点。

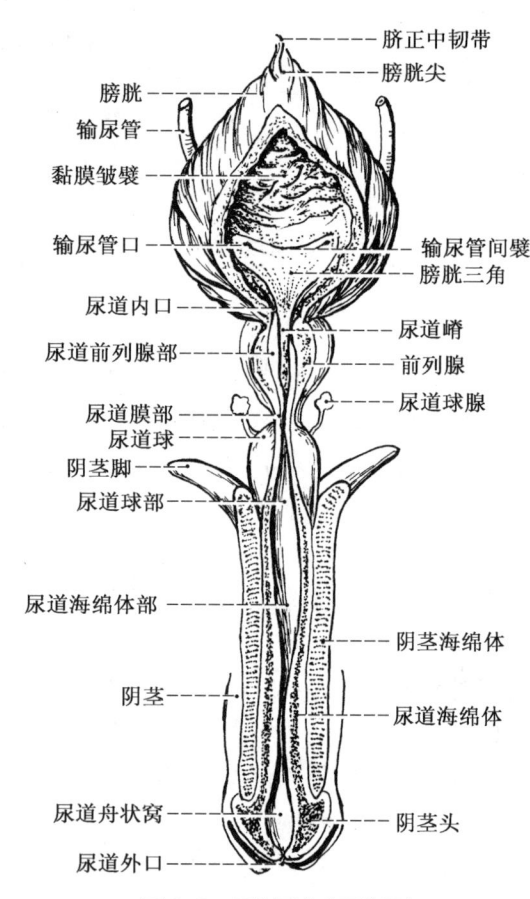

图 8-8　男性尿道（冠状面）

（景爱红）

复习思考题

1. 精子由何处产生？其排出体外需先后经过哪些结构？
2. 简述睾丸和精索外面的被膜与腹壁对应的结构。

3. 输精管分哪几部分？临床上常在何处进行结扎？

4. 输精管结扎术是否影响附属腺分泌物的排出？

5. 试述男性尿道的特点。

数字课程学习……

　本章小结　　　实物标本图　　　开放性讨论　　　自测题　　　教学 PPT

第九章
女性生殖系统

关键词

卵巢　　输卵管　　子宫　　阴道　　前庭大腺　　阴阜

大阴唇　　小阴唇　　阴蒂　　阴道前庭

女性内生殖系统的卵巢产生卵子，分泌性激素调节生殖系统变化，输送管道接受男性精子，并为卵子受精和胚泡植入提供场所。妊娠分娩后，乳腺分泌的乳汁为婴儿提供营养。卵子如果未能受精，则体内激素产生波动性变化，引起子宫内膜出血坏死，形成月经。

思维导图

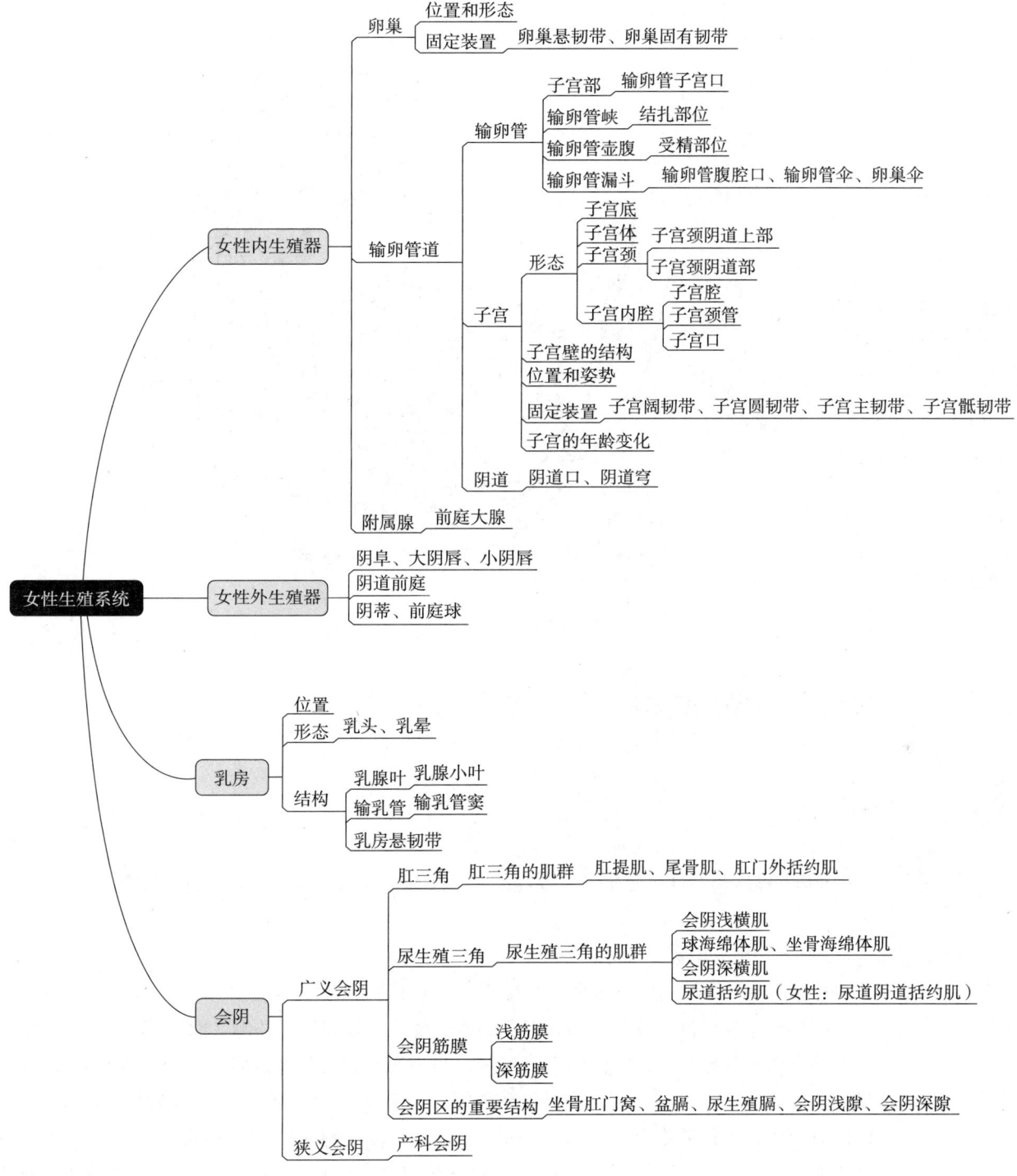

女性生殖器可分为内生殖器和外生殖器2部分。内生殖器由生殖腺（卵巢）、输送管道（输卵管、子宫和阴道）及附属腺（前庭大腺）组成，外生殖器即女阴（图9-1）。

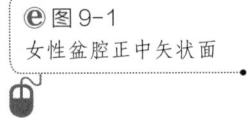

图9-1
女性盆腔正中矢状面

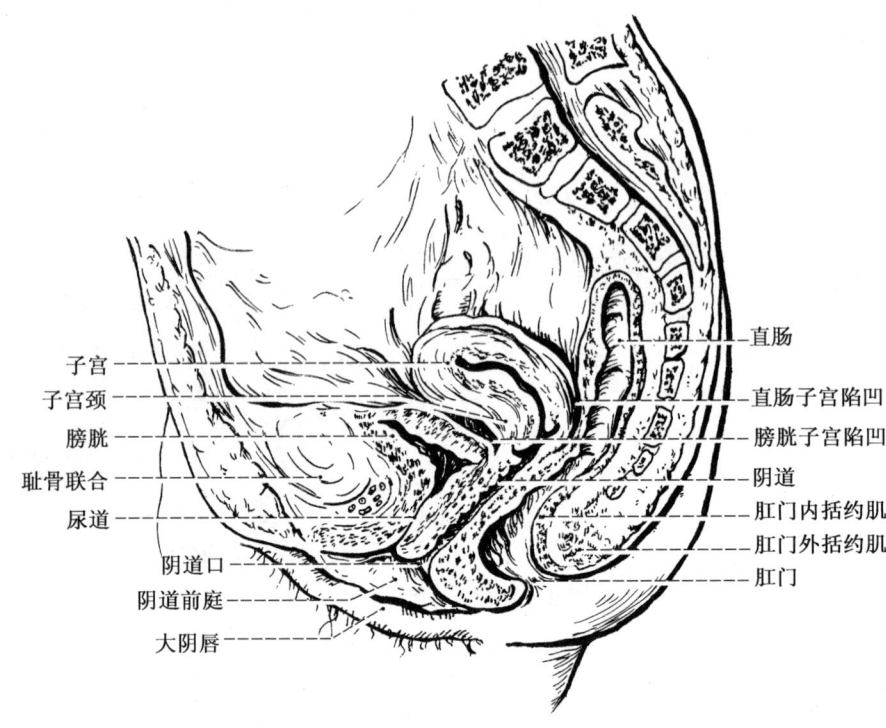

子宫
子宫颈
膀胱
耻骨联合
尿道
阴道口
阴道前庭
大阴唇

直肠
直肠子宫陷凹
膀胱子宫陷凹
阴道
肛门内括约肌
肛门外括约肌
肛门

图9-1 女性盆腔正中矢状面

第一节 女性内生殖器

一、卵巢

卵巢 ovary 是女性生殖腺，主要功能是产生卵子和分泌激素（雌激素、孕酮等）。

（一）卵巢的位置和形态
卵巢为扁卵圆形的实质器官，左右各一，位于盆腔侧壁髂内、外动脉夹角下方的卵巢窝处。

卵巢略呈灰红色，被子宫阔韧带后层所包绕，可分为内、外侧2面，前、后2缘和上、下2端。外侧面贴靠卵巢窝；内侧面朝向盆腔，与小肠相邻。后缘游离，称**独立缘** free border；前缘借卵巢系膜连于子宫阔韧带，称**卵巢系膜缘** mesentery border of ovary，此缘中部有血管、神经和淋巴管等出入，称**卵巢门** hilum of ovary。上端又称**输卵管端** tubal extremity，与输卵管伞相接触，并借卵巢悬韧带连于骨盆上口侧缘；下端又称**子宫端** uterine extremity，借卵巢固有韧带连于子宫底的两侧（图9-2）。

知识扩展9-1
卵巢

（二）卵巢的固定装置
卵巢在盆腔内的正常位置主要靠韧带维持。**卵巢悬韧带** suspensory ligament of ovary 是由腹膜形成的皱襞，起自小骨盆侧缘，向内下至卵巢的上端。韧带内含有卵巢动脉、静脉及淋巴管、神

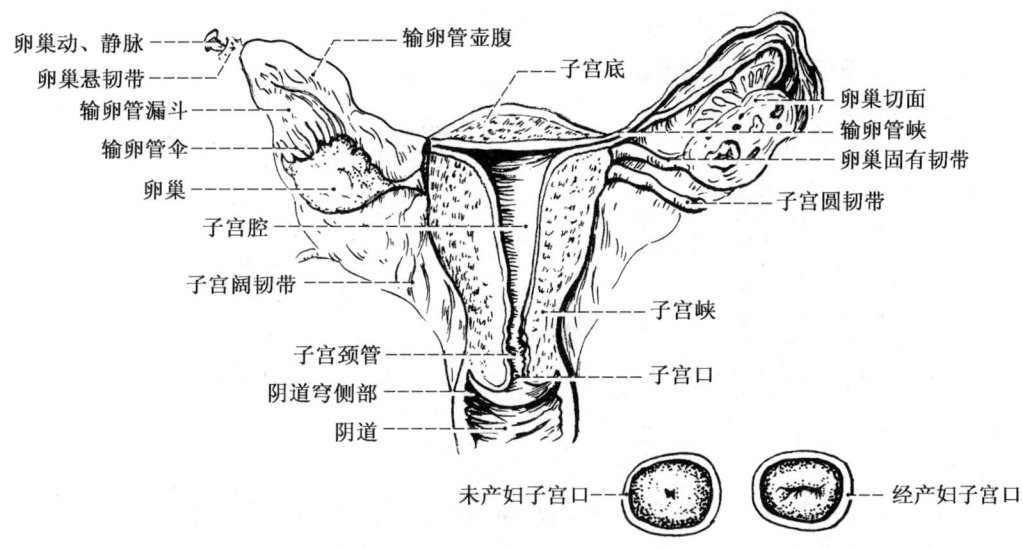

图 9-2 女性内生殖器

经丛、少量结缔组织和平滑肌纤维。**卵巢固有韧带** proper ligament of ovary 又称**卵巢子宫索**，由结缔组织和平滑肌纤维构成，表面盖以腹膜，形成腹膜皱襞，自卵巢下端连至子宫底两侧。此外，子宫阔韧带的后层覆盖卵巢和卵巢固有韧带，对卵巢也起固定作用。

二、输卵管

输卵管 uterine tube 是输送卵子的肌性管道，长 10 ~ 14 cm，左右各一，位于子宫阔韧带的上缘（游离缘）内（图 9-2）。

输卵管较为弯曲，由内侧向外侧分为 4 部：①**输卵管子宫部** uterine part of uterine tube，为贯穿子宫壁的部分，直径最细，约 1 mm，末端借**输卵管子宫口** uterine orifice of fallo-pian tube 与子宫腔相通。②**输卵管峡** isthmus of uterine tube，为接近子宫外侧角的一段，细、短而直，管腔狭窄，血管较少，水平向外移行为壶腹部。峡部是输卵管结扎术的常选部位。③**输卵管壶腹** ampulla of uterine tube，约占输卵管全长的 2/3，粗而弯曲，血管丰富，卵子通常在此部与精子结合成受精卵。④**输卵管漏斗** infundibulum of uterine tube，为输卵管外侧端呈漏斗状膨大的部分，末端的边缘形成许多细长的指状突起，称**输卵管伞** fimbriae of uterine tube，向后下弯曲覆盖在卵巢后缘和内侧面，其中一条较大的突起称**卵巢伞** ovarian fimbria（图 9-2）。漏斗末端的中央有**输卵管腹腔口** abdominal orifice of fallopian tube，卵巢从表面排出卵子时，输卵管伞扇动，将卵子吸入输卵管腹腔口。

临床上把输卵管和卵巢统称为**子宫附件** uterine appendages，附件炎即指输卵管炎或卵巢炎。

知识扩展 9-2
受精

三、子宫

子宫 uterus 是壁厚腔小的肌性器官，为产生月经和孕育胎儿的场所。

（一）子宫的形态
成人未孕子宫呈前后稍扁、倒置的梨形，长、宽、厚为 8 cm × 4 cm ×（2 ~ 3）cm，自上而下分

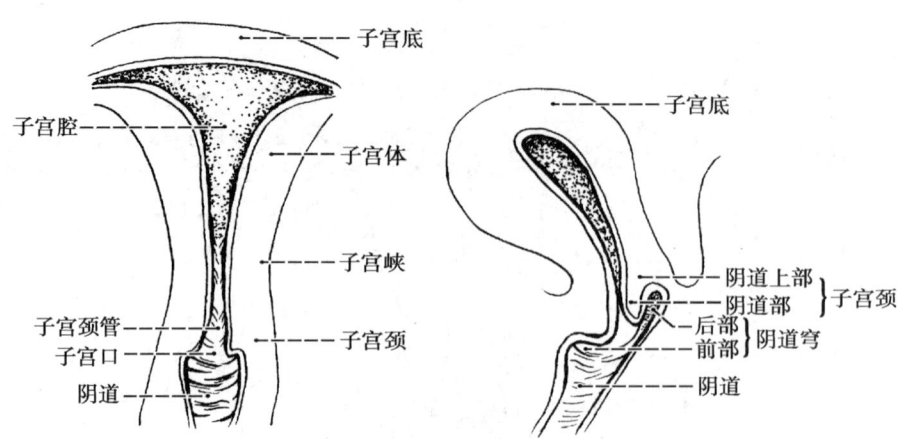

图 9-3　子宫的分部

图 9-2
子宫峡

为底、体、颈 3 部（图 9-3）。**子宫底** fundus of uterus 为两侧输卵管子宫口连线以上的圆凸部分，两侧与输卵管相接处称**子宫角** horn of uterus。底向下移行为**子宫体** body of uterus；体下续为圆柱状的**子宫颈** neck of uterus；体与颈移行处较为狭细的部分称**子宫峡** isthmus of uterus，宽约 1 cm。妊娠期的子宫峡可逐渐伸展变长，至妊娠末期可延长至 7~11 cm，产科剖宫产术常在此处横切打开子宫。成人子宫颈长约 2.5 cm，下端连接并突入阴道，突入的部分称**子宫颈阴道部** vaginal part of cervix，阴道以上的部分称**子宫颈阴道上部** supravaginal part of cervix。

子宫内的腔隙分为 2 部：上部在子宫体内，称**子宫腔** cavity of uterus，为前后略扁倒置的三角形腔隙，左、右上角与输卵管子宫口相通，下角向下通子宫颈管。下部在子宫颈内，呈梭形，称**子宫颈管** canal of cervix of uterus，管的下口称**子宫口** orifice of uterus，通阴道。未产妇的子宫口为圆形，边缘光滑整齐；经产妇子宫口为横裂状（图 9-2）。子宫口的前、后缘分别称为前唇和后唇。成人未孕子宫的内腔，从子宫口到子宫底长约 6.5 cm，子宫腔长约 4 cm，其最宽处为 2.5~3.5 cm。

（二）子宫壁的结构

子宫壁分 3 层：外层为浆膜，为腹膜的脏层；中层为强厚的肌层，由平滑肌组成；内层为黏膜，称子宫内膜。子宫腔内膜随着月经周期增生和脱落，脱落的内膜伴血液由阴道流出即为月经。

（三）子宫的位置和姿势

子宫位于盆腔中央，膀胱与直肠之间，下端接阴道，两侧有输卵管和卵巢。未妊娠时，子宫底位于骨盆上口平面以下，子宫颈下端在坐骨棘平面稍上方。当膀胱空虚时，成人子宫伏于膀胱，呈轻度的前倾前屈位。前倾指整个子宫向前倾斜，子宫的长轴与阴道的长轴形成一个向前开放的钝角，稍大于 90°；前屈指子宫体与子宫颈之间形成一个向前开放约为 170° 的钝角。子宫的位置和姿势可随其前、后方的膀胱和直肠的充盈程度发生变化。

（四）子宫的固定装置

子宫借韧带、阴道、尿生殖膈和盆底肌及周围结缔组织的牵拉等作用维持其正常位置（图 9-4）。

1. **子宫阔韧带** broad ligament of uterus　位于子宫两侧，略呈冠状位，由子宫前、后面的腹膜

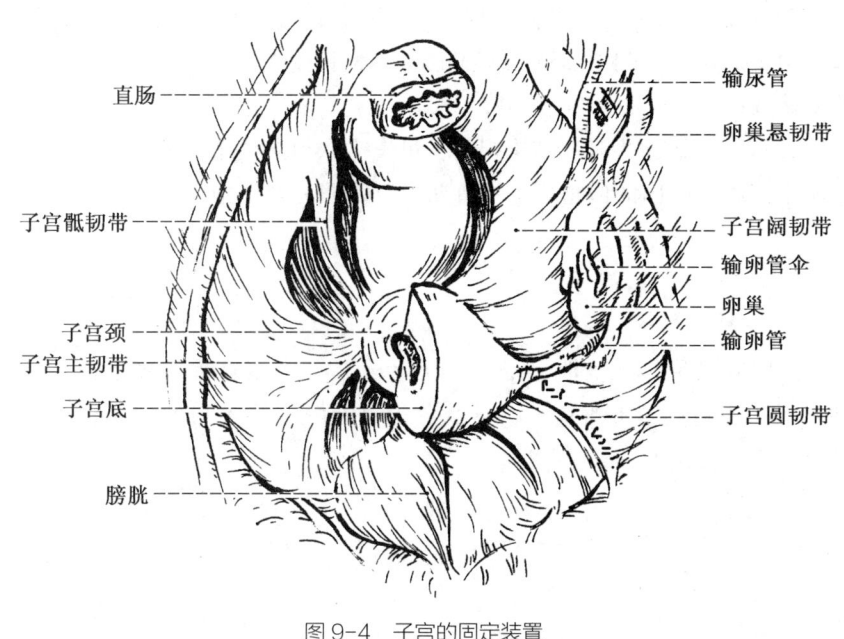

图 9-4　子宫的固定装置

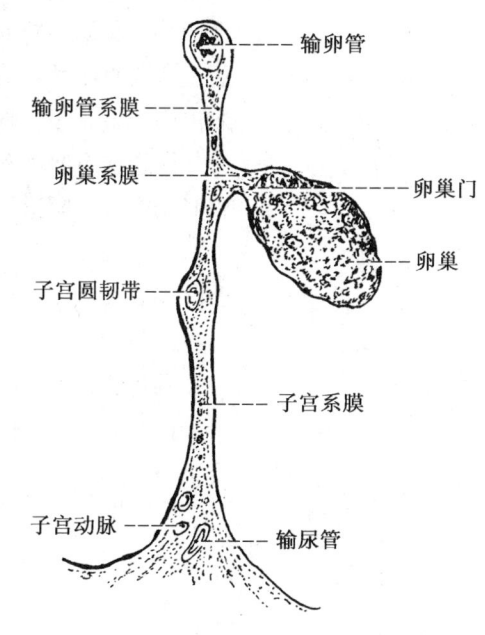

图 9-5　子宫阔韧带（纵切面）

自子宫侧缘向两侧延伸至盆腔侧壁和盆底的双层腹膜构成，可限制子宫向两侧移动。子宫阔韧带的上缘游离，包裹输卵管，外侧部与卵巢悬韧带相连。子宫阔韧带的前层覆盖子宫圆韧带，后层向后延伸包绕卵巢和卵巢固有韧带，延伸的部分称为卵巢系膜。前、后层之间的疏松结缔组织内还有子宫动、静脉和神经、淋巴管等。依子宫阔韧带附着的部位可将其分为子宫系膜、输卵管系膜和卵巢系膜 3 部分（图 9-5）。

2. **子宫圆韧带** round ligament of uterus　为一对由结缔组织和平滑肌构成的圆索状韧带，表面有阔韧带的前层覆盖，自子宫角的前下方向前外侧弯行，穿经腹股沟管以分散的纤维束止于阴阜和大阴唇皮下。此韧带对维持子宫的前倾位起主要作用。

3. **子宫主韧带** cardinal ligament of uterus　又称**子宫旁组织** parametrium，位于子宫阔韧带基底部，由纤维结缔组织和平滑肌纤维构成，从子宫颈两侧缘延至盆腔侧壁。此韧带较强韧，是维持子宫颈正常位置、防止子宫向下脱垂的主要结构。子宫主韧带内有子宫动脉、静脉通过。

4. **子宫骶韧带** uterosacral ligament　由结缔组织和平滑肌纤维构成，从子宫颈后面的上外侧向后弯行，绕过直肠的两侧止于第 2、3 骶椎前面的筋膜。其表面盖以腹膜，形成弧形的**直肠子宫襞** rectouterine fold。此韧带向后上牵引子宫颈，与子宫圆韧带协同，维持子宫的前屈位。

子宫的年龄变化：新生儿子宫高出骨盆上口，输卵管和卵巢位于髂窝内，子宫颈较子宫体长而粗。性成熟前期，子宫迅速发育，壁增厚。性成熟期，子宫颈和子宫体的长度几乎相等。经产妇的子宫较大，除各径和内腔都增大外，质量可增加 1 倍。绝经期后，子宫萎缩变小，壁变薄。

🖲 图 9-3
子宫的年龄变化

四、阴道

阴道 vagina 为连接子宫和外生殖器的肌性管道（图 9-1），由黏膜、肌层和外膜组成，富于伸展性。阴道是女性的性交器官，也是排出月经和娩出胎儿的通道。阴道的前、后壁互相贴近，下部较窄，以**阴道口** vaginal orifice 开口于阴道前庭；上部较宽阔，上端包绕子宫颈阴道部形成环形凹陷，称**阴道穹** fornix of vagina。阴道穹分为前部、后部和两侧部，以后部最深（图 9-3），其后上方与直肠子宫陷凹相邻，两者间仅隔以阴道后壁和覆盖其上的腹膜。临床上可经阴道后穹穿刺以引流直肠子宫陷凹内的积液或积血，进行诊断和治疗。

阴道前有膀胱和尿道，后邻直肠。如这些毗邻结构损伤，可发生尿道阴道瘘、膀胱阴道瘘或直肠阴道瘘。阴道下部穿过尿生殖膈，膈内的尿道阴道括约肌及肛提肌均对阴道有括约作用。

五、前庭大腺

前庭大腺 greater vestibular gland 又称 Bartholin 腺，形如豌豆，位于前庭球后端的深面，其导管向内侧开口于阴道口两侧的阴道前庭内（图 9-6）。该腺分泌物有润滑阴道口的作用。如因炎症导致导管阻塞，可形成前庭大腺囊肿。

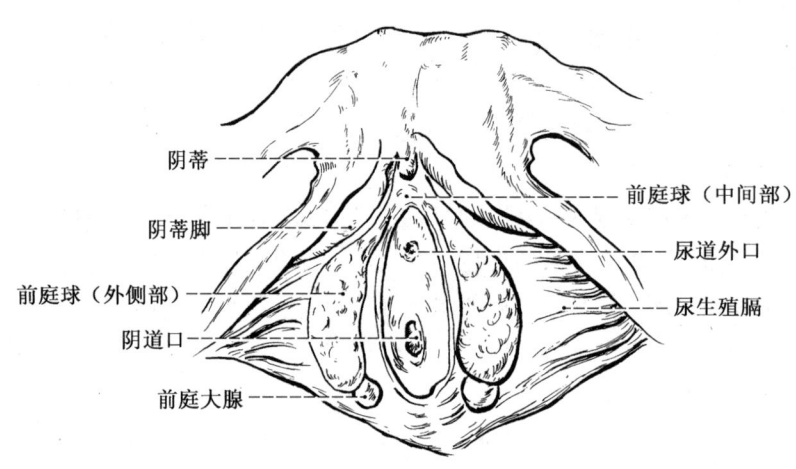

图 9-6　阴蒂、阴道前庭和前庭大腺

第二节　女性外生殖器

女性外生殖器即**女阴** vulva，包括阴阜、大阴唇、小阴唇、阴道前庭、阴蒂和前庭球（图 9-7）。

一、阴阜

阴阜 mons pubis 为耻骨联合前方的皮肤隆起，皮下富有脂肪。性成熟期以后，生有阴毛。

二、大阴唇

大阴唇 greater lip of pudendum 为一对纵行的皮肤隆起，从阴阜向下后方延伸到会阴。两侧大阴唇之间为**女阴裂**。大阴唇的前端和后端左右互相连合，形成唇前连合和唇后连合。

三、小阴唇

小阴唇 lesser lip of pudendum 位于大阴唇的内侧，为一对较薄的皮肤皱襞，光滑无皮下脂肪。其前端向上延伸包裹阴蒂，形成阴蒂包皮和阴蒂系带，后端两侧互相会合，形成阴唇系带。

四、阴道前庭

阴道前庭 vaginal vestibule 是位于两侧小阴唇之间的裂隙。其前部有尿道外口，后部有阴道口，阴道口两外侧稍靠后处，有前庭大腺导管的开口。处女的阴道口周围有**处女膜** hymen 附着，可呈环形、半月形、伞状或筛状。处女膜破裂后仍附着在阴道口的周围，称**处女膜痕**。

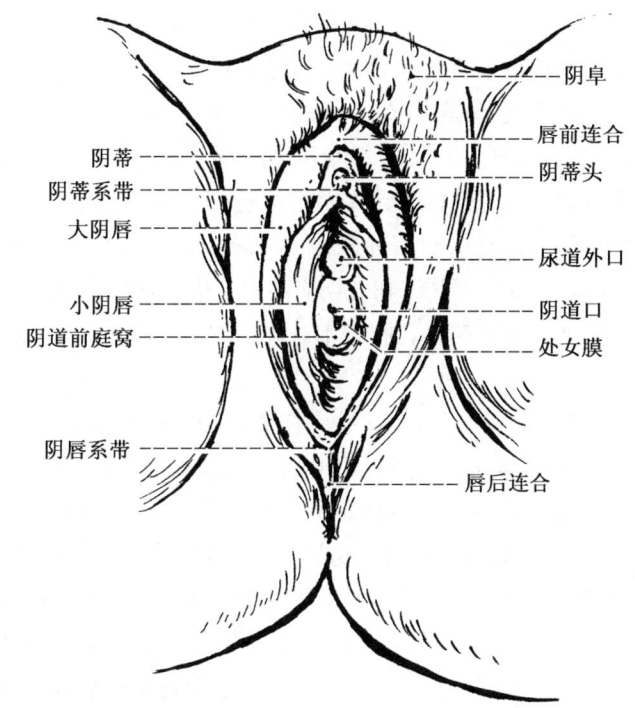

图 9-7 女性外生殖器

五、阴蒂

阴蒂 clitoris 位于阴道前庭的前方，由 2 个**阴蒂海绵体** cavernous body of clitoris 组成，亦分为脚、体、头 3 部分。**阴蒂脚** crus of clitoris 附于耻骨下支和坐骨支，向前与对侧结合成**阴蒂体** body of clitoris，表面覆以筋膜、白膜和阴蒂包皮。阴蒂体前端露出阴蒂包皮的部分称**阴蒂头** glans of clitoris，含有丰富的神经末梢，感觉敏锐。

六、前庭球

前庭球 bulb of vestibule 相当于男性的尿道海绵体，位于阴道两侧的大阴唇皮下，呈马蹄铁形，分为较细小的中间部和较大的外侧部。中间部位于尿道外口与阴蒂体之间的皮下；外侧部后端膨大，与前庭大腺相邻（图 9-6）。

[附 1] 乳房

乳房 mamma，breast 为人类和哺乳动物特有的结构。功能和发生上属于汗腺的特殊变形，结构上近似皮脂腺。女性从青春期开始，乳房逐渐发育生长，在妊娠期和哺乳期分泌乳汁。

1. 位置　男性乳房不发育，乳头的位置较为恒定，多位于第 4 肋间隙，常作为定位的标志。女性乳房位于胸前部，胸大肌和胸筋膜的表面，上起自第 2～3 肋，下至第 6～7 肋，内侧至胸骨旁线，外侧可达腋中线。乳房上外侧部常有一突出部分伸至腋窝，称**腋突**，在乳腺癌检查或手术时应予注意。

⊜ 图9-4
乳房假体植入

胸大肌前面的深筋膜与乳腺体后面的包膜之间为**乳腺后间隙** retromammary space，内有疏松的结缔组织，但无大血管存在，有利于隆乳术时将假体植入，使乳房隆起。有时也可将假体植入胸大肌与胸小肌之间的胸大肌后间隙。

2. 形态　成年女子未哺乳的乳房呈半球形，紧张而有弹性。乳房中央有**乳头** mammary papilla，其位置因发育程度和年龄而异，通常在第4肋间隙或第5肋与锁骨中线相交处。乳头顶端有输乳管的开口。乳头周围有色素较深的皮肤环形区，称**乳晕** areola of breast。乳晕区表面有许多小隆起，其深面为**乳晕腺** areolar gland，可分泌脂性物质滑润乳头（图9-8）。乳头和乳晕的皮肤较薄，易受损伤，哺乳期应注意卫生，以防感染。乳房的大小和形状随年龄和哺乳而有所不同。妊娠期和哺乳期，乳腺增生，乳房增大；停止哺乳后，乳腺萎缩，乳房变小；老年时，乳房萎缩而下垂。

3. 结构　乳房由皮肤、皮下脂肪、纤维组织和乳腺构成。乳腺被纤维组织和脂肪分隔形成15~20个囊状的**乳腺叶** lobe of mammary gland，叶又分为若干**乳腺小叶** lobule of mammary gland。每个乳腺叶有一排泄管，称为**输乳管** lactiferous ducts，行向乳头，在近乳头处膨大为**输乳管窦** lactiferous sinus，其末端变细，开口于乳头（图9-8）。乳腺叶和输乳管均以乳头为中心呈放射状排列，乳腺手术时应尽量采用放射状切口，以减少对乳腺叶和输乳管的损伤。

⊜ 图9-5
乳腺癌"酒窝征"和
"橘皮样变"

乳腺周围的纤维组织还发出许多小的纤维束，向深面连于胸肌筋膜，向浅面连于皮肤和乳头，对乳房起支持和固定作用，称为**乳房悬韧带** suspensory ligament of breast，或 Cooper 韧带（图9-9）。当乳腺癌侵及此韧带时，韧带缩短，牵引皮肤向内凹陷，临床上称为"酒窝征"。如乳腺癌造成淋巴管堵塞，皮肤可因淋巴滞留而发生水肿，由于皮肤在毛囊处与皮下组织连接较为紧密，致使皮肤表面出现许多点状小凹，类似橘皮，临床上称"**橘皮样变**"。

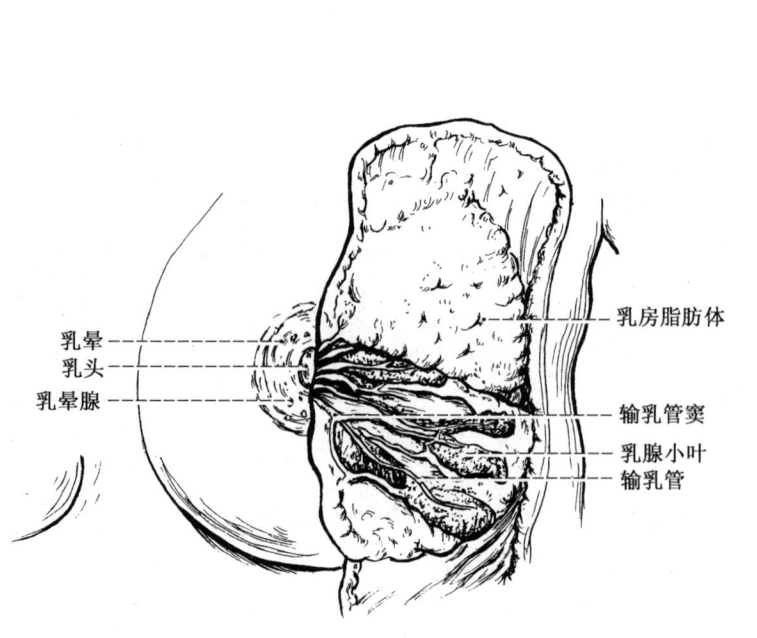

图9-8　成年女性乳房

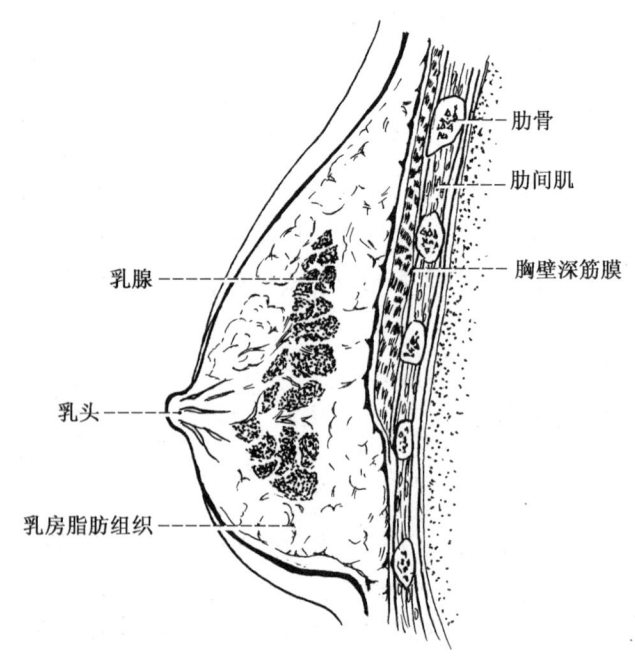

图9-9　女性乳房的结构（矢状面）

[附 2] 会阴

会阴 perineum 有狭义会阴和广义会阴之分。狭义会阴即产科会阴，指肛门与外生殖器之间的软组织结构。由于分娩时此区承受的压力较大，易发生撕裂（会阴撕裂），助产时应注意保护此区。广义会阴指封闭小骨盆下口的所有软组织，呈菱形，其前界为耻骨联合下缘，后界为尾骨尖，两侧为耻骨下支、坐骨支、坐骨结节和骶结节韧带。广

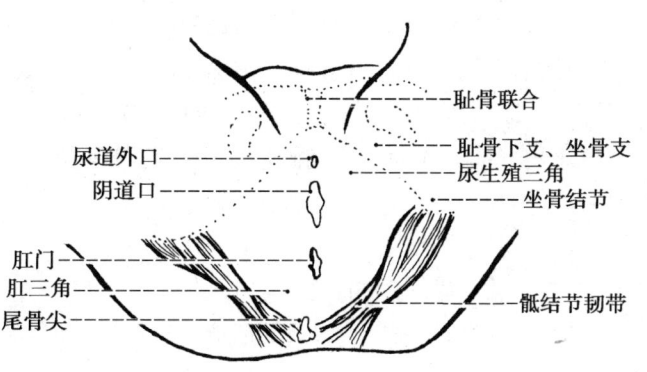

图 9-10 广义会阴/会阴的周界和分布

义会阴以两侧坐骨结节的连线分为前、后 2 个三角形区域。前方为**尿生殖三角** urogenital triangle，男性有尿道通过，女性有尿道和阴道通过；后方为**肛三角** anal triangle，其中央有肛管通过（图 9-10）。会阴除有男、女生殖器外，皮下富含脂肪组织，具有弹性垫的作用。会阴深层主要由会阴肌及其筋膜所组成。

一、会阴肌

会阴肌组成的盆膈和尿生殖膈封闭整个骨盆下口，有承载盆腔及腹腔脏器的作用。人类由于直立姿势，盆膈与尿生殖膈更具有重要意义。

（一）肛三角的肌群

肛三角（肛区）的肌群包括肛提肌、尾骨肌和肛门外括约肌（图 9-11）。

1. 肛提肌 levator ani 为成对的扁阔肌，起自耻骨后面、坐骨棘及张于两者之间的肛提肌腱

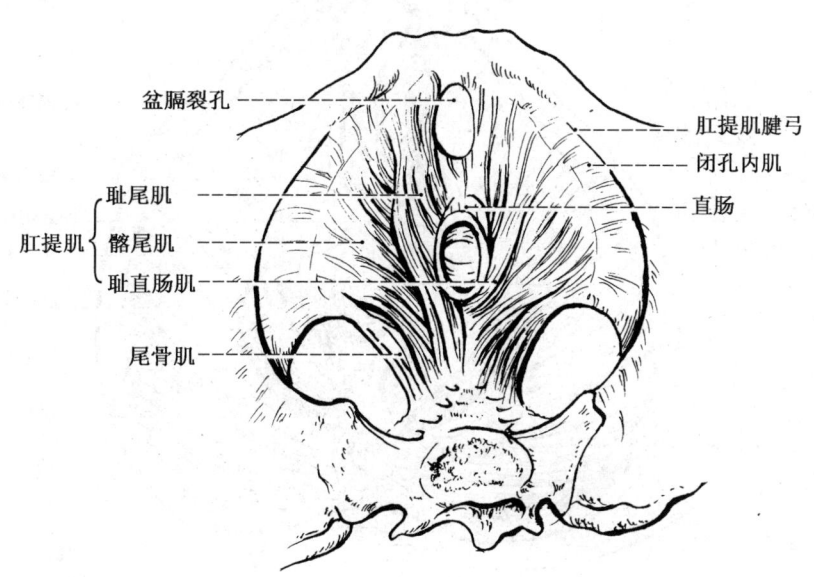

图 9-11 肛提肌和尾骨肌（上面）

弓，向后下及内侧，止于会阴中心腱和尾骨等。两侧肛提肌的前内侧缘与耻骨联合之间形成一个三角形裂隙，称盆膈裂孔，其下方被尿生殖膈封闭，男性有尿道通过，女性有尿道和阴道通过。肛提肌的作用是固定和提起盆底，承托盆腔器官，并对肛管和阴道有括约作用。

2. **尾骨肌** coccygeus　位于肛提肌后方，骶棘韧带上面。起于坐骨棘盆面和骶棘韧带，呈扇形止于骶、尾骨的外侧缘。此肌协助封闭骨盆下口，承托盆腔脏器及固定骶、尾骨。

3. **肛门外括约肌** sphincter ani externus　为环绕肛门的骨骼肌，分为皮下部、浅部和深部。皮下部位于肛门周围的皮下，为环行肌束，围绕肛管的下部，附着于会阴中心腱和肛尾韧带。浅部位于皮下部的深面，为椭圆形肌束，起自尾骨止于会阴中心腱。深部位于浅部上方，为环行肌束。

（二）尿生殖三角的肌群

尿生殖三角（尿生殖区）的肌群位于肛提肌前部的下方，封闭盆膈裂孔，可分为浅、深 2 层（图 9-12，图 9-13）。

1. 浅层肌

（1）**会阴浅横肌** superficial transverse muscle of perineum　起自坐骨结节，横行止于会阴中心腱，有固定会阴中心腱的作用。

（2）**球海绵体肌** bulbocavernosus　男性起自会阴中心腱和尿道球下面的中缝，围绕尿道海绵体后部，止于阴茎背面的筋膜。收缩时可使尿道缩短变细，协助排尿和射精，并参与阴茎勃起。在女性，此肌分左、右两部，覆盖于前庭球、前庭大腺及阴蒂海绵体的表面，肌纤维环绕阴道口和尿道口，称阴道括约肌。此肌收缩时，压迫前庭球使阴道口缩小，压迫阴蒂背静脉，引起阴蒂勃起。环绕尿道口的肌纤维具有括约尿道的作用。

会阴中心腱 perineal central tendon 又称**会阴体** perineal body，是狭义会阴深面的一个腱性结构，长约 1.3 cm，多条会阴肌附着于此，有加固盆底的作用。在女性，此腱较大且有韧性和弹

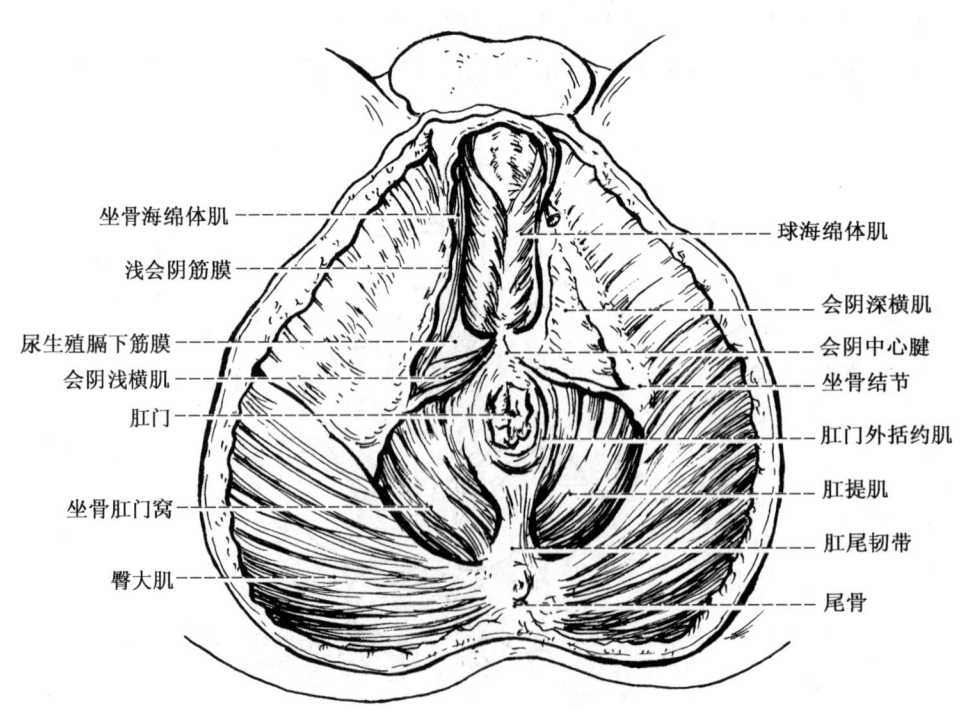

图 9-12　男性会阴肌
（浅层）

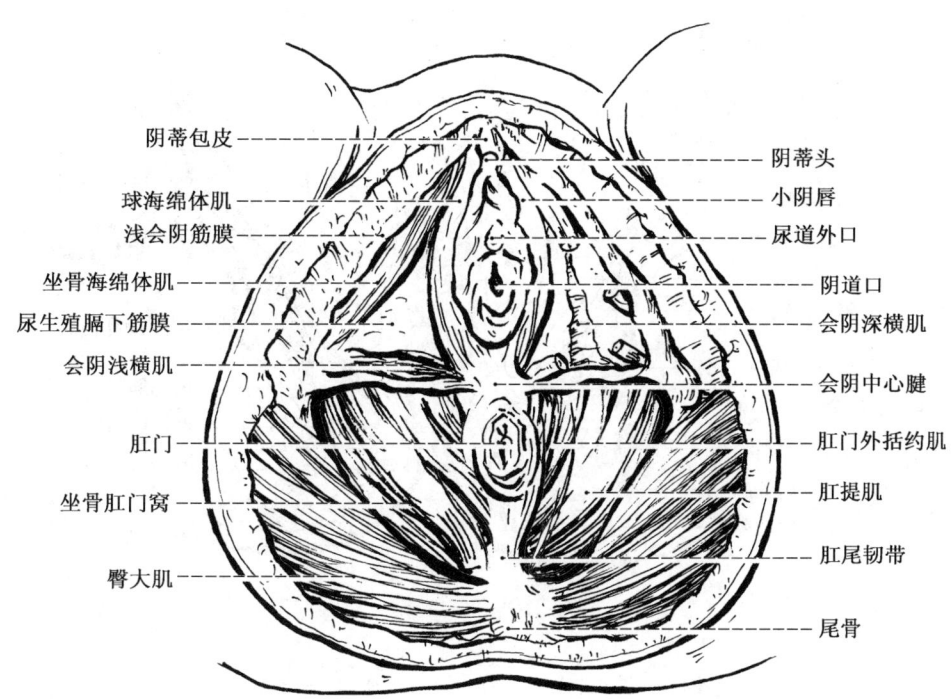

阴蒂包皮 —— 阴蒂头
球海绵体肌 —— 小阴唇
浅会阴筋膜 —— 尿道外口
坐骨海绵体肌 —— 阴道口
尿生殖膈下筋膜 —— 会阴深横肌
会阴浅横肌 —— 会阴中心腱
肛门 —— 肛门外括约肌
坐骨肛门窝 —— 肛提肌
臀大肌 —— 肛尾韧带
—— 尾骨

图 9-13　女性会阴肌（浅层）

性，在分娩时应加以保护。

（3）**坐骨海绵体肌** ischiocavernosus　男性覆盖在阴茎脚的表面，起自坐骨结节，止于阴茎脚表面的筋膜。收缩时压迫阴茎海绵体根部，阻止静脉血回流，参与阴茎勃起，故又称**阴茎勃起肌**。女性此肌较薄弱，覆盖于阴蒂脚的表面，收缩时使阴蒂勃起，又称**阴蒂勃起肌**。

2. 深层肌

（1）**会阴深横肌** deep transverse muscle of perineum　位于尿生殖膈上、下筋膜之间，起自两侧坐骨支，肌束横行至中线上互相交织，部分纤维止于会阴中心腱，收缩时可稳定会阴中心腱。男性此肌中埋有尿道球腺。

（2）**尿道括约肌** sphincter of urethra　位于会阴深横肌前方，肌束呈环形围绕尿道膜部，是随意的尿道外括约肌。在女性，此肌还围绕阴道，称**尿道阴道括约肌** urethrovaginal sphincter，可缩紧尿道和阴道。尿道括约肌和会阴深横肌不能截然分开，二者合称尿生殖三角肌。

二、会阴筋膜

会阴筋膜分浅筋膜和深筋膜 2 层。

（一）浅筋膜

会阴浅筋膜与腹部、臀部和股部的浅筋膜相延续。肛三角的浅筋膜为富含脂肪的结缔组织，充填在坐骨肛门窝内（图 9-14）。

尿生殖三角的浅筋膜分为 2 层：浅层为脂肪层，与腹下部和股部的浅筋膜相延续。深层呈膜状，称为**会阴浅筋膜**，又称 Colles 筋膜，向后附于尿生殖膈后缘，向两侧附于耻骨下支和坐骨支，向前上与腹前外侧壁浅筋膜的 Scarpa 筋膜相延续，向下与阴囊肉膜和阴茎浅筋膜相延续（图 9-15）。

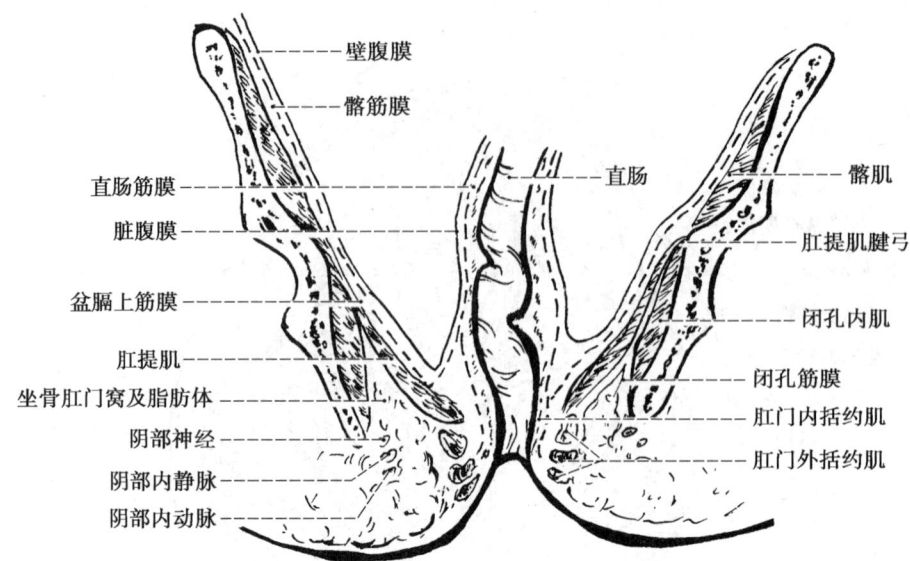

图 9-14 盆腔冠状面
模式图（经直肠）

壁腹膜
髂筋膜
直肠筋膜
脏腹膜
盆膈上筋膜
肛提肌
坐骨肛门窝及脂肪体
阴部神经
阴部内静脉
阴部内动脉
直肠
髂肌
肛提肌腱弓
闭孔内肌
闭孔筋膜
肛门内括约肌
肛门外括约肌

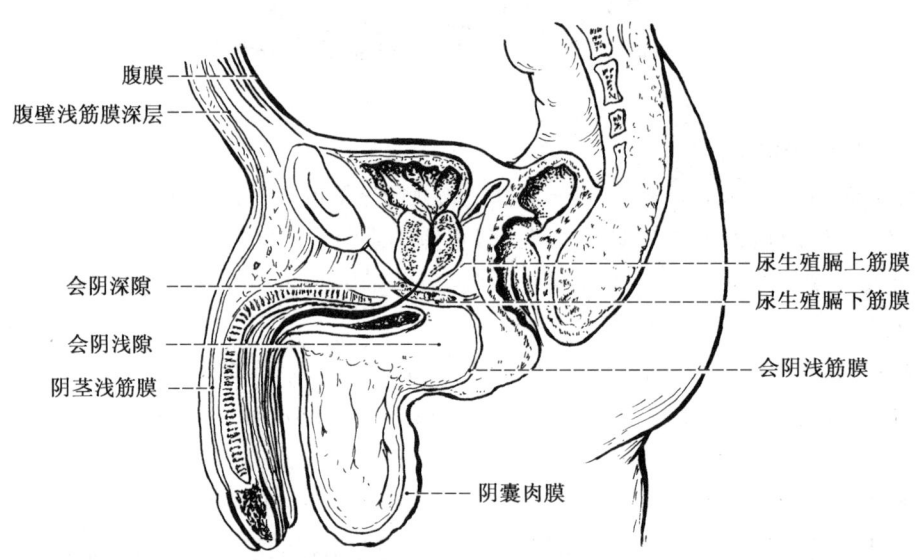

图 9-15 会阴筋膜模
式图（矢状面）

腹膜
腹壁浅筋膜深层
会阴深隙
会阴浅隙
阴茎浅筋膜
尿生殖膈上筋膜
尿生殖膈下筋膜
会阴浅筋膜
阴囊肉膜

（二）深筋膜

肛三角的深筋膜覆盖于坐骨肛门窝的各壁。衬于肛提肌和尾骨肌的上、下两面，分别称为盆膈上筋膜和盆膈下筋膜，为盆壁筋膜的一部分（图 9-14）。

尿生殖三角的深筋膜亦分 2 层，分别覆盖在会阴深横肌和尿道括约肌的下面和上面，称为**尿生殖膈下筋膜**和**尿生殖膈上筋膜**（图 9-15）。此 2 层筋膜的两侧均附于耻骨下支和坐骨支，前缘和后缘 2 层互相愈合。

三、会阴区的重要结构

（一）坐骨肛门窝

坐骨肛门窝 ischioanal fossa 位于坐骨结节与肛门之间，为底朝下的锥形深隙（图 9-14）。两侧的坐骨肛门窝在肛管后方相通。窝内填充有大量脂肪组织，会阴部的血管、神经、淋巴管穿行其中。坐骨肛门窝是肛周脓肿和肛瘘的好发部位。

（二）盆膈

盆膈 pelvic diaphragm 由盆膈上、下筋膜及其间的肛提肌和尾骨肌共同组成，封闭骨盆下口的大部分，中央有直肠穿过，对承托盆腔脏器有重要作用。

（三）尿生殖膈

尿生殖膈 urogenital diaphragm 由尿生殖膈上、下筋膜及其间的会阴深横肌和尿道括约肌共同组成，封闭盆膈裂孔。男性有尿道，女性有尿道和阴道穿过尿生殖膈。尿生殖膈有加强盆底，协助承托盆腔脏器的作用。

（四）会阴浅隙

会阴浅隙 superficial perineal space 是由会阴浅筋膜与尿生殖膈下筋膜围成的间隙，内有尿生殖三角的浅层肌、阴部神经、阴部内血管的末支，男性的阴茎根、尿道球，女性的阴蒂脚、前庭球和前庭大腺等结构（图 9-16，图 9-17）。若男性尿道球破裂，尿液溢入会阴浅隙内，引起阴茎和阴囊肿胀，并可向上扩散至腹前壁的 Scarpa 筋膜深面。

（五）会阴深隙

会阴深隙 deep perineal space 为尿生殖膈上、下筋膜之间的间隙，内有会阴深横肌、尿道括约肌，男性的尿道膜部和尿道球腺等结构，女性则有尿道和阴道穿过（图 9-16，图 9-17）。男性尿道膜部破裂时，溢出的尿液局限于密闭的会阴深隙内。

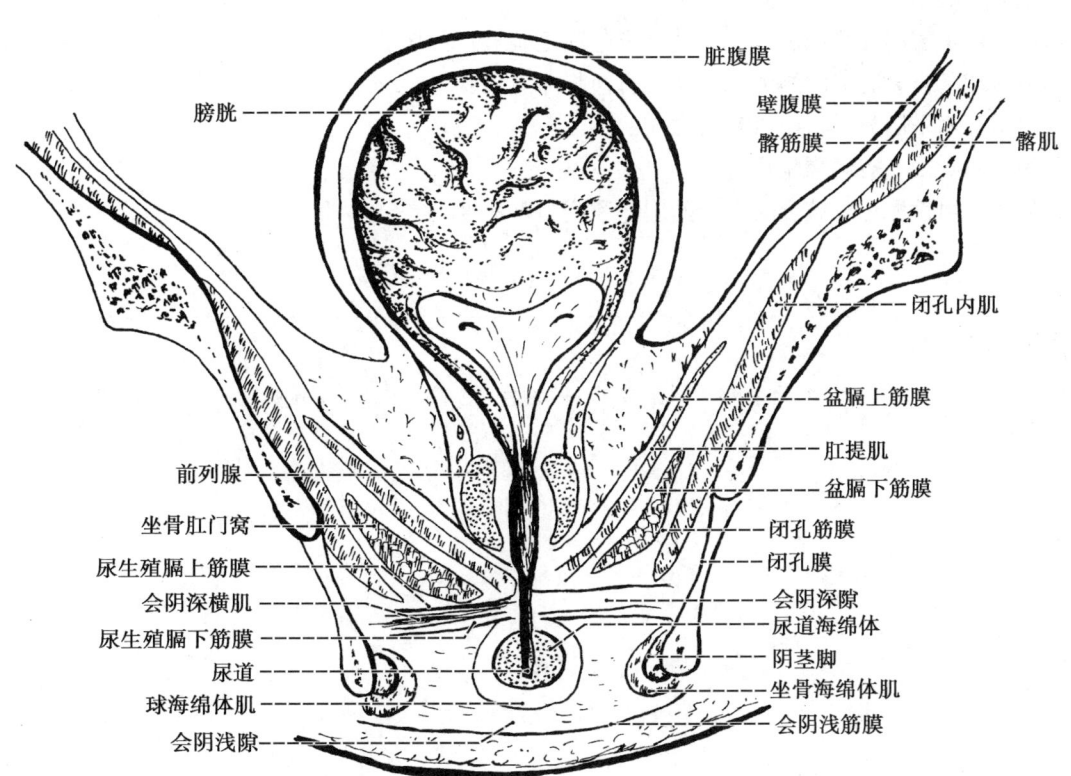

图 9-16　男性盆腔冠状面模式图（经膀胱）

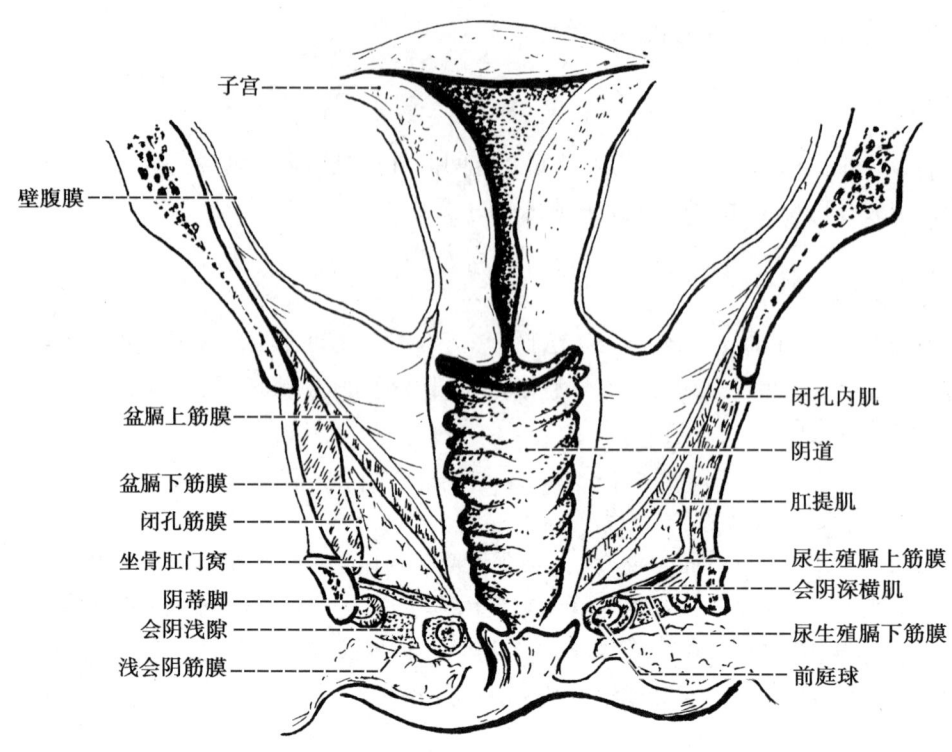

子宫

壁腹膜

盆膈上筋膜

盆膈下筋膜

闭孔筋膜

坐骨肛门窝

阴蒂脚

会阴浅隙

浅会阴筋膜

闭孔内肌

阴道

肛提肌

尿生殖膈上筋膜

会阴深横肌

尿生殖膈下筋膜

前庭球

图 9-17　女性盆腔冠状面模式图（经阴道）

（邓祥发）

复习思考题

1. 试述卵巢的形态、位置及固定装置。

2. 如何描述子宫的姿势和位置？子宫有哪些固定装置？其功能是什么？

3. 阴道穹和子宫直肠陷凹的关系如何？有何临床意义？

4. 乳房切开术采用放射状切口有何意义？

5. 何为产科会阴？有何临床意义？

6. 如何解释男性尿道球破裂时引起的阴茎和阴囊肿胀？

数字课程学习……

👤 本章小结　　🦋 实物标本图　　👥 开放性讨论　　📝 自测题　　⬇️ 教学 PPT

第十章
腹膜

关键词

| 腹膜 | 腹膜腔 | 网膜 | 网膜囊 | 系膜 |
| 韧带 | 腹膜襞 | 腹膜隐窝 | 腹膜陷凹 | 腹膜间隙 |

腹膜为覆盖于腹、盆腔壁内面和腹、盆腔脏器表面的一层薄而光滑的浆膜,具有分泌、吸收、保护、支持、修复等功能。脏腹膜可分泌少量浆液润滑器官表面,最大限度地减少脏器之间的摩擦。同时,壁腹膜可吸收腹膜腔内的液体和气体。腹膜腔内含有大量免疫细胞如巨噬细胞、T细胞、B细胞等,具有免疫防御和调节作用。由于腹腔器官多,腹膜衬覆腹、盆腔内的器官,或在器官之间折返移行处形成网膜、韧带、系膜、皱襞等结构,起支持和固定脏器的作用,同时形成网膜囊、沟、窦、间隙、隐窝和陷凹等结构。腹部常见的疾病如炎症、创伤、肿瘤等多与腹膜关系密切。内脏器官破裂或穿孔,血液和内容物常流入腹膜腔。

思维导图

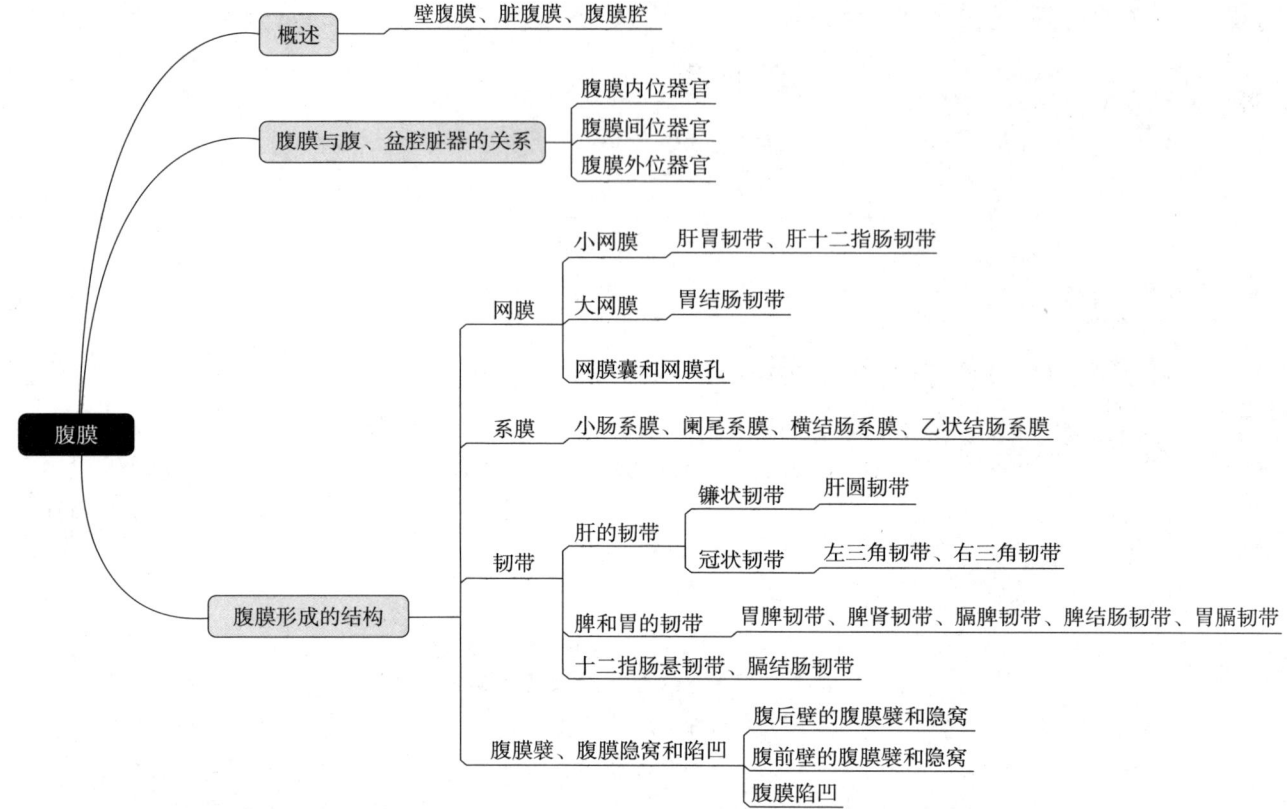

一、概述

　　腹膜 peritoneum 按覆盖的部位不同分为**壁腹膜** parietal peritoneum 和**脏腹膜** visceral peritoneum。被覆于腹、盆腔各壁的腹膜称为壁腹膜，覆盖于腹、盆腔脏器表面的腹膜称为脏腹膜。壁腹膜和脏腹膜互相延续、移行，围成不规则的潜在性腔隙，称为**腹膜腔** peritoneal cavity。男性腹膜腔为一封闭的腔隙；女性腹膜腔则借输卵管腹腔口、输卵管、子宫、阴道与外界相通（图 10-1）。腹膜腔内仅含少量浆液（100～200 mL），腹、盆腔脏器均位于腹腔之内、腹膜腔之外。

　　壁腹膜与腹、盆腔壁之间有一层厚薄不均的疏松结缔组织，称为**腹膜外组织** extraperitoneal tissue。腹后壁、盆壁和腹前壁下部的腹膜外组织较厚且富含脂肪。因此，这些地方的壁腹膜可随其毗邻脏器的形态改变而移动。如腹前下壁和盆腔前壁的壁腹膜可随膀胱的充盈而上移，使耻骨联合上方在一定的距离内暂无腹膜覆盖，临床上可经此行膀胱穿刺或进行腹膜外膀胱手术。脏腹膜较薄，直接与脏器紧密相连，为脏器的组成部分，如胃和肠的脏腹膜即为它们的外膜。

二、腹膜与腹、盆腔脏器的关系

　　根据脏器被腹膜覆盖的范围不同，可将腹、盆腔脏器分为 3 类，即腹膜内位器官、腹膜间位

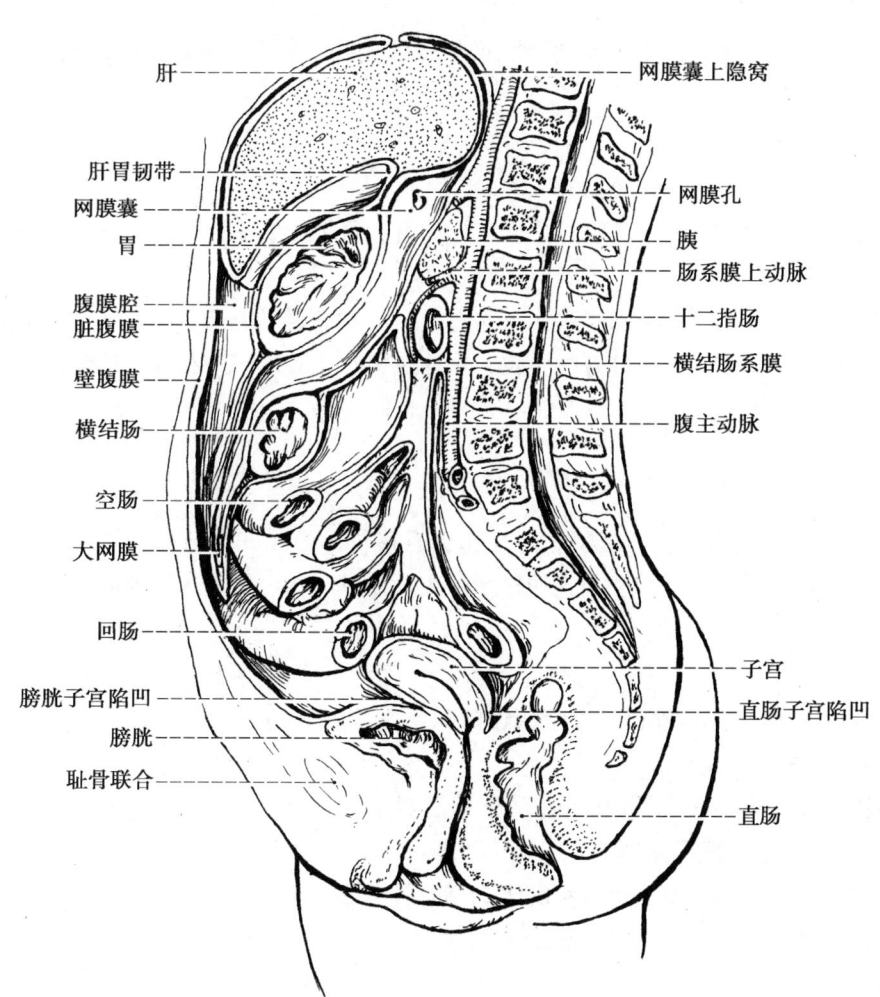

图 10-1　腹膜腔矢状面模式图（女性）

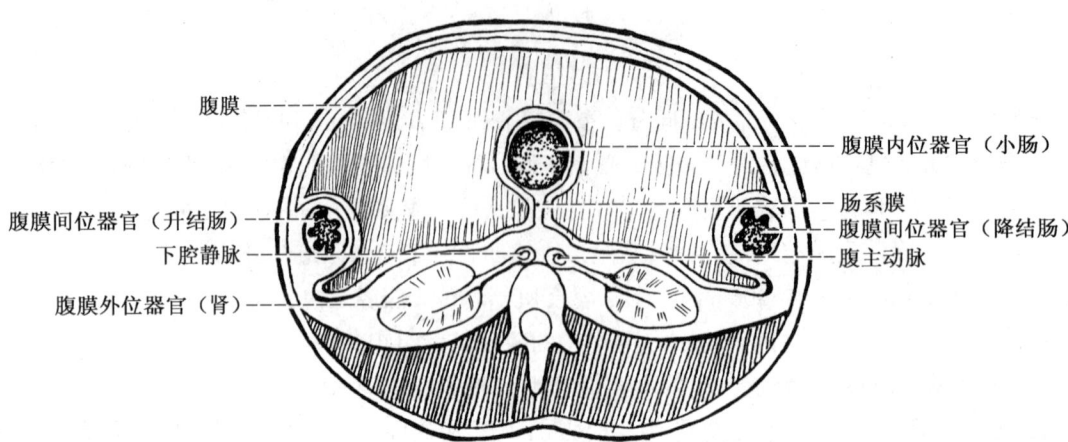

图 10-2　腹膜与脏器
的关系示意图（水平面）

器官和腹膜外位器官（图 10-2）。

（一）腹膜内位器官

表面几乎都被腹膜所覆盖的器官为腹膜内位器官，如胃、十二指肠上部、空肠、回肠、盲肠、阑尾、横结肠、乙状结肠、脾、卵巢和输卵管。

（二）腹膜间位器官

表面大部分被腹膜覆盖的器官为腹膜间位器官，如肝、胆囊、升结肠、降结肠、直肠上段、子宫和膀胱等。

（三）腹膜外位器官

仅一面被腹膜覆盖的器官为腹膜外位器官，如肾、肾上腺、输尿管，十二指肠降部、下部和升部，直肠中、下段及胰等。

了解脏器与腹膜的关系，对选择手术入路有重要的临床意义。部分腹膜间位器官和腹膜外位器官可在腹膜外进行手术，不必打开腹膜腔，从而避免腹膜腔的感染和术后粘连。

三、腹膜形成的结构

壁腹膜与脏腹膜之间，或脏腹膜之间互相折返移行，形成许多结构，如网膜、系膜和韧带等，这些结构不仅对器官起连接和固定的作用，也是血管、神经等进入脏器的途径。

（一）网膜

网膜 omentum 是与胃小弯和胃大弯相连的双层腹膜，其间有血管、神经、淋巴管和结缔组织等（图 10-1，图 10-3）。

1. **小网膜** lesser omentum　是由肝门向下连于胃小弯和十二指肠上部的双层腹膜结构。从肝门连于胃小弯的部分称**肝胃韧带** hepatogastric ligament，其内含有胃左、右血管及淋巴结、神经等。从肝门连于十二指肠上部的部分称**肝十二指肠韧带** hepatoduodenal ligament，其内有位于右前方的胆总管，位于左前方的肝固有动脉，在这两者之后的肝门静脉，以及行于韧带内的淋巴管、淋巴结和神经丛等。

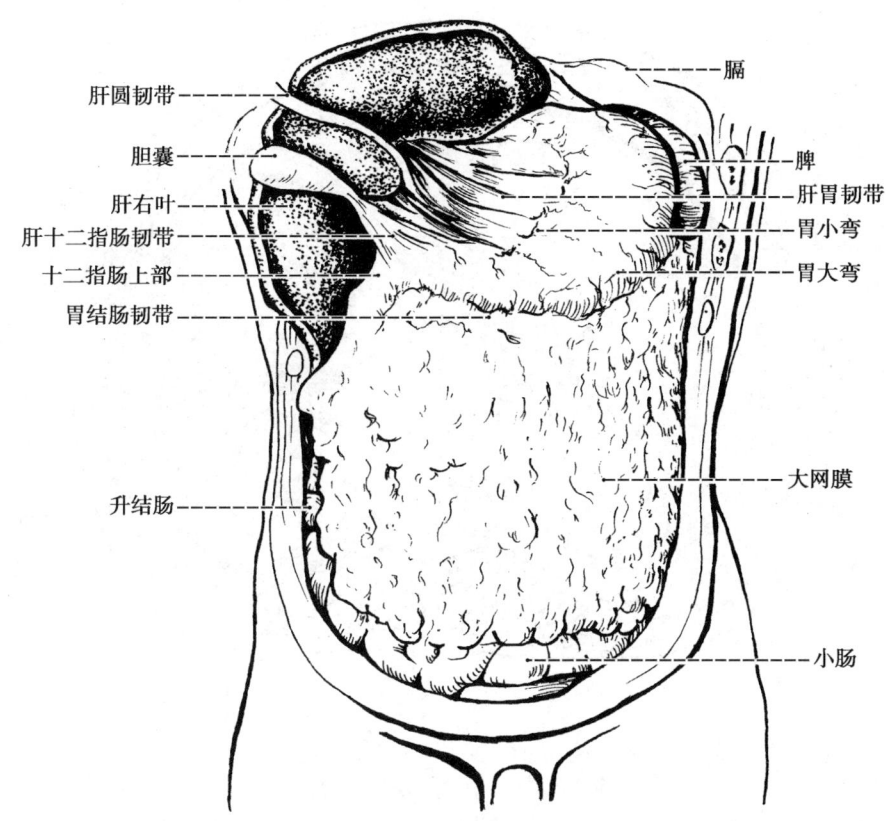

肝圆韧带----

胆囊----

肝右叶----

肝十二指肠韧带----

十二指肠上部----

胃结肠韧带----

升结肠----

----膈

----脾

----肝胃韧带

----胃小弯

----胃大弯

----大网膜

----小肠

图 10-3　网膜

2. **大网膜** greater omentum　是连于胃大弯与横结肠之间的腹膜结构，形似围裙，覆盖于空、回肠和横结肠的前方，其左缘与胃脾韧带相连续。大网膜由 4 层腹膜组成。贴于胃和十二指肠上部前、后壁的腹膜在胃大弯处互相愈合，形成大网膜的前 2 层，并向下降至脐平面稍下方，然后向后折返向上，形成大网膜的后 2 层，至横结肠 2 层腹膜再次分开包绕横结肠前、后壁，在横结肠上缘合成横结肠系膜，连于腹后壁。

大网膜前 2 层与后 2 层之间的潜在性腔隙是网膜囊的下部，随着年龄的增长，大网膜前 2 层和后 2 层常粘连愈合，致使其间的网膜囊下部消失，而连于胃大弯和横结肠之间的大网膜前 2 层则形成**胃结肠韧带** gastrocolic ligament。

大网膜前 2 层或后 2 层的腹膜间含有许多血管分支，胃大弯下方约 1 cm 处有胃网膜左、右血管，它们分别向胃大弯和大网膜发出分支。大网膜的长度因人而异，活体上大网膜的下垂部分常可移动位置，当腹膜腔内有炎症时，大网膜可包围病灶以防止炎症扩散蔓延，故有"腹腔卫士"之称。小儿的大网膜较短不易发挥上述作用，故小儿下腹部炎症常易发展为弥漫性腹膜炎。

3. 网膜囊和网膜孔　**网膜囊** omental bursa 是介于小网膜、胃后壁与腹后壁的腹膜之间的一个扁窄间隙，又称小腹膜腔，为腹膜腔的一部分。网膜囊的前壁为小网膜、胃后壁的腹膜和胃结肠韧带，后壁为横结肠及其系膜及覆盖在胰、左肾、左肾上腺等处的腹膜，上壁为肝尾状叶和膈下方的腹膜，下壁为大网膜前、后层的愈合处。网膜囊的左侧为脾、胃脾韧带和脾肾韧带，右侧借网膜孔通腹膜腔的其余部分。

网膜孔 omental foramen（Winslow 孔）位于第 12 胸椎至第 2 腰椎椎体的前方。上界为肝尾状叶，下界为十二指肠上部，前为肝十二指肠韧带，后界为覆盖在下腔静脉表面的腹膜（图 10-4）。网膜孔是网膜囊与大腹膜腔之间的唯一通道，成人可容 1~2 指通过。

临床视角 10-1
大网膜在手术中的
应用

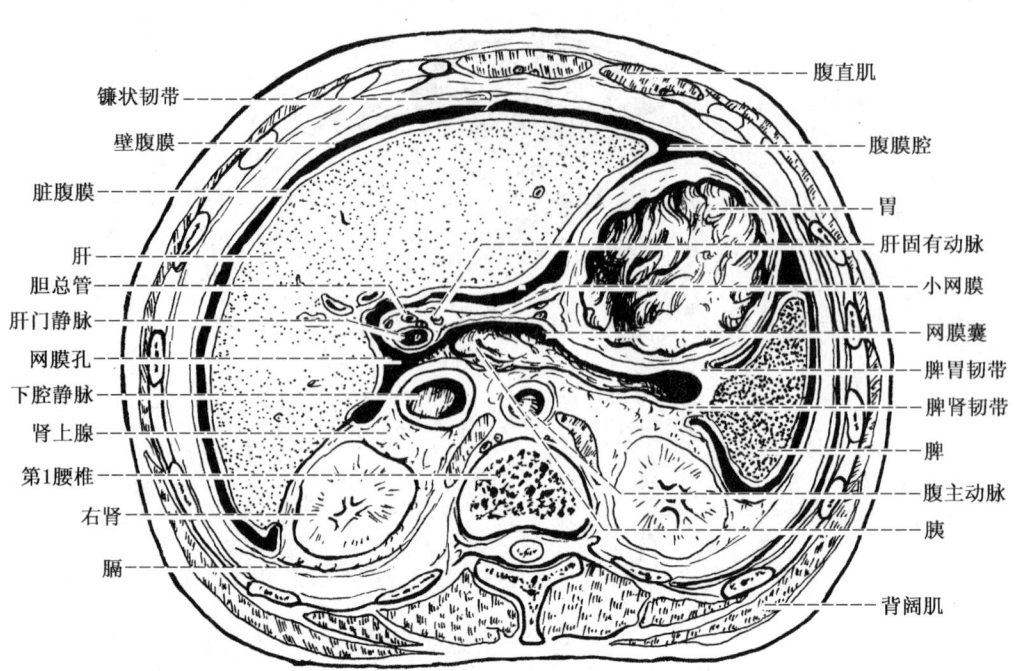

镰状韧带 —— 腹直肌
壁腹膜 —— 腹膜腔
脏腹膜 —— 胃
肝 —— 肝固有动脉
胆总管 —— 小网膜
肝门静脉 —— 网膜囊
网膜孔 —— 脾胃韧带
下腔静脉 —— 脾肾韧带
肾上腺 —— 脾
第1腰椎 —— 腹主动脉
右肾 —— 胰
膈 —— 背阔肌

图 10-4　网膜孔和网膜囊（经第 1 腰椎水平面）

临床视角 10-2
肝破裂或肝门附近动脉出血的止血方法

网膜囊是腹膜腔的一个盲囊，位置较深，毗邻关系复杂，器官的病变相互影响。当胃后壁穿孔或某些炎症导致网膜囊内积液（脓）时，早期常局限于囊内，给诊断带来一定困难。液体量增加到一定程度或因体位变化，可经网膜孔流到腹膜腔的其他部位，引起炎症扩散。

（二）系膜

将器官连于腹、盆壁的双层腹膜结构称为系膜，其内有出入该器官的血管、神经及淋巴管和淋巴结等。主要的系膜有：小肠系膜、阑尾系膜、横结肠系膜、乙状结肠系膜、卵巢系膜和输卵管系膜等（图 10-5）。

1. **小肠系膜** mesentery　简称肠系膜，是将空肠和回肠连于腹后壁的双层腹膜结构，其附着于腹后壁的部分称为**肠系膜根** root of mesentery，长约 15 cm，起自第 2 腰椎左侧，斜向右下跨过脊柱及其前方结构，止于右骶髂关节前方。肠系膜整体呈皱褶状扇形，连于空、回肠的肠缘，由于肠系膜根和肠缘的长度相差悬殊，故空、回肠有较大活动度，对消化和吸收有促进作用，但易发生肠扭转、肠套叠等急腹症。

2. **阑尾系膜** mesoappendix　是阑尾和肠系膜下端之间的三角形双层腹膜结构。阑尾的血管走行于系膜的游离缘内，故阑尾切除时，应从系膜游离缘进行血管结扎。

3. **横结肠系膜** transverse mesocolon　是横结肠连于腹后壁的双层腹膜结构，其根部起自结肠右曲，向左跨过右肾中部、十二指肠降部、胰头及左肾等器官前方，直至结肠左曲。通常以横结肠系膜为标志将腹膜腔划分为结肠上区和结肠下区。

4. **乙状结肠系膜** sigmoid mesocolon　是将乙状结肠固定于左下腹的双层腹膜结构，其根部附着于左髂窝和骨盆左后壁。该系膜较长，故乙状结肠活动度较大，因而易发生肠扭转。

（三）韧带

腹膜形成的韧带指连接腹、盆壁与脏器之间或连接相邻脏器之间的腹膜结构，多数为双层，

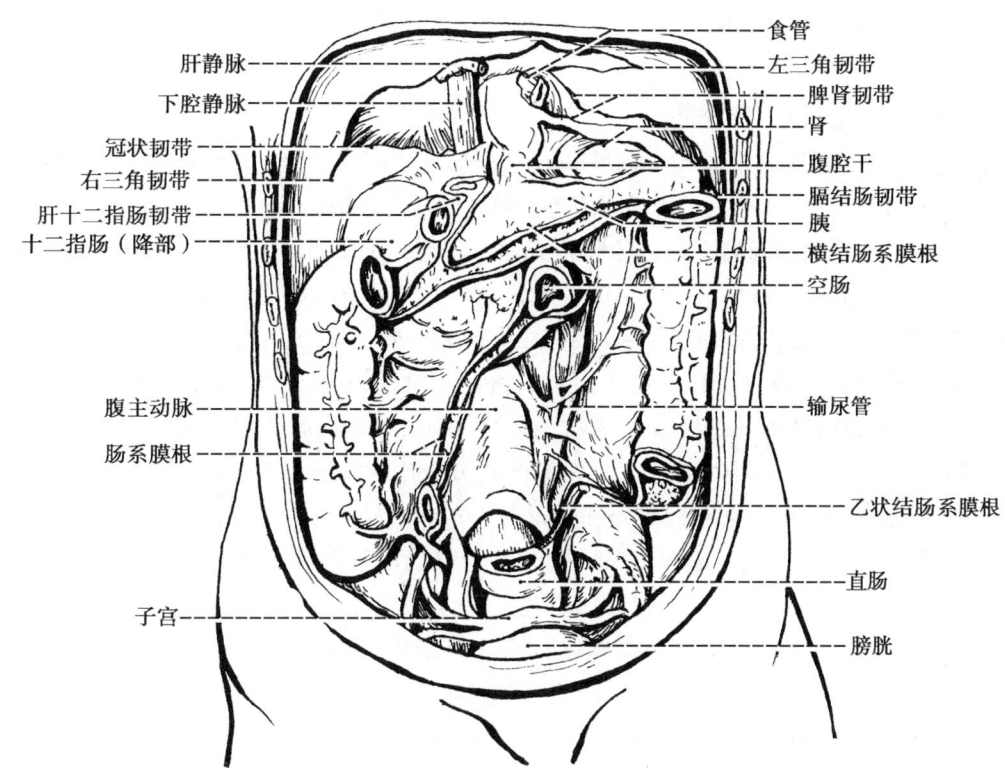

图 10-5　腹膜形成的结构

少数为单层腹膜构成，对脏器有固定作用。有的韧带内含有血管和神经等。

1. 肝的韧带　除了前述的肝胃韧带和肝十二指肠韧带外，与肝相连的韧带还有：肝镰状韧带、冠状韧带、左右三角韧带及肝圆韧带。

镰状韧带 falciform ligament of liver 呈矢状位，是上腹前壁和膈下面连于肝上面的双层腹膜结构，呈矢状位居前正中线右侧，形似镰刀，其下缘游离并增厚，向下延伸至脐，内含**肝圆韧带** ligamentum teres hepatis，后者乃胚胎时脐静脉闭锁后的遗迹。

冠状韧带 coronary ligament 呈冠状位，由膈下面的壁腹膜返折至肝膈面所形成的双层腹膜组成。前层向前与镰状韧带相延续，后层与前层分离，因此，肝的后表面有一区域无腹膜被覆，称为**肝裸区** bare area of liver。冠状韧带在肝的左、右 2 端，前、后 2 层彼此汇合增厚形成**左、右三角韧带** left and right triangular ligaments。

2. 脾的韧带　主要的有胃脾韧带、脾肾韧带、膈脾韧带。**胃脾韧带** gastrosplenic ligament 是由脾门连至胃底和胃大弯上份的双层腹膜结构，向下与大网膜左侧部相延续，内含胃短血管和胃网膜左血管及淋巴管、淋巴结等。**脾肾韧带** splenorenal ligament 为脾门至左肾前面的双层腹膜结构，内含胰尾、脾血管及淋巴结、神经等。**膈脾韧带** phrenicosplenic ligament 由脾肾韧带向上延伸至膈。在脾前端与结肠左曲之间，有**脾结肠韧带** splenocolic ligament。

3. 胃的韧带　包括肝胃韧带、胃脾韧带、胃结肠韧带和胃膈韧带，前三者已如前述。**胃膈韧带** gastrophrenic ligament 是胃贲门左侧和食管腹段连于膈下面的腹膜结构。

4. 十二指肠悬韧带 suspensory ligament of duodenum　又称 **Treitz 韧带** ligament of Treitz，由十二指肠悬肌和包绕其下段的腹膜皱襞共同构成，起自右膈脚，止于十二指肠空肠曲上后壁，对十二指肠空肠曲起固定作用，临床上此韧带是寻找空肠起始端的重要标志。

此外，在膈与结肠左曲之间还有**膈结肠韧带** phrenicocolic ligament，位于脾下端的下外方，起固定结肠左曲、承托脾的作用。

（四）腹膜襞、腹膜隐窝和陷凹

腹膜形成的隆起称**腹膜襞** peritoneal folds，其深部常有血管走行。在腹膜襞之间或腹膜襞与腹、盆壁之间形成的凹陷称隐窝、沟和间隙等，较大的隐窝称**陷凹** pouch。

1. 腹后壁的腹膜襞和隐窝　常见的腹膜襞和隐窝有：**十二指肠上襞** superior duodenal fold，位于十二指肠升部左侧，相当于第2腰椎平面，呈半月形，下缘游离。此襞深面为口朝下方的**十二指肠上隐窝** superior duodenal recess（中国人出现率50%），其左侧有肠系膜下静脉通行于壁腹膜后方。隐窝下方是与其开口相对的十二指肠下隐窝，位于十二指肠下襞深面（中国人出现率75%）。**盲肠后隐窝** retrocecal recess，位于盲肠后方，盲肠后位的阑尾常在其内。**乙状结肠间隐窝** intersigmoid recess，位于乙状结肠左后方，乙状结肠系膜与腹后壁之间，其后壁的壁腹膜覆盖左输尿管。**肝肾隐窝** hepatorenal recess 位于肝右叶与右肾之间，其左界为网膜孔和十二指肠降部，右界为右结肠旁沟。在仰卧时，肝肾隐窝是腹膜腔的最低部位，腹膜腔内的液体易积存于此。

2. 腹前壁的腹膜襞和隐窝　腹前壁内面有5条腹膜襞，均位于脐下。正中为**脐正中襞** median umbilical fold，连于脐与膀胱尖之间，内含脐尿管闭锁后形成的脐正中韧带。一对**脐内侧襞** medial umbilical fold 位于脐正中襞的两侧，内含脐动脉闭锁后形成的脐内侧韧带。一对**脐外侧襞** lateral umbilical fold 分别位于左、右侧脐内侧襞的外侧，内含腹壁下动脉和静脉，故又称腹壁动脉襞（图10-6）。在腹股沟韧带上方，上述5条腹膜襞之间形成3对浅窝，由中线向外侧依次为**膀胱上窝** supravesical fossa、**腹股沟内侧窝** medial inguinal fossa 和**腹股沟外侧窝** lateral inguinal fossa。

3. 腹膜陷凹　是比隐窝更大的凹陷，为腹膜在盆腔脏器之间移行折返所形成。男性的膀胱与直肠之间有**直肠膀胱陷凹** rectovesical pouch，凹底距肛门约7.5 cm。女性在膀胱与子宫之间有**膀胱子宫陷凹** vesicouterine pouch，转折处约位于子宫峡水平。直肠前壁的腹膜向前返折贴于阴道后穹及子宫体，形成一个较深的**直肠子宫陷凹** rectouterine pouch，又称 Douglas 腔（图10-1）。凹底距肛门约3.5 cm，与阴道后穹之间仅隔以阴道后壁和腹膜。站立或坐位时，男性的直肠膀胱

知识扩展 10-1
腹膜腔的分区和间隙

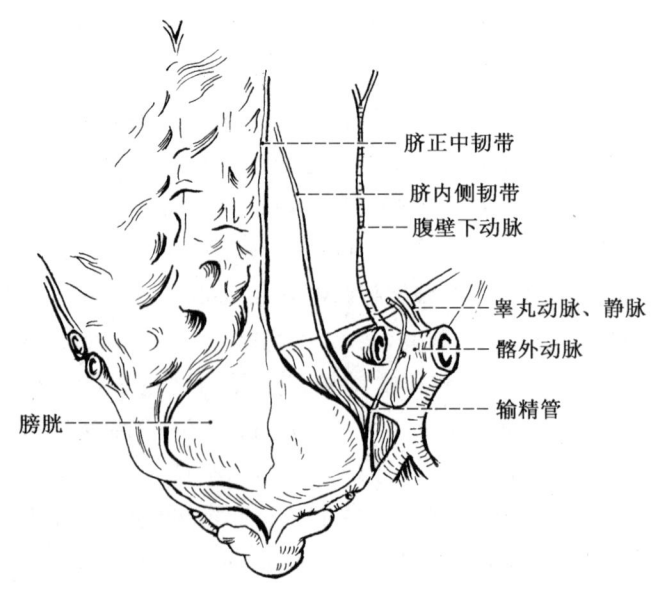

脐正中韧带
脐内侧韧带
腹壁下动脉

睾丸动脉、静脉
髂外动脉
输精管

膀胱

图 10-6　腹前壁内面的腹膜襞和隐窝

陷凹和女性的直肠子宫陷凹是腹膜腔的最低部位，故腹膜腔内的积液多聚积于此。临床上可进行直肠穿刺和阴道后穹穿刺用于诊断和治疗。

（邓祥发）

复习思考题

1. 腹腔与腹膜腔有何不同？男性和女性的腹膜腔有何差异？
2. 腹膜的形成结构主要包括哪几类？
3. 肝十二指肠韧带内有哪几种主要结构？其位置关系如何？
4. 网膜囊位于何处？有什么临床意义？

数字课程学习……

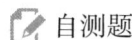 本章小结　　实物标本图　　开放性讨论　　自测题　　教学 PPT

第十一章
心血管系统

关键词

心　　　　动脉　　　静脉　　　毛细血管　　心房　　心室

冠状动脉　　体循环　　肺循环

心血管系统是连续封闭性管道，管道内循环流动着血液，可以将消化系统内吸收的营养物质和肺吸入的氧运送到全身各器官、组织和细胞，同时又将组织和细胞的代谢产物（如二氧化碳、尿素等）运送到肺、肾、皮肤等器官排出体外，保证机体新陈代谢的正常进行。心血管系统还有内分泌的功能，如心肌细胞可产生心钠素、血管紧张素等，心的神经和血管内皮细胞也能产生和分泌一些激素和生物活性物质，它们共同参与机体的功能调节。

思维导图（详图见数字课程 🖱）

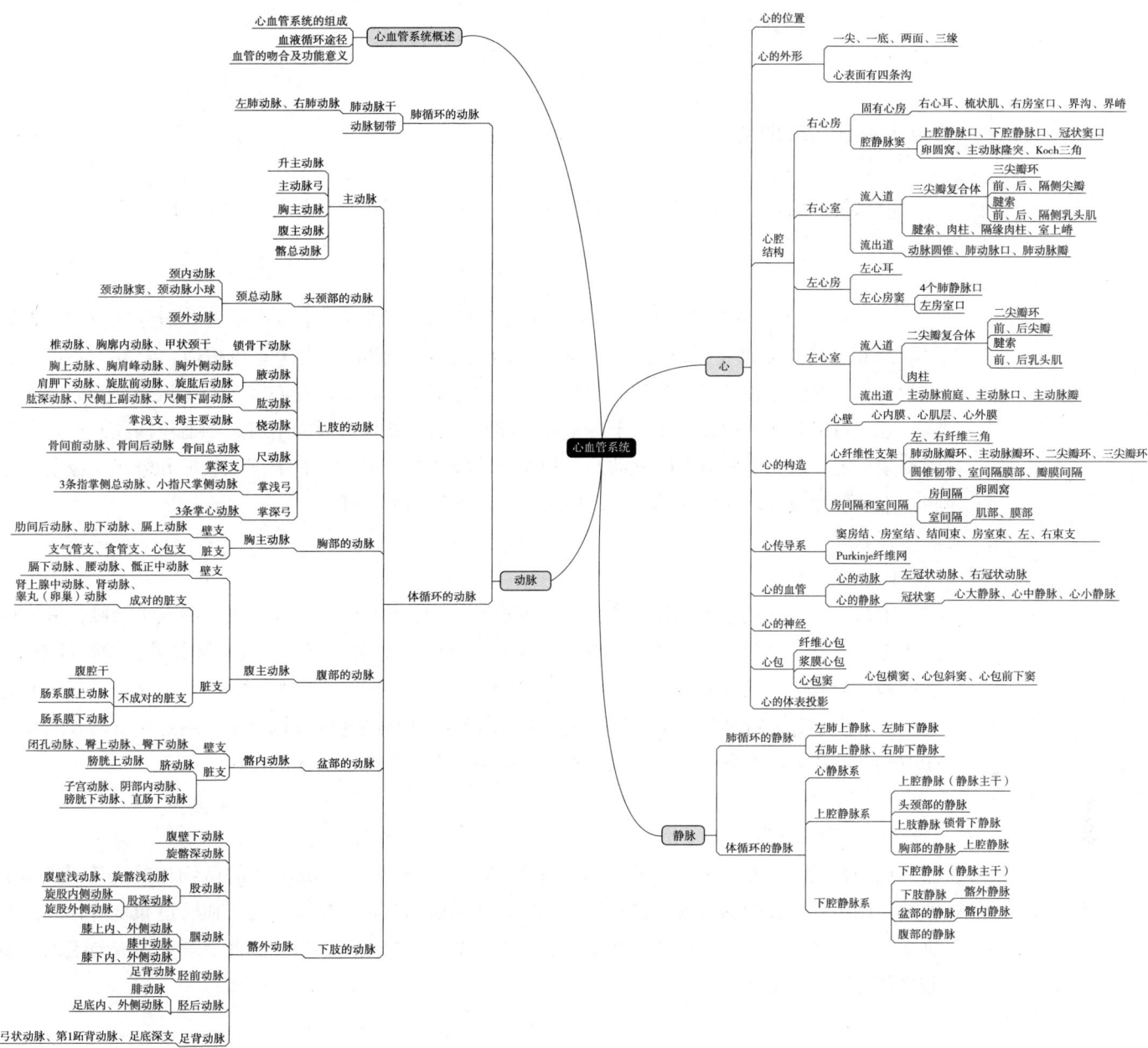

第一节　心血管系统概述

一、心血管系统的组成

心血管系统 cardiovascular system 包括心、动脉、毛细血管和静脉（图 11-1）。

（一）心

心 heart 是中空的肌性器官，它是心血管系统的动力装置，也具有重要的内分泌功能。心借房间隔和室间隔分成互不相通的左半心和右半心，每半侧心又借房室口相通，上方为心房，下方为心室。因此，心形成 4 个腔，即右心房、右心室、左心房、左心室。心房接受静脉的血液汇入，心室射出血液到动脉。在每个房室口和动脉的出口处均有瓣膜附着，顺血流瓣膜开放，逆血流瓣膜关闭，以保证血液定向流动。在神经和体液的调节下，心有节律地收缩和舒张，像泵一样将血液从静脉吸入，并由动脉射出，使血液能周而复始地循环。

（二）动脉

动脉 artery 是运送血液离心的管道。动脉在行程中不断分支，分为大、中、小动脉，最后移行为毛细血管。动脉的管壁较厚，管腔呈圆形，并随心舒缩而搏动。大动脉管壁内弹性纤维多，故有较大弹性，当心室射血时，动脉管壁扩张，心室舒张时，管壁回缩，推动血液不断向前流动。中、小动脉，特别是小动脉的管壁平滑肌较厚，在神经和体液调节下，通过血管的收缩和舒张改变管腔的大小，调节局部血流量和血管阻力，维持和调节机体的血压。

（三）毛细血管

毛细血管 capillary 是连于小动脉、小静脉之间，相互交织成网状的微细血管，管径为 6～9 μm。除了软骨、眼的角膜和晶状体、毛发、牙釉质和被覆上皮外，毛细血管遍布全身各部。毛细血管数量多，管壁薄，通透性较大，血液在毛细血管内流动缓慢，因此有利于血液与组织、细胞之间进行物质交换。

（四）静脉

静脉 vein 是引导血液回心的血管，起始于毛细血管的静脉端，在回心的过程中不断接受其属支，逐渐汇合成中静脉和大静脉，最后注入右心房。静脉管壁较薄，弹性小，管腔大，血液在静脉内流动缓慢。

二、血液循环途径

血液从心室射出，经动脉、毛细血管和静脉返回心房，这种周而复始的循环流动称为血液循环。血液循环可分为相互连续的体循环和肺循环 2 部分（图 11-1）。

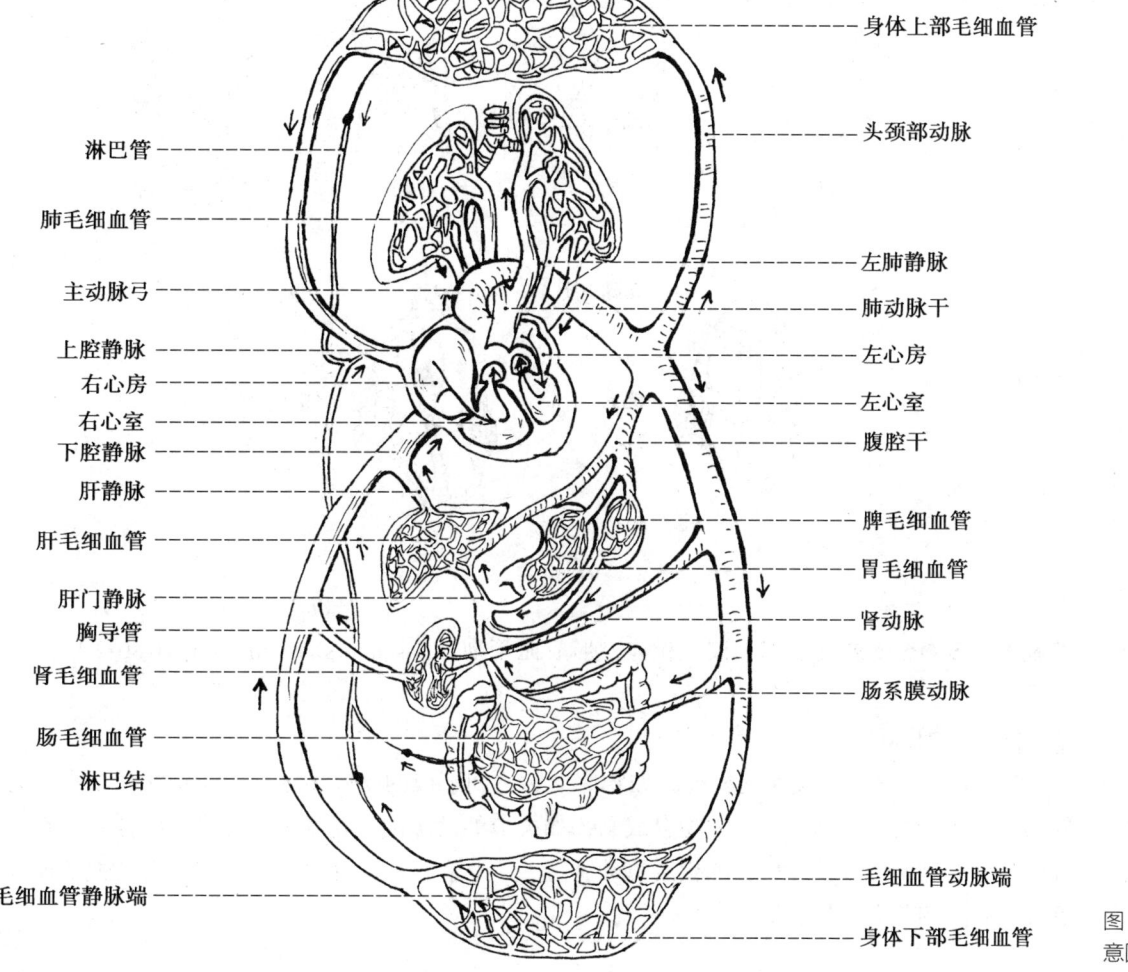

身体上部毛细血管

头颈部动脉

淋巴管

肺毛细血管

主动脉弓

上腔静脉
右心房
右心室
下腔静脉
肝静脉
肝毛细血管
肝门静脉
胸导管
肾毛细血管
肠毛细血管
淋巴结

毛细血管静脉端

左肺静脉
肺动脉干
左心房
左心室
腹腔干
脾毛细血管
胃毛细血管
肾动脉
肠系膜动脉

毛细血管动脉端
身体下部毛细血管

图 11-1 血液循环示意图

（一）体循环（大循环）

当左心室收缩时，富含氧和营养的血液由左心室射入主动脉，再经主动脉的各级分支到达全身的毛细血管，在此与周围组织和细胞进行物质和气体交换，转换为富含代谢产物和二氧化碳的静脉血，再通过各级静脉，最后经上、下腔静脉及冠状窦汇入右心房。此循环途径长，流经范围广，称为**体循环（大循环）**。

（二）肺循环（小循环）

从体循环回流的静脉血，由右心房到右心室，当右心室收缩时，富含二氧化碳的静脉血从右心室射出，经肺动脉主干及其各级分支，到达肺泡的毛细血管网，在此与肺泡内的气体进行气体交换，排出二氧化碳，吸进新鲜的氧，富含氧的血液从肺泡毛细血管经肺静脉汇入左心房。此循环路程较短，主要是经肺进行气体交换，称**肺循环（小循环）**。

三、血管的吻合及功能意义

血管之间的吻合非常广泛，在动脉与动脉之间，静脉与静脉之间，以及动、静脉之间，都可

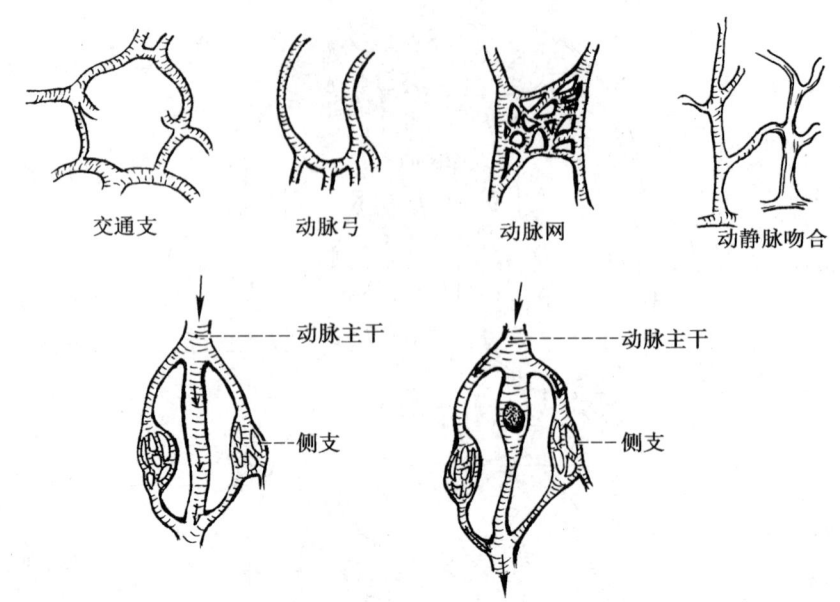

图 11-2　血管吻合及侧支循环

借血管支（吻合支或交通支）彼此相连，形成**血管吻合** vascular anastomosis（图 11-2）。

（一）动脉间吻合

2 条动脉干之间借交通支相连。如脑底动脉之间形成的脑底动脉环；在功能活动多或易受压的部位，邻近的多条动脉分支常吻合成网，如关节的动脉网；在经常改变形态的器官，在动脉末端或其分支吻合形成动脉弓，如胃肠道动脉弓、手掌和足底动脉弓等。这些吻合使血液循环时间缩短，并能调节血液的流量。

（二）静脉间吻合

静脉间吻合远比动脉间吻合丰富，除具有和动脉相似的吻合形式外，在体表浅静脉之间常吻合成**静脉弓（网）**，在体内深静脉之间常吻合形成**静脉丛**，如膀胱静脉丛、直肠静脉丛等，保证在脏器扩大或受压时血流通畅。

（三）动静脉吻合

动静脉吻合是直接连接小动脉和小静脉间的吻合血管，如指尖、消化道黏膜、肾皮质、生殖器勃起组织和甲状腺等处。这种吻合具有缩短循环途径，调节局部血流量和温度的作用。

（四）侧支吻合

较大的动脉干在行程中发出与其平行的**侧副支**，它与同一主干远侧端发出的侧副支吻合相通，形成**侧支吻合**。当主干阻塞时，侧副支逐渐增粗，血流可经扩大的侧副吻合到达阻塞远端的血管主干，使远端血供得到不同程度的代偿和恢复，这种侧支建立的循环称**侧支循环**。侧支循环的建立，对于保证器官在病理状态下的血供具有重要意义。

知识扩展 11-1
血管的变异与异常

第二节　心

一、心的位置和外形

（一）心的位置

心位于胸腔前下部的中纵隔内，约 2/3 居身体正中线的左侧，1/3 位于正中线的右侧（图 11-3）。上方连有出入心的大血管，下方是膈；两侧借纵隔胸膜与肺相邻；后方与主支气管、食管、迷走神经、胸主动脉相邻，平对第 5~8 胸椎；前方对向胸骨体及第 2~6 肋软骨，大部分被肺和胸膜所覆盖，只有左肺心切迹内侧部分与胸骨体下部左半及左侧第 4~6 肋软骨相邻。

（二）心的外形

心近似前后略扁倒置的圆锥体，大小似本人拳头。心的外形可分为一尖、一底、两面、三缘和四条沟（图 11-4，图 11-5）。

1. **心尖** 钝圆、游离，由左心室构成，朝向左前下方，与左胸前壁贴近，故在胸骨左侧第 5 肋间隙锁骨中线内侧 1~2 cm 处，可扪及心尖搏动。

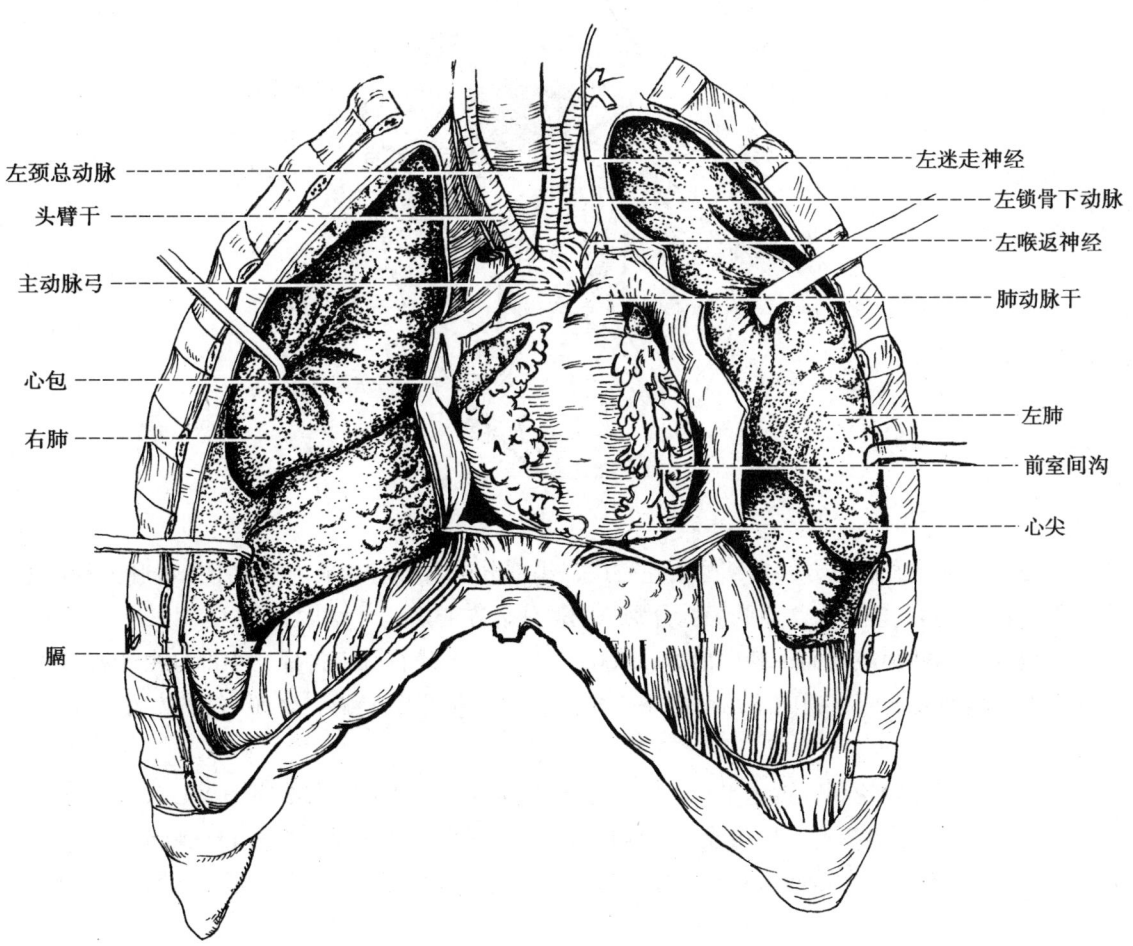

左颈总动脉

头臂干

主动脉弓

心包

右肺

膈

左迷走神经

左锁骨下动脉

左喉返神经

肺动脉干

左肺

前室间沟

心尖

图 11-3　心的位置

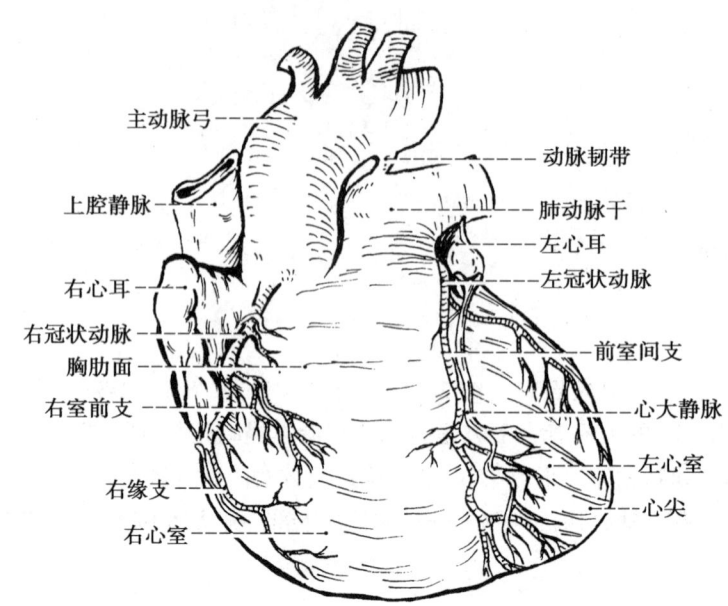

图 11-4 心的外形及
血管（前面观）

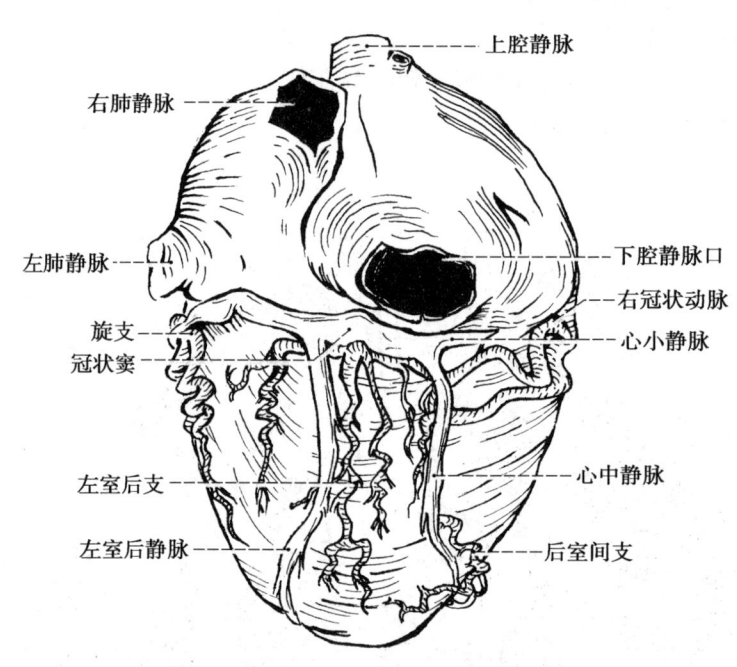

图 11-5 心的外形及
血管（后面观）

2. **心底** 朝向右后上方，大部分由左心房，小部分由右心房构成。上、下腔静脉分别从上、下方开口于右心房，左、右 2 对肺静脉分别从两侧注入左心房。

3. **两面** **胸肋面**或前面，朝向前方，大部分由右心房和右心室构成，小部分由左心耳和左心室构成。**膈面**或下面，朝向下后，近乎水平位，隔心包紧贴于膈。该面约 2/3 由左心室、1/3 由右心室构成。

4. **三缘** **下缘**较锐利，近水平位，略向左下方倾斜，大部分由右心室、仅心尖处由左心室构成。**右缘**垂直向下，由右心房构成。**左缘**斜向左下，钝圆，绝大部分由左心室构成，仅上方小部分有左心耳参与。左、右两缘隔心包分别与左、右膈神经，心包膈血管，左、右纵隔胸膜以及肺相邻。

5. 四条沟　**冠状沟** coronary sulcus 靠近心底处，近似冠状位，几乎环绕心一周，前方被肺动脉干所中断，它是心房和心室在心表面的分界标志。在心室的胸肋面和膈面各有一条自冠状沟向心尖右侧延伸的浅沟，分别称为**前室间沟** anterior interventricular groove 和**后室间沟** posterior interventricular groove。2 沟在心尖的右侧下缘相遇，是左、右心室在心表面的分界。前、后室间沟在心尖右侧的汇合处稍凹陷，**称心尖切迹**。在心底，右心房与右上、下肺静脉交界处的浅沟称**后房间沟**，与房间隔后缘一致，是左、右心房在心表面的分界。后房间沟、后室间沟与冠状沟的相交处称**房室交点** crux，是心表面的一个重要标志。此处是左、右心房与左、右心室在心后面相互接近之处，其深面有重要的血管和神经等结构。

二、心腔结构

（一）右心房

右心房 right atrium（图 11-6，图 11-7）位于心的右上部，可分为前方的固有心房和后方的腔静脉窦 2 部分。2 部以表面位于上、下腔静脉前缘间的浅沟，**即界沟** sulcus terminalis 为界，内部以相应的一条纵行肌嵴，称**界嵴** crista terminalis 为界。右心房前部有许多大致平行的肌束，称**梳状肌**，它们起自界嵴，止于右房室口。右心房的左前方突出部分称**右心耳** right auricle，内面梳状肌发达，当心功能障碍时，心耳处因血流缓慢、血液的淤积，易导致血栓形成。右心房的后部内壁光滑，上方有**上腔静脉开口** orifice of superior vena cava，下有**下腔静脉开口** orifice of inferior vena cava，后者开口的前缘有胚胎时残留的**下腔静脉瓣** valve of inferior vena cava，此瓣呈半月形，胎儿时期引导来自胎盘富含氧的血液通过房间隔上面的卵圆孔注入左心房。下腔静脉口和右房室口之间有**冠状窦口** orifice of coronary sinus，窦口下部有半月形的**冠状窦瓣**。心脏大部分静脉血经冠状窦口回流入右心房。

右心房的后内壁为房间隔，其下部有一卵圆形凹陷，称**卵圆窝** fossa ovalis，为胎儿时期卵圆孔闭合后的遗迹，此处壁较薄弱，是房间隔缺损的好发部位。卵圆窝前上方边缘隆起，称**卵圆窝**

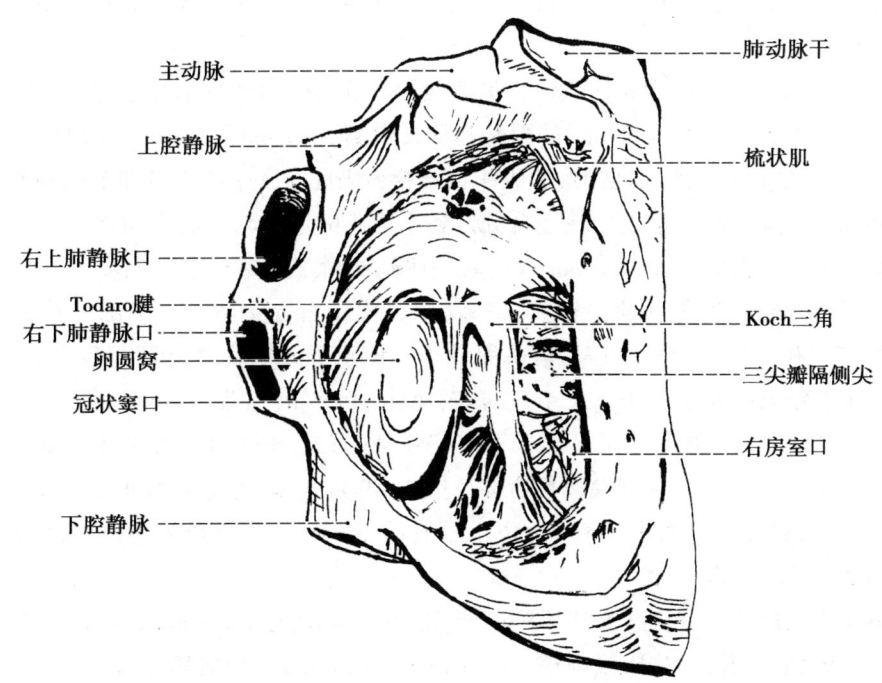

图 11-6　右心房内部结构

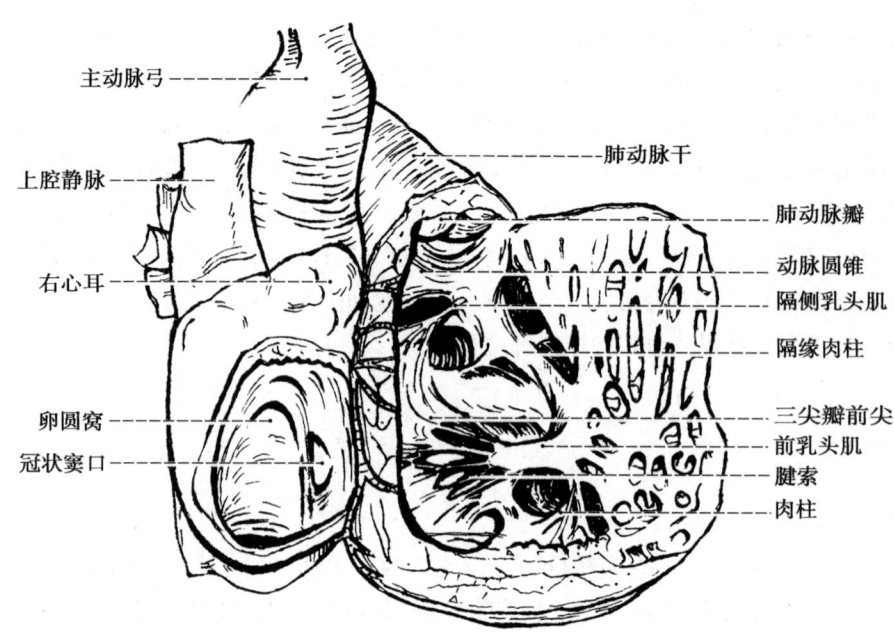

图 11-7 右心房和右心室的内部结构

缘，可作为心导管从房间隔入左心房的标志。在右侧房间隔的基部，由冠状窦口的前内缘、三尖瓣隔侧尖的附着缘和 Todaro 腱围成的三角区，称**科赫（Koch）三角**。Todaro 腱位于心内膜下，是由心的中心纤维体连到下腔静脉瓣前缘的腱性纤维束。此三角前部的心内膜深面有房室结所在，因此该三角为外科手术中的重要标志。

右心房的出口为**右房室口** right atrioventricular orifice，右心房的血液经此口流入右心室。

（二）右心室

右心室 right ventricle（图 11-7）位于右心房的左前下方，构成胸肋面的大部分。室腔略呈锥体形，壁较薄，约是左心室厚度的 1/3。室腔内有右房室口和肺动脉口，2 口之间的室壁上有一较宽的弓形肌隆起称**室上嵴** supraventricular crest，将室腔分为右心室流入道（窦部）和流出道（漏斗部）2 部分。

1. 右心室流入道　入口为右房室口，呈卵圆形。其周围由致密结缔组织构成的**三尖瓣环**围绕。该纤维环上附有 3 个近似三角形的瓣叶，称**三尖瓣** tricuspid valve，分为**前尖、后尖**和**隔侧尖**（图 11-8）。2 个相邻瓣膜之间的瓣膜组织称**连合**，因此有 3 个瓣连合即**前内侧连合、后内侧连合**和**外侧连合**，瓣膜粘连常发生在连合处。各个瓣膜的边缘与其心室面连有多条**腱索**，腱索向下连于室壁上的**乳头肌** papillary muscle。乳头肌基部附于心室壁，尖端突入心室腔，呈锥形肌肉隆起，分为 3 群：**前乳头肌**，较大，1~2 个，位于右心室前壁中下部，其尖端发出腱索连于三尖瓣前尖和后尖的相对缘；**后乳头肌**较小，位于下壁，发出腱索大多连于三尖瓣后尖；**隔侧乳头肌（圆锥乳头肌）**最小，位于室间隔右侧面中上部，其腱索连至三尖瓣的前尖和隔侧尖的相对缘；在该乳头肌的后下方心内膜下有房室束的右束支通过。纤维环、瓣膜、腱索和乳头肌在功能上是一个整体，称**三尖瓣复合体**（图 11-9），它们共同保证血液的单向流动。当心室收缩时，三尖瓣紧闭，封闭房室口，防止血液逆流入心房。复合体中任何结构损伤，都将导致心内的血流动力学改变。

右心室流入道的室壁有许多交错排列的肌性隆起，称**肉柱** trabecula，在前乳头肌根部有一条肌束横过室腔到室间隔，称**隔缘肉柱** septomarginal trabecula（**节制索** moderator band），内含心

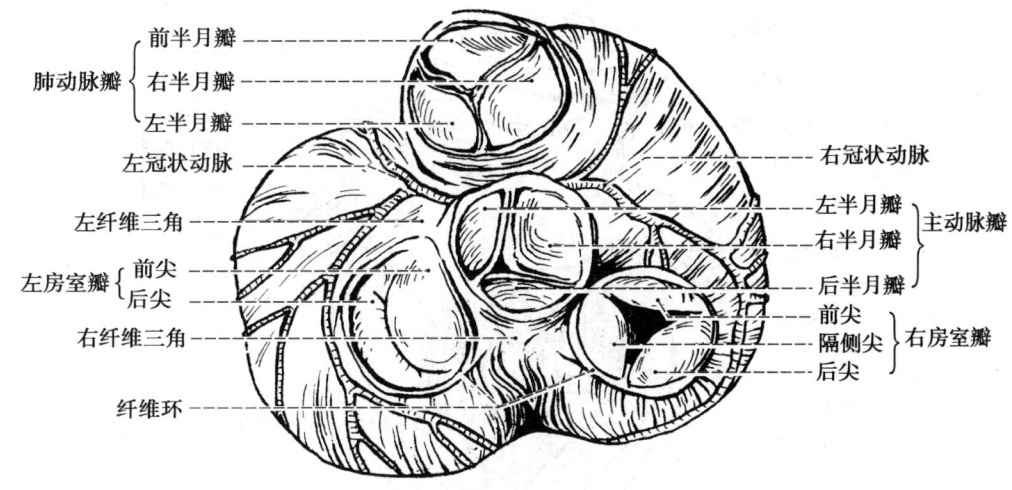

图 11-8　心瓣膜及心纤维性支架

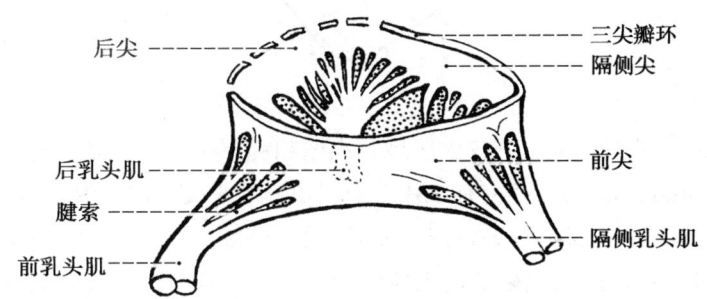

图 11-9　三尖瓣复合体（示意图）

的传导纤维束，有防止心室过度扩张的功能。

2. **右心室流出道**　又称**动脉圆锥** conus arteriosus 或**漏斗部**，位于右心室前上方，内壁光滑无肉柱，呈锥体状，其上端借**肺动脉口** orifice of pulmonary trunk 通肺动脉干。肺动脉口周缘有 3 个彼此相连的半月形纤维环，为**肺动脉环**，环上附有 3 个半月形的**肺动脉瓣** pulmonary valve（图 11-8），瓣膜游离缘中点增厚部分称为**半月瓣小结**。当心室收缩时，血液冲开肺动脉瓣进入肺动脉干；当心室舒张时，3 个袋状瓣膜被倒流的血液充盈，使瓣膜相互靠拢，肺动脉口关闭，半月瓣小结互相紧贴，阻止血液反流入心室。动脉圆锥的下界为室上嵴，前壁为右心室前壁，内侧壁为室间隔。

（三）左心房

左心房 left atrium（图 11-10）位于右心房的左后方，构成心底的大部，是 4 个心腔最靠后的部分，其前方有升主动脉和肺动脉，后方隔着心包与食管相毗邻。因此，经食管钡餐 X 线造影，可诊断有无左心房的扩大。左心房前部向右前突出的部分，称**左心耳** left auricle，内壁有梳状肌。左心房后部腔面光滑，两侧各有左、右肺上、下静脉的开口，将肺循环内富含氧的血液经肺静脉注入左心房。左心房出口为**左房室口** left atrioventricular orifice，血流经此口进入左心室。

（四）左心室

左心室 left ventricle（图 11-10）室腔近似圆锥形，构成心尖及心的左缘，心室壁厚 9～12 mm，约为右心室的 3 倍。左心室腔以二尖瓣前尖为界可分为左心室流入道（窦部）和流出道（主动脉前庭）2 部分。

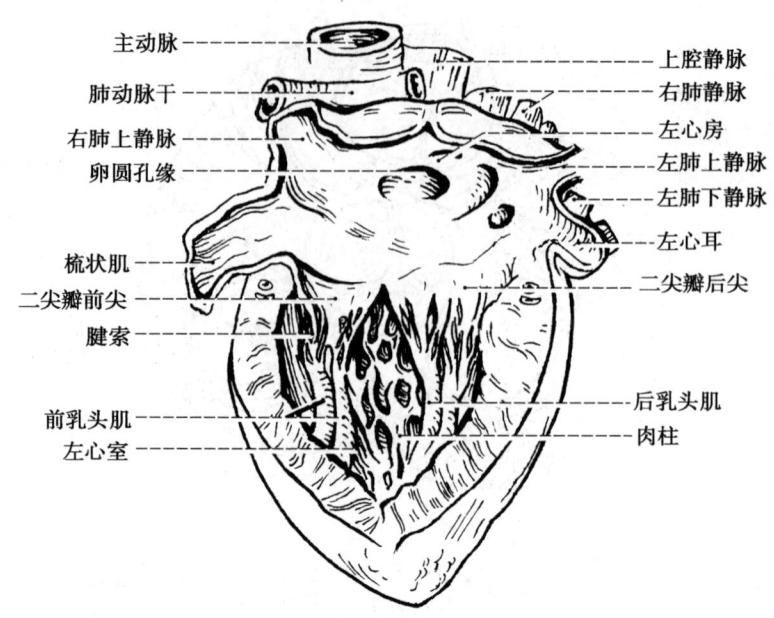

主动脉 — 上腔静脉
肺动脉干 — 右肺静脉
右肺上静脉 — 左心房
卵圆孔缘 — 左肺上静脉
— 左肺下静脉
梳状肌 — 左心耳
二尖瓣前尖 — 二尖瓣后尖
腱索 —
前乳头肌 — 后乳头肌
左心室 — 肉柱

图 11-10　左心房和左心室的内部结构

1. **左心室流入道**　是左心室左下较大区域，内壁粗糙不平，入口是左房室口，口周围有纤维环，称**二尖瓣环** mitral annulus。环上有 2 片近似三角形的瓣膜，称**二尖瓣** mitral valve。二尖瓣分成**前尖**和**后尖** 2 个瓣，各瓣都通过腱索连于前后壁上的前、后乳头肌上。前乳头肌指向二尖瓣的**前外侧连合**，后乳头肌对向二尖瓣的**后内侧连合**。二尖瓣环、二尖瓣、腱索和乳头肌在功能上作为一个整体，故称**二尖瓣复合体**。

2. **左心室流出道**　又称**主动脉前庭** aortic vestibule，是左心室前内侧的部分，壁光滑无肉柱，缺乏伸展性和收缩性。其出口是**主动脉口** aortic orifice，口周围有纤维性的主动脉瓣环，瓣环上附有 3 个袋口向上的半月形瓣膜，称**主动脉瓣** aortic valve，按瓣的方位可分为**左**、**右**和**后半月瓣**，每瓣游离缘中央的半月瓣小结明显。每个瓣膜与主动脉壁之间形成袋状的间隙，称**主动脉窦** aortic sinusus 或称 **Valsalva 窦**，分别为左、右、后 3 个窦。左、右窦内分别有左、右冠状动脉的开口。

临床视角 11-1
常见先天性心脏病

三、心的构造

（一）心壁

心壁由心内膜、心肌层和心外膜构成。

1. **心内膜** endocardium　是衬在心腔内面的一层光滑的薄膜。心的各瓣膜是由心内膜折叠并夹一层致密的结缔组织而构成的。

2. **心肌层** myocardium　为心壁的主体，主要由心肌构成。心房肌较薄，心室肌肥厚，左心室肌最发达。心肌纤维呈螺旋状排列，大致可分为深层的纵行、中层的环行和浅层的斜行 3 层（图 11-11），浅层肌在心尖处捻转形成**心涡**，然后进入深部移行为深层的乳头肌和肉柱。在心房肌与心室肌之间有结缔组织形成的支持性结构，称心纤维骨骼，心肌纤维和心瓣膜附于其上。特殊分化的心肌细胞构成心的传导系统。

3. **心外膜** epicardium　被覆于心肌层和大血管根部的表面，即浆膜性心包的脏层，表面为间皮，间皮下为薄层疏松结缔组织，含较多的脂肪组织。

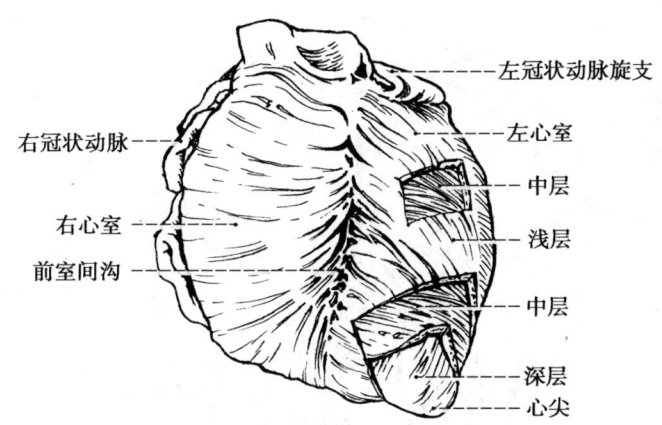

图 11-11　心肌层

（二）心纤维性支架

心纤维性支架又称**心纤维骨骼** fibrous skeleton，位于左、右房室口，肺动脉口和主动脉口的周围，由致密结缔组织构成（图 11-8）。心纤维性支架质地坚韧而富有弹性，提供了心肌纤维和心瓣膜的附着处，在心肌运动中起支持和稳定作用。

心纤维性支架包括左、右纤维三角，4 个瓣纤维环（肺动脉瓣环、主动脉瓣环、二尖瓣环和三尖瓣环）、圆锥韧带和室间隔膜部等。

1. **右纤维三角** right fibrous trigone　位于二尖瓣环、三尖瓣环和主动脉后瓣环之间，又称**中心纤维体**，前方与室间隔膜部相延续，向后发出托达罗（Todaro）腱，终于下腔静脉瓣的前端。

2. **左纤维三角** left fibrous trigone　位于主动脉左瓣环外侧与二尖瓣环之间，呈三角形，体积较小，其前方与主动脉左瓣环相连，向后方发出纤维带，与右纤维三角发出的纤维带共同形成二尖瓣环。左纤维三角位于二尖瓣前外连合之前，外侧与左冠状动脉旋支相邻，是二尖瓣手术时的重要外科标志，也是易于损伤冠状动脉的部位。

二尖瓣环、三尖瓣环和主动脉瓣环彼此靠近，肺动脉瓣环位于较高平面，借**圆锥韧带**（又称**漏斗腱**）与主动脉瓣环相连。主动脉瓣环和肺动脉瓣环各由 3 个弧形瓣环首尾相互连结而成，位于 3 个半月瓣的基底部，主动脉左、后瓣环之间的三角形致密结缔组织板，称**瓣膜间隔**，向下与二尖瓣前瓣相连续，向左延伸连接左纤维三角，向右与右纤维三角相连。

（三）房间隔和室间隔

1. **房间隔** interatrial septum　又称**房中隔**，位于左、右心房之间（图 11-12）。由 2 层心内膜中间夹心房肌纤维和结缔组织构成，其前缘与升主动脉后面相适应，稍向后弯曲，后缘邻近心表面的后房间沟。房间隔右侧面中下部有卵圆窝，是房间隔最薄弱处。

2. **室间隔** interventricular septum　又称**室中隔**，位于左、右心室之间（图 11-12），分为肌部和膜部 2 部分。①**肌部**：位于室间隔下方的大部分，由心肌和心内膜构成，其左侧面心内膜深面有左束支及其分支通过，右侧面有右束支通过。②**膜部**：室间隔上部中份，有一卵圆形缺乏肌质的薄膜部，称室间隔膜部。膜部左侧面位于主动脉瓣右瓣和后瓣的下方，右侧面被三尖瓣隔侧尖的附着缘分为上部的**房室部**和下部的**室间部**。前者分隔右心房和左心室，后者分隔左、右心室。室间隔膜部为室间隔缺损的好发部位。

知识扩展 11-2
心的影像诊断学解剖
基础

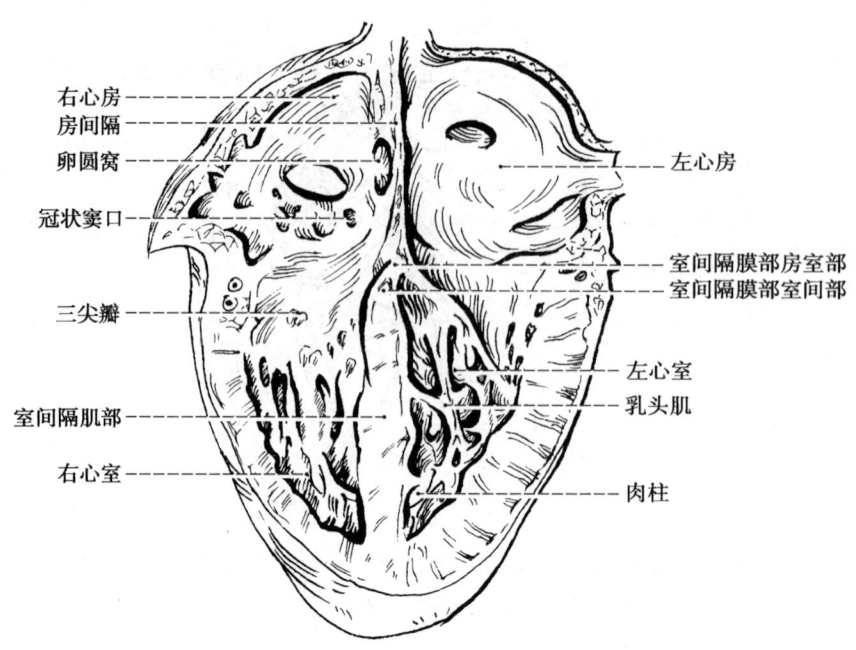

图 11-12　房间隔和室间隔

四、心传导系

　　心传导系由特殊分化的心肌细胞构成，它的主要功能是产生和传导兴奋，控制心的节律性活动，主要包括：窦房结、结间束、房室结、房室束、左束支、右束支和浦肯野纤维网（图 11-13 ）。

（一）窦房结

　　窦房结 sinuatrial node 是心的正常起搏点。它位于上腔静脉与右心房交界处，在界沟上端的心外膜下，呈长梭形（或半月形），其长轴与界沟大致平行，结的中央有窦房结动脉穿过。

（二）房室结

　　房室结 atrioventricular node 呈扁椭圆形，位于冠状窦口与右房室口之间，Koch 三角的尖端。房室结的左下面邻右纤维三角，右侧被薄层心房肌及心内膜覆盖。房室结的前端变细，穿入中心

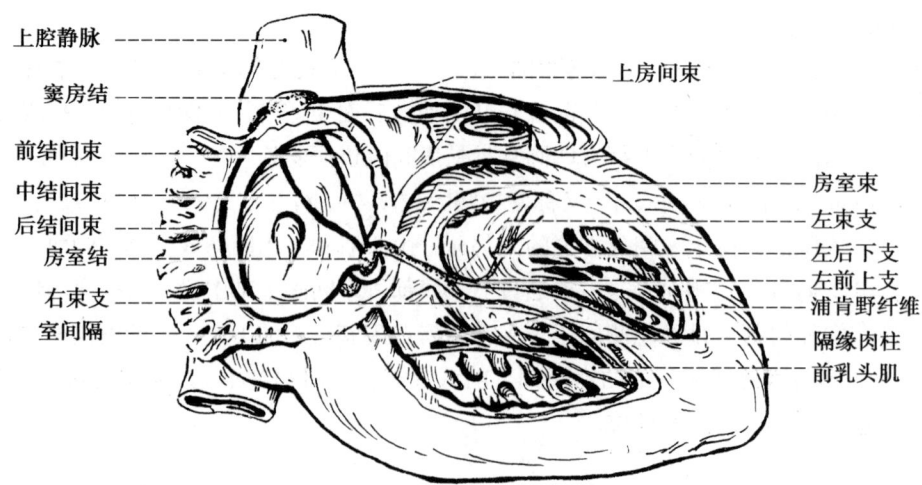

图 11-13　心传导系

纤维体，即为房室束。房室结的后上端接受数条纤维束伸至房间隔和冠状窦口周围，被称为房室结的心房扩展部，有人认为其即为结间束的入结部分。房室结、房室结的心房扩展部（结间束的终末部）及房室束的近侧部，此3部分亦称为房室结区（房室交界面），是心传导系在心房与心室互相连接的部位，也是兴奋从心房传到心室的必经之路。房室结的作用是将窦房结传来的冲动短暂延搁再传至心室，保证心房肌和心室肌依次分开收缩。

（三）结间束

窦房结产生的冲动如何传至左、右心房和房室结，长期以来一直未定论。国外有学者提出窦房结和房室结之间有结间束相连，从生理学上证实有结间束的存在，但形态学的证据尚不充分。通常认为结间束的途径有3条：前结间束、中结间束和后结间束。各结间束在房室结上方相互交织，并有分支与房间隔左侧的左心房肌纤维相连，从而将冲动传至左心房。

（四）房室束

房室束 atrioventricular bundle 又称 His 束，起于房室结前端，穿右纤维三角前行，沿室间隔膜部后下缘至室间隔肌部上缘分为左、右束支。

（五）左、右束支

右束支 right bundle branch 细长，呈圆索状，沿室间隔膜部下缘，在右侧心内膜深面下行，经右心室圆锥乳头肌的后方，向下沿隔缘肉柱至右心室前乳头肌根部，分散成**浦肯野纤维**（Purkinje **纤维**），并吻合成网，分布于右心室乳头肌和右心室心肌细胞。**左束支** left bundle branch 呈扁带状，沿室间隔左侧心内膜深面下行，在室间隔肌部上、中 1/3 交界水平分前、后 2 支或前、中、后 3 支分别到前、后乳头肌根部和室间隔，分散交织成浦肯野纤维网，最后与心肌纤维相连，支配心肌纤维收缩。

浦肯野纤维又称束细胞，与心肌比较，纤维粗而短，染色浅，闰盘发达，在心内膜下交织成浦肯野纤维网。

心的节律性收缩始于窦房结，它产生的兴奋借纤维传到左、右心房，使心房收缩，同时兴奋又借结间束传到房室结。在房室结内兴奋传导缓慢（约延搁 0.04 s），再沿房室束、左束支、右束支及浦肯野纤维网传至心室肌，使心室肌开始收缩。

临床视角 11-2
心传导系的异常

五、心的血管

心的动脉供应来自左、右冠状动脉；心的静脉血绝大部分经冠状窦回流到右心房，小部分直接汇入右心房。

（一）心的动脉

1. **左冠状动脉** left coronary artery（图 11-4，图 11-5，图 11-14） 起于主动脉左窦，经左心耳与肺动脉根部之间向左行，随即分为前室间支和旋支。

（1）**前室间支** anterior interventricular branch 沿前室间沟下行，绕过心尖切迹终于后室间沟下 1/3 部。前室间支分支分布于左心室前壁、右心室前壁一小部分及室间隔的前 2/3 区域。此外，从前室间支与旋支起端夹角处，还常发出对角支，斜向左下分布于左心室前壁的一部分。

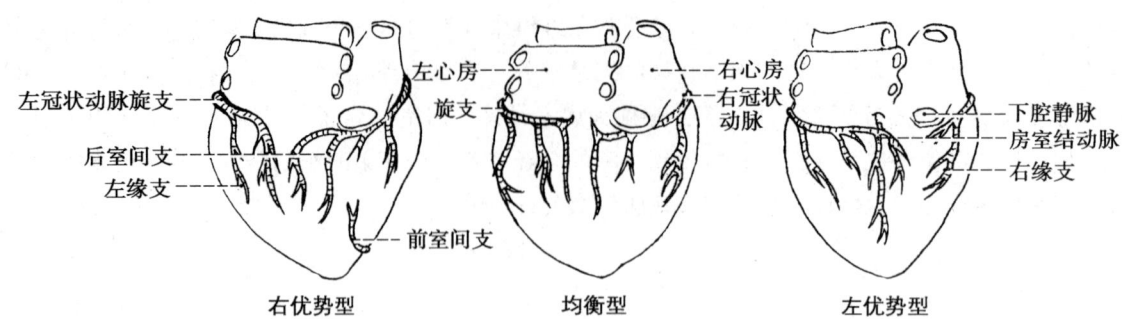

左冠状动脉旋支
后室间支
左缘支
左心房
旋支
前室间支
右心房
右冠状动脉
下腔静脉
房室结动脉
右缘支

右优势型   均衡型   左优势型

图 11-14 冠状动脉分型

（2）**旋支** circumflex branch　沿冠状沟向左行，绕过心左缘至心膈面，多在心的左缘和后室间沟之间分支而终，发出左室后支分布于左心室膈面。旋支的分支：①**左缘支**，于旋支过左缘处分出，向下分布于左心室侧壁。此支也是冠状动脉造影辨认分支的标志之一。②**窦房结支**：近40%的人此支起于旋支的近侧段，沿左心房前壁向上右分布于窦房结。③**房室结支**：近10%的人此支起于旋支，因此该旋支较长，可达房室交点处。起始后进入深部，分布于房室结。④其他的还有心房支和心室支。

2. **右冠状动脉** right coronary artery（图 11-4，图 11-5，图 11-14）　起于主动脉右窦，在右心耳和肺动脉根部之间入冠状沟，向右行绕过心右缘经冠状沟后部至房室交点处常分为 2 支。一支较粗，为主干的延续，向下弯行，移行为**后室间支** posterior interventricular branch，沿后室间沟下行，终于后室间沟下部，或与前室间支末梢吻合，分支分布于后室间沟两侧心室壁及室间隔后 1/3 部。另一支较细，为**左室后支**，向左然后向下分布于左心室后壁。

右冠状动脉的分支：①**动脉圆锥支**，为右冠状动脉向右心室壁发出的第 1 个分支，与前室间支的相应分支相吻合，该吻合为左、右冠状动脉间重要的侧支循环。②**右缘支**，恒定、较粗大，沿心下缘行走，是冠状动脉造影中分辨分支的标志血管。③**窦房结支**，近 60% 的人此支起于右冠状动脉近侧端，沿右心耳内侧面上行，分布于窦房结。④**房室结支**，90% 左右的人此支在房室交点处起于右冠状动脉主干或其分支，起始处的右冠状动脉多呈 U 形弯曲，由此曲的顶点发出后向深部分布于房室结和房室束的近侧部。⑤其他的还有心房支和心室支。

3. **冠状动脉的分布类型**　左、右冠状动脉在心膈面的分布范围变异较大，根据分布区域的大小可分为 3 型（图 11-14）。

（1）**右优势型**　右冠状动脉除发出后室间支外，还分布于左心室膈面的一部分或全部，此类型最多见，占 71.35%。

（2）**均衡型**　左、右冠状动脉的分布区互不越过房室交点和后室间沟，此类型占 22.92%。

（3）**左优势型**　左冠状动脉较粗大，除发出分支分布于左心室膈面外，还越过房室交点和后室间沟，分布于右心室膈面的一部分。此型的后室间支和房室结动脉均来自左冠状动脉，约占 5.73%。

临床视角 11-3
冠状动脉的异常

（二）心的静脉

心的静脉最后大部分汇入冠状窦，然后注入右心房。冠状窦的主要属支有：心大静脉、心中静脉、心小静脉（图 11-15）。此外，还有一些小静脉直接注入心腔，多见于右心房。

1. **冠状窦** coronary sinus　位于心的膈面，左心房与左心室之间的冠状沟内，长约 5 cm，向右最终借冠状窦口注入右心房。其主要的属支如下。

（1）**心大静脉** great cardiac vein　在前室间沟内，与前室间支伴行，上行至冠状沟，向左绕

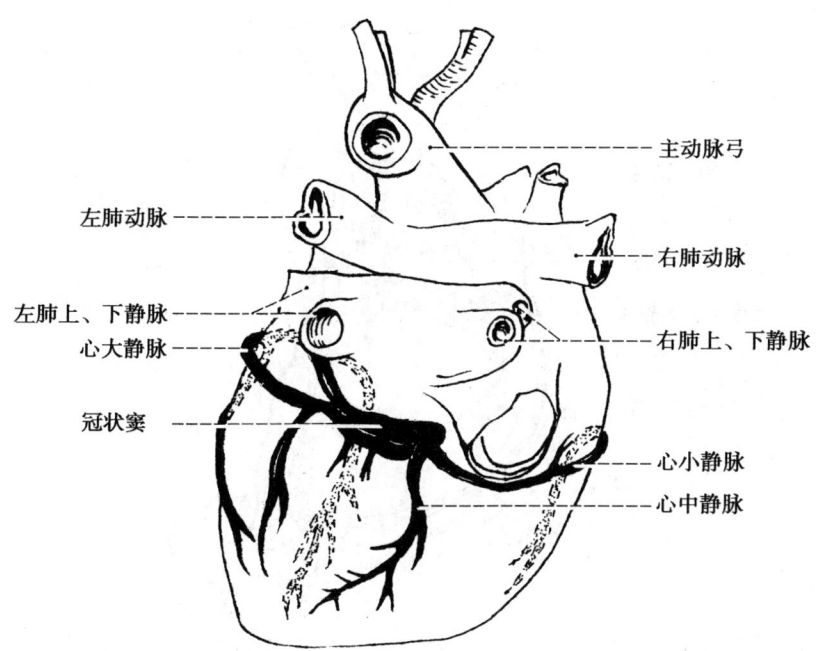

左肺动脉

左肺上、下静脉

心大静脉

冠状窦

主动脉弓

右肺动脉

右肺上、下静脉

心小静脉

心中静脉

图 11-15　心 的 静 脉
示意图（前面观）

过心的左缘至心后面，注入冠状窦左侧。收纳左心室前壁、侧壁，右心室前壁的小部分，室间隔前部及左心房前外侧壁的静脉血。

（2）**心中静脉** middle cardiac vein　起于心尖，与后室间支伴行，上行注入冠状窦末端。收纳左、右心室后壁，室间隔后部，心尖部的静脉血。

（3）**心小静脉** small cardiac vein　起于心右缘，上行至右冠状沟内，伴右冠状动脉向左注入冠状窦。收纳右心室前、后壁的静脉血。

2. **心前静脉** anterior cardiac vein　起于右心室前壁，可有 1~4 支，向上越过冠状沟直接注入右心房。

3. **心最小静脉** smallest cardiac vein　又称 Thebesius 静脉，是位于心壁内的小静脉，直接开口于心房或心室腔。

六、心的神经

心的神经包括交感神经、副交感神经和感觉神经，详见第十八章周围神经系统。

七、心包

心包 pericardium 为包裹心和出入心大血管根部的锥形纤维浆膜囊，分为外层纤维心包，内层浆膜心包。

1. **纤维心包** fibrous pericardium　是坚韧的结缔组织囊，上方与大血管的外膜相连，下方与膈的中心腱愈着。

2. **浆膜心包** serous pericardium　薄而光滑，分脏、壁 2 层。脏层紧贴心肌层表面，即心外膜，壁层位于纤维心包内面。脏、壁 2 层之间的潜在腔隙称**心包腔** pericardium cavity，内含少量浆液，起润滑作用。

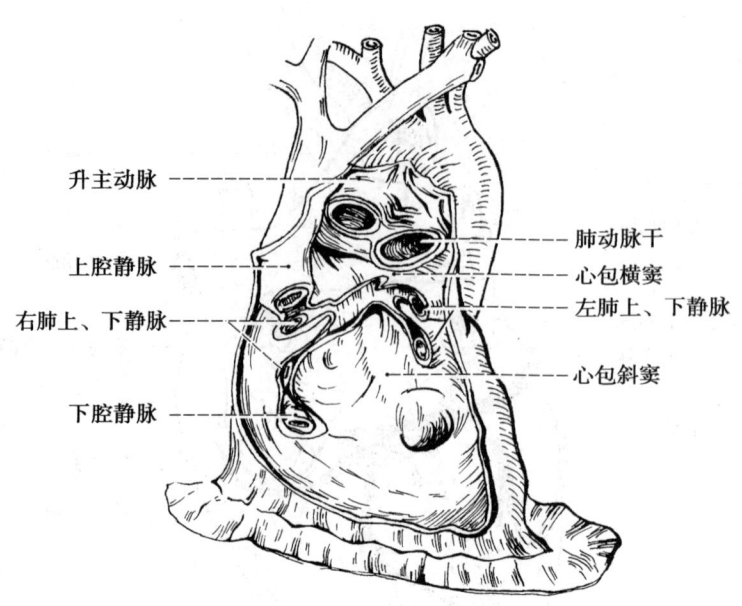

图 11-16 心包

3. 心包窦　心包腔内位于升主动脉、肺动脉干后壁与上腔静脉、左心房前壁之间的间隙称**心包横窦** transverse sinus of pericardium。在心直视手术需阻断主动脉和肺动脉血流时，可通过心包横窦从前后钳夹这 2 个动脉。在左心房后壁，左、右肺静脉，下腔静脉与心包后壁之间的间隙称**心包斜窦** oblique sinus of pericardium（图 11-16）。手术时若需阻断下腔静脉的血流，可经心包斜窦下部进行。此外，位于心包腔前大部，即心包前壁与膈之间的转折间隙，称**心包前下窦** anterior inferior sinus of pericardium，此处为从左剑肋角行心包穿刺的较安全部位。

八、心的体表投影

一般采用下列 4 点及其连线表示心的体表投影（图 11-17）。

1. 左上点　在左侧第 2 肋软骨下缘，距胸骨左缘 1.2 cm。
2. 右上点　在右侧第 3 肋软骨上缘，距胸骨右缘约 1 cm。
3. 左下点　在左侧第 5 肋间隙，左锁骨中线内侧缘 1~2 cm（距前正中线 7~9 cm）。

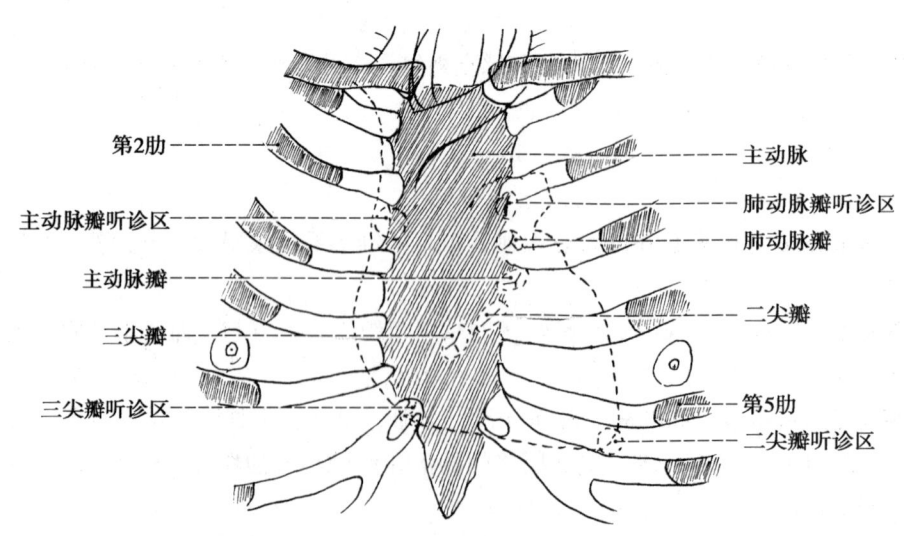

图 11-17　心及心瓣的体表投影

4. 右下点　在右侧第 6 胸肋关节处。

左、右上点连线为心上界；左、右下点连线为心下界；右上、下点连线为心右界，略向右凸；左上、下点连线为心左界，略向左凸。了解心的体表投影，对叩诊时判断心界是否扩大有实用意义。

第三节　动脉

动脉是从心运送血液到全身各器官的血管。由左心室发出的主动脉及其各级分支运送动脉血，而由右心室发出的肺动脉干及其分支则运送静脉血。动脉干的分支，离开主干进入器官前的一段称器官外动脉，入器官后称器官内动脉。

器官外动脉的分布表现出一些基本规律：①动脉配布与人体结构是相适应的，人体左、右对称，动脉分支亦有对称性。②头颈、躯干和上、下肢每个部分都有 1~2 条动脉干。③躯干部在结构上有体壁和内脏之分，动脉亦分为壁支和脏支（图 11-18）。④动脉常与静脉、神经伴行，构成血管神经束。⑤动脉多行于身体的屈侧、深部或安全隐蔽的部位，不易遭受损伤。⑥动脉常以最短距离到达它所分布的器官，睾丸及卵巢等例外。⑦动脉的配布与器官的形态有关，容积易变的器官，如胃、肠等，其动脉多先在器官外形成弓状的血管吻合，再分支进入器官内部。一些位置较固定的实质性器官，如肝、肾等，动脉从器官的门处穿入。⑧动脉的管径与其所供应的器

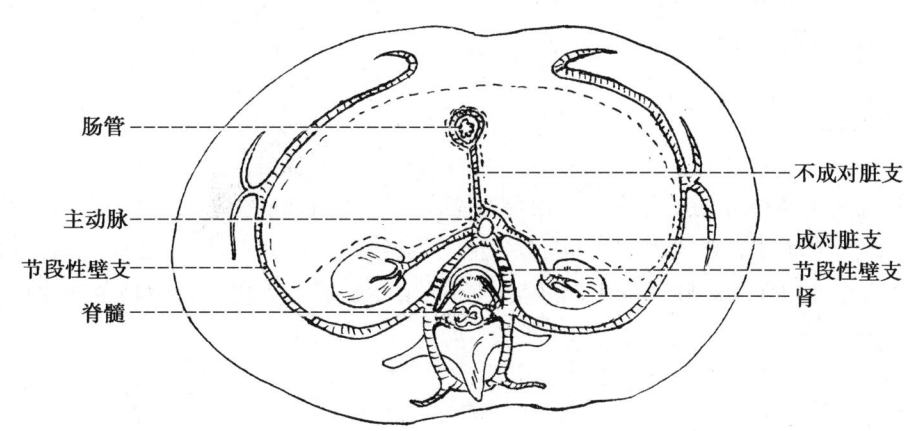

肠管

主动脉

节段性壁支

脊髓

不成对脏支

成对脏支

节段性壁支

肾

图 11-18　躯干部动脉分布模式图

官的功能有关。

器官内动脉的分布与器官的结构形式有关。①实质性器官动脉可呈放射型、纵行型或集中型分布。②分叶状结构的器官的动脉分支呈放射型分布，常作为器官分叶或分段的基础。③中空性或管状器官的动脉呈纵行型、横行型或放射型分布（图 11-19）。

一、肺循环的动脉

肺动脉干 pulmonary trunk 是一短而粗的动脉干，起自右心室，在升主动脉的前方向左后上方斜行，至主动脉弓的下方分为左、右肺动脉（图 11-4）。

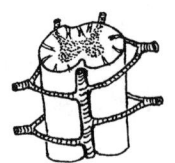
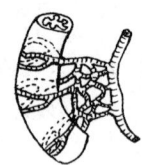

放射型分布（脊髓）　　横行型分布（肠管）

图 11-19　实质性和中空性器官内部的动脉分布

纵行型分布（输尿管）　　自"门"进入（肾）　　纵行型分布（肌）

（一）左肺动脉

左肺动脉 left pulmonary artery 较短，水平向左，经食管、胸主动脉前方至左肺门，分 2 支进入左肺上、下叶。

（二）右肺动脉

右肺动脉 right pulmonary artery 较长，水平向右，经升主动脉和上腔静脉的后方达右肺门，分 3 支进入右肺上、中、下叶。

在肺动脉干分叉处稍左侧与主动脉弓下缘之间有一结缔组织索，称**动脉韧带** arterial ligament 或动脉导管索，是胚胎时期动脉导管闭锁后的遗迹。如动脉导管在出生后 6 个月尚未闭锁，则称动脉导管未闭，是常见的先天性心脏病之一。

二、体循环的动脉

主动脉 aorta 是体循环的动脉主干，由左心室发出，先斜向右上，再弯向左后，沿脊柱左前方下行，穿膈的主动脉裂孔入腹腔，至第 4 腰椎下缘处分为左、右髂总动脉。依其行程分为升主动脉、主动脉弓和降主动脉。降主动脉又以膈的主动脉裂孔为界，分为胸主动脉和腹主动脉（图 11-20，图 11-21）。

（一）升主动脉

升主动脉 ascending aorta 发自左心室，位于肺动脉干与上腔静脉之间，向右前上方至右侧第 2 胸肋关节后方移行为主动脉弓。升主动脉根部发出左、右冠状动脉。

（二）主动脉弓

主动脉弓 aortic arch 是升主动脉的延续，自右侧第 2 胸肋关节后方弓形向上弯曲，跨过左肺根，至第 4 胸椎椎体下缘移行为胸主动脉。主动脉弓壁内含有压力感受器，具有调节血压的作用。在主动脉弓下方动脉韧带处，有 2~3 个粟粒状小体，称**主动脉小球** aortic glomera，属化学感受器，参与调节呼吸。主动脉弓的凸侧自右向左发出 3 大分支，即**头臂干** brachiocephalic trunk、**左颈总动脉** left common carotid artery 和**左锁骨下动脉** left subclavian artery。

1. **颈总动脉** common carotid artery　是头颈部的主要动脉干，成对，右侧起自头臂干，左侧

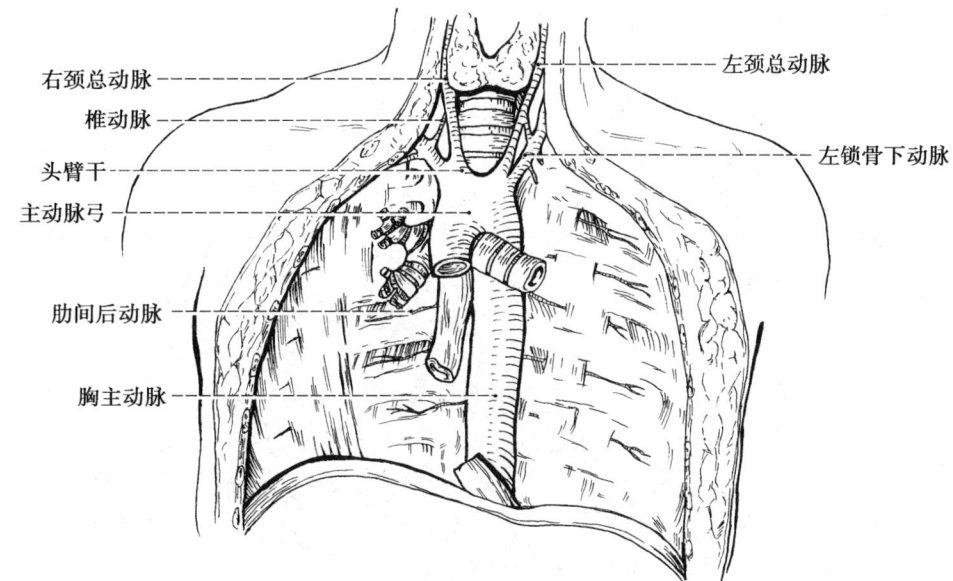

右颈总动脉
椎动脉
头臂干
主动脉弓
肋间后动脉
胸主动脉

左颈总动脉
左锁骨下动脉

图 11-20 胸主动脉及其分支

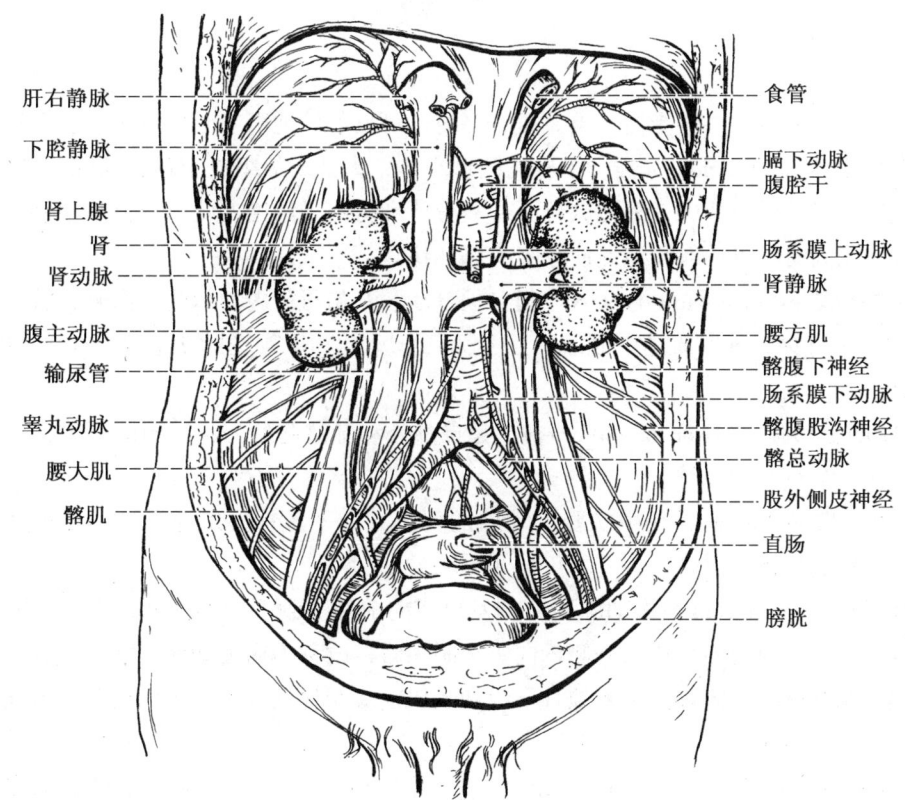

肝右静脉
下腔静脉
肾上腺
肾
肾动脉
腹主动脉
输尿管
睾丸动脉
腰大肌
髂肌

食管
膈下动脉
腹腔干
肠系膜上动脉
肾静脉
腰方肌
髂腹下神经
肠系膜下动脉
髂腹股沟神经
髂总动脉
股外侧皮神经
直肠
膀胱

图 11-21 腹主动脉及其分支

起自主动脉弓（图 11-20）。两侧均在胸锁关节的后方，沿食管、气管和喉的外侧上行，至甲状软骨上缘分为颈内动脉和颈外动脉（图 11-22）。颈总动脉与颈内静脉、迷走神经一起被包裹在颈动脉鞘内。

当头面部大出血时，在胸锁乳突肌前缘，相当于环状软骨平面，可将颈总动脉向后压向第 6 颈椎横突前结节（颈动脉结节），进行急救止血。

在颈总动脉分叉处有 2 个重要结构。**颈动脉窦** carotid sinus 是颈总动脉末端和颈内动脉起始

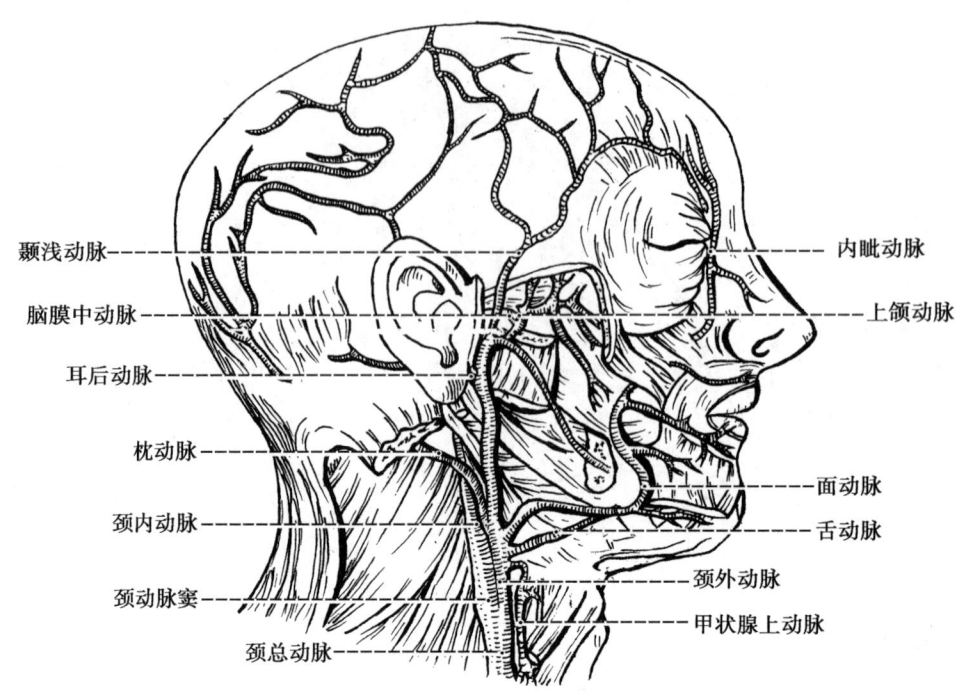

颞浅动脉 ----

脑膜中动脉 ----

耳后动脉 ----

枕动脉 ----

颈内动脉 ----

颈动脉窦 ----

颈总动脉 ----

---- 内眦动脉

---- 上颌动脉

---- 面动脉

---- 舌动脉

---- 颈外动脉

---- 甲状腺上动脉

图 11-22　颈外动脉
及其分支

处的膨大部分，壁内有压力感受器，当血压升高时，可反射性地引起心搏变慢，血管扩张，血压下降。**颈动脉小球** carotid glomus 是一个扁椭圆形小体，借结缔组织连于颈总动脉分叉处的后方，为化学感受器，可感受血液中二氧化碳分压、氧分压和氢离子浓度变化，当血液中氧分压降低或二氧化碳分压增高时，可反射性地促使呼吸加深加快。

（1）**颈外动脉** external carotid artery　起自颈总动脉，初居颈内动脉的前内侧，后经其前方绕至其前外侧，上行穿腮腺实质达下颌颈高度分为颞浅动脉和上颌动脉 2 个终支（图 11-22）。其主要分支有：

1）**甲状腺上动脉** superior thyroid artery：起自颈外动脉的起始处，行向前下方，分布到甲状腺上部和喉。

2）**舌动脉** lingual artery：在甲状腺上动脉的稍上方，平舌骨大角处发自颈外动脉，分布到舌、舌下腺和腭扁桃体。

3）**面动脉** facial artery：在舌动脉稍上方发出，向前经下颌下腺的深面，至咬肌前缘绕过下颌骨下缘至面部，经口角和鼻翼的外侧，向上至眼内眦，改称为**内眦动脉**。面动脉分布于面部软组织、下颌下腺和腭扁桃体等。在下颌骨下缘和咬肌前缘交界处，可摸到面动脉的搏动，面部出血时，可在该处压迫止血。

4）**颞浅动脉** superficial temporal artery：在外耳门的前方上行，越颧弓根至颞部皮下，其分支分布于腮腺和额、颞、顶部软组织。在外耳门前方颧弓根部可触及其搏动，当头前外侧部出血时，可在此压迫止血。

5）**上颌动脉** maxillary artery：经下颌颈深面入颞下窝，沿途分支分布于外耳道、中耳、硬脑膜、颊、腭扁桃体、牙及牙龈、咀嚼肌、鼻腔和腭部等处。其中分布于硬脑膜的分支，称**脑膜中动脉** middle meningeal artery，它自上颌动脉的下颌颈段向上穿棘孔入颅中窝，且紧贴颅骨内面走行，分前、后 2 支分布于硬脑膜。前支经过翼点内面，当颞部骨折时，易受损伤引起硬膜外血肿。

颈外动脉的分支还有枕动脉、耳后动脉和咽升动脉，分布于枕部、耳后和咽。

（2）**颈内动脉** internal carotid artery　由颈总动脉发出后，垂直上升到颅底，再经颈动脉管入颅腔，分支分布于脑和视器，详见中枢神经系统。

2. **锁骨下动脉** subclavian artery　左侧起于主动脉弓，右侧起自头臂干。锁骨下动脉从胸锁关节后方斜向外至颈根部，呈弓状经胸膜顶前方，穿斜角肌间隙，至第 1 肋外缘延续为腋动脉（图 11-23）。

从胸锁关节至锁骨下缘中点画一弓形线（弓的最高点距锁骨上缘约 1.5 cm），为锁骨下动脉的体表投影。上肢出血时，可在锁骨中点上方的锁骨上窝处向后下方将该动脉压向第 1 肋进行止血。

锁骨下动脉的主要分支（图 11-23）如下。

（1）**椎动脉** vertebral artery　从前斜角肌内侧发出，向上穿第 6 ~ 1 颈椎横突孔，经枕骨大孔入颅腔，左右汇合成一条基底动脉。

（2）**胸廓内动脉** internal thoracic artery　在椎动脉起始相对侧发出，向下入胸腔，经第 1 ~ 6 肋软骨后面（距胸骨外侧缘 1.5 cm 处）下降。分为肌膈动脉和腹壁上动脉，后者穿膈进入腹直肌鞘内，并与腹壁下动脉吻合。胸廓内动脉的分支分布于胸前壁、乳房、心包等处。

（3）**甲状颈干** thyrocervical trunk　为一短干，起自锁骨下动脉，立即分成数支。其中**甲状腺下动脉** inferior thyroid artery，向上至甲状腺下端，并分布于咽、喉、气管和食管；**肩胛上动脉** suprascapular artery，自甲状颈干发出后，至冈上、下窝，分布于冈上、下肌和肩胛骨。

3. **腋动脉** axillary artery　为上肢的动脉主干，在第 1 肋外缘处续于锁骨下动脉，经腋窝至大圆肌下缘处移行为肱动脉（图 11-24）。其主要分支如下。

（1）**胸肩峰动脉** thoracoacromial artery　在胸小肌上缘发自腋动脉，立即分支分布于三角肌、胸大肌、胸小肌和肩关节。

（2）**胸外侧动脉** lateral thoracic artery　沿胸小肌下缘走行，分布于乳房、胸大肌和前锯肌。

（3）**肩胛下动脉** subscapular artery　在肩胛下肌下缘附近发出，行向后下，分为**胸背动脉** thoracodorsal artery 和**旋肩胛动脉** circumflex scapular artery。前者分布于背阔肌和前锯肌；后者穿

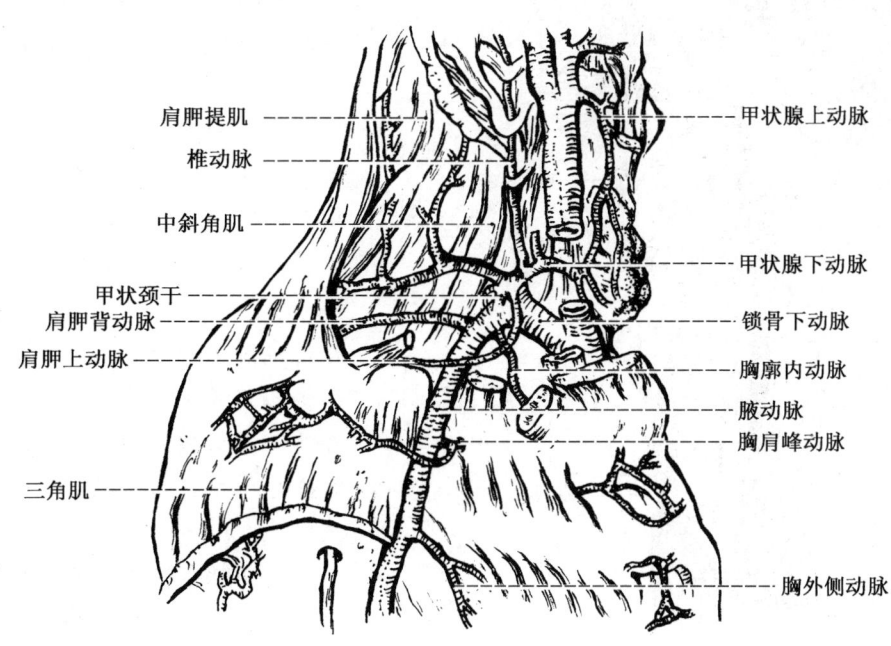

图 11-23　锁骨下动脉及其分支

图 11-24 腋动脉及其分支

三边孔至冈下窝，营养附近诸肌，并与肩胛上动脉吻合。

（4）**旋肱后动脉** posterior humeral circumflex artery 伴腋神经穿四边孔，绕肱骨外科颈，分布于肩关节和三角肌。

4. **肱动脉** brachial artery 自大圆肌下缘续于腋动脉，沿肱二头肌内侧下行至肘窝，平桡骨颈高度分为桡动脉和尺动脉（图 11-25）。在肘窝的内上方，可触到肱动脉的搏动，为测量血压时听诊的部位。当前臂和手部大出血时，可在臂中部将动脉压向肱骨以暂时止血。肱动脉的主要分支有**肱深动脉** deep brachial artery，伴桡神经绕桡神经沟下行，分支营养肱三头肌和肱骨，终支参与肘关节网。

5. **桡动脉** radial artery 和**尺动脉** ulnar artery（图 11-26，图 11-27） 两者均由肱动脉分出。桡动脉在肱桡肌与旋前圆肌之间，继而在肱桡肌腱与桡侧腕屈肌腱之间下行（在腕关节上方可触及其搏动，是诊脉常用部位），绕桡骨茎突至手背，穿第 1 掌骨间隙到手掌，与尺动脉掌深支吻合成掌深弓。桡动脉的主要分支有：①**拇主要动脉**，在桡动脉入手掌处发出，分 3 支分布于拇指两侧和示指桡侧。②**掌浅支**，在桡腕关节处发出，穿鱼际肌或沿其表面至手掌，与尺动脉末端吻合成掌浅弓。

尺动脉在指浅屈肌与尺侧腕屈肌之间下行，经豌豆骨桡侧至手掌，与

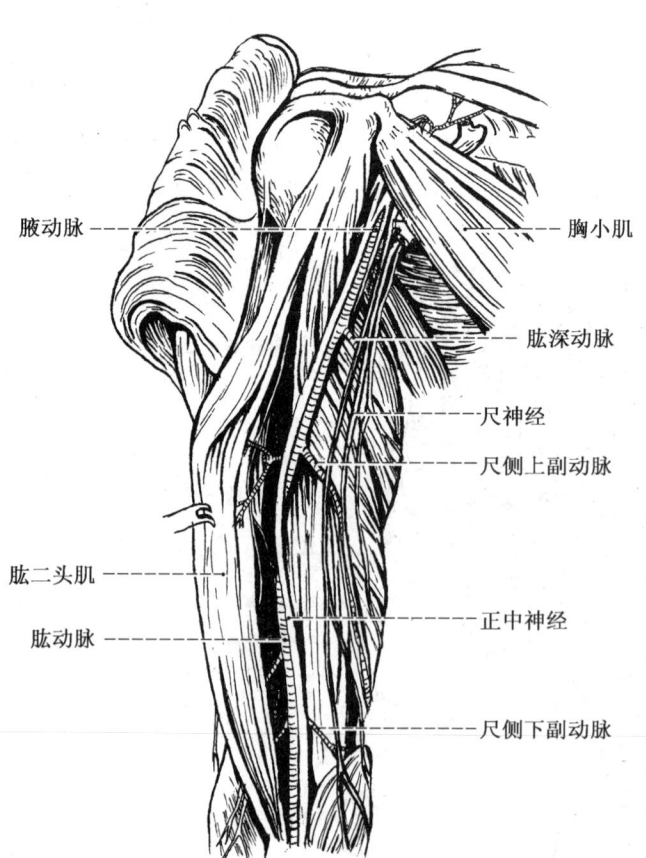

图 11-25 肱动脉及其分支

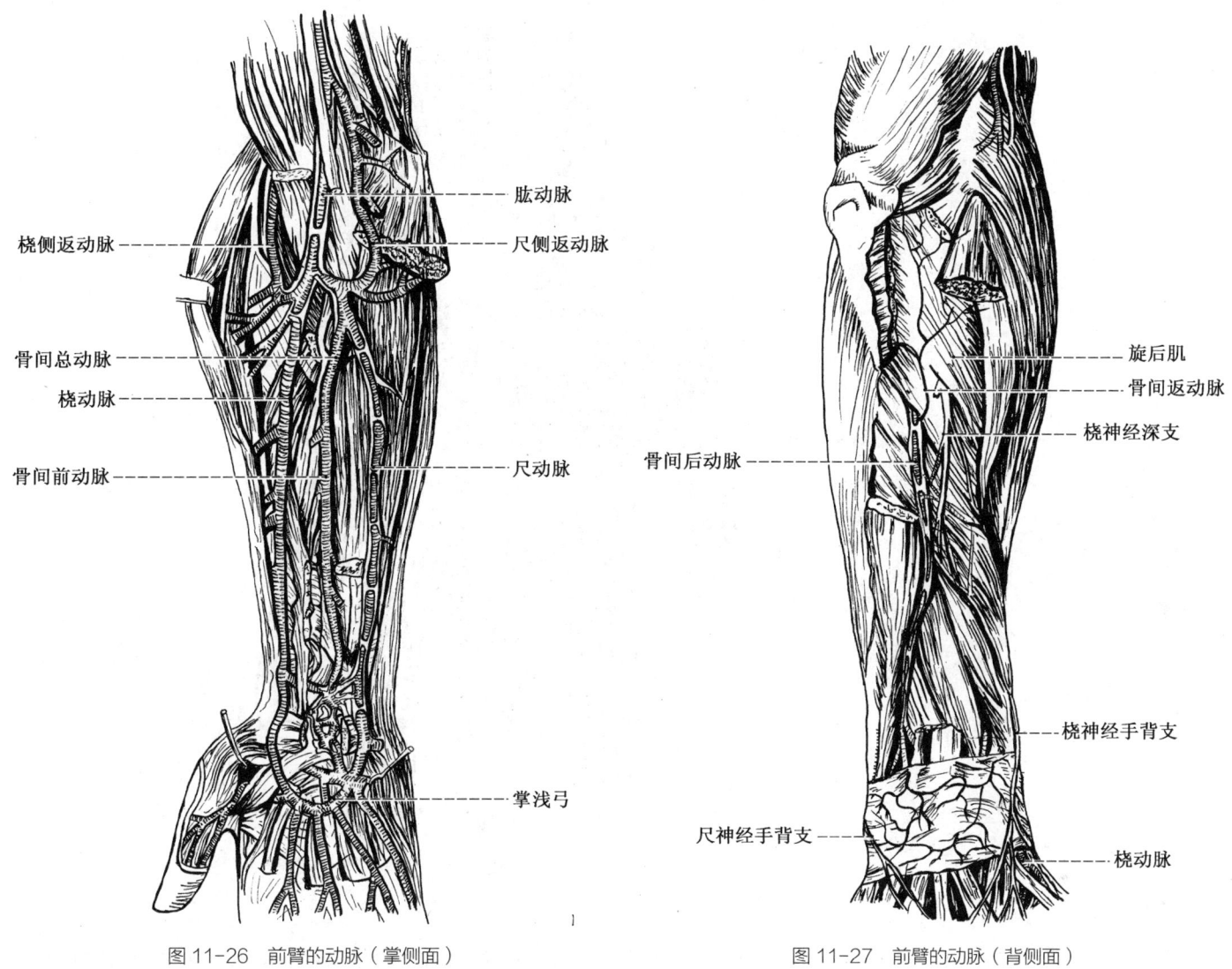

图 11-26　前臂的动脉（掌侧面）　　　　　　　　　　图 11-27　前臂的动脉（背侧面）

桡动脉掌浅支吻合成掌浅弓。尺动脉主要分支有：①**骨间总动脉**，自尺动脉上端发出，在骨间膜上缘分为骨间前动脉和骨间后动脉，分别沿骨间膜前、后面下行，分支分布于前臂肌和尺、桡骨。②**掌深支**，在豌豆骨桡侧由尺动脉发出，与桡动脉末端吻合成掌深弓。

6. **掌浅弓** superficial palmar arch 和**掌深弓** deep palmar arch　掌浅弓位于掌腱膜和屈指肌腱之间，分支有小指尺掌侧动脉和 3 支指掌侧总动脉。前者分布于小指尺侧缘，后者达掌指关节附近各分 2 支指掌侧固有动脉，分布于第 2~5 指相对缘，手指出血时可在手指两侧压迫止血（图 11-28）。掌深弓位于屈指肌腱深面，约平腕掌关节高度发出 3 条掌心动脉，至掌指关节附近，分别与相应的指掌侧总动脉吻合（图 11-29）。

（三）胸主动脉

胸主动脉 thoracic aorta 在第 4 胸椎下缘左侧延续于主动脉弓，初沿脊柱左侧下行，逐渐转至其前方，于第 12 胸椎高度穿膈的主动脉裂孔，移行为腹主动脉（图 11-20）。胸主动脉是胸部的动脉干，发出壁支和脏支。

1. 壁支　包括**肋间后动脉** posterior intercostal artery、**肋下动脉** subcostal artery 和膈上动脉。

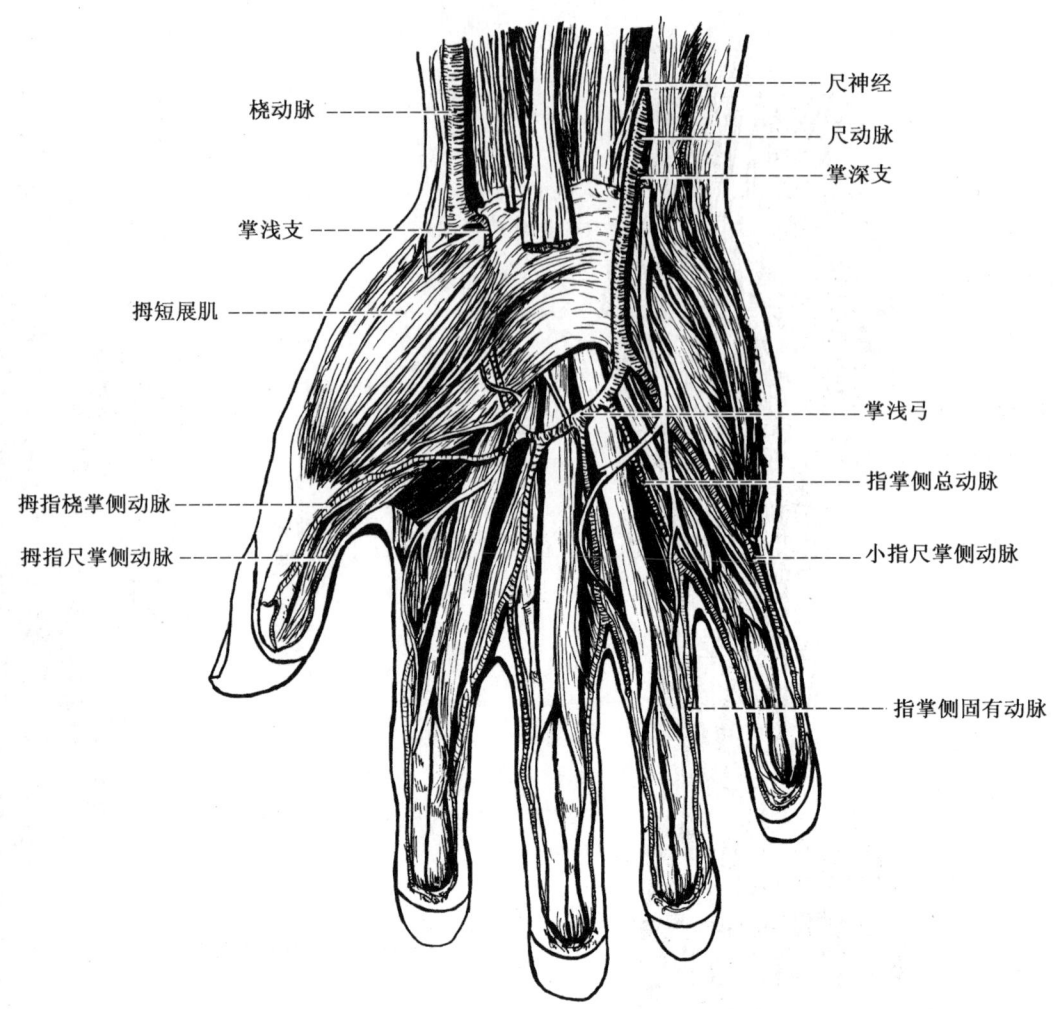

桡动脉
掌浅支
拇短展肌
拇指桡掌侧动脉
拇指尺掌侧动脉

尺神经
尺动脉
掌深支

掌浅弓
指掌侧总动脉
小指尺掌侧动脉

指掌侧固有动脉

图 11-28　手的动脉
（掌侧面浅层）

第 1~2 对肋间后动脉来自锁骨下动脉，第 3~11 对肋间后动脉和肋下动脉由胸主动脉的后外侧壁发出，每支在脊柱两侧各分前、后 2 支。后支细小，分布于脊髓、背部的肌肉和皮肤。前支粗大，在相应的肋骨下缘的肋沟内与肋间后静脉和肋间神经伴行，分布于胸壁和腹壁上部。膈上动脉为 2~3 条小支，分布于膈上面的后部。

2. 脏支　主要有支气管支、食管支和心包支，分布于气管、食管和心包。

（四）腹主动脉

腹主动脉 abdominal aorta 自膈的主动脉裂孔处延续于胸主动脉，沿脊柱左前方下降，至第 4 腰椎下缘处分为左、右髂总动脉（图 11-21）。腹主动脉的分支按其分布区域亦可分为壁支和脏支。

1. 壁支

（1）**膈下动脉** inferior phrenic artery　左右各一，除分支至膈下面以外，还发出细小的肾上腺上动脉至肾上腺。

（2）**腰动脉** lumbar artery　有 4 对，自腹主动脉后壁发出，分布于腰部和腹前外侧壁的肌和皮肤，也有分支营养脊髓及其被膜。

（3）**骶正中动脉** middle sacral artery　1 支，自腹主动脉分叉处后壁发出，沿骶骨前面下降入

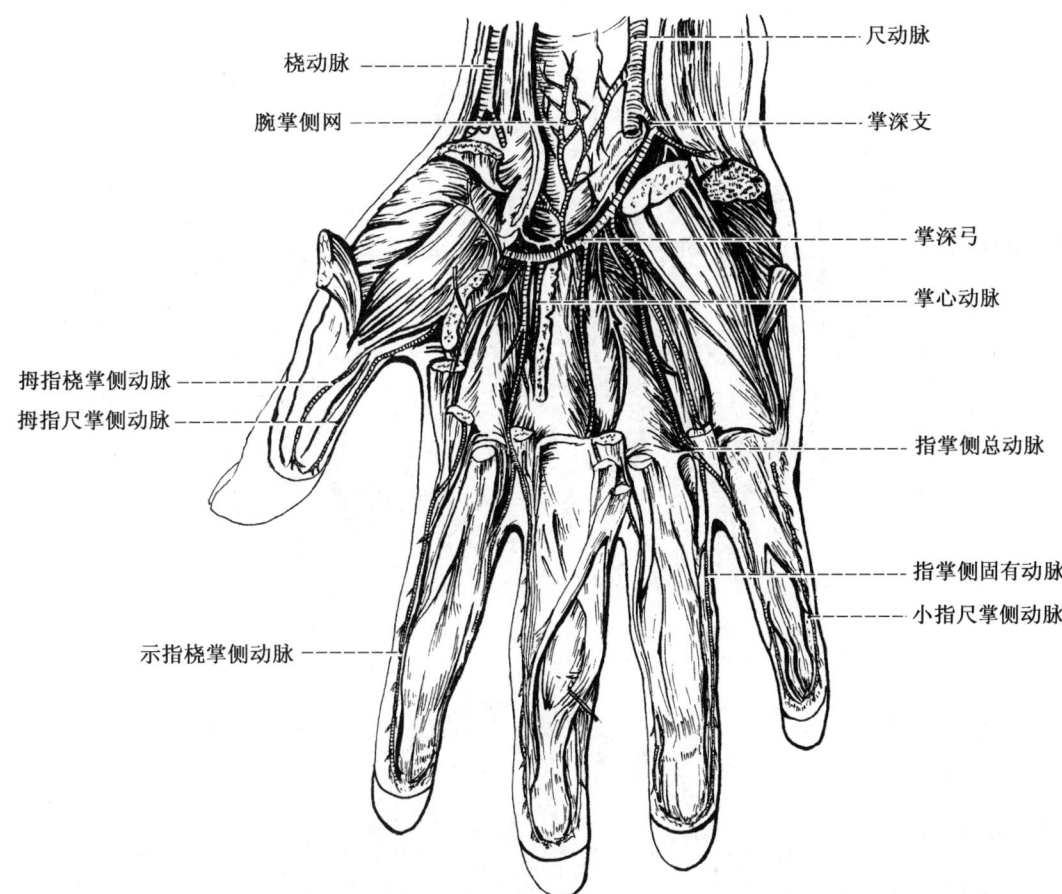

桡动脉 — — — — —
腕掌侧网 — — — — —

尺动脉 — — — — —
掌深支 — — — — —

掌深弓 — — — — —
掌心动脉 — — — — —

拇指桡掌侧动脉 — — — —
拇指尺掌侧动脉 — — — —

指掌侧总动脉 — — — —

指掌侧固有动脉 — — — —
小指尺掌侧动脉 — — — —

示指桡掌侧动脉 — — — —

图 11-29 手的动脉
（掌侧面深层）

盆，分支营养盆腔后壁的组织结构。

2. 脏支 分为成对和不成对的脏支 2 种。成对脏支有肾上腺中动脉、肾动脉和睾丸动脉（男）或卵巢动脉（女），不成对脏支有腹腔干、肠系膜上动脉和肠系膜下动脉。

（1）**肾上腺中动脉** middle suprarenal artery 约平第 1 腰椎处起自腹主动脉侧壁，分布于肾上腺，在肾上腺内与肾上腺上动脉（始于膈下动脉）、肾上腺下动脉（始于肾动脉）吻合。

（2）**肾动脉** renal artery 约平对第 1、2 腰椎椎体之间起自腹主动脉侧壁，到肾门附近分为前、后 2 干，经肾门入肾。并在入肾之前各发出 1 支肾上腺下动脉至肾上腺。

肾尚有不经肾门而从肾上端或下端入肾的副肾动脉，结扎后可引起肾局部缺血坏死。

（3）**睾丸动脉** testicular artery 又称精索内动脉，细而长，在肾动脉起始处的稍下方由腹主动脉前壁发出，斜向下外，跨过输尿管前面，经腹股沟管至阴囊，分布于睾丸。在女性则为**卵巢动脉** ovarian artery，经卵巢悬韧带下行入盆腔，分布于卵巢和输卵管壶腹部。

（4）**腹腔干** coeliac trunk 为一短而粗的干，约平第 12 胸椎高度，自腹主动脉前壁发出，立即分为胃左动脉、肝总动脉和脾动脉（图 11-30，图 11-31）。

1）**胃左动脉** left gastric artery：斜向左上方至胃的贲门，在小网膜 2 层之间沿胃小弯转向右行，与胃右动脉吻合。沿途分支至食管腹段、贲门和胃小弯附近的胃壁。

2）**肝总动脉** common hepatic artery：向右前方在十二指肠上部的上缘进入肝十二指肠韧带内，分为肝固有动脉和胃十二指肠动脉。

① **肝固有动脉** proper hepatic artery：行于肝十二指肠韧带内，在门静脉前方、胆总管左侧

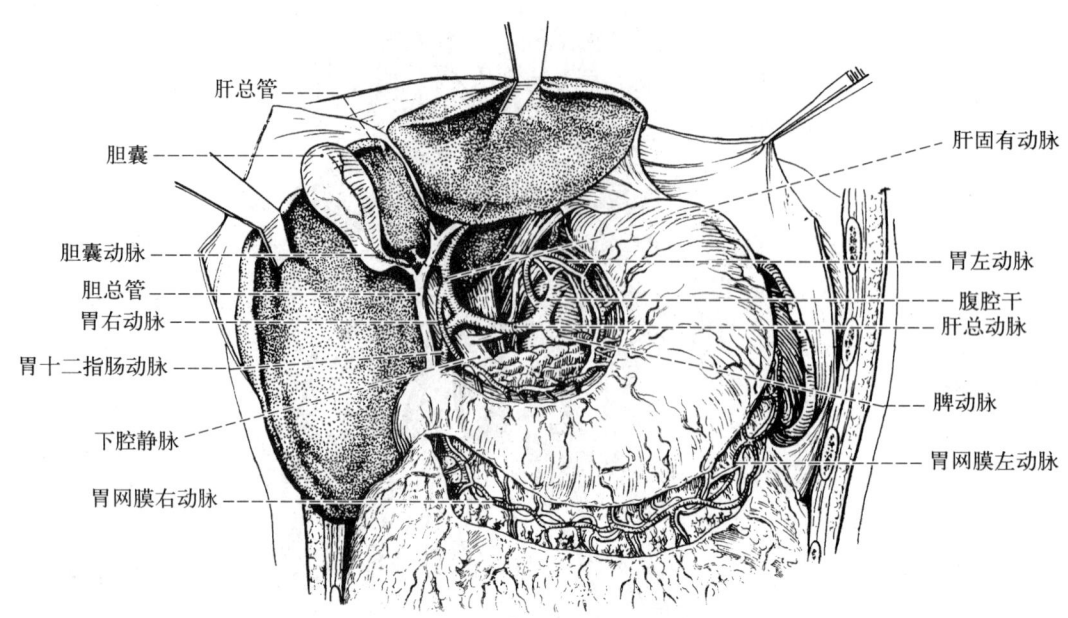

图 11-30　腹腔干及其分支（胃前面观）

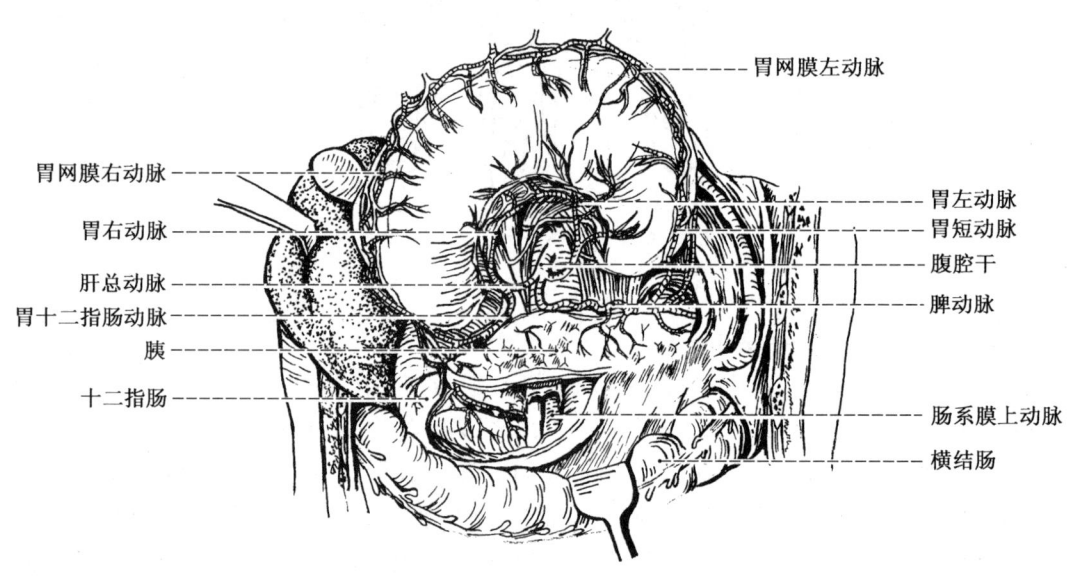

图 11-31　腹腔干及其分支（胃后面观）

知识扩展 11-3
胆囊动脉的变异

上行至肝门，分为左、右 2 支进入肝的左、右叶。右支在入肝门前发出**胆囊动脉** cystic artery，经胆囊三角上行，分支分布于胆囊。肝固有动脉尚发出**胃右动脉** right gastric artery，在小网膜内行至幽门上缘，再沿胃小弯向左，与胃左动脉吻合，沿途分支分布于十二指肠上部和胃小弯附近的胃壁。

　　② **胃十二指肠动脉** gastroduodenal artery：在十二指肠上部后方下降，在幽门下缘分为**胃网膜右动脉** right gastroepiploic artery 和胰十二指肠上动脉。前者在大网膜 2 层间沿胃大弯左行，发出胃支和网膜支分布于胃大弯和大网膜，并与胃网膜左动脉吻合，后者有前、后 2 支，在胰头与十二指肠降部之间下降，分布到胰头和十二指肠。

　　3）**脾动脉** splenic artery：沿胰的上缘左行，经脾肾韧带达脾门，分数支入脾。脾动脉沿途发出多条细小的胰支至胰体和胰尾，在未进脾门前发出 3~5 支**胃短动脉**，经胃脾韧带至胃底；发出**胃网膜左动脉** left gastroepiploic artery，在大网膜 2 层之间沿胃大弯右行，与胃网膜右动脉吻合，发出胃支和网膜支分布于胃大弯和大网膜。

（5）**肠系膜上动脉** superior mesenteric artery　在腹腔干稍下方，约平第 1 腰椎高度起自腹主动脉前壁，经胰头和胰体交界的后方下行，经十二指肠水平部的前面进入小肠系膜根，向右髂窝方向走行（图 11-32）。其分支有：

1）**胰十二指肠下动脉** inferior pancreaticoduodenal artery：于胰头与十二指肠之间，分支分布于胰和十二指肠，并与胰十二指肠上动脉吻合。

2）**空肠动脉** jejunal arteries 和**回肠动脉** ileal arteries：有 13～18 支，发自肠系膜上动脉左侧壁，走在肠系膜内，分布于空肠和回肠。各支动脉的分支再吻合成动脉弓。通常空肠有 1～2 级动脉弓，回肠的动脉弓多至 5 级，最后一级动脉弓再发出直支入肠壁。

3）**回结肠动脉** ileocolic artery：为肠系膜上动脉右侧壁发出的最下一条分支，分布于回肠末端、盲肠和升结肠。另发出**阑尾动脉** appendicular artery，沿阑尾系膜游离缘至阑尾尖端，并分支营养阑尾（图 11-33）。

4）**右结肠动脉** right colic artery：在回结肠动脉上方发出向右行，分升、降支与中结肠动脉和回结肠动脉吻合，分支至升结肠。

5）**中结肠动脉** middle colic artery：在胰的下缘处发出，前行入横结肠系膜，分左、右支分别与左、右结肠动脉吻合，营养结肠。

（6）**肠系膜下动脉** inferior mesenteric artery　约平第 3 腰椎高度起于腹主动脉前壁，行向左下方，至左髂窝进入乙状结肠系膜根内，继续下降入小骨盆（图 11-34）。分支分布于降结肠、乙状结肠和直肠上部。

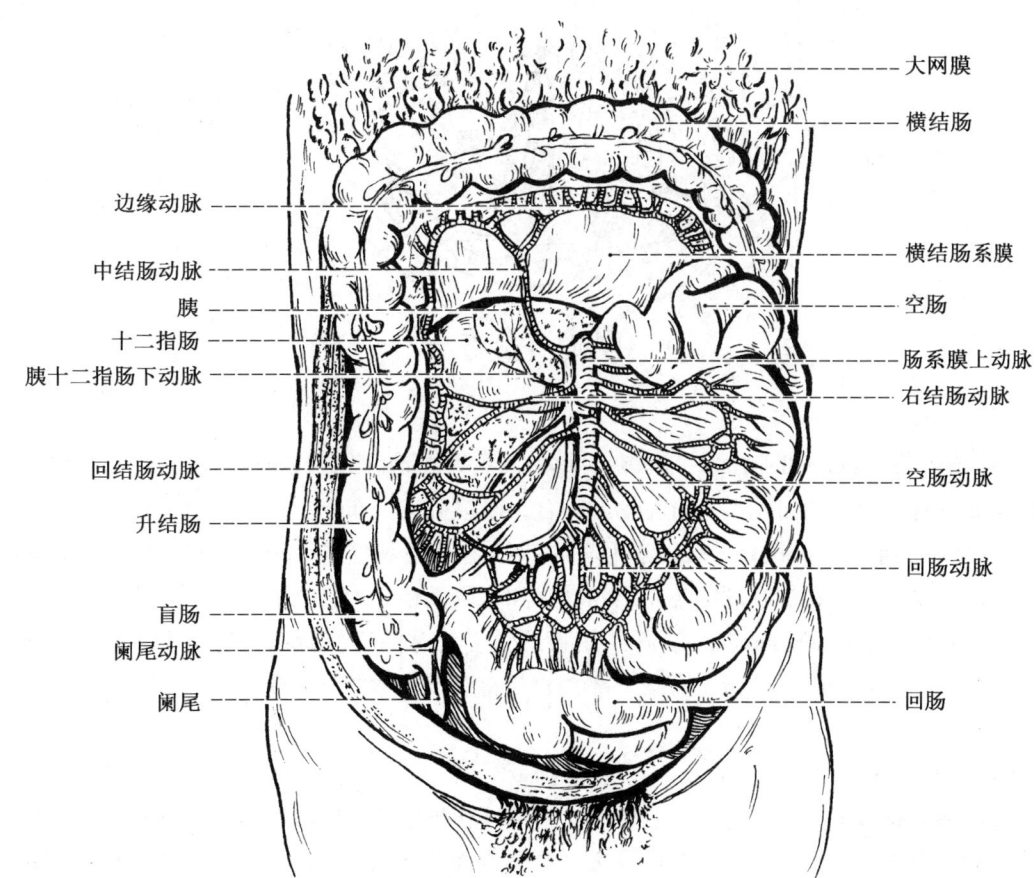

图 11-32　肠系膜上动脉及其分支

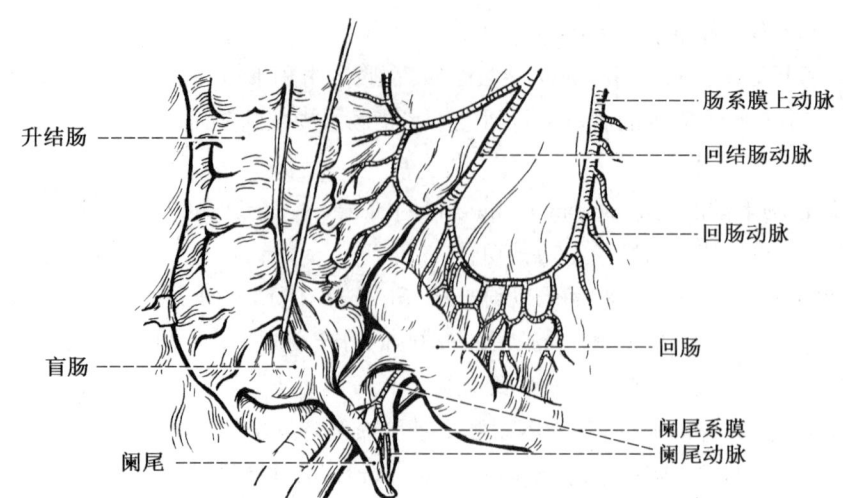

升结肠

盲肠

阑尾

肠系膜上动脉

回结肠动脉

回肠动脉

回肠

阑尾系膜

阑尾动脉

图 11-33　回结肠动
脉及其分支

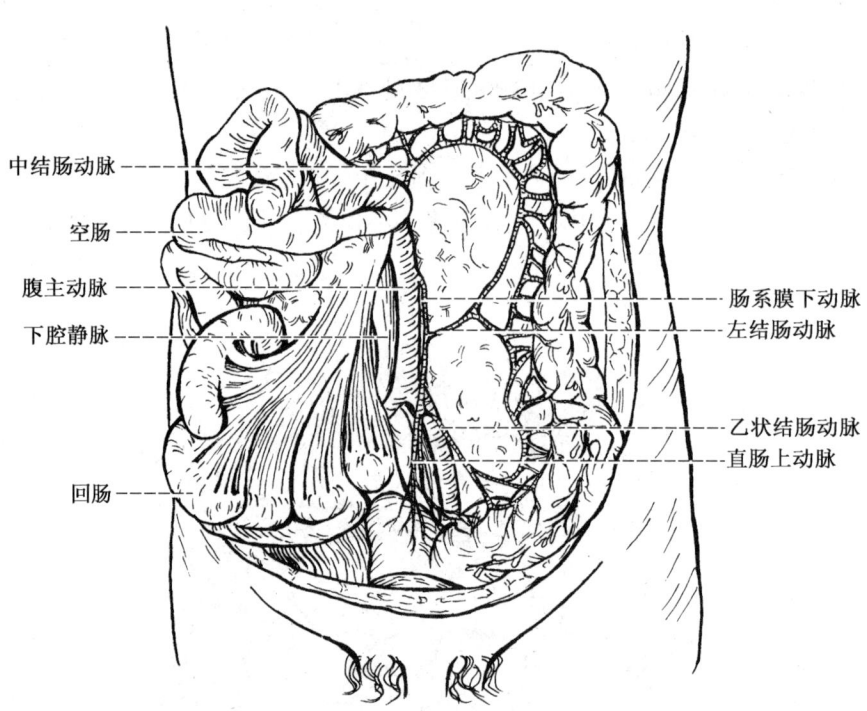

中结肠动脉

空肠

腹主动脉

下腔静脉

回肠

肠系膜下动脉

左结肠动脉

乙状结肠动脉

直肠上动脉

图 11-34　肠系膜下
动脉及其分支

　　1）**左结肠动脉** left colic artery：沿腹后壁向左行，分升、降支营养降结肠，并与中结肠动脉
和乙状结肠动脉吻合。

　　2）**乙状结肠动脉** sigmoid artery：常为 2～3 支，进入乙状结肠系膜内，相互吻合成动脉弓分
支分布于乙状结肠。乙状结肠动脉与左结肠动脉和直肠上动脉均有吻合。

　　3）**直肠上动脉** superior rectal artery：是肠系膜下动脉的直接延续，行至第 3 骶椎处分为 2
支，沿直肠上部两侧下降，分布于直肠上部，并与直肠下动脉的分支吻合。

　　（五）髂总动脉

　　髂总动脉 common iliac artery　左右各一，在第 4 腰椎椎体下缘高度自腹主动脉分出，沿腰大
肌的内侧向外下方斜行，至骶髂关节的前方分为髂内动脉和髂外动脉（图 11-35，图 11-36）。

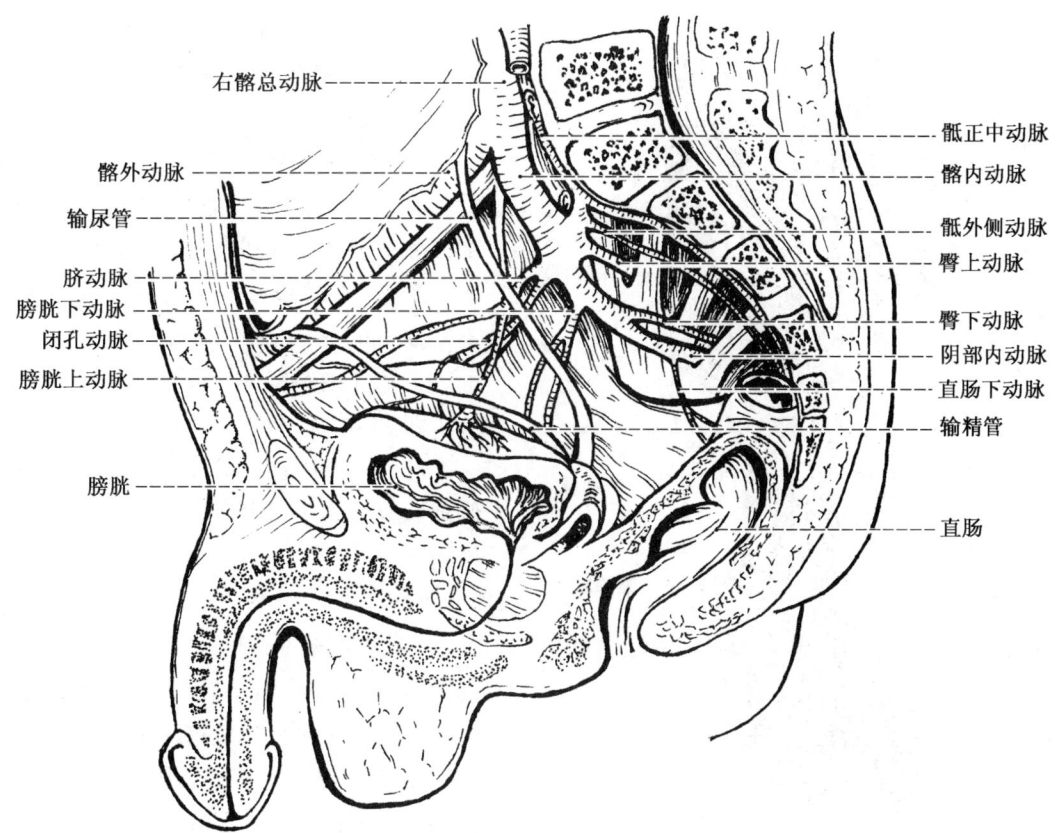

右髂总动脉

髂外动脉

输尿管

脐动脉
膀胱下动脉
闭孔动脉
膀胱上动脉

膀胱

骶正中动脉
髂内动脉
骶外侧动脉
臀上动脉
臀下动脉
阴部内动脉
直肠下动脉
输精管

直肠

图 11-35　盆腔的动脉
（正中矢状面，男性）

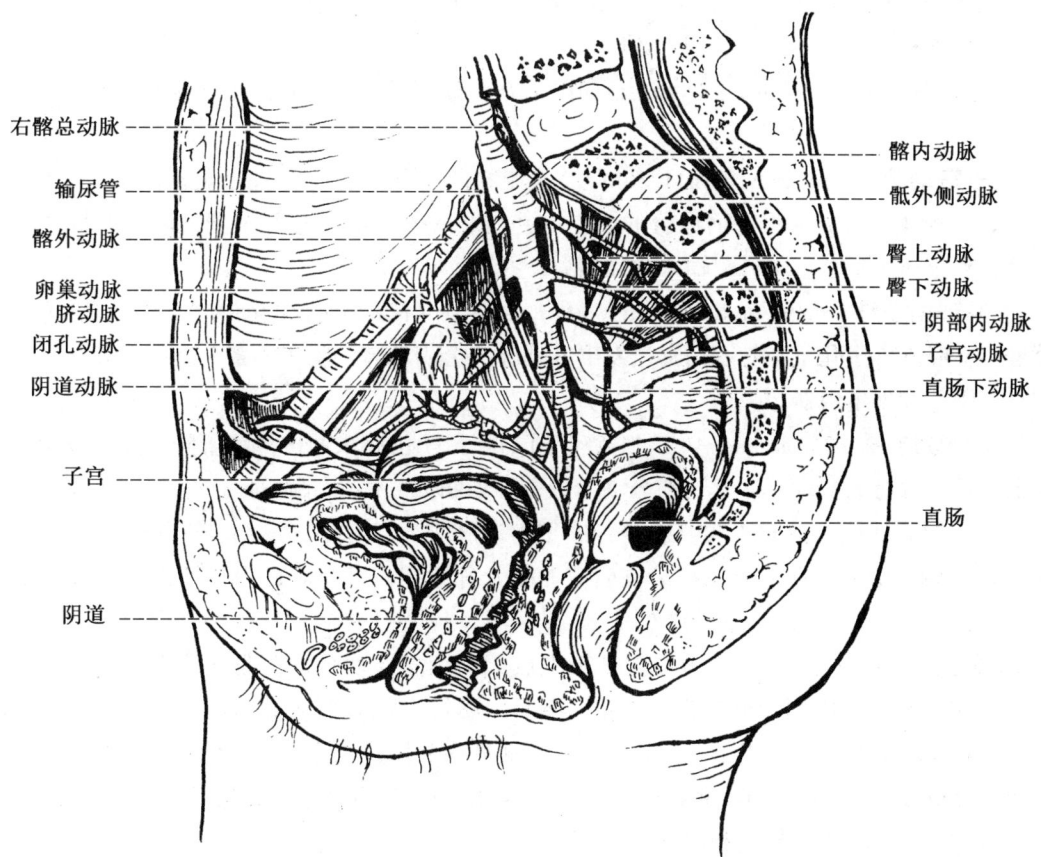

右髂总动脉

输尿管

髂外动脉

卵巢动脉
脐动脉
闭孔动脉
阴道动脉

子宫

阴道

髂内动脉
骶外侧动脉
臀上动脉
臀下动脉
阴部内动脉
子宫动脉
直肠下动脉

直肠

图 11-36　盆腔的动脉
（正中矢状面，女性）

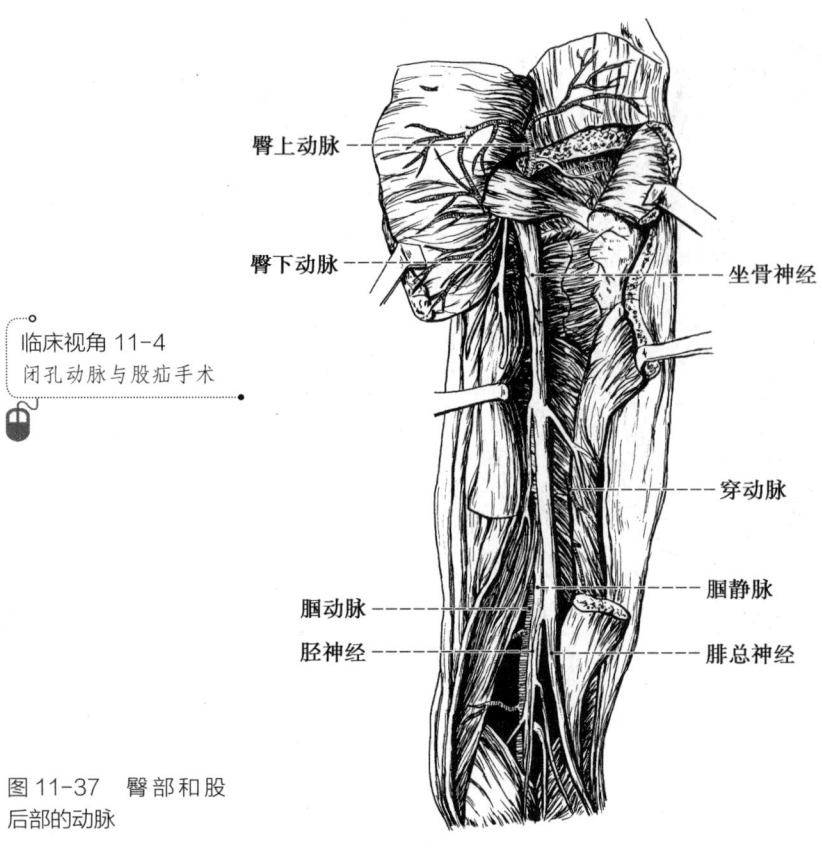

臀上动脉 ———

臀下动脉 ———

——— 坐骨神经

临床视角 11-4
闭孔动脉与股疝手术

——— 穿动脉

——— 腘静脉

腘动脉 ———

胫神经 ———

——— 腓总神经

图 11-37　臀部和股后部的动脉

1. **髂内动脉** internal iliac artery　为一短干，沿盆腔侧壁下行，发出壁支和脏支。

（1）壁支

1）**闭孔动脉** obturator artery：沿骨盆侧壁行向前下，穿闭膜管出盆腔，至股内侧部，分布于髋关节和大腿内侧群肌。

2）**臀上动脉** superior gluteal artery 和**臀下动脉** inferior gluteal artery：分别经梨状肌上、下孔穿出至臀部，分支营养臀肌和髋关节（图 11-37）。

此外，髂内动脉尚发出髂腰动脉及骶外侧动脉，分布于髂腰肌、盆腔后壁及骶管内结构。

（2）脏支

1）**脐动脉** umbilical artery：是胎儿时期的动脉干，由髂内动脉的起始部发出，走向内下方，出生后远侧段闭锁形成脐内侧韧带，近侧段仍保留管腔，发出 2～3 支**膀胱上动脉** superior vesical artery，分布于膀胱尖和膀胱体。

2）**膀胱下动脉** inferior vesical artery：沿骨盆侧壁下行，分布于膀胱底、精囊腺和前列腺。女性分布于膀胱和阴道。

3）**直肠下动脉** inferior rectal artery：行向内下方，分布于直肠下部，并与直肠上动脉和肛动脉吻合。

4）**子宫动脉** uterine artery（图 11-36）：沿盆侧壁向内下方走行，进入子宫阔韧带 2 层之间，在子宫颈外侧 1～2 cm 处跨过输尿管的前上方并与之交叉，沿子宫颈及子宫侧缘上行，至子宫底，其分支分布于子宫、阴道、输尿管和卵巢，并与卵巢动脉吻合。

5）**阴部内动脉** internal pudendal artery（图 11-38）：沿臀下动脉的前方下降，穿梨状肌下孔出盆腔，又经坐骨小孔至坐骨肛门窝，发出肛动脉、会阴动脉、阴茎（蒂）动脉等分支，分布于肛门、会阴部和外生殖器。

2. **髂外动脉** external iliac artery（图 11-35，图 11-36）　沿腰大肌内侧缘下降，经腹股沟中点深面至股前部，移行为股动脉。其主要分支为**腹壁下动脉** inferior epigastric artery，经腹股沟管腹环内侧上行入腹直肌鞘，分布于腹直肌并与腹壁上动脉吻合。此外，发出一支旋髂深动脉，沿腹股沟韧带外侧半的后方斜向外上，分支营养髂嵴及邻近肌肉，是临床上用作游离髂骨移植的主要血管。

3. **股动脉** femoral artery　在腹股沟韧带中点深部续髂外动脉，在股三角内下行，进入收肌管，由股前部转至股内侧，出收肌腱裂孔至腘窝，移行为腘动脉（图 11-39）。在腹股沟韧带中点下方可触及股动脉搏动，当下肢出血时，可在此处向后压迫止血。股动脉的分支有：

（1）**腹壁浅动脉** superficial abdominal artery　在腹股沟韧带稍下方自股动脉发出，穿至皮下，上行达腹前壁，分布于浅筋膜和皮肤。

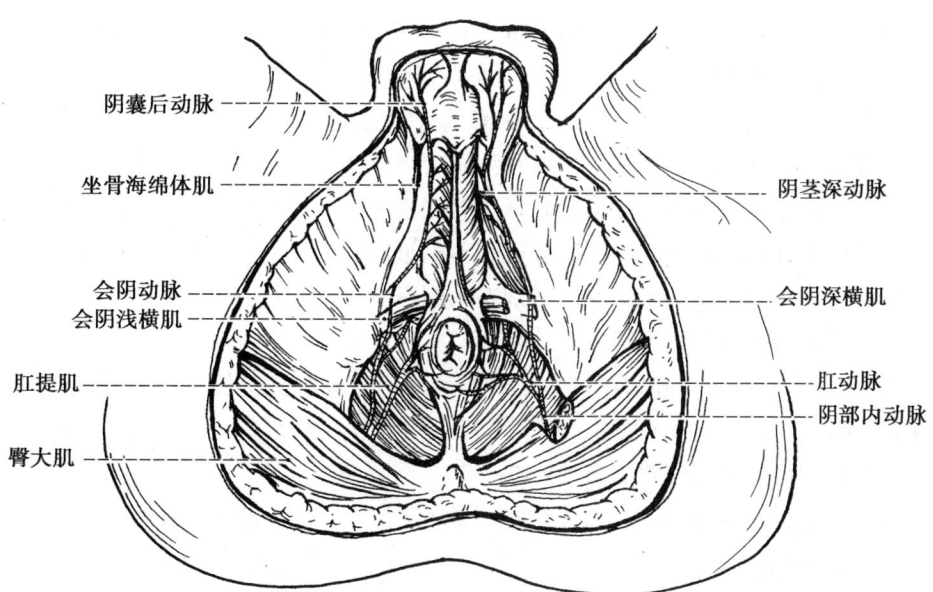

阴囊后动脉

坐骨海绵体肌

会阴动脉
会阴浅横肌

肛提肌

臀大肌

阴茎深动脉

会阴深横肌

肛动脉
阴部内动脉

图 11-38　会阴部的
动脉（男性）

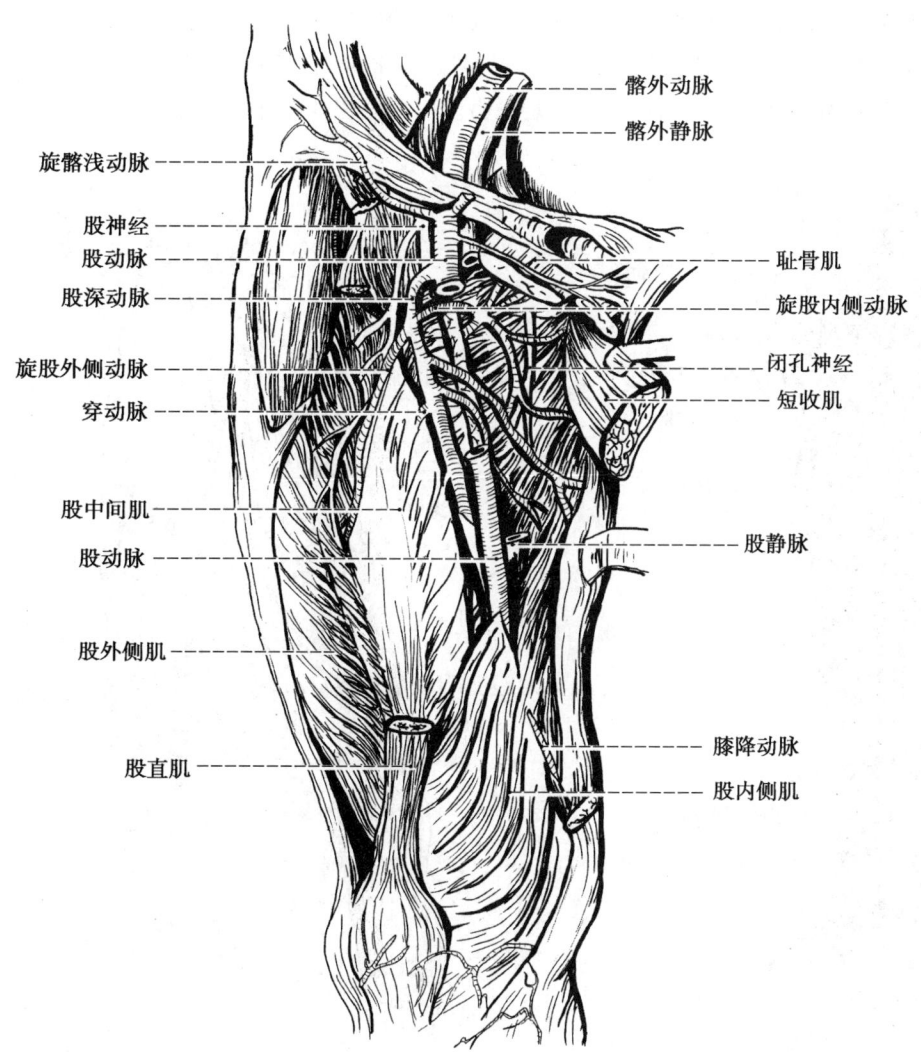

旋髂浅动脉

股神经
股动脉

股深动脉

旋股外侧动脉

穿动脉

股中间肌

股动脉

股外侧肌

股直肌

髂外动脉
髂外静脉

耻骨肌

旋股内侧动脉

闭孔神经
短收肌

股静脉

膝降动脉
股内侧肌

图 11-39　股动脉及
其分支（前面观）

知识扩展 11-4
下肢主要动脉的血管
皮瓣移植

（2）**旋髂浅动脉** superficial circumflex iliac artery　较细小，穿出阔筋膜，沿腹股沟韧带下方向外上方斜行至髂前上棘附近，分布于皮肤、浅筋膜和淋巴结。

临床上常将上述 2 动脉及其分布区作为皮瓣移植的血管和皮瓣供区。

（3）**股深动脉** deep femoral artery　在腹股沟韧带下方 2~5 cm 处发自股动脉，经股动脉后方行向后内下方，沿途发出**旋股内侧动脉**、**旋股外侧动脉**和 3~4 支**穿动脉**（图 11-39）。旋股内侧动脉穿经耻骨肌和髂腰肌之间进入深层，分支营养附近肌和髋关节。旋股外侧动脉外行，分数支分布于大腿前群肌和膝关节。各支穿动脉分别在不同高度穿过大收肌止点至股后部，分支营养大腿内侧群、后群肌和髋关节。

4. **腘动脉** popliteal artery　经收肌腱裂孔续于股动脉，经腘窝深部下行至腘肌下缘，分为胫前动脉和胫后动脉（图 11-37，图 11-40）。此外，腘动脉在腘窝内尚发出数条关节支和肌支，分布于膝关节及邻近肌，并参与膝关节网。

5. **胫后动脉** posterior tibial artery　沿小腿后面浅、深肌之间下行，经内踝后方进入足底，分为足底内侧动脉和足底外侧动脉（图 11-40，图 11-41）。主要分支如下。

（1）**腓动脉** peroneal artery　从胫后动脉起始处分出，沿腓骨内侧下行，分布于胫、腓骨和附近肌。临床上常取腓骨中段带腓动脉和腓骨滋养动脉（起自腓骨中上段）作为带血管游离骨移植的供骨。

（2）**足底内侧动脉** medial plantar artery　沿足底内侧前行，分布于足底内侧。

（3）**足底外侧动脉** lateral plantar artery　沿足底外侧斜行，至第 5 跖骨底处，转向内侧至第 1 跖骨间隙，与足背动脉的足底深支吻合成足底弓。由弓发出 4 条跖足底总动脉，向前又各分 2 支

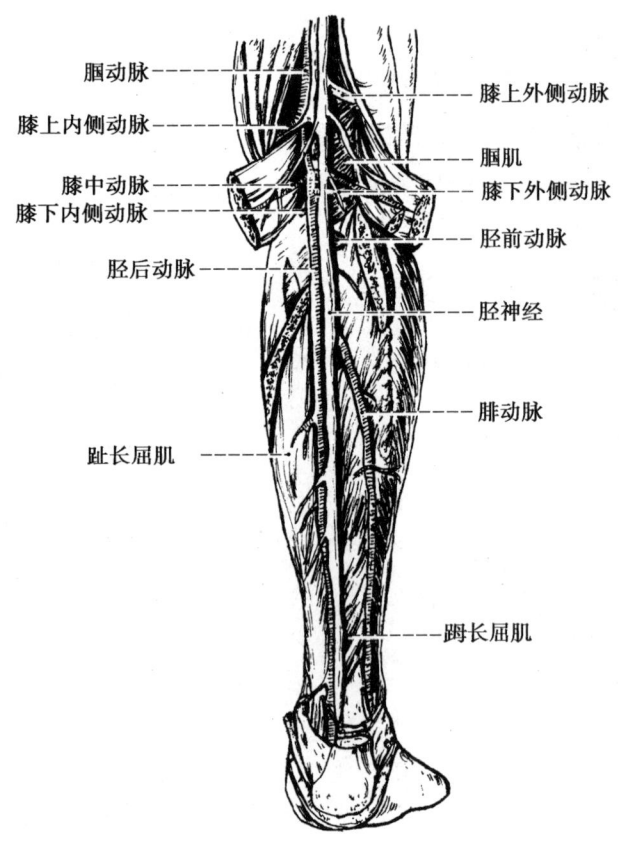

图 11-40　小腿的动脉（右侧后面观）

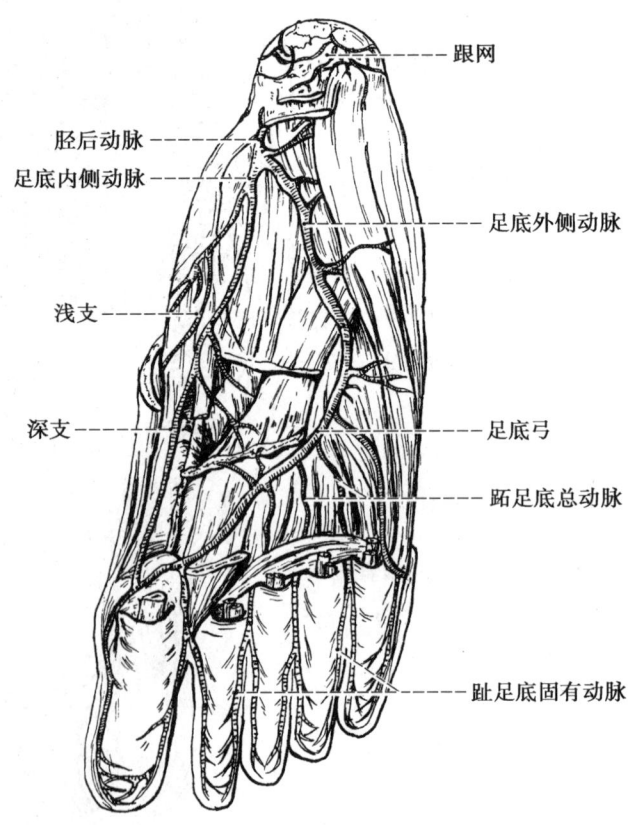

图 11-41　足底的动脉（右侧）

趾足底固有动脉，分布于足趾的相对缘。

6. **胫前动脉** anterior tibial artery　由腘动脉分出后，立即穿小腿骨间膜上端，行于小腿前群肌之间下行至足背（相当于踝关节的前方）移行为足背动脉（图 11-42）。胫前动脉沿途分支营养小腿诸伸肌和附近皮肤，并参与膝关节网。

7. **足背动脉** dorsal artery of foot　在踝关节的前方续胫前动脉，经踇长伸肌腱与趾长伸肌腱之间前行，至第 1 跖骨间隙近侧端分为第 1 跖背动脉和足底深支（图 11-43）。足背动脉位置表浅，在踝关节前方，内、外踝连线中点，踇长伸肌腱的外侧可触及其搏动，足部出血时可在该处向深部压迫足背动脉进行止血。足背动脉沿途分出数条跗内、外侧动脉至跗骨和跗骨间关节，其尚有以下分支：

（1）**弓状动脉**　在第 1、2 跗跖关节附近自足背动脉发出，沿跖骨底弓形向外，由弓的凸侧缘发出 3 条跖背动脉，前行至趾的基底部各分为 2 支细小的趾背动脉，分布于第 2~5 趾的相对缘。

（2）**第 1 跖背动脉**　为足背动脉的终支，沿第 1 跖骨间隙前行，分支分布于踇趾背面两侧缘和第 2 趾背面内侧缘。

（3）**足底深支**　为足背动脉的另一终支，穿第 1 跖骨间隙至足底，与足底外侧动脉吻合，形成足底动脉弓。

知识扩展 11-5
人体某些动脉的体表投影、压迫部位和止血范围

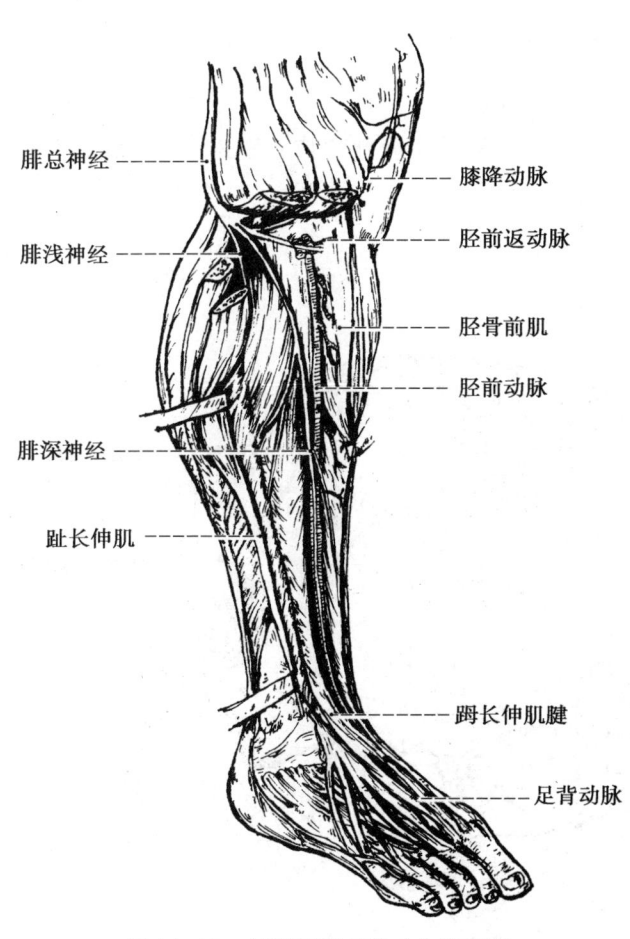

图 11-42　小腿前面的动脉（右前面观）

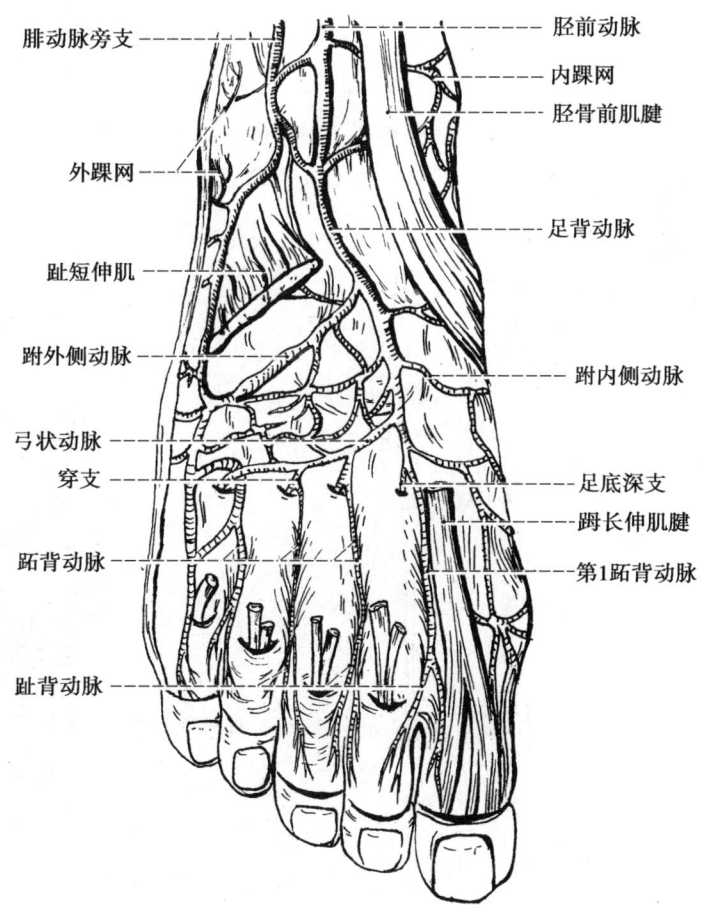

图 11-43　足背动脉

第四节　静脉

静脉始于毛细血管，是运送血液回心的血管。静脉数量多于动脉，与同级动脉相比，静脉管腔大、管壁薄、弹性小、容量大。静脉在向心回流的过程中，不断接受属支，越合越粗，最终以上、下腔静脉及肺静脉等汇入心房。

静脉壁内具有**静脉瓣** venous valves。静脉瓣是由内膜向腔内突出形成，成对，呈半月状，是防止血液逆流或改变血流方向的装置，在导血回心过程中起着一定的促进作用（图11-44）。受重力影响较大的部位静脉瓣最多，如四肢，尤其是下肢。

体循环静脉可分为浅静脉和深静脉。浅静脉位于皮下浅筋膜内，不与动脉伴行。临床上常通过浅静脉进行注射、输液、采血或导管插入等。深静脉位于深筋膜的深面或体腔内，多与动脉伴行，其收集范围与它所伴行的动脉分布区域大体一致，名称也多相同。

知识扩展 11-6
静脉之间的吻合

结构特殊的静脉，如位于颅内的**硬脑膜窦** sinuses of dura mater，窦壁无肌层、无瓣膜，窦腔经常处于开放状态，故受外伤时，往往出血不止。**板障静脉** diploic vein（图11-45）是颅盖骨骨松质中的扁平静脉，壁薄、无瓣膜，借贯穿颅骨的导血管向外连接头皮静脉，向内连接硬脑膜窦，借助这种交通关系，板障静脉和导血管一起参与脑血流量的调节。

一、肺循环的静脉

肺静脉 pulmonary veins 左、右各一对，分别为左、右肺上静脉和肺下静脉。肺静脉起自肺门，将气体交换后含氧丰富的动脉血运至左心房。

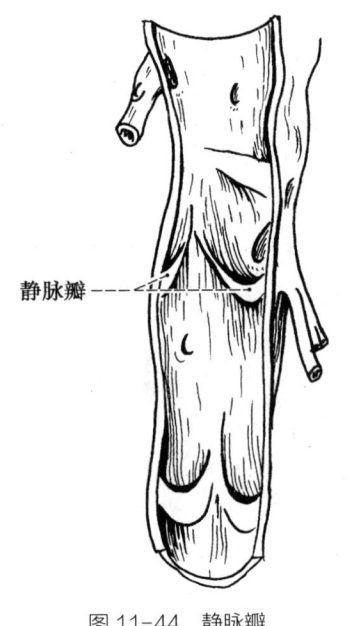

静脉瓣

图 11-44　静脉瓣

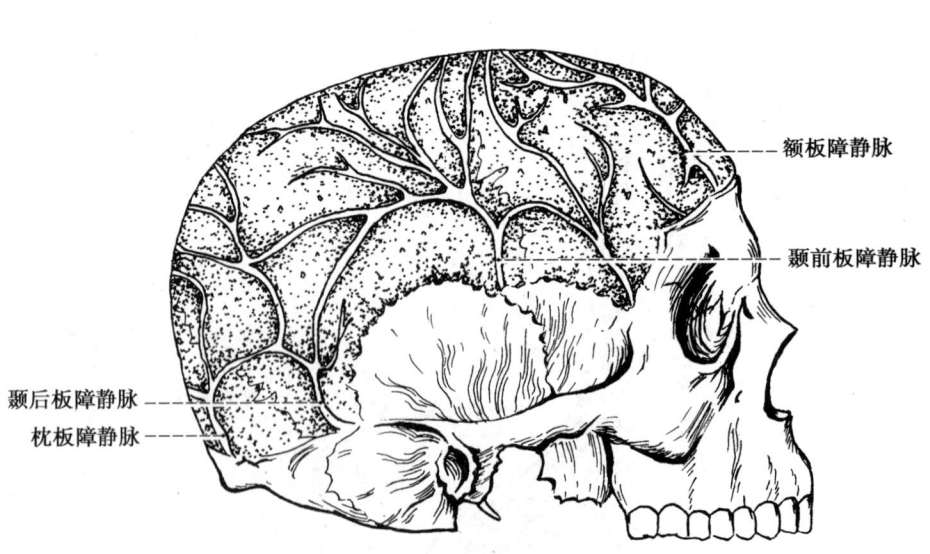

额板障静脉

颞前板障静脉

颞后板障静脉

枕板障静脉

图 11-45　板障静脉

二、体循环的静脉

体循环的静脉包括上腔静脉系、下腔静脉系（含肝门静脉系）和心静脉系，详见本章第二节中"心的血管"部分。

（一）上腔静脉系

上腔静脉系由收集头颈、上肢、胸壁和部分胸腔脏器静脉血的血管组成，其主干为上腔静脉。

1. **上腔静脉** superior vena cava 是一条粗大的静脉干，在右侧第 1 胸肋结合处后方由左、右头臂静脉汇合而成，沿升主动脉右侧下行，至第 3 胸肋关节下缘处注入右心房。在注入右心房前接纳奇静脉（图 11-46）。

2. **头臂静脉** brachiocephalic vein 左、右各一，由同侧的锁骨下静脉和颈内静脉在胸锁关节后方汇合而成。汇合处的夹角称**静脉角** venous angle，是胸导管和淋巴导管注入静脉的部位。头臂静脉还收纳椎静脉、胸廓内静脉、甲状腺下静脉等。

（1）**颈内静脉** internal jugular vein 是头颈部静脉回流的主干，其上端在颈静脉孔处与乙状窦相续，沿颈内动脉和颈总动脉外侧下行，至胸锁关节后方与锁骨下静脉汇合成为头臂静脉。

颈内静脉的属支较多，按部位可分为颅内及颅外 2 种属支。

1）颅内属支：主要有脑膜、脑、颅骨、视器及前庭蜗器等部位的静脉，最终经乙状窦出颈静脉孔注入颈内静脉，详见第二十章第二节中"脑的血管"部分。

2）颅外属支：有面静脉、下颌后静脉、舌静脉、咽静脉和甲状腺上静脉、甲状腺中静脉等。

知识扩展 11-7
颈内静脉空气栓塞的
解剖学基础

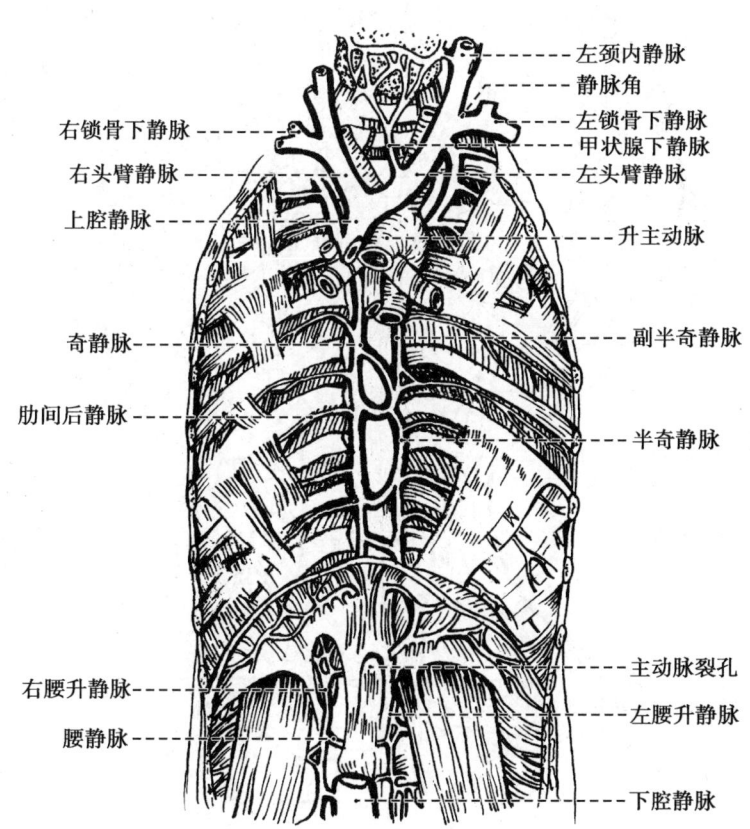

图 11-46 上腔静脉及其属支

临床视角 11-5
面部危险三角

知识扩展 11-8
翼静脉丛的交通

临床视角 11-6
颈外静脉及锁骨下静脉插管

① **面静脉** facial vein（图 11-47）：起自**内眦静脉** angular vein，沿面动脉后方下行，至下颌角下方与下颌后静脉的前支汇合成面总静脉，至舌骨大角处注入颈内静脉。面静脉收集面前部组织的静脉血。

面静脉与颅内海绵窦相交通，其主要交通途径有：a. 通过内眦静脉借眼上静脉与海绵窦交通。b. 通过**面深静脉** deep facial vein 经**翼静脉丛** pterygoid venous plexus、眼下静脉等与海绵窦交通。

② **下颌后静脉** retromandibular vein：由颞浅静脉与上颌静脉在腮腺内汇合而成，下行至腮腺下端时分为前、后 2 支，前支注入面静脉，后支与耳后静脉和枕静脉汇合成颈外静脉。下颌后静脉收集面侧部深层和颞部的静脉血。

③ **舌静脉、咽静脉**和**甲状腺上、甲状腺中静脉**：直接注入颈内静脉本干。

（2）**颈外静脉** external jugular vein   由下颌后静脉后支、耳后静脉和枕静脉在下颌角处汇合而成，于胸锁乳突肌浅面斜向下后行，在锁骨上方穿深筋膜注入锁骨下静脉或静脉角（图 11-47）。颈外静脉主要收集头皮、耳郭、枕部及颈前区浅层的静脉血。

（3）**锁骨下静脉** subclavian vein   位于颈根部，在第 1 肋外缘续于腋静脉，向内行至胸锁关节后方与颈内静脉汇合成头臂静脉。

3. 上肢静脉

（1）上肢浅静脉   包括头静脉、贵要静脉和肘正中静脉等（图 11-48，图 11-49）。临床上常用上述浅静脉输液、注射药物及取静脉血等。

1）**头静脉** cephalic vein：起自手背静脉网的桡侧，沿前臂桡侧、前面上行至肘窝，继而沿肱

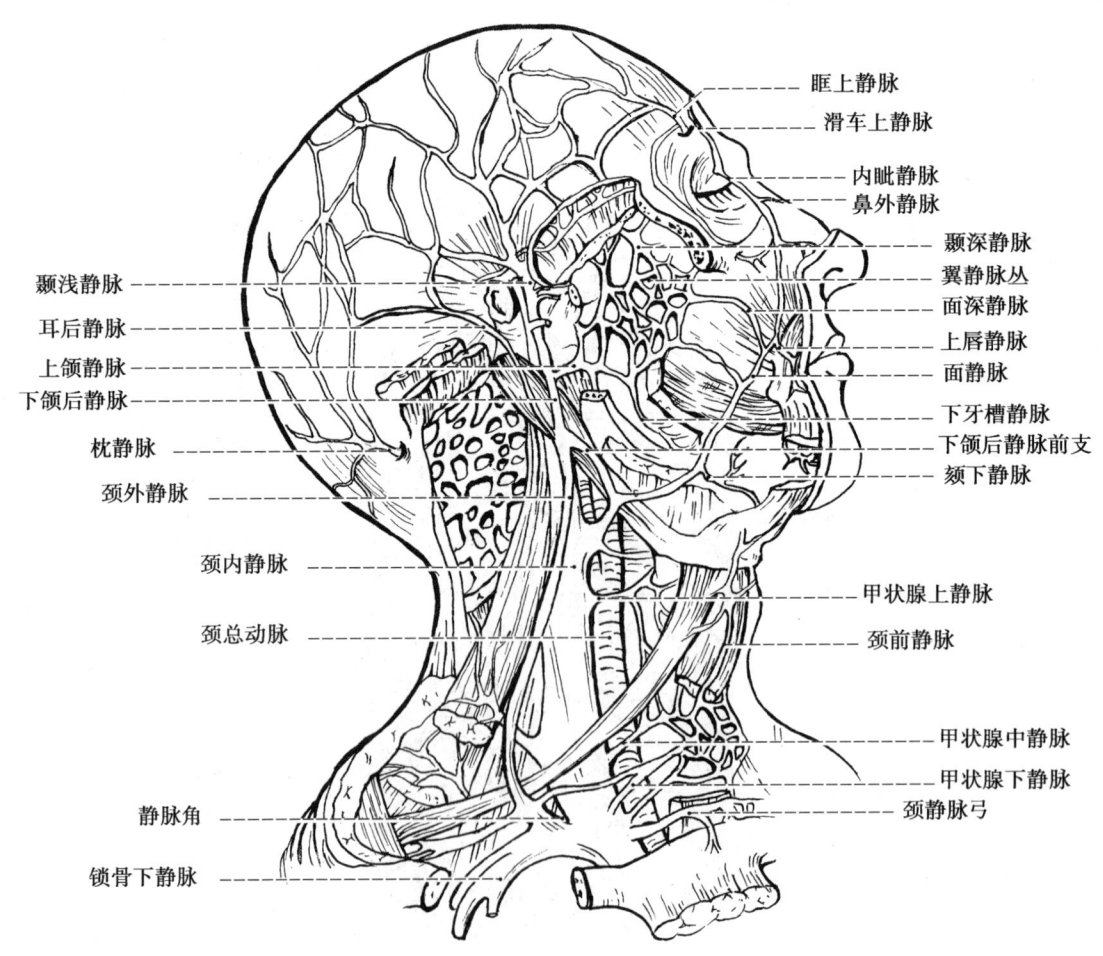

图 11-47　头颈部静脉

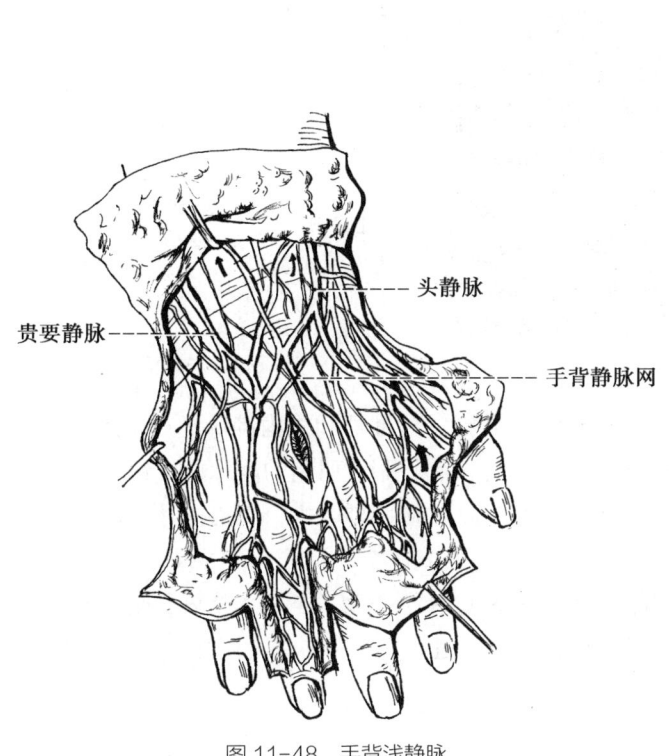

图 11-48 手背浅静脉

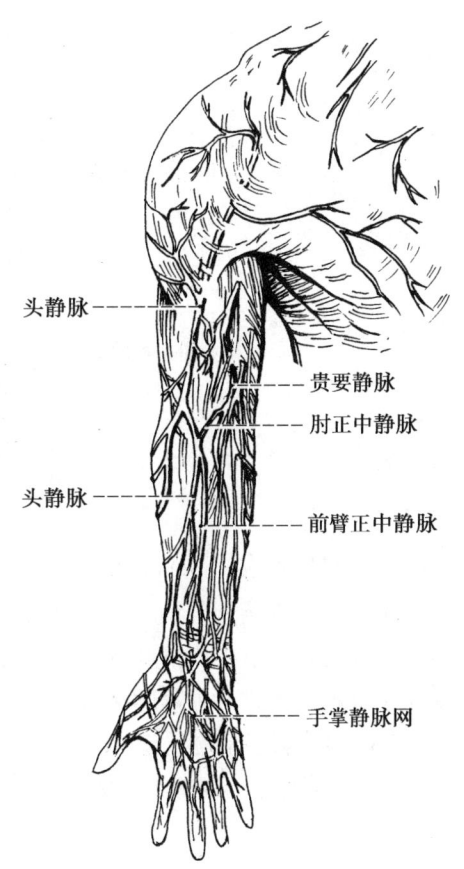

图 11-49 上肢浅静脉

二头肌外侧沟上行，经三角胸大肌间沟、穿深筋膜注入腋静脉或锁骨下静脉。头静脉收集手和前臂桡侧浅层结构静脉血，在肘窝处通过肘正中静脉与贵要静脉相交通。

2）**贵要静脉** basilic vein：起自手背静脉网的尺侧，沿前臂尺侧上行，在肘窝处与肘正中静脉汇合后，沿肱二头肌内侧沟上行，在臂中点稍下方穿深筋膜注入肱静脉，或伴随肱静脉注入腋静脉。贵要静脉主要收集手和前臂尺侧浅层结构静脉血。

3）**肘正中静脉** median cubital vein：位于肘窝皮下，连接头静脉和贵要静脉，变异较多。

（2）**上肢深静脉** 多为 2 条，与同名动脉伴行。2 条肱静脉在大圆肌下缘处汇合成**腋静脉** axillary vein。腋静脉位于腋动脉前内侧，跨过第 1 肋外侧缘续为锁骨下静脉。腋静脉收集上肢浅、深静脉的静脉血。

4. **胸部的静脉** 主要包括胸前壁静脉、奇静脉及其属支半奇静脉、副半奇静脉及椎静脉丛等（图 11-46）。

（1）**奇静脉** azygos vein 在右膈脚处起于右腰升静脉，沿食管后方和胸主动脉右侧上行至第 4~5 胸椎椎体高度，向前勾绕右肺根上方，注入上腔静脉。奇静脉沿途收集右侧肋间后静脉、食管静脉、支气管静脉及半奇静脉血。奇静脉是上、下腔静脉系间的重要交通途径之一。

（2）**半奇静脉** hemiazygos vein 在左膈脚处起于左腰升静脉，沿胸椎椎体左侧上行，至第 8~9 胸椎椎体高度，向右横过脊柱前方，注入奇静脉。半奇静脉收集左下部肋间后静脉、副半奇静脉和食管静脉血。

（3）**副半奇静脉** accessory hemiazygos vein 沿脊柱左缘下行注入半奇静脉，或直接向右跨过脊柱前方注入奇静脉，主要收集左侧中、上部的肋间后静脉血。

临床视角 11-7
前臂静脉注射

人文视角 11-1
与静脉教学相关的医学生思政教育

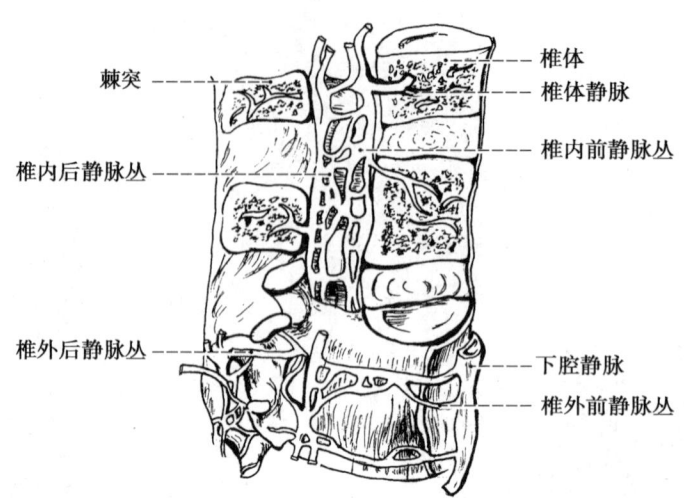

椎体
椎体静脉
棘突
椎内前静脉丛
椎内后静脉丛
椎外后静脉丛
下腔静脉
椎外前静脉丛

图 11-50　椎静脉丛

临床视角 11-8
椎静脉丛的交通

（4）**椎静脉丛** vertebral venous plexus　围绕在脊柱周围，分椎外和椎内静脉丛（图 11-50）。椎外静脉丛是在椎管外围绕脊柱形成的静脉丛，收集椎体及脊柱附近肌肉的静脉血。颈段的椎外静脉丛尤为发达。椎内静脉丛位于椎管内骨膜与硬脊膜之间的硬膜外隙内，收集椎骨、脊膜和脊髓的静脉血。椎内、外静脉丛互相吻合。

（5）**胸腹前壁静脉**　起于腹前壁，浅层静脉沿躯干外侧上行注入腋静脉；深层静脉则沿胸廓内静脉注入头臂静脉。胸腹壁静脉向下与腹壁浅静脉吻合，也是上、下腔静脉系之间的交通途径之一。

（二）下腔静脉系

下腔静脉系由收集腹、盆部及下肢的静脉组成，收集膈以下下半身的静脉血，经过下腔静脉注入右心房（图 11-51）。

1. **下腔静脉** inferior vena cava　是人体最粗大的静脉，在第 4~5 腰椎椎体右前方由左、右髂总静脉汇合而成，沿腹主动脉右侧上行，经肝的腔静脉沟，穿膈的腔静脉孔入胸腔注入右心房。下腔静脉及其属支收集下半身的静脉血。

2. **髂总静脉** common iliac vein　位于骶髂关节前方，由髂内、髂外静脉汇合而成，斜向内上行，至第 4~5 腰椎处与对侧髂总静脉汇合成下腔静脉（图 11-51）。髂总静脉收集同名动脉分布区的静脉血。

（1）**髂内静脉** internal iliac vein　位于髂内动脉后内侧，在骶髂关节前方与髂外静脉汇合成髂总静脉。髂内静脉的属支与同级动脉伴行并收集后者分布区的静脉血。盆腔脏器的静脉形成的静脉丛，如膀胱静脉丛、直肠静脉丛、子宫阴道丛等位于器官的壁内或周围，各静脉丛之间相互交通，在器官扩张受压迫时有利于侧支循环形成（图 11-52）。

临床视角 11-9
直肠静脉丛的交通

（2）**髂外静脉** external iliac vein　是股静脉的直接延续，在骶髂关节前方与髂内静脉汇合成髂总静脉。髂外静脉收集下肢所有浅、深静脉及腹前壁下部的静脉血。

3. **下肢的静脉**　有浅静脉和深静脉 2 种。由于受重力的影响，下肢静脉回流阻力较大，因而静脉有较多的瓣膜，浅、深静脉间有较多的交通支。

（1）**下肢浅静脉**

1）**小隐静脉** small saphenous vein（图 11-53）：起于足背静脉弓外侧缘，经外踝后方沿小腿后面正中上行至腘窝，穿过深筋膜注入腘静脉。小隐静脉沿途收集足外侧部及小腿后部的浅静脉血液。

2）**大隐静脉** great saphenous vein：是全身最长的静脉，起于足背静脉弓内侧缘，经内踝

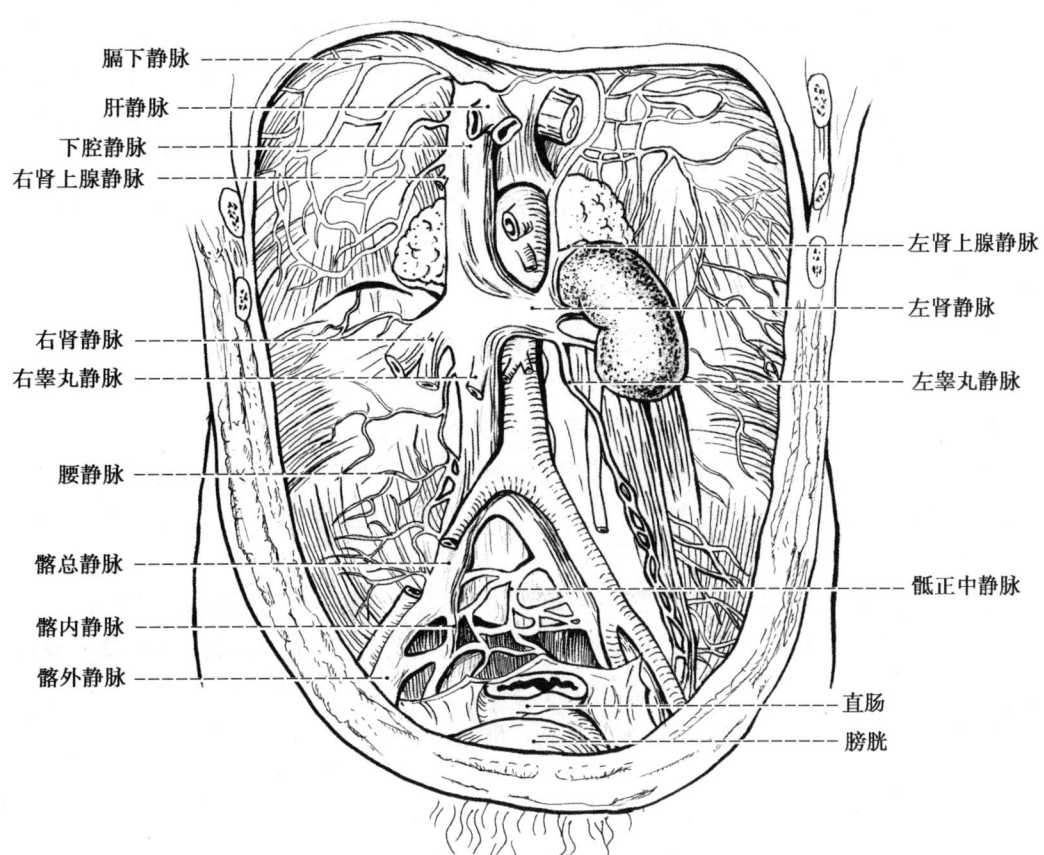

膈下静脉
肝静脉
下腔静脉
右肾上腺静脉

左肾上腺静脉

左肾静脉

右肾静脉
右睾丸静脉

左睾丸静脉

腰静脉

髂总静脉

骶正中静脉

髂内静脉

髂外静脉

直肠

膀胱

图 11-51　下腔静脉及
其属支

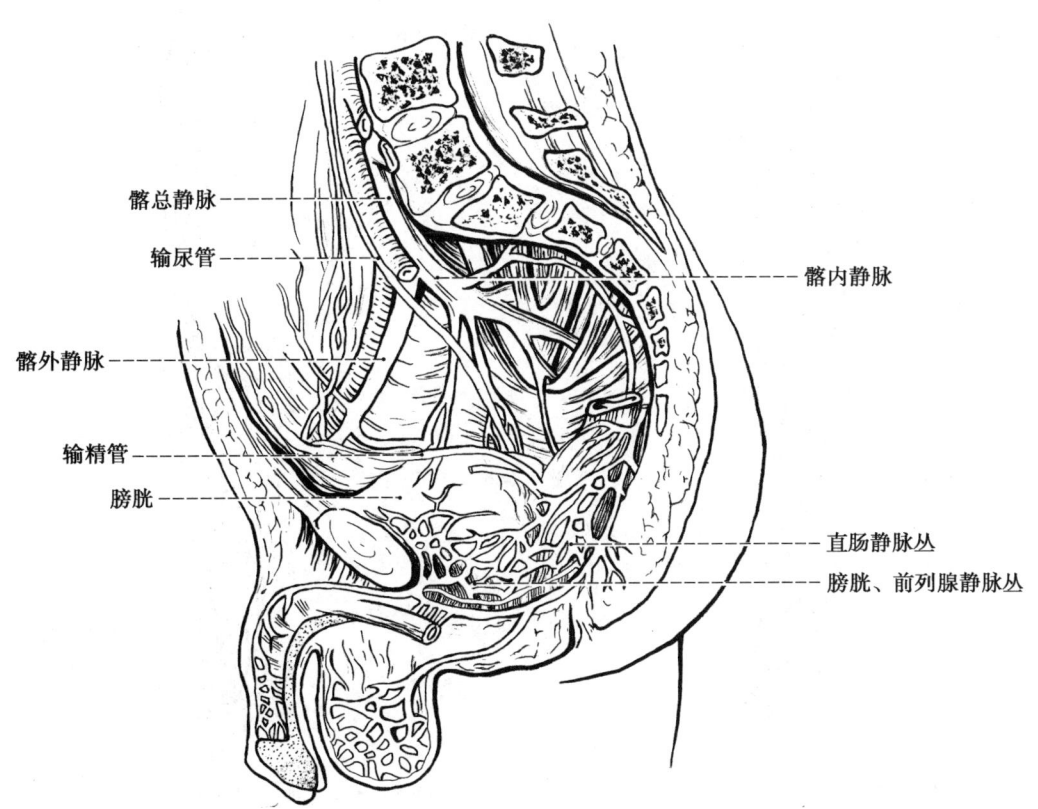

髂总静脉

输尿管

髂内静脉

髂外静脉

输精管
膀胱

直肠静脉丛
膀胱、前列腺静脉丛

图 11-52　盆腔的静脉
（男性）

临床视角 11-10
大隐静脉曲张

临床视角 11-11
股静脉穿刺

前方沿小腿内侧上行至膝关节内后侧，继而沿大腿内侧转至大腿前面上行，于耻骨结节下外方 3～4 cm 处，穿阔筋膜的隐静脉裂孔注入股静脉。大隐静脉有 5 条主要属支，即股内侧浅静脉、股外侧浅静脉、腹壁浅静脉、旋髂浅静脉和阴部外静脉（图 11-54）。大隐静脉除收集足部、小腿内侧、大腿前内侧部浅层结构的静脉血以外，还收集大腿外侧、腹前壁脐以下浅层及外阴部的静脉血。大隐静脉在经过内踝前方时，位置表浅恒定，是临床上静脉输液或切开的常见部位。

（2）下肢深静脉　足部深静脉汇合成胫前静脉和胫后静脉，与同级动脉伴行并在腘窝下缘汇成**腘静脉** popliteal vein，后者上行穿经收肌腱裂孔移行为股静脉。

股静脉 femoral vein 伴股动脉上行，达腹股沟韧带深面延续为髂外静脉。股静脉的属支有大隐静脉及股动脉分支所伴行的静脉。股静脉收集下肢、腹前壁下部、外阴部等处的静脉血。

4. 腹部的静脉　主干为下腔静脉，下腔静脉的属支有壁支、脏支之分。

（1）壁支　包括 1 对膈下静脉和 4 对腰静脉，均与同名动脉伴行（图 11-51）。**腰静脉** lumbar vein 间有纵行分支相连，称为腰升静脉，左、右腰升静脉向上分别延续为半奇静脉和奇静脉。

（2）脏支

1）**睾丸静脉** testicular vein：起自睾丸和附睾周围的**蔓状静脉丛** pampiniform plexus，经腹股沟管进入盆腔逐渐汇合成睾丸静脉。右侧睾丸静脉直接以锐角注入下腔静脉、左侧睾丸静脉则以直角汇入左肾静脉，随后注入下腔静脉（图 11-51）。因此，左睾丸静脉常因回流不畅造成静脉曲张。**卵巢静脉** ovarian veins 起自卵巢静脉丛，在卵巢悬韧带内上行汇合成卵巢静脉，回流方式

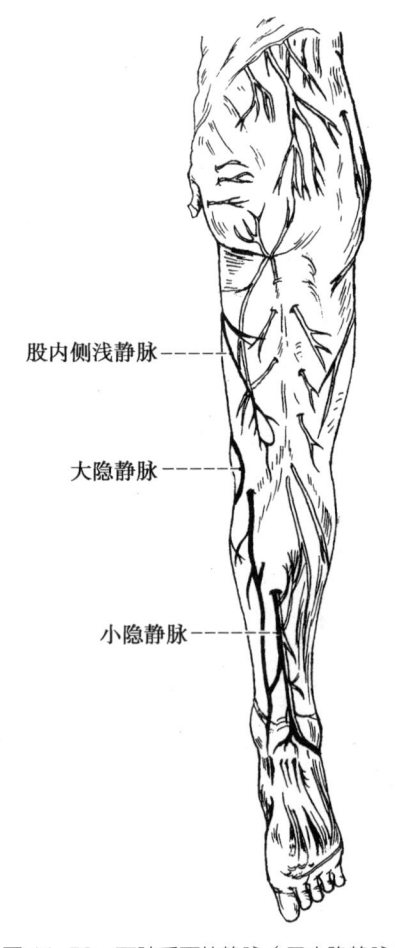

图 11-53　下肢后面的静脉（示小隐静脉）

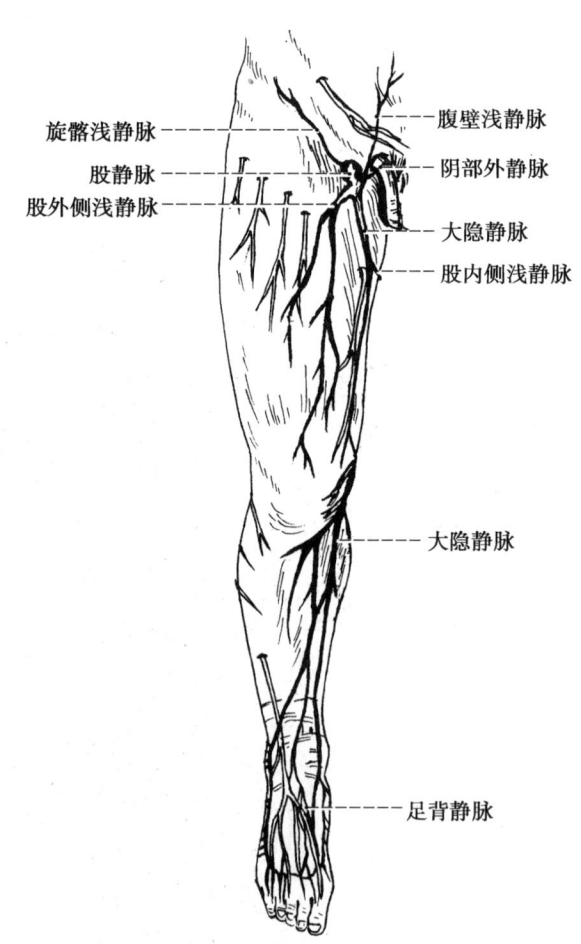

图 11-54　下肢前面的静脉（示大隐静脉）

同睾丸静脉。

2）**肾静脉** renal vein：位于肾动脉前方，向内侧走行注入下腔静脉。左肾静脉较右肾静脉长，并跨越腹主动脉前方（图11-51）。肾静脉除收集肾的血液外，还收集左睾丸静脉（或左卵巢静脉）和左肾上腺静脉的血液。

3）**肾上腺静脉** suprarenal vein：左肾上腺静脉注入左肾静脉，右肾上腺静脉直接注入下腔静脉。

4）**肝静脉** hepatic veins：有3条，即肝右静脉、肝中静脉和肝左静脉，收集肝血窦回流的静脉血，在腔静脉沟（第2肝门）处注入下腔静脉。

5. 肝门静脉系　肝门静脉及其属支构成**肝门静脉系** system of hepatic portal vein（图11-55）。

肝门静脉 hepatic portal vein，是肝门静脉系的主干，也是肝的功能性血管，长6~8 cm，直径约1.25 cm，由脾静脉和肠系膜上静脉在胰颈后方汇合而成（图11-55），向右上斜行进入肝十二指肠韧带内，经肝固有动脉和胆总管的后方上行至肝门，入肝门前分左、右2支入肝左、右叶，在肝内反复分支，最后汇入肝血窦，与肝固有动脉分支注入肝血窦的动脉血，共同经过肝细胞代谢后经肝静脉注入下腔静脉。肝门静脉的起始端和末端均与毛细血管相连，无静脉瓣，当门静脉高压时，血液易发生倒流。门静脉高压症患者常出现胃底静脉曲张、脾大、脐周静脉扩张等临床体征。

肝门静脉收集食管腹段、胃、小肠、大肠（直肠下部除外）、胆囊、胰和脾等腹腔不成对器官的静脉血。

（1）肝门静脉的主要属支

1）**脾静脉** splenic vein：由数条小静脉在脾门处汇合而成，经胰的后方、脾动脉下方向右走行，

知识扩展11-9
肝门静脉合成类型

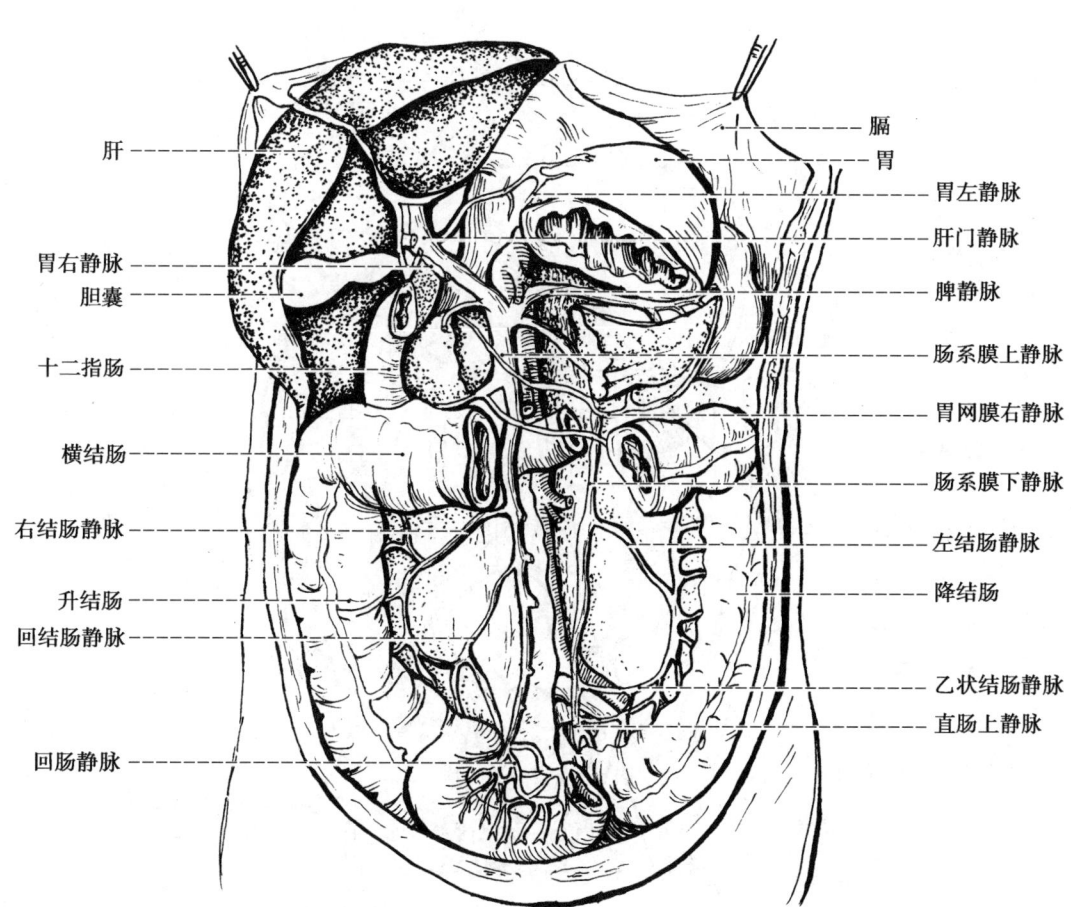

图11-55　肝门静脉及其属支

与肠系膜上静脉以直角汇合成肝门静脉，收集脾、胰及部分胃的静脉血，还常收纳肠系膜下静脉。

2）**肠系膜上静脉** superior mesenteric vein：走行于小肠系膜内，与同名动脉伴行。收集十二指肠至结肠左曲以上的肠管、部分胃和胰腺的静脉血，并与脾静脉汇合成肝门静脉。

回结肠附近的静脉干属支少而细，距下腔静脉近，在门静脉高压时，多在此处行肠系膜上静脉 – 下腔静脉吻合术，达到分流门静脉血液的作用，以治疗门静脉高压症。

3）**肠系膜下静脉** inferior mesenteric vein：与同名动脉伴行，在胰头后方注入脾静脉或肠系膜上静脉，少数注入上述两静脉汇合处的夹角，收集降结肠、乙状结肠及直肠上部的静脉血。

4）**胃左静脉** left gastric vein：与胃左动脉伴行，收集胃及食管下段的静脉血，直接注入门静脉。

5）**胃右静脉** right gastric vein：与胃右动脉伴行，在胃小弯处与胃左静脉吻合，收纳同名动脉分布区的血液。

6）**胆囊静脉** cystic vein：收集胆囊壁的静脉血，可注入肝门静脉或其右支。

7）**附脐静脉** paraumbilical veins：起于脐周静脉网，左、右2支，向上沿肝圆韧带于肝前下面走行，注入肝门静脉。

（2）肝门静脉系与上、下腔静脉系之间的吻合部位（图11-56）。

知识扩展 11-10
门静脉高压症的解剖
基础

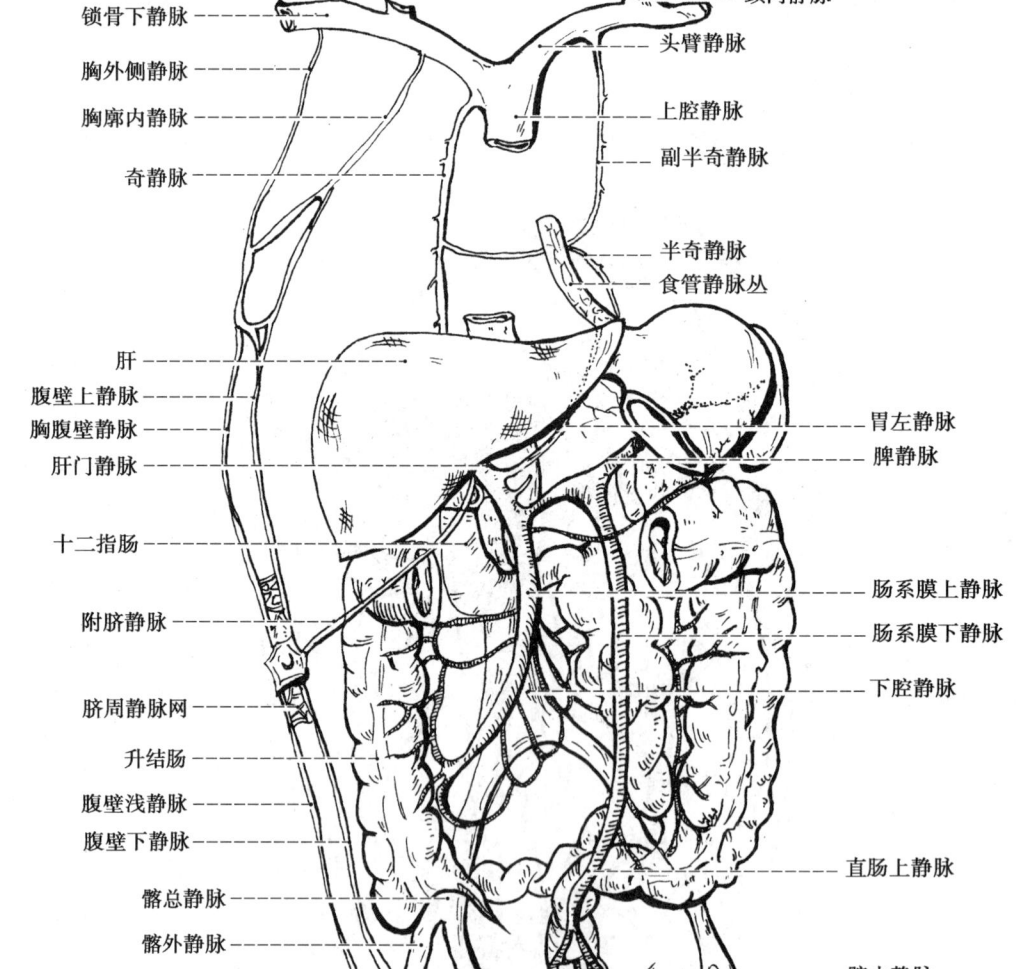

图 11-56　肝门静脉系与上、下腔静脉系之间的吻合部位（示意图）

1）**食管静脉丛** esophageal venous plexus：肝门静脉系的胃左静脉通过食管下段黏膜下层内的食管静脉丛与上腔静脉系的奇静脉、半奇静脉相交通。

2）**直肠静脉丛** rectal venous plexus：肝门静脉系的肠系膜下静脉通过直肠下段黏膜下层内的直肠静脉丛与下腔静脉系的直肠下静脉、肛静脉相交通。

3）**脐周围静脉丛** paraumbilical venous plexus：肝门静脉系的附脐静脉通过脐周皮下的脐周围静脉丛，与上腔静脉系的腹壁上静脉和胸腹壁静脉及下腔静脉系的腹壁下静脉和腹壁浅静脉相交通。

4）**脊柱静脉丛** vertebral venous plexus：肝门静脉系靠近腹后壁的肠系膜上、下静脉和脾静脉的小属支通过脊椎静脉丛与上、下腔静脉系的肋间后静脉、椎静脉、腰静脉的属支相交通。

5）**肝裸区等部位的静脉丛**：在肝裸区、胰、十二指肠、升结肠、降结肠等部位，肝门静脉的属支，如肠系膜上、下静脉的小属支与上、下腔静脉系中的肋间后静脉、膈下静脉、腰静脉、肾静脉的小属支间相互也吻合成静脉丛。

全身静脉回流概况见图 11-57。

> 知识扩展 11-11
> 胎儿血液循环和出生后的改变

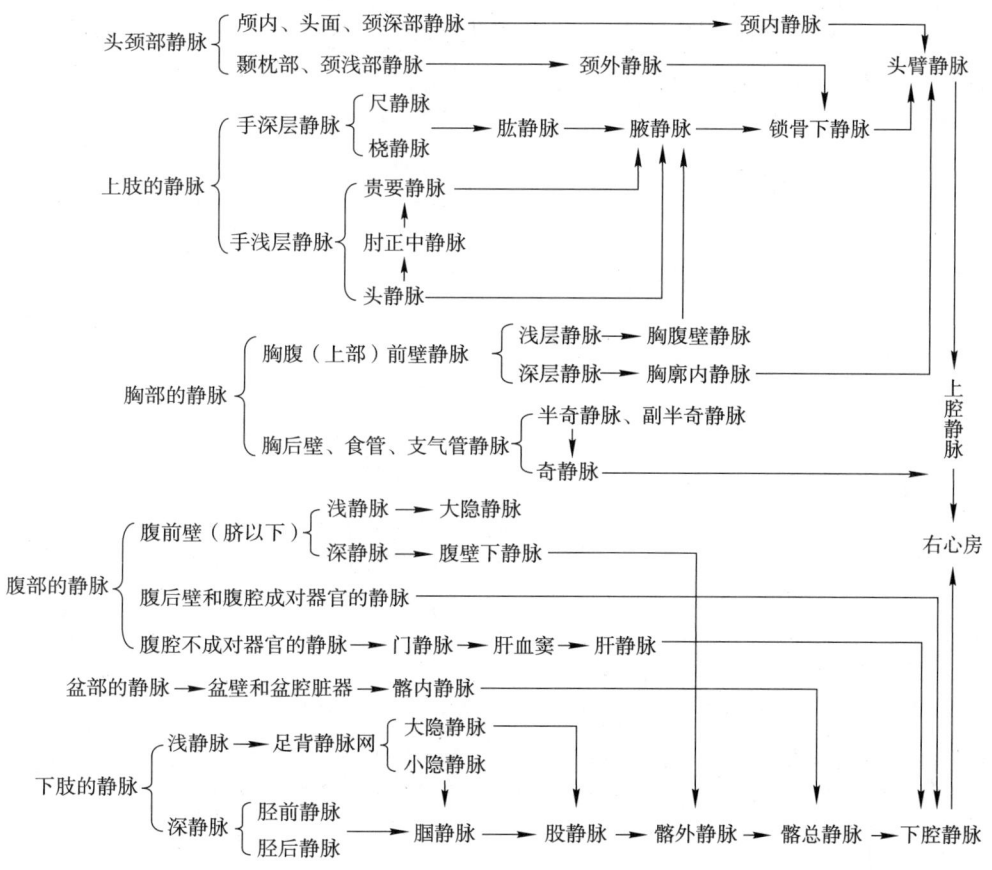

图 11-57　全身静脉回流概况

（饶利兵　李　莎　张媛媛）

复习思考题

1. 心血管脉管系统由哪几部分组成？

2. 体循环和肺循环的途径和主要特点是什么？

3. 试述心的位置、形态和心腔的构造。

4. 心房与心室间及左、右心室表面分界的标志是什么？在这些标志处各有什么重要结构相通行？

5. 心内有哪些瓣膜？各附于何处？这些瓣膜有什么作用？

6. 主动脉的行径及分段如何？主动脉弓的凸侧发出哪些血管？

7. 分布于肠的动脉有哪些？其来源动脉如何？

8. 试述上肢主要浅静脉的名称、位置，并说明头静脉的起始、行径和注入部位。

9. 试述奇静脉的起始、行径及注入部位。

10. 试述下腔静脉的组成及属支。

11. 试述大隐静脉的起始、行径和注入部位。

12. 试述肝门静脉的组成、位置与主要属支。

数字课程学习……

👤 本章小结　　Ⓦ 实物标本图　　👥 开放性讨论　　📝 自测题　　⬇ 教学 PPT

🖥 微课

第十二章
淋巴系统

关键词

淋巴管	淋巴干	淋巴导管	胸导管
淋巴结	局部淋巴结	腋淋巴结	腹股沟淋巴结

淋巴系统是心血管系统的辅助系统。淋巴管内流动的淋巴（液）最后汇入静脉管道中。位于组织间隙的毛细淋巴管能吸收诸如细菌、病毒、蛋白质、癌细胞等大分子物质进入淋巴管，然后进入淋巴结，再经淋巴管到下一个（群）淋巴结，最后经淋巴干、淋巴导管而入血。癌症很多都是通过淋巴系统转移的。虽然淋巴器官和淋巴组织具有产生淋巴细胞、过滤淋巴液、参与机体免疫反应的功能，但肿瘤细胞具有多种逃避免疫攻击的机制，导致免疫系统无法识别和清除它们，从而使肿瘤得以生长和扩散。

思维导图

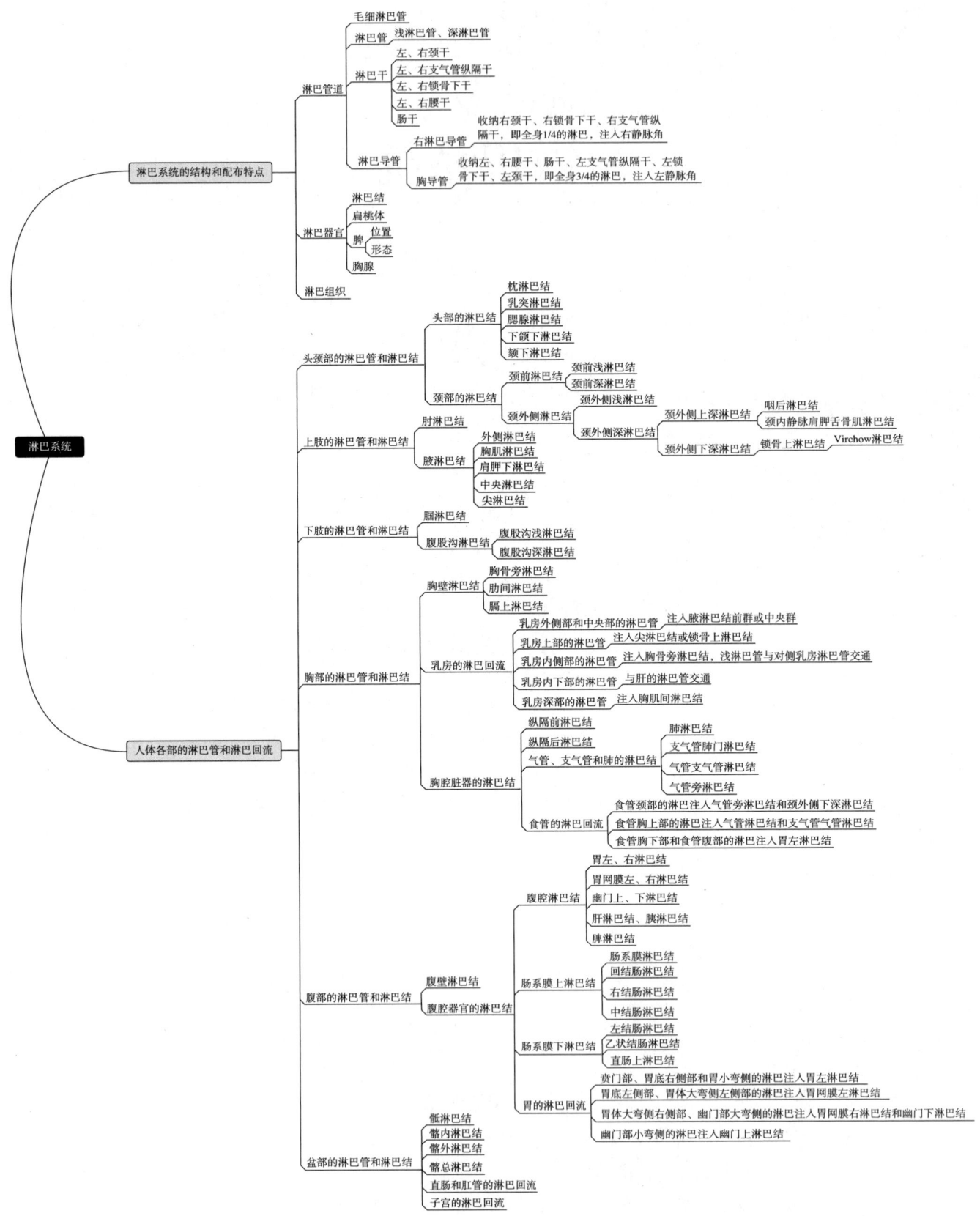

淋巴系统 lymphatic system 由淋巴管道、淋巴组织和淋巴器官组成。淋巴管道运输淋巴液参与机体的循环（图12-1）。淋巴器官和淋巴组织参与机体的免疫反应。

第一节 淋巴系统的结构和配布特点

一、淋巴管道

淋巴管道包括毛细淋巴管、淋巴管、淋巴干和淋巴导管。

（一）毛细淋巴管

毛细淋巴管 lymphatic capillary 以膨大的盲端起自组织间隙，彼此吻合成网，然后汇入淋巴管。毛细淋巴管由内皮细胞构成，基膜不完整，细胞间隙较大，内皮细胞外面有纤维细丝牵拉，使管腔处于扩张状态（图12-2）。因此，毛细淋巴管的通透性较毛细血管大，一些大分子物质，如蛋白质、细菌和癌细胞等，较易进入毛细淋巴管。毛细淋巴管分布广泛，除上皮、毛发、指甲、晶状体、角膜、软骨、骨髓、脑和脊髓等处外，几乎遍布全身。

（二）淋巴管

淋巴管 lymphatic vessels 由毛细淋巴管汇集而成，管壁似小静脉，壁内有大量的瓣膜防止淋巴逆流。由于淋巴管在瓣膜附着处较狭窄，而相邻瓣膜之间的淋巴管扩张明显，因此，淋巴管外观呈串珠状。淋巴管可分为浅淋巴管和深淋巴管，浅淋巴管位于浅筋膜内，多与浅静脉伴行；深淋巴管多与深部血管神经伴行。浅、深淋巴管之间有丰富的吻合。

（三）淋巴干

全身各部的浅、深淋巴管在向心行进中经过一系列的局部淋巴结，最后一群淋巴结发出的输

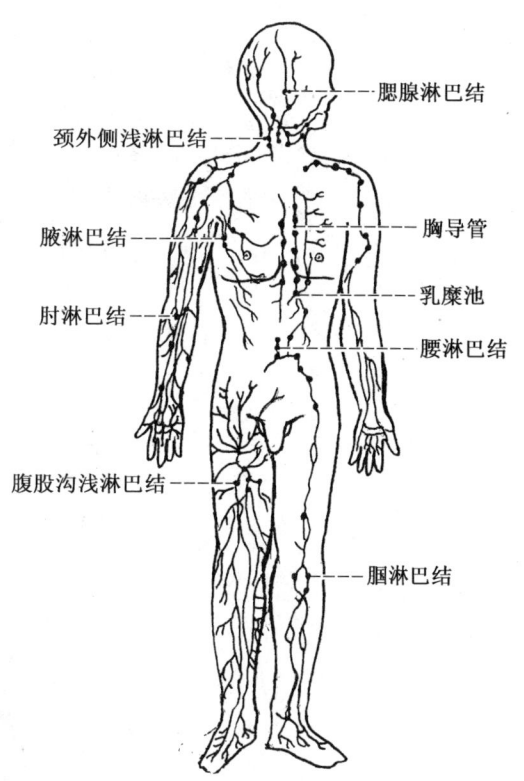

图 12-1 淋巴管和淋巴结示意图

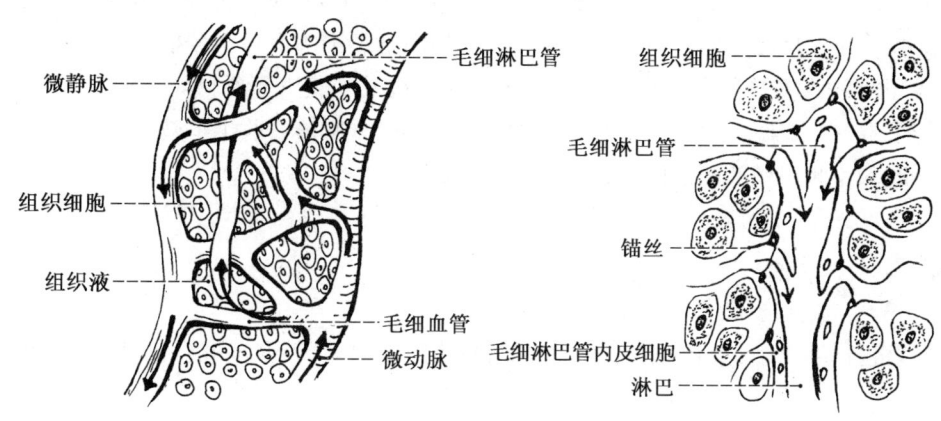

图 12-2 毛细淋巴管与毛细血管的结构

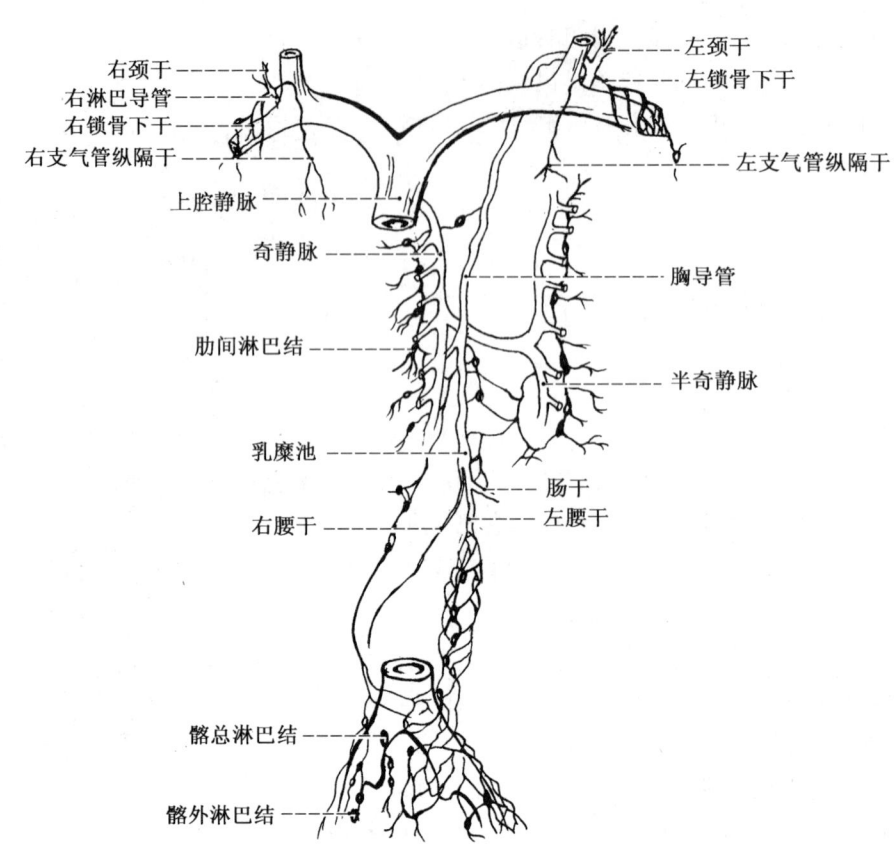

图 12-3　淋巴干和胸
导管行程

右颈干
右淋巴导管
右锁骨下干
右支气管纵隔干
上腔静脉
奇静脉
肋间淋巴结
乳糜池
右腰干
髂总淋巴结
髂外淋巴结

左颈干
左锁骨下干
左支气管纵隔干
胸导管
半奇静脉
肠干
左腰干

出管汇合成较粗大的**淋巴干** lymphatic trunks。全身共有 9 条淋巴干，即左、右颈干，左、右支气管纵隔干，左、右锁骨下干，左、右腰干和单一的肠干（图 12-3）。

（四）淋巴导管

9 条淋巴干汇合成右淋巴导管和胸导管（图 12-3，图 12-4）。

1. **右淋巴导管** right lymphatic duct　位于右颈根部，长 1～1.5 cm，由右颈干、右锁骨下干和右支气管纵隔干汇合而成，注入右静脉角。右淋巴导管收纳右侧头颈部、右上肢和右侧半胸部的淋巴，即全身 1/4 区域的淋巴。

2. **胸导管** thoracic duct　是全身最大的淋巴管道，全长为 30～40 cm，通常起于第 1 腰椎椎体前方的**乳糜池** cisterna chyli。乳糜池呈囊状膨大，由左、右腰干和肠干汇合形成。胸导管自乳糜池起始后，向上经主动脉裂孔进入胸腔，沿脊柱右前方和胸主动脉与奇静脉之间上行，在第 5 胸椎高度经食管与脊柱之间向左斜行，沿脊柱左前方上行经胸廓上口至颈根部，在颈动脉鞘的后方转向前内下方注入左静脉角，在注入静脉角之前还接受左支气管纵隔干、左颈干和左锁骨下干。胸导管末端有一对瓣膜，以阻止静脉血逆流入胸导管。胸导管收纳下肢、盆部、腹部、左侧胸部、左上肢和左侧头颈部的淋巴，即全身 3/4 区域的淋巴。

二、淋巴器官

淋巴器官包括淋巴结、扁桃体、脾和胸腺等。淋巴器官具有免疫功能，又称为免疫器官。

（一）淋巴结

淋巴结 lymph nodes 是淋巴管向心行程中的必经器官，一般为灰红色、质软的扁圆形小体，大小不等，直径一般为 5~20 mm。淋巴结的一侧隆凸，另一侧凹陷称为淋巴结门，是神经、血管出入处。与凸侧面相连的淋巴管为输入淋巴管，将淋巴注入淋巴结；与凹面相连的淋巴管称为输出淋巴管，数目较少（图 12-5）。淋巴管在回流淋巴的过程中，可经过多个淋巴结，因此，一个淋巴结的输出管可以成为另一个淋巴结的输入管。

知识扩展 12-1
局部淋巴结

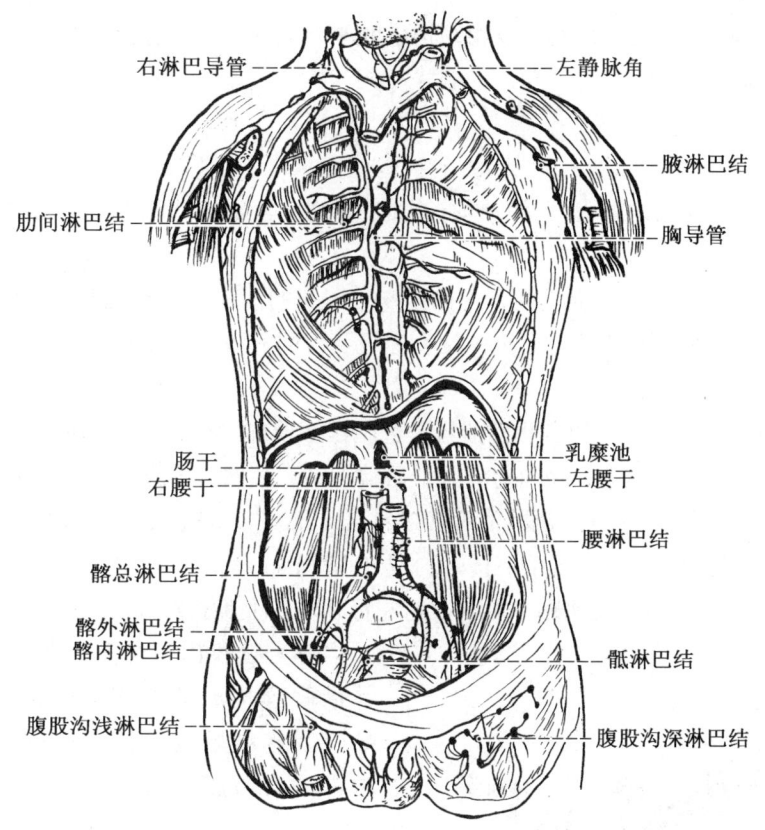

右淋巴导管
左静脉角
腋淋巴结
肋间淋巴结
胸导管
肠干
乳糜池
右腰干
左腰干
腰淋巴结
髂总淋巴结
髂外淋巴结
髂内淋巴结
骶淋巴结
腹股沟浅淋巴结
腹股沟深淋巴结

图 12-4 淋巴导管和腹盆部淋巴结

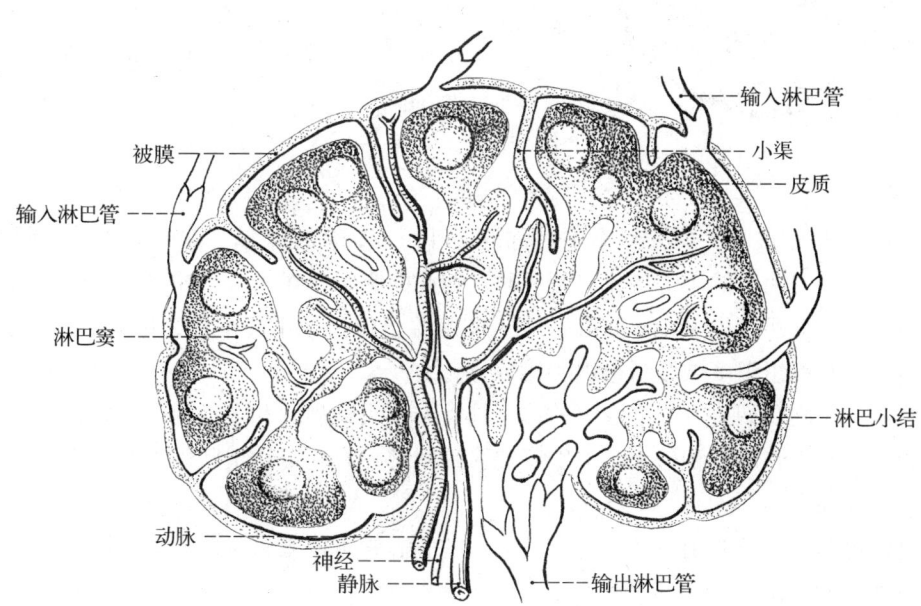

被膜
输入淋巴管
小渠
皮质
输入淋巴管
淋巴窦
淋巴小结
动脉
神经
静脉
输出淋巴管

图 12-5 淋巴结模式图

淋巴结多聚集成群，以深筋膜为界可将淋巴结分为浅、深 2 种。浅淋巴结位于浅筋膜内，在活体上常易触及。深淋巴结位于深筋膜深面。四肢的淋巴结多位于关节屈侧或肌围成的沟、窝内。内脏的淋巴结多位于脏器的门附近或腹、盆部血管分支周围。所以，淋巴结常以其所在部位及附近的血管而命名。淋巴结的主要功能是过滤淋巴、产生淋巴细胞和浆细胞，参与机体的免疫过程。

（二）扁桃体

扁桃体 palatine tonsil 是淋巴与上皮组织构成的淋巴上皮器官，有腭扁桃体、咽扁桃体、舌扁桃体等，属于防御器官。

（三）脾

脾 spleen 是人体最大的淋巴器官，具有储血、造血、滤血、清除衰老血细胞及参与免疫反应等功能。

脾位于左季肋区，胃底与膈之间，左侧第 9~11 肋的深面，其长轴与第 10 肋一致。正常时在左肋弓下不能触及脾。脾的位置可因体位、呼吸及胃的充盈程度而有所变化，平卧比站立时高约 2.5 cm。

脾为扁椭圆形或扁三角形的实质性器官，色暗红，质脆易破，可分为前、后 2 端，上、下 2 缘，脏、膈 2 面。脾前端较宽、朝向前外方，后端圆钝、朝向后内方；下缘较钝、向后下方；上缘锐利、朝前上方，并有 2~3 个深陷的**脾切迹** splenic notch，是触诊时辨认脾的标志；脾的膈面平滑隆凸，贴于膈穹隆下面，脏面凹陷，其中央有**脾门** splenic hilum，是血管、神经等出入之处（图 12-6）。脏面前上方与胃底相贴，后下方与左肾和左肾上腺相毗邻。

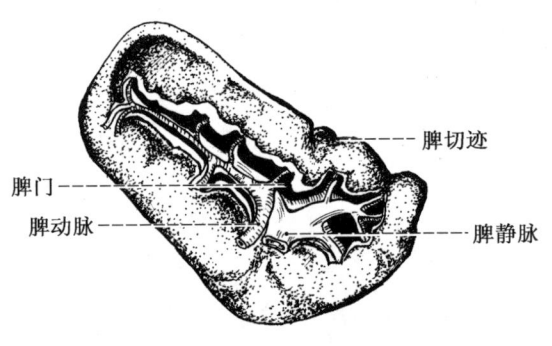

脾为腹膜内位器官，各面均被腹膜覆盖，并借腹膜构成的胃脾韧带、脾肾韧带、膈脾韧带及脾结肠韧带等支持固定。在脾的韧带内常含有被膜包绕的脾组织小块，称为**副脾** accessory spleen，出现率 10%~40%，其位置、大小和数目不定，多位于脾门、胃脾韧带和大网膜中。因脾功能亢进而切除脾时，应同时切除副脾。

脾门 —— 脾动脉 ——
—— 脾切迹
---- 脾静脉

图 12-6 脾

（四）胸腺

胸腺 thymus 呈锥体形，由左、右不对称的 2 叶组成，质地柔软，呈长扁条状，两叶间借结缔组织相连。胸腺有明显的年龄变化，新生儿和幼儿的胸腺相对较大，质量为 10~15 g；青春期可增至 25~40 g，此后逐渐萎缩、退化。成人的胸腺仍保持原来的形状，但其结构上变化很大，淋巴细胞减少，胸腺组织多被结缔组织所代替。

成人胸腺位于胸骨柄后方，上纵隔前部，其后方与头臂静脉和主动脉弓相邻，两侧与纵隔胸膜和肺相邻。小儿的胸腺体积较大，上端可突入颈根部，有些可达甲状腺下缘，下端可伸入前纵隔，达心包的前面。

胸腺是淋巴器官，兼有内分泌功能，其分泌的胸腺素可使来自骨髓等处的原始淋巴细胞转化为具有免疫能力的 T 淋巴细胞，参与细胞免疫反应。

三、淋巴组织

淋巴组织是含有大量淋巴细胞的网状结缔组织，在人体分部广泛，如消化道和呼吸道的黏膜内。起着防御、屏障的作用。

第二节　人体各部的淋巴管和淋巴回流

一、头颈部的淋巴管和淋巴结

（一）头部的淋巴结

头部的淋巴结多位于头、颈部交界处，由后向前成环状排列，依次为枕淋巴结、乳突淋巴结、腮腺淋巴结、下颌下淋巴结和颏下淋巴结等，收纳头面部的淋巴，其输出淋巴管直接或间接注入颈外侧上深淋巴结（图 12-7，图 12-8）。

1. **枕淋巴结** occipital lymph nodes　位于枕部皮下、斜方肌枕骨起点的表面，收纳枕部和项部的淋巴。

2. **乳突淋巴结** mastoid lymph nodes　位于耳后、胸锁乳突肌上端表面，又称耳后淋巴结，收纳颅顶部、颞区和耳郭后面的淋巴。

3. **腮腺淋巴结** parotid lymph nodes　分浅、深 2 群，分别位于腮腺表面和腮腺实质内，收纳

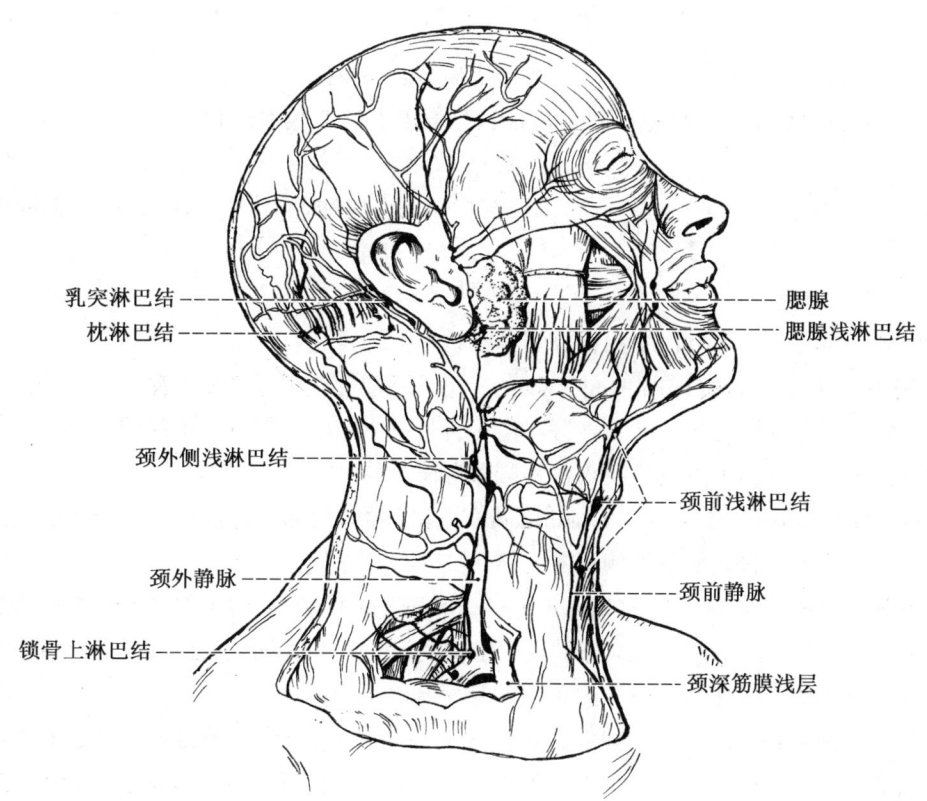

乳突淋巴结-------
枕淋巴结-------
颈外侧浅淋巴结-------
颈外静脉-------
锁骨上淋巴结-------

腮腺
腮腺浅淋巴结
颈前浅淋巴结
颈前静脉
颈深筋膜浅层

图 12-7　头颈部浅层
淋巴管和淋巴结

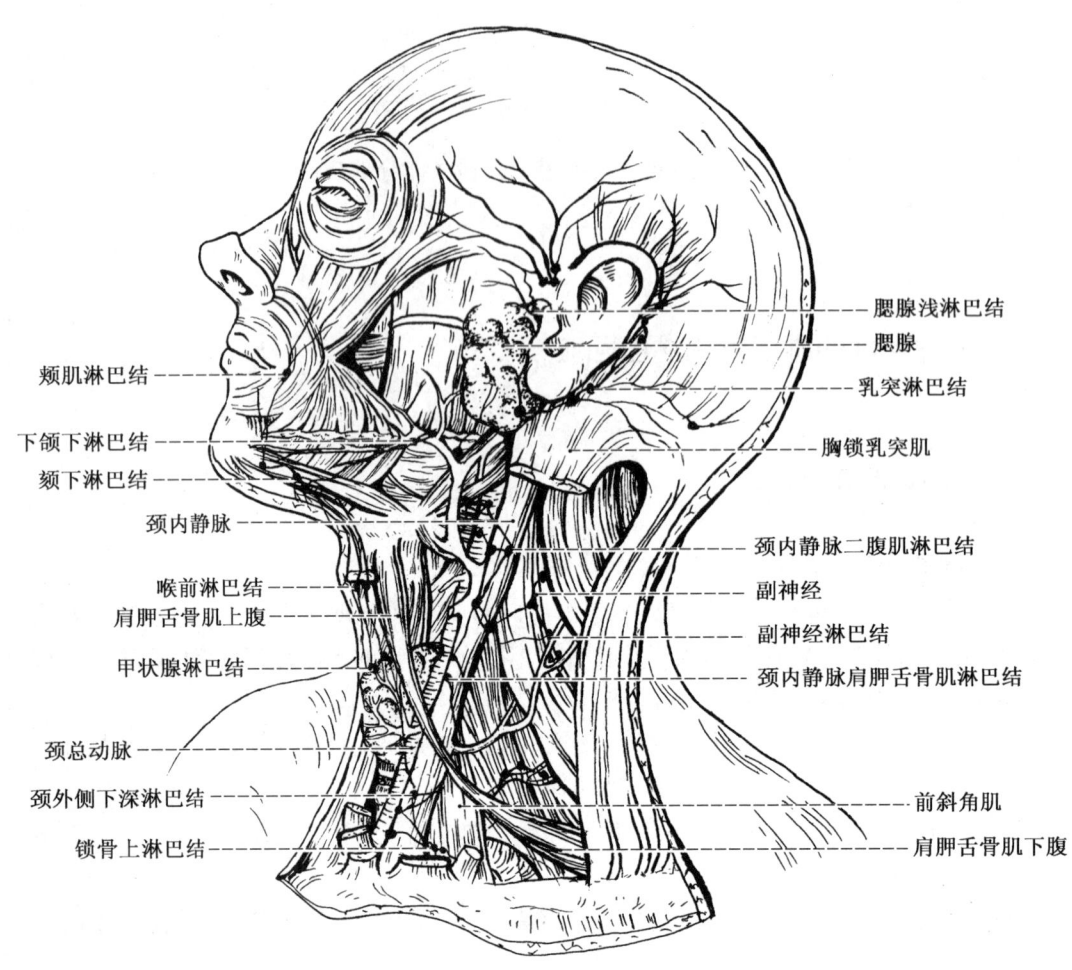

颊肌淋巴结 ————

下颌下淋巴结 ————
颏下淋巴结 ————

颈内静脉 ————

喉前淋巴结 ————
肩胛舌骨肌上腹 ————

甲状腺淋巴结 ————

颈总动脉 ————

颈外侧下深淋巴结 ————

锁骨上淋巴结 ————

———— 腮腺浅淋巴结
———— 腮腺
———— 乳突淋巴结

———— 胸锁乳突肌

———— 颈内静脉二腹肌淋巴结
———— 副神经
———— 副神经淋巴结
———— 颈内静脉肩胛舌骨肌淋巴结

———— 前斜角肌
———— 肩胛舌骨肌下腹

图 12-8 头颈部深层
淋巴管和淋巴结

额部、颅顶部、颞区、耳郭、外耳道、颊部和腮腺等处的淋巴。

4. **下颌下淋巴结** submandibular lymph nodes 位于下颌下腺附近和实质内，收纳面部和口腔器官的淋巴。

5. **颏下淋巴结** submental lymph nodes 位于颏下部，收纳舌尖、下唇中部和颏部的淋巴。

（二）颈部的淋巴结

颈部的淋巴结分为颈前淋巴结和颈外侧淋巴结 2 群。

1. **颈前淋巴结** anterior cervical lymph nodes 位于颈前部正中，分浅、深 2 群，浅群沿颈前静脉排列，收纳颈前部浅层结构的淋巴。深群位于舌骨下方及喉、气管、甲状腺等器官的前方，收纳上述器官的淋巴。其输出淋巴管注入颈外侧深淋巴结。

2. **颈外侧淋巴结** lateral cervical lymph nodes 位于颈部两侧，包括沿颈外静脉排列的颈外侧浅淋巴结及沿颈内静脉排列的颈外侧深淋巴结。

（1）**颈外侧浅淋巴结** superficial lateral cervical lymph nodes 位于胸锁乳突肌表面及其后缘处，沿颈外静脉排列（图 12-7），收纳颈外侧浅层结构的淋巴，并收纳枕淋巴结、乳突淋巴结和腮腺淋巴结的输出淋巴管。其输出淋巴管注入颈外侧深淋巴结。

（2）**颈外侧深淋巴结** deep lateral cervical lymph nodes 沿颈内静脉排列，少数淋巴结沿副神经和颈横血管排列。颈外侧深淋巴结以肩胛舌骨肌为界，分为颈外侧上深淋巴结和颈外侧下深淋巴结两群。**颈外侧上深淋巴结** superior deep lateral cervical lymph nodes 沿颈内静脉上段排列，**颈外侧下深淋巴结** inferior deep lateral cervical lymph nodes 沿颈内静脉下段排列（图 12-8）。颈外侧深淋巴结收纳头颈部的淋巴，其输出淋巴管合成颈干。

颈外侧深淋巴结群中较重要的淋巴结有：①咽后淋巴结，位于咽后壁与椎前筋膜之间，收纳鼻、鼻旁窦、鼻咽部等处的淋巴，其输出淋巴管注入颈外侧上深淋巴结。②**颈内静脉二腹肌淋巴结**，又称**角淋巴结**，位于二腹肌后腹与颈内静脉、面静脉之间，收纳鼻咽部、腭扁桃体和舌根的淋巴，鼻咽癌和舌根癌常首先转移至此。③**颈内静脉肩胛舌骨肌淋巴结**，位于肩胛舌骨肌中间腱与颈内静脉交叉处附近，收纳舌尖的淋巴，舌尖癌常首先转移至此群。④**锁骨上淋巴结** supraclavicular lymph nodes，沿颈横血管排列，其中位于前斜角肌前方的淋巴结称斜角肌淋巴结，食管癌和胃癌后期，癌细胞可沿胸导管或颈干逆流转移至左斜角肌淋巴结，即 Virchow 淋巴结。

二、上肢的淋巴管和淋巴结

上肢浅、深淋巴管分别与浅静脉和深血管伴行，直接或间接注入腋淋巴结。

（一）肘淋巴结

肘淋巴结 cubital lymph nodes 分浅、深 2 群，分别位于肱骨内上髁上方和肘窝血管周围。浅群又称滑车上淋巴结。肘淋巴结通过浅、深淋巴管收纳手尺侧半和前臂尺侧半的淋巴，其输出淋巴管伴肱血管上行注入腋淋巴结。

（二）腋淋巴结

腋淋巴结 axillary lymph nodes 位于腋窝疏松结缔组织中，沿血管排列，按位置分为 5 群（图 12-9）。

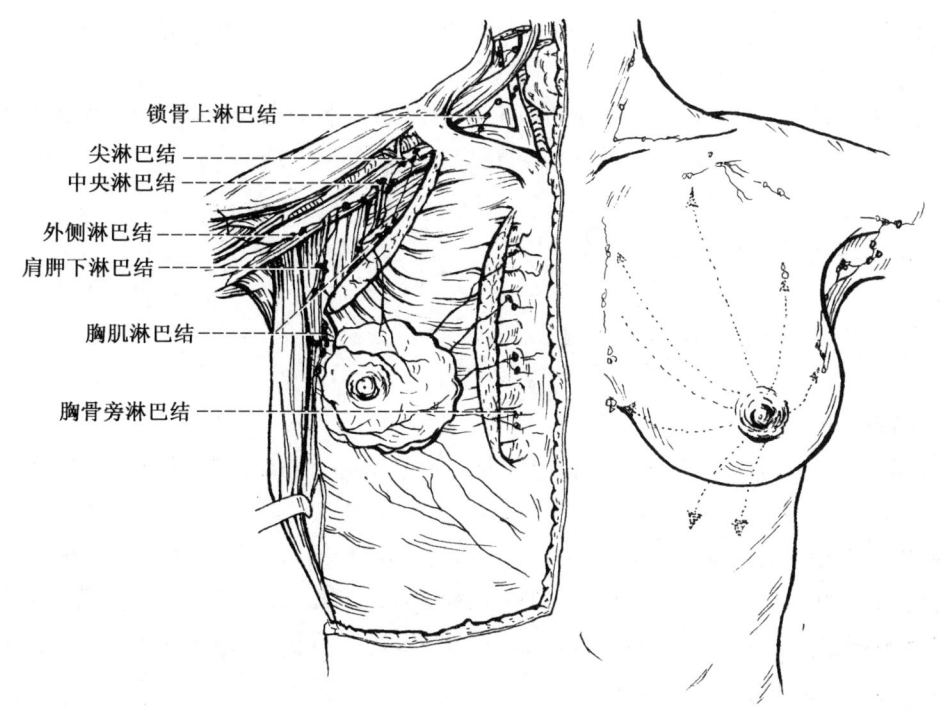

锁骨上淋巴结

尖淋巴结

中央淋巴结

外侧淋巴结

肩胛下淋巴结

胸肌淋巴结

胸骨旁淋巴结

图 12-9　腋淋巴结与乳房淋巴引流

1. **外侧淋巴结** lateral lymph nodes　沿腋静脉远侧段排列，收纳除注入锁骨下淋巴结以外的上肢浅、深淋巴管，其输出淋巴管注入中央淋巴结。

2. **胸肌淋巴结** pectoral lymph nodes　位于胸小肌下缘，沿胸外侧血管排列，收纳腹前外侧壁、胸外侧壁、乳房外侧和中央部的淋巴，其输出淋巴管注入中央淋巴结和尖淋巴结。

3. **肩胛下淋巴结** subscapular lymph nodes　位于腋窝后壁，沿肩胛下血管排列，收纳颈后部和背部的淋巴，其输出淋巴管注入中央淋巴结和尖淋巴结。

4. **中央淋巴结** central lymph nodes　位于腋窝中央的疏松结缔组织中，收纳上述 3 群淋巴结的输出淋巴管，其输出淋巴管注入尖淋巴结。

5. **尖淋巴结** apical lymph nodes　位于腋窝尖部，沿腋静脉的近侧段排列，引流乳房上部的淋巴，并收纳上述 4 群淋巴结和锁骨下淋巴结的输出淋巴管，其输出淋巴管大部分合成锁骨下干，左侧注入胸导管，右侧注入右淋巴导管。少数输出淋巴管注入锁骨上淋巴结。

三、下肢的淋巴管和淋巴结

下肢浅、深淋巴管分别与浅静脉和深血管伴行，直接或间接注入腹股沟淋巴结。

（一）腘淋巴结

腘淋巴结 popliteal lymph nodes 位于腘窝，分浅、深 2 群，分别沿小隐静脉末端和腘血管排列，收纳小腿后外侧部的浅淋巴管，以及足和小腿的深淋巴管，其输出淋巴管与股血管伴行，注入腹股沟深淋巴结。

（二）腹股沟淋巴结

1. **腹股沟浅淋巴结** superficial inguinal lymph nodes　位于腹股沟韧带下方，分上、下 2 群，上群沿腹股沟韧带排列，下群位于大隐静脉末端周围，收纳腹前壁下部、臀部、会阴、外生殖器、子宫底和下肢大部分浅淋巴管，其输出淋巴管大部分注入腹股沟深淋巴结，少部分注入髂外淋巴结。

2. **腹股沟深淋巴结** deep inguinal lymph nodes　位于股静脉周围和股管内，收纳腹股沟浅淋巴结的输出淋巴管及下肢的深淋巴管，其输出淋巴管注入髂外淋巴结。

四、胸部的淋巴管和淋巴结

胸部的淋巴结位于胸壁内和胸腔器官周围。

（一）胸壁淋巴结

胸壁大部分浅淋巴管注入腋淋巴结，小部分注入颈外侧下深淋巴结，胸壁深淋巴管注入胸壁淋巴结。

1. **胸骨旁淋巴结** parasternal lymph nodes　沿胸廓内血管排列（图 12-9），收纳脐以上胸腹前壁、乳房内侧的淋巴，并收纳膈上淋巴结的输出淋巴管，其输出淋巴管注入支气管纵隔干。

2. **肋间淋巴结** intercostal lymph nodes　位于肋头附近，沿肋间后血管排列（图 12-4），收纳胸后壁的淋巴，其输出淋巴管注入胸导管。

3. **膈上淋巴结** superior phrenic lymph nodes　位于膈上面，收纳膈、心包、胸膜及肝上面的淋巴，其输出淋巴管注入胸骨旁淋巴结及纵隔前、后淋巴结。

（二）乳房的淋巴回流

乳房的淋巴主要注入腋淋巴结，部分至胸骨旁淋巴结、胸肌间淋巴结和膈上淋巴结等。乳房淋巴回流方向如下（图 12-9）。

1. 乳房外侧部和中央部的淋巴管　向外上方走行，经胸大肌下缘，注入胸肌淋巴结或中央群，这是乳房淋巴回流的主要途径。

2. 乳房上部的淋巴管　向上注入尖淋巴结或锁骨上淋巴结。

3. 乳房内侧部的淋巴管　注入胸骨旁淋巴结。乳房内侧部的浅淋巴管与对侧乳房的淋巴管相交通。

4. 乳房内下部的淋巴管　通过腹壁和膈下的淋巴管与肝的淋巴管交通。

5. 乳房深部的淋巴管　多数注入胸肌间淋巴结或直接注入尖淋巴结。

临床视角 12-1
乳腺癌的淋巴转移

（三）胸腔脏器的淋巴结

1. **纵隔前淋巴结** anterior mediastinal lymph nodes　位于上纵隔前部和前纵隔内，在胸腔大血管和心包的前方，收纳胸腺、心包、心和纵隔胸膜的淋巴，其输出淋巴管注入支气管纵隔干。

2. **纵隔后淋巴结** posterior mediastinal lymph nodes　位于上纵隔后部和后纵隔内，沿食管和胸主动脉排列，收纳心包、食管和膈的淋巴，其输出淋巴管注入胸导管。

3. 气管、支气管和肺的淋巴结　数目众多，按引流的顺序分为（图 12-10）：①**肺淋巴结** pulmonary lymph nodes，位于肺内，沿支气管和肺动脉的分支排列，收纳肺内的淋巴，其输出淋巴管注入支气管肺门淋巴结。②**支气管肺门淋巴结** bronchopulmonary hilar lymph nodes，位于肺门处，又称肺门淋巴结，收纳肺和食管等处的淋巴，其输出淋巴管注入气管支气管淋巴结。③**气管支气管淋巴结** tracheobronchial lymph nodes，该淋巴结群被气管杈分为上、下 2 群，其输出淋巴管注入气管旁淋巴结。④**气管旁淋巴结** paratracheal lymph nodes，沿气管排列，气管旁淋巴结、胸骨旁淋巴结和纵隔前淋巴结的输出淋巴管汇合成左、右支气管纵隔干，分别注入胸导管和右淋巴导管。

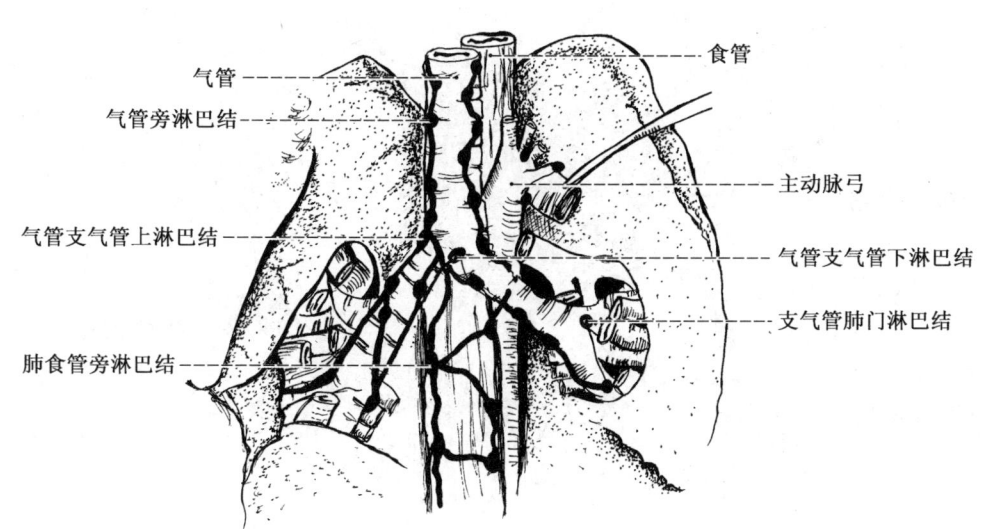

图 12-10　胸腔脏器的淋巴结

（四）食管的淋巴回流

食管的淋巴回流主要有 3 条途径。

1. 食管颈部的淋巴　注入气管旁淋巴结和颈外侧下深淋巴结。

2. 食管胸上部的淋巴　注入气管旁淋巴结、气管支气管淋巴结和纵隔后淋巴结。

3. 食管胸下部和食管腹部的淋巴　注入胃左淋巴结。此外，食管的淋巴管也有部分直接注入胸导管。

五、腹部的淋巴管和淋巴结

腹部的淋巴结位于腹后壁和腹腔脏器周围，沿腹腔血管排列。

（一）腹壁淋巴结

脐平面以上腹前外侧壁的淋巴管注入腋淋巴结和胸骨旁淋巴结，脐平面以下腹前外侧壁的浅淋巴管注入腹股沟浅淋巴结，深淋巴管注入腹股沟深淋巴结和髂外淋巴结。腹后壁的淋巴管注入腰淋巴结。

腰淋巴结 lumbar lymph nodes　位于腹后壁，沿下腔静脉和腹主动脉周围排列，收纳腹后壁深层结构和腹腔成对器官的淋巴，并收纳髂总淋巴结的输出淋巴管，其输出淋巴管汇合成左、右腰干。

（二）腹腔器官的淋巴结

腹腔成对器官的淋巴管直接注入腰淋巴结，不成对器官的淋巴管分别注入沿腹腔干、肠系膜上动脉和肠系膜下动脉及其分支排列的淋巴结。

1. **腹腔淋巴结** celiac lymph nodes　位于腹腔干周围，引流沿腹腔干分支排列的淋巴结的输出淋巴管。这些淋巴结包括胃左、右淋巴结，胃网膜左、右淋巴结，幽门上、下淋巴结，肝淋巴结、脾淋巴结和胰淋巴结等（图 12-11），引流相应动脉分布区的淋巴。

2. **肠系膜上淋巴结** superior mesenteric lymph nodes　位于肠系膜上动脉根部周围，引流沿肠系膜上动脉分支排列的淋巴结的输出淋巴管。主要有肠系膜淋巴结、回结肠淋巴结、右结肠淋巴

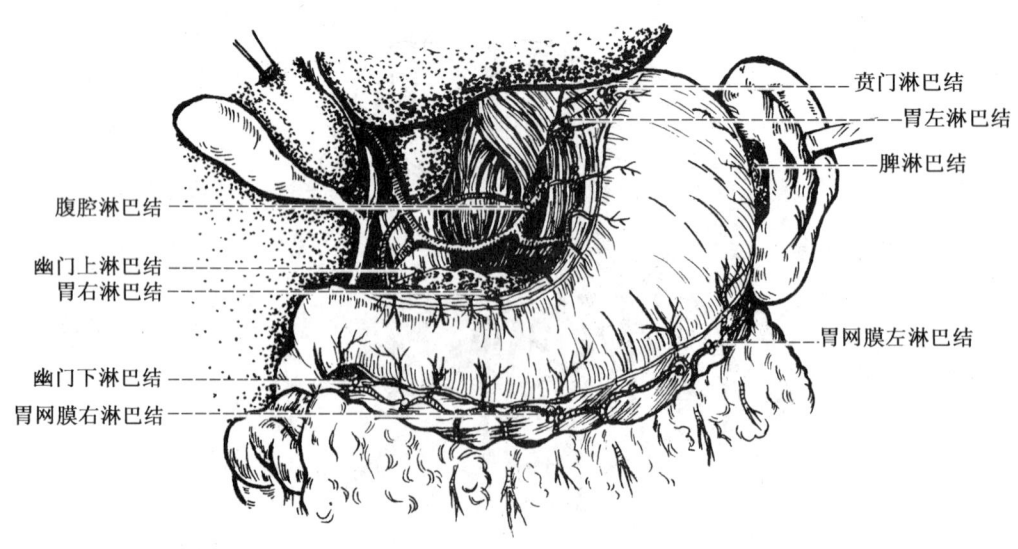

贲门淋巴结

胃左淋巴结

脾淋巴结

腹腔淋巴结

幽门上淋巴结
胃右淋巴结

胃网膜左淋巴结

幽门下淋巴结

胃网膜右淋巴结

图 12-11　腹腔干周围的淋巴结和淋巴管

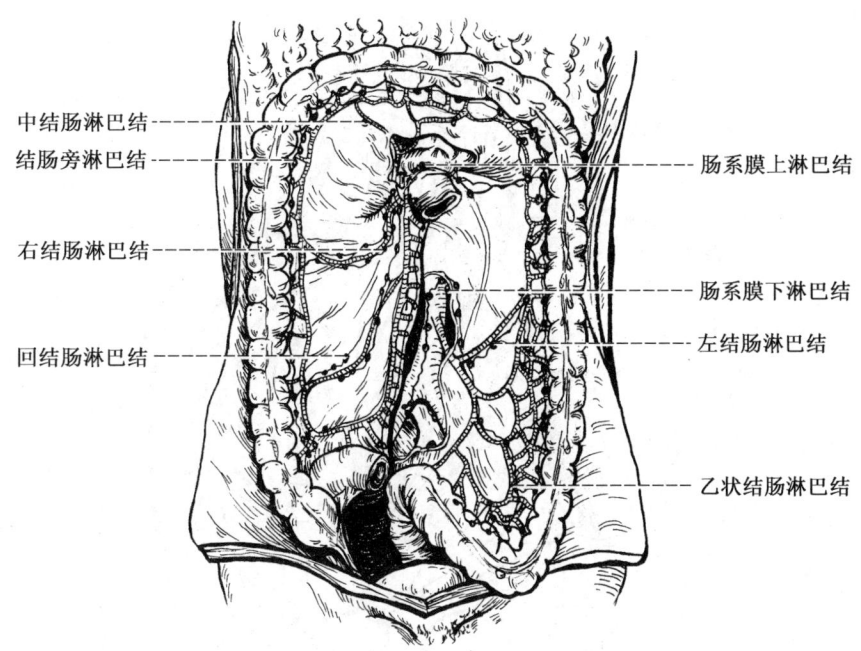

图 12-12 大肠的淋巴结和淋巴管

中结肠淋巴结

结肠旁淋巴结

右结肠淋巴结

回结肠淋巴结

肠系膜上淋巴结

肠系膜下淋巴结

左结肠淋巴结

乙状结肠淋巴结

结和中结肠淋巴结等（图 12-12），肠系膜淋巴结沿空、回肠动脉排列，其余均沿同名动脉排列，并收纳相应动脉供应区的淋巴。

3. 肠系膜下淋巴结 inferior mesenteric lymph nodes 位于肠系膜下动脉根部周围，收纳沿肠系膜下动脉分支排列的淋巴结的输出淋巴管。主要有左结肠淋巴结、乙状结肠淋巴结和直肠上淋巴结（图 12-12），收纳同名动脉分布区的淋巴。

腹腔淋巴结、肠系膜上淋巴结和肠系膜下淋巴结的输出淋巴管汇合成肠干。

4. 胃的淋巴回流 主要有 4 条途径（图 12-11）：①贲门部、胃底右侧部和胃小弯侧的淋巴注入胃左淋巴结。②胃底左侧部、胃体大弯侧左侧部的淋巴注入胃网膜左淋巴结。③胃体大弯侧右侧部、幽门部大弯侧的淋巴注入胃网膜右淋巴结和幽门下淋巴结。④幽门部小弯侧的淋巴注入幽门上淋巴结。

六、盆部的淋巴管和淋巴结

盆部的淋巴结分别沿同名血管排列（图 12-13），收纳同名动脉分布区的淋巴。

（一）骶淋巴结

骶淋巴结 sacral lymph nodes 位于骶骨前面，包括骶正中淋巴结和骶外侧淋巴结，分别沿骶正中血管和骶外侧血管排列，收纳盆后壁、直肠、前列腺或子宫等处的淋巴，其输出淋巴管注入髂内淋巴结或髂总淋巴结。

（二）髂内淋巴结

髂内淋巴结 internal iliac lymph nodes 沿髂内血管排列，收纳大部分盆壁、盆腔脏器、会阴深部、臀部及大腿后部深层结构的淋巴，其输出淋巴管注入髂总淋巴结。

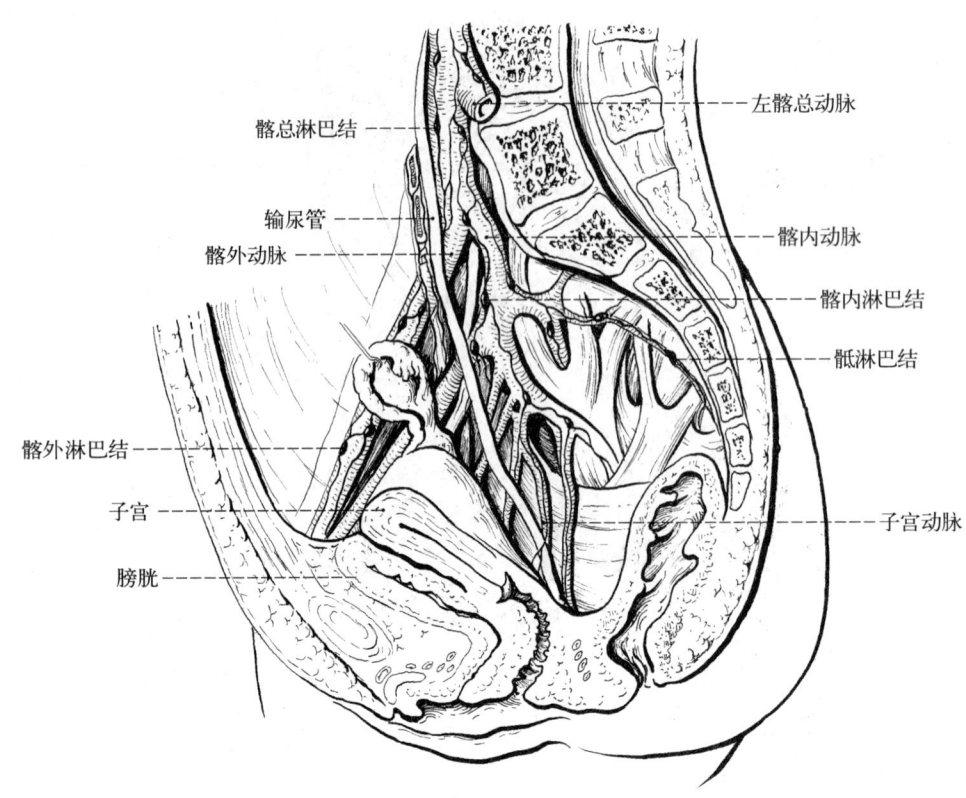

图 12-13　女性盆部淋巴结

（三）髂外淋巴结

髂外淋巴结 external iliac lymph nodes 沿髂外血管排列，收纳腹股沟浅、深淋巴结的输出淋巴管及腹前壁下部、膀胱、前列腺或子宫颈和阴道上部的淋巴，其输出淋巴管注入髂总淋巴结。

（四）髂总淋巴结

髂总淋巴结 common iliac lymph nodes 沿髂总血管排列，收纳上述 3 群淋巴结的输出淋巴管，其输出淋巴管注入腰淋巴结。

（五）直肠和肛管的淋巴回流

直肠和肛管的淋巴回流以齿状线为界分为上、下两部分。齿状线以上的淋巴向 4 个方向回流：①沿直肠上血管注入直肠上淋巴结。②沿直肠下血管注入髂内淋巴结。③沿肛血管和阴部内血管注入髂内淋巴结。④少数淋巴管沿骶外侧血管注入骶淋巴结。齿状线以下的淋巴管注入腹股沟浅淋巴结。

（六）子宫的淋巴回流

子宫的淋巴回流方向较广。子宫底和子宫体上部的淋巴管，沿卵巢血管和子宫圆韧带分别注入腰淋巴结和腹股沟浅淋巴结；子宫体下部和子宫颈的淋巴管，沿子宫血管注入髂内、外淋巴结，部分经子宫主韧带和骶子宫韧带分别注入闭孔淋巴结和骶淋巴结。

（陆　地　邹智荣）

复习思考题

1. 胃癌可转移至左锁骨上淋巴结，试分析其转移途径。
2. 简述腋淋巴结的分群、各群的位置及收纳范围。
3. 简述胸导管的起始、行径、注入部位及收纳范围。
4. 简述食管、胃及直肠的淋巴回流。

数字课程学习……

本章小结　　实物标本图　　开放性讨论　　自测题　　教学 PPT

微课

感觉器

第十三章 感觉器概述

第十四章 视器

第十五章 前庭蜗器

第十三章
感觉器概述

关键词

感觉器　　感受器　　内感受器　　外感受器　　本体感受器

> 人类之所以能够在地球上生存、繁衍，一个重要因素就在于人体能在神经系统参与下借助感受器感知体内外环境的变化。那么，人体的感受器有哪些？可以感知体内外的哪些刺激呢？

思维导图

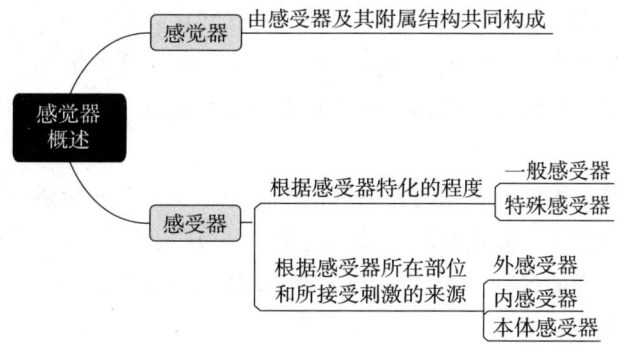

生物有机体通过感觉了解内部和外部世界。感觉器由**感受器** receptor 及其附属结构共同构成。感受器主要指能感受某种刺激而产生兴奋的结构。感受器广泛分布于人体内所有的器官和组织中，它能接受内、外界环境的各种刺激，将其转化为神经冲动，经感觉神经和中枢神经的传导通路上传至大脑皮质相应的感觉中枢，从而产生各种各样的感觉。在正常情况下，感受器只对某一种适宜的刺激特别敏感，例如，视网膜的适宜刺激是一定波长的光，耳蜗的适宜刺激是一定频率的声波等。

感受器的种类繁多，根据特化的程度可分为 2 类：①**一般感受器**，分布于全身各部，如分布于皮肤的触觉、压觉、痛觉和温度觉感受器；分布于肌、腱、关节的运动觉和位置觉感受器，分布于内脏和心血管的各种感受器。②**特殊感受器**，分布在头面部，包括嗅觉、味觉、视觉、听觉和平衡觉感受器。

根据感受器所在部位和接受刺激的来源不同，可分 3 类：①**外感受器** exteroceptor，分布在皮肤、黏膜、视器和听器等处，接受来自外界环境的刺激，如触、压、痛、温、光、声等物理刺激和化学刺激。②**内感受器** interoceptor，分布在内脏、心血管和腺体等处，接受来自内环境的物理或化学刺激，如压力、渗透压、温度、离子及化合物浓度等。③**本体感受器** proprioceptor，分布在肌、腱、关节等运动器及内耳的前庭器等处，接受机体运动和平衡过程产生的刺激。

感觉器不仅包含完善的感受装置，而且还具有复杂的附属结构。例如，视觉器官除光感受器之外，还包括眼的屈光系统以及眼球的运动和保护装置等。听觉器官不仅指声波感受器，还包括耳的其他结构，如耳的传音部分等。感觉器包括视器、前庭蜗器、味器和嗅器等。

（董建江）

第十四章

视器

关键词

角膜　　虹膜　　视网膜　　视神经盘　　黄斑　　晶状体
玻璃体　眼睑　　结膜　　泪器　　　眼球外肌

视器即眼，是人体重要的特殊躯体感觉器官，能感受适宜光波的刺激，并将刺激转换为神经冲动，经视觉传导通路传至大脑皮质视觉中枢而产生视觉。

视器由眼球和眼副器两部分组成。眼球具有屈光成像和将适宜光波刺激转换为神经冲动的功能。眼副器位于眼球周围，包括眼睑、结膜、泪器、眼外肌、眶筋膜和眶脂体等，对眼球有保护、支持和运动等作用。

思维导图

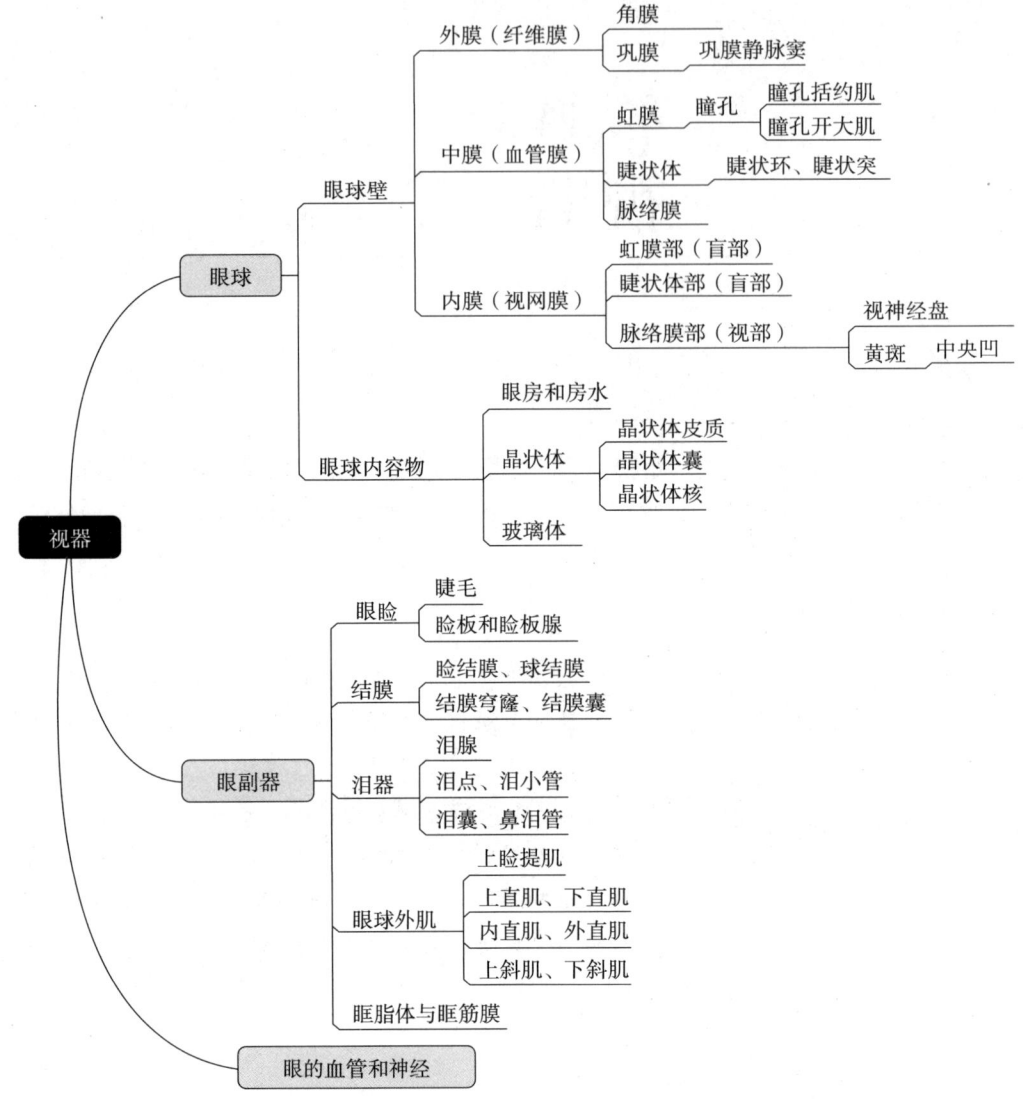

眼球壁
- 外膜（纤维膜）
  - 角膜
  - 巩膜　巩膜静脉窦
- 中膜（血管膜）
  - 虹膜　瞳孔　瞳孔括约肌　瞳孔开大肌
  - 睫状体　睫状环、睫状突
  - 脉络膜
- 内膜（视网膜）
  - 虹膜部（盲部）
  - 睫状体部（盲部）
  - 脉络膜部（视部）　视神经盘　黄斑　中央凹

眼球内容物
- 眼房和房水
- 晶状体
  - 晶状体皮质
  - 晶状体囊
  - 晶状体核
- 玻璃体

眼球

视器

眼副器
- 眼睑
  - 睫毛
  - 睑板和睑板腺
- 结膜
  - 睑结膜、球结膜
  - 结膜穹窿、结膜囊
- 泪器
  - 泪腺
  - 泪点、泪小管
  - 泪囊、鼻泪管
- 眼球外肌
  - 上睑提肌
  - 上直肌、下直肌
  - 内直肌、外直肌
  - 上斜肌、下斜肌
- 眶脂体与眶筋膜

眼的血管和神经

第一节　眼球

　　眼球 eyeball 是视器的主要部分，居眶内，借筋膜与眶壁相连。前有眼睑保护，后通过视神经连于脑。周围有泪腺和眼外肌等眼副器，并有眶脂体衬垫。眼球大致为球形（图 14-1），前面的正中点称前极，后面的正中点称后极。前、后极的连线称**眼轴** ocular axis。瞳孔中央至视网膜中央凹的连线称为**视轴** optic axis。眼轴与视轴作锐角交叉。

　　眼球由眼球壁和眼球内容物 2 部分构成。

　　眼球壁分 3 层，由外向内依次为外膜（纤维膜）、中膜（血管膜）和内膜（视网膜）（图 14-1）。

ⓔ 图 14-1
眼成像原理
ⓔ 图 14-2
眼剖面图
ⓔ 图 14-3
眼球外侧面观
ⓔ 图 14-4
眼前面观（摘除眼球后）

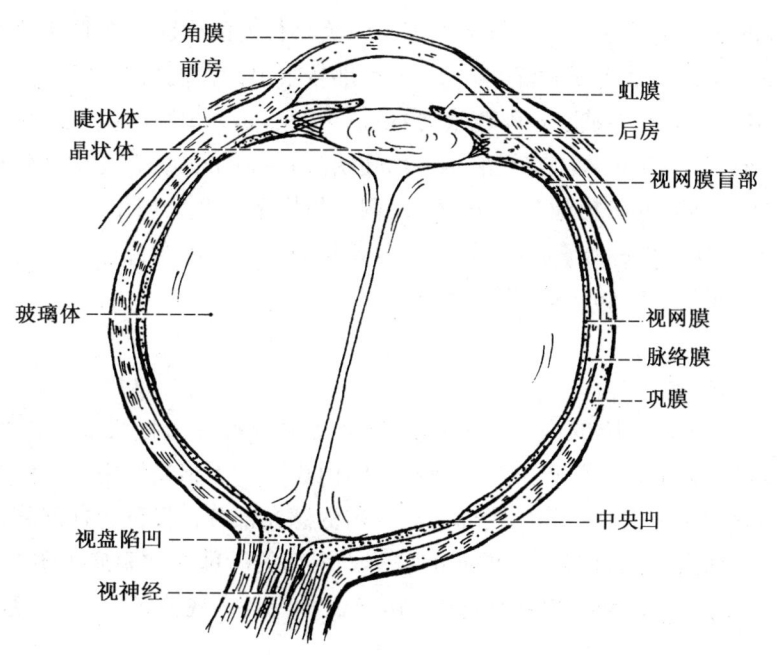

图 14-1　眼球水平面模式图

一、眼球壁

（一）外膜（纤维膜）

纤维膜由强韧的纤维结缔组织组成，具有保护作用。可分为角膜和巩膜 2 部分。

　　1. **角膜** cornea　占纤维膜的前 1/6，无色透明，前凸后凹，有屈光作用。角膜无血管，但有丰富的感觉神经末梢。

　　2. **巩膜** sclera　角膜之后的纤维膜均属巩膜，占后 5/6，不透明，呈乳白色。巩膜与角膜交界处的深部有一环形的**巩膜静脉窦** scleral venous sinus（亦称施莱姆管 Schlemm's canal），巩膜向后与视神经鞘相延续。巩膜在视神经穿出处最厚，愈向前愈薄，但在眼外肌附着处增厚。

（二）中膜（血管膜）

血管膜位居中央，含丰富的血管、神经和色素，呈棕黑色，故又称色素膜或葡萄膜，自前向

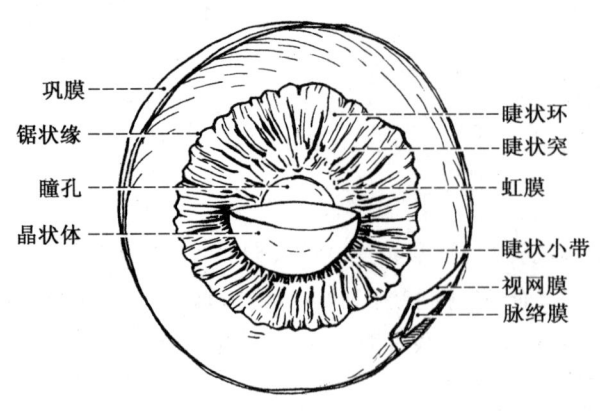

巩膜
锯状缘
瞳孔
晶状体

睫状环
睫状突
虹膜
睫状小带
视网膜
脉络膜

图 14-2 虹膜、睫状体及晶状体（后面观）

后可分为虹膜、睫状体和脉络膜 3 部分。

1. **虹膜** iris（图 14-2） 为血管膜的最前部，呈圆盘状，中央的圆形小孔称为**瞳孔** pupil，可随光距变化和光线强弱而缩小或扩大。虹膜内有两种不同方向排列的平滑肌：环绕瞳孔呈环形排列的称**瞳孔括约肌** sphincter pupillae，受副交感神经支配；瞳孔周围呈放射状排列的称**瞳孔开大肌** dilator pupillae，受交感神经支配，二肌分别缩小和开大瞳孔（图 14-3）。在弱光下或看远方时，瞳孔开大；在强光下或看近距离物体时，瞳孔缩小。

虹膜的颜色有人种差异，黄种人的虹膜多为棕黑色。

2. **睫状体** ciliary body 呈环形，位于巩膜与角膜移行处的内面，在眼球的矢状面上呈三角形，是眼球血管膜的最肥厚部分（图 14-1）。其后部较平坦，在冠状面呈环形，称**睫状环** ciliary ring；前部有许多向内突出的皱襞，称**睫状突** ciliary processes。由睫状突发出睫状小带，连于晶状体的周缘（图 14-2）。睫状体内有平滑肌，称**睫状肌** ciliary muscle，受副交感神经支配，该肌的收缩与舒张，可使睫状小带松弛与紧张，从而调节晶状体的曲度（图 14-3）。

3. **脉络膜** choroid 约占血管膜的后 2/3，为柔软的薄膜，后有视神经穿过，外与巩膜疏松结合，其间有淋巴间隙；内紧贴视网膜的色素层。

（三）内膜（视网膜）

视网膜 retina 位于血管膜的内面，根据部位可将视网膜分为虹膜部、睫状体部和脉络膜部。虹膜部和睫状体部分别贴附于虹膜和睫状体的内表面，无感光作用，合称为**视网膜盲部**。

视网膜脉络膜部贴附在脉络膜的内面，为视器的感光部分，又称为**视网膜视部**。视部以锯状缘与盲部为界。视部的后部最厚，愈向前愈薄。视部的后部亦称**眼底**（图 14-4），视神经的起始处有乳白色圆形隆起，称**视神经盘** optic disc（又称视盘或视神经乳头）。盘的中央凹陷，视

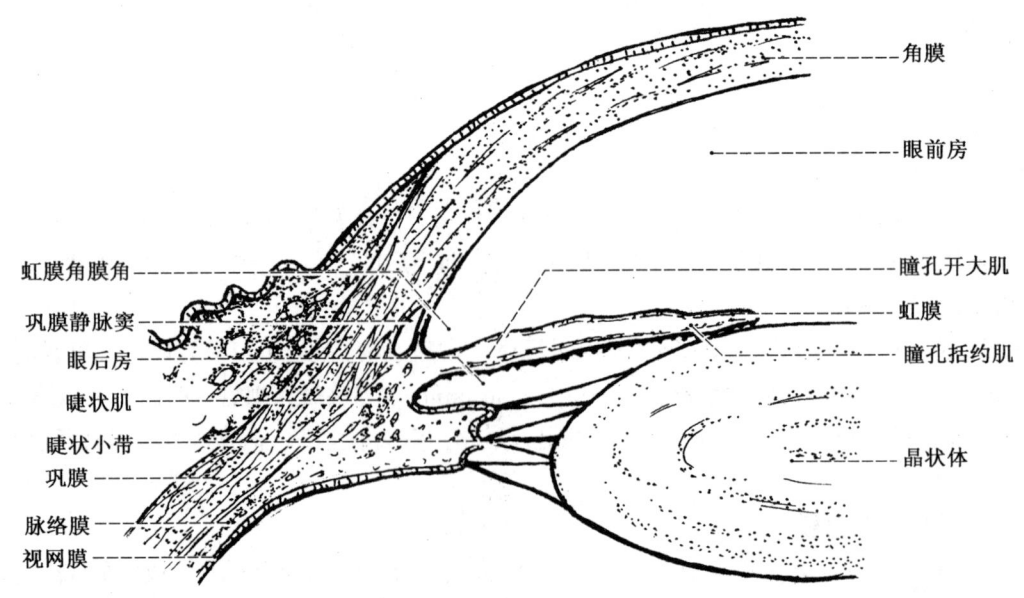

虹膜角膜角
巩膜静脉窦
眼后房
睫状肌
睫状小带
巩膜
脉络膜
视网膜

角膜
眼前房
瞳孔开大肌
虹膜
瞳孔括约肌
晶状体

图 14-3 眼球前部水平面

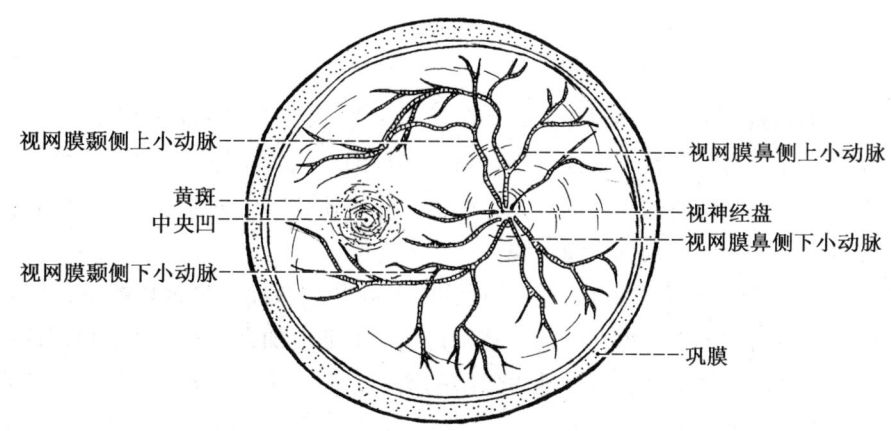

视网膜颞侧上小动脉———
黄斑———
中央凹———
视网膜颞侧下小动脉———
———视网膜鼻侧上小动脉
———视神经盘
———视网膜鼻侧下小动脉
———巩膜

图 14-4　眼底右侧

网膜中央动、静脉即由此穿行。此处无感光细胞，故称生理性盲点。在视神经盘颞侧的稍下方约 3.5 mm 处有一淡黄色区域称**黄斑** macula lutea，其中央有一凹陷称**中央凹** fovea centralis，此处无血管，是视网膜感光最敏锐的部位。

视网膜视部的组织结构可分 2 层。外层为色素上皮层，由大量的单层色素上皮细胞组成。内层为神经层，含有多种神经细胞。

视网膜视部内层主要由 3 层神经元构成。由外向内依次为感光细胞（视杆细胞和视锥细胞）、双极细胞和节细胞（图 14-5）。节细胞的轴突向视神经盘处汇聚，穿过脉络膜和巩膜后构成**视神经** optic nerve。视神经向后经视神经管入颅腔连于脑。光线进入眼球投射到视网膜上，视杆细胞和视锥细胞接受光的刺激，把刺激转变为神经冲动，经双极细胞传到节细胞，经视神经传入脑，产生视觉。

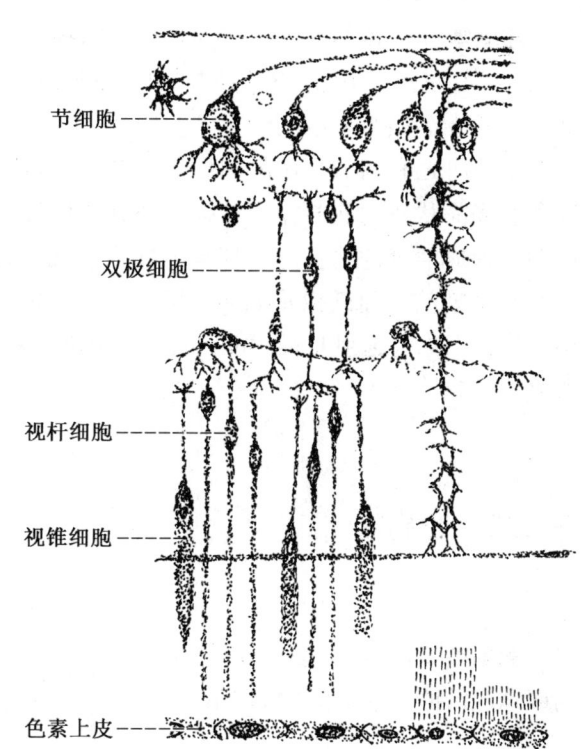

节细胞———
双极细胞———
视杆细胞———
视锥细胞———
色素上皮———

图 14-5　视网膜视部细胞分层示意图

二、眼球内容物

（一）眼房和房水

1. **眼房** chamber of eyeball　是位于角膜和晶状体、睫状体之间的间隙，被虹膜分隔为较大的眼前房和较小的眼后房，两者借瞳孔相通。在前房内，虹膜和角膜交界处的环形间隙称为**虹膜角膜角** iridocorneal angle，又称**前房角**。

2. **房水** aqueous humor　是无色透明的液体，充满眼房内。房水由睫状体产生后自眼后房经瞳孔入眼前房，然后由虹膜角膜角入巩膜静脉窦，再经睫状前静脉汇入眼静脉。房水除有屈光作用外，还具有滋养角膜和晶状体及维持眼内压的作用。房水经常循环更新，在循环出现障碍时，则充滞于眼房中，引起眼内压增高，可致视力受损，临床上称为**青光眼**。

临床视角 14-1
青光眼

ⓔ 图 14-5
青光眼

（二）晶状体

晶状体 lens 紧靠虹膜后方，为睫状体所环绕，并以睫状小带与睫状体相连；为一双凸透镜，后面较前面隆突，无色透明，具有弹性，不含血管和神经。晶状体外表包被具有高度弹性的透明薄膜，称为晶状体囊。晶状体的周围部较软，称晶状体皮质；其中央部较硬，称晶状体核。晶状体若患疾病或创伤而变混浊，则称为**白内障**。

晶状体是眼球屈光系统的主要装置。视近物时，睫状肌收缩，睫状环缩小，使睫状小带松弛，晶状体则由于本身的弹性回缩而变凸，特别是前面的曲度加大，屈光力加强，使物像能聚焦于视网膜上。视远物时，则与此相反。随着年龄的增长，晶状体逐渐失去弹性，睫状肌也逐渐萎缩，调节功能减退，从而出现老视。

（三）玻璃体

玻璃体 vitreous body 是无色透明的胶状物质，表面覆有玻璃体囊。它充满于晶状体和视网膜之间，除有屈光作用外，还有支撑视网膜的作用。若玻璃体发生混浊，可影响视力。若支撑作用减弱，可导致视网膜脱离。

眼的屈光和调节是由眼的屈光系统——角膜、房水、晶状体和玻璃体共同完成的，其中以角膜和晶状体的屈光作用较强。外界物体发射或反射的光线，经过眼的屈光系统后，在视网膜上形成清晰的物像，这种视力称为正视。若眼轴较长或屈光系统的屈光度过大，则物像落在视网膜前，称**近视** myopia。反之，若眼轴较短，或屈光系统的屈光度过小，物像落在视网膜后，则称为**远视** hypermetropia。由于角膜表面曲度的改变而造成的屈光障碍，临床上称为散光。

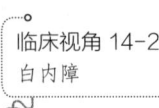

临床视角 14-2
白内障

图 14-6
白内障

临床视角 14-3
飞蚊症

图 14-7
准分子激光手术示意图

第二节　眼副器

眼副器 accessory organs of eye 包括眼睑、结膜、泪器、眼外肌，以及眶内的筋膜和脂肪等，对眼球起保护、运动和支持作用。

一、眼睑

眼睑 eyelids 分上睑和下睑，位于眼球前方，为保护眼球的屏障。上、下睑之间的裂隙称**睑裂**。睑裂两侧的上、下睑结合处分别称**内眦** medial angle of eye 和**外眦** lateral angle of eye。睑的游离缘称**睑缘**，睑前缘生有睫毛。睫毛根部有睫毛腺，此腺的急性炎症即**睑腺炎**，俗称麦粒肿。

眼睑由浅入深分为 5 层：皮肤、皮下组织、肌层、睑板和睑结膜（图 14-6）。眼睑的皮肤细薄，皮下组织疏松，故可因水肿或出血而肿胀。肌层主要是眼轮匝肌的睑部，该肌收缩时可关闭睑裂。**睑板** tarsus 由致密结缔组织构成，呈半月形（图 14-7）。睑板内有许多睑板腺，与睑缘垂直排列，开口于睑缘。睑板腺分泌油样液体，有润滑睑缘、防止泪液外溢的作用。睑板腺被阻塞时，形成**睑板腺囊肿**，俗称霰粒肿。

图 14-8
重睑成形术结果示意图

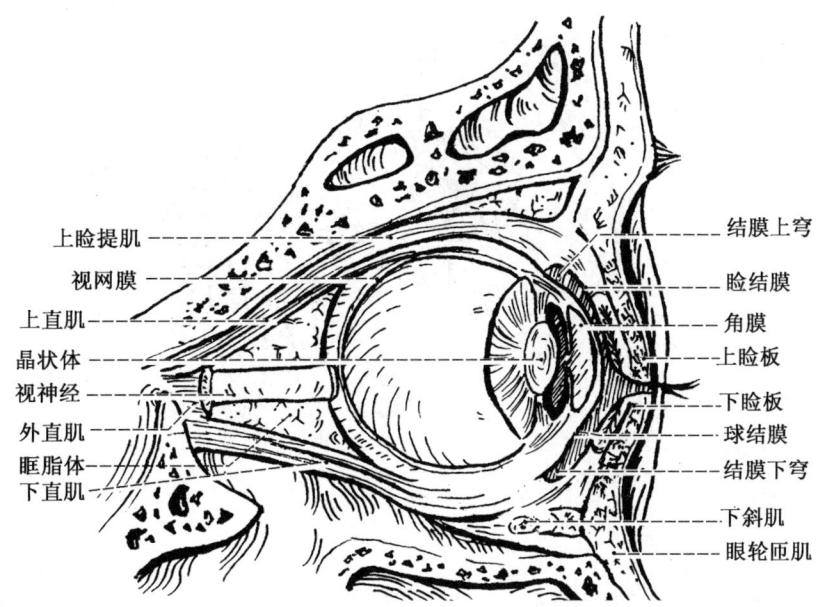

上睑提肌
视网膜
上直肌
晶状体
视神经
外直肌
眶脂体
下直肌

结膜上穹
睑结膜
角膜
上睑板
下睑板
球结膜
结膜下穹
下斜肌
眼轮匝肌

图 14-6 眶的矢状面

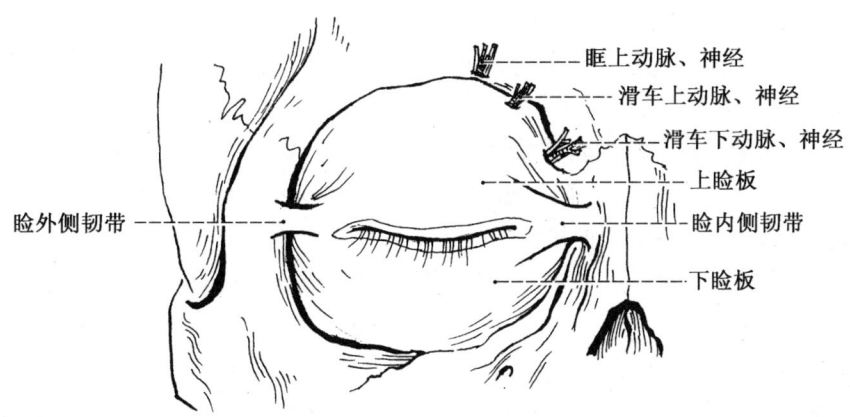

睑外侧韧带

眶上动脉、神经
滑车上动脉、神经
滑车下动脉、神经
上睑板
睑内侧韧带
下睑板

图 14-7 睑板（右侧）

二、结膜

结膜 conjunctiva 是一层薄而透明的黏膜，覆盖在眼睑的后面和眼球的前面，富有血管。按其所在部位可分为 3 部分（图 14-6）：①**睑结膜** palpebral conjunctiva，衬覆于上、下睑的内面，与睑板紧密相连，透明而光滑，其深面的血管与睑板腺清晰可见。②**球结膜** bulbar conjunctiva，覆盖于眼球的前面，于角膜缘处移行为角膜上皮，除在角膜缘处与巩膜紧密相连外，其他部分连接疏松易于移动。③**结膜穹隆** conjunctival fornix，位于睑结膜与球结膜的移行处，形成结膜上穹和结膜下穹，多皱襞，便于眼球移动。结膜围成的囊状腔隙称**结膜囊** conjunctival sac，通过睑裂与外界相通。

三、泪器

泪器 lacrimal apparatus 由泪腺和泪道组成（图 14-8）。

ⓔ 图 14-9
泪器

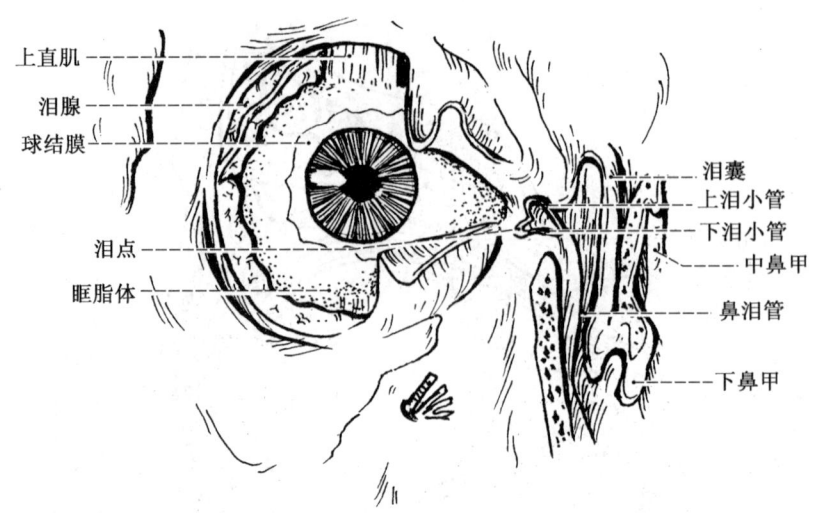

图 14-8　泪器模式图
（右侧）

上直肌
泪腺
球结膜
泪点
眶脂体

泪囊
上泪小管
下泪小管
中鼻甲
鼻泪管
下鼻甲

（一）泪腺

泪腺 lacrimal gland 位于眶上壁外侧部的泪腺窝内，有 10～20 条排泄小管开口于结膜上穹的外侧部。泪腺分泌的泪液借眨眼活动涂抹于眼球的表面，多余的泪液流向内眦处的泪湖，经泪点入泪小管。

（二）泪道

泪道包括泪点、泪小管、泪囊和鼻泪管。

1. **泪点** lacrimal punctum　上、下睑的内侧端各有一乳头状突起，其中央之小孔，称为泪点。

2. **泪小管** lacrimal ductile　为连接泪点与泪囊的小管，在眼睑的皮下，分为上、下泪小管。它们在与睑缘垂直的方向分别向上、向下走行，继而几乎成直角转向内侧汇聚，共同开口于泪囊上部。

3. **泪囊** lacrimal sac　位于眼眶内侧壁的泪囊窝内，为一膜性囊。上部为盲端，下部移行为鼻泪管。泪囊前面有睑内侧韧带和眼轮匝肌的肌纤维；眼轮匝肌有少量肌束跨过泪囊的深面。该肌收缩闭眼时，可同时牵拉扩大泪囊，囊内产生负压，促使泪液流入。

4. **鼻泪管** nasolacrimal canal　为膜性管道。鼻泪管上部包埋于骨性鼻泪管中，与骨膜紧密结合；下部在鼻腔外侧壁黏膜深面，末端开口于下鼻道的外侧壁。

四、眼球外肌

眼球外肌包括 6 条运动眼球的肌和 1 条提上睑的肌，都是骨骼肌，统称为视器的运动装置（图 14-9，图 14-10）。

图 14-10
眼外肌

（一）上睑提肌

上睑提肌 levator palpebrae superioris 起自视神经管上方的眶壁，在上直肌上方前行，以宽阔的腱膜止于上睑。此肌收缩可上提上睑，开大睑裂，该肌瘫痪可导致上睑下垂。在上睑提肌下份的横纹肌纤维内含有平滑肌纤维，称 Müller 肌，又称上睑板肌，止于上睑板的上缘，由交感神经支配，助提上睑。

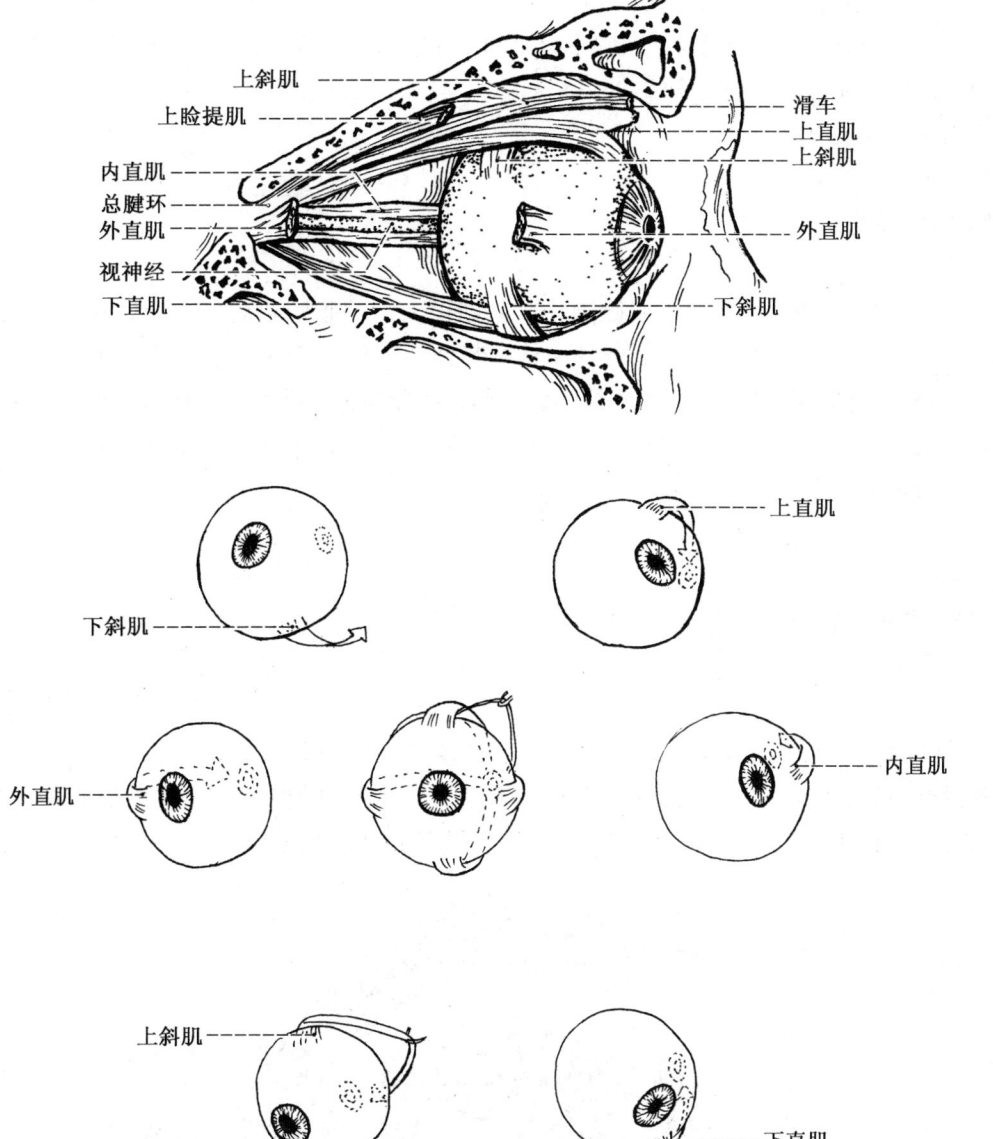

图 14-9 眼球外肌
（外侧观）

图 14-10 眼球的运
动示意图

（二）上、下、内、外直肌

运动眼球的各直肌共同起自视神经管周围的总腱环，向前至眼球中纬线前方，分别止于巩膜的上、下、内侧和外侧（图 14-9）。**上直肌** superior rectus muscle 位于上睑提肌的下面，眼球的上方，该肌收缩可使瞳孔转向上内方。**下直肌** inferior rectus muscle 在眼球的下方，使瞳孔转向下内方。**内直肌** medial rectus muscle 在眼球的内侧，使瞳孔转向内侧。**外直肌** lateral rectus muscle 在眼球的外侧，使瞳孔转向外侧（图 14-10）。

（三）上斜肌和下斜肌

上斜肌 superior oblique muscle 位于上直肌和内直肌之间，起自蝶骨体，以纤细的肌腱通过附于眶内侧壁前上方的纤维滑车，转向后外，在上直肌的下方止于眼球中纬线后外方，该肌收缩可使瞳孔转向下外方。**下斜肌** inferior oblique muscle 位于眶下壁与下直肌之间，起自眶下壁的内侧近前缘处，斜向后外，止于眼球下面中纬线之后，该肌收缩可使眼球转向上外方（图 14-9，图 14-10）。

眼球的正常运动，并非单一肌的收缩，而是两眼数条肌协同作用的结果。如仰视时，两眼上直肌和下斜肌同时收缩；俯视时，双眼下直肌和上斜肌同时收缩；侧视是一侧的外直肌和另一侧的内直肌同时收缩；两眼聚视中纬线（聚合）时，两眼的内直肌同时收缩。当某一眼肌麻痹时，可出现斜视或复视现象。

五、眶脂体与眶筋膜

眼球、眼肌和泪器并未充满眼眶腔，其间隙由大量的脂肪组织所填充，称为**眶脂体**（图14-6，图14-8）。眶脂体可固定眶内各结构，起弹性软垫样作用。眶内的筋膜组织总称眶筋膜。眶脂体与眼球后外部之间的致密纤维膜，称为**眼球筋膜**，又称**眼球鞘** sheath of eyeball。眼球鞘内面光滑，其与眼球之间的间隙称为**巩膜外隙** episcleral space，内充满疏松结缔组织，眼球在囊内可灵活转动。

第三节　眼的血管和神经

1. 眼的血管　眼球及眼副器的血液供应主要依赖眼动脉及其分支。

眼动脉 ophthalmic artery 起自颈内动脉，与视神经一起经视神经管入眶，先在视神经的外侧，然后在上直肌的下方越至眼眶的内侧前行，终于滑车上动脉（图14-11）。眼动脉在其行程中发

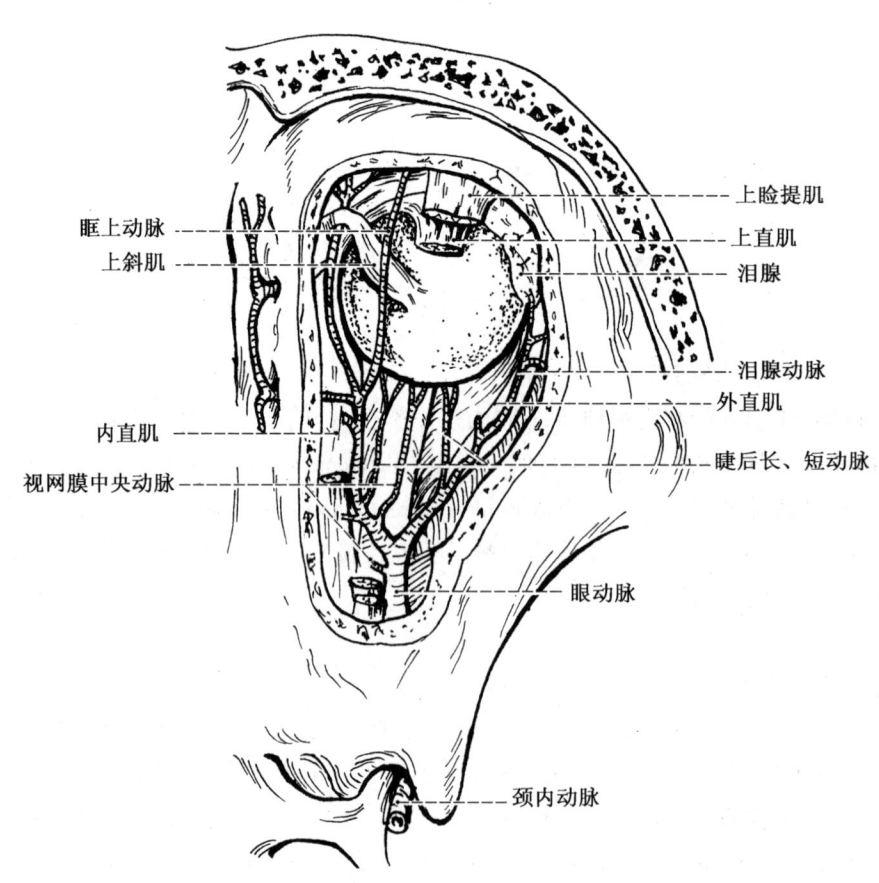

图14-11　眼的动脉及其分支

出若干分支供应眼球、眼外肌、泪腺和眼睑等，其最重要的分支为视网膜中央动脉。

视网膜中央动脉 central artery of retina 于眼球后方穿入视神经，行于视神经中央，从视神经盘穿出，再分为 4 支，即视网膜鼻侧上、下和颞侧上、下小动脉，营养视网膜内层。

眼眶内血液通过**眼静脉** ophthalmic vein 回流，主要有眼上静脉和眼下静脉。前者起自眶前内侧的上涡静脉，向后经眶上裂注入**海绵窦** cavernous sinus。后者起自眶下壁和内侧壁的下涡静脉，向后分为 2 支，一支经眶上裂注入眼上静脉，另一支经眶下裂注入**翼静脉丛** pterygoid venous plexus（图 14–12）。

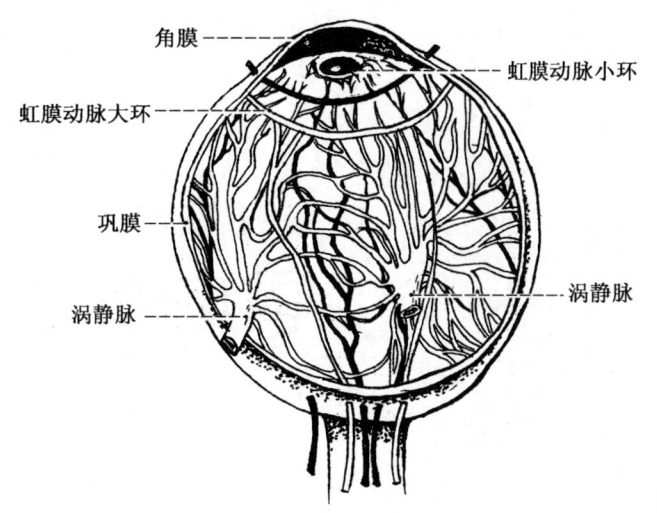

图 14-12 虹膜的涡静脉

眼球内的静脉也汇入眼上、下静脉。眼静脉无瓣膜，向前与面静脉吻合，向后注入海绵窦，因此，面部感染可经此途径侵入颅内。

2. 眼的神经 眼的神经分布较复杂。除视神经外，其感觉神经来自三叉神经的眼神经及其分支，如鼻睫神经和泪腺神经。眼外肌中的上斜肌由滑车神经支配，外直肌由展神经支配，上、下、内直肌及下斜肌、上睑提肌均由动眼神经支配。眼内肌中的睫状肌和瞳孔括约肌受副交感神经支配，而瞳孔开大肌受交感神经支配。

（董建江）

复习思考题

1. 试述房水的产生、循环途径及生理功能、临床意义。
2. 泪液的分泌和排泄途径如何？
3. 光线通过角膜后，依次经过哪些结构投射到视网膜的感光细胞？看远物或近物时，晶状体是如何调节的？
4. 试述眼球壁的层次结构及各层的分部名称。
5. 试述眼球的内容物和屈光系统，以及它们的结构特点和作用。
6. 试述泪器的组成和各部名称。
7. 试述眼球外肌的名称及作用。
8. 睫状肌受交感和副交感神经的双重支配，还是受其中一种神经支配？为什么？

数字课程学习……

👤☰ 本章小结 📖 实物标本图 👥 开放性讨论 📝 自测题 ⬇ 教学 PPT

第十五章
前庭蜗器

关键词

外耳道	鼓膜	鼓室	咽鼓管	骨迷路
膜迷路	椭圆囊斑	球囊斑	壶腹嵴	螺旋器

前庭蜗器又称为耳，耳对我们并不抽象，耳的病变在日常生活中也很常见。声波的传导途径是怎样的？临床上如何鉴别传导性聋和神经性聋？其解剖学依据是什么？晕车与前庭蜗器有着怎样的关系？这些问题的解决都有赖于对耳解剖结构的学习。

思维导图

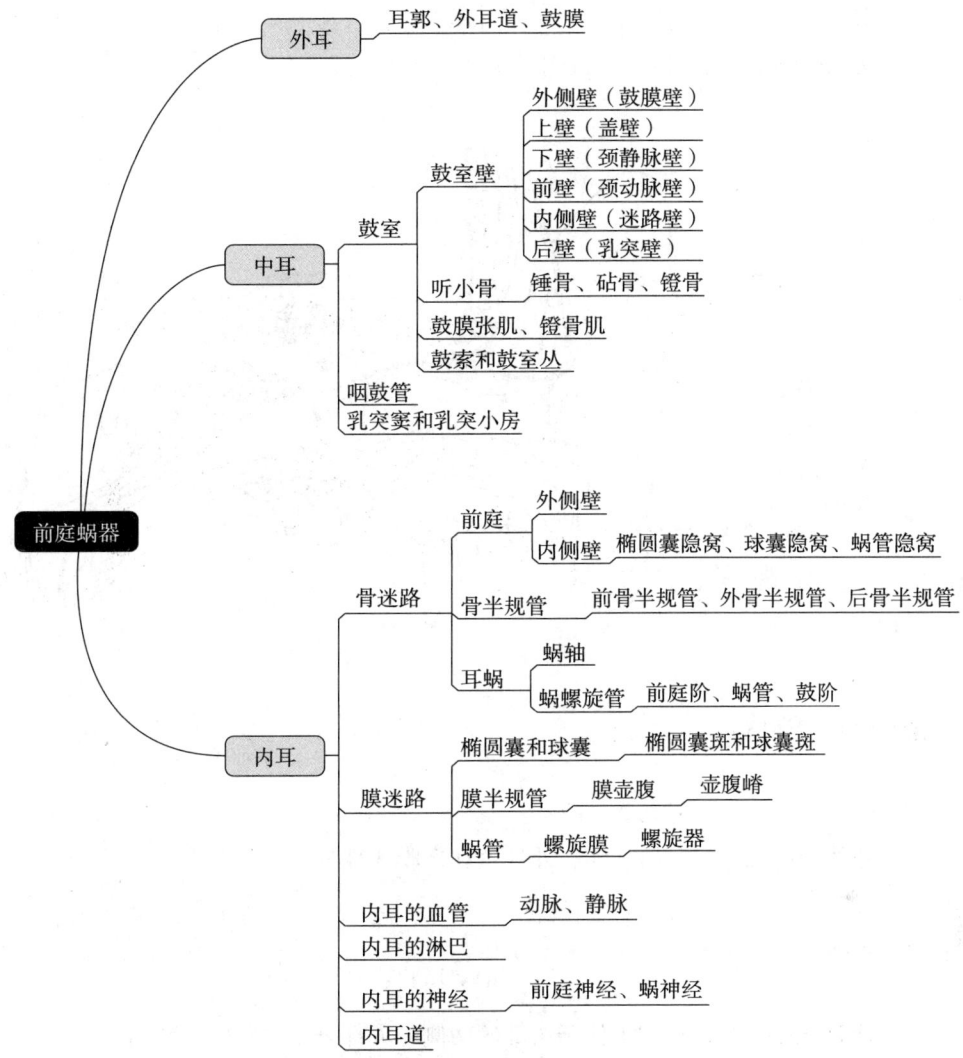

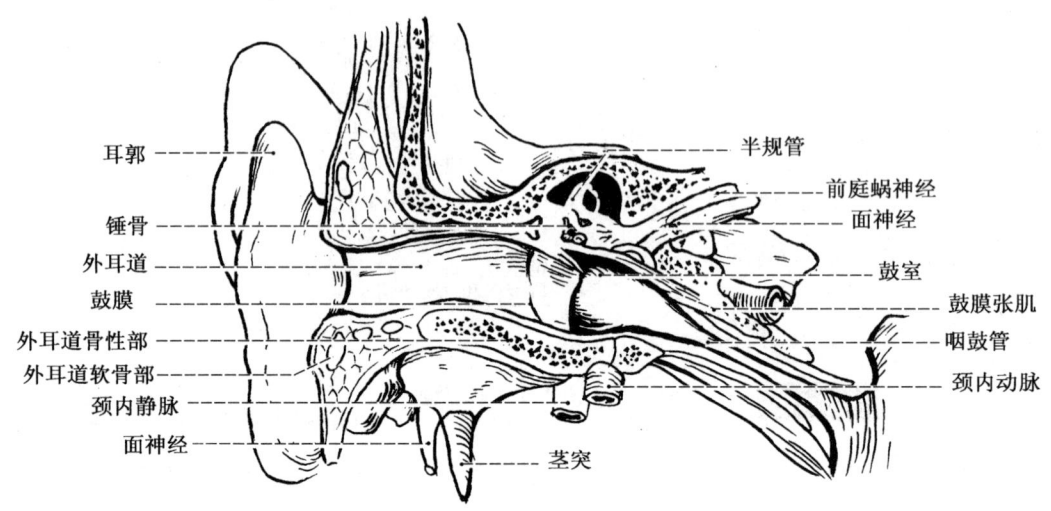图 15-1
前庭蜗器

前庭蜗器 vestibulocochlear organ 包括前庭器和听器 2 部分。前庭器是感受头部位置变动的位觉器，是本体感受器的一种；听器则是感受声波刺激的感受器，是一种外感受器。前庭蜗器又称为**耳**，按部位可分为外耳、中耳和内耳 3 部分。其中，外耳和中耳的主要功能是收集和传导声波，是前庭蜗器的附属器；位觉感受器和听觉感受器均位于内耳。

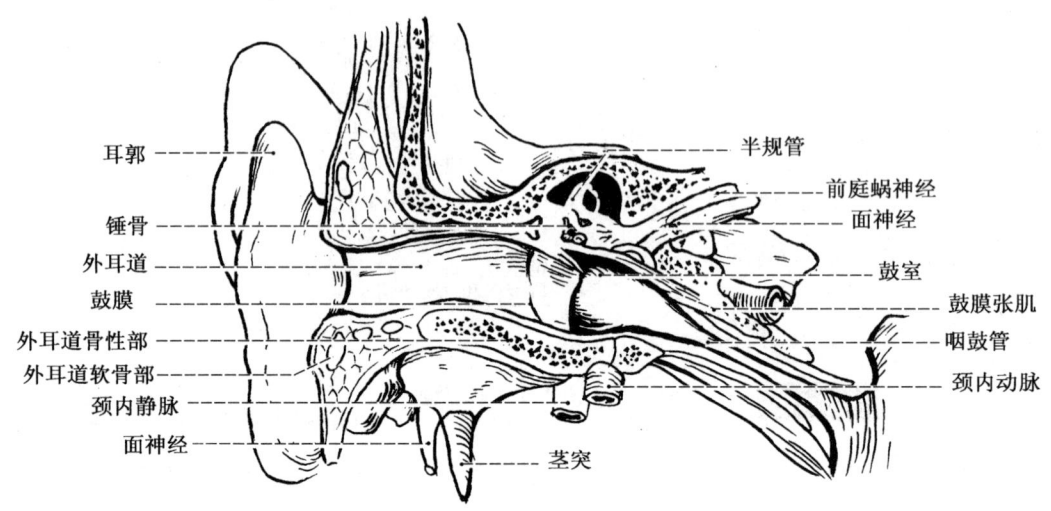

图 15-1　前庭蜗器示意图

第一节　外耳

外耳 external ear 包括耳郭、外耳道和鼓膜 3 部分。

一、耳郭

耳郭 auricle（图 15-2）位于头部的两侧，大部分以弹性软骨和结缔组织为支架，表面被覆皮

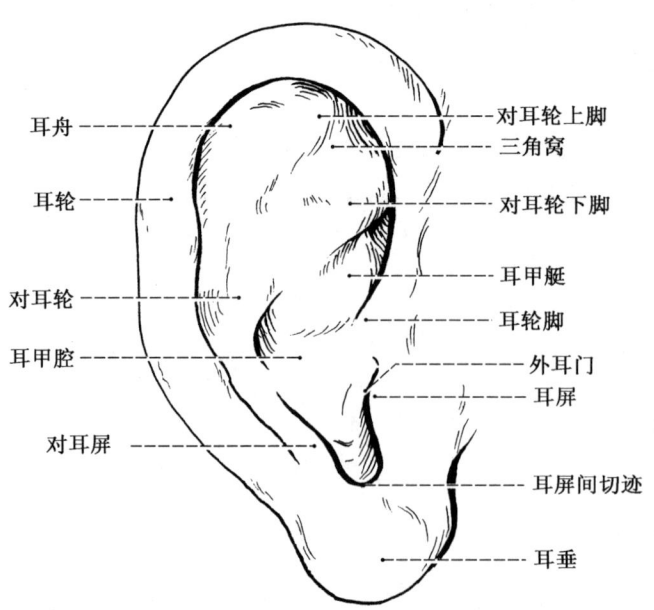

图 15-2　耳郭

肤。耳郭下方为**耳垂** auricular lobule，内无软骨，仅含结缔组织和脂肪，是临床采血的常用部位。

耳郭凸面朝向后内，凹面朝向前外。耳郭前外侧面的周缘卷曲，称**耳轮**。耳轮前起自外耳门上方的耳轮脚，围成耳郭的上缘和后缘，向下延展于耳垂。耳轮的前方有一与其平行的弧形隆起，称**对耳轮**。对耳轮的上端分叉，形成对耳轮上脚和下脚，两脚之间的三角形浅窝，称**三角窝**。耳轮和对耳轮之间狭长的凹陷，称**耳舟**。对耳轮前方的深窝称**耳甲**，耳甲被耳轮脚分为上、下 2 个窝，即上部的耳甲

艇和下部的**耳甲腔**。耳甲腔通入**外耳门** external acoustic pore；耳甲腔的前方有一突起，称**耳屏**；耳甲腔后方的对耳轮下部有一突起，称对耳屏。耳屏与对耳屏之间有一凹陷，**称耳屏间切迹**。

耳郭的神经来源较多，有来自脊神经颈丛的耳大神经和枕小神经，有来自三叉神经的分支耳颞神经，有来自面神经、迷走神经和舌咽神经的分支。

ℯ图 15-2
活体耳郭

二、外耳道

外耳道 external acoustic meatus 是从外耳门至鼓膜的管道（图 15-1），成人长 2.0 ~ 2.5 cm。外耳道约呈 "S" 形弯曲，先趋向前上，继而转向后内，最后向前内下方。因鼓膜向前下外方向倾斜 45°，故外耳道的前壁和下壁比后壁和上壁长。外耳道外侧 1/3 为软骨部，与耳郭的软骨相延续；内侧 2/3 为骨性部，是由颞骨鳞部和鼓部所围成的椭圆形短管。两段交界处较狭窄。成人在检查鼓膜时应将耳郭向后上方牵拉，可将外耳道拉直，以便观察鼓膜。婴儿因颞骨尚未骨化，外耳道几乎全由软骨支持，故较短而平直，检查时应将耳郭拉向后下方，更易观察到鼓膜。

外耳道表面被以薄层皮肤，皮肤内含有丰富的感觉神经末梢、毛囊、皮脂腺及耵聍腺。皮肤与软骨膜和骨膜结合紧密，不易移动，当外耳道发生皮肤疖肿时疼痛剧烈。耵聍腺的分泌物为黏稠的液体，称耵聍。耵聍干燥凝结成大块可阻塞外耳道，影响听力。

三、鼓膜

鼓膜 tympanic membrane 在第二节中耳鼓室外侧壁中叙述。

第二节　中耳

中耳 middle ear 由鼓室、咽鼓管、乳突窦和乳突小房组成。

一、鼓室

鼓室 tympanic cavity 是位于颞骨岩部内的不规则含气小腔。鼓室有 6 个壁，内有听小骨、韧带、肌、血管和神经等（图 15-1）。鼓室的内面及上述各结构的表面均覆有黏膜，此黏膜与咽鼓管、乳突窦和乳突小房的黏膜相延续。

（一）鼓室的壁

1. **外侧壁**　大部分由鼓膜构成，故又名鼓膜壁。在鼓膜上方为骨性部，即鼓室上隐窝的外侧壁。

鼓膜位于外耳道与鼓室之间，呈椭圆形半透明的薄膜，与外耳道底呈 45° ~ 50° 的倾斜角，婴儿鼓膜更为倾斜，几乎呈水平位。

鼓膜周缘较厚，大部分附着于颞骨鼓部和鳞部的鼓膜沟。鼓膜中心向鼓室内凹陷，称**鼓膜脐** umbo of tympanic membrane，锤骨柄末端附着于其内侧面。由鼓膜脐沿锤骨柄向上，可见鼓膜

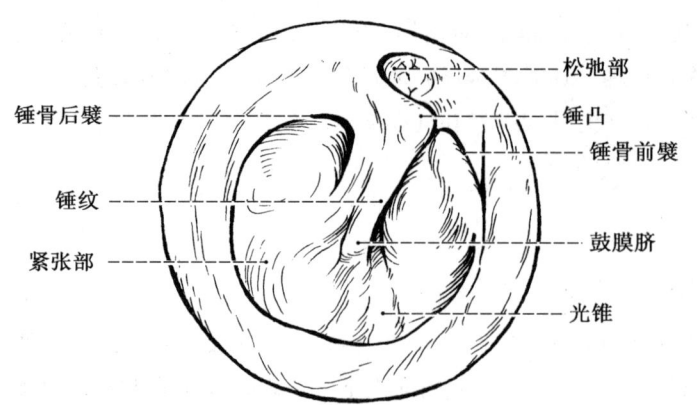

松弛部
锤凸
锤骨前襞
鼓膜脐
光锥

锤骨后襞
锤纹
紧张部

图 15-3 鼓膜（右侧）

ⓔ图 15-3
右侧鼓膜外侧面

分别向前形成锤骨前襞，向后形成锤骨后襞。两皱襞之间，占鼓膜上 1/8～1/6 的三角形区为松弛部，此部薄而松弛，在活体呈淡红色。鼓膜下 5/6～7/8 为紧张部，坚实紧张，在活体呈灰白色，其前下部有一三角形的反光区，称 **光锥** light cone（图 15-3，图 15-4）。中耳的一些疾患可引起光锥改变或消失。

鼓膜分 3 层。外层为复层鳞状上皮，与外耳道的皮肤相延续；中层为纤维层，但鼓膜的松弛部缺乏此层；内层为黏膜，与鼓室黏膜相延续。

2. **上壁**　又称盖壁，由颞骨岩部的鼓室盖构成，是一层薄的骨板，分隔鼓室与颅中窝。中耳疾患若侵犯此壁，可引起耳源性颅内并发症。

3. **下壁**　又称颈静脉壁，仅为一薄层骨板，将鼓室与颈静脉球分隔。部分人的下壁未骨化成骨板，鼓室则仅借黏膜和纤维结缔组织与颈静脉球相分隔。对这种患者施行鼓膜或鼓室手术时，极易伤及颈静脉球而发生严重出血。

4. **前壁**　又称颈动脉壁，即颈动脉管的后外壁。此壁甚薄，借薄层骨板分隔鼓室与颈内动脉。前壁上部在颞骨岩部与鳞部的交界处，有 2 个小管的开口，上部为鼓膜张肌半管口，鼓膜张肌肌腱通过此口穿出附于锤骨柄的上端；下部为咽鼓管的鼓室口，咽鼓管借此口通达鼓室。

5. **内侧壁**　为迷路壁，是内耳前庭部的外侧壁。其中部有一圆形隆起，称**岬** promontory，由耳蜗第一圈的隆凸形成。岬的后上方有一卵圆形小孔，称**前庭窗** fenestra vestibuli（或**卵圆窗**），通于前庭。在活体，前庭窗被镫骨底及其周缘的韧带所封闭。岬的后下方有一圆形小孔，称**蜗窗** fenestra cochleae（或**圆窗**）。在活体，蜗窗为第二鼓膜所封闭。当鼓膜穿孔时，第二鼓膜可直接受到声波的振动。在前庭窗后上方有一弓形隆起，称**面神经管凸**，内有面神经通行（图 15-5）。面神经经内耳门入内耳道，在内耳道底前上部入面神经管。此管壁的骨质甚薄，中耳的炎症或手术易伤及面神经。

ⓔ图 15-4
鼓室内侧壁

6. **后壁**　为乳突壁。后壁上部有乳突窦的入口，鼓室借乳突窦向后通达乳突内的乳突小房

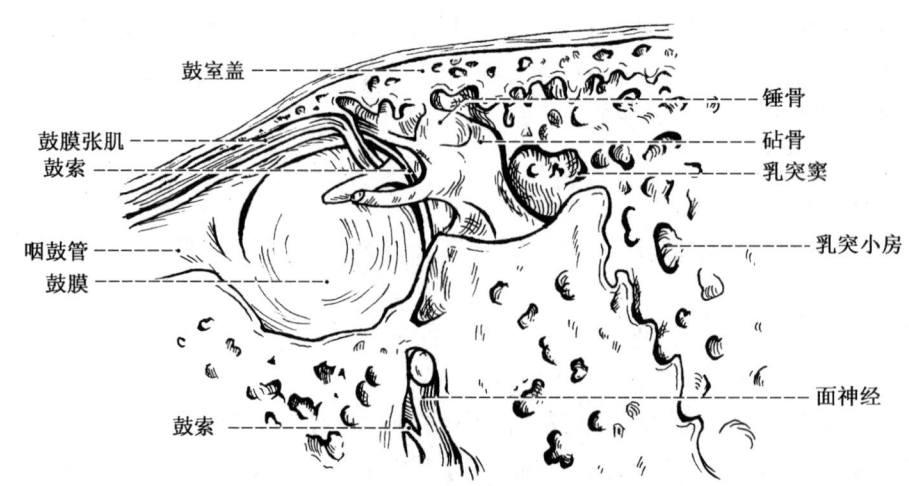

鼓室盖
鼓膜张肌
鼓索
咽鼓管
鼓膜
鼓索

锤骨
砧骨
乳突窦
乳突小房
面神经

图 15-4　鼓室外侧壁

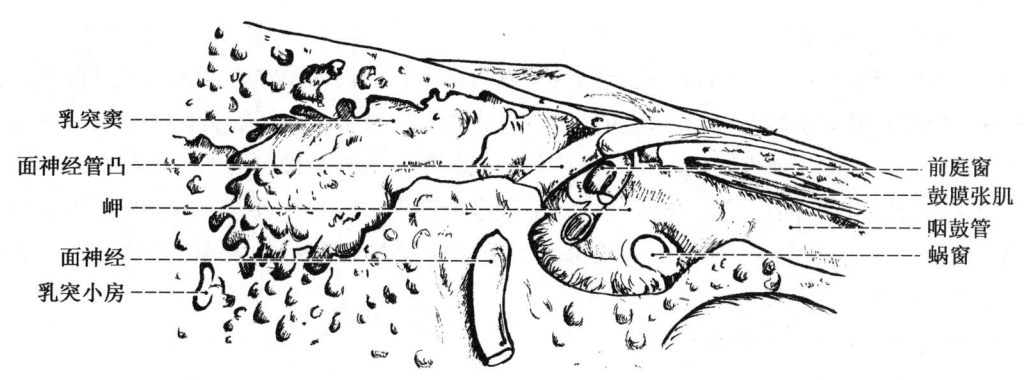

图 15-5 鼓室内侧壁

（图 15-4，图 15-5）。中耳炎易侵入乳突小房而引起乳突炎。乳突窦入口的内侧有外半规管凸，乳突窦入口的下方有一骨性突起，称**锥隆起**，内藏镫骨肌。镫骨肌的肌腱从锥隆起尖端的小孔穿出附着于镫骨颈。面神经管由鼓室内侧壁经锥隆起上方转至后壁，然后垂直下行，出茎乳孔。在茎乳孔上约 6 mm 处有鼓索自面神经分出，经鼓索后小孔进入鼓室。

（二）鼓室内的结构

鼓室内含有 3 块听小骨、2 块肌和 1 根神经。

1. 听小骨及其连结　**听小骨** auditory ossicles 有 3 块，即锤骨、砧骨和镫骨（图 15-6）。

（1）**锤骨** malleus　形如鼓锤，有头、柄、外侧突和前突。锤骨头与砧骨体相连形成砧锤关节，位于鼓室上隐窝，借韧带连于鼓室上壁。锤骨柄附着于鼓膜脐区，柄的上端有鼓膜张肌附着。前突借韧带连于鼓室前壁，外侧突为鼓膜紧张部与松弛部的分界标志。

（2）**砧骨** incus　形如砧，有体和长、短 2 脚。砧骨体与锤骨头形成砧锤关节，长脚与镫骨头相连形成砧镫关节，短脚借韧带连于鼓室后壁。

（3）**镫骨** stapes　可分为头、颈、前脚、后脚和底。镫骨底借连于前庭窗周边的韧带封闭前庭窗。

2. 听小骨链　锤骨借锤骨柄连于鼓膜，镫骨底封闭前庭窗，它们在鼓膜与前庭窗之间以关节和韧带连结构成听小骨链（图 15-6），组成杠杆系统。听小骨链以锤骨前突和砧骨短脚为固定点和运动轴，锤骨柄与砧骨长脚几乎平行。当声波冲击鼓膜时，听小骨相继运动，使镫骨底在前庭窗上做向内或向外的运动，将声波的振动转换成机械能传入内耳。若炎症引起听小骨粘连、韧带硬化等，将使听小骨链的活动受限，听觉随之减弱。

ⓔ图 15-5
听小骨链

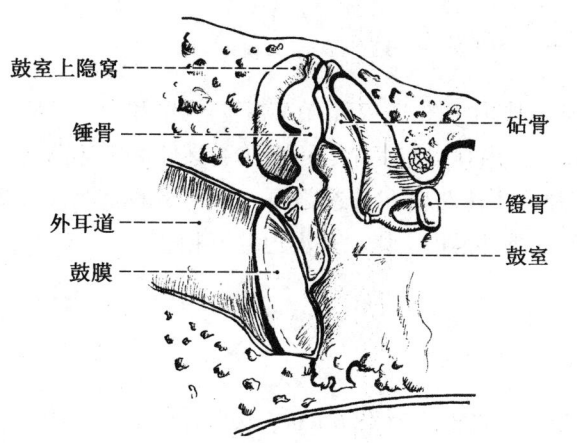

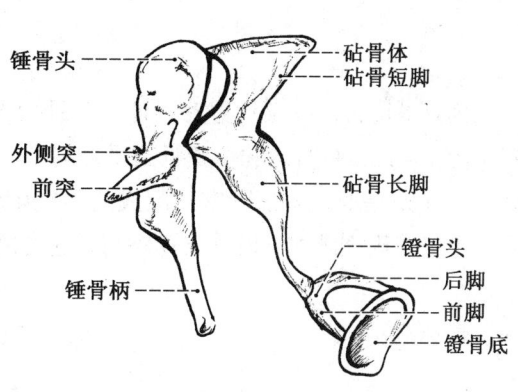

图 15-6 听小骨

3. 运动听小骨的肌

（1）**鼓膜张肌** tensor tympani 起自咽鼓管软骨部上壁的内面及蝶骨大翼，肌腹位于鼓膜张肌半管内，肌腱自鼓膜张肌半管口穿出至鼓室内，直角转向外下，止于锤骨柄的上端。该肌收缩时可牵拉锤骨柄向内侧，使鼓膜内陷以紧张鼓膜。鼓膜张肌受三叉神经的下颌神经支配。

（2）**镫骨肌** stapedius 位于锥隆起内，穿经锥隆起尖端的小孔进入鼓室，止于镫骨颈。此肌收缩可将镫骨头拉向后方，使镫骨底前部离开前庭窗，以减低迷路内压，并解除鼓膜的紧张状态，是鼓膜张肌的拮抗肌，受面神经支配。

4. 鼓索和鼓室丛 见神经系统。

二、咽鼓管

临床视角 15-1
咽鼓管功能异常

咽鼓管 auditory tube（pharyngotympanic tube）连通鼻咽部与鼓室（图 15-1，图 15-4），长 3.5～4.0 cm，其作用是使鼓室内的气压与外界的大气压相等，以保持鼓膜内、外两面压力的平衡。

图 15-6
咽腔正中矢状面标本

咽鼓管可分前内侧的软骨部和后外侧的骨部。咽鼓管软骨部约占咽鼓管全长的 2/3，为一向外下开放的槽，开放处被结缔组织膜封闭而形成完整的管；软骨部向前内侧借咽鼓管咽口开口于鼻咽的侧壁。咽鼓管骨部即咽鼓管半管，约占咽鼓管全长的 1/3，向后外侧借咽鼓管鼓室口开口于鼓室的前壁。两部交界处管腔最窄，仅 1～2 mm，称**咽鼓管峡**。咽鼓管咽口和软骨部平时处于关闭状态，仅在吞咽运动或尽力张口时，咽鼓管才暂时开放。小儿咽鼓管短而宽，接近水平，故咽部感染易经咽鼓管侵入鼓室引起中耳炎。咽鼓管闭塞将会影响中耳的正常功能。

三、乳突窦和乳突小房

乳突窦 mastoid antrum 位于鼓室上隐窝的后方，向前开口于鼓室后壁的上部，向后下与乳突小房相通，为鼓室和乳突小房之间的交通要道（图 15-4，图 15-5）。

乳突小房 mastoid cells 为颞骨乳突部内的许多含气小腔隙，形态不一，大小不等，互相连通，腔内覆盖的黏膜与乳突窦和鼓室的黏膜相延续。故中耳炎症可经乳突窦蔓延至乳突小房而引起乳突炎。

第三节　内耳

图 15-7
内耳在颞骨岩部的投影
图 15-8
骨迷路和膜迷路

内耳 internal ear 又称**迷路**，位于颞骨岩部的骨质内（图 15-7），在鼓室内侧壁和内耳道底之间（图 15-1），是听觉和位置觉感受器的主要部分。内耳构造复杂，可分为骨迷路和膜迷路 2 部分。骨迷路是颞骨岩部骨密质围成的不规则腔隙，膜迷路套在骨迷路内，是密闭的膜性管道或囊。膜迷路内充满内淋巴，膜迷路与骨迷路之间充满外淋巴。内、外淋巴互不相通。

一、骨迷路

骨迷路 bony labyrinth 是由骨密质围成的腔与管，长度约为 18.6 mm。从后外向前内沿颞骨岩部的长轴依次排列着：骨半规管、前庭和耳蜗，它们依次通连（图 15-8）。

（一）前庭

前庭 vestibule 是骨迷路的中间部分，为一不规则近似椭圆形的腔隙，内容纳椭圆囊和球囊。前部较窄，有一孔通连耳蜗；后部较宽，有 5 个小孔与 3 个半规管相通。前庭的外侧壁即鼓室的内侧壁，有前庭窗。前庭窗由镫骨底封闭。前庭的内侧壁即内耳道底，有神经穿行。在内侧壁的内面可见自前上向后下的一倒"Y"形前庭嵴。前庭嵴的后上方有一长椭圆形的椭圆囊隐窝，容纳椭圆囊；

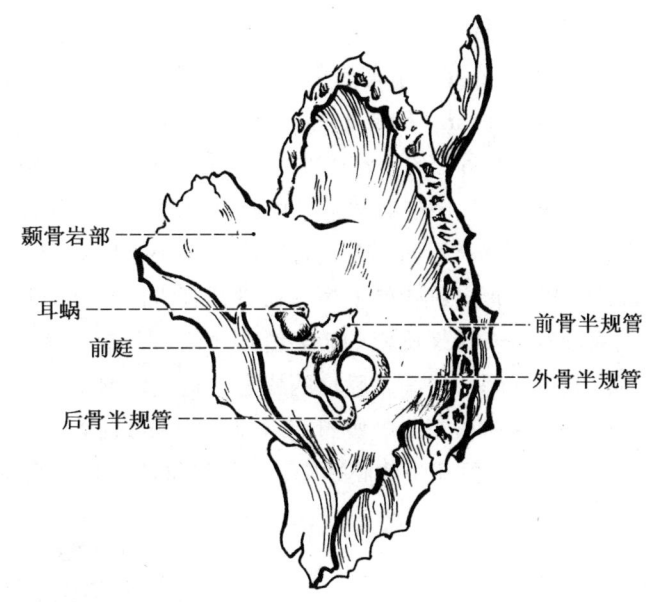

图 15-7 内耳在颞骨岩部的投影

前庭嵴的前下方有一圆形的球囊隐窝，容纳球囊；在倒"Y"形的叉内，有一小的凹面为蜗管隐窝，容纳蜗管的前庭盲端。在椭圆囊隐窝靠近总骨脚开口处的前方有一前庭水管内口，前庭水管由此向后下连至位于内耳门后外侧的前庭水管外口（又称内淋巴囊裂）。前庭水管内容纳内淋巴管，内淋巴管经此管至内淋巴囊，内淋巴囊位于前庭水管外口外下方硬脑膜的内淋巴囊小窝内。

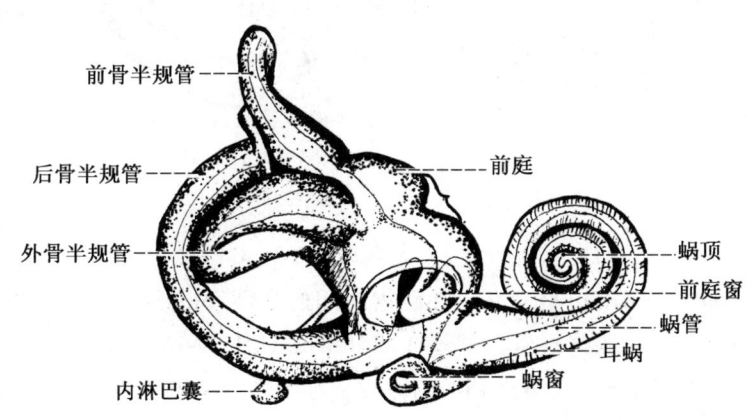

图 15-8 骨迷路

（二）骨半规管

骨半规管 bony semicircular canals 为 3 个半环形的骨管，分别位于 3 个相互垂直的面内，彼此互成直角排列。

1. **前骨半规管** 弓向上方，埋于弓状隆起深面，与颞骨岩部的长轴垂直。

2. **外骨半规管** 弓向外侧，当头前倾 30° 时呈水平位，是 3 个半规管中最短的一个，形成乳突窦入口内侧的隆起，即外半规管凸。

3. **后骨半规管** 弓向后外方，是 3 个半规管中最长的一个，与颞骨岩部的长轴平行。

每个骨半规管皆有 2 个骨脚，一个骨脚膨大，称**壶腹骨脚**，膨大部称**骨壶腹**；另一个骨脚细小，称**单骨脚**。因前、后骨半规管的两个单骨脚合成一个总骨脚，故 3 个骨半规管共有 5 个孔开口于前庭的后上壁。

🅔 图 15-9
骨迷路标本

（三）耳蜗

耳蜗 cochlea 位于前庭的前方，形如蜗牛壳，由**蜗轴** modiolus 和环绕蜗轴外周的**蜗螺旋管** cochlear spiral canal 构成（图15-9）。耳蜗尖向前外，称**蜗顶**；底向后内，称**蜗底**。蜗顶至蜗底之间锥体形的骨松质，称**蜗轴**。蜗轴的骨松质内有蜗神经和血管穿行。

蜗螺旋管是中空的螺旋状骨密质管道，围绕蜗轴盘绕约2.5圈。在蜗底处，蜗螺旋管管腔较大，通向前庭；行向蜗顶，管腔逐渐细小，以盲端终止于蜗顶。在蜗螺旋管内，自蜗轴伸出一螺旋形的骨板，称**骨螺旋板**。在骨螺旋板的根部有细管围绕蜗轴旋转，此管称蜗轴螺旋管，内藏蜗神经节。骨螺旋板的游离缘连于蜗管，故蜗螺旋管可分为3部分：近蜗顶侧的管腔为前庭阶，起自前庭；中间是膜性的蜗管；近蜗底侧的为鼓阶，鼓阶在蜗螺旋管起始处的外侧壁上连至蜗窗，蜗窗被第二鼓膜封闭。前庭阶和鼓阶内均含外淋巴，在蜗顶处借蜗孔相通。蜗孔位于蜗顶处，由骨螺旋板和膜螺旋板与蜗轴围成，是前庭阶和鼓阶之间的唯一通道。

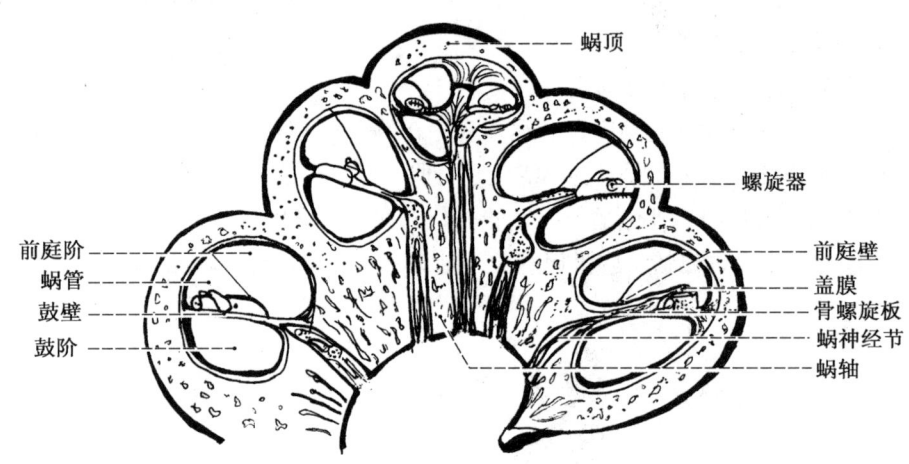

图 15-9 耳蜗和螺旋器

二、膜迷路

膜迷路 membranous labyrinth 是套在骨迷路内封闭的膜性管道或囊，借纤维束固定于骨迷路的壁上，由椭圆囊和球囊、膜半规管、蜗管3部分组成（图15-10）。它们之间相互连通，其内充满着内淋巴。椭圆囊和球囊位于骨迷路的前庭内，膜半规管位于骨半规管内，蜗管位于耳蜗的蜗螺旋管内。

（一）椭圆囊和球囊

1. **椭圆囊** utricle　位于前庭后上方的椭圆囊隐窝内。在椭圆囊的后壁上有5个孔与3个膜半规管相通。向前以**椭圆囊球囊管** utriculosaccular duct 连接球囊和内淋巴管。内淋巴管自椭圆囊球囊管的中段发出，穿前庭水管连于内淋巴囊。内淋巴囊位于颞骨岩部后面的前庭水管外口处的硬脑膜内。在椭圆囊上端的底部和前壁上有感觉上皮，称**椭圆囊斑** macula utriculi，是位觉感受器，感受头部静止的位置及直线变速运动引起的刺激，其神经冲动沿前庭神经的椭圆囊支传入脑。

2. **球囊** saccule　较椭圆囊小，位于椭圆囊隐窝前下方的球囊隐窝内。向前下借连合管与蜗管相连，向后借椭圆囊球囊管及内淋巴管分别与椭圆囊和内淋巴囊相通。在球囊的前上壁，有感觉上皮，称**球囊斑** macula sacculi。球囊斑与椭圆囊斑位于相互成直角的平面上，可感受头部静止的

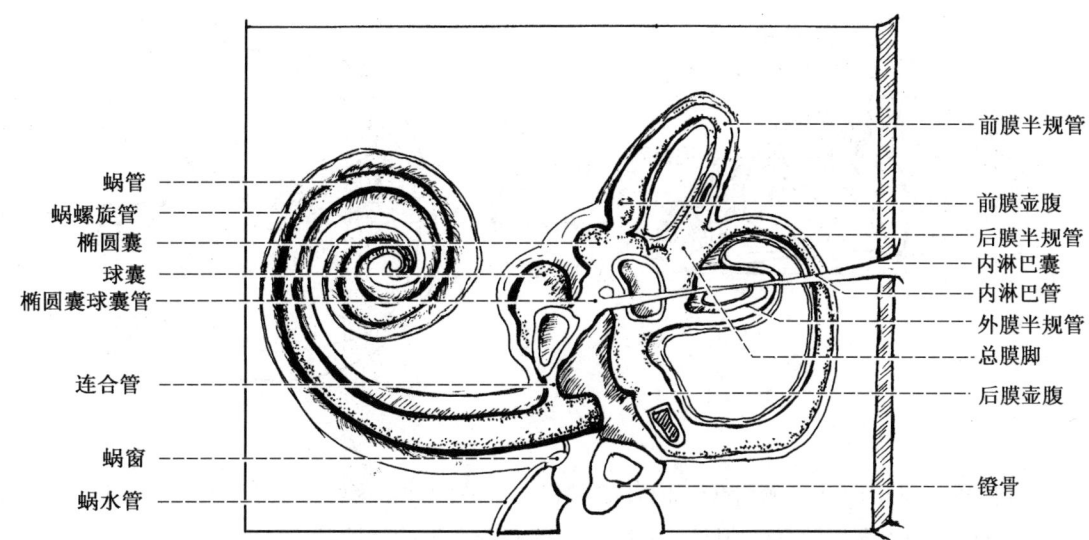

蜗管
蜗螺旋管
椭圆囊
球囊
椭圆囊球囊管

连合管

蜗窗

蜗水管

前膜半规管

前膜壶腹
后膜半规管
内淋巴囊
内淋巴管
外膜半规管
总膜脚

后膜壶腹

镫骨

图 15-10　膜迷路

位置及直线变速运动引起的刺激，其神经冲动沿前庭神经的球囊支传入脑。

（二）膜半规管

膜半规管 membranous semicircular ducts 形态与骨半规管相似，位于骨半规管内，靠近骨半规管的外侧壁，其管径为骨半规管的 1/4～1/3。各膜半规管亦有相应呈球形膨大的部分，称膜壶腹。膜壶腹壁上有隆起的**壶腹嵴** crista ampullaris，它们是位觉感受器，能感受头部旋转变速运动的刺激。3 个膜半规管内的壶腹嵴相互垂直，可分别将人体在三维空间中的运动变化转变成神经冲动，经前庭神经的壶腹支传入。

（三）蜗管

蜗管 cochlear duct 位于蜗螺旋管内，介于骨螺旋板和蜗螺旋管外侧壁之间。一端在前庭，借连合管与球囊相通连；另一端在蜗顶，为细小的盲端。在水平断面上，蜗管呈三角形。其上壁为蜗管前庭壁（前庭膜），将前庭阶和蜗管分开；外侧壁为蜗螺旋管内表面骨膜的增厚部分，有丰富的结缔组织和血管，该处上皮的深面富含血管，称血管纹，一般认为与内淋巴的产生有关；下壁即蜗管鼓壁（螺旋膜，又称基底膜），与鼓阶相隔。在螺旋膜上有**螺旋器** spiral organ，又称 **Corti 器**，是听觉感受器（图 15-11）。

ⓔ图 15-10
右侧内耳道底标本

声音的传导：声波传入内耳的感受器有 2 条途径，分别是空气传导和骨传导。在正常情况下以空气传导为主。

1. **空气传导**　耳郭将收集的声波经外耳道传至鼓膜，引起鼓膜振动，中耳内 3 个听小骨构成的听小骨链随之运动，将声波转换成机械能并加以放大，经镫骨底板传至前庭窗，引起前庭阶内的外淋巴波动。在正常情况下，外淋巴的波动先由前庭阶传向蜗孔，再经蜗孔传向鼓阶；最后，波动抵达蜗窗上的第二鼓膜，使第二鼓膜外凸而波动消失。外淋巴的波动可通过前庭膜引起蜗管内的内淋巴波动，也可以直接使基底膜振动，从而刺激螺旋器并产生神经冲动，经蜗神经传入中枢，产生听觉。

在鼓膜穿孔时，外耳道中的空气振动可直接引起鼓室内的空气振动，继而波及第二鼓膜，引起鼓阶内的外淋巴波动，使基底膜振动而兴奋螺旋器。通过这条途径，也能产生一定程度的听觉。

动画 15-1
声波的传导途径

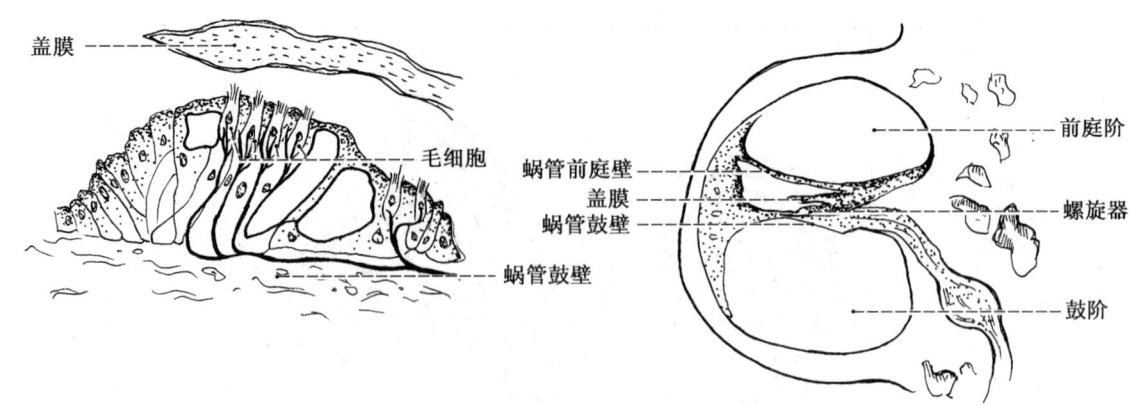

图 15-11 蜗管的切面和螺旋器

知识扩展 15-1
人工耳蜗

知识扩展 15-2
关爱听障老人，构建和谐社会

2. 骨传导 是指声波经颅骨传入内耳的过程。声波的冲击和鼓膜的振动可经颅骨和骨迷路传入，使内耳内的内淋巴流动，刺激基底膜上的螺旋器产生神经冲动。

外耳和中耳疾病引起的耳聋称为传导性聋。此时空气传导途径被阻断，但骨传导尚可以部分地代偿，故不会产生完全性聋。因内耳、蜗神经、听觉传导通路及听觉中枢疾病所引起的耳聋为神经性聋。此时空气传导和骨传导的途径虽属正常，但不能引起听觉，故称为完全性聋。

声音的空气传导途径见图 15-12。

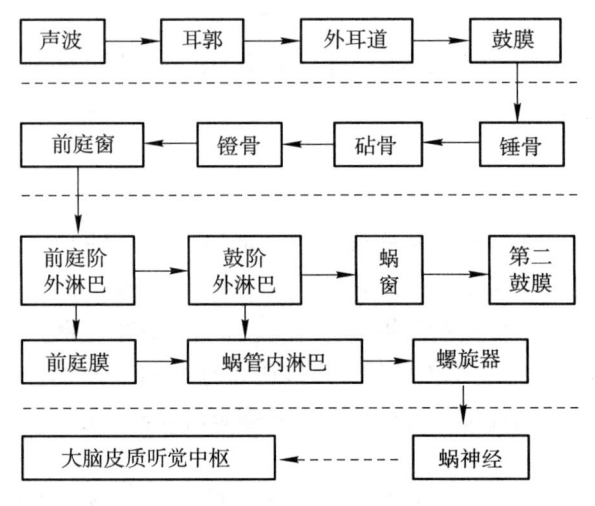

声波 → 耳郭 → 外耳道 → 鼓膜	外耳：声波的收集、传导，声波的共振增压，声源的定位
前庭窗 ← 镫骨 ← 砧骨 ← 锤骨	中耳：声波的传导、增压；实现空气与液体间声阻抗的变换和匹配；强声刺激时，鼓室肌反射对耳蜗的保护作用；咽鼓管平衡鼓膜内、外的压力
前庭阶外淋巴 → 鼓阶外淋巴 → 蜗窗 → 第二鼓膜 前庭膜 → 蜗管内淋巴 → 螺旋器	内耳：传音，将前庭窗所感受到的声波传到螺旋器；感音，螺旋器将接受到的声能转换成动作电位传给蜗神经；对声音频率进行初步分析
大脑皮质听觉中枢 ← 蜗神经	传入神经和中枢：完成神经冲动的传导、分析综合，最终产生听觉

图 15-12 声音的空气传导途径

三、内耳的血管、淋巴和神经

（一）内耳的血管

1. 动脉 来自迷路动脉，此动脉多发自小脑下前动脉或基底动脉，少数发自小脑下后动脉或椎动脉的颅内段。迷路动脉进入内耳门后分为前庭支和蜗支。前庭支分布于椭圆囊、球囊和半规管；蜗支分为 10 余支，经蜗轴内的小管分布于蜗螺旋管。此外，由耳后动脉发出的茎乳动脉还分布到部分半规管。这 3 支动脉均为终动脉，不能相互代偿。颈椎肥大，椎动脉血供受阻，基底动脉供血不足，可以影响内耳的血液供应，从而产生眩晕。

2. 静脉 内耳的静脉合成迷路静脉，继而汇入岩上窦、岩下窦或横窦。

（二）内耳的淋巴

内耳是否存在固定的淋巴管尚无定论。一般认为外淋巴所含成分与脑脊液相近，但两者略有不同。外淋巴的来源、产生率、循环和吸收尚不清楚。一般认为前庭内的外淋巴向后与半规管的外淋巴相通，向前与耳蜗的前庭阶内的外淋巴相通，继而经蜗孔进入鼓阶。前庭内的外淋巴通过耳蜗导水管向蛛网膜下隙引流。耳蜗导水管位于颞骨岩部内，其外口位于颈静脉窝的内侧，内耳道下方；耳蜗导水管内口位于蜗窗膜的内侧。

内耳膜迷路内充满着内淋巴，关于内淋巴的生成，过去认为是蜗管外侧壁的血管纹分泌所产生，现在则认为是由外淋巴液的滤过所生成。膜迷路内的内淋巴经内淋巴管引流至内淋巴囊，再经内淋巴囊进入周围的静脉丛。

前庭水管起于前庭内侧壁，向后下走行，开口于前庭水管外口。前庭水管外口位于颞骨岩部后面，距内耳门后外约 11 mm 处，呈裂缝状，常有骨嵴庇护。内淋巴管和部分内淋巴囊位于前庭水管内。

（三）内耳的神经

内耳的神经即前庭蜗神经（第Ⅷ对脑神经），由前庭神经和蜗神经组成，为特殊躯体感觉神经。前庭神经节内神经细胞的周围突由 3 支组成。上支穿前庭上区的小孔分布于椭圆囊斑、前膜半规管和外膜半规管的壶膜嵴，为椭圆囊壶腹神经；下支穿前庭下区的小孔分布至球囊斑，为球囊神经；后支穿内耳道底后下部的单孔分布至后膜半规管的壶腹嵴，为后壶腹神经。

蜗神经由蜗螺旋神经节细胞的中枢突组成。蜗螺旋神经节位于蜗轴内，其周围突穿经骨螺旋板和基底膜，分布于螺旋器；其中枢突经蜗轴纵管，穿内耳道底筛状区的螺旋孔裂，经内耳门入颅。

四、内耳道

内耳道 internal acoustic meatus 位于颞骨岩部后面中部，自内耳门至内耳道底，长约 10 mm，内有前庭蜗神经、面神经和迷路动脉穿行。

内耳道底邻接骨迷路的内侧壁，有一横位的骨嵴，称横嵴，将内耳道底分隔为上、下 2 部分。上部的前份为一圆形的孔，有面神经通过；上部的后份为前庭上区，有椭圆囊壶腹神经通过。下部的前份有螺旋孔裂，排列呈螺旋状，有蜗神经通过；下部的后份为前庭下区，有球囊神经通过，此区的后方有一单孔，有壶腹神经通过。

[附] 其他感受器

一、嗅器

嗅器 olfactory organ 位于鼻腔的嗅黏膜上，即上鼻甲以及与其相对的鼻中隔及以上部分。此部黏膜微呈黄色，血管比呼吸部少。黏膜内含有双极的嗅细胞。嗅细胞的中枢突聚集成嗅丝（约 20 条），穿经筛骨的筛板连于嗅球。

二、味器

味器 gustatory organ 即味蕾 taste bud。人类味蕾嵌于舌的菌状乳头、轮廓乳头及叶状乳头的上皮内，以菌状乳头、轮廓乳头上的味蕾最多；软腭、会厌等处的上皮内也有味蕾分布。味蕾呈卵圆形，底部抵达基板，神经纤维由此处进入味蕾，顶端借味孔通口腔。味觉刺激主要有酸、甜、苦和咸 4 种。分布于味蕾的神经主要是面神经和舌咽神经的分支。

三、皮肤

皮肤 skin 覆盖在身体表面，柔软而有弹性。全身各处皮肤的厚薄不等，手掌侧面和足跖侧面的皮肤最厚。身体背侧、伸侧的皮肤较腹侧、屈侧的皮肤厚。成人皮肤的表面积平均为 1.7 m^2。皮肤由表皮和真皮构成，其深面为皮下组织，即浅筋膜，主要由疏松结缔组织构成。浅筋膜内有丰富的血管、淋巴管、浅淋巴结等。毛发、指（趾）甲、皮脂腺、汗腺和乳腺都是皮肤的附属结构。

表皮 epidermis 是复层鳞状上皮，无血管分布，在手掌和足底最厚。表皮的基底层细胞之间有色素细胞。皮肤具有以下功能：①防止体内液体的丧失。②防止体外物质（如病原微生物、化学物质等）的侵入，是机体免疫系统的第一道防线，对机体有保护作用。③皮肤表面有汗腺的开口，可在排出汗液的同时排泄废物并调节体温。④在皮肤内含有多种感受器，可感知痛、温、触、压等刺激。

（郝彦利）

复习思考题

1. 前庭蜗器由哪 3 部分组成？前庭蜗器的主要功能是什么？
2. 临床医生在检查鼓膜时，为何将成人的耳郭拉向后上方？而将婴幼儿的拉向后下方？
3. 试述鼓膜的位置、形态和分部。
4. 鼓室的 6 个壁分别是什么？为什么中耳炎可继发性地引起鼓膜穿孔、乳突炎、颅内感染、面神经损伤？
5. 膜迷路的什么结构分别是位置觉感受器和听觉感受器？
6. 在正常情况下，声波如何传导？

数字课程学习……

👤 本章小结　　ⓦ 实物标本图　　👥 开放性讨论　　📝 自测题　　⬇ 教学 PPT

神经系统

第十六章 神经系统总论
第十七章 中枢神经系统
第十八章 周围神经系统
第十九章 神经系统的传导通路
第二十章 脑和脊髓的被膜、血管及脑脊液循环

第十六章
神经系统总论

关键词

神经元　　神经胶质　　突触　　灰质　　白质　皮质

髓质　　神经核　　神经节　　网状结构　　反射　反射弧

神经系统 nervous system 包括中枢神经系统和周围神经系统。中枢神经系统由脑和脊髓组成；周围神经系统由脊神经、脑神经和内脏神经组成。

神经系统在人体各系统中起着主导作用。在神经系统的统一调节和控制下，其他各系统相互协调，完成正常的生理活动。神经系统的基本活动方式为反射，其结构基础为反射弧。机体通过反射维持内环境的相对稳定，适应内、外环境的变化，保证生命活动的正常进行。

思维导图

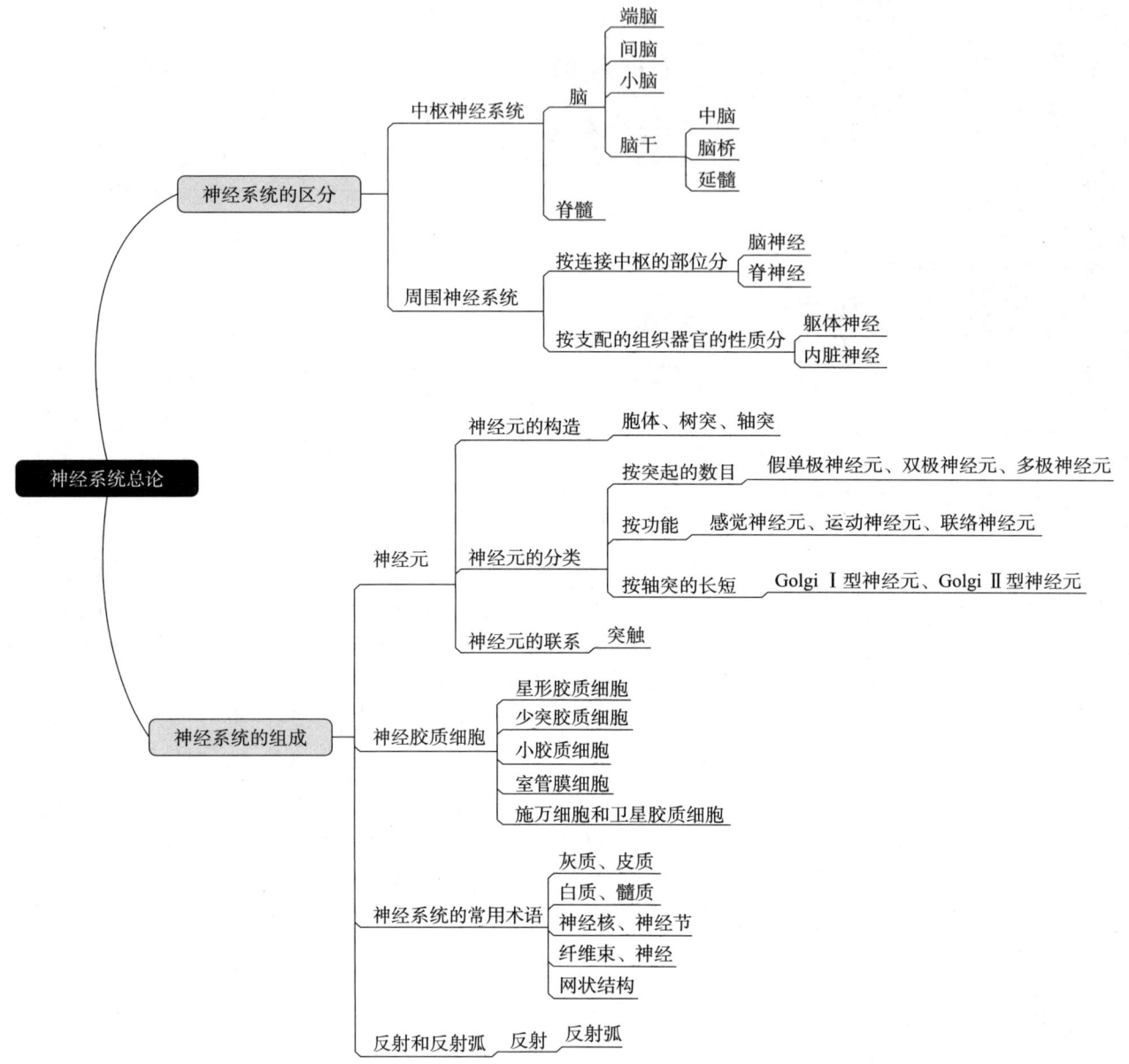

一、神经系统的区分

　　神经系统按其所在的位置不同，可分为**中枢神经系统** central nervous system 和**周围神经系统** peripheral nervous system。中枢神经系统包括颅腔内的脑和椎管内的脊髓；周围神经按连接中枢的部位不同，分为脑神经和脊神经。脑神经与脑相连，共 12 对；脊神经与脊髓相连，共 31 对（图 16-1）。

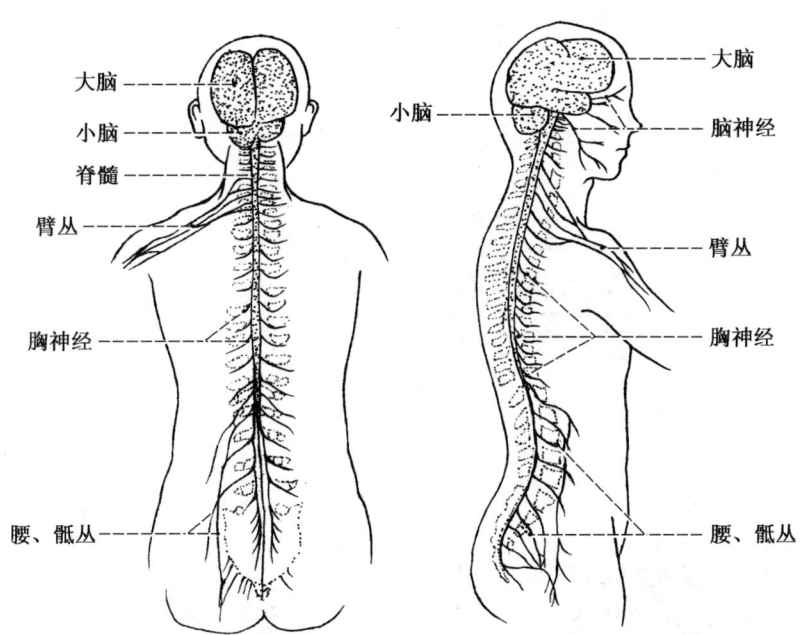

图 16-1　神经系统的区分

　　周围神经也可根据其支配的组织器官的性质分为躯体神经和内脏神经。躯体神经分布于体表、骨、关节和骨骼肌；内脏神经分布于心肌、平滑肌及腺体。躯体神经和内脏神经均含有传入纤维和传出纤维。传入纤维又称感觉纤维，将神经冲动自感受器传向中枢；传出纤维又称运动纤维，将神经冲动自中枢传向周围效应器。内脏神经的传出纤维支配心肌、平滑肌和腺体，不受人的主观意识控制，又称自主神经或植物神经，根据功能不同又可分为交感神经和副交感神经。

二、神经系统的组成

　　神经系统主要由神经组织组成，**神经元** neuron 和**神经胶质细胞** neuroglia 构成了神经组织。人类神经系统含有数以千亿的神经元，这些神经元可感受刺激并传导冲动。神经胶质细胞的数量是神经元的数十倍，是神经元发挥正常功能的支撑细胞。

（一）神经元

1. 神经元的构造　神经元即神经细胞，是神经系统的基本结构和功能单位（图 16-2）。神经元包括胞体和突起 2 部分，胞体是神经元的营养和代谢中心。除具有普通细胞的细胞器外，胞体还有丰富的**尼氏体** Nissl body 和**神经原纤维**（图 16-3）。尼氏体是合成蛋白质的场所；神经原纤

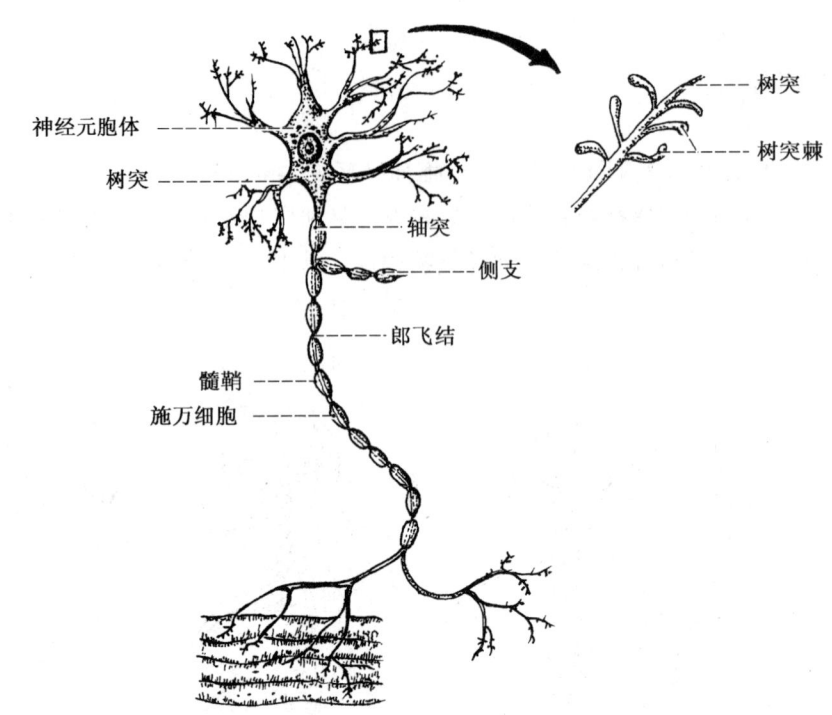

图 16-2　神经元模式图

神经元胞体
树突
轴突
侧支
郎飞结
髓鞘
施万细胞

树突
树突棘

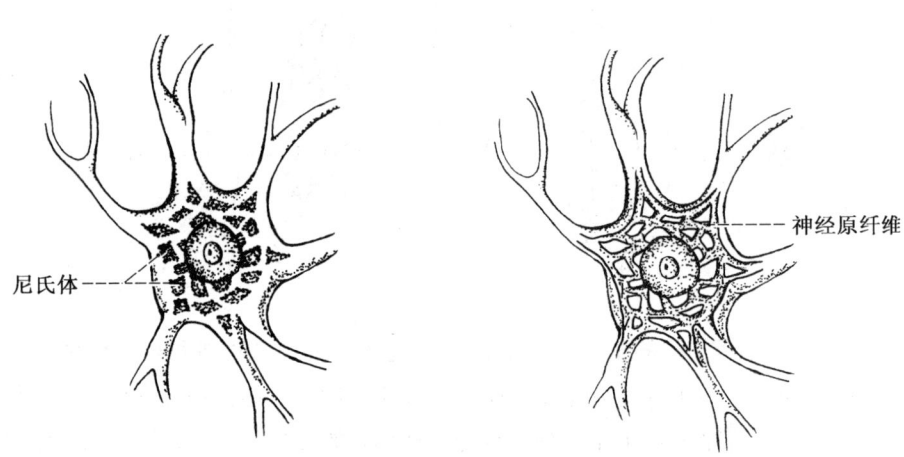

图 16-3　尼氏体和神经原纤维

尼氏体
神经原纤维

维对细胞起支撑作用，也与物质转运有关。突起从神经元胞体发出，分为**树突** dendrite 和**轴突** axon。

（1）树突　呈放射状、树枝状，主要接收传入信息。在特殊银染标本上，树突表面可见棘状突起，称**树突棘** dendritic spine，是形成突触的部位，树突棘可扩大神经元接受刺激的表面积，其形态和功能始终处于变化当中。树突棘形态受多因素影响，与其功能密切相关，且具有很强的可塑性，这是神经元功能特点之一。

（2）轴突　通常每个神经元只有 1 条轴突，且长短不一，长的轴突可达 1 m 以上。轴突的主要功能是将胞体产生的冲动传导至其他神经元或效应器，其末梢反复分支形成终末，可与其他细胞构成突触。轴突内的细胞质称轴质或轴浆，内有许多与轴突长轴平行的神经原纤维。

2. 神经元的分类　神经元按突起的数目可分为假单极神经元、双极神经元和多极神经元（图 16-4）。**假单极神经元**先从胞体发出 1 个短的突起，后再分为 2 个分支，一支为周围突，分布于周围组织；另一支为中枢突，进入脊髓或脑。**双极神经元**从胞体两极分别发出 2 个突起，一突起分布至周围感受器，另一突起进入中枢。从胞体发出多个突起的神经细胞为**多极神经元**，多位于中枢神经系统内。

神经元按功能分为**感觉神经元**、**运动神经元**和**联络神经元**。感觉神经元将感觉信息传向中枢，故也称为**传入神经元**；运动神经元位于中枢，将中枢产生的信息传导到周围效应器，也称为**传出神经元**；**联络神经元**位于感觉神经元和运动神经元之间，故又称为中间神经元。

还可按神经元轴突的长短，将联络神经元分为轴突较长的 Golgi Ⅰ 型神经元和轴突较短的 Golgi Ⅱ 型神经元。

3. 神经元的联系　**突触** synapse 是一个神经元与另一个神经元相接触的部位，是胞体与胞体、胞体与轴突、胞体与树突等相互接触并传递信息的部位（图 16-5）。神经元通过突触把一个神经元的信息传递给另一个神经元或效应器细胞。

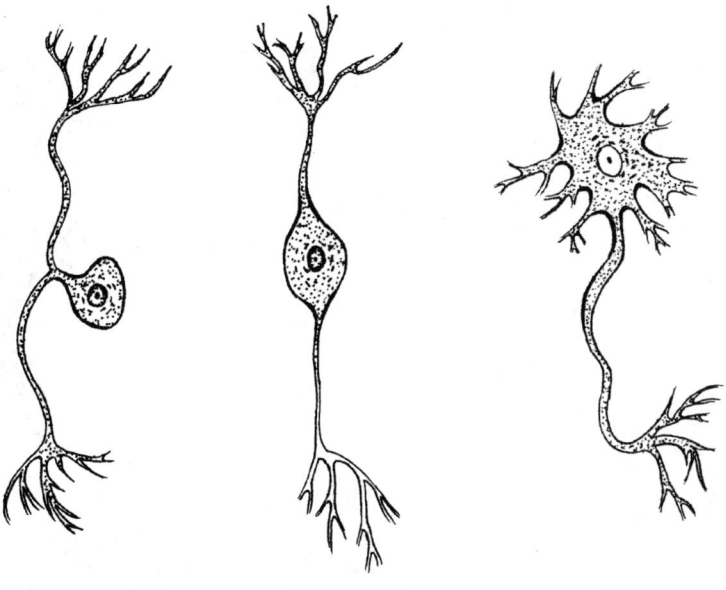

假单极神经元　　双极神经元　　多极神经元

图 16-4　神经元的分类

人类神经系统的突触多通过化学递质的释放来进行神经信息的传递，称为**化学突触**。少部分通过电位变化来传递信息，称为**电突触**。化学突触包括突触前膜、突触间隙和突触后膜 3 部分，突触前、后膜不对称，神经冲动从突触前膜向突触后膜单方向传递。电突触的突触间隙狭窄，突触前、后膜对称，神经冲动可双向传递。

动画 16-1
突触信息的传递

神经元的胞体、树突和轴突均可参与构成突触，如一个神经元的轴突与另一神经元的胞体形成突触，称为轴 – 体突触；若轴突和另一神经元的树突形成突触，则为轴 – 树突触。还有轴 – 轴突触、体 – 体突触和树 – 树突触等多种类型。

通常一个神经元可与其他神经元形成众多突触，同时可接受多个神经元传递的信息，如脊髓前角运动神经元形成 2 000 个以上的突触，大脑皮质锥体细胞约形成 30 000 个突触，小脑浦肯野细胞可形成多达 200 000 个突触。

（二）神经胶质细胞

神经胶质细胞是神经组织中另一类重要的细胞，分布于神经元之间，其数量是神经元的 10 倍。神经胶质细胞也有多个突起，但无树突和轴突之分，亦无感受刺激和传导冲动的功能（图 16-6）。神经胶质细胞对神经元起支持、营养、保护和修复的作用。

在中枢神经系统中，神经胶质细胞主要包括星形胶质细胞、少突胶质细胞、小胶质细胞和室管膜细胞。在周围神经系统中，主要包括神经节内的卫星细胞和形成轴突髓鞘的施万细胞。

1. **星形胶质细胞** astrocyte　是体积最大，突起最多的一类胶质细胞，包括纤维性星形胶质细胞和原浆性星形胶质细胞 2 大类。前者多分布于白质，后者多分布于灰质。星形胶质细胞除对神经元有支持和营养作用外，还具有以下功能：①调节神经元的微环境。回收神经元释放的神经递质，并对其进行降解；也可以回收神经元兴奋时外流的钾离子，保持神经元微环境的相对稳定。②合成、分泌神经营养因子，保障神经元和突起的健康生长。③引导神经元迁徙。星形胶质细胞的突起可引导神经元及其突起向既定目的地迁移。④参与神经系统免疫反应。

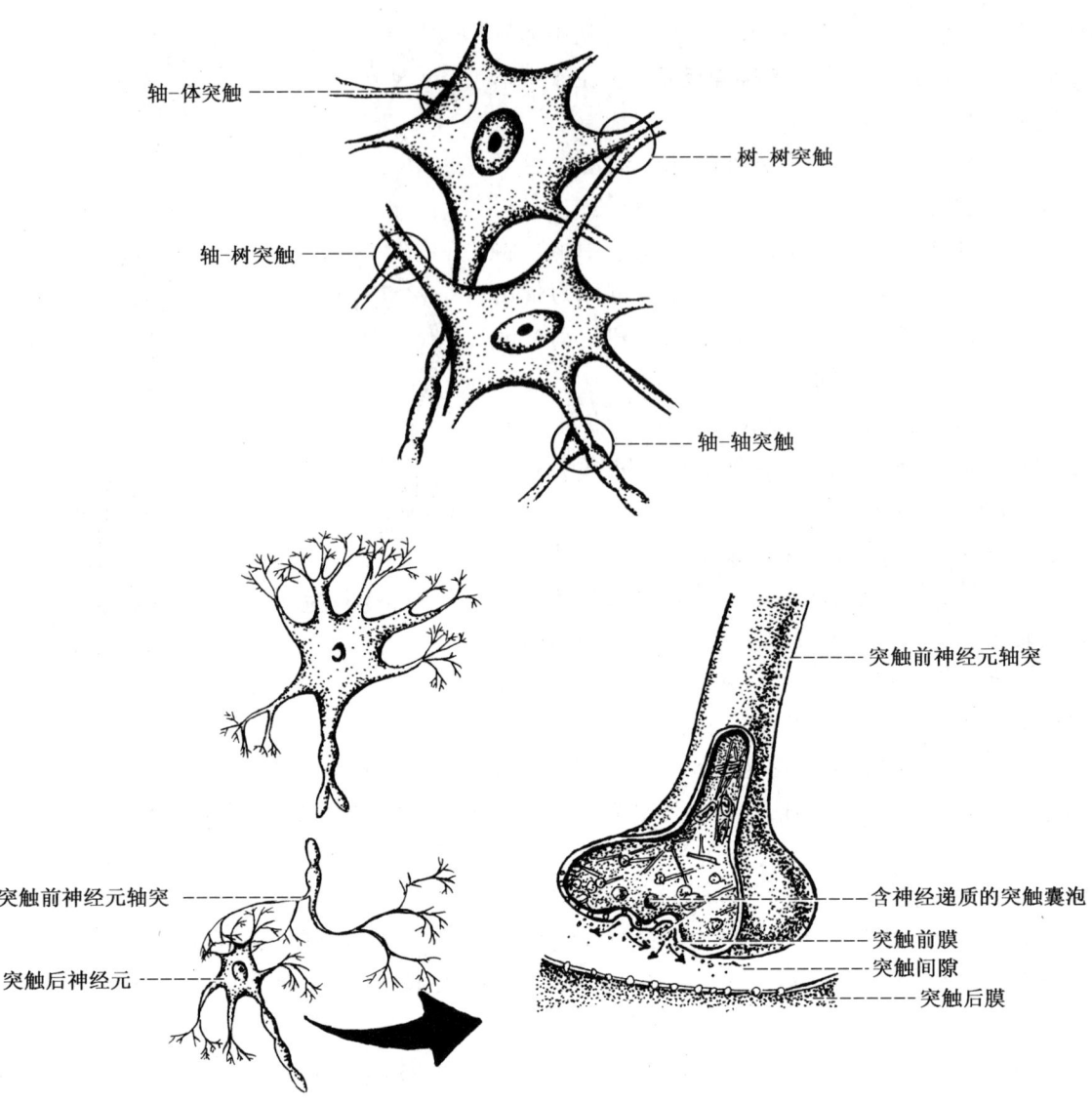

图 16-5 突触结构模式图

2. **少突胶质细胞** oligodendrocyte   胞体小，突起少，主要分布于中枢神经系统，参与形成髓鞘。

3. **小胶质细胞** microglia   胞体小，突起呈树枝状，是神经系统的巨噬细胞，可吞噬神经发育过程中的废弃物。生理情况下其处于静止状态，当中枢神经受损时，其被激活并游走至损伤处，吞噬和清除坏死组织。

图 16-1 培养的神经元和胶质细胞

4. **室管膜细胞** ependymocyte   是覆盖于脊髓中央管和脑室管腔面的上皮细胞，参与脑脊液 – 脑屏障的组成，并参与神经组织与脑脊液间的物质交换。

三、神经系统的常用术语

1. **灰质** gray matter 和**皮质** cortex   在中枢部，神经元胞体和树突聚集之处，在新鲜标本上色泽灰暗，称灰质。分布于端脑和小脑表面的灰质称为皮质。

2. **白质** white matter 和**髓质** medulla   在中枢部，轴突聚集之处，因其外包髓鞘，色泽明亮称白质。分布于端脑和小脑深层的白质称为髓质。

3. **神经核** nucleus 和**神经节** ganglion   在中枢部，形态相似、功能相近的神经元胞体聚集形

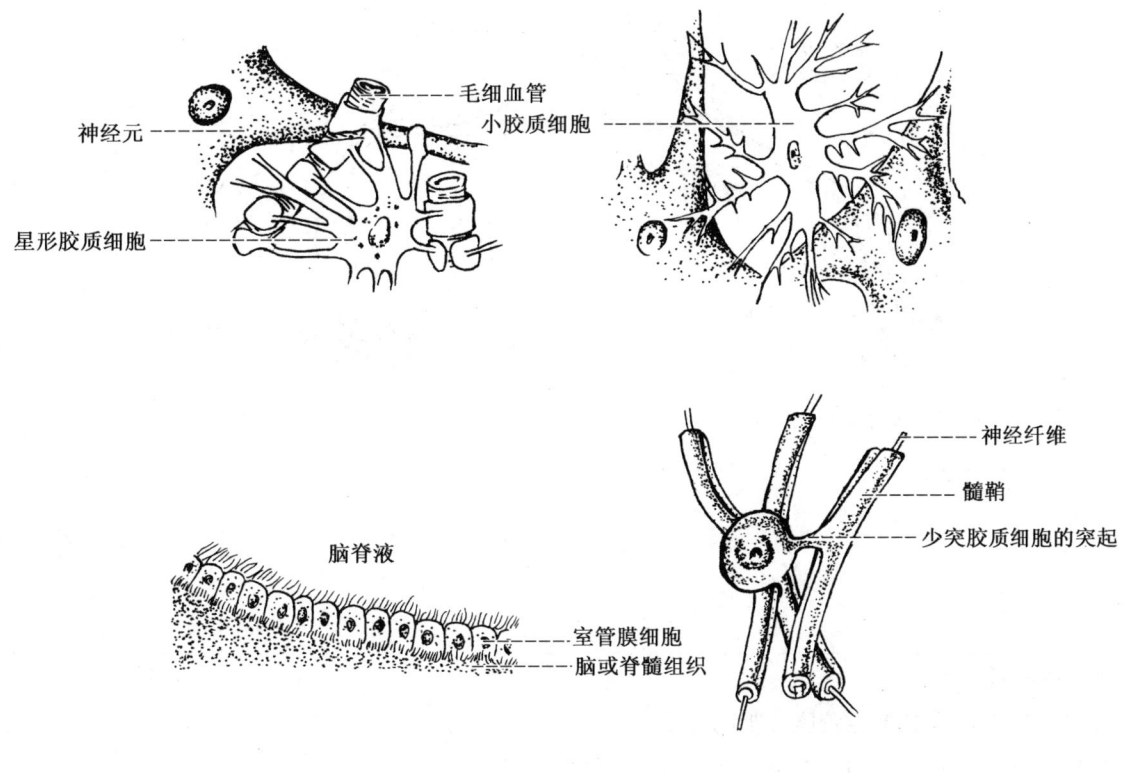

图 16-6　神经胶质细胞示意图

成团块状或柱状的神经核。在周围部，神经元胞体聚集形成神经节，分为感觉神经节和内脏神经节。

4. **纤维束** fasciculus 和**神经** nerve　在中枢部，起止、走行和功能相同或相近的神经纤维聚集成束，称为纤维束（传导束）。在周围部，神经纤维聚集成束，称为神经。

5. **网状结构** reticular formation　在中枢某些部位，神经纤维纵横交织成网，其间散布着形态、功能各异的神经元胞体或小灰质团块，这些灰质和白质交错的结构称网状结构。

四、反射和反射弧

神经系统对内、外环境刺激做出的适应性反应称**反射** reflex，完成反射的结构基础是**反射弧** reflex arc（图 16-7），由感受器、传入神经、中枢、传出神经和效应器 5 部分组成。感受器接受内、外环境的刺激，经传入神经将神经冲动传导到中枢，中枢将传来的信息进行整合，通过传出神经将信息传导到效应器，引起机体的适应性反应。反射是神经系统的基本活动方式，机体通过各种反射维持内环境的稳定和内、外环境的统一。

动画 16-2
反射弧

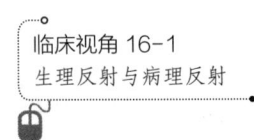

临床视角 16-1
生理反射与病理反射

感觉神经元
运动神经元

感觉神经
运动神经

髌韧带

效应器

传入神经
传出神经

感受器

图 16-7　反射弧示意图

（张吉凤）

复习思考题

1. 请说明神经元和神经胶质细胞的关系。

2. 画出光镜下神经元和突触示意图，并标注结构。

3. 举例说明你生活中的生理反射，它对你有何保护作用？

数字课程学习……

本章小结　　　开放性讨论　　　自测题　　　教学 PPT

第十七章
中枢神经系统

关键词

| 脊髓节段 | 薄束 | 楔束 | 脊髓丘脑束 | 皮质脊髓束 |
| 脑干 | 小脑 | 间脑 | 端脑 | |

中枢神经系统包括脑和脊髓，其主要功能是接收全身的传入信息并对信息进行加工整合，将信息储存于脑或脊髓，是学习、记忆的结构基础，或将传出信息传导到脊髓和脑干的运动性神经核团，通过周围神经调节人体各组织器官的功能活动。人类的意识、心理、思维活动也在中枢神经系统完成。

思维导图（详图见数字课程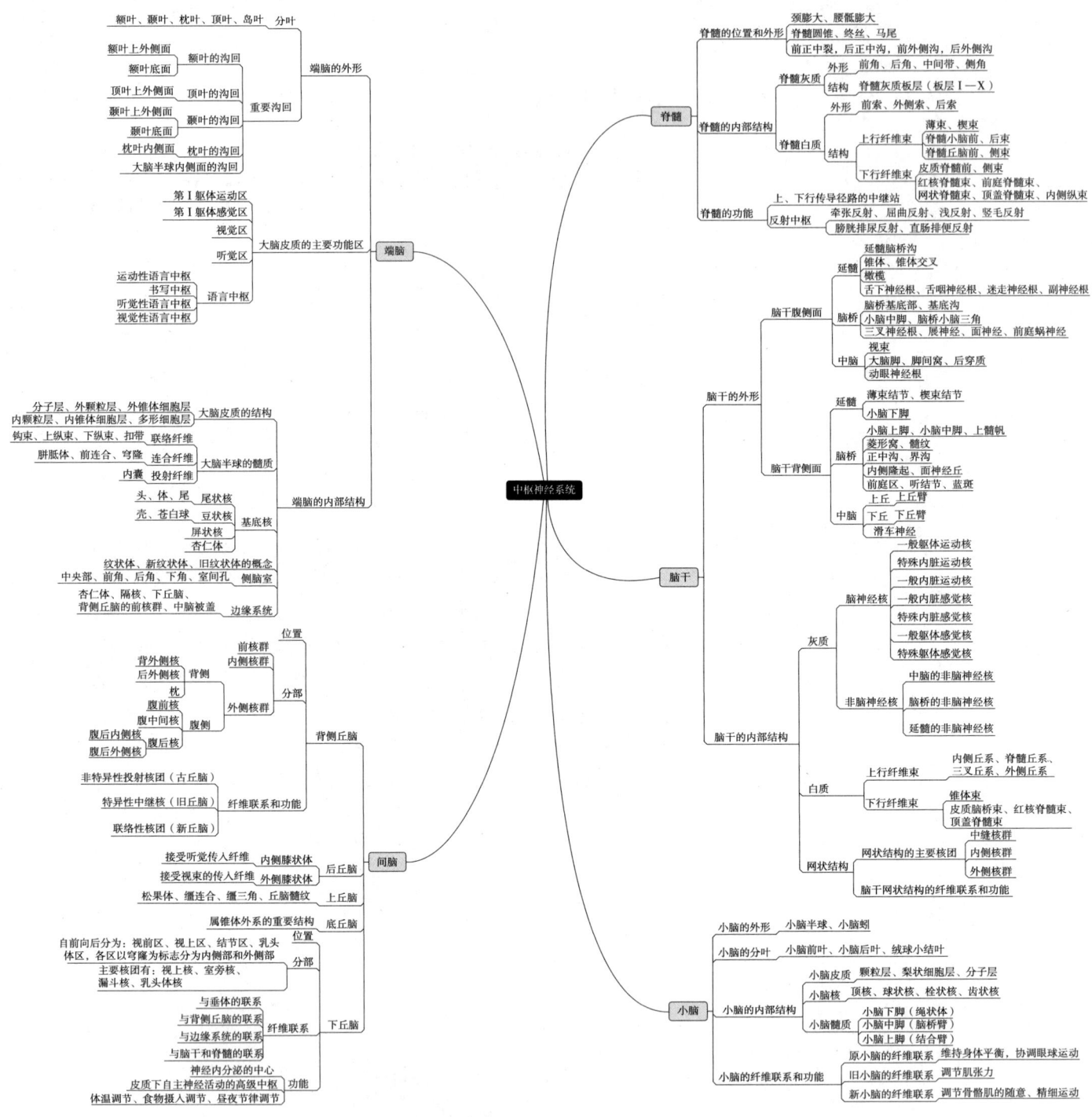）

第一节　脊髓

脊髓源自神经管的尾端，是中枢神经的低级部位，具有明显的节段性。脊髓功能相对简单，主要完成低级反射，并将信息传导到脑的不同部位。

一、脊髓的位置和外形

脊髓 spinal cord 位于椎管内，上端在枕骨大孔处与延髓相延续，末端变细，称为**脊髓圆锥** conus medullaris，成人脊髓下端约平对第 1 腰椎椎体下缘，再向下延续为无神经组织的**终丝** filum terminale，附着于尾骨的背面。新生儿脊髓下端约平对第 3 腰椎。

脊髓呈前后略扁的圆柱形，长约 45 cm。全长有 2 个膨大，即**颈膨大** cervical enlargement 和**腰骶膨大** lumbosacral enlargement，在膨大处，脊髓内管理上、下肢的神经元数量增多（图 17-1）。

在脊髓前、后面的正中线上分别有较深的**前正中裂** anterior median fissure 和浅的**后正中沟** posterior median sulcus。前正中裂的两侧有对称的**前外侧沟** anterior lateral sulcus，内有脊神经前根丝穿出；后正中沟的两侧有**后外侧沟** posterior lateral sulcus，内有脊神经后根丝进入（图 17-1）。脊神经后根在椎间孔附近的膨大为脊神经节，内含有感觉神经元的胞体。

每一对脊神经前、后根的根丝所附着的那段脊髓称为一个**脊髓节段** spinal segment，脊神经 31 对，故脊髓有 31 个节段，即 8 节颈髓、12 节胸髓、5 节腰髓、5 节骶髓和 1 节尾髓（图 17-2）。

胚胎前 3 个月，脊髓几乎与椎管等长，脊髓节段和椎骨序数对应。从胚胎第 4 个月开始，脊柱的生长速度快于脊髓，脊髓节段高于相同序数的椎骨。在成人，脊髓节段与椎骨的关系大致如下：

颈髓上部（$C_{1\sim4}$）与同序数椎骨相对应。

颈髓下部（$C_{5\sim8}$）和胸髓上部（$T_{1\sim4}$）与同序数椎骨的上 1 个椎体平对。

胸髓中部（$T_{5\sim8}$）与同序数椎骨的上 2 个椎体平对。

胸髓下部（$T_{9\sim12}$）与同序数椎骨的上 3 个椎体平对。

腰髓（L_{1-5}）平对第 10～12 胸椎椎体。

骶髓（S_{1-5}）和尾髓（C_0）约平对第 1 腰椎椎体。

了解脊髓节段与各部椎骨的对应关系，对确定脊髓损伤平面、麻醉定位和临床治疗有重要意义。如根据椎骨的损伤，推算出可能受损的脊髓节段，从而进行有目的的检查治疗。成人第 1 腰椎以下的椎管内无脊髓，但有腰、骶、尾神经根形成的**马尾** cauda equina 存在，临床上常在第 3、4 或第 4、5 腰椎棘突间进行蛛网膜下隙穿刺抽取脑脊液，以免损伤脊髓。

二、脊髓的内部结构

从脊髓横切面观察，脊髓可分为位于中央的灰质和周围的白质（图 17-3）。灰质中央的腔隙

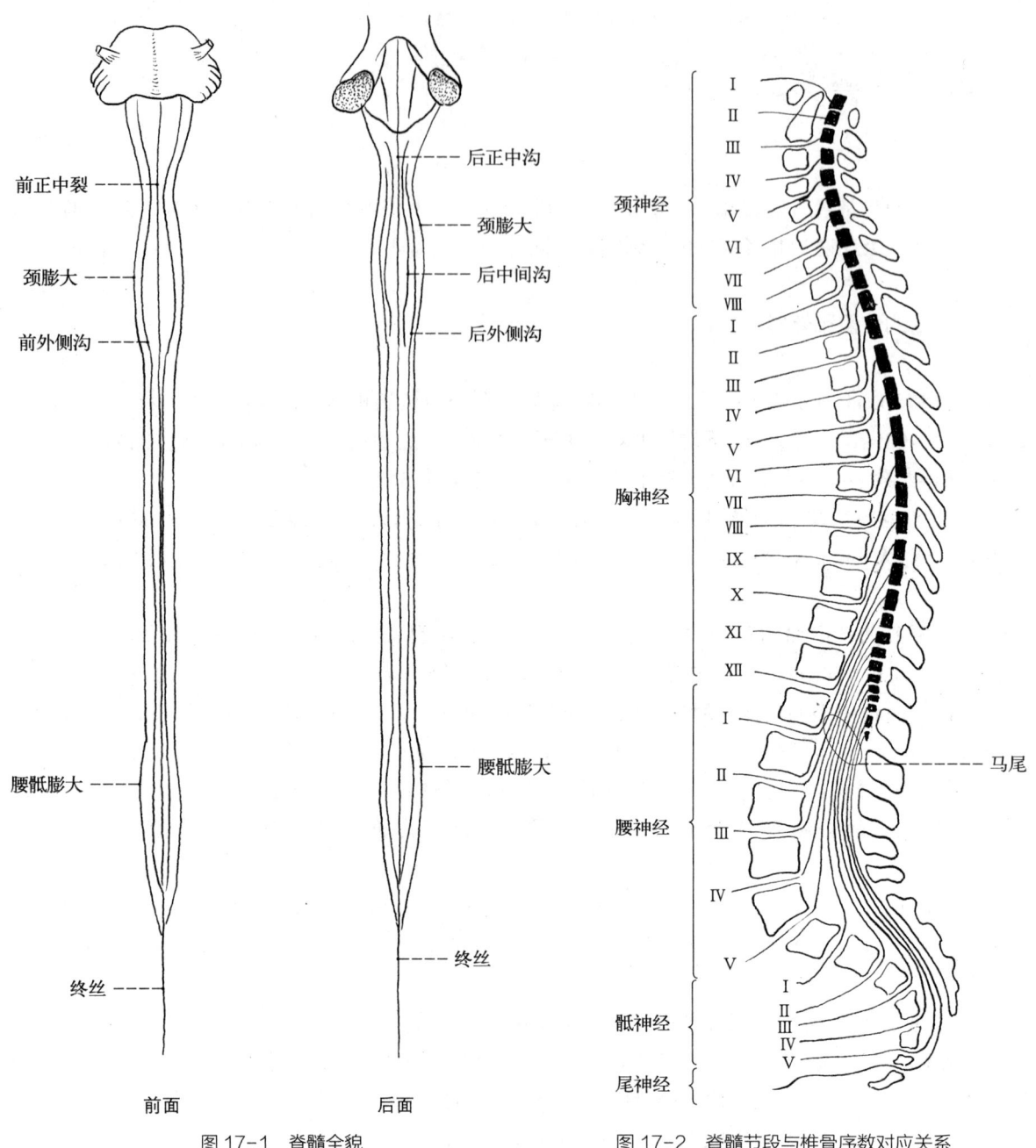

前正中裂

颈膨大

前外侧沟

腰骶膨大

终丝

前面

图 17-1　脊髓全貌

后正中沟

颈膨大

后中间沟

后外侧沟

腰骶膨大

终丝

后面

颈神经

胸神经

腰神经

骶神经

尾神经

马尾

图 17-2　脊髓节段与椎骨序数对应关系

为**中央管** central canal，内含脑脊液。水平切面上，灰质呈蝴蝶形或"H"形，由神经元胞体和树突聚集而成。中央管前后的灰质称灰质连合，将左、右两侧灰质连在一起。白质借脊髓表面的沟和裂分为前索、外侧索和后索。在中央管前方，由左、右越边的横行纤维形成白质前连合。**前索** anterior funiculus 位于前正中裂与前外侧沟之间。**外侧索** lateral funiculus 位于前外侧沟和后外侧沟之间。**后索** posterior funiculus 位于后外侧沟与后正中沟之间。

（一）脊髓灰质

在横切面上，灰质可分为前角、后角和中间带，中间带向外侧突出的部分称侧角，只见于胸1至腰3脊髓节段。从立体结构上观察，前角、后角和侧角又称为前柱、后柱和侧柱。在脊髓不

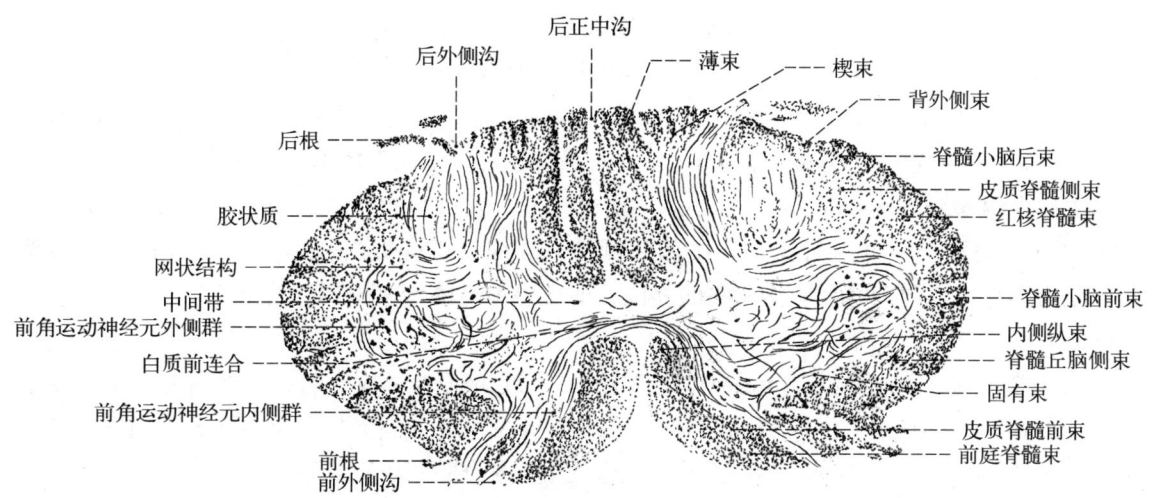

图 17-3　脊髓颈段横切面

同节段，灰质和白质的构成比例不尽相同（图 17-4）。在颈膨大和腰骶膨大处，前柱和后柱均发达；在脊髓胸段灰质柱较细小。

1. **前角** anterior horn　含有大量**运动神经元** motor neuron，其轴突加入前根，随脊神经分支直接支配骨骼肌的运动。前角运动神经元分为 α 和 γ 2 种运动神经元，α- 运动神经元发出纤维支配梭外肌，管理骨骼肌的随意运动；γ- 运动神经元发出纤维支配梭内肌，调节肌张力。

前角运动神经元可分为内侧群和外侧群。内侧群发出纤维支配躯干肌，外侧群发出纤维支配四肢肌。前角运动神经元损伤，出现管理区域内骨骼肌弛缓性瘫痪，表现为运动障碍，肌张力降低，肌肉萎缩，腱反射减退或消失。

2. **后角** posterior horn　灰质后部的较狭细部分，内含形态、大小、功能各异的感觉神经元，主要接受脊神经后根传入的感觉冲动。

后角核群包括后角边缘核、胶状质、后角固有核和胸核等。**后角固有核** nucleus proprius 位于

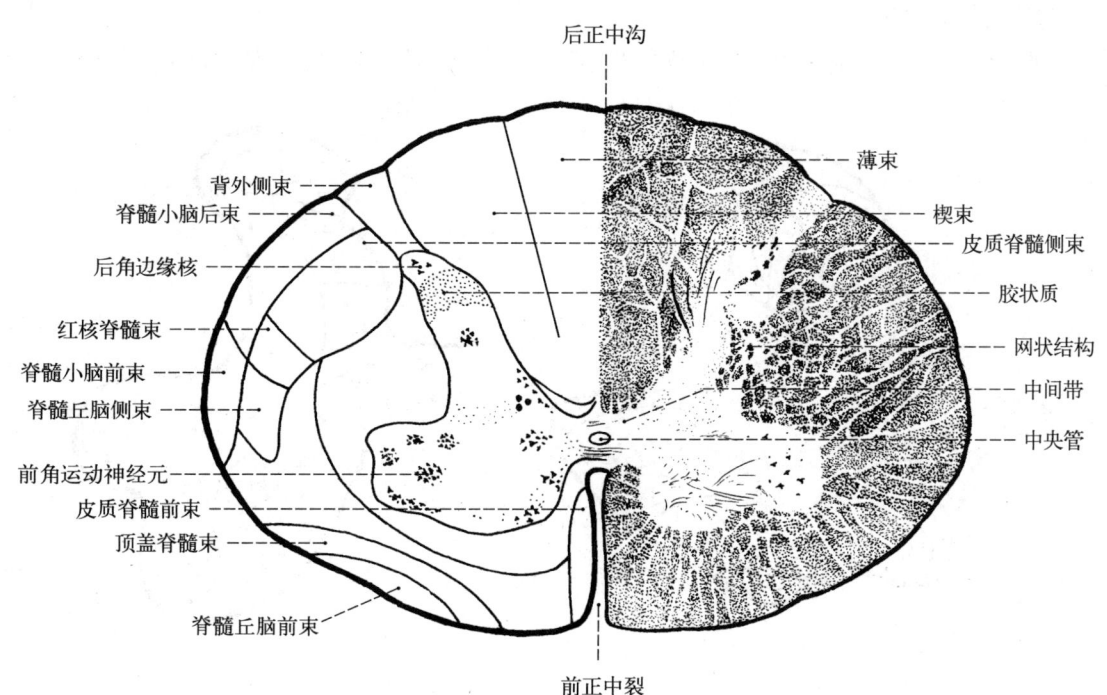

图 17-4　脊髓颈膨大横切面示意图

胶状质前方，细胞具有大量树突，主要与浅感觉（痛、温、粗触觉）传导有关。

3. **中间带** intermediate zone　内有胸核、中间内侧核和中间外侧核。

胸核 thoracic nucleus 又称背核或 Clarke 柱，仅见于 C_8—L_2 脊髓节段，位于后角基底部内侧，与躯体和盆腔脏器的初级本体感觉传导有关，此核发出纤维加入脊髓小脑后束。

中间内侧核 intermediomedial nucleus 占脊髓全长，接受后根传入的内脏感觉纤维，发出纤维到内脏运动神经元并上行至脑。**中间外侧核** intermediolateral nucleus 位于 $T_1 \sim L_3$ 节段的侧角，是交感神经节前神经元胞体所在的部位，即交感神经的低级中枢，发出纤维参与组成脊神经前根。

4. **脊髓灰质的细胞构筑**　Rexed（20 世纪 50 年代）通过对猫脊髓板层的研究，提出了脊髓灰质的板层结构概念，并将脊髓灰质分为 10 个板层。这些板层从后角向前分别用罗马数字 I—X 命名（图 17-5）。Rexed 分层模式已被广泛用于对脊髓灰质构筑的描述。

板层 I：又称边缘层，位于后角最背侧，薄而边界不清楚，呈弧形，与白质相邻，内有粗细不等的纤维穿过，呈海绵状，故又称海绵带，内含大、中、小型神经元。此层在腰骶膨大处最清晰，层内含有**后角边缘核** posteromarginal nucleus，它接受后根的传入纤维。

板层 II：占据灰质后角头之大部，由大量密集的小型神经元组成。此层几乎不含有髓纤维，在切片上呈半透明的胶状，以髓鞘染色法染色不着色，故称**胶状质** substantia gelatinosa。此层对分析、加工脊髓的痛觉信息起重要作用。

板层 III：与前 2 层平行。此层与板层 II 相比，其神经元胞体多数略大，形态多样，但细胞的密度略小，主要含有髓纤维。

板层 IV：较厚，细胞排列较疏松，大小不一，以圆形、三角形和星形细胞居多。板层 III 和板层 IV 内含较大的细胞群，称**后角固有核**。此 2 层都接受大量的后根传入纤维，发出的纤维联络脊髓的不同节段，并进入白质形成纤维束。

板层 V：位于后角颈部，除胸髓以外，均可分内、外 2 部分。外侧部占 1/3，细胞较大，并与纵横交错的纤维交织在一起，形成**网状结构** reticular formation，尤其在颈髓很明显。内侧部占 2/3，与后索分界明显。

板层 VI：位于后角基底部。在颈膨大和腰骶膨大处最发达，分内、外侧 2 部分。内侧部含密

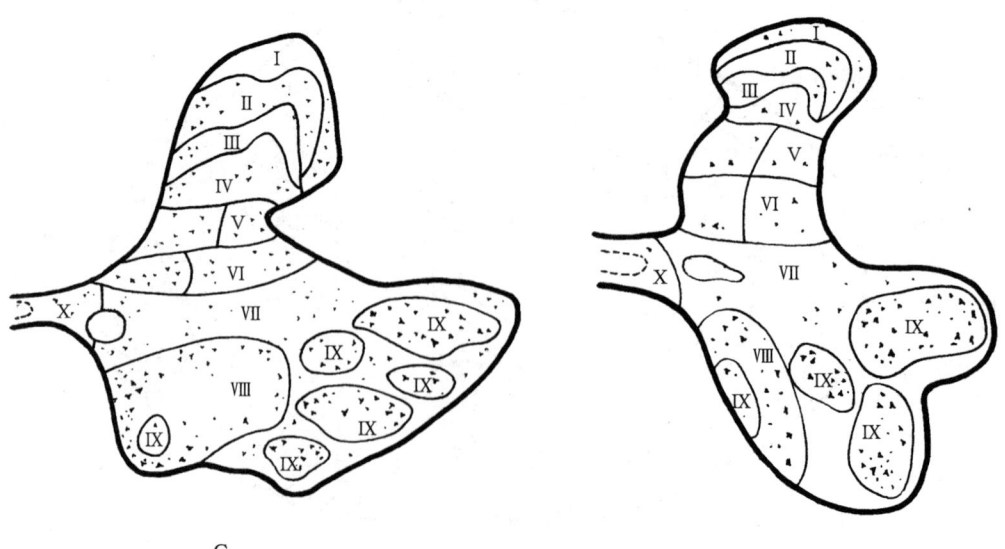

图 17-5　脊髓灰质的板层模式

C_6　　　　　　　　　　　　　　　　　　　L_5

集深染的中、小型细胞，外侧部由较大的三角形和星形细胞组成。

板层Ⅴ、Ⅵ：接受后根本体感觉性初级传入纤维，以及来自大脑皮质运动区、感觉区和皮质下结构的大量下行纤维，因此，这2层与调节运动有密切关系。

板层Ⅶ：占中间带的大部，在颈膨大和腰骶膨大处，还伸向前角。此层含胸核、中间内侧核和中间外侧核。

板层Ⅷ：由中间神经元组成。在脊髓胸段，位于前角底部；在颈膨大和腰骶膨大处，仅限于前角内侧部。直接或通过 γ- 运动神经元间接影响 α- 运动神经元。

板层Ⅸ：由前角运动神经元和中间神经元组成，位于前角的最腹侧。

板层Ⅹ：位于中央管周围，包括灰质前、后连合，某些后根的纤维终于此处。

（二）白质

白质围绕于灰质周围，由上行和下行纤维束组成。纤维束间界限不甚明显，部分纤维束间相互重叠。

白质中的纤维束包括长的上行、下行纤维束和较短的固有束。上行纤维束将脊髓的感觉信息传递到脑的不同部位，下行纤维束将脑的运动信息传到脊髓，短的固有束将脊髓节段间联系起来。

1. 上行纤维束（感觉传导束）　包括薄束、楔束、脊髓小脑束和脊髓丘脑束。

（1）**薄束** fasciculus gracilis 与**楔束** fasciculus cuneatus（图17-6）　位于脊髓后索，其纤维来自同侧脊神经后根的粗纤维，进入脊髓后在后索内直接上升。薄束来自第5胸节以下的脊神经节，楔束来自第4胸节以上的脊神经节。脊神经节细胞的周围突分布至肌、腱、关节和骨膜等处的深感觉感受器，中枢突经后根进入脊髓形成薄束、楔束，上行止于延髓的薄束核和楔束核。薄束、楔束传导同侧肢体和躯干的本体感觉（位置觉、运动觉和振动觉）和精细触觉。

薄束、楔束损伤时，同侧半身体本体感觉和精细触觉消失。患者闭目时，不能确定自己肢体所处的位置，站立时身体摇晃倾斜，也不能通过触摸辨别物体的形状、纹理粗细等。

（2）脊髓小脑束　由脊髓小脑后束和脊髓小脑前束组成。

1）**脊髓小脑后束** posterior spinocerebellar tract：位于外侧索周边的后部，部分纤维起自同侧的胸核，部分纤维来自对侧胸核，上行经小脑下脚终于小脑皮质。此束仅见于第2腰髓以上脊髓节段。

2）**脊髓小脑前束** anterior spinocerebellar tract：位于脊髓小脑后束的前方，主要起自腰骶膨大节段板层Ⅴ～Ⅶ层的外侧部，即相当于后角基底部和中间带外侧部，大部分交叉至对侧上行，小部分在同侧上行，经小脑上脚进入小脑。

此两束传递下肢和躯干下部的非意识性本体感觉至小脑。

（3）**脊髓丘脑束**　可分为**脊髓丘脑侧束** lateral spinothalamic tract 和**脊髓丘脑前束** anterior spinothalamic tract（图17-7）。脊髓丘脑侧束位于外

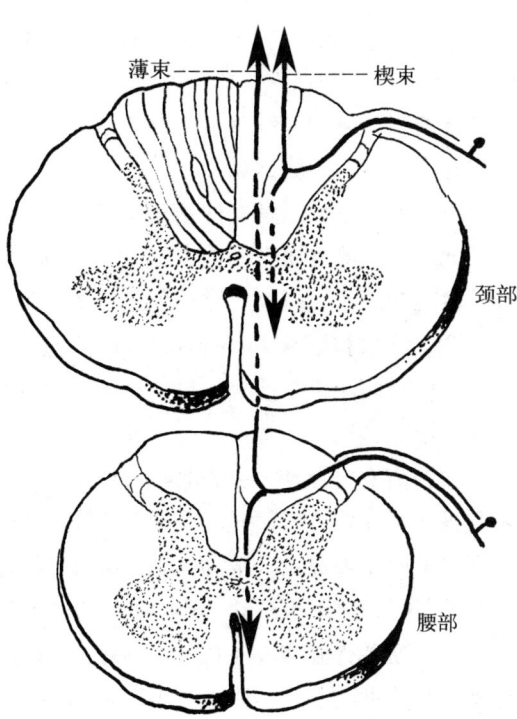

薄束　　　　楔束

颈部

腰部

图 17-6　薄束和楔束

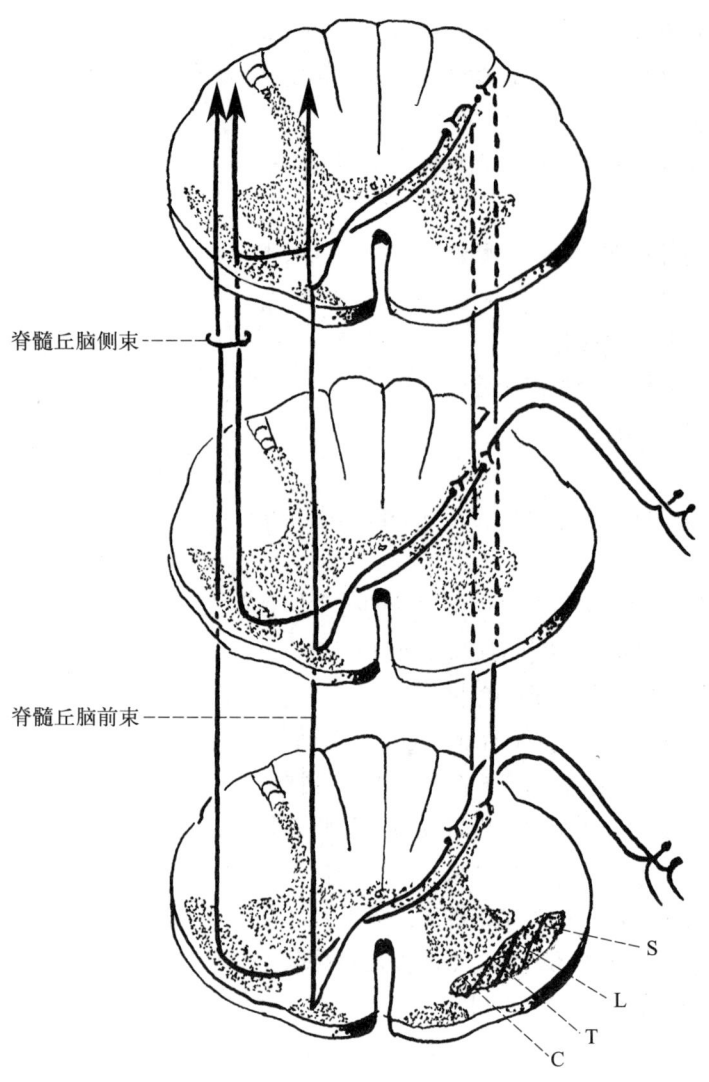

脊髓丘脑侧束 - - - - -

脊髓丘脑前束 - - - - - - -

S
L
T
C

图 17-7　脊髓丘脑束

侧索的前半部，传递由后根细纤维传入的痛觉、温觉。脊髓丘脑前束位于前索，传递由后根粗纤维传入的粗触觉、压觉信息，有人认为痒觉也通过此束传导。

脊髓丘脑束的纤维来自后角固有核，纤维经白质前连合交叉到对侧；或在同侧脊髓内上升 1～2 脊髓节段后再经白质前连合交叉到对侧，组成对侧的脊髓丘脑束后，该束经延髓、脑桥和中脑，止于背侧丘脑。脊髓丘脑束的纤维在脊髓有明确定位，由外侧向内侧依次来自骶、腰、胸、颈节的纤维。

脊髓丘脑束损伤，对侧损伤平面以下 1～2 节脊髓管理区域出现痛觉、温觉减退或消失。由于后索传递精细触觉，故精细触觉不受影响。

2. 下行纤维束（运动传导束）　纤维起自脑的不同部位，下行止于脊髓前角运动神经元，包括皮质脊髓束、红核脊髓束、前庭脊髓束、顶盖脊髓束和网状脊髓束等。

（1）**皮质脊髓束** corticospinal tract　起于大脑皮质中央前回和中央旁小叶前部，纤维经间脑、中脑、脑桥，下行至延髓锥体交叉处，之后大部分（75%～90%）纤维交叉至对侧，称为皮质脊髓侧束；少量未交叉的纤维在同侧下行，称为皮质脊髓前束（图 17-8）。

1）**皮质脊髓侧束** lateral corticospinal tract：于脊髓外侧索后部下行，逐渐终于同侧前角外侧核的运动神经元，管理上、下肢肌的随意运动。此束纤维排列由内侧向外侧，依次为到颈、胸、腰、骶的纤维。

2）**皮质脊髓前束** anterior corticospinal tract：走行于脊髓前索最内侧，纤维下行终止于双侧前角内侧群的运动神经元，支配双侧躯干肌的运动。此束仅存在于脊髓中胸部以上。

支配上、下肢运动的前角运动神经元只接受同侧皮质脊髓侧束的管理，而支配躯干肌的运动神经元接受双侧皮质脊髓前束的管理。皮质脊髓侧束损伤，同侧损伤平面以下的四肢肌痉挛性瘫痪，表现为肌张力增高、腱反射亢进等，而躯干肌不瘫痪。

（2）**红核脊髓束** rubrospinal tract　起自中脑红核，纤维交叉至对侧，在脊髓外侧索内下行，走在皮质脊髓侧束的前方，投射至上 3 个颈髓节段的前角。兴奋屈肌的运动神经元，抑制伸肌的运动神经元。

（3）**前庭脊髓束** vestibulospinal tract　起于前庭神经外侧核，在同侧前索外侧部下行，止于灰质板层Ⅷ和部分板层Ⅶ。主要兴奋躯干和四肢的伸肌，抑制屈肌，调节身体平衡。

（4）**网状脊髓束** reticulospinal tract　起自脑桥和延髓的网状结构，在同侧白质前索和外侧索内侧部下行，止于板层Ⅶ、Ⅷ。主要调节躯干和四肢近侧肌的肌张力和协调肌肉运动。

（5）**顶盖脊髓束** tectospinal tract　起自对侧中脑上丘，于中脑水管周围灰质腹侧经被盖背侧交叉，在前索内下行，终止于上段颈髓板层Ⅵ～Ⅷ。兴奋对侧颈肌，抑制同侧颈肌活动。

（6）**内侧纵束** medial longitudinal fasciculus　位于前索，大部分起自双侧前庭神经核，终于颈髓灰质的Ⅶ、Ⅷ板层，经中继后再到前角运动神经元。主要协调眼球和头、颈部的运动。

三、脊髓的功能

脊髓是神经系统的低级中枢，除可以传递信息外，脊髓还可在脑各级中枢的调控下，完成脊髓固有的反射活动。反射的结构包括脊髓灰质、固有束和前、后根。最简单的反射弧只包括一个传入神经元和一个传出神经元，组成单突触反射，一般只局限于一个或相邻一个脊髓节内，也称**节段内反射**。多数反射弧由 2 个以上的神经元组成，其反射称多突触反射，即在传入神经元和传出神经元之间还有中间神经元，其轴突在固有束内上、下行数个脊髓节段后，终于前角运动神经元，此种反射称**节段间反射**。

脊髓反射可分为躯体反射和内脏反射。

1. **躯体反射**　依刺激部位的不同分为深反射和浅反射。**膝跳反射**（又称髌反射）是最常见的肌反射，反射弧由传入和传出 2 个神经元组成，属于单突触反射（图 17-9）。股四头肌受到牵拉刺激，梭内肌产生神经信号，沿脊神经后根传入脊髓，兴奋前角运动细胞，反射性地引起股四头肌收缩。

临床上常用的躯体反射还有跟腱反射、肱二头肌反射、肱三头肌反射、腹壁反射和提睾反射等。在病理情况下，可出现病理反射。

知识扩展 17-1
牵张反射和屈曲反射

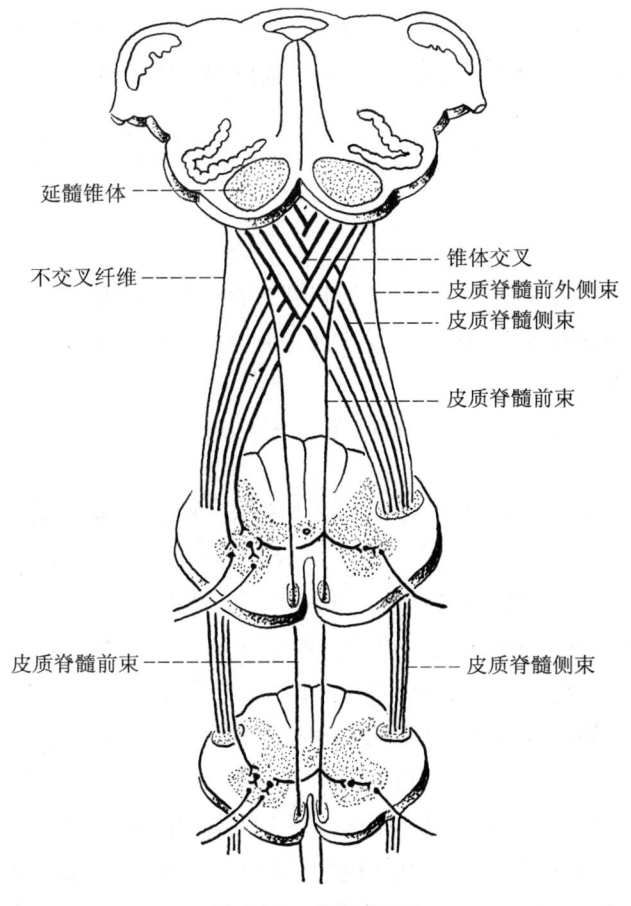

图 17-8　皮质脊髓束

延髓锥体

不交叉纤维

锥体交叉
皮质脊髓前外侧束
皮质脊髓侧束

皮质脊髓前束

皮质脊髓前束　　　　皮质脊髓侧束

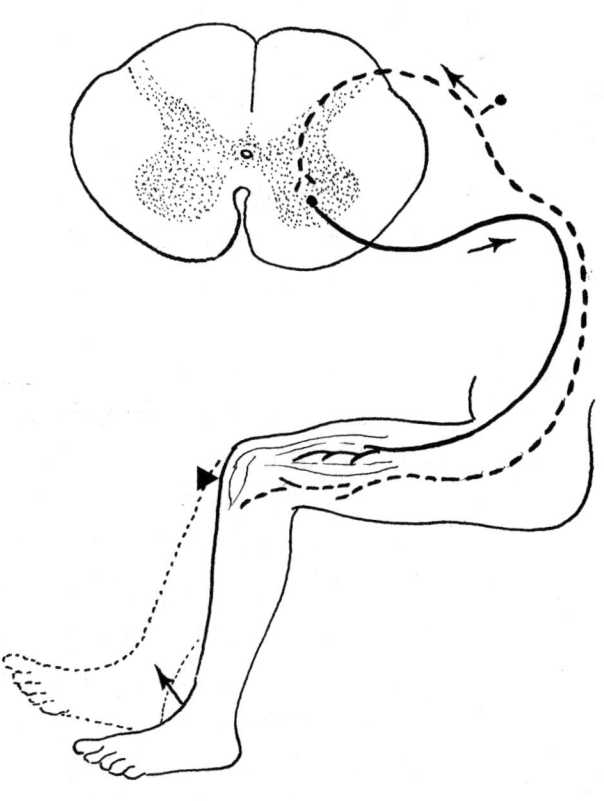

图 17-9　膝跳反射

2. 内脏反射　是指一些躯体－内脏反射、内脏－内脏反射和内脏－躯体反射，如竖毛反射、膀胱排尿反射、直肠排便反射等。

3. 脊髓损伤的表现

（1）脊髓全横断　损伤平面以下全部感觉和随意运动丧失，反射消失，称为脊髓休克。数周至数月后，各种反射可逐渐恢复。但损伤平面以下感觉和运动不能恢复，表现为深反射亢进，肌张力增高，感觉消失，运动障碍等。

（2）脊髓半横断　损伤平面以下出现**布朗－塞卡尔综合征** Brown-Séquard syndrome，即损伤同侧平面以下位置觉、振动觉和精细触觉丧失，同侧肢体痉挛性瘫痪，对侧肢体痛觉、温觉丧失。

（3）脊髓前角受损　主要伤及前角运动神经元，表现为所支配区域的骨骼肌弛缓性瘫痪，表现为肌张力下降，腱反射消失，肌萎缩，无病理反射，感觉无异常。如脊髓灰质炎（小儿麻痹症），主要侵犯脊髓灰质前角。

临床视角 17-1
急性脊髓炎

（4）中央灰质周围病变　若病变侵犯了白质前连合，则累及脊髓丘脑束在此的交叉纤维，引起相应部位的痛觉、温觉消失，而本体感觉和精细触觉无障碍。这种现象称感觉分离，如脊髓空洞症或髓内肿瘤患者。

第二节　脑

视频 17-1
脑的外形

脑 encephalon or brain 位于颅腔内，为神经系统高级中枢，中国成人脑平均质量约 1 400 g。脑可分为端脑、间脑、中脑、脑桥、延髓和小脑 6 部分，通常把中脑、脑桥和延髓合称为脑干（图 17-10，图 17-11）。

一、脑干

图 17-1
脑底面（标本）
图 17-2
脑正中矢状面
（标本）
图 17-3
脑冠状面（经内囊标本）

脑干 brain stem 自下而上由延髓、脑桥和中脑 3 部分组成，位于斜坡的后上方，背面与小脑相连，向下于枕骨大孔处与脊髓相连，向上借间脑与端脑相续。脑干从上到下有第Ⅲ～Ⅻ对脑神经根出入，内部有许多重要的神经核团及纤维束。

（一）脑干的外形

1. 脑干腹侧面　以**延髓脑桥沟** bulbopontine sulcus 和脑桥上缘将各部分界，向上以视束与间脑分界（图 17-12）。

（1）**延髓** medulla oblongata　位于脑干的最下部，呈倒置的圆锥体，上接脑桥，下连脊髓。前正中裂的两侧有纵行隆起为**锥体** pyramid，内有下行的皮质脊髓束。其下方为**锥体交叉** decussation of pyramid，锥体中大部分纤维在此左右交叉形成。锥体外侧的卵圆形隆起为**橄榄** olive，深面有下橄榄核。橄榄与锥体之间的前外侧沟内有舌下神经根出脑。在橄榄的外侧，自上而下依次排列有舌咽神经、迷走神经和副神经的根丝（图 17-12）。

（2）**脑桥** pons　位于脑干中部，腹侧的宽阔膨隆为脑桥基底部，其上缘与中脑的大脑脚相接，下缘借延髓脑桥沟与延髓分界。沟内自内侧向外侧依次有展神经、面神经和前庭蜗神经出入。基底部外侧有粗大的**三叉神经根**。基底部正中线上有纵行的基底沟，容纳基底动脉；基底部

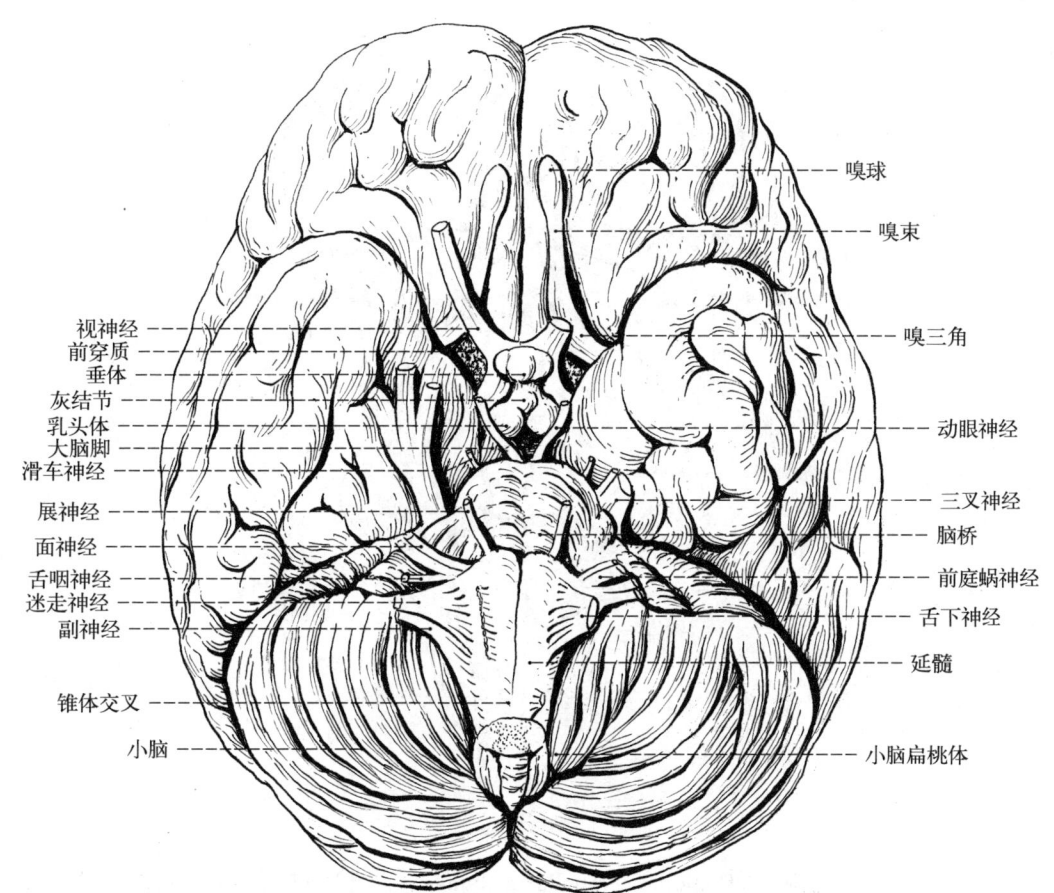

嗅球
嗅束
嗅三角
视神经
前穿质
垂体
灰结节
乳头体
大脑脚
滑车神经
展神经
面神经
舌咽神经
迷走神经
副神经
锥体交叉
小脑
动眼神经
三叉神经
脑桥
前庭蜗神经
舌下神经
延髓
小脑扁桃体

图 17-10　脑的底面观

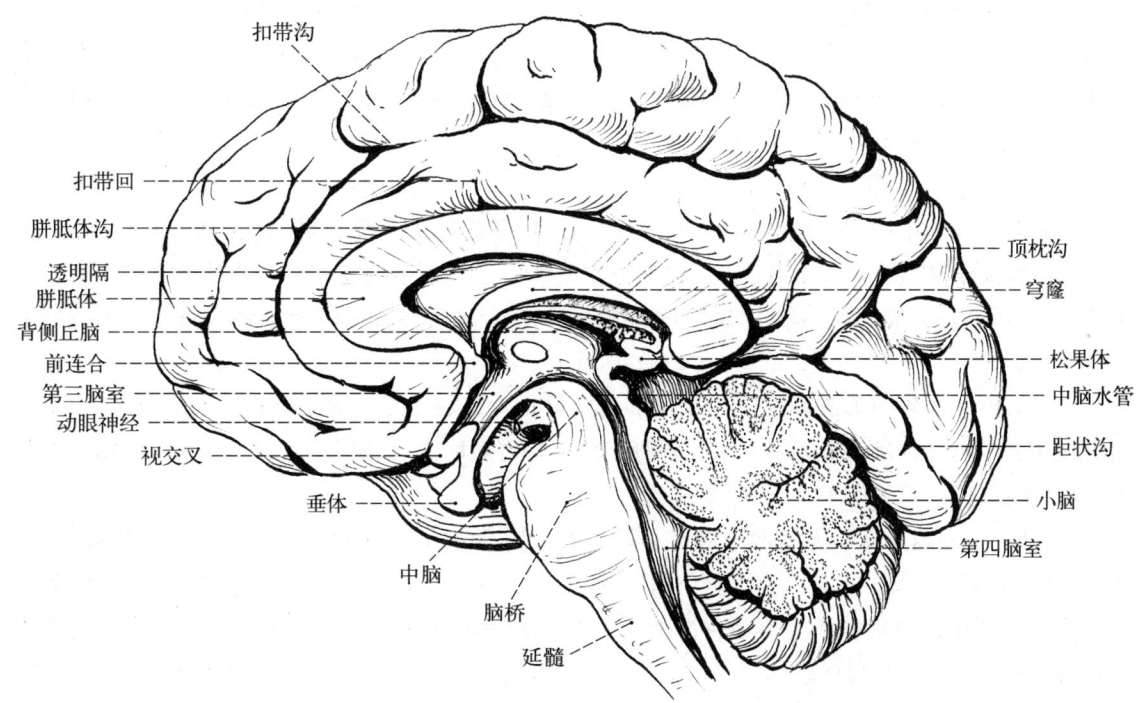

扣带沟
扣带回
胼胝体沟
透明隔
胼胝体
背侧丘脑
前连合
第三脑室
动眼神经
视交叉
垂体
中脑
脑桥
延髓
顶枕沟
穹窿
松果体
中脑水管
距状沟
小脑
第四脑室

图 17-11　脑的正中
矢状面

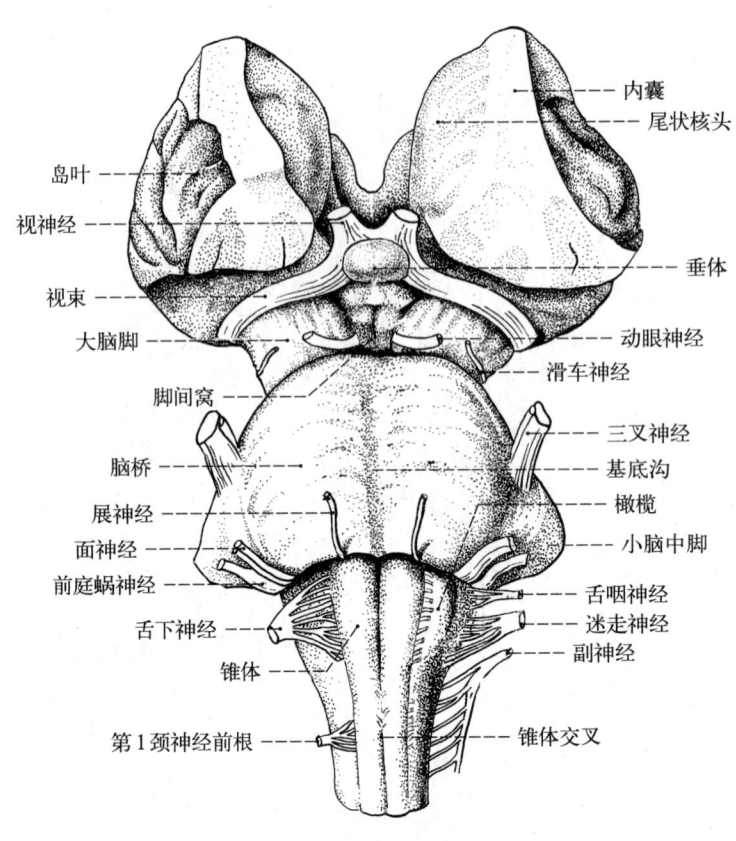

图 17-12　脑干外形
（腹侧面观）

向外逐渐变窄，移行为**小脑中脚** middle cerebellar peduncle，向背侧进入小脑。延髓、脑桥和小脑的交界处，临床上称为脑桥小脑三角，前庭蜗神经和面神经根恰好位于此处。前庭蜗神经的肿瘤可压迫邻近的神经根（图 17-12）。

（3）**中脑** mesencephalon　位于脑干最上部，形体较小，内有**中脑水管** mesencephalic aqueduct。在腹侧面，上界是间脑的视束；下界为脑桥基底部上缘；两侧粗大的隆起为**大脑脚** cerebral peduncle，其间的凹陷为脚间窝，内有动眼神经根穿出（图 17-12）；窝底有许多血管出入的小孔，称后穿质。

2. 脑干背侧面（图 17-13）

（1）**延髓**　后正中沟两侧有对称的 2 对膨大，内侧的膨大为**薄束结节** gracile tubercle，外侧的膨大为**楔束结节** cuneate tubercle，其深面分别有薄束核和楔束核。楔束结节外上方的隆起为**小脑下脚** inferior cerebellar peduncle。延髓背侧面的上半部，由于延髓中央管背移并敞开，构成菱形窝的下半部。

（2）**脑桥**　背侧面形成菱形窝的上半部。两侧是左、右**小脑上脚** superior cerebellar peduncle 和**小脑中脚** middle cerebellar peduncle。两侧小脑上脚之间所夹的薄层白质板，称为**上髓帆**，参与构成第四脑室顶。

菱形窝 rhomboid fossa 为**第四脑室底** floor of fourth ventricle，由脑桥和延髓上部背侧面构成，其外上界为小脑上脚，外下界为小脑下脚、楔束结节和薄束结节。髓纹为由菱形窝的外侧角横行至中线的纤维，是延髓和脑桥在背面的分界线。在窝的正中线上有一纵贯菱形窝全长的**正中沟** median sulcus，其外侧有纵行的界沟，正中沟与界沟间为**内侧隆起**；界沟的外侧是三角形的**前庭区** vestibular area，深面为前庭神经核团，前庭区的外侧角上有一小隆起，称为**听结节** acoustic

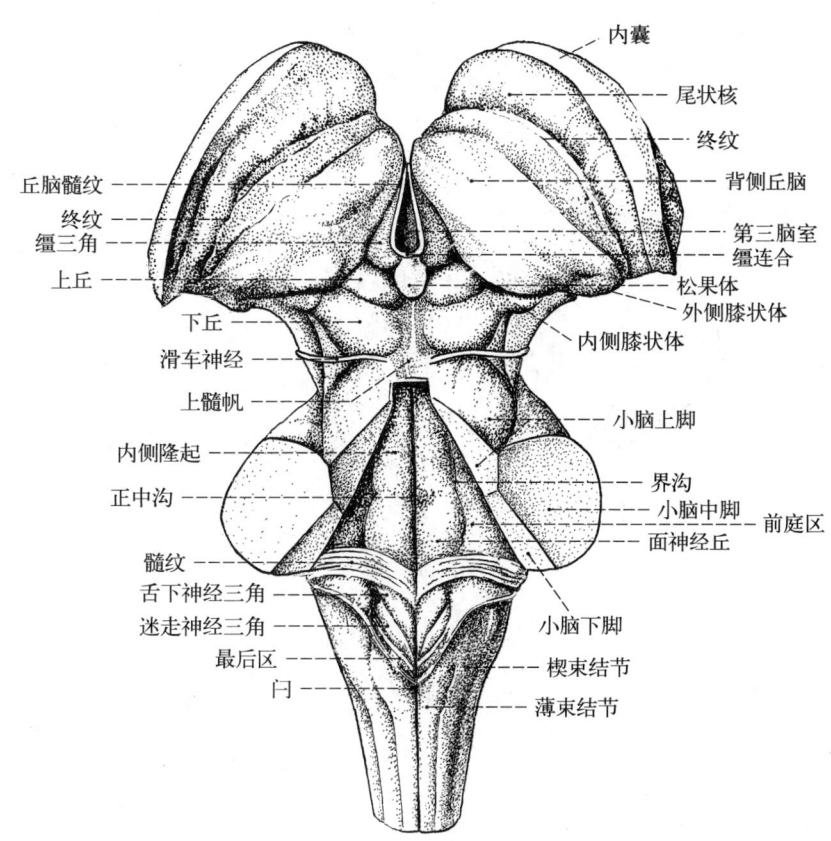

图 17-13　脑干外形
（背侧面观）

tubercle，深面有蜗神经核。内侧隆起髓纹以上的圆形隆凸为面神经丘，深面有展神经核。内侧隆起髓纹以下，内上方为**舌下神经三角** hypoglossal triangle，外下方为**迷走神经三角** vagal triangle，深面分别有**舌下神经核**和**迷走神经背核**。界沟的上端为**蓝斑** locus ceruleus，深面为富含去甲肾上腺素能神经元的蓝斑核。

（3）**中脑**　背侧面有 2 对圆形小隆起，自上而下分别为**上丘** superior colliculus 和**下丘** inferior colliculus，分别向外上方发出斜行隆起，依次为**上丘臂** brachium of superior colliculus 和**下丘臂** brachium of inferior colliculus，分别与间脑外侧膝状体和内侧膝状体连接。在下丘下方有滑车神经（Ⅳ）根出脑。

第四脑室 fourth ventricle 位于延髓、脑桥和小脑之间，内有脑脊液，上经中脑水管与第三脑室相通，下延续脊髓中央管。第四脑室可分为顶、侧壁和底 3 部分。第四脑室顶朝向小脑，呈帐篷形，前部由小脑上脚及上髓帆形成，后部由下髓帆和第四脑室脉络组织形成。上髓帆、下髓帆于小脑内以锐角相汇合（图 17-11，图 17-14）。下髓帆向下续于**第四脑室脉络组织** tela choroidea of fourth ventricle，后者由室管膜上皮、软脑膜及血管组成。脉络组织上部分血管反复分支成丛，带着软脑膜和室管膜上皮突入室腔，形成**第四脑室脉络丛** choroid plexus of fourth ventricle，脉络丛能产生脑脊液。第四脑室借 3 个孔与蛛网膜下隙相通。正中孔位于菱形窝下角尖部的正上方，成对的外侧孔位于第四脑室外侧的尖端。

（二）脑干的内部结构

脑干的内部由灰质、白质和网状结构组成。脑干的灰质分散成神经核团，分为脑神经核和非脑神经核；白质主要由上行和下行的纤维束组成；网状结构较发达，结构与功能也相对复杂。

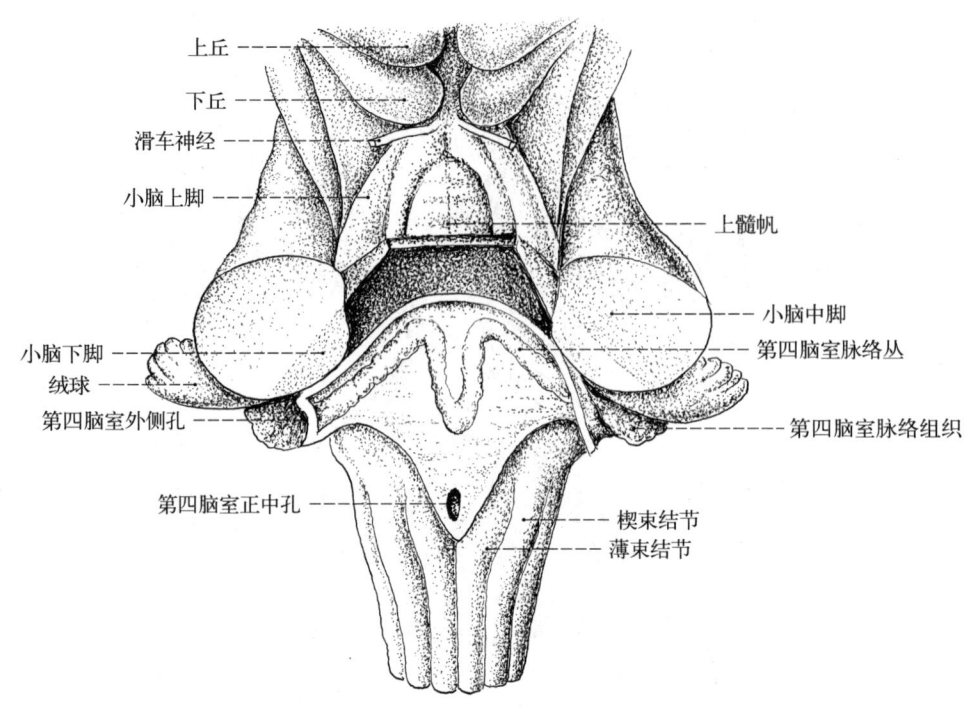

上丘
下丘
滑车神经
小脑上脚
小脑下脚
绒球
第四脑室外侧孔
第四脑室正中孔
上髓帆
小脑中脚
第四脑室脉络丛
第四脑室脉络组织
楔束结节
薄束结节

图 17-14　第四脑室顶的结构

📧 图 17-4
脑神经核在脑干背面的投影

视频 17-2
脑干内部结构

1. 灰质

（1）脑神经核　第 Ⅲ～Ⅻ 对脑神经与脑干的脑神经核相连。根据功能可分为：一般躯体运动核、特殊内脏运动核、一般内脏运动核、特殊躯体感觉核、一般躯体感觉核、特殊内脏感觉核和一般内脏感觉核（图 17-15）。这些核团在脑干中有规律地排列成纵行的功能柱。

一般躯体运动柱：相当于脊髓前角向脑干的延续，支配由肌节衍化的骨骼肌，即舌肌和眼球外肌，自上而下分别为**动眼神经核** nucleus of oculomotor nerve、**滑车神经核** nucleus of trochlear nerve、**展神经核** abducens nucleus 及**舌下神经核** hypoglossal nucleus。

一般内脏运动柱：相当于脊髓的 $S_{2\sim4}$ 节骶副交感核，支配头、颈、胸、腹部器官的平滑肌、心肌和腺体。自上而下分别为**动眼神经副核** accessory nucleus of oculomotor nerve、**上泌涎核** superior salivatory nucleus、**下泌涎核** inferior salivatory nucleus 和**迷走神经背核** dorsal nucleus of vagus nerve。

特殊内脏运动柱：支配由鳃弓衍化的咀嚼肌、面部表情肌和腭肌、咽喉肌等的随意运动。自上而下分别为**三叉神经运动核** motor nucleus of trigeminal nerve、**面神经核** nucleus of facial nerve、**疑核** nucleus ambiguus 和**副神经核** accessory nucleus。

内脏感觉柱：相当于脊髓的中间内侧柱，由**孤束核** nucleus of solitary tract 构成，其中孤束核头部接受味觉的初级感觉纤维，为特殊内脏感觉柱；孤束核体部、尾部接受内脏器官和心血管的初级感觉纤维，为一般内脏感觉柱。

一般躯体感觉柱：相当于脊髓后角的 Ⅰ—Ⅳ 层灰质，接受头面部皮肤与口、鼻腔黏膜初级感觉纤维的传入。此柱自上而下分别为**三叉神经中脑核** mesencephalic nucleus of trigeminal nerve、**三叉神经脑桥核** pontine nucleus of trigeminal nerve 和**三叉神经脊束核** spinal nucleus of trigeminal nerve。

特殊躯体感觉柱：由**蜗神经核** cochlear nucleus 和**前庭神经核** vestibular nucleus 组成，接受内

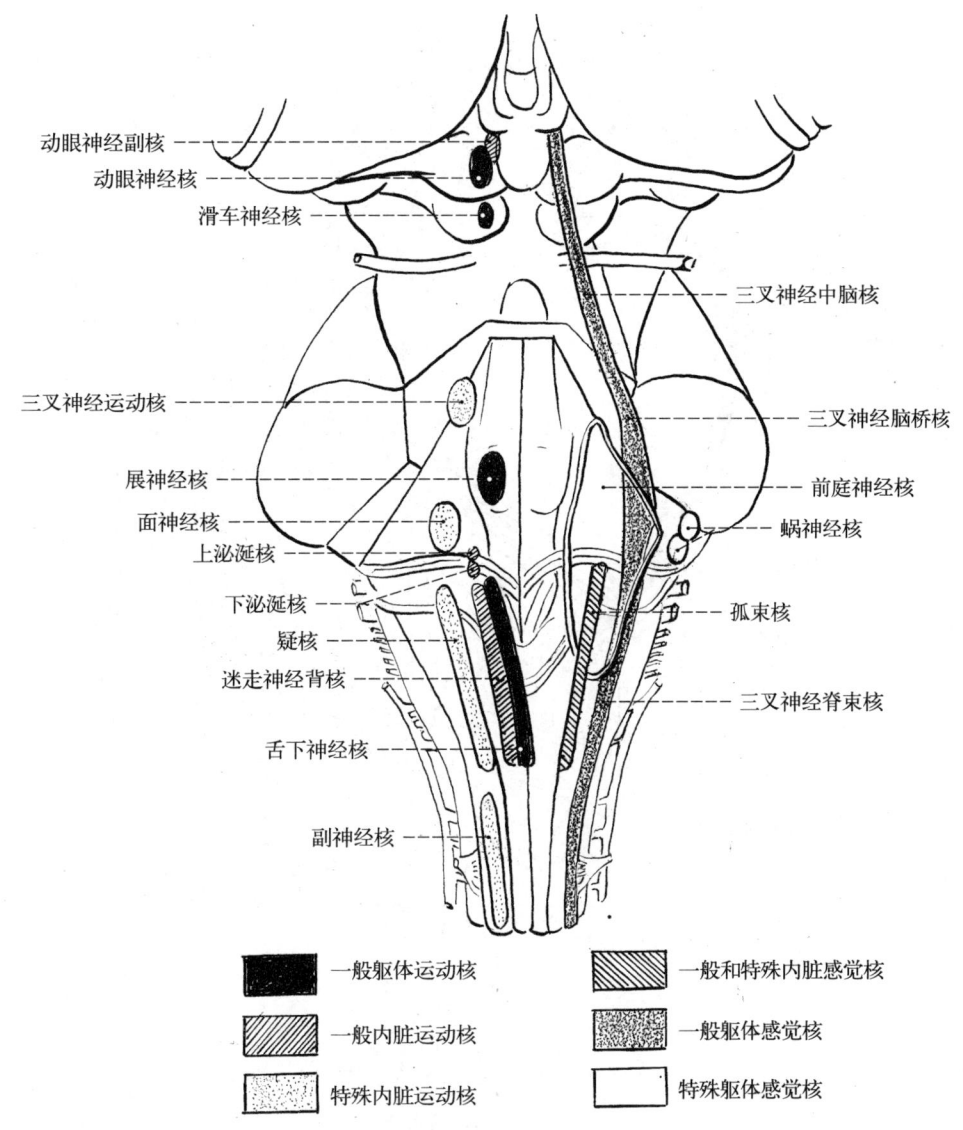

动眼神经副核
动眼神经核
滑车神经核
三叉神经中脑核
三叉神经运动核
三叉神经脑桥核
展神经核
前庭神经核
面神经核
蜗神经核
上泌涎核
下泌涎核
孤束核
疑核
迷走神经背核
三叉神经脊束核
舌下神经核
副神经核

■ 一般躯体运动核　　▨ 一般和特殊内脏感觉核
▨ 一般内脏运动核　　▨ 一般躯体感觉核
░ 特殊内脏运动核　　□ 特殊躯体感觉核

图 17-15 脑神经核在脑干背面的投影示意图

耳听觉和平衡觉感受器的初级感觉纤维。

在脑干内由于一般和特殊内脏感觉柱是同一柱，即孤束核，所以脑干内只有 6 个脑神经功能柱。脑神经核柱并非纵贯脑干的全长，多数是断开的，而且与脊髓的核柱有延续性。一般可以认为中央管从背部敞开形成第四脑室，因而在脊髓内前后排列的运动柱和感觉柱，至脑干则成为内外侧排列。即感觉核柱位于界沟的外侧，运动核柱位于界沟的内侧（图 17-15，图 17-16，表 17-1）。

知识扩展 17-2
脑神经核性质和相关脑神经

（2）非脑神经核　除脑神经核以外，脑干的灰质中还有许多功能各异的重要核团。这些核团通常都有相当广泛的传入、传出纤维联系，不与脑神经直接相连。

薄束核 gracile nucleus 和**楔束核** cuneate nucleus：分别位于薄束结节和楔束结节的深面，为薄束和楔束纤维的终止核团，此二核发出的纤维经中央管腹侧交叉，形成内侧丘系交叉，交叉后的纤维形成内侧丘系。它们是传递躯干和四肢本体感觉和精细触觉的重要中继核团。

ⓔ 图 17-5
延髓横切（经锥体交叉）
ⓔ 图 17-6
延髓横切（经内侧丘系交叉）

下橄榄核 inferior olivary nucleus：位于延髓橄榄的深处，接受来自大脑皮质、脊髓和红核等处的纤维，发出纤维越边至对侧，经小脑下脚进入小脑。下橄榄核参与小脑对运动的调控，特别

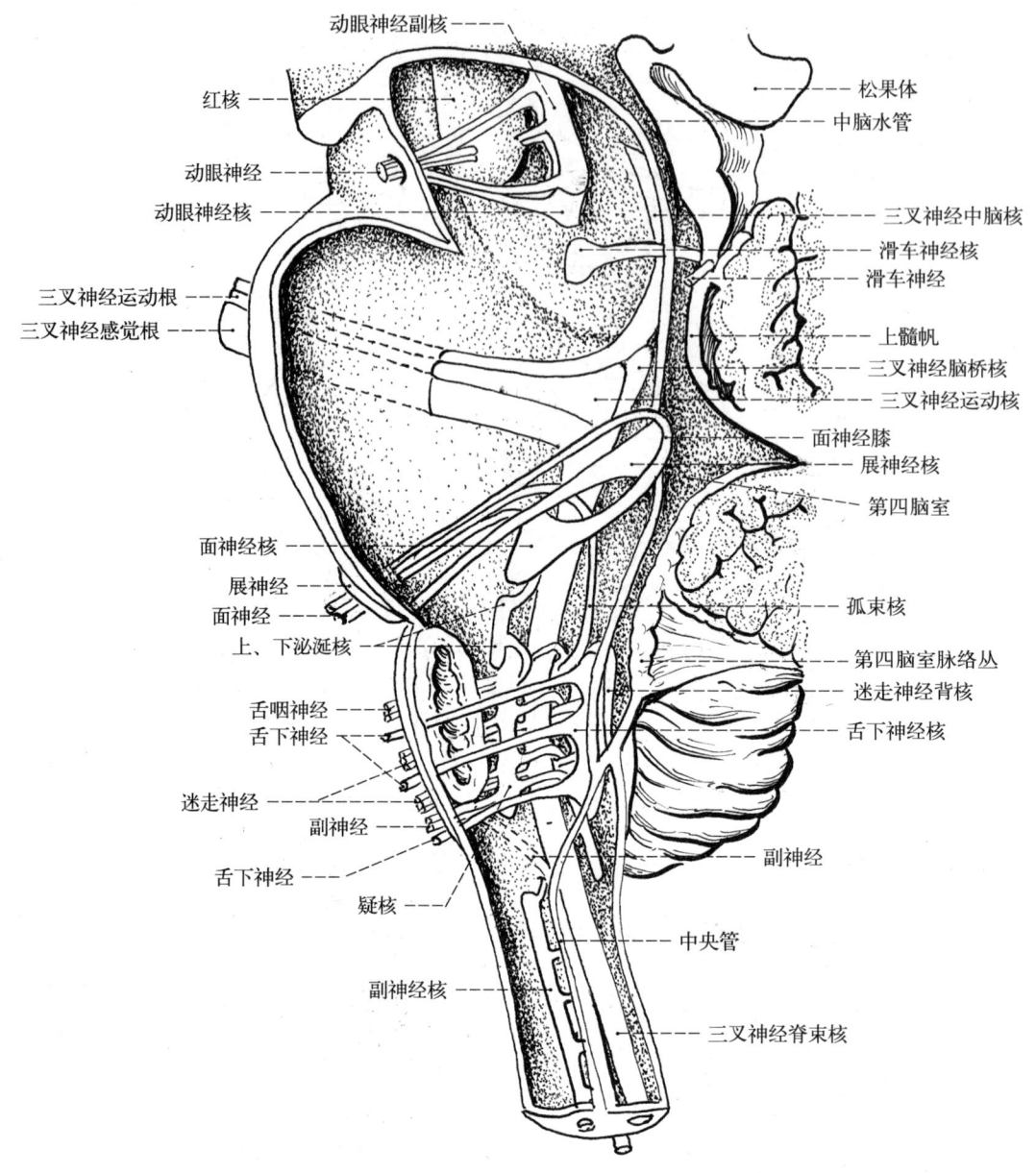

图 17-16　脑神经核
与脑神经的关系模式图

表 17-1　脑神经核在脑干内的位置及功能

功能柱	神经核	位置	功能
一般躯体运动柱	动眼神经核	中脑上丘	支配上睑提肌、上直肌、内直肌、下直肌和下斜肌的运动
	滑车神经核	中脑下丘	支配上斜肌的运动
	展神经核	脑桥下部	支配外直肌的运动
	舌下神经核	延髓	支配舌肌运动
一般内脏运动柱	动眼神经副核	中脑上丘	支配睫状肌、瞳孔括约肌的运动
	上泌涎核	脑桥下部	控制泪腺、舌下腺和下颌下腺的分泌
	下泌涎核	橄榄上部	控制腮腺的分泌

续表

功能柱	神经核	位置	功能
一般内脏运动柱	迷走神经背核	延髓	控制颈及大部分胸、腹腔脏器（咽与喉黏膜、心、肺、食管、胃、肝、脾、肾、小肠、胰、结肠左曲以上的大肠）的运动和腺体分泌
特殊内脏运动柱	三叉神经运动核	脑桥中部	支配咀嚼肌运动
	面神经核	脑桥下部	支配面肌的运动
	疑核	延髓	支配咽、喉肌的运动
	副神经核	脊髓上 6 个颈髓节	支配胸锁乳突肌和斜方肌的运动
内脏感觉柱	孤束核头部	脑桥下部	接受来自味蕾的特殊内脏感觉冲动
	孤束核体、尾部	延髓	接受来自内脏器官和心血管的一般内脏感觉冲动
一般躯体感觉柱	三叉神经中脑核	中脑	接受咀嚼肌、面肌、眼球外肌的本体感觉冲动
	三叉神经脑桥核	脑桥	接受面、口腔、鼻腔、眼等处皮肤、黏膜的躯体感觉冲动
	三叉神经脊束核	延髓	
特殊躯体感觉柱	前庭神经核	脑桥下部至延髓上部	接受球囊斑、椭圆囊斑、壶腹嵴的平衡觉冲动
	蜗神经核	脑桥、延髓交界	接受内耳螺旋器的听觉冲动

是在运动的学习和记忆中起重要的作用。

上橄榄核 superior olivary nucleus：位于脑桥中下部面神经核的腹侧，主要接受来自双侧蜗神经核的上行纤维，发出纤维加入外侧丘系。其可根据双耳传导声音信息的强度和时间差来进行声音的空间定位。

脑桥核 pontine nucleus：由若干群细胞构成，散在地分布于脑桥基底中。它们接受来自大脑皮质的皮质脑桥纤维，发出的纤维越过中线，形成粗大的小脑中脚进入小脑。脑桥核是传递大脑皮质向小脑发送的信息的最重要的中继站。

下丘：属于听觉通路上的重要核团，外侧丘系的纤维包绕并终止于此核，其传出纤维组成下丘臂到达内侧膝状体，参与听觉信息的传递。下丘核也发出纤维至上丘，经换元后到达动眼神经核、滑车神经核、展神经核和颈髓前角运动神经元，完成由声音引起的转头和眼球运动的反射活动。

上丘：与视觉功能密切相关。接受来自上丘臂的纤维传入，还接受来自下丘、脊髓及不同脑部的纤维，其传出纤维主要分布到脊髓和脑干的一些核团，上丘到达脊髓的纤维围绕中脑水管周围灰质交叉到对侧（被盖背侧交叉），再沿中线下行，形成顶盖脊髓束。到脑干的纤维则为双侧下行，止于运动眼球的核团。上丘可对视觉信息进行分析，也能将传入的视觉信息同其他信息进行整合，并引起眼、头和身体对视觉刺激作相应的运动反应。

顶盖前区 pretectal region：为位于中脑和间脑交界水平的细胞群。这些细胞接受经上丘臂由视网膜发来的纤维，发出纤维止于双侧动眼神经副核，完成瞳孔对光反射。

红核 red nucleus：位于中脑上丘水平，主要接受来自小脑和大脑皮质的传入纤维。红核的传出纤维交叉至对侧脊髓（被盖腹侧交叉），即红核脊髓束。红核的功能与躯体运动的控制密切相关。

ⓔ图 17-7
延髓横切（经橄榄中部）
ⓔ图 17-8
脑桥横切（经脑桥中下部）

ⓔ图 17-9
中脑横切（经上丘）

临床视角 17-3
帕金森病的症状、诊断与治疗

黑质 substantia nigra：位于大脑脚底和被盖之间，含多巴胺能神经元，其传出纤维主要投射到新纹状体（尾状核和壳），也可到颞叶的杏仁核，参与运动调节。当某种原因造成多巴胺能神经元变性时，黑质和新纹状体内的多巴胺水平就会降低，引起帕金森病。

2. 白质

（1）上行（感觉）纤维束

内侧丘系 medial lemniscus：由延髓薄束核和楔束核发出的纤维，向前内侧呈弓状绕过中央管的腹侧，左右交叉形成**内侧丘系交叉**后向上走行，称为**内侧丘系**，终于背侧丘脑的腹后外侧核，传导对侧躯干、肢体的本体感觉和精细触觉。

三叉丘系 trigeminal lemniscus：由三叉神经脑桥核和三叉神经脊束核发出纤维交叉至对侧，上行组成三叉丘系，在脑桥和中脑被盖其位置与内侧丘系毗邻，向上止于背侧丘脑腹后内侧核，传导对侧头面部痛觉、温觉和触觉。

脊髓丘系 spinal lemniscus：脊髓丘脑前束和脊髓丘脑侧束上升至延髓中部合并成一束，称为脊髓丘系，向上终于背侧丘脑的腹后外侧核，传导对侧躯干及上肢、下肢的痛觉、温觉和粗触觉。

外侧丘系 lateral lemniscus：蜗神经核发出的大部分纤维在脑桥被盖腹侧左、右交叉形成**斜方体**，后折向上行，称为外侧丘系；小部分纤维加入同侧外侧丘系，止于间脑的内侧膝状体，传导双耳的听觉信息。

（2）下行（运动）纤维束

知识扩展 17-3
锥体束损伤的症状及分析

锥体束 pyramidal tract：由大脑皮质发出控制骨骼肌随意运动的下行纤维组成，途经内囊、大脑脚底下行。锥体束分为皮质核束和皮质脊髓束。**皮质核束** corticonuclear tract 在下行过程中分散走行，陆续止于脑干内的 8 对支配骨骼肌的运动核。**皮质脊髓束**的大部分纤维经延髓的锥体交叉到对侧脊髓外侧索内下行，组成皮质脊髓侧束；小部分不交叉的纤维，在同侧脊髓前索内下行，形成皮质脊髓前束。

除上述纤维束外还有：①皮质脑桥束，起自大脑皮质，向下行经中脑的大脑脚底、脑桥基底部，止于脑桥核。②红核脊髓束，自红核发出后，在被盖腹侧部中线处交叉下行。③顶盖脊髓束和内侧纵束，都经脑干中缝两侧走行。

知识扩展 17-4
脑干网状结构的核团及功能

（三）网状结构

脑干内除神经核和纤维束以外的区域，由纵横交错的纤维和散在其中大小不等的神经细胞核团构成**网状结构** reticular formation。网状结构与中枢神经各部之间均有广泛的纤维联系。

二、小脑

（一）小脑的外形

小脑 cerebellum 位于颅后窝，脑干的后上方，是重要的运动调节中枢。小脑上面平坦，下面中部凹陷，两侧膨大隆起称为**小脑半球** cerebellar hemispheres，中间窄细部分为**小脑蚓** vermis。小脑借上脚、中脚、下脚连接于脑干的背面。小脑蚓下部从前向后依次为**小结** nodule、**蚓垂** uvula of vermis、**蚓锥体** pyramid of vermis 和**蚓结节** tuber of vermis。小结向两侧借**绒球脚** peduncle of flocculus 与位于小脑半球前缘的**绒球** flocculus 相连。小脑半球下面的膨出为**小脑扁桃体** tonsil of cerebellum，靠近枕骨大孔（图 17-17，图 17-18）。当颅内压升高时，小脑扁桃体可被挤压嵌入

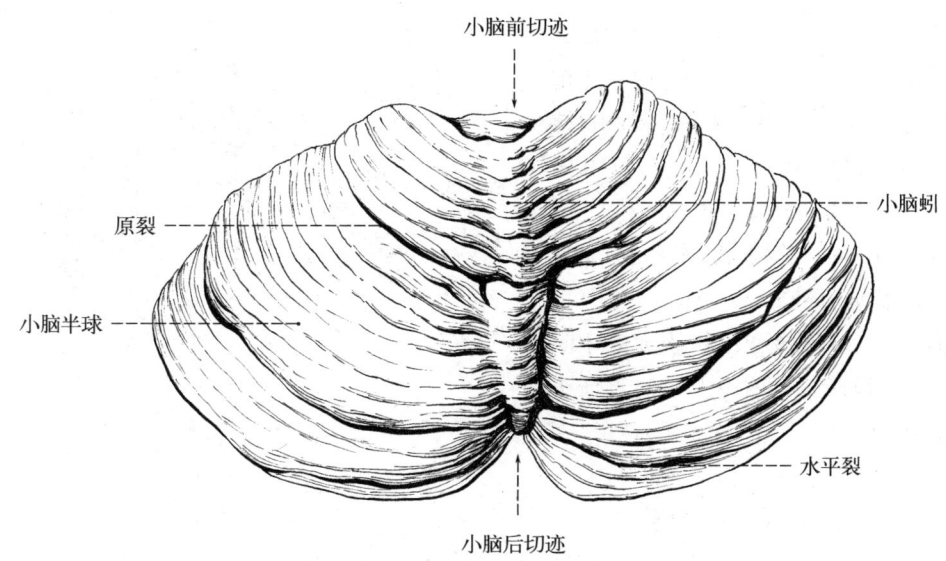

图 17-17　小脑外形
（上面观）

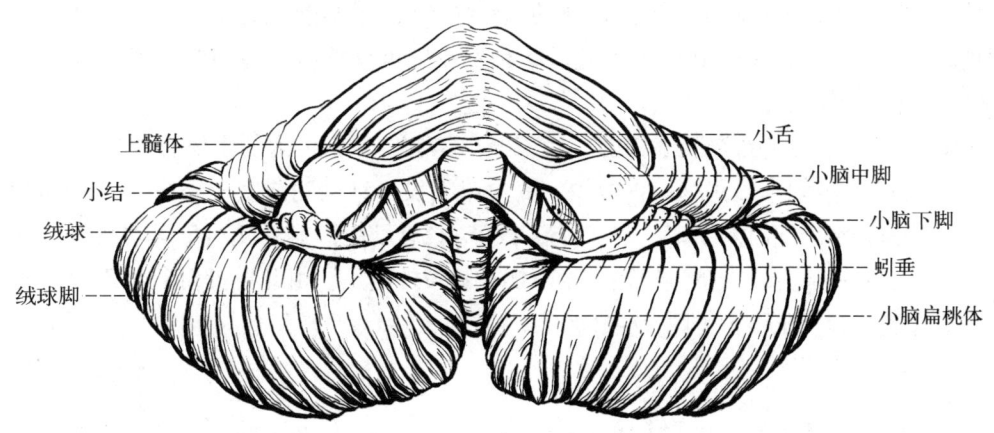

图 17-18　小脑外形
（下面观）

枕骨大孔，形成小脑扁桃体疝，压迫延髓可危及生命。

　　小脑表面有许多大致平行的浅沟，将小脑分成许多叶片。其中上面前中 1/3 交界处有一略呈 "V" 形的深沟，称为**原裂** primary fissure，原裂以前为前叶，原裂之后为后叶；小脑半球后缘为**水平裂** horizontal fissure（图 17-17）；绒球和小结后方的深沟为**后外侧裂** posterolateral fissure。

　　小脑依其表面的沟裂可分为：①**绒球小结叶**，包括小脑半球上的绒球、小脑蚓中的小结及连接其间的绒球脚。②**小脑前叶**，包括原裂以前的半球和小脑蚓的蚓垂和蚓锥体。③**小脑后叶**，包括原裂以后的大部分。

　　根据小脑的发生，可以分为：①**原（古）小脑** archicerebellum，在种系发生上出现最早，包括绒球小结叶，它的纤维主要与脑干前庭神经核和前庭神经节相联系，故又称**前庭小脑** vestibulocerebellum。②**旧小脑** paleocerebellum，在种系发生上晚于古小脑，包括小脑前叶、蚓锥体和蚓垂，主要接受来自脊髓的信息，故又称**脊髓小脑** spinocerebellum。③**新小脑** neocerebellum，在种系发生上出现最晚，主要包括小脑后叶的半球部分（除去蚓垂和蚓锥体），其伴随着大脑皮质的发生而发展起来，又称**大脑小脑** cerebrocerebellum。

（二）小脑的内部结构
小脑由表层的小脑皮质、深层的小脑髓质及小脑核组成。

ⓔ 图 17-10
小脑和脑干

知识拓展 17-5
小脑皮质三层结构

@ 图 17-11
小脑皮质细胞构筑模式图

小脑的表层为灰质，称为**小脑皮质** cerebellar cortex；小脑髓质被皮质包裹，其内包埋有灰质核团，称为**小脑核** cerebellar nuclei。小脑核共有4对，由内侧向外依次为**顶核** fastigial nucleus、**球状核** globose nucleus、**栓状核** emboliform nucleus 和**齿状核** dentate nucleus。其中顶核属于原小脑；球状核和栓状核称为中间核，属于旧小脑；齿状核最大，属于新小脑（图 17-19）。

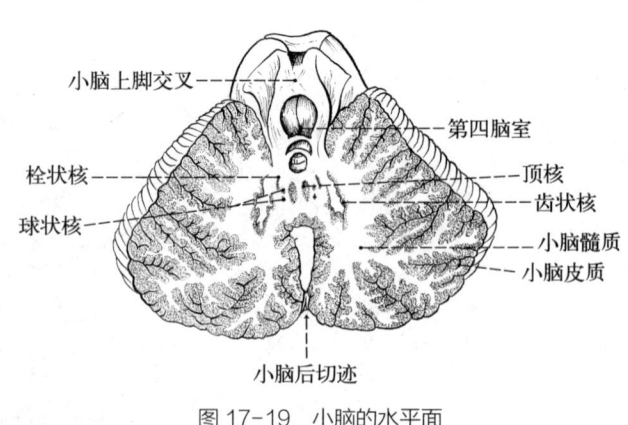

图 17-19 小脑的水平面

（三）小脑的纤维联系和功能

1. **前庭小脑** 主要接受来自同侧前庭神经节和前庭神经核发来的纤维，经小脑下脚进入小脑。其传出纤维主要是经小脑下脚回到同侧的前庭神经核，再经前庭脊髓束和内侧纵束影响支配躯干肌的运动神经元（图 17-20）。经此途径，前庭小脑可调整由于各种前庭刺激引起的肌紧张变化，维持身体的平衡。

2. **脊髓小脑** 主要接受脊髓小脑前、后束经小脑上、下脚传入的本体感觉冲动。传出纤维主要投射至顶核和中间核（球状核和栓状核），中继后发出纤维到前庭神经核、脑干网状结构和红核，再经前庭脊髓束、内侧纵束、网状脊髓束及红核脊髓束影响脊髓前角运动细胞，调节肌张力。中间核发出的一部分纤维越过红核止于对侧丘脑腹外侧核，由此再投射到对侧大脑皮质运动区，经皮质脊髓束调节肌张力（图 17-21）。

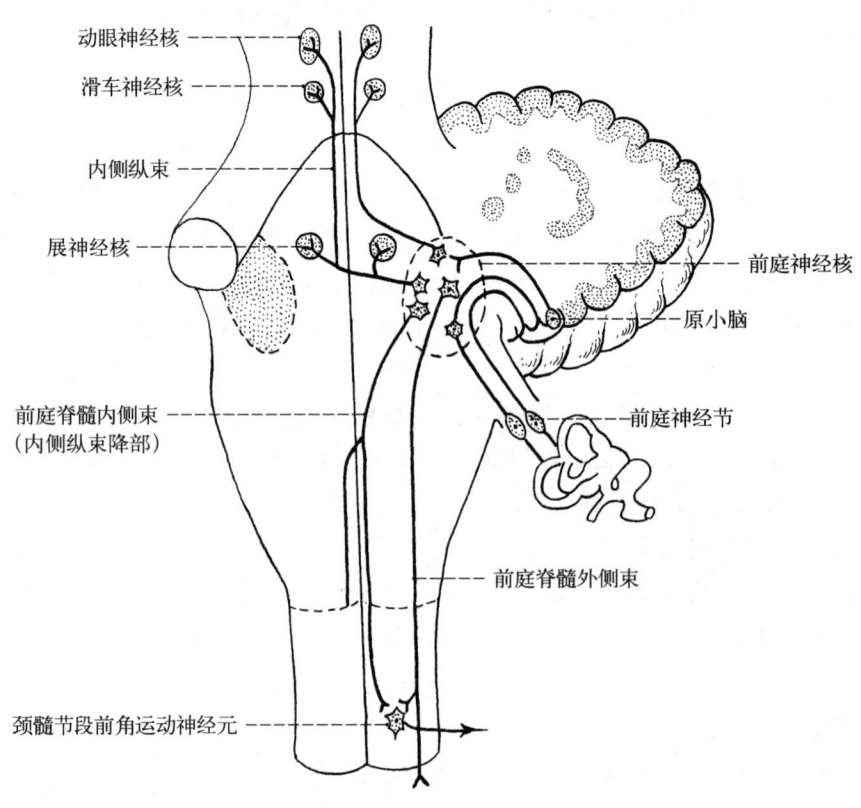

图 17-20 前庭小脑的主要传入、传出纤维

3. **大脑小脑** 接受来自对侧脑桥核经小脑中脚发来的纤维，即接受来自对侧大脑皮质广泛区域（特别是额叶和顶叶）的信息。大脑小脑的传出纤维经齿状核中继后，组成小脑上脚的主体，投射到对侧红核和丘脑腹外侧核及腹前核，后者再由此投射到大脑皮质运动区。大脑皮质运动区发出皮质脊髓束下行至脊髓前角，调控运动神经元的活动（图 17-22）。其功能主要是影响运动的起始、计划和协调。

临床视角 17-4
小脑功能障碍的症状和体征

三、间脑

间脑 diencephalon 位于中脑与端脑之间。除腹侧一小部分露于脑底以外，其余大部分被端脑所掩盖。间脑可分为背侧丘脑、后丘脑、上丘脑、底丘脑和下丘脑 5 部分（图 17-23，图 17-24）。

🅔图 17-12
间脑

（一）背侧丘脑

背侧丘脑 dorsal thalamus 又称丘脑，由 2 个卵圆形的灰质团块组成，中间借丘脑间黏合相

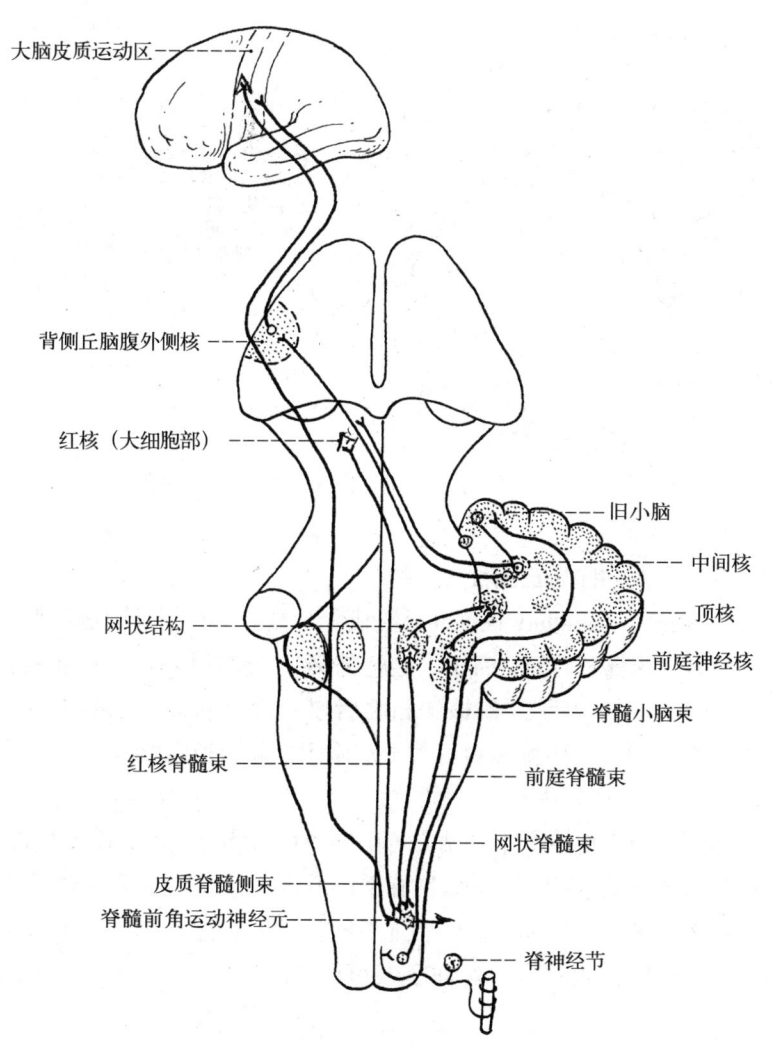

图 17-21　脊髓小脑的主要传入、传出纤维

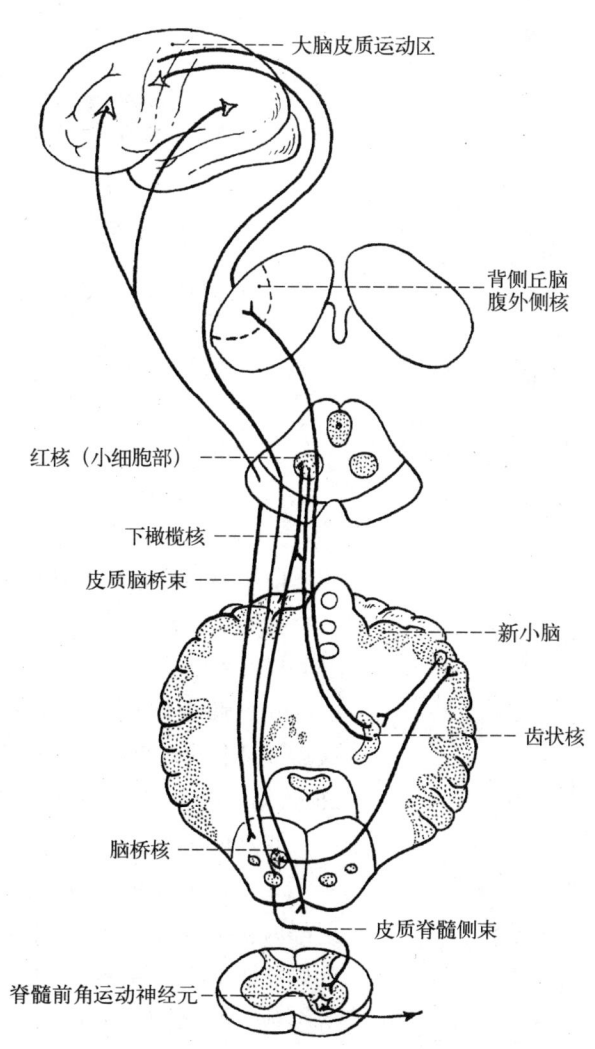

图 17-22　大脑小脑的主要传入、传出纤维

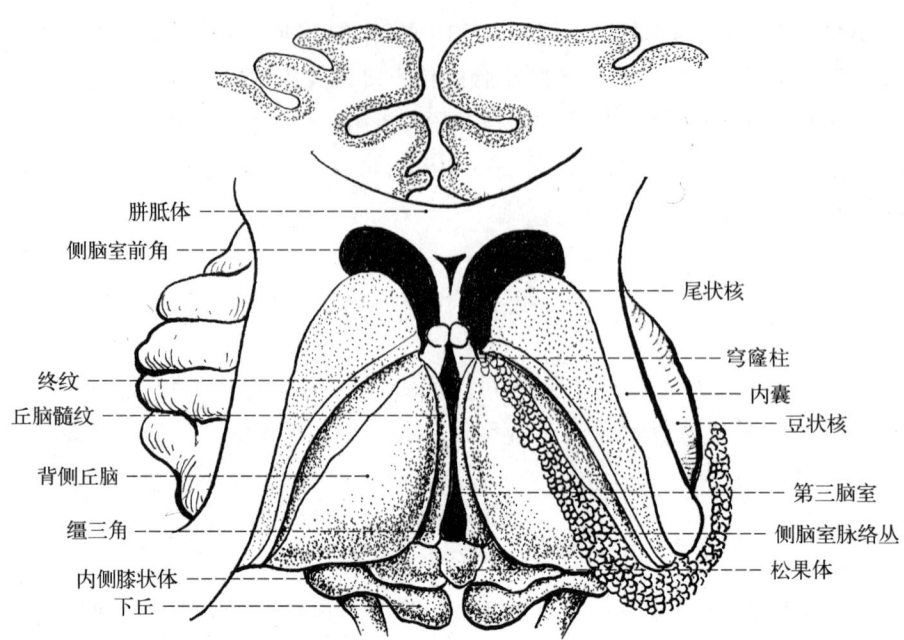

图 17-23　间脑的背面

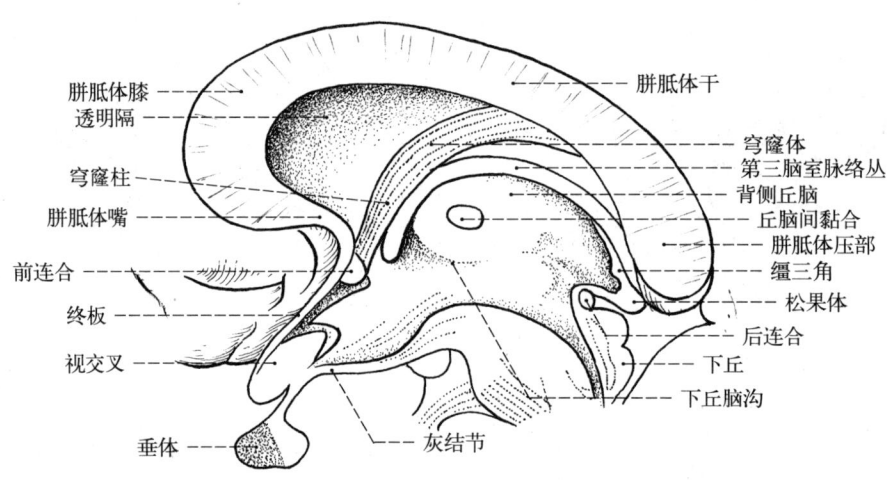

图 17-24　间脑正中矢状面

知识扩展 17-6
背侧丘脑的核团分类

连。前端突起，称为**丘脑前结节**，后端膨大，称为**丘脑枕**。

　　背侧丘脑被"Y"字形的**内髓板** internal medullary lamina 分隔成 3 个核群，分别是内侧核群、外侧核群和前核群。其中外侧核群又分为腹侧和背侧 2 部分，腹侧部又分为**腹前核** ventral anterior nucleus、**腹中间核** ventral intermediate nucleus（**腹外侧核**）和**腹后核** ventral posterior nucleus。腹后核又分为**腹后内侧核**和**腹后外侧核**。此外，内髓板内有若干灰质团，称为板内核群（图 17-25）。第三脑室侧壁有薄层灰质称为中线核群或正中核。

　　背侧丘脑的功能：①感觉传导路的皮质下中枢和中继站，可以感知粗略感觉；腹后内侧核接受三叉丘系和孤束核的纤维，腹后外侧核接受内侧丘系和脊髓丘系的纤维，它们发出丘脑中央辐射经内囊投射到大脑皮质中央后回和中央旁小叶后部的躯体感觉中枢。②调节躯体运动，通过腹外侧核把小脑苍白球的纤维投射到中央前回，从而影响运动的灵活性。同时也参与对情感、记忆等多种生理活动的调节。

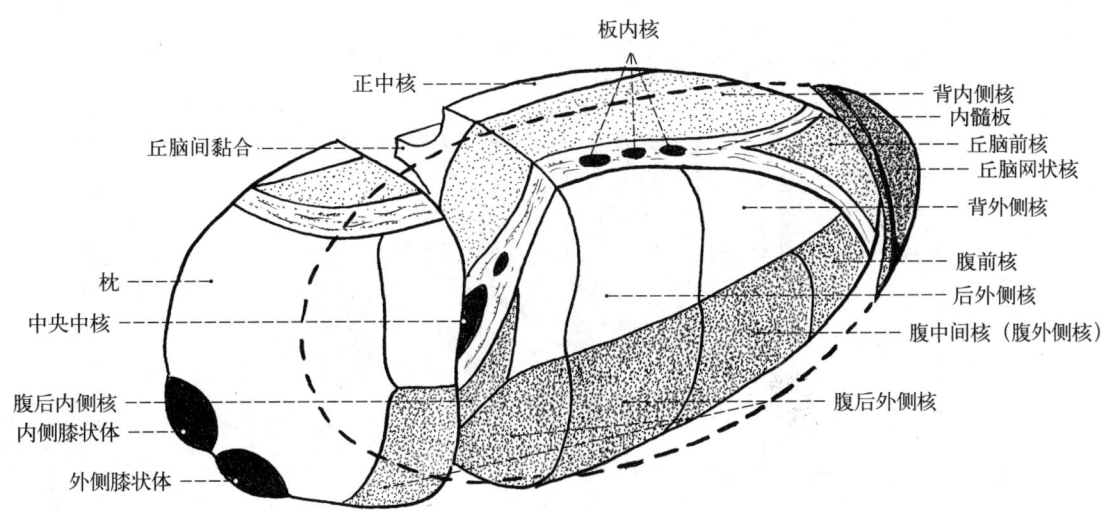

图 17-25 背侧丘脑核团立体示意图

（二）后丘脑

后丘脑 metathalamus 位于背侧丘脑的后下方，包括：①**内侧膝状体** medial geniculate body，接受下丘臂传来的听觉传入纤维，换元后发出纤维形成听辐射，投射至颞叶的听觉中枢。②**外侧膝状体** lateral geniculate body，接受视束的传入纤维，发出纤维形成视辐射，投射至枕叶的视觉中枢。

（三）上丘脑

上丘脑 epithalamus 位于第三脑室顶后部的周围，包括**松果体** pineal body、丘脑髓纹、缰连合和缰三角等。松果体位于缰连合的后上方，为内分泌器官，产生褪黑激素，可抑制性腺的发育，与生物钟调节有关。16 岁以后松果体逐渐钙化，可作为 X 线诊断颅内占位病变的定位标志。

（四）底丘脑

底丘脑 subthalamus 是间脑和中脑的移行区，内有底丘脑核。其主要功能是抑制苍白球的作用，属锥体外系的重要结构。

（五）下丘脑

下丘脑 hypothalamus 位于下丘脑沟的腹侧，构成第三脑室侧壁的下份和底壁，包括**视交叉** optic chiasma、**灰结节** tuber cinereum、**漏斗** infundibulum 和**乳头体** mamillary body。灰结节向下移行为漏斗，视交叉向后延伸为**视束** optic tract（图 17-24）。

1. **下丘脑的主要核团** 主要包括：①**视上核** supraoptic nucleus，跨越视交叉的背外侧。②**室旁核** paraventricular nucleus，位于视上核的上方，紧贴第三脑室侧壁。③**漏斗核** infundibular nucleus，位于第三脑室壁最下部，靠近漏斗处。④**乳头体核** mamillary body nucleus，位于乳头体内（图 17-26）。

2. **下丘脑的纤维联系** 主要包括：①下丘脑的传入纤维，海马 - 下丘脑纤维起自海马，止于乳头体核，组成穹隆。经过下丘脑外侧的**前脑内侧束** medial forebrain bundle，起自隔区，经过下丘脑外侧区，到达中脑被盖，连接隔区、下丘脑、嗅基底区和中脑被盖。②下丘脑的传出纤维，主要有**乳头丘脑束** mamillothalamic tract，自乳头体核至丘脑前核，丘脑前核与大脑皮质的扣

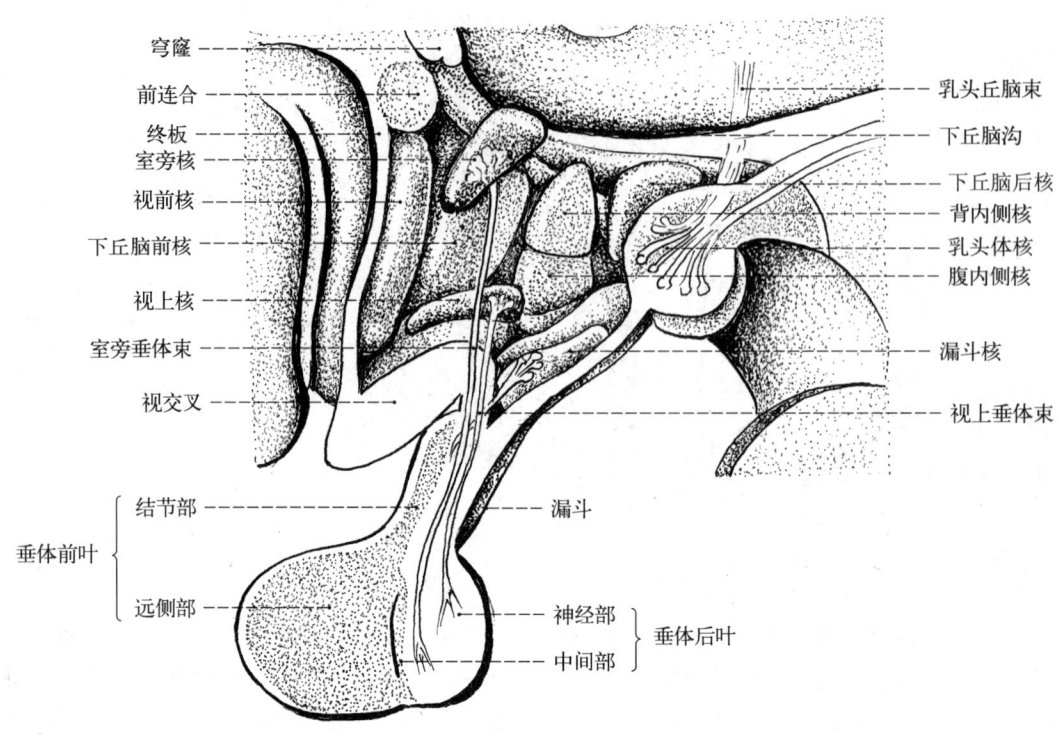

穹窿
前连合
终板
室旁核
视前核
下丘脑前核
视上核
室旁垂体束
视交叉

乳头丘脑束
下丘脑沟
下丘脑后核
背内侧核
乳头体核
腹内侧核

漏斗核

视上垂体束

垂体前叶 { 结节部
远侧部

漏斗

神经部 } 垂体后叶
中间部

图 17-26 下丘脑的主要核团

带回有往返的纤维联系。③下丘脑与垂体的联系，视上核、室旁核分泌的抗利尿激素和催产素，沿**视上垂体束** supraopticohypophysial tract 和**室旁垂体束** paraventriculohypophysial tract 输送至神经垂体，在此储存，并在需要时释放入血。漏斗核分泌能影响垂体前叶细胞分泌活动的激素（释放因子或抑制因子），经其轴突形成的**结节漏斗束** tuberoinfundibular tract 送至漏斗起始部，再经垂体门脉系统运输至垂体前叶，影响垂体前叶各种激素的分泌。

3. **下丘脑的功能** 下丘脑是调节内脏、脉管和内分泌系统的皮质下高级中枢，是神经内分泌中心，对维持机体内环境稳定起重要作用。下丘脑具有自主神经的调节作用，参与摄食、水盐平衡、体温、生殖、情绪反应和昼夜节律等活动。

四、端脑

端脑 telencephalon 为脑的最高级部位，由前脑泡发育而来。端脑被**大脑纵裂** cerebral longitudinal fissure 分为左、右大脑半球，大脑纵裂的底为胼胝体。在大脑与小脑之间有**大脑横裂** cerebral transverse fissure 将两者隔开（图 17-10，图 17-11）。

（一）端脑的外形

1. **大脑半球的分叶** 大脑半球可分为上外侧面、内侧面和下面，以 3 条恒定的沟为界，分为 5 叶。**中央沟** central sulcus 起自半球上缘中点稍后方，向前下斜行于半球上外侧面。**外侧沟** lateral sulcus 起自半球底面，转向上外侧面，行向后上方。**顶枕沟** parietooccipital sulcus 位于半球内侧面的后部，从前下方行向后上方，并绕半球上缘转向上外侧面。中央沟前方、外侧沟上方的部分为**额叶** frontal lobe，中央沟后方、外侧沟上方的部分为**顶叶** parietal lobe，外侧沟下方的部分为**颞叶** temporal lobe，顶枕沟以后较小的部分为**枕叶** occipital lobe。**岛叶** insular lobe 深埋于外侧沟深面（图 17-27，图 17-28）。

2. 大脑半球的主要沟回

（1）上外侧面 在额叶，与中央沟平行的是**中央前沟**，两沟间为**中央前回** precentral gyrus；中央前沟前方有 2 条上下平行的沟，称为**额上沟** superior frontal sulcus 和**额下沟** inferior frontal sulcus。两沟将额叶前部分为**额上回** superior frontal gyrus、**额中回** middle frontal gyrus 和**额下回** inferior frontal gyrus。在顶叶，与中央沟平行的是**中央后沟**，其与中央沟间为**中央后回** postcentral gyrus。在中央后沟后方，有一条与半球上缘平行的**顶内沟**，顶内沟以上是**顶上小叶**，以下是**顶下小叶**。顶下小叶内围绕外侧沟后端的为**缘上回** supramarginal gyrus，围绕颞上沟末端的为**角回** angular gyrus。在颞叶，颞上沟、颞下沟与外侧沟大致平行，将颞叶分为**颞上回**、**颞中回**、**颞**

ⓔ图 17-13 大脑半球外侧面的沟回

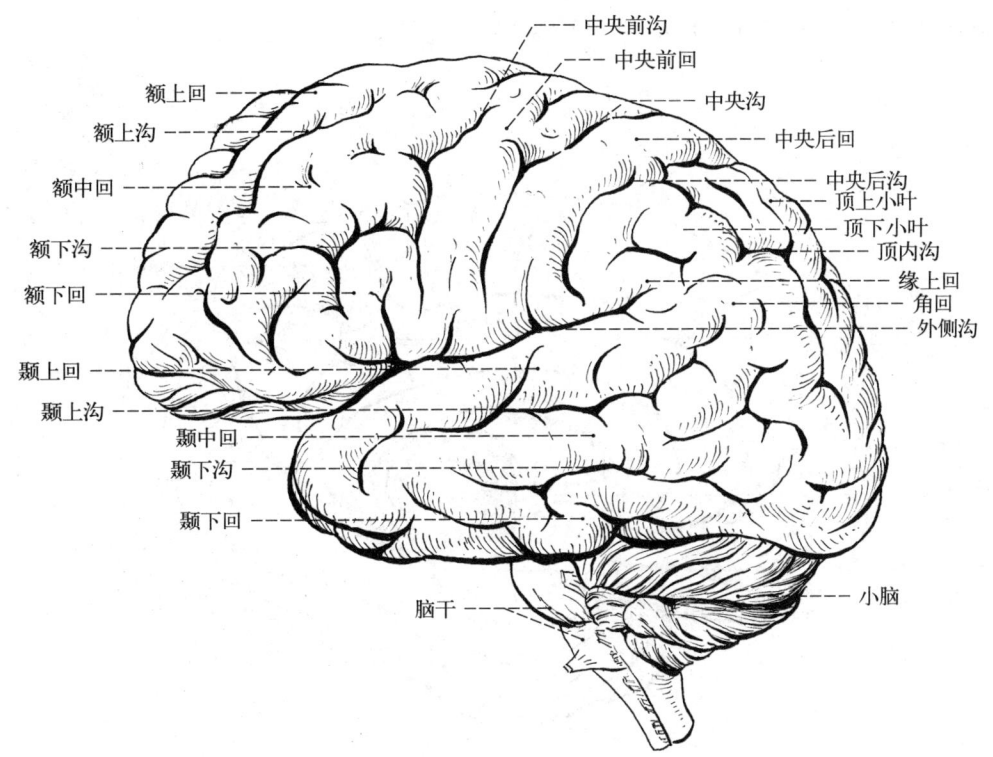

图 17-27 大脑半球
（上外侧面观）

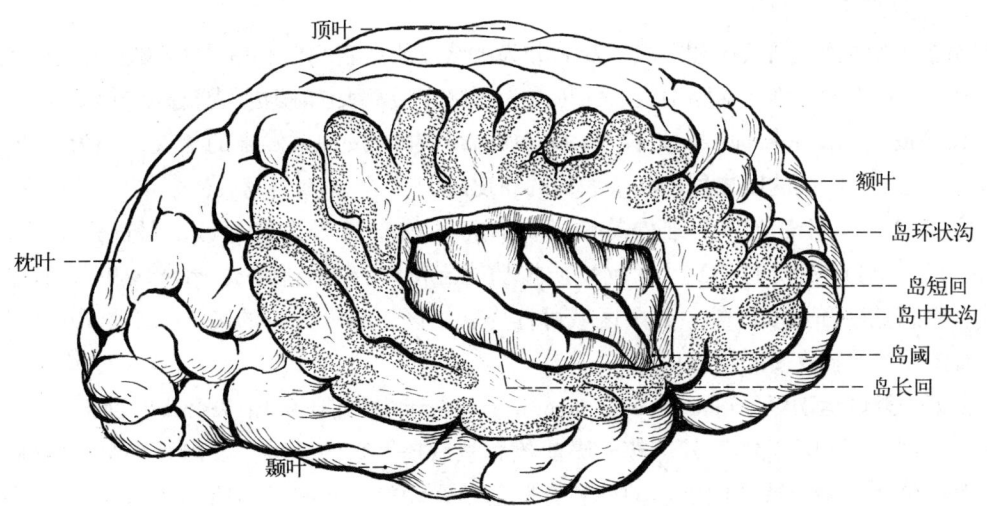

图 17-28 脑岛

ⓔ 图 17-14
脑侧面（T1 磁共振）

下回（图 17-27）。自颞上回转入外侧沟的下壁上，有 2~3 个短而横行的脑回，称为**颞横回** transverse temporal gyrus。

（2）内侧面　在间脑上方有**胼胝体**，其上方为胼胝体沟，与胼胝沟平行的沟称为**扣带沟**，两沟间是**扣带回** cingulate gyrus。中央前回和中央后回向半球内侧面延伸的部分称**中央旁小叶** paracentral lobule。自顶枕沟向枕极的弓形沟称为**距状沟** calcarine sulcus，顶枕沟与距状沟之间的三角区称为**楔叶**，距状沟以下为**舌回**（图 17-29）。

（3）下面　由额叶、枕叶、颞叶组成（图 17-30）。额叶下面有一条白质带，称为**嗅束**，其前端膨大称为**嗅球**，后端扩展为嗅三角（图 17-10）。枕叶和颞叶下面内侧有**海马旁回** parahippocampal gyrus，其前端膨大向后弯成**钩** uncus。在海马旁回内侧一部分皮质卷入侧脑室下角，形成**海马** hippocampus。海马内侧有窄条状灰质，称为**齿状回** dentate gyrus，海马和齿状回合称为**海马结构** hippocampal formation（图 17-31）。

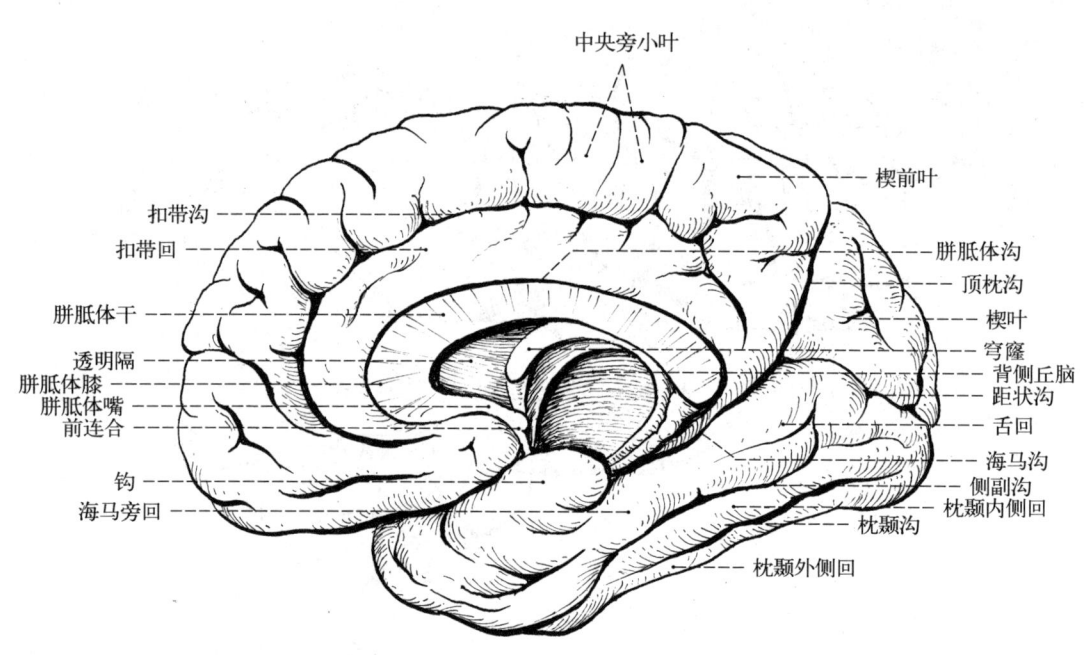

图 17-29　大脑半球
（内侧面观）

（二）端脑的内部结构

端脑的内部结构包括灰质和白质，灰质分为大脑皮质和基底核；白质也称髓质，包括联络纤维、连合纤维及投射纤维。端脑由浅入深依次为大脑皮质、大脑髓质、基底核和侧脑室。

知识扩展 17-7
新皮质的分层

1. **大脑皮质** cerebral cortex　是神经系统的最高中枢。按种系发生的早晚，分为形成海马和齿状回的**原皮质**、嗅脑的**旧皮质**和其余大部的**新皮质**。

功能定位：依据细胞和纤维构筑的不同，将大脑皮质分为若干区，目前广为应用的是 Brodmann 的 52 分区（图 17-32）。大脑皮质按功能定位可分为运动区、感觉区和参与语言功能的区域。除感觉区和运动区外，其余区域可称为联络区，感觉分析的高级加工是在联络区完成的。下面仅介绍大脑皮质的主要功能区。

（1）**第一躯体运动区** primary somatomotor area　位于中央前回和中央旁小叶前部（4、6区），接受中央后回和背侧丘脑的腹外侧核、腹前核和腹后核发来的纤维，发出纤维组成锥体束，至脑干一般躯体运动核、特殊内脏运动核和脊髓前角运动核，控制骨骼肌随意运动。此区特点是

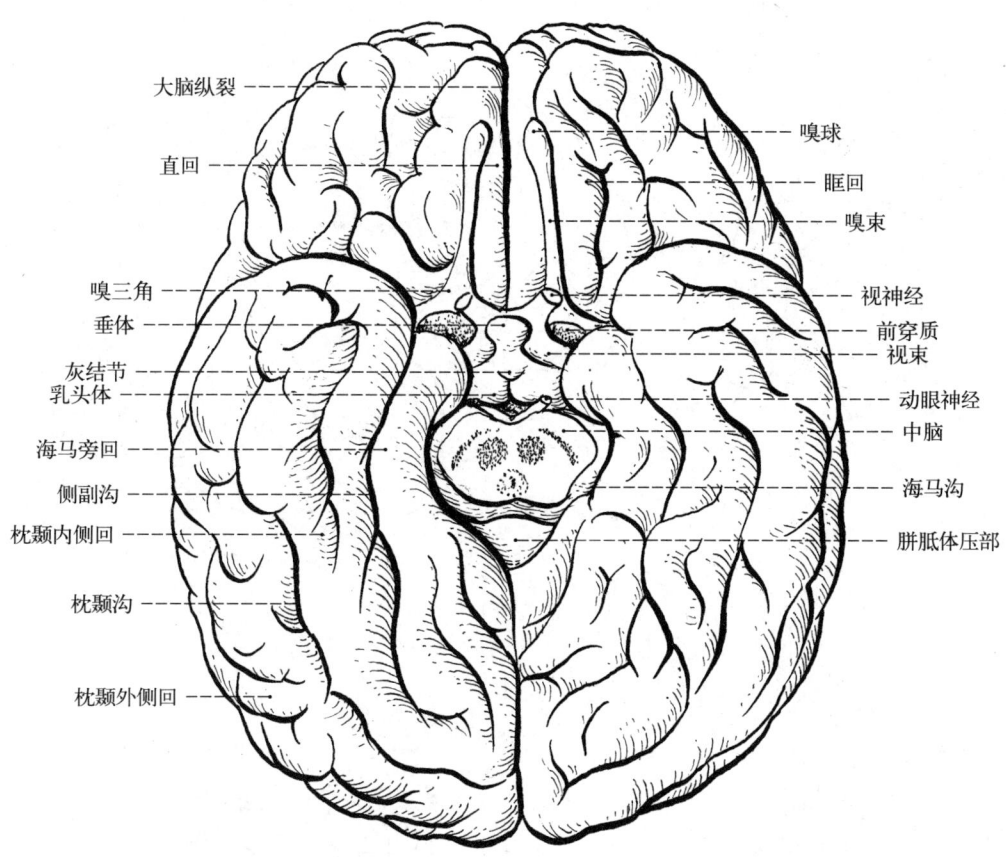

左侧标注（自上而下）：
大脑纵裂
直回
嗅三角
垂体
灰结节
乳头体
海马旁回
侧副沟
枕颞内侧回
枕颞沟
枕颞外侧回

右侧标注（自上而下）：
嗅球
眶回
嗅束
视神经
前穿质
视束
动眼神经
中脑
海马沟
胼胝体压部

图 17-30　端脑底面

左右交叉。身体各部在此区的投影犹如倒置的人形，但头部是正置的（图 17-33，图 17-35）；具有精确的功能定位，并且功能代表区的大小与功能的复杂程度相关。

（2）**第一躯体感觉区** primary somatosensory area　位于中央后回和中央旁小叶的后部（3、1、2 区）。该区接受丘脑中央辐射传来的浅、深感觉。此区左右交叉。身体各部在此区的投影也如倒置的人形，头部也是正置的（图 17-34，图 17-35）；此区与身体各部的感觉有精确对应关系，其代表区的大小与相应部位的感觉灵敏度有关。

（3）**视觉区** visual area　位于枕叶内侧面距状沟上下的皮质 17 区（图 17-35），接受外侧膝状体传来的视辐射纤维。距状沟后 1/3 上、下方接受黄斑区来的冲动。由于视神经在视交叉处部分纤维交叉，一侧视区皮质接受同侧视网膜的颞侧半和对侧视网膜的鼻侧半传来的信息，故损伤一侧视皮质，可引起双眼视野对侧半同向性偏盲。

（4）**听觉区** auditory area　位于颞横回（41、42 区，图 17-35），内侧膝状体发出的听辐射投射至此。因一侧听区接受来自两耳的听觉冲动，故一侧听区受损，仅有

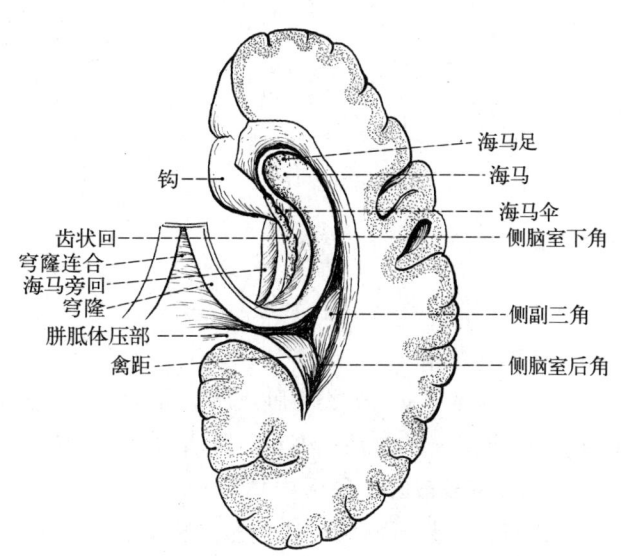

左侧标注（自上而下）：
钩
齿状回
穹隆连合
海马旁回
穹隆
胼胝体压部
禽距

右侧标注（自上而下）：
海马足
海马
海马伞
侧脑室下角
侧副三角
侧脑室后角

图 17-31　海马结构

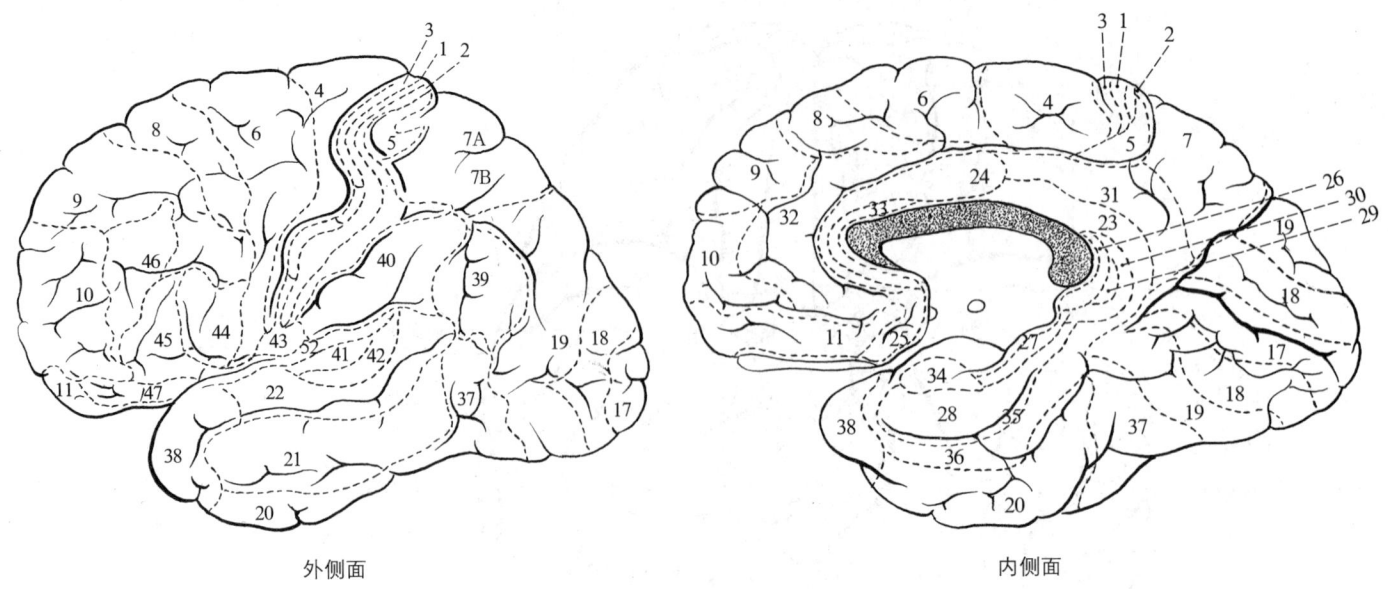

图 17-32　大脑皮质的分区

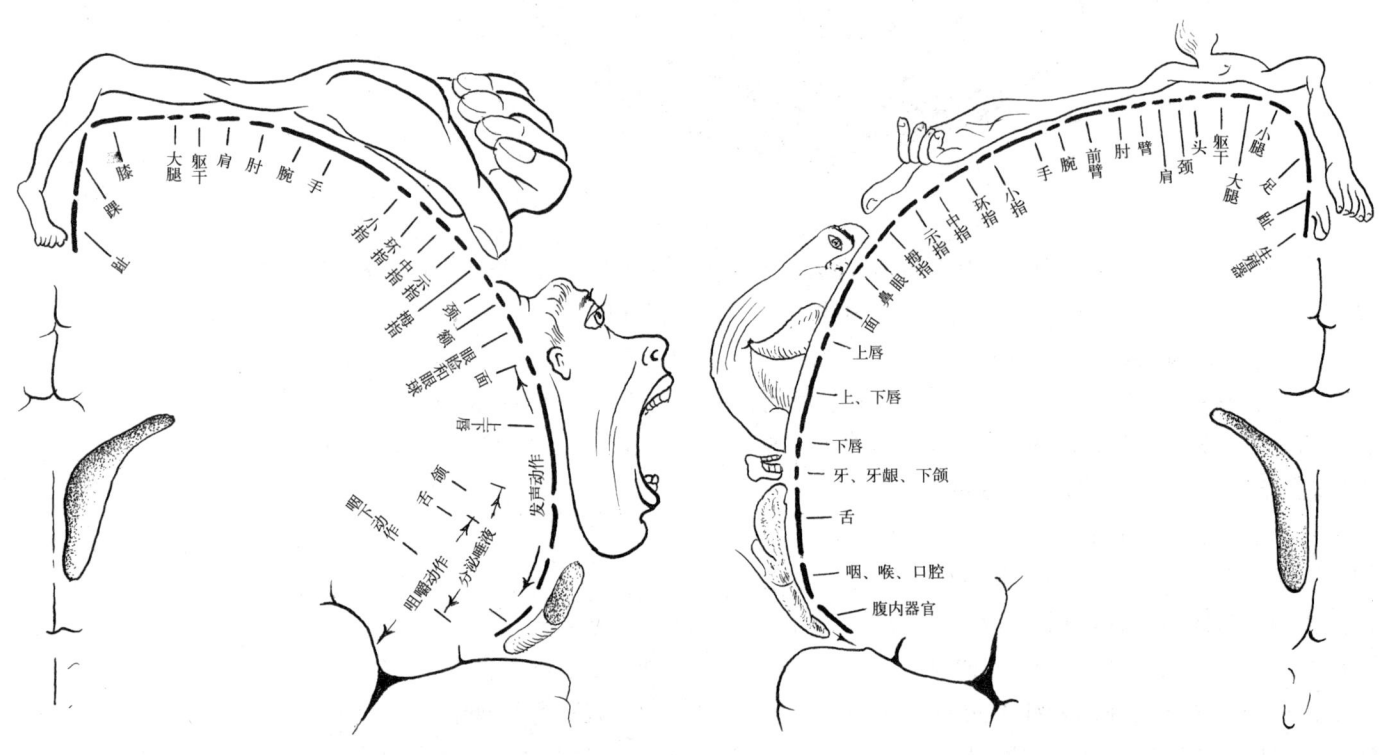

图 17-33　人体各部在第一躯体运动区的定位　　　　图 17-34　人体各部在第一躯体感觉区的定位

轻度双侧听力障碍。

图 17-15
语言中枢

（5）**语言中枢**　人类大脑皮质具有意识、思维和语言功能，因此在人类大脑皮质上具有相应的语言中枢，分为说话、书写、听话和阅读 4 个语言中枢（图 17-35）。

运动性语言区（说话中枢）motor speech area 位于额下回后部。若此中枢受损，患者能发出声音，与发音有关的肌肉虽未瘫痪，但患者丧失说话的能力，临床上称为运动性失语。

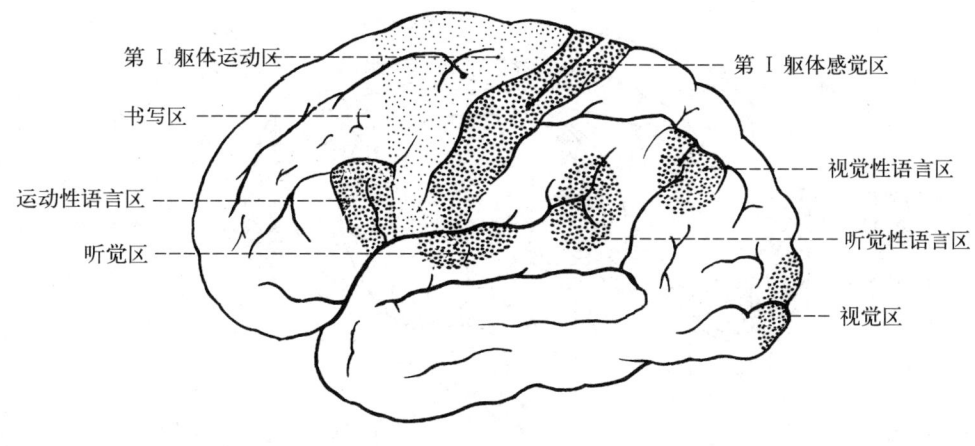

第Ⅰ躯体运动区
书写区
运动性语言区
听觉区

第Ⅰ躯体感觉区
视觉性语言区
听觉性语言区
视觉区

上外侧面

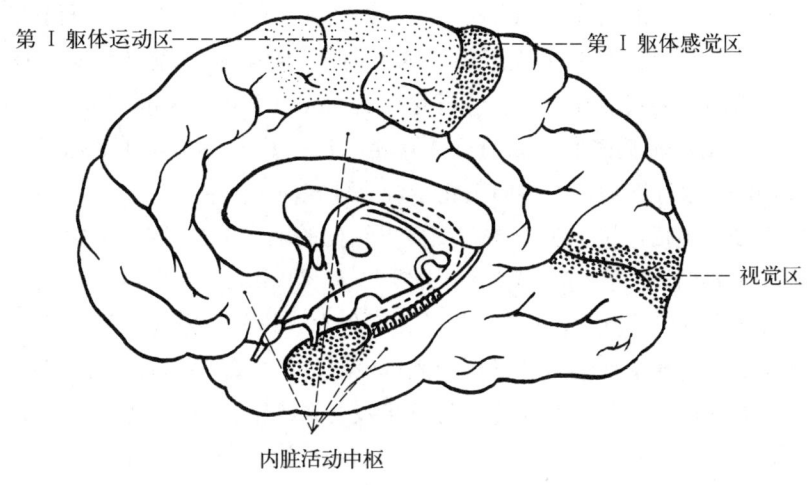

第Ⅰ躯体运动区

第Ⅰ躯体感觉区

视觉区

内脏活动中枢

内侧面

图 17-35　左侧大脑半球的主要中枢

　　书写区 writing area 在额中回的后部。若此部受损，患者失去书写的能力，但手的运动功能仍然保存，临床上称为失写症。

　　听觉性语言区（听话中枢） auditor speech area 在颞上回后部。此处受损后，患者能听到别人谈话的声音，但不能理解谈话的意思，故往往答非所问，自己讲话常错乱而不自知，临床上称为感觉性失语症。

　　视觉性语言区（阅读中枢） visual speech area 位于顶下小叶的角回。若此区受损，患者视觉虽无障碍，但不能理解过去已认识的文字符号的意义和阅读，临床上称为失读症。

　　人类大脑左、右半球的功能基本相同，但各有其特化的方面，如左半球与语言、文字符号、意识等密切相关；右半球主要感知非语言信息，空间感觉、美术、音乐等。

　　2. **大脑髓质** cerebral medullary substance　由大量神经纤维组成，纤维可分为 3 类。

　　（1）**联络纤维** association fibers　是联系同侧半球内各叶皮质的纤维，包括弓状纤维、上纵束、下纵束、钩束和扣带。

　　（2）**连合纤维** commissural fibers　是连接左、右大脑半球的纤维，包括胼胝体、前连合和穹窿连合（图 17-11，图 17-29，图 17-36）。①**胼胝体** corpus callosum：位于大脑纵裂的底，是最

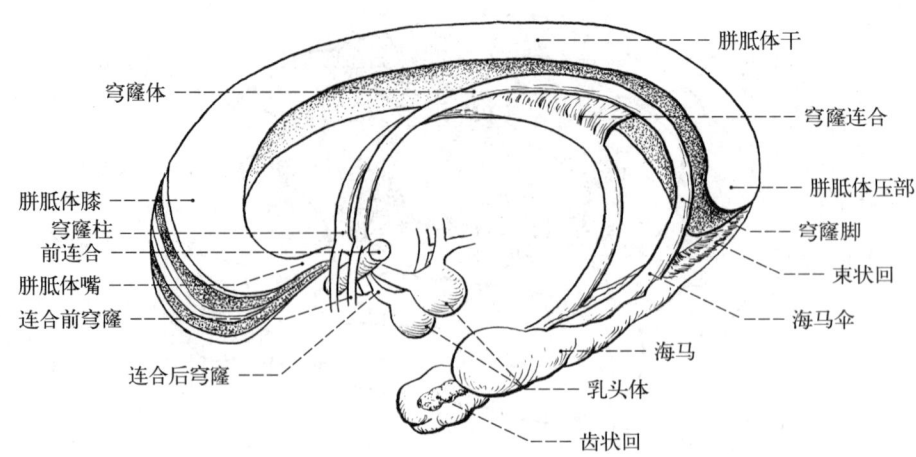

图 17-36　大脑半球
连合纤维示意图

ⓔ 图 17-16
脑的水平切面

大的连合纤维束，在半球内呈放射状投向皮质广大区域。在脑的正中矢状面上呈弓形，由前向后依次称嘴、膝、干、压部。嘴向下连于第三脑室前壁的终板。②**前连合** anterior commissure：紧邻终板后方，连接两侧的嗅球和颞叶。③**穹窿连合** fornical commissure：**穹窿** fornix 是海马发出的纤维，弓形向上，贴在胼胝体的下面前行并互相靠近，其中一部分纤维越至对侧，称为穹窿连合。过了连合仍以两束纤维前行，再向下止于乳头体核。

（3）**投射纤维**　包括连接大脑皮质和皮质下结构的上、下行纤维。这些纤维绝大部分经过尾状核、背侧丘脑与豆状核之间形成一宽厚的白质层，称为**内囊** internal capsule（图 17-37，图 17-38）。内囊在大脑的水平切面上，左右呈"><"形。可分为 3 部分：**内囊前肢**，位于尾状核与豆状核之间，有上行至额叶的丘脑前辐射和下行的额桥束通过；**内囊膝**，前、后肢转角处，主要有皮质核束经此下行；**内囊后肢**，位于背侧丘脑与豆状核之间，靠内侧的主要是上行的传导束，由前向后依次为丘脑中央辐射、听辐射和视辐射。靠外侧的主要是下行传导束，即皮质脊髓束和顶枕颞桥束。

在内囊，上、下行投射纤维高度集中。一侧内囊损伤，导致对侧半身深、浅感觉障碍（丘脑中央辐射受损），对侧上、下肢随意运动障碍（损伤皮质脊髓束），双眼对侧半视野缺失（损伤视辐射），即"三偏"综合征。

3. **基底核** basal nuclei　是位于大脑半球髓质深部 4 对灰质核团的总称，包括**尾状核**、**豆状核**、**屏状核**和**杏仁体**（图 17-37，图 17-38）。

尾状核 caudate nucleus 位于丘脑背外侧，延伸至侧脑室前角、中央部和下角，可分为头、体、尾 3 部分，全长与侧脑室相邻。

豆状核 lentiform nucleus 位于背侧丘脑的前外侧，其前端的腹侧部与尾状核头相连结。在切面上，豆状核呈三角形，被 2 个白质板分隔成 3 部，外侧部最大称为**壳**，内侧两部称为**苍白球**

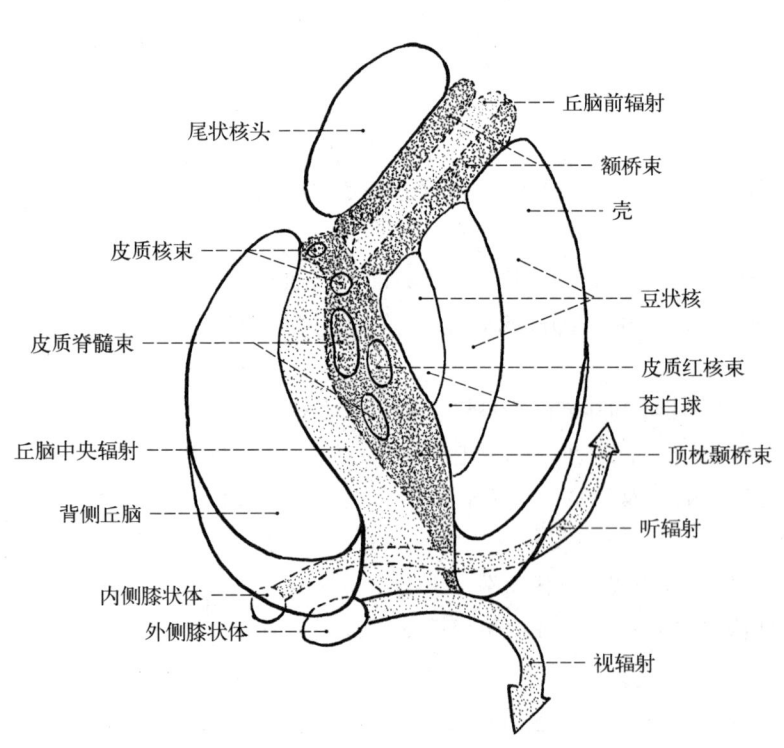

图 17-37　内囊模式图

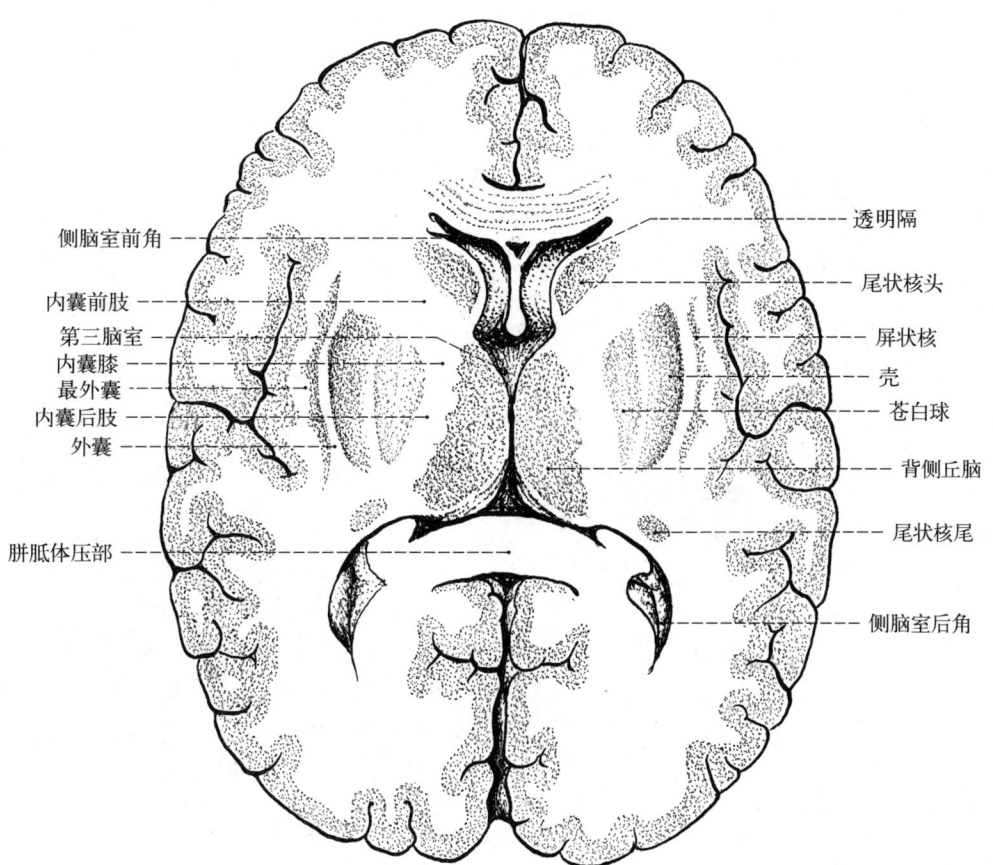

侧脑室前角

内囊前肢

第三脑室

内囊膝

最外囊

内囊后肢

外囊

胼胝体压部

透明隔

尾状核头

屏状核

壳

苍白球

背侧丘脑

尾状核尾

侧脑室后角

图 17-38　大脑水平面
（示基底核、内囊等）

（图 17-38 ）。

　　屏状核 claustrum 位于岛叶皮质与豆状核之间，屏状核与豆状核之间的白质称**外囊**，屏状核与岛叶皮质之间的白质称**最外囊**。

　　杏仁体 amygdaloid body 位于侧脑室下角前端的上方，海马旁回钩的深面，与尾状核的末端相连，为边缘系统的一部分，与情绪、内分泌和内脏活动的调节有关。

　　豆状核与尾状核合称为**纹状体** corpus striatum，从种系发生上看，壳和尾状核是较新的结构，合称为**新纹状体**；苍白球是纹状体中较古老的部分，称为**旧纹状体**。纹状体是锥体外系的重要组成部分，在调节躯体运动中起重要作用。近年来还发现苍白球参与学习记忆功能。

　　纹状体疾病的主要表现为运动异常、肌张力改变。一类主要表现为运动减少，肌张力亢进，如帕金森病；另一类表现为运动过多，肌张力低下，如舞蹈病。

　　4. **侧脑室** lateral ventricle　位于大脑半球深面，左、右各一，内含脑脊液。可分为 4 部分：**中央部**位于顶叶内，**前角**伸入额叶，**后角**伸入枕叶，**下角**伸入颞叶。侧脑室经室间孔与第三脑室相通。在中央部和下角有侧脑室脉络丛，是产生脑脊液的主要部位（图 17-39）。

　　5. **边缘系统**　在半球内侧面环绕胼胝体周围和侧脑室下角底壁的隔区（胼胝体下回和终板旁回）、扣带回、海马旁回、海马、齿状回等，以及岛叶前部、颞极共同构成边缘叶。边缘叶及与其密切相关的皮质下结构，如杏仁核、隔核、下丘脑、背侧丘脑前核和中脑被盖的一些结构共同组成**边缘系统** limbic system。

　　边缘系统在进化上是脑的古老部分，这部分脑与嗅觉和内脏活动关系密切，故又称内脏脑。此外，边缘系统还与记忆、情绪反应和性活动等有关。

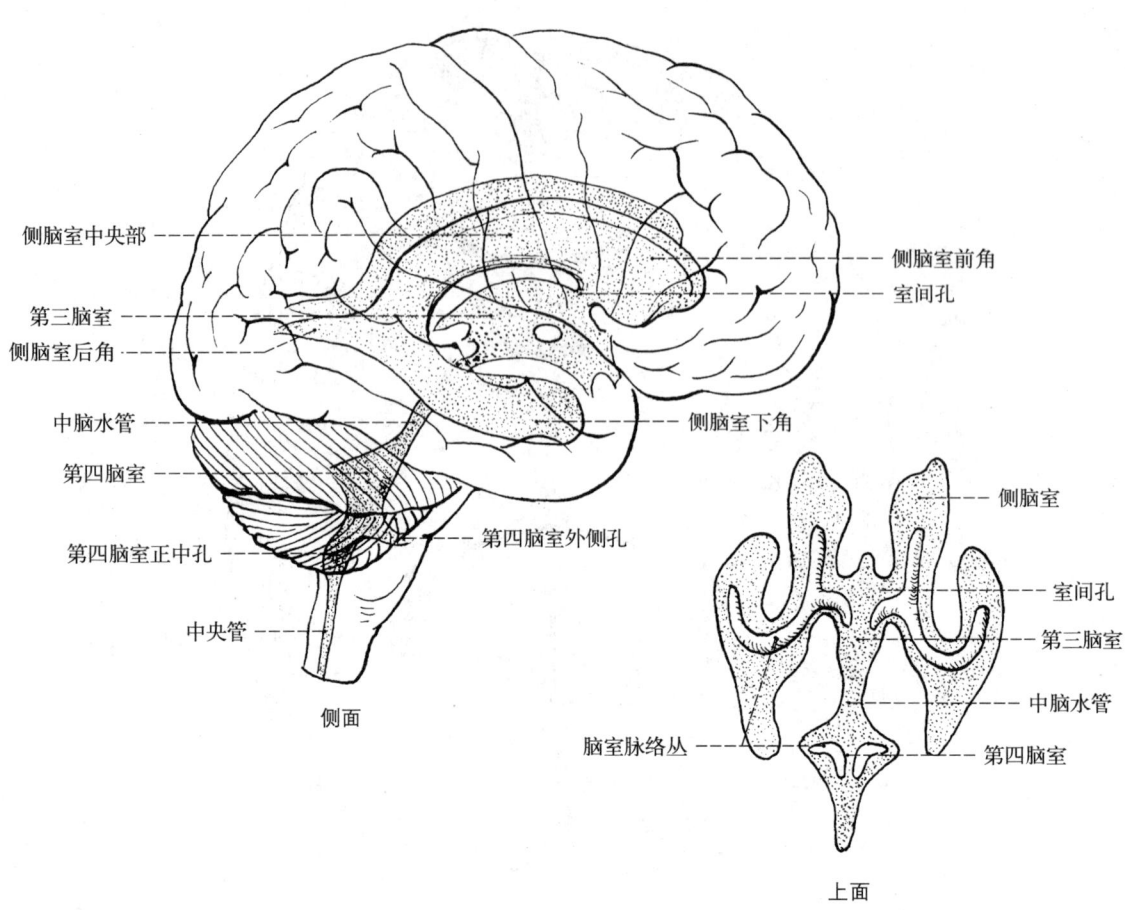

侧脑室中央部
第三脑室
侧脑室后角
中脑水管
第四脑室
第四脑室正中孔
中央管
侧面

侧脑室前角
室间孔
侧脑室下角
第四脑室外侧孔

侧脑室
室间孔
第三脑室
中脑水管
第四脑室
脑室脉络丛
上面

图 17-39 侧脑室投影图

（赵冬梅 钟 斌 曾昭明）

复习思考题

1. 为什么腰椎穿刺术在第 4、5 腰椎间进针最安全？

2. 一侧脊髓丘脑束损伤会引起什么症状？

3. 脊髓半横断损伤后的临床表现有哪些？为什么？

4. 脊髓的主要功能是什么？

5. 人类大脑皮质上有哪些语言区？分别具有什么样的作用？

6. 试述大脑皮质的躯体运动区和躯体感觉区的位置及各自特征，比较它们的异同点。

7. 试述内囊的形态结构和损伤后表现。

数字课程学习……

本章小结　　实物标本图　　开放性讨论　　自测题　　教学 PPT

第十八章
周围神经系统

关键词

膈神经　　腋神经　　肌皮神经　　正中神经　　尺神经

桡神经　　股神经　　坐骨神经　　脑神经　　内脏神经

牵涉性痛

  周围神经系统 peripheral nervous system 是指除中枢神经系统以外的神经纤维、神经节、神经丛和神经终末装置等的总称。周围神经的主要功能在于感受机体内、外界环境的各种刺激，并将感受到的刺激转变为神经冲动，传到中枢神经系统的脑和脊髓进行加工、整合；将脑和脊髓发出的行动指令向周围传至全身所有组织器官。

  周围神经系统有两种分类法：①根据与中枢连接的部位分为**脊神经** spinal nerve 和**脑神经** cranial nerve。脊神经与脊髓相连，共 31 对；脑神经与脑相连，共 12 对。②根据神经分布的范围分为**躯体神经** somatic nerve 和**内脏神经** visceral nerve。躯体神经分布于皮肤、骨、关节和骨骼肌；内脏神经分布于心肌、平滑肌和腺体。

  这两种分类法互相混杂，脊神经和脑神经内含有躯体神经和内脏神经纤维，反之躯体神经和内脏神经大部分都行走在脊神经和脑神经内。为了叙述的方便，本章将周围神经系统分为三大部分来描述，即脊神经、脑神经和内脏神经。

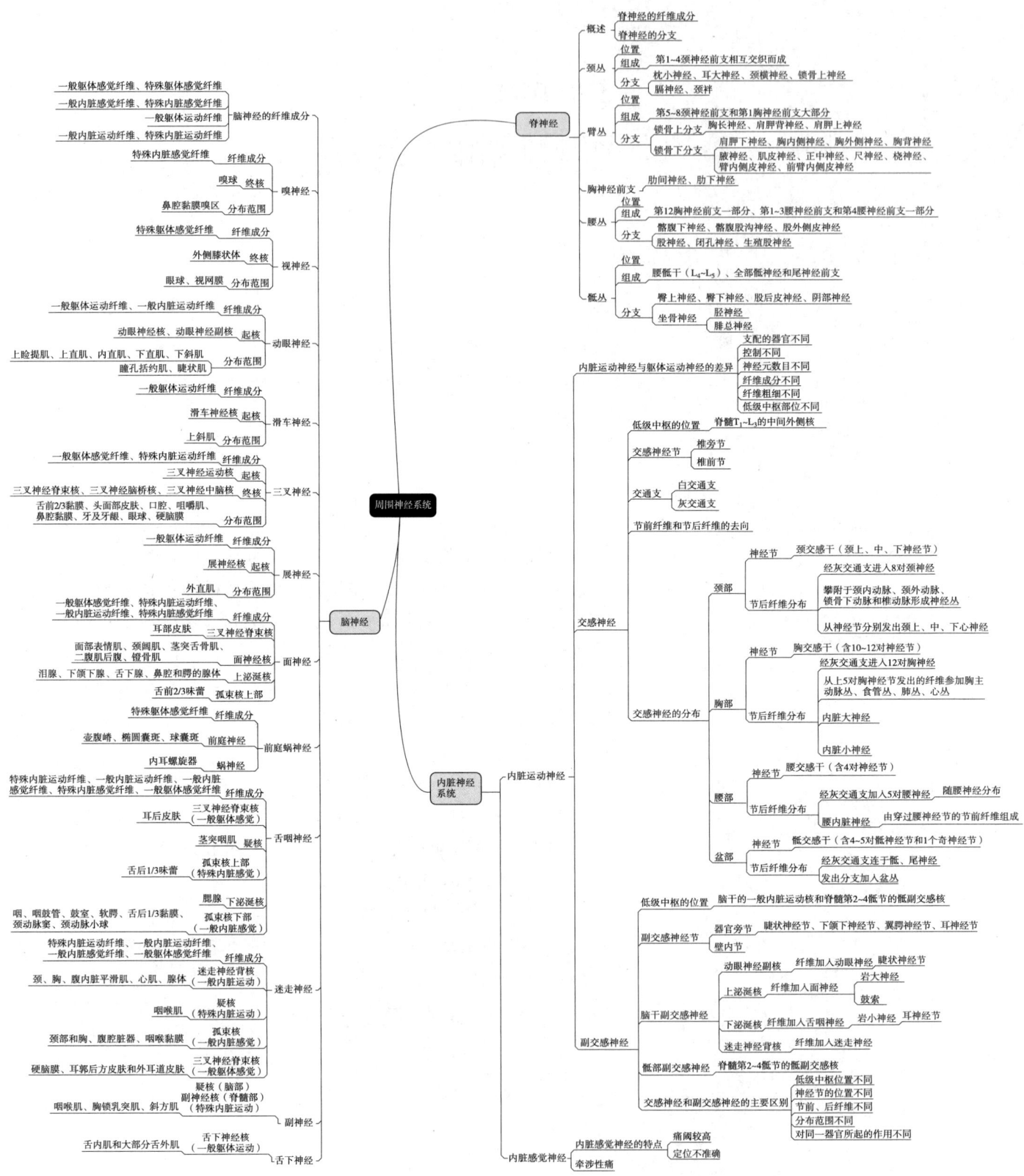

第一节　脊神经

一、概述

脊神经 spinal nerves 共 31 对，即**颈神经** cervical nerves 8 对、**胸神经** thoracic nerves 12 对、**腰神经** lumbal nerves 5 对、**骶神经** sacral nerves 5 对、**尾神经** coccygeal nerve 1 对。每对脊神经由前根和后根在椎间孔处汇合而成。前根连于脊髓前外侧沟，含躯体运动和内脏运动两种纤维成分，由脊髓前角运动神经元和 T_1—L_3 脊髓灰质侧角及骶副交感核神经元的轴突组成。后根在近椎间孔处有由假单极感觉神经元胞体组成的呈椭圆形的膨大，称**脊神经节** spinal ganglion。后根连于脊髓后外侧沟，由脊神经节内的假单极感觉神经元的中枢突组成。脊神经节内假单极神经元的周围突随脊神经分支分布，把躯体和内脏的感觉冲动传向中枢。

脊神经干出椎间孔后即分为脊膜支、交通支、后支和前支。**脊膜支** meningeal branch 细小，经椎间孔返回椎管内，分布于脊髓被膜、血管、骨膜、椎间盘和脊柱的韧带。**交通支** communication branch 为连于脊神经与交感干之间的细支。**后支** posterior branch 细小不成丛，属混合性神经，经相邻椎骨横突之间或骶后孔向后走行，分布于项、背、腰、骶部的肌及皮肤。**前支** anterior branch 为粗大的混合性神经，分布于躯干前外侧、四肢的肌、肌腱、关节和皮肤等处，除胸神经前支仍保留明显节段性分布外，其余脊神经的前支则在到达所支配的器官前先交织成丛（颈丛、臂丛、腰丛和骶丛），再由这些丛发出分支分布于所支配的感受器和效应器（图 18-1）。

知识扩展 18-1
脊神经在椎间孔处的毗邻的意义

二、颈丛

（一）颈丛的组成和位置

颈丛 cervical plexus 由第 1—4 颈神经前支相互交织而成，位于胸锁乳突肌上部的深面（图 18-2）。

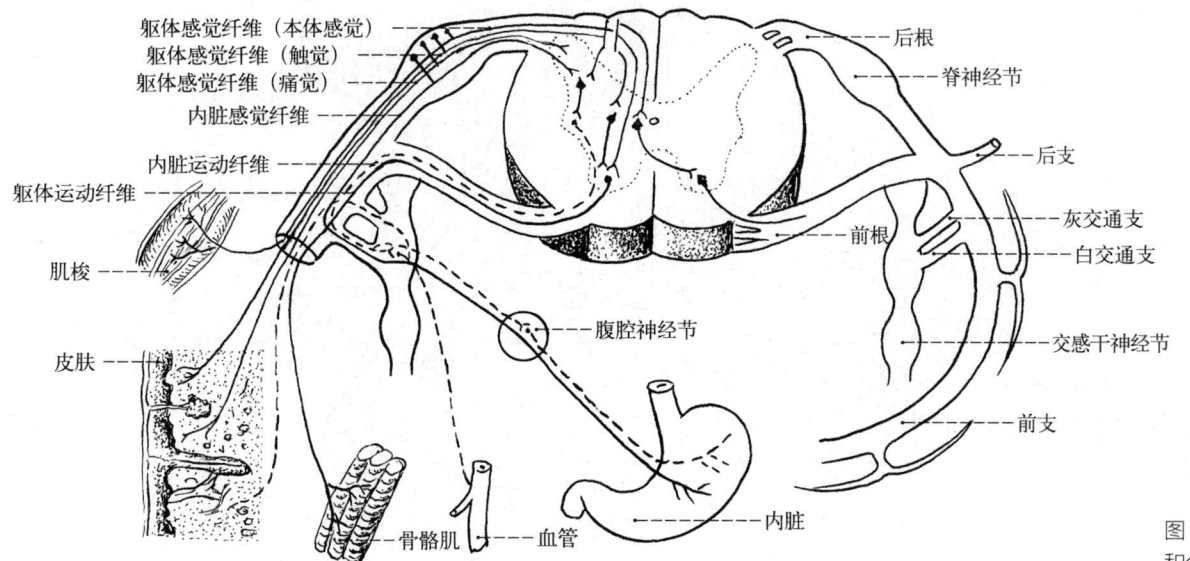

图 18-1　脊神经组成和分布模式图

（二）颈丛的主要分支

1. 皮支　位置表浅，各支都在胸锁乳突肌后缘中点附近穿出深筋膜，向各方向散开，分布于皮肤（图18-3）。胸锁乳突肌后缘中点是颈部阻滞麻醉的进针点，临床称为神经阻滞点。

（1）**枕小神经** lesser occipital nerve（C_2）沿胸锁乳突肌后缘向后上行，分布于枕部及耳郭背面上部的皮肤。

（2）**耳大神经** great auricular nerve（$C_2 \sim C_3$）越过胸锁乳突肌表面向耳垂方向上行，分布至耳郭、乳突及腮腺区的皮肤。

（3）**颈横神经** transverse nerve of neck（$C_2 \sim C_3$）横过胸锁乳突肌浅面向前行，分布于颈前部皮肤。该神经与面神经之间常存在交通支。

（4）**锁骨上神经** supraclavicular nerves（$C_3 \sim C_4$）有3组分支，分别分布于颈外侧部下份、胸前壁上部和肩部的皮肤。

2. 肌支　主要支配颈部深层肌、肩胛提肌和舌骨下肌群等。

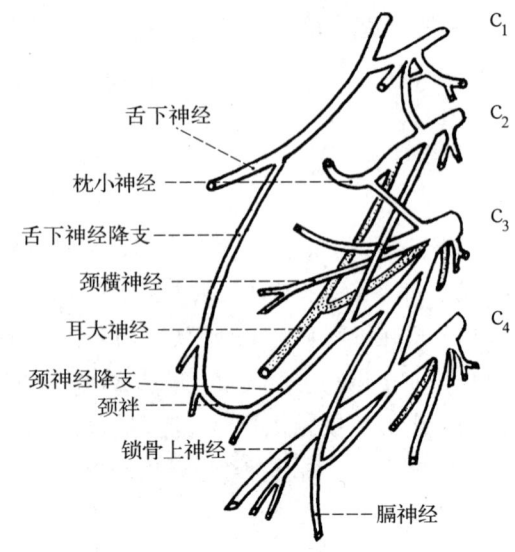

图 18-2　颈丛的组成和颈袢示意图

临床视角 18-1
膈神经受损的表现

3. **膈神经** phrenic nerve（$C_3 \sim C_5$）先经前斜角肌上端的外侧浅出，然后沿该肌前面下降至其内侧，在锁骨下动、静脉之间入胸腔，经由肺根前方，在纵隔胸膜与心包之间下行至膈。膈神经中的运动纤维支配膈肌，感觉纤维分布于纵隔胸膜、膈胸膜、心包及膈下面中央部的腹膜（图18-4）。一般认为右膈神经的感觉纤维还分布到肝、胆囊和肝外胆道。

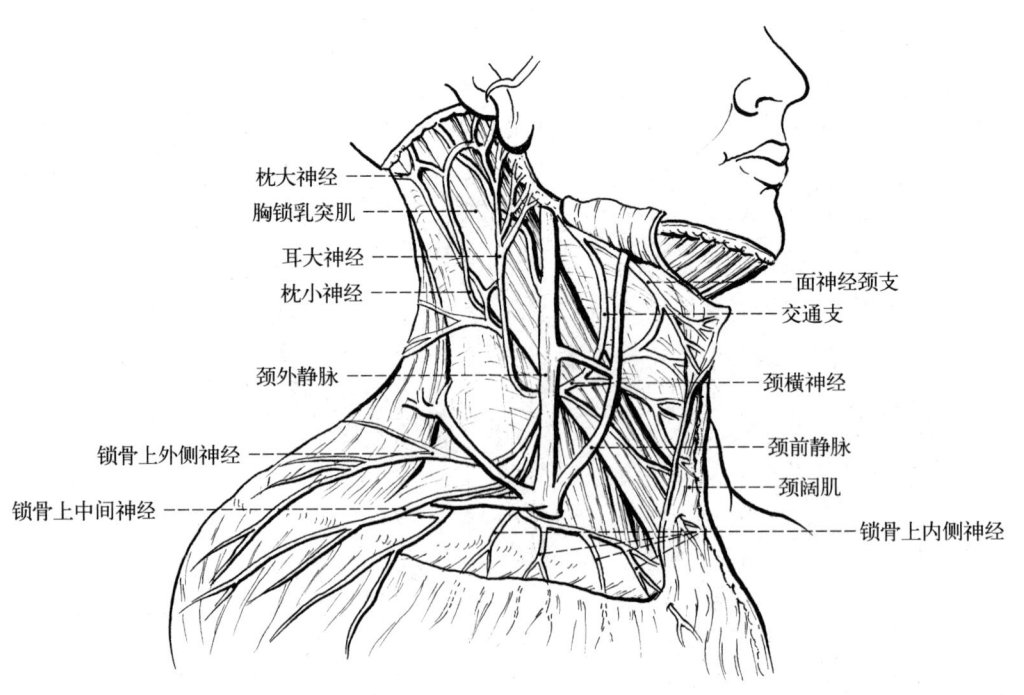

图 18-3　颈丛皮支的分布

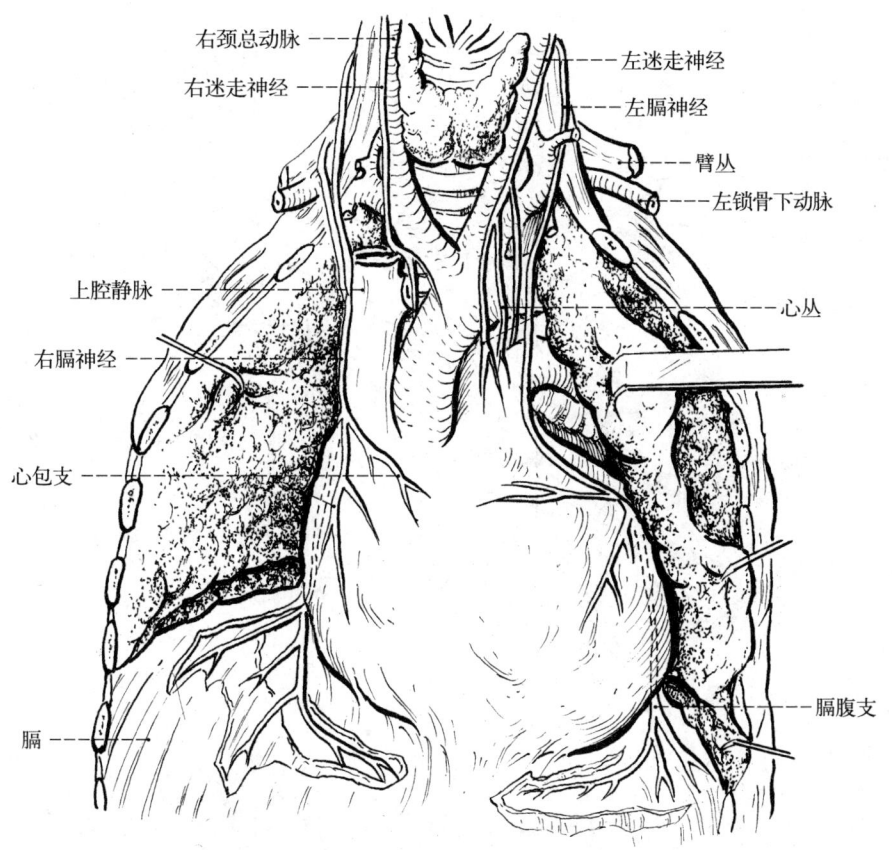

右颈总动脉 —
右迷走神经 —

上腔静脉 —

右膈神经 —

心包支 —

膈 —

— 左迷走神经
— 左膈神经
— 臂丛
— 左锁骨下动脉

— 心丛

— 膈腹支

图 18-4　膈神经

三、臂丛

（一）臂丛的组成和位置

臂丛 brachial plexus 由第 5—8 颈神经前支和第 1 胸神经前支的大部分组成（图 18-5）。臂丛
自斜角肌间隙向外侧穿出，行于锁骨下动脉后上方，经锁骨中段的后方进入腋腔。组成臂丛的 5
条神经根在斜角肌间隙内合成上、中、下 3 个干（C_{5-6} 合成上干，C_7 形成中干，C_8 和 T_1 合成下
干），每个干再在锁骨上方或后方分为前、后 2 股，上、中干的前股再合成外侧束，下干前股自
成内侧束，3 干后股汇合成后束。在腋腔中，这 3 束分别行走于腋动脉的内侧、外侧和后方，包
绕腋动脉的中段。臂丛的主要分支多发自这 3 条神经束（图 18-6）。

临床视角 18-2
臂丛麻醉及受损表现

臂丛在锁骨中点的上方较集中，位置较表浅，常作为臂丛阻滞麻醉的部位。

（二）臂丛的主要分支

臂丛根据发出的部位分为锁骨上分支和锁骨下分支 2 类（图 18-5 至图 18-7）。

1. 锁骨上分支　发自臂丛尚未形成 3 条神经束之前的根和干，多为行程较短的肌支。

（1）**胸长神经** long thoracic nerve（C_5—C_7）起自神经根出椎间孔处，经丛后方进入腋腔，
沿前锯肌表面伴随胸外侧动脉下降，支配该肌和乳房外侧份。此神经损伤可导致前锯肌瘫痪，表
现为以肩胛骨内侧缘翘起为特征的"翼状肩"体征。

（2）**肩胛背神经** dorsal scapular nerve（C_4—C_5）起自神经根，穿中斜角肌向后，在肩胛骨与
脊柱间下行，支配菱形肌和肩胛提肌。

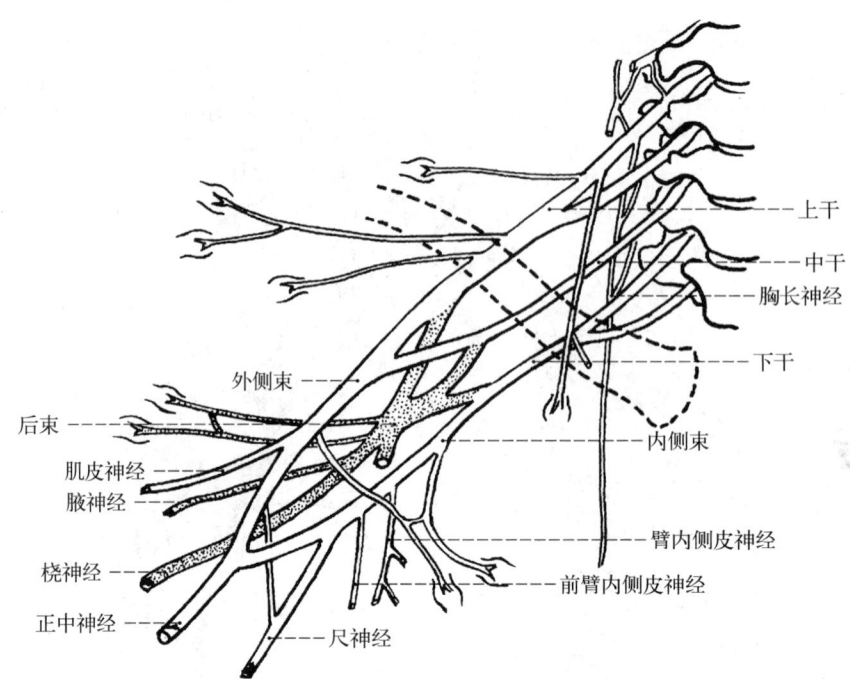

图 18-5　臂丛组成模式图

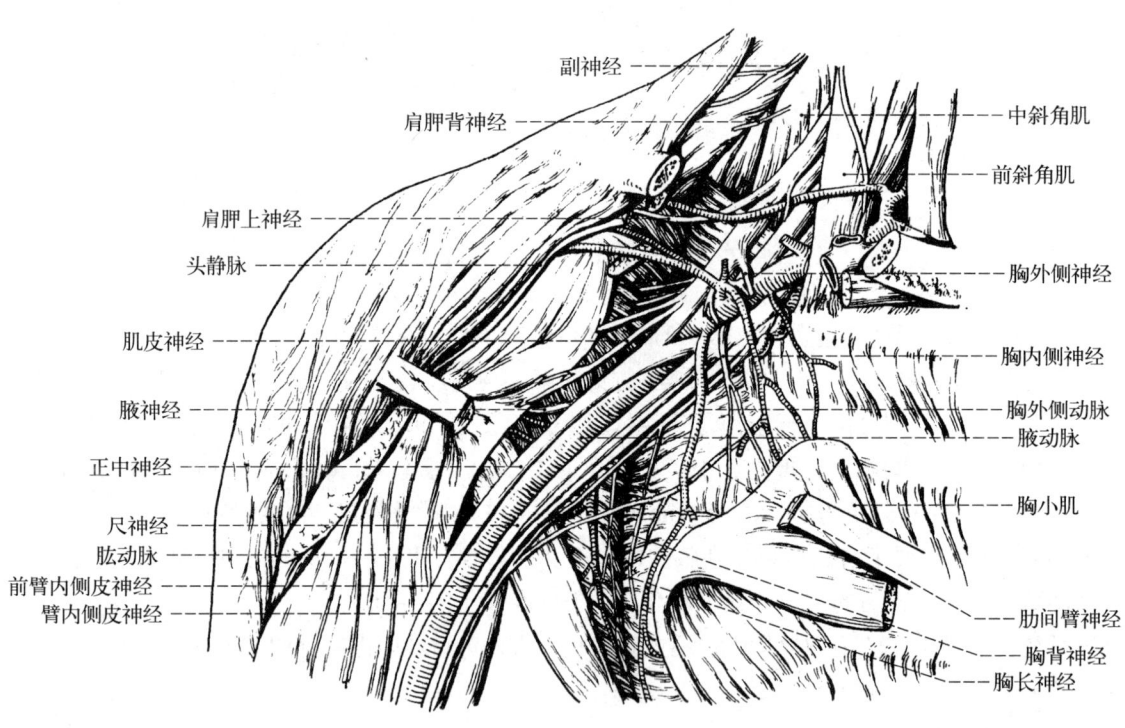

图 18-6　右臂丛及其分支

（3）**肩胛上神经** suprascapular nerve（C_5—C_6）起自上干，向后经肩胛骨上缘入冈上窝，再转入冈下窝，支配冈上肌、冈下肌和肩关节。

2. 锁骨下分支　多为行程较长的分支。

（1）**肩胛下神经** subscapular nerve（C_5—C_7）起自后束，沿肩胛下肌前面下降，支配肩胛下肌和大圆肌。

（2）**胸背神经** thoracodorsal nerve（C_6—C_8）起自后束，沿肩胛骨外侧缘伴肩胛下血管下降，支配背阔肌（图 18-6）。

（3）**胸内侧神经** medial pectoral nerve（C_8—T_1） 起自内侧束，支配胸小肌和胸大肌。

（4）**胸外侧神经** lateral pectoral nerve（C_5—C_7） 起自外侧束，穿锁胸筋膜后行于胸大肌深面，分支支配该肌。行程中发出 1 小支汇入胸内侧神经，分布于胸小肌。

（5）**腋神经** axillary nerve（C_5—C_6） 起自后束，伴旋肱后血管向后外穿过四边孔，绕肱骨外科颈至三角肌深面，发肌支支配三角肌和小圆肌，部分纤维自三角肌后缘浅出后延为臂外侧上皮神经，分布于肩部和臂外侧区上部的皮肤。

（6）**肌皮神经** musculocutaneous nerve（C_5—C_7） 起自外侧束，穿喙肱肌，经肱二头肌和肱肌之间下行，沿途发出分支支配这 3 块肌。在肘关节稍下方，部分纤维从肱二头肌下端外侧穿出深筋膜，分布于前臂外侧份的皮肤，称前臂外侧皮神经（图 18-7）。

（7）**正中神经** median nerve（C_6—T_1） 由分别起自臂丛内、外侧束的内、外侧根夹持腋动脉向下合成主干，在臂部沿肱二头肌内侧沟伴肱动脉下降至喙肱肌止点处，斜越肱动脉至其内侧，下行至肘窝。继而穿旋前圆肌和指浅屈肌腱弓，在前臂正中行于指浅、深屈肌之间到达腕部。在

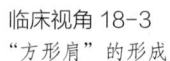

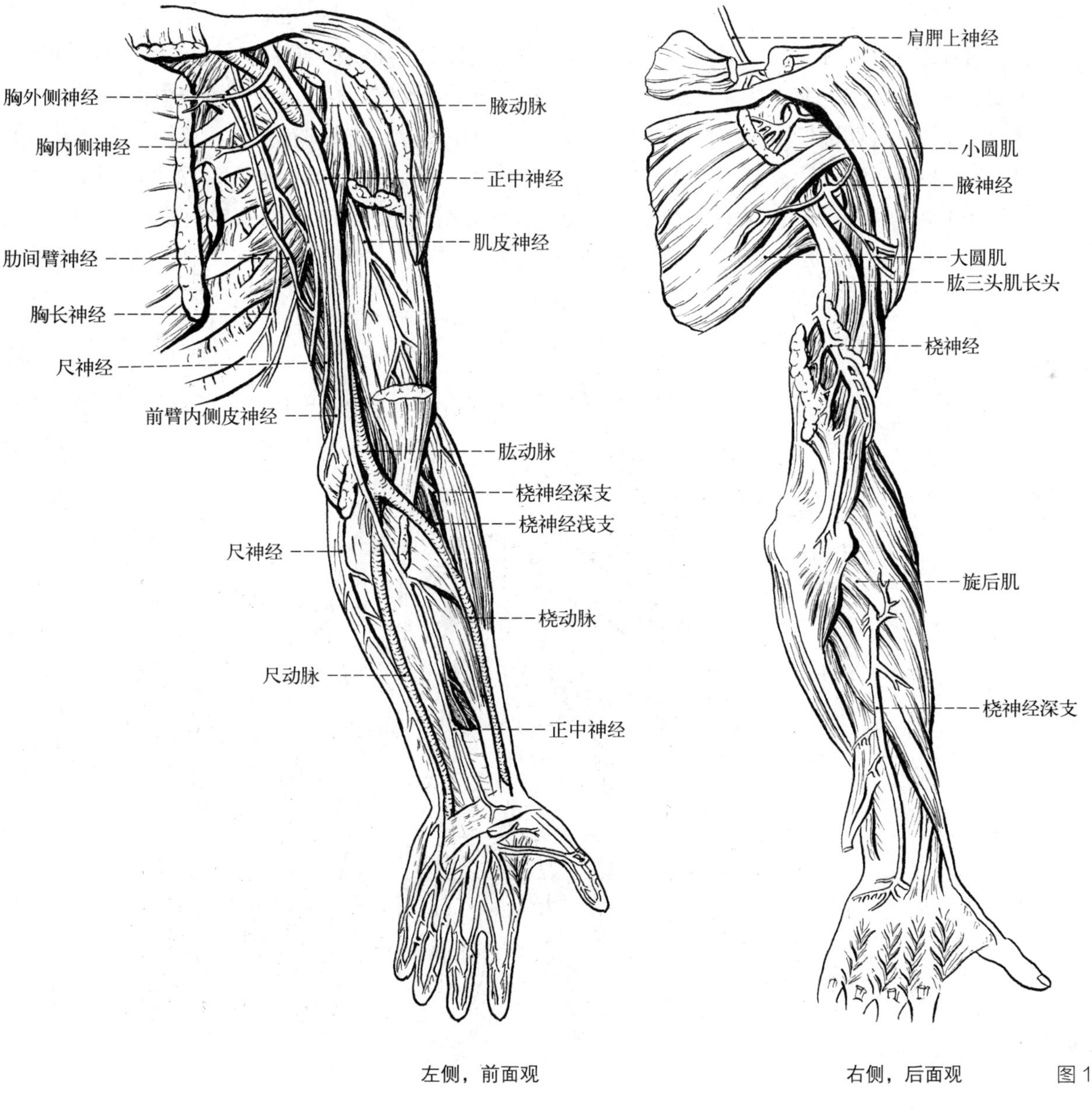

临床视角 18-3
"方形肩"的形成

胸外侧神经 —— —— 腋动脉

胸内侧神经 —— —— 正中神经

—— 肌皮神经

肋间臂神经 ——

胸长神经 ——

尺神经 ——

前臂内侧皮神经 —— —— 肱动脉

—— 桡神经深支
—— 桡神经浅支

尺神经 ——

—— 桡动脉

尺动脉 ——

—— 正中神经

—— 肩胛上神经

—— 小圆肌
—— 腋神经

—— 大圆肌
—— 肱三头肌长头

—— 桡神经

—— 旋后肌

—— 桡神经深支

左侧，前面观　　　　　右侧，后面观　　图 18-7 上肢的神经

腕部，正中神经在桡侧腕屈肌腱和掌长肌腱之间进入腕管，于掌腱膜深面发出分支分布于手掌（图 18-7）。

正中神经在臂部一般无分支，在肘部、前臂发出肌支，支配除肱桡肌、尺侧腕屈肌和指深屈肌尺侧半以外的所有前臂前群肌，其中沿前臂骨间膜前面下行的较粗大的分支称骨间前神经。在屈肌支持带下缘桡侧，自正中神经外侧缘发出一粗短的返支，由桡动脉掌浅支的外侧进入鱼际，支配除拇收肌以外的鱼际肌群。在手掌，正中神经发出 2～3 支指掌侧总神经。每条指掌侧总神经下行至掌骨头附近又分为 2 支指掌侧固有神经，沿第 1—4 指掌侧面的相对缘下行至指尖，分支支配第 1、2 蚓状肌，以及掌心、鱼际、桡侧 3 个半指的掌面及其中节和远节手指背面的皮肤（图 18-8 至图 18-11）。

临床视角 18-4
正中神经受损及体表投影

（8）**尺神经** ulnar nerve（C_8—T_1）　发自臂丛内侧束，经腋动、静脉间出腋腔，伴肱动脉沿肱二头肌内侧沟下降至臂中部，穿内侧肌间隔转至臂后区内侧，继续下行经尺神经沟达前臂。在尺侧腕屈肌和指深屈肌之间伴随尺动脉下行，至桡腕关节上方发出手背支和掌侧支。掌侧支在豌豆骨外侧缘、屈肌支持带浅面分为浅支和深支，经由掌腱膜深面、腕横韧带浅面进入手掌（图 18-7）。

尺神经在臂部无分支，于前臂上部发出肌支支配尺侧腕屈肌和指深屈肌的尺侧半。在前臂下份发出的手背支经伸肌支持带浅面转至手背，分布于手背尺侧半、小指、环指与中指尺侧半近节背面的皮肤。在腕部发出的浅支分布于小鱼际、小指和环指尺侧半掌面皮肤，尺侧一指半中间指节、远节指背皮肤。深支支配小鱼际肌、拇收肌、骨间肌及第 3、4 蚓状肌（图 18-8 至图 18-11）。

临床视角 18-5
尺神经受损的表现

（9）**桡神经** radial nerve（C_5—T_1）　为发自臂丛后束的粗大神经，在腋腔内位于腋动脉的后方，继伴肱深动脉在肱三头肌长头与内侧头之间下行，紧贴桡神经沟行向外下，至肱骨外上髁稍

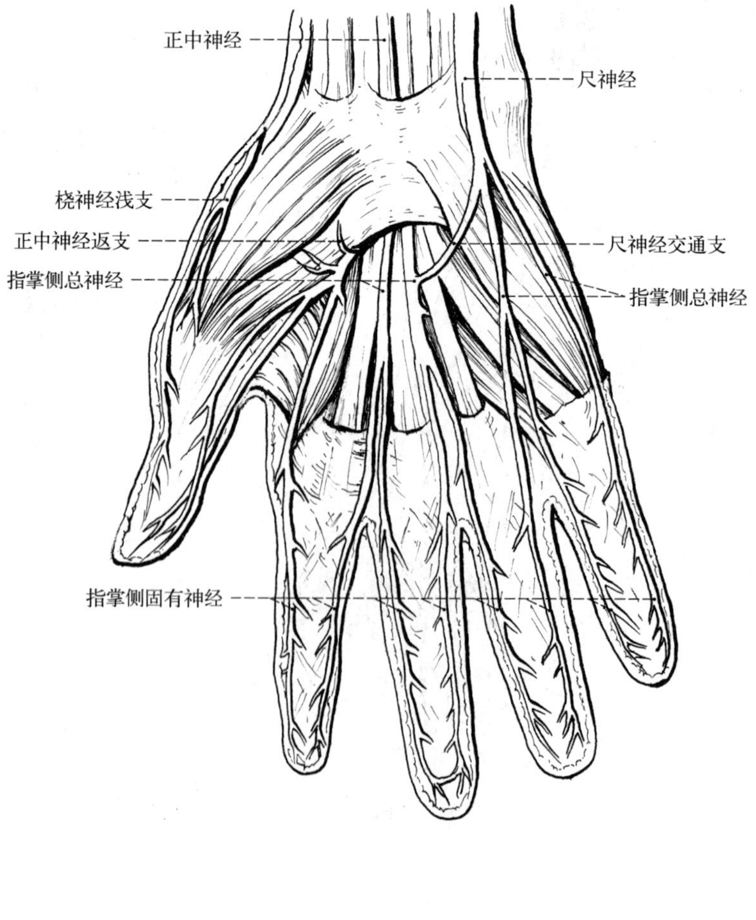

图 18-8　右手掌面的神经

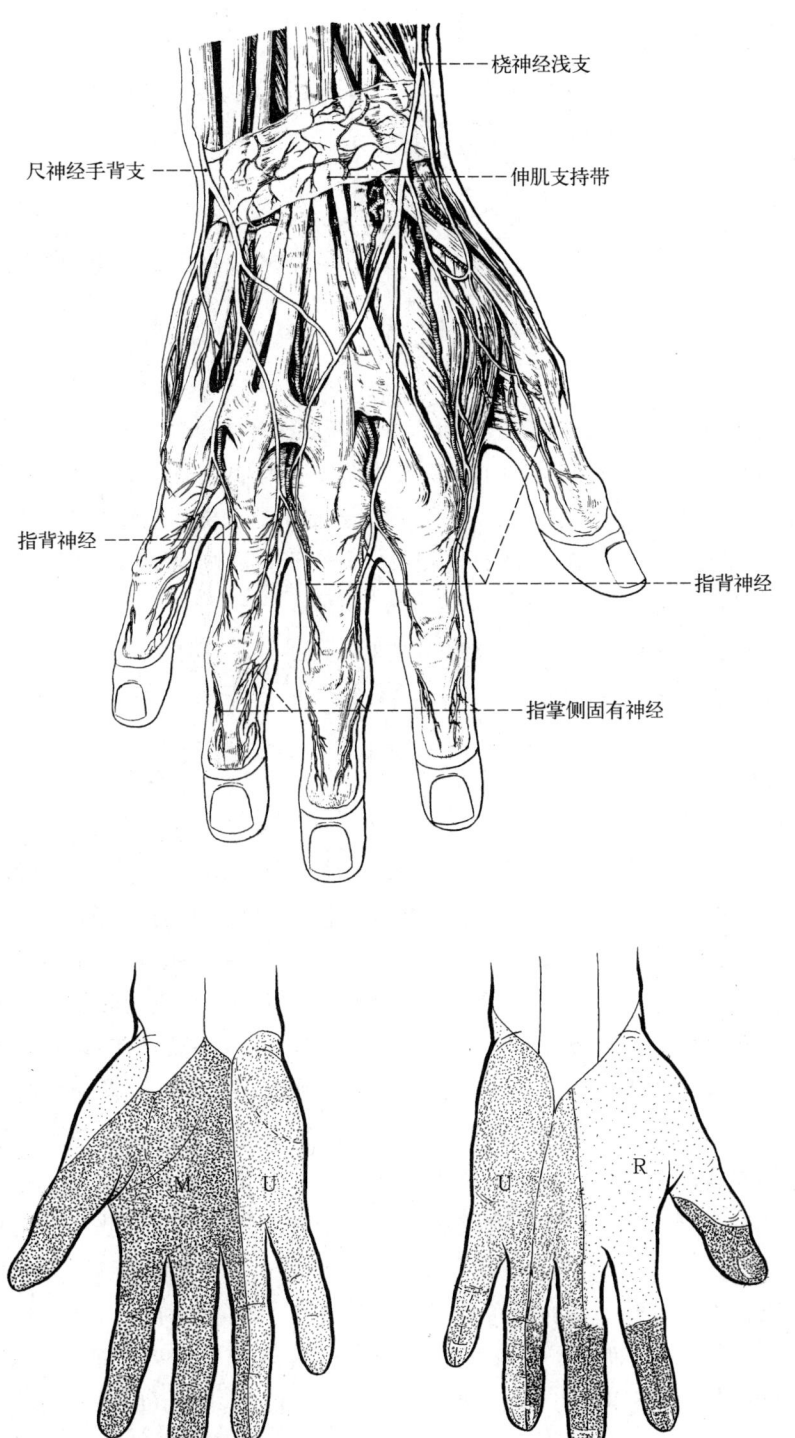

图 18-9　右手背面的神经

图 18-10　手部皮肤的神经分布
M：正中神经；U：尺神经；R：桡神经

上方穿过外侧肌间隔达肱肌与肱桡肌之间，继经肱桡肌与桡侧腕长伸肌之间下行。在肱骨外上髁前方，桡神经分为浅、深 2 终支（图 18-7）。

　　桡神经主干在腋腔和桡神经沟内发出较多分支。皮支有臂后皮神经（腋腔内发出）、臂外侧下皮神经（三角肌止点远侧浅出）和前臂后皮神经（臂中份外侧浅出），分别分布于臂后区、臂下外侧部及前臂背面的皮肤。肌支支配肱三头肌、肘肌、肱桡肌和桡侧腕长伸肌。**桡神经浅支**为皮支，自肱骨外上髁前外侧向下沿桡动脉外侧下降，在前臂中、下 1/3 交界处转向背侧，并

图 18-11 桡、尺、正中神经损伤时的手形及感觉丧失区域
a. 垂腕（桡神经损伤）；b. 爪形手（尺神经损伤）；c. 正中神经损伤手形；d. 猿掌（正中神经和尺神经损伤）

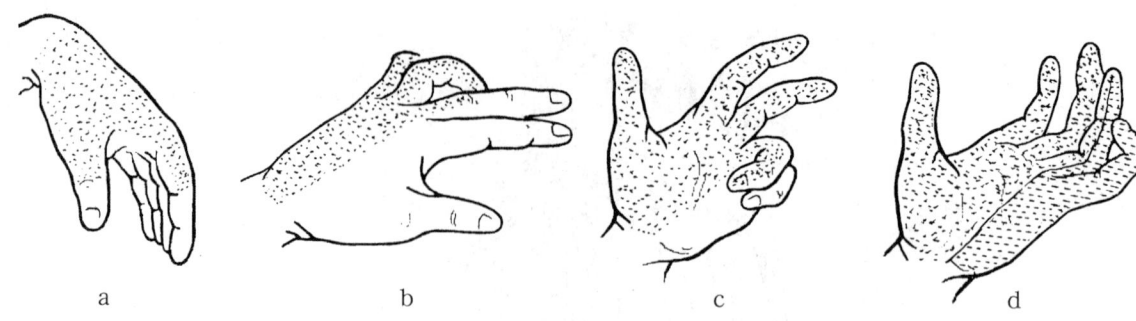

a   b   c   d

下行至手背部，分为 4~5 支指背神经分布于手背桡侧半和桡侧 3 个半指近节背面的皮肤（图 18-9~图 18-11）。深支又称骨间后神经，主要为肌支，经桡骨颈外侧穿旋后肌至前臂背面，在前臂浅、深肌群之间下行至腕关节背面，沿途发出分支支配除桡侧腕长伸肌外的前臂伸肌群。

临床视角 18-6
桡神经在肱骨中段受损后的表现

（10）臂内侧皮神经（C_8—T_1）发自内侧束，分布于臂内侧和臂前面的皮肤。常与第 2 肋间神经外侧皮支之间有交通。

（11）前臂内侧皮神经（C_8—T_1）发自内侧束。该神经在前臂分为前、后 2 支，分布于前臂内侧份的前面和后面的皮肤。

四、胸神经前支

胸神经前支共 12 对，除第 1 胸神经和第 12 胸神经前支分别参与臂丛和腰丛外，其余均不成丛。第 1~11 胸神经前支因走行在相应的肋间隙中，称**肋间神经** intercostal nerve，第 12 对胸神经前支位于第 12 肋的下方，称**肋下神经** subcostal nerve。肋间神经在肋间内肌和肋间最内肌之间，肋间血管的下方沿各肋沟前行，在腋前线附近离开肋沟，行于肋间隙的中间，并在胸、腹壁侧面发出外侧皮支，本干继续前行。上 6 对肋间神经的肌支分布至肋间肌、上后锯肌和胸横肌，皮支在胸骨侧缘处浅出，称前皮支。下 5 对肋间神经和肋下神经在相应肋间隙内向前下走行，从肋弓深面斜向下内行于腹内斜肌与腹横肌之间，穿腹内斜肌腱膜在腹直肌外侧缘穿入腹直肌鞘，分布于腹直肌，在腹白线附近浅出为前皮支。因此，下 6 对肋间神经的肌支分布于肋间肌和腹前外侧壁肌群，其外侧皮支和前皮支分布于胸部和腹部的皮肤，以及胸、腹膜的壁层（图 18-12）。

胸神经前支在胸、腹壁皮肤的分布有明显的节段性，不同胸神经前支在躯干处是相对恒定的，由上而下按顺序依次排列：T_2 相当于胸骨角平面，T_4 相当于乳头平面，T_6 相当于剑胸联合平面，T_8 相当于两侧肋弓中点连线的平面，T_{10} 相当于脐平面，T_{12} 则分布于耻骨联合与脐连线中点平面（图 18-13）。临床上常依此检查皮肤感觉障碍的发生区域来帮助判断脊髓病灶的部位或测定麻醉平面。

五、腰丛

（一）腰丛的组成和位置

腰丛 lumbar plexus 由第 12 胸神经前支的一部分，第 1—3 腰神经前支和第 4 腰神经前支的一部分组成（图 18-14）。腰丛位于腰椎横突前方、腰大肌深面。

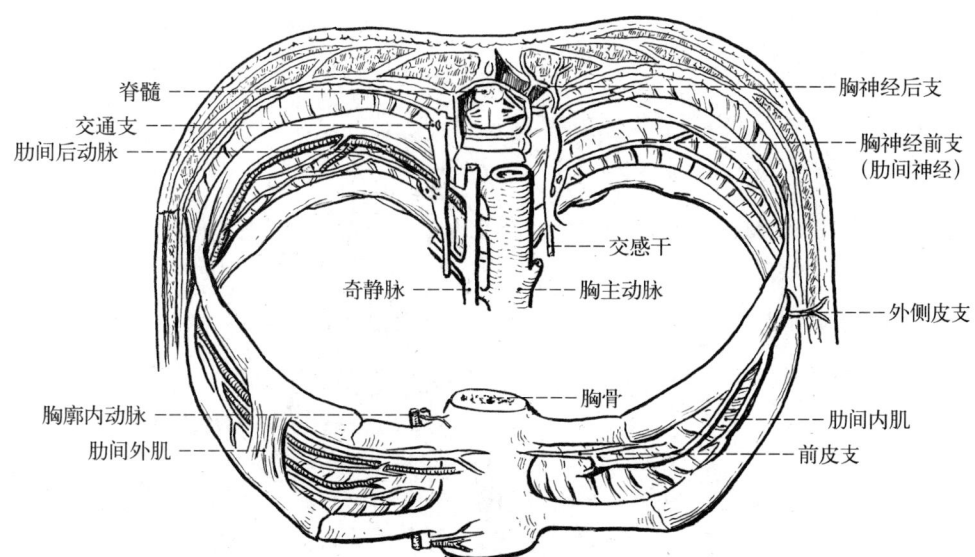

图 18-12　肋间神经的走行及分支

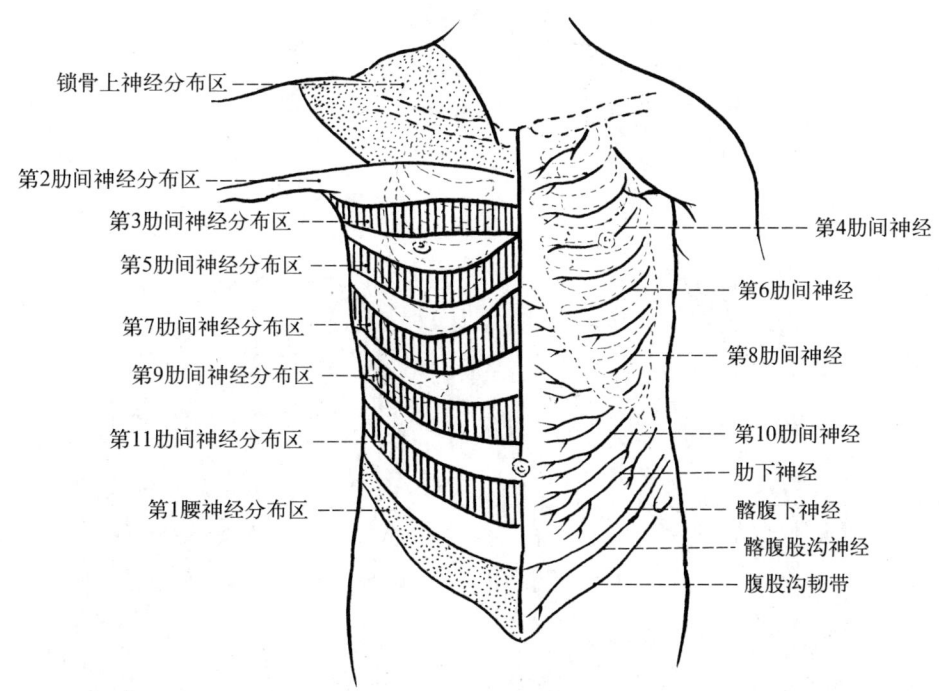

图 18-13　躯干皮神经的节段性分布（前面观）

（二）腰丛的主要分支

腰丛除发出短小肌支支配髂腰肌和腰方肌外，还发出下列分支（图 18-14，图 18-15）。

1. **髂腹下神经** iliohypogastric nerve（T_{12}—L_1）　以感觉纤维为主。自腰大肌外侧缘穿出后，经肾和腰方肌之间斜向外下越过腰方肌前方至髂嵴，经髂嵴上方逐次穿经腹横肌和腹内斜肌，终支在腹股沟管浅环上方 3 cm 处穿腹外斜肌腱膜达皮下。沿途发肌支分布于腹前外侧壁诸肌下份，皮支分布于臀外侧区、腹股沟区及下腹部皮肤。

2. **髂腹股沟神经** ilioinguinal nerve（L_1）　以运动纤维为主，较细小。在髂腹下神经下方自腰大肌外侧缘穿出，斜向外下跨过腰方肌和髂肌上部，在髂嵴前端附近穿腹横肌浅出，于该肌与腹内斜肌之间前行入腹股沟管，伴精索或子宫圆韧带在腹股沟管内下行，从腹股沟管浅环穿出，皮

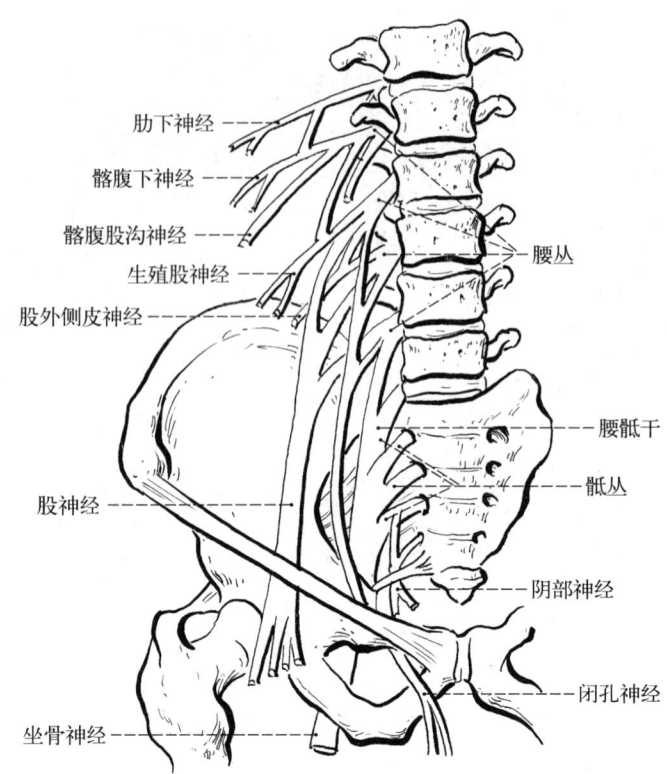

肋下神经
髂腹下神经
髂腹股沟神经
生殖股神经
股外侧皮神经
股神经
坐骨神经

腰丛
腰骶干
骶丛
阴部神经
闭孔神经

图 18-14　腰、骶丛
组成模式图

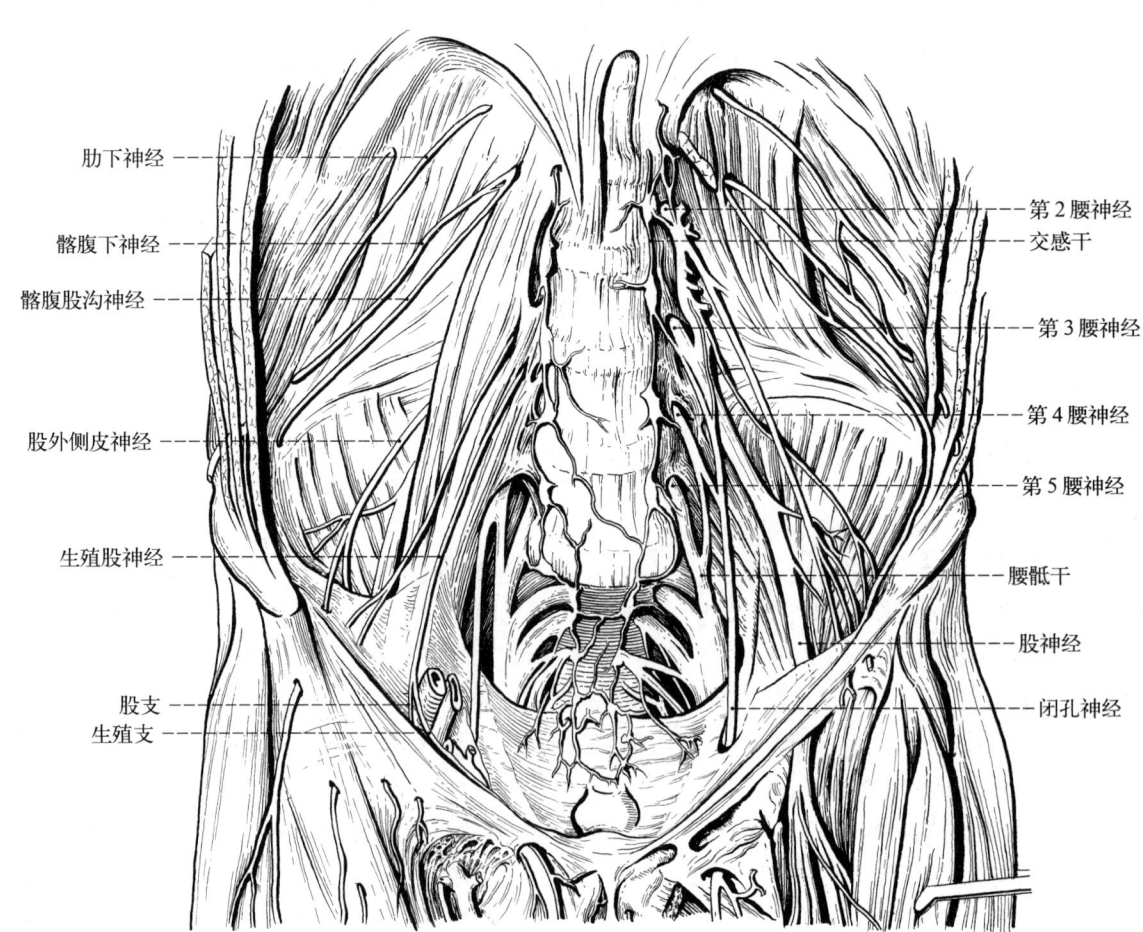

肋下神经
髂腹下神经
髂腹股沟神经
股外侧皮神经
生殖股神经
股支
生殖支

第 2 腰神经
交感干
第 3 腰神经
第 4 腰神经
第 5 腰神经
腰骶干
股神经
闭孔神经

图 18-15　腰、骶丛
及其分支

支分布于腹股沟部、阴囊或大阴唇前部的皮肤，肌支沿途分布于腹壁诸肌。

　　行腹股沟疝修补术时应避免损伤上述两神经。

　　3. **股外侧皮神经** lateral femoral cutaneous nerve（L₂—L₃）　从腰大肌外侧缘穿出后，向前外侧走行，斜越髂肌表面达髂前上棘稍内侧，经腹股沟韧带深面达股部，在髂前上棘下方 5~6 cm 处穿出深筋膜，分布于大腿前外侧份的皮肤（图 18-16）。

　　4. **股神经** femoral nerve（L₂—L₄）　是腰丛中最大的分支。从腰大肌外侧缘穿出后，在腰大肌和髂肌之间下行，发出肌支至该两肌，经腹股沟韧带中点稍外侧从深面穿经该韧带，在股动脉外侧进入股三角，立即分成数条肌支支配股四头肌、缝匠肌和耻骨肌。皮支中有数条股中间皮神经

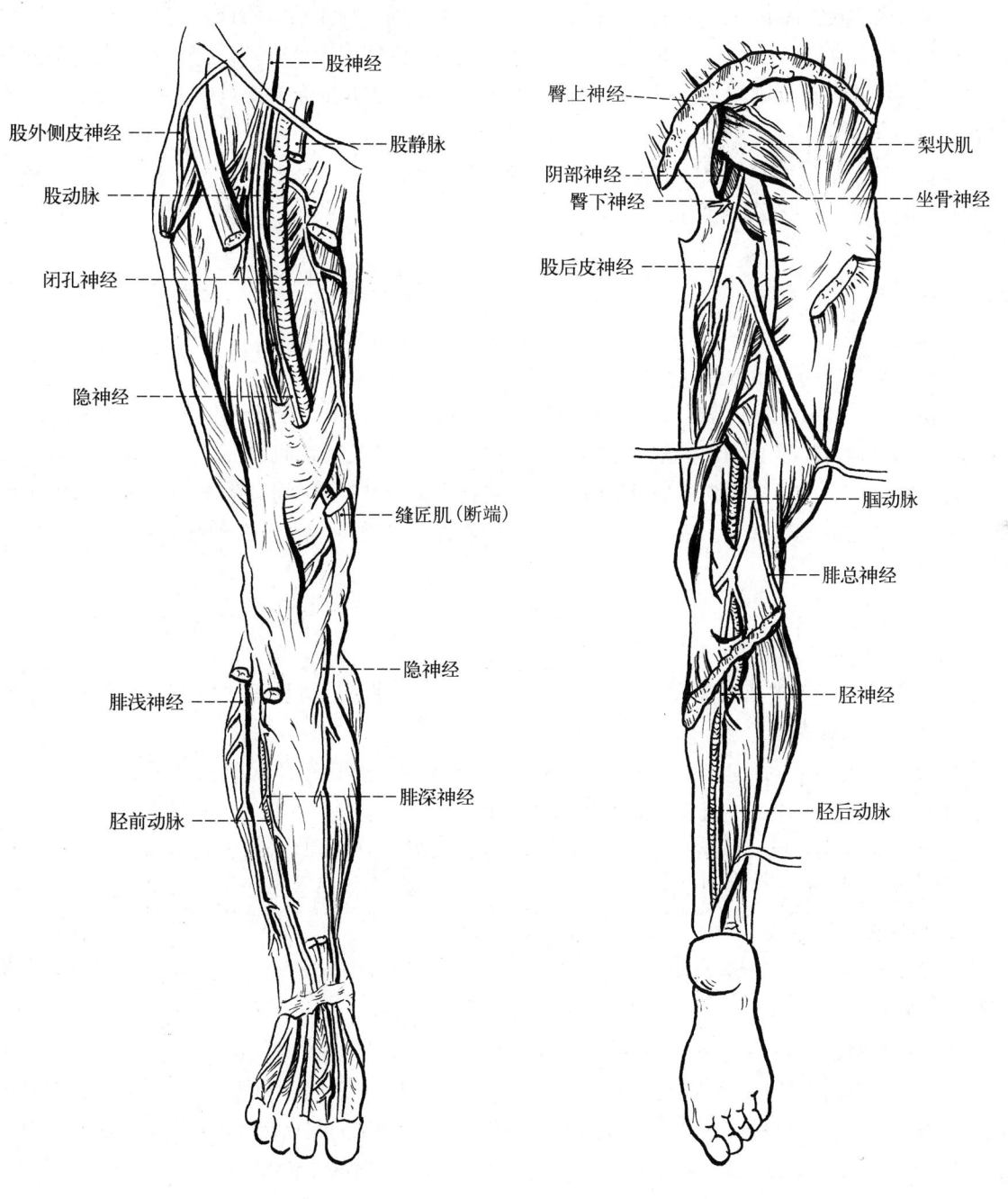

前面观　　　　　　　　　　　　　　　　后面观　　　　　　　　图 18-16　下肢的神经

临床视角 18-7
股神经损伤表现

和股内侧皮神经分布于大腿前、内侧面及膝关节前面的皮肤；最长的**隐神经** saphenous nerve 伴随股动脉进入收肌管下行，在收肌管下端穿过该管前壁，在膝关节内侧下行，于缝匠肌下段的深面浅出至皮下后，伴随大隐静脉沿小腿内侧面下行至足内侧缘，沿途发支分布于膝关节、髌下、小腿内侧面和足内侧缘的皮肤（图 18-16）。

临床视角 18-8
闭孔神经损伤后的体征

5. **闭孔神经** obturator nerve（L_2—L_4） 是腰丛分支中唯一从腰大肌内侧缘穿出的神经，发出后下行入盆腔，伴闭孔动脉紧贴盆腔侧壁行向前下，穿闭膜管出盆腔，至股内侧区分为前、后2 支，分别经短收肌的前、后方浅出，进入大腿内侧部。肌支主要支配闭膜外肌和大腿内侧肌群，但偶有分支至耻骨肌；皮支主要分布于大腿内侧面的皮肤，也发细小分支分布于髋、膝关节（图 18-16）。

6. **生殖股神经** genitofemoral nerve（L_1—L_2） 从腰大肌前面穿出后，沿该肌前面下行至腹股沟区，在腹股沟韧带上方分为生殖支和股支。生殖支在腹股沟管深环处进入该管，随管内结构分布于提睾肌和阴囊，女性则随子宫圆韧带分布于大阴唇。股支穿过股鞘和阔筋膜分布于股三角区的皮肤（图 18-15）。

在盲肠后位的阑尾手术或腹股沟疝修补术时，应注意避免损伤髂腹下神经、髂腹股沟神经和生殖股神经。

六、骶丛

（一）骶丛的组成和位置

骶丛 sacral plexus 是全身最大的脊神经丛，由腰骶干（L_4—L_5）及全部骶神经和尾神经的前支组成（图 18-14，图 18-15）。骶丛位于盆腔内，恰在骶骨及梨状肌前面、髂血管的后方，其主要部分略呈三角形，尖端朝向坐骨大孔，向下移行为坐骨神经。由于骶丛与某些盆腔脏器（如直肠和子宫等）的位置紧邻，故这些脏器的恶性肿瘤常会浸润、扩散至神经丛，引起疼痛及多个神经根受累。

（二）骶丛的主要分支

骶丛除发出短小的肌支支配梨状肌、闭孔内肌、肛提肌和股方肌等小肌外，主要发出一些走行距离较长的分支。

1. **臀上神经** superior gluteal nerve（L_4—L_5、S_1） 伴臀上血管经梨状肌上孔出盆腔，行于臀中、小肌间，支配臀中、小肌和阔筋膜张肌（图 18-16）。

2. **臀下神经** inferior gluteal nerve（L_5、S_1—S_2） 伴臀下血管经梨状肌下孔出盆腔，达臀大肌深面，发支支配臀大肌（图 18-16）。

3. **股后皮神经** posterior femoral cutaneous nerve（S_1—S_3） 伴随臀下神经经梨状肌下孔出盆腔，经臀大肌深面下行至其下缘浅出，在股后区下行，主要分布于臀区下份、股后部和腘窝的皮肤（图 18-16）。

4. **阴部神经** pudendal nerve（S_2—S_4） 伴阴部血管经梨状肌下孔出盆腔，绕坐骨棘穿坐骨小孔进入坐骨肛门窝，贴此窝外侧壁向前，沿途分支分布于肛门、会阴部和外生殖器等部位的肌和皮肤。主要分支有：①**肛神经**，分布于肛门外括约肌及肛门部的皮肤。②**会阴神经**，伴随阴部血管分布于会阴诸肌和阴囊（或大阴唇）后部的皮肤。③**阴茎（阴蒂）背神经**，走行在阴茎（阴蒂）的背侧，主要分布于阴茎（阴蒂）的海绵体及皮肤（图 18-17）。

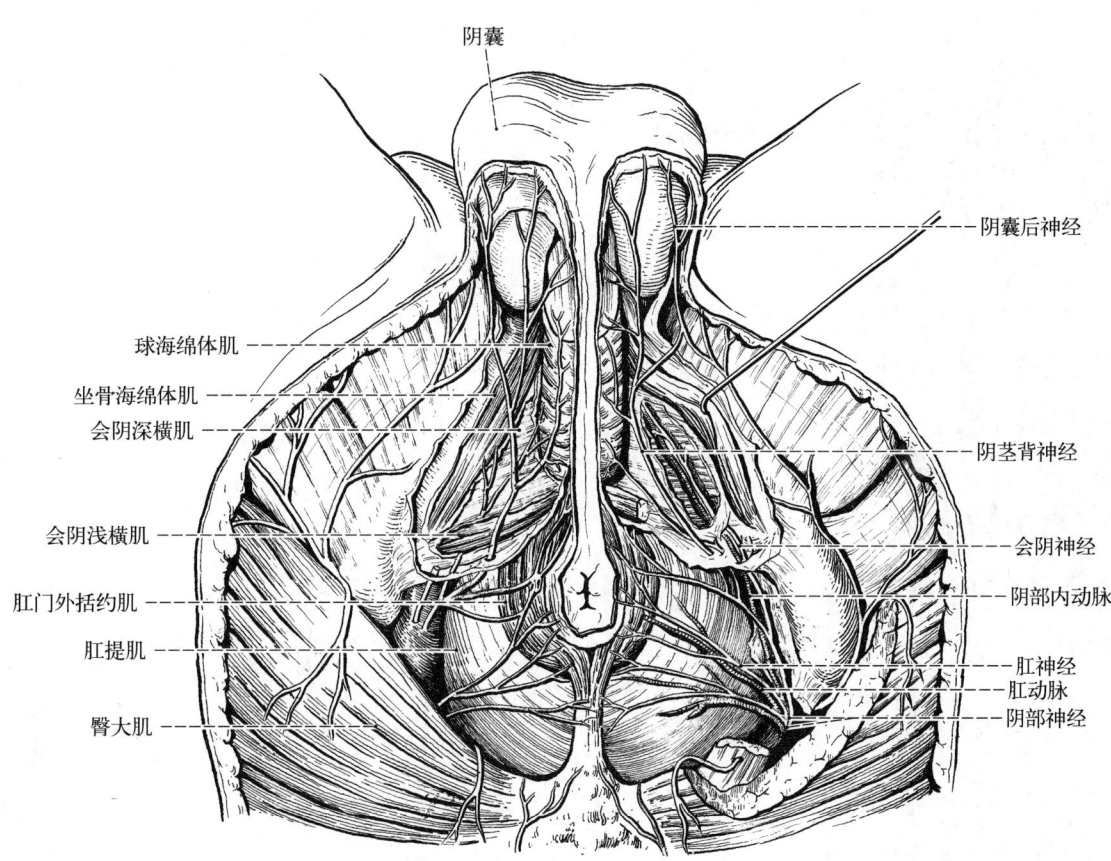

图 18-17　阴部神经
（男性）

阴囊

阴囊后神经

球海绵体肌

坐骨海绵体肌

会阴深横肌

阴茎背神经

会阴浅横肌

会阴神经

肛门外括约肌

阴部内动脉

肛提肌

肛神经

肛动脉

臀大肌

阴部神经

5. **坐骨神经** sciatic nerve（L_4—L_5、S_1—S_3） 是人体最粗大、行程最长的神经，自骶丛发出后，经梨状肌下孔出盆腔，行于臀大肌深面，经坐骨结节与股骨大转子连线的中点深面下行至股后部，继沿股二头肌深面下降，一般在腘窝上角处分为胫神经和腓总神经两大终支，在股后区发出肌支支配股后群肌，并有分支分布于髋关节。

（1）**胫神经** tibial nerve（L_4—L_5、S_1—S_3） 为坐骨神经本干的直接延续，于股后区下部沿中线下行入腘窝，与腘血管相伴下行至小腿后区，在比目鱼肌深面伴胫后血管下行至内踝后方，最后在屈肌支持带深面的踝管内分为足底内侧神经和足底外侧神经，进入足底（图 18-18）。胫神经在腘窝及小腿发出肌支支配小腿肌后群，皮支分布于小腿后面的皮肤，关节支分布于膝关节和踝关节。皮支中主要为腓肠内侧皮神经，伴随小隐静脉下行，沿途分支分布于相应区域的皮肤，并在小腿下部与来自腓总神经的腓肠外侧皮神经吻合成腓肠神经。腓肠神经经外踝后方至足的外侧缘，分布于小腿后面下部，足背及小趾外侧缘皮肤。足底内侧神经分布于足底肌内侧群及足底内侧半、内侧 3 个半趾跖面皮肤。足底外侧神经分布于足底肌中间群和外侧群，以及足底外侧半和外侧 1 个半趾跖面皮肤（图 18-19）。

（2）**腓总神经** common peroneal nerve（L_4—L_5、S_1—S_2） 在腘窝上角处由坐骨神经发出，继沿股二头肌腱内侧缘向外下走行，绕腓骨颈外侧向前穿过腓骨长肌后，分为**腓浅神经** superficial peroneal nerve 和**腓深神经** deep peroneal nerve。腓浅神经在腓骨长、短肌与趾长伸肌之间下行，发出肌支支配腓骨长、短肌；其末段为皮支，在小腿前外侧面中、下 1/3 交界处浅出，分布于小腿前外侧面下部、足背和第 2—5 趾背的皮肤。腓深神经分出后先在腓骨与腓骨长肌之间斜向前下行，后伴随胫前血管下行于小腿前群肌深面，继而到达足背，沿途发分支支配小腿前群肌、足

临床视角 18-9
坐骨神经的体表投影及分布

临床视角 18-10
胫神经损伤表现

临床视角 18-11
腓总神经受损的表现

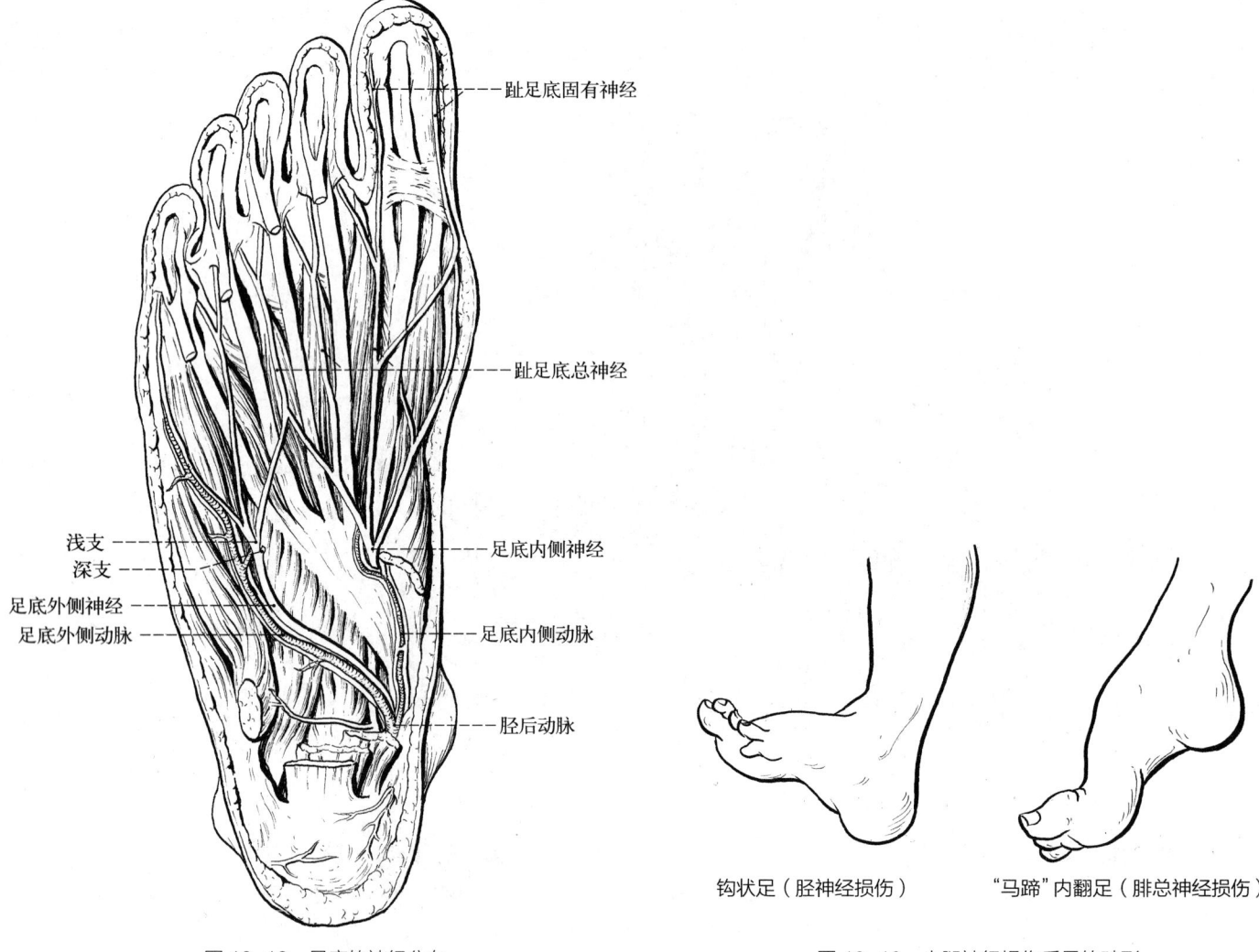

图 18-18 足底的神经分布

趾足底固有神经

趾足底总神经

浅支
深支
足底外侧神经
足底外侧动脉

足底内侧神经

足底内侧动脉

胫后动脉

钩状足（胫神经损伤）　　"马蹄"内翻足（腓总神经损伤）

图 18-19 小腿神经损伤后足的畸形

背肌及第 1、2 趾相对缘背面的皮肤（图 18-16）。支配股二头肌短头的神经多发自腓总神经。

第二节　脑神经

脑神经 cranial nerves 是指连于脑并将脑与外周组织的感受器和效应器联系起来的周围神经，共 12 对，由颅底的相应孔、裂出入颅腔，用大写罗马数字表示其顺序与名称，即 Ⅰ 嗅神经、Ⅱ 视神经、Ⅲ 动眼神经、Ⅳ 滑车神经、Ⅴ 三叉神经、Ⅵ 展神经、Ⅶ 面神经、Ⅷ 前庭蜗神经、Ⅸ 舌咽神经、Ⅹ 迷走神经、Ⅺ 副神经、Ⅻ 舌下神经。第 Ⅰ 对脑神经与端脑相连，第 Ⅱ 对脑神经与间脑相连，其他脑神经均连于脑干（表 18-1，图 18-20）。

知识扩展 18-2
脑神经记忆口诀

根据胚胎发生、神经纤维支配和功能等特点，脑神经的纤维成分可分为以下 7 种：①一般躯体感觉纤维，分布于皮肤、肌、肌腱、眶内和口、鼻大部分黏膜。②特殊躯体感觉纤维，分布于视器和前庭蜗器。③一般内脏感觉纤维，分布于头、颈、胸腔、腹腔的脏器。④特殊内脏感觉纤

表 18-1　脑神经名称、性质、连脑部位及进出颅腔部位

顺序及名称	性质	连脑部位	进出颅腔部位
Ⅰ嗅神经	感觉性	端脑	筛孔
Ⅱ视神经	感觉性	间脑	视神经管
Ⅲ动眼神经	运动性	中脑	眶上裂
Ⅳ滑车神经	运动性	中脑	眶上裂
Ⅴ三叉神经	混合性	脑桥	眼神经经眶上裂 上颌神经经圆孔 下颌神经经卵圆孔
Ⅵ展神经	运动性	脑桥	眶上裂
Ⅶ面神经	混合性	脑桥	内耳门→茎乳孔
Ⅷ前庭蜗神经	感觉性	脑桥	内耳门
Ⅸ舌咽神经	混合性	延髓	颈静脉孔
Ⅹ迷走神经	混合性	延髓	颈静脉孔
Ⅺ副神经	运动性	延髓	颈静脉孔
Ⅻ舌下神经	运动性	延髓	舌下神经管

维，分布于味蕾和嗅器。⑤**一般躯体运动纤维**，分布于头节中胚层肌节衍化来的眼外肌、舌肌等横纹肌。⑥**一般内脏运动纤维**，分布于平滑肌、心肌和腺体。⑦**特殊内脏运动纤维**，分布于由鳃弓衍化而来的咀嚼肌、表情肌和咽喉肌等。

　　脑神经中的运动纤维是由脑干内的脑神经运动核发出的轴突构成；感觉纤维则由脑神经节内的感觉神经元的周围突构成，其中枢突进入脑干，与脑干内的感觉神经核形成突触。因此，除第Ⅰ、Ⅱ对脑神经外，其余具有感觉纤维的脑神经都有感觉性脑神经节，其位置就在脑神经所穿经的孔、裂附近，如三叉神经节（Ⅴ）、膝神经节（Ⅶ）、上神经节和下神经节（Ⅸ、Ⅹ）、前庭神经节和蜗神经节等。

　　存在于第Ⅲ、Ⅶ、Ⅸ、Ⅹ对脑神经中的一般内脏运动纤维，发自脑干内的一般内脏运动神经核，均为副交感神经核，先终止于周围部的副交感神经节，并在节内交换神经元，其节后纤维分布到所支配的平滑肌、心肌和腺体。因此在这几对脑神经的行程中会出现与之相连的一个或多个副交感神经节，如与第Ⅲ对脑神经相连的睫状神经节，与第Ⅶ对脑神经相连的翼腭神经节、下颌下神经节，与第Ⅸ对脑神经相连的耳神经节，它们分别位于所支配的器官附近（器官旁节），与第Ⅹ对脑神经相连的副交感神经节则位于所支配器官壁内（壁内节）。

　　并非所有脑神经均含上述 7 种纤维成分，每对脑神经所含纤维种类各不相同，少则 1 种，多则 3～5 种，故也可根据所含纤维成分的不同将脑神经分为 3 类：①第Ⅰ、Ⅱ、Ⅷ对脑神经仅含感觉性纤维，称**感觉性脑神经**。②第Ⅲ、Ⅳ、Ⅵ、Ⅺ、Ⅻ对脑神经仅含运动性纤维，称**运动性脑神经**。③第Ⅴ、Ⅶ、Ⅸ、Ⅹ对脑神经既含感觉性纤维，又含运动性纤维，称为**混合性脑神经**。

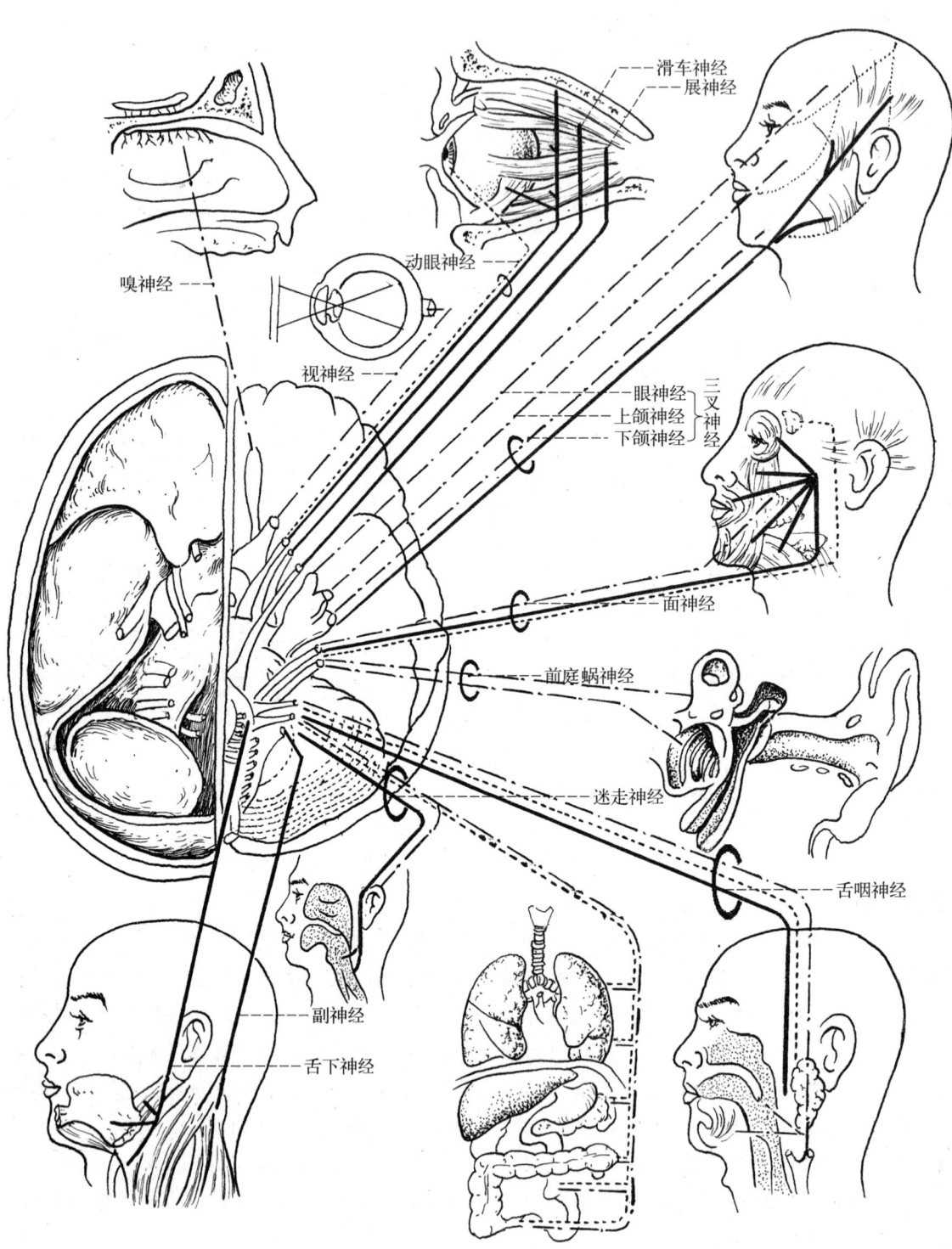

图 18-20 脑神经概况

一、嗅神经

嗅神经 olfactory nerve 为感觉性脑神经，由特殊内脏感觉纤维组成。嗅细胞为双极神经元，其周围突分布于鼻腔黏膜嗅区，中枢突聚集成 20 多条嗅丝，合称嗅神经，向上穿筛孔入颅前窝，终止于嗅球，传导嗅觉冲动（图 18-21）。

临床视角 18-12
造成嗅觉障碍的病因

二、视神经

视神经 optic nerve 为感觉性脑神经，由特殊躯体感觉纤维组成，传导视觉冲动。其纤维始于视网膜的节细胞。节细胞的轴突在视网膜后部汇成视神经盘，然后穿经巩膜筛板后形成视神经。视神经经视神经管入颅中窝，移行于间脑的视交叉（图 18-22）。

临床视角 18-13
影响视觉的病因

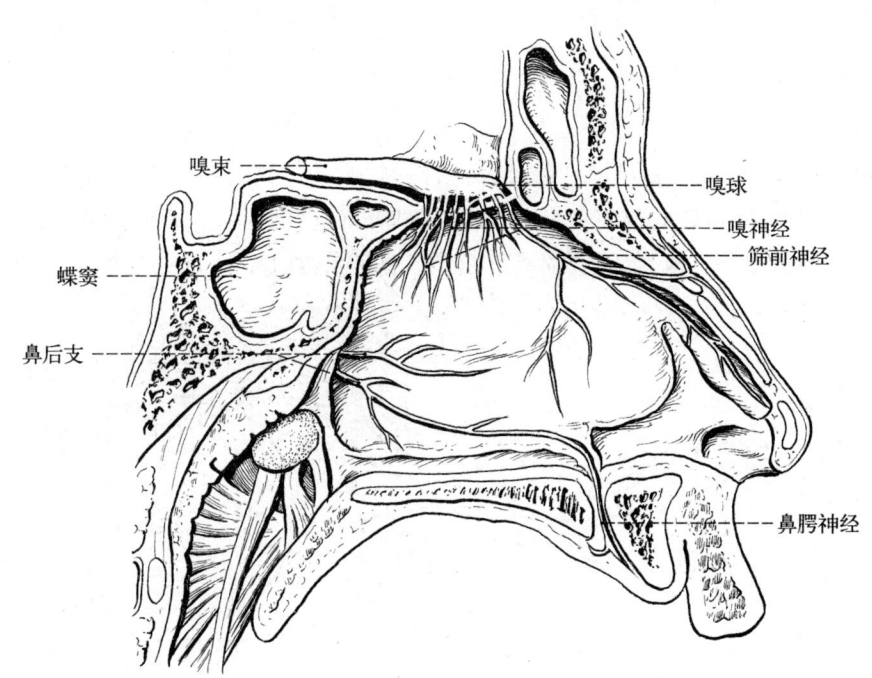

嗅束
嗅球
嗅神经
筛前神经
蝶窦
鼻后支
鼻腭神经

图 18-21 嗅神经

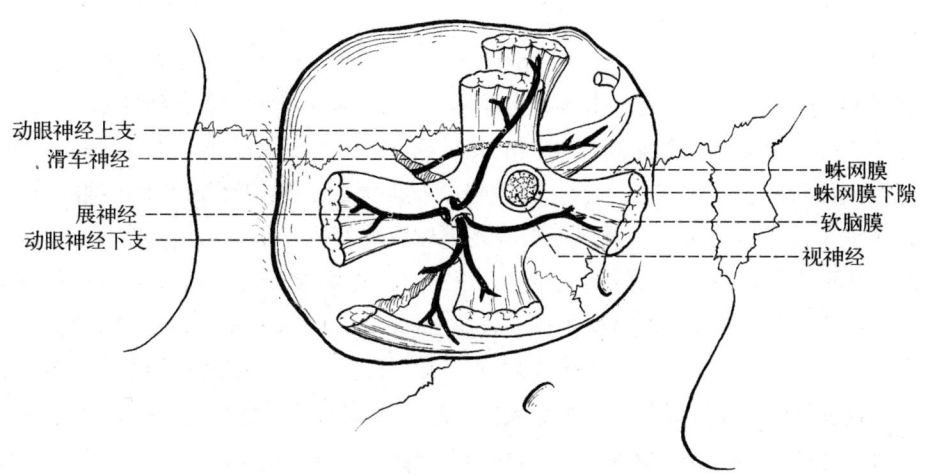

动眼神经上支
滑车神经
展神经
动眼神经下支
蛛网膜
蛛网膜下隙
软脑膜
视神经

图 18-22 视神经横切面

三、动眼神经

知识扩展 18-3
支配眼外肌的脑神经
受损

动眼神经 oculomotor nerve 属运动性脑神经，含一般躯体运动纤维和一般内脏运动纤维 2 种纤维成分。一般躯体运动纤维起于中脑的动眼神经核，一般内脏运动（副交感）纤维起于中脑的动眼神经副核。2 种纤维合并成动眼神经后，自中脑脚间窝出脑，穿行海绵窦外侧壁上部，再经眶上裂入眶，在此分为上、下 2 支。上支较细小，分布于上睑提肌和上直肌；下支粗大，支配内直肌、下直肌和下斜肌。一般内脏运动纤维从下斜肌支中单独以小支（称睫状神经节短根）分出，在**睫状神经节** ciliary ganglion 内换神经元，其节后纤维进入眼球，支配瞳孔括约肌和睫状肌，参与完成调节反射及瞳孔对光反射（图 18-23，图 18-24）。

临床视角 18-14
球后麻醉

睫状神经节属副交感神经节，位于视神经后部外侧与外直肌之间，由动眼神经副核发出的一般内脏运动纤维即副交感节前纤维进入节内交换神经元，其节内神经元发出的节后纤维加入睫状短神经进入眼球，支配瞳孔括约肌和睫状肌。

四、滑车神经

滑车神经 trochlear nerve 属运动性脑神经，含一般躯体运动纤维。起于中脑的滑车神经核，由下丘的下方出脑，呈弓形向前下侧弯曲，绕大脑脚外侧向前至脑干腹侧，穿经海绵窦外侧壁，经眶上裂入眶，越过上直肌和上睑提肌后部的上面，支配上斜肌（图 18-23，图 18-24）。

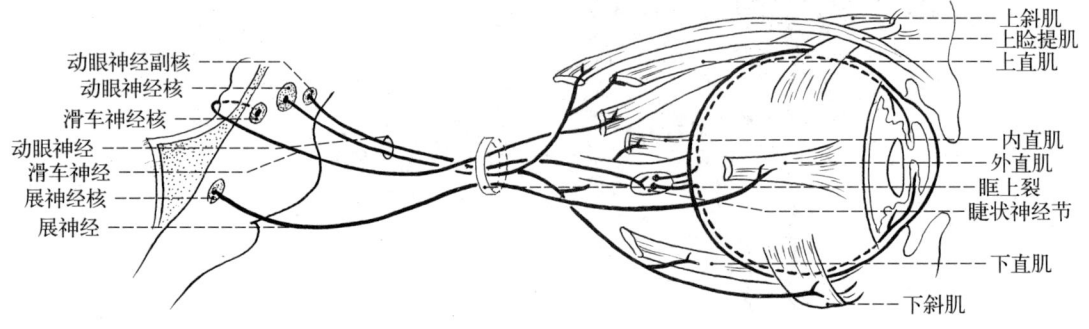

图 18-23　动眼、滑车、展神经的纤维成分及分布

五、三叉神经

三叉神经 trigeminal nerve 与脑桥相连，为最粗大的混合性神经，含一般躯体感觉纤维和特殊内脏运动纤维 2 种纤维成分，分别组成粗大的感觉根和细小的运动根，2 根在脑桥基底部与小脑中脚结合处合成粗大的三叉神经出入脑。感觉根上有膨大的**三叉神经节（半月神经节）** trigeminal ganglion，位于三叉神经压迹处，由假单极神经元胞体聚集而成，其中枢突集中成粗大的三叉神经感觉根，传导头面部痛觉、温觉的纤维主要终止于**三叉神经脊束核** spinal nucleus of trigeminal nerve，传导触觉的纤维主要终止于**三叉神经脑桥核** pontine nucleus of trigeminal nerve；周围突组成三叉神经的 3 大分支，由上而下外依次为眼神经、上颌神经和下颌神经，由三叉神经节的前端发出，分布于面部皮肤、眼及眶内、口腔、鼻腔、鼻旁窦的黏膜、牙齿、脑膜处，传导痛、温、触等浅感觉。三叉神经运动根起自**三叉神经运动核** motor nucleus of trigeminal nerve，于三叉神经节下面通过，加入

下颌神经，经卵圆孔出颅，随下颌神经分支支配咀嚼肌等（图 18-25）。

（一）眼神经

眼神经 ophthalmic nerve 为 3 支中较细者，仅含一般躯体感觉纤维，自三叉神经节发出后，向前穿经海绵窦外侧壁，于动眼神经、滑车神经下方，经眶上裂入眶，分支分布于硬脑膜、眼眶、泪器、眼球、结膜、部分鼻和鼻旁窦黏膜及额顶区、上睑和鼻背的皮肤。主要分支如下（图 18-26）。

1. **泪腺神经** lacrimal nerve 细小，沿眶外侧壁、外直肌上方行向前外，分布于上睑、泪腺和外眦部结膜，传导上述区域的感觉。泪腺神经与上颌神经分出的颧神经有交通，由此导入控制泪腺分泌的面神经副交感纤维。

2. **额神经** frontal nerve 较粗大，沿上睑提肌上方前行，分为 2～3 支，其中较粗大的眶上神经经眶上孔（眶上切迹）伴眶上血管穿出，分布于额顶区和上睑部皮肤；较细小的滑车上神经向内前方经滑车上方出眶，分布于鼻背及内眦附近皮肤。

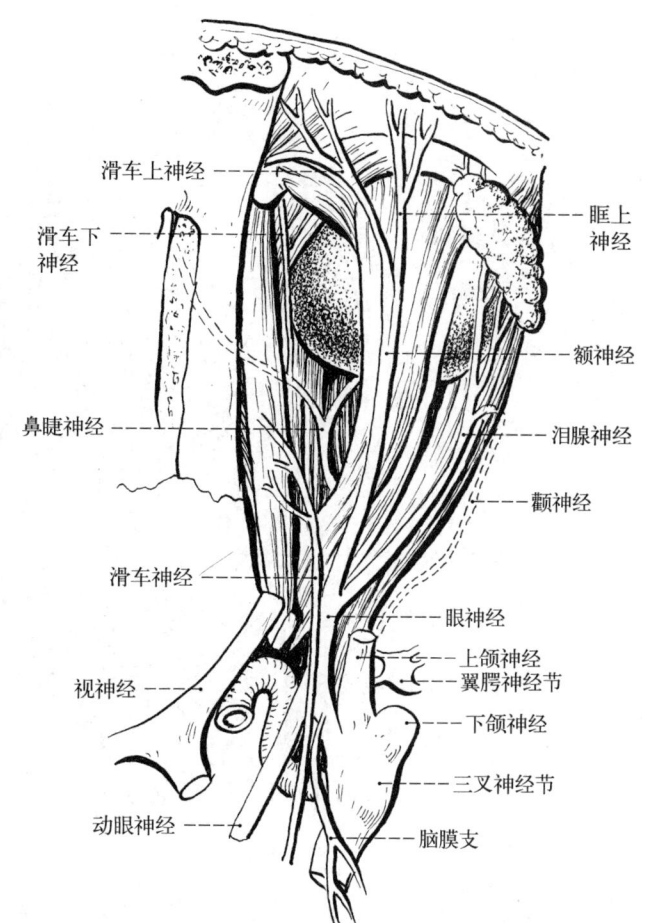

图 18-24　眶内的神经（上面观）

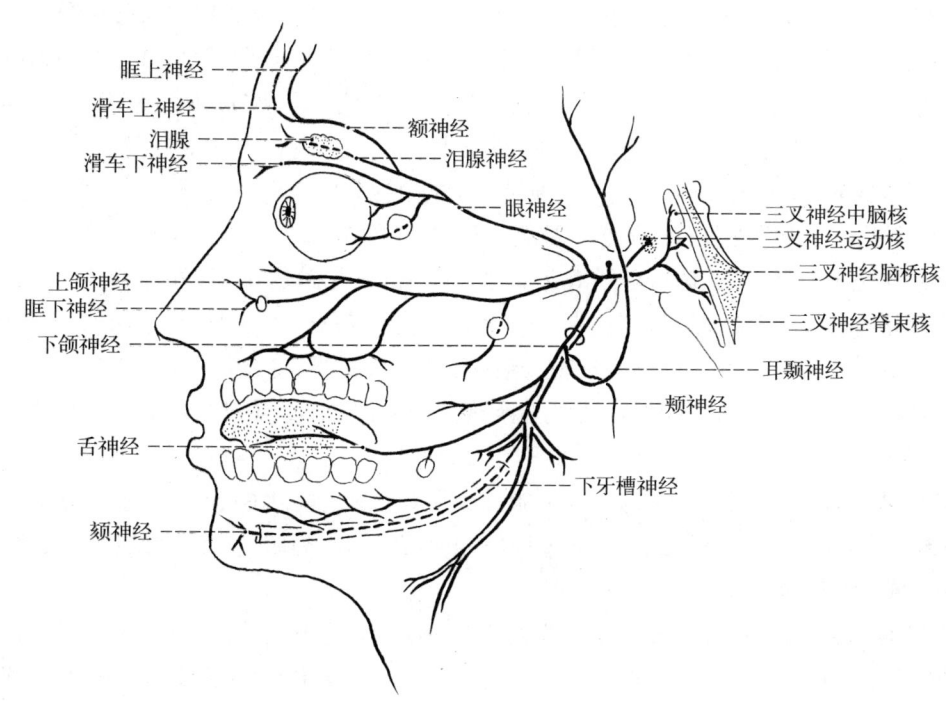

图 18-25　三叉神经的纤维成分及分布

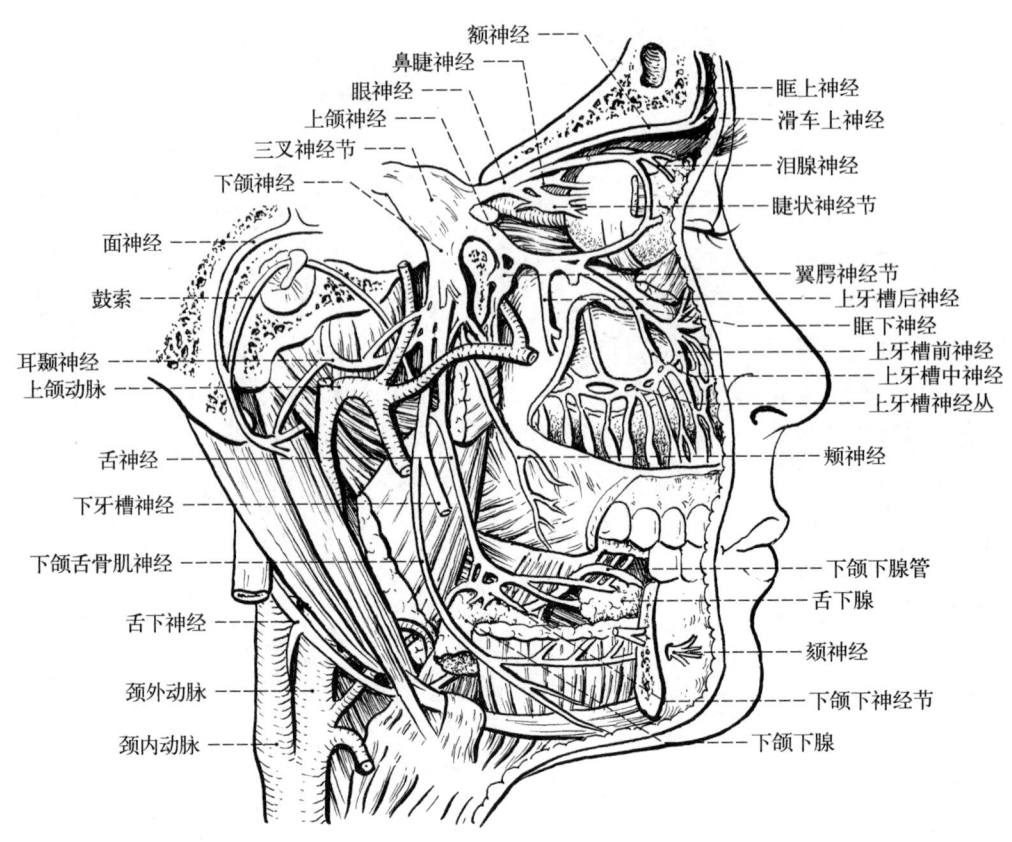

图 18-26　三叉神经的分支

3. 鼻睫神经 nasociliary nerve　经上直肌和视神经之间行向前内达眶内前内侧壁，发出分支分布于鼻背和眼睑的皮肤、泪囊、筛窦、鼻腔黏膜、眼球以及结膜等。

（二）上颌神经

上颌神经 maxillary nerve 仅含一般躯体感觉纤维，自三叉神经节发出后向前穿经海绵窦外侧壁，经圆孔出颅至翼腭窝，再经眶下裂入眶，改称为眶下神经出眶下孔至面部。上颌神经主要分布于眼裂与口裂之间的皮肤及上颌牙与牙龈、上颌窦与鼻黏膜、口腔腭部和鼻咽部的黏膜等，传导其感觉。上颌神经的主要分支如下（图 18-26）。

1. 眶下神经 infraorbital nerve　为上颌神经主干的直接延续，向前经眶下裂入眶，经眶下沟、眶下管出眶下孔，分为数支分布于下睑、鼻翼、颊内、眶下区及上唇的皮肤和黏膜。在眶下管内分出上牙槽神经前、中支。临床行上颌部手术时，常经眶下孔做眶下神经阻滞麻醉。

2. 上牙槽神经 superior alveolar nerves　分为上牙槽神经前、中、后支，其中上牙槽神经前、中支在眶下管和眶下沟处发自眶下神经；上牙槽神经后支在翼腭窝处发自上颌神经本干，在上颌骨体后面穿入骨质。3 支在上颌骨内相互吻合形成上牙槽神经丛，由丛发支分布于上颌牙、牙龈及上颌窦黏膜。

3. 翼腭神经 pterygopalatine nerve　为上颌神经在翼腭窝处发出的 2 ~ 3 支细小分支，向下连于**翼腭神经节** pterygopalatine ganglion，穿过该神经节后分布于鼻腔、腭、咽的黏膜及腭扁桃体，传导这些区域的感觉冲动。

4. 颧神经 zygomatic nerve　较细小，在翼腭窝处分出，经眶下裂入眶后分布于颧、颞部皮肤。颧神经还借交通支将来源于面神经的副交感神经节后纤维导入泪腺神经内，控制泪腺分泌。

上颌神经在三叉神经节处有分布于颅前窝、颅中窝硬脑膜的细小脑膜支汇入。

（三）下颌神经

下颌神经 mandibular nerve 为混合性神经，含一般躯体感觉纤维和特殊内脏运动纤维2种纤维成分，是三叉神经3大分支中最粗大的一支，向下经卵圆孔出颅至颞下窝，其运动性的纤维支配咀嚼肌、鼓膜张肌、腭帆张肌、下颌舌骨肌和二腹肌前腹。感觉性的纤维主要管理硬脑膜、下颌牙及牙龈、舌前2/3、口腔侧壁及底的黏膜、颊部、耳颞区和口裂以下的皮肤的感觉。下颌神经的主要分支如下（图18-26）。

1. **颊神经** buccal nerve　发出后沿颊肌外面向前下行，分布于颊部皮肤及口腔侧壁黏膜，传导感觉信息。

2. **舌神经** lingual nerve　自下颌神经分出后，在下颌支内侧下降，沿舌骨舌肌外侧弓形转向前，越过下颌下腺上方，向前内行达口腔黏膜深面，分布于口腔底及舌前2/3黏膜，传导一般感觉。此外，还接受来自面神经鼓索的2种纤维，其中特殊内脏感觉纤维管理舌前2/3味觉，一般内脏运动纤维经由舌神经至下颌下神经节，换元后支配舌下腺、下颌下腺。

3. **下牙槽神经** inferior alveolar nerve　为混合性神经，在舌神经后方与其并行向下，发出感觉支，经下颌孔入下颌管，在管内分支分布于下颌牙和牙龈，终支自颏孔穿出，称**颏神经** mental nerve，分布于颏部及下唇的皮肤和黏膜。下牙槽神经中的运动纤维支配下颌舌骨肌及二腹肌前腹。

4. **耳颞神经** auriculotemporal nerve　以2根共同起自下颌神经，2根夹持脑膜中动脉向后合成1干，与颞浅血管伴行，穿过腮腺经耳前向上，分布于耳屏、外耳道及颞区的皮肤及腮腺。至腮腺的分支除传导感觉冲动外，还将来源于舌咽神经的副交感纤维导入腺体，控制腮腺分泌。

5. **咀嚼肌神经**　属运动性神经，含有特殊内脏运动纤维。发出翼内肌神经、翼外肌神经、咬肌神经、颞深神经，支配咀嚼肌。

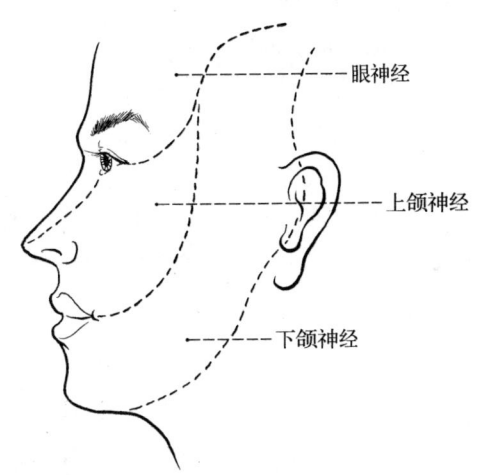

图 18-27　三叉神经分布示意图

6. 三叉神经在头、面部皮肤的分布见图18-27。

（1）眼神经分布于鼻背中部睑裂以上至矢状缝中点外侧区域的皮肤。

（2）上颌神经分布于鼻背外侧、睑裂与口裂之间以及向后上至翼点处之狭长区域的皮肤。

（3）下颌神经分布于口裂与下颌底之间，向后上至耳前上方一带区域的皮肤。

临床视角 18-15
三叉神经受损的表现

六、展神经

展神经 abducent nerve 属运动性脑神经，由脑桥内展神经核发出的一般躯体运动纤维构成，在延髓脑桥沟中线两侧出脑，弯绕颞骨岩部尖端穿入海绵窦。在海绵窦内，展神经在颈内动脉的外下方，经眶上裂入眶，支配外直肌的运动（图18-23）。

七、面神经

面神经 facial nerve 为混合性脑神经，含有 4 种纤维成分（图 18-28）：①特殊内脏运动纤维，起于面神经核，主要支配面肌的运动。②一般内脏运动纤维，起于上泌涎核，属副交感神经节前纤维，在相应的副交感神经节换元后，节后纤维分布于泪腺、下颌下腺、舌下腺及鼻、腭的黏膜腺，控制其分泌。③特殊内脏感觉纤维，即味觉纤维，其胞体位于膝神经节，周围突分布于舌前 2/3 黏膜的味蕾，中枢突终止于孤束核上部。④一般躯体感觉纤维，传导耳部皮肤的躯体感觉和面部肌的本体感觉，终于三叉神经脊束核。

面神经干由 2 个根合成，其运动根较粗大，主要由特殊内脏运动纤维组成，自延髓脑桥沟外侧部出脑，较小的混合根又称中间神经，由特殊内脏感觉、一般内脏运动和一般躯体感觉 3 种纤维成分共同包裹在 1 个筋膜鞘内而形成，自运动根的外侧出脑，两根于内耳道内合成 1 干，穿过内耳道底进入面神经管，先水平走行，再垂直下行由茎乳孔出颅，向前进入腮腺，在腮腺内分为数支并相互交织成**腮腺内丛** intraparotid plexus，于腮腺前缘呈放射状发出 5 组分支支配面肌和颈阔肌。在颞骨岩部的行程中，面神经在面神经管内形成膨大的**膝神经节** geniculate ganglion。面神经在膝神经节处发出岩大神经后，继续在面神经管内走行并发出镫骨肌神经和鼓索神经（图 18-28，图 18-29）。

根据面神经的走行，可将其分为面神经管内段和面神经颅外段。

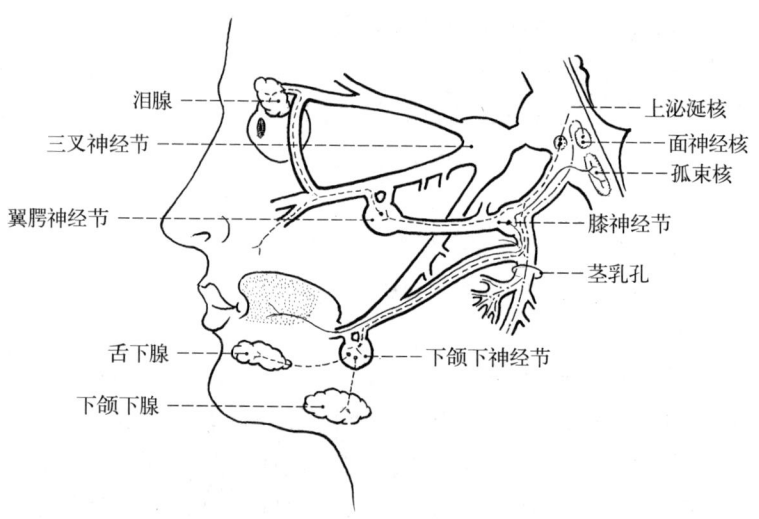

图 18-28　面神经纤维成分及分支、分布示意图

（一）面神经管内的主要分支

1. **岩大神经** greater petrosal nerve　也称岩浅大神经，由脑桥上泌涎核发出的副交感纤维组成，自膝神经节处分出后离开面神经，穿破裂孔至颅底，与来自颈内动脉交感丛的岩深神经合成翼管神经，穿翼管前行至翼腭窝，经翼腭神经节换神经元，节后纤维分布至泪腺、腭及鼻腔黏膜腺，管理其分泌活动（图 18-30）。

2. **镫骨肌神经** stapedial nerve　由面神经垂直段分出，支配镫骨肌。

3. **鼓索** chorda tympani　在面神经出茎乳孔前发出，穿骨质行向前上进入鼓室，沿鼓膜内面前行，穿岩鼓裂至颞下窝，从后方加入舌神经，并随其分支分布。

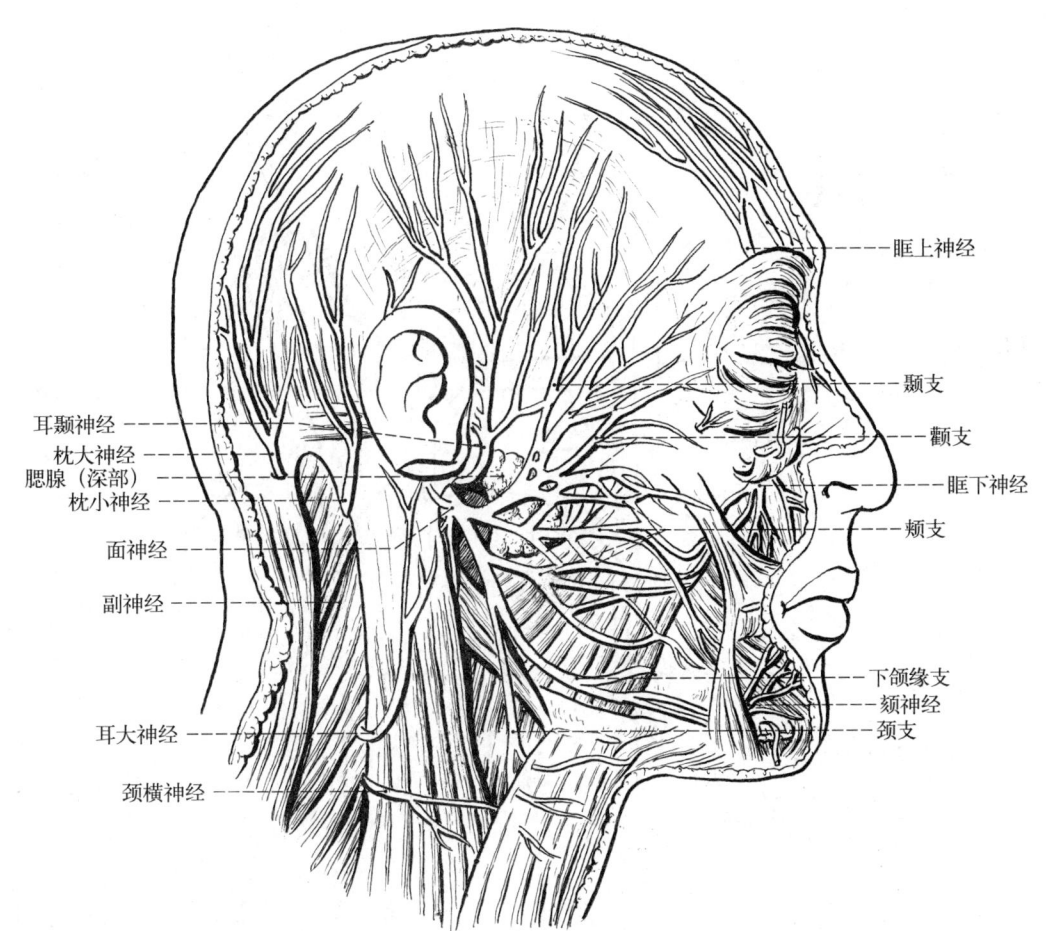

耳颞神经
枕大神经
腮腺（深部）
枕小神经
面神经
副神经
耳大神经
颈横神经

眶上神经
颞支
颧支
眶下神经
颊支
下颌缘支
颏神经
颈支

图 18-29　面神经在面部的分支

鼓索含有 2 种纤维：味觉纤维是膝神经节内假单极神经元的周围突，随舌神经分布于舌前 2/3 味蕾，传导分布区的味觉冲动；一般内脏运动纤维起于脑桥上泌涎核，在口腔底与舌神经下方的下颌下神经节换元后，节后纤维分布至下颌下腺和舌下腺，管理其分泌活动（图 18-30）。

（二）面神经在颅外的主要分支

面神经出茎乳孔后，入腮腺之前发出数小支，管理耳周围肌、枕肌、二腹肌后腹和茎突舌骨肌的运动；主干向前进入腮腺实质，在腮腺内分支并交织成**腮腺内丛** intraparotid plexus，由此丛经腮腺前缘呈放射状发出 5 组分支支配面肌和颈阔肌（图 18-29）。

1. **颞支**　常为 3 支，支配枕额肌额腹、皱眉肌、眼轮匝肌上部等。

2. **颧支**　3~4 支，支配眼轮匝肌和颧肌等，管理眼裂闭合。

3. **颊支**　3~4 支，在腮腺导管上、下方走行，支配颊肌、口轮匝肌和其他口周肌，管理口裂闭合，拉口角向外上方。

4. **下颌缘支**　沿下颌缘向前至下唇诸肌，支配的这些肌可拉口角向外下。

5. **颈支**　由腮腺下端穿出向前下，在下颌角附近下行于颈阔肌深面，支配该肌。

与面神经相关的副交感神经节如下（图 18-30）。

翼腭神经节 pterygopalatine ganglion 也称蝶腭神经节，位于翼腭窝内，为一不规则扁平小结，来自面神经一般内脏运动纤维构成的岩大神经，进入此节后形成突触，换神经元后发出的节后纤维经过三叉神经的分支到达泪腺、腭、腭扁桃体、咽部小腺体、鼻和筛窦、蝶窦等处黏膜，

知识扩展 18-4
面神经麻痹

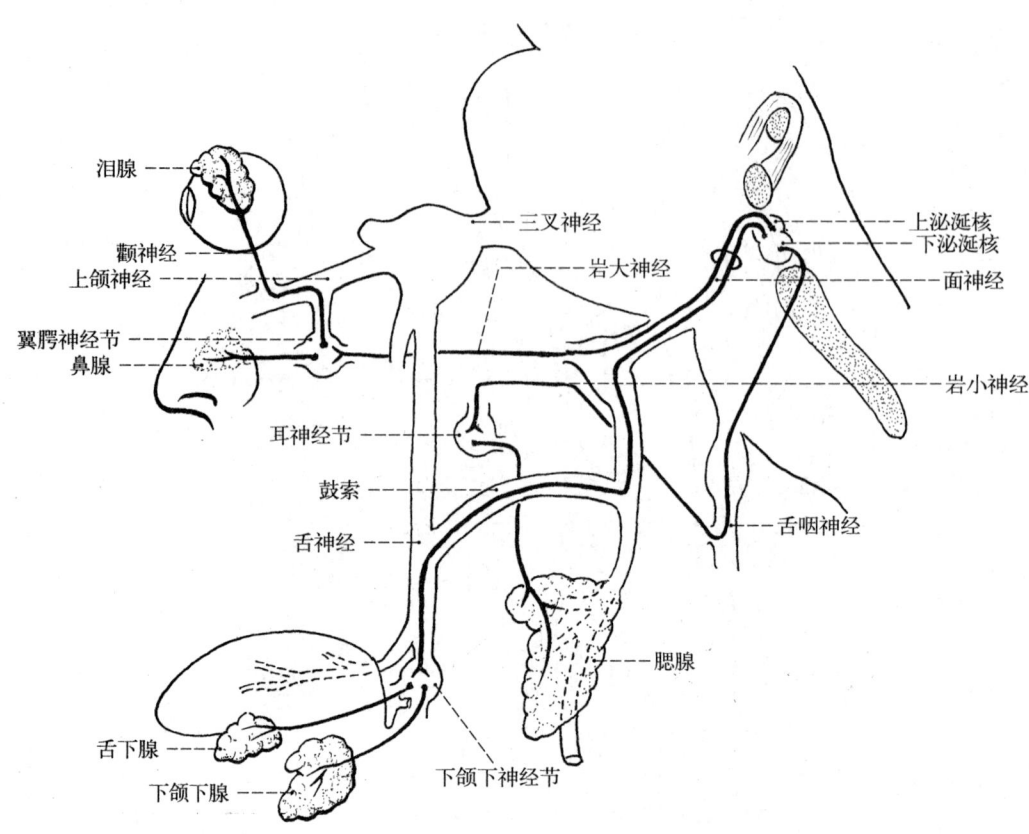

图 18-30 头部腺体的副交感纤维来源模式图

管理其分泌。

临床视角 18-16
面神经各段的损伤

　　下颌下神经节 submandibular ganglion 位于下颌下腺与舌神经之间，呈椭圆形，来自面神经鼓索的一般内脏运动纤维伴舌神经到达此节内，交换神经元后发出节后纤维分布至下颌下腺和舌下腺。

八、前庭蜗神经

　　前庭蜗神经 vestibulocochlear nerve（位听神经）属感觉性脑神经，含特殊躯体感觉纤维，由前庭神经和蜗神经组成。前庭神经传导平衡觉，蜗神经传导听觉（图 18-31）。

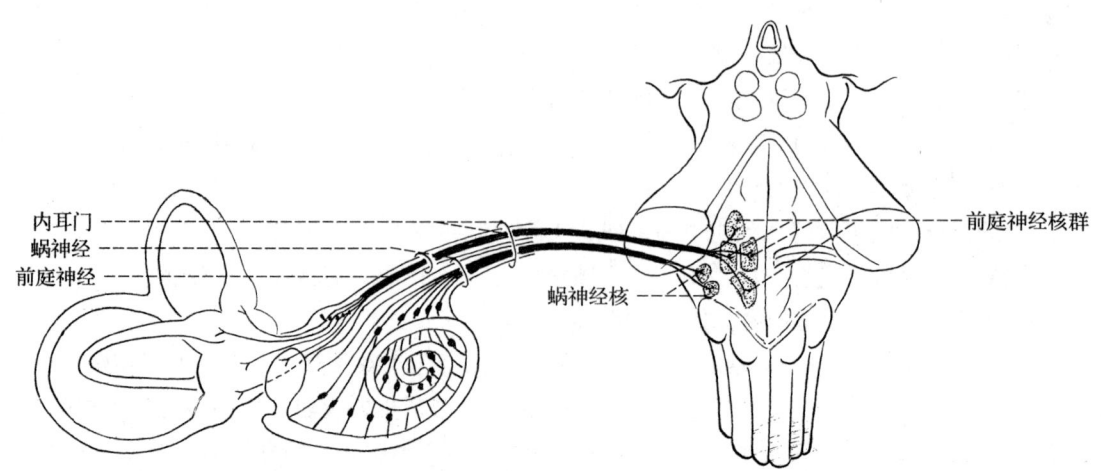

图 18-31 前庭蜗神经的纤维成分及分布

1. **前庭神经** vestibular nerve　由前庭神经节发出的中枢突组成，传导平衡觉冲动。**前庭神经节** vestibular ganglion 位于内耳道底附近，由双极神经元胞体聚集而成，其周围突穿过内耳道底分布于内耳的椭圆囊斑、球囊斑和壶腹嵴等平衡觉感受器，中枢突组成前庭神经，经内耳道、内耳门入脑，终止于前庭神经核群和小脑等部。

2. **蜗神经** cochlear nerve　由螺旋神经节的中枢突组成，传导听觉冲动。**蜗神经节** cochlear ganglion 由双极神经元胞体在耳蜗的蜗轴内聚集而成，其周围突分布于内耳螺旋器（Corti 器）的毛细胞内，中枢突组成蜗神经，经内耳门入颅，经延髓脑桥沟外侧部进入脑干。入脑后，蜗神经即与前庭神经分开，终止于蜗神经核。

临床视角 18-17
前庭蜗神经受损的表现

九、舌咽神经

舌咽神经 glossopharyngeal nerve 属混合性脑神经，含有 5 种纤维成分：①一般内脏运动纤维，属副交感节前纤维，起于**下泌涎核** inferior salivatory nucleus，在耳神经节换元后，其节后纤维支配腮腺分泌。②特殊内脏运动纤维，起于疑核，支配茎突咽肌。③一般躯体感觉纤维，很少，胞体位于舌咽神经**上神经节** superior ganglion 内，周围突分布于耳后皮肤，感受一般躯体感觉，中枢突入脑后止于**三叉神经脊束核** spinal nucleus of trigeminal nerve。④一般内脏感觉纤维，其胞体位于颈静脉孔处的**下神经节** inferior ganglion，周围突分布于舌后 1/3 黏膜、咽、咽鼓管、鼓室及颈动脉窦和颈动脉小球等处，感受一般内脏感觉，中枢突终止于孤束核下部。⑤特殊内脏感觉纤维，其胞体位于下神经节，周围突分布于舌后 1/3 的味蕾，感受味觉，中枢突终止于孤束核上部。

舌咽神经与迷走神经、副神经同穿颈静脉孔前部出入颅腔。在颈静脉孔内，神经干上有膨大的**上神经节**，出孔时形成稍大的**下神经节**。舌咽神经出颅后先在颈内动、静脉间下降，继而弓形向前，经舌骨舌肌的内侧达舌根。舌咽神经在穿行颈静脉孔的行程中发出 6 个分支（图 18-32）。

1. **舌支**　为舌咽神经的 2 终支之一，发出后向前下经舌骨舌肌深面，分布于舌后 1/3 的黏膜

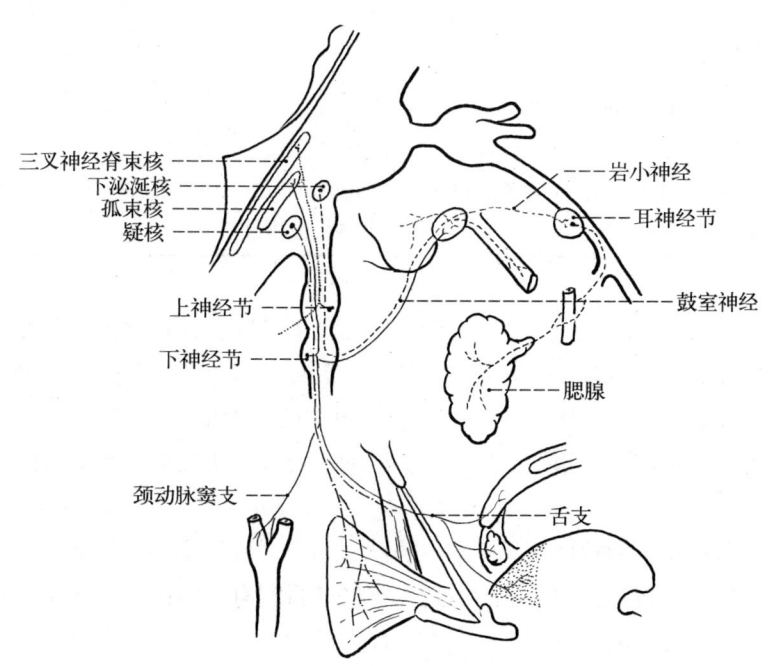

图 18-32　舌咽神经

与味蕾，管理该区的一般内脏感觉和味觉。

2. **咽支** 为舌咽神经的另一终支，是咽部的主要感觉神经，含3~4条细支，在咽后侧壁的外膜内与迷走神经和交感神经的咽支共同构成咽丛，由咽丛发出分支分布于咽壁各层，接受咽壁的感觉传入，与咽反射直接有关。

3. **颈动脉窦支** 属感觉支，有1~2支，在颈静脉孔下方发出后，沿颈内动脉壁前方下降，分布于颈动脉窦和颈动脉小球，向中枢传导血压和血液中二氧化碳浓度变化的信息，反射性调节血压和呼吸。

4. **鼓室神经** 由下神经节发出后，返向前上方，穿颞骨岩部下面至鼓室内，参与构成鼓室丛，分小支分布于鼓室、乳突小房和咽鼓管的黏膜，传导一般内脏感觉。鼓室神经的终支称岩小神经，含副交感节前纤维，出鼓室入耳神经节内换神经元后，发出节后纤维随耳颞神经分布于腮腺，支配腮腺的分泌。

此外，舌咽神经还发出**扁桃体支**和**茎突咽肌支**。

耳神经节 otic ganglion 为舌咽神经的副交感神经节，位于下颌神经内侧。来自下泌涎核发出的一般内脏运动纤维，经鼓室神经→鼓室丛→岩小神经入此节，换神经元后发出的节后纤维经耳颞神经至腮腺，管理腮腺的分泌（图18-30）。

十、迷走神经

迷走神经 vagus nerve 为混合性脑神经，是行程最长、分布范围最广的脑神经，含有4种纤维成分，其中以一般内脏运动纤维最多（表18-2）。

表18-2 迷走神经的神经纤维成分与功能

神经纤维成分	神经核	功能
一般躯体感觉纤维	三叉神经脊束核	传导脑膜后部、耳郭、耳后和外耳道皮肤、鼓膜外侧面的一部分及咽喉部的一般躯体感觉
一般内脏感觉纤维	孤束核	传导喉、气管下部、食管及胸、腹腔脏器，主动脉弓壁压力感受器和主动脉小球内化学感受器的感觉
特殊内脏运动纤维	疑核	支配软腭、咽喉肌
一般内脏运动（副交感）纤维	迷走神经背核	支配颈、胸腔脏器和腹腔大部分脏器平滑肌，心肌运动和腺体分泌

迷走神经连于延髓橄榄后沟的中部，经颈静脉孔出入颅腔。迷走神经在颈静脉孔内有珠状膨大的**上神经节**，出孔后又有卵圆形膨大的**下神经节**。上神经节为一般躯体感觉神经元胞体聚集而成，其周围突分布于硬脑膜、耳郭后方皮肤及外耳道皮肤，中枢突入脑后止于三叉神经脊束核；下神经节由一般内脏感觉神经元胞体聚集而成，其周围突分布于颈部和胸、腹腔脏器，中枢突止于孤束核（图18-33）。

迷走神经在颈部位于颈动脉鞘内，于颈内静脉、颈内动脉和颈总动脉之间的后方下行至颈根部，经胸廓上口入胸腔。在胸腔内，左、右迷走神经的行程有所不同：左迷走神经在左颈总动脉与左锁骨下动脉之间下行，越过主动脉弓前方，经左肺根的后方下行至食管前面，行程中分出数小支，与左侧第 2~4 胸神经节的分支结合，构成左肺丛，由此丛再发出 2 支至食管前面，并与右肺后丛来的食管支结合，形成**食管前丛** anterior esophageal plexus，此丛的胸下部在食管下端再合成**迷走神经前干** anterior vagal trunk；右迷走神经跨过右锁骨下动脉起始部的前方，沿食管右侧下行，经右肺根后方至食管后面，在右肺根后方分成数小支，与来自右侧第 2—4 胸神经节的肺支结合形成右肺后丛，此丛在食管后面下部发出 2~3 支下降至食管后面，与左迷走神经分支共同组成**食管后丛** posterior esophageal plexus，在胸下部，此丛的纤维再集合成**迷走神经后干** posterior vagal trunk。迷走神经前、后干分别在食管的前、后面随同食管穿膈肌的食管裂孔进入腹腔。迷走神经沿途发出许多分支，其中的重要分支如下。

（一）颈部的分支

1. **喉上神经** superior laryngeal nerve（图 18-33） 在下神经节处发出，沿颈内动脉内侧下行至舌骨大角处分为内、外 2 支。外支细小，含特殊内脏运动纤维，伴甲状腺上动脉行向前下方，在距甲状腺上极 0.5 ~ 1.0 cm 处离开动脉弯向内侧，发出肌支支配环甲肌及咽下缩肌的运动。外支损伤时，可引起声带松弛，音调降低。内支伴喉上动脉在甲状软骨上缘与舌骨大角之间穿甲状舌骨膜入喉，分布于声门裂以上的喉黏膜，传导一般内脏感觉。

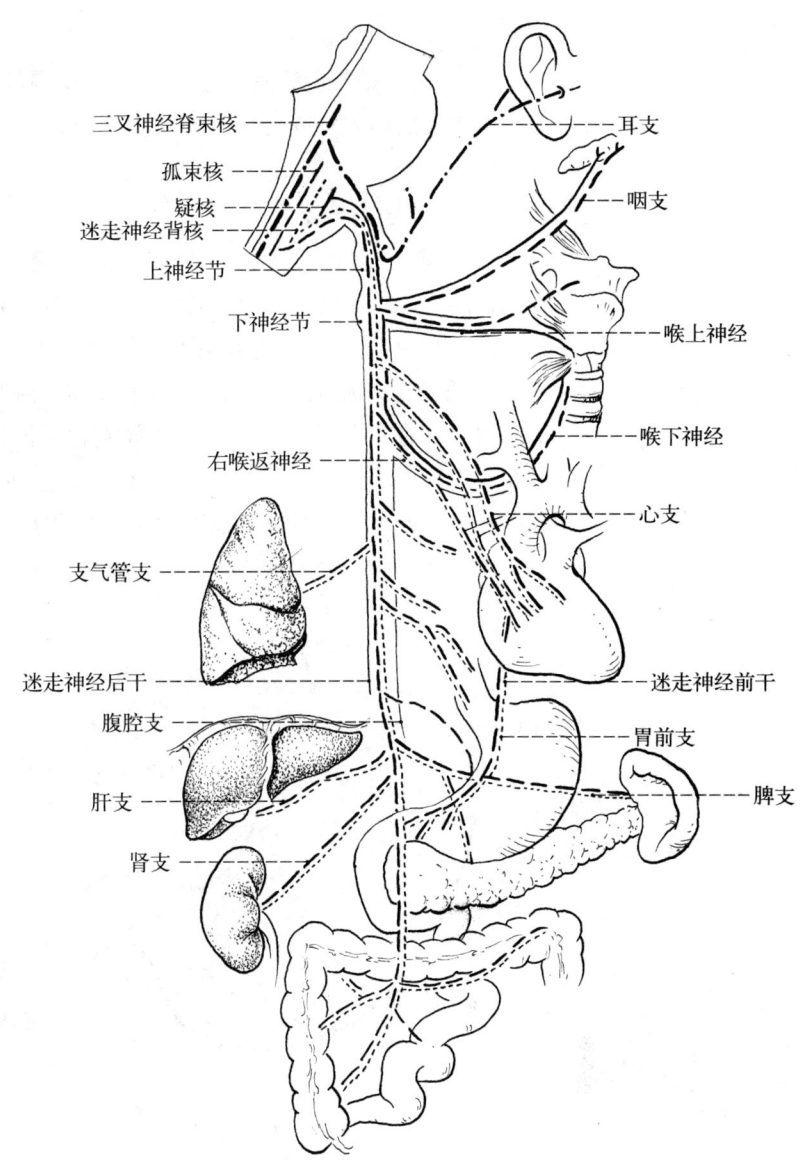

图 18-33 迷走神经的纤维成分及分布

2. **颈心支** 有颈上心支和颈下心支 2 支，发自下神经节下方的迷走神经干，下行入胸腔，至主动脉弓的下方、气管杈的前面与交感神经的心支共同构成心丛。颈上心支发出一支**主动脉神经** aortic nerve（减压神经）分布于主动脉弓壁内的压力感受器和化学感受器，感受血压变化和化学刺激。

临床视角 18-18
甲状腺手术时避免伤及喉上神经

（二）胸部的分支

1. **喉返神经** recurrent laryngeal nerve 右喉返神经在颈根部右迷走神经跨过右锁骨下动脉前方处发出，向后下勾绕该动脉，由其后下方斜向内上返回颈部；左喉返神经为左迷走神经在上纵隔越过主动脉弓前方处发出，向下后勾绕主动脉弓，由主动脉弓后方向上返回颈部。在颈部两侧，喉返神经均沿气管与食管之间的沟内上行，至甲状腺侧叶的深面，于环甲关节的后方进入喉内。喉返神经在环甲关节以上的部分改称**喉下神经** inferior laryngeal nerve（图 18-33）。喉返神经分为数支分布于喉，其特殊内脏运动纤维支配除环甲肌以外的所有喉肌，一般内脏感觉纤维分布于声门裂以下的喉黏膜。

2. **支气管支**和**食管支** 是迷走神经在胸部的小支，与交感神经共同构成食管丛、肺丛和心丛，由丛发出细支至支气管、肺、食管和心。

（三）腹部的分支

临床视角 18-19
喉返神经受损的表现

临床视角 18-20
迷走神经的作用

1. **胃前支**和**肝支**（图 18-34） 是迷走神经前干的 2 个终支，在胃贲门附近发自迷走神经前干。胃前支在胃小弯侧右行，沿途发出数小支至胃前壁，其终支呈"**鸦爪**"形分布于幽门部的前壁；肝支有 1～3 小支，参与肝丛的构成，随肝固有动脉分布于肝和胆道。

2. **胃后支**和**腹腔支**（图 18-34） 是迷走神经后干的 2 个分支，在贲门附近发自迷走神经后干。胃后支在胃后壁表面近胃小弯侧右行，沿途发出数小支至胃后壁，其终支亦呈"**鸦爪**"形，分布于幽门部的后壁；腹腔支行向右与交感神经的分支围绕腹腔干的根部及其周围共同构成腹腔神经丛，此丛随腹腔干、肠系膜上动脉和肾动脉的分支分布于小肠、盲肠、升结肠、横结肠及肝、胆、胰、脾、肾等腹腔器官。

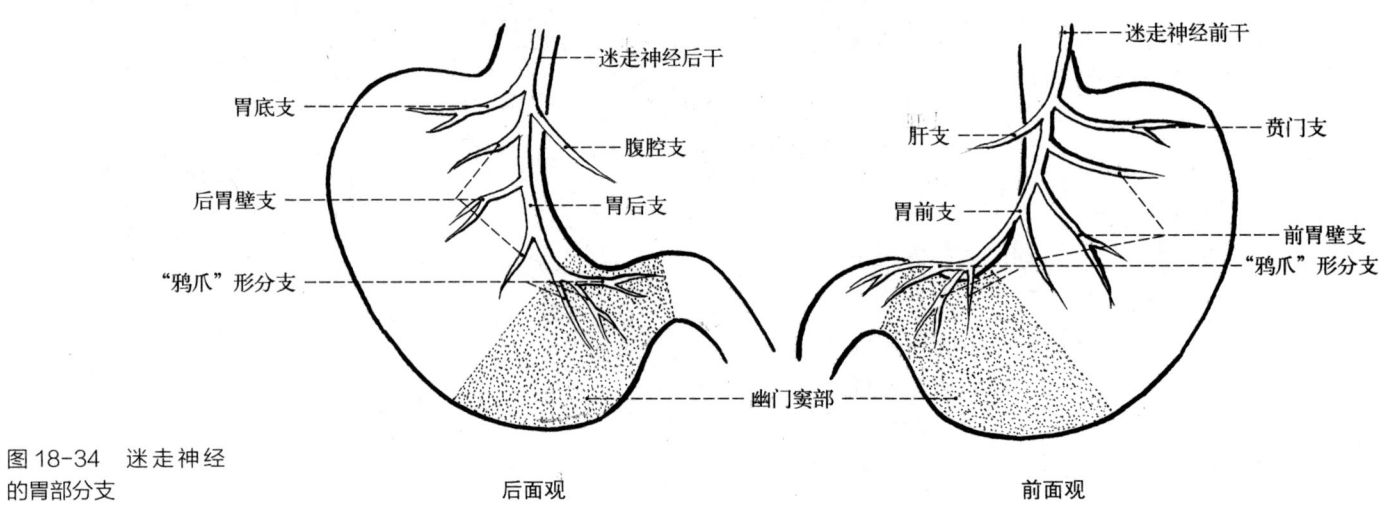

图 18-34　迷走神经
的胃部分支

后面观　　　　　　　　　　前面观

十一、副神经

知识扩展 18-5
副神经受损

副神经 accessory nerve 由颅根和脊髓根 2 部分组成，属运动性脑神经。颅根由特殊内脏运动纤维组成，起自疑核；脊髓根起始于副神经核，在脊髓前、后根之间出脊髓上行，经枕骨大孔入颅腔。颅根与脊髓根合并，穿颈静脉孔出颅后，颅根纤维离开副神经加入迷走神经，随其分支支配咽喉肌。而脊髓根支配胸锁乳突肌和斜方肌（图 18-35）。

十二、舌下神经

知识扩展 18-6
舌下神经受损

舌下神经 hypoglossal nerve 为运动性神经，含一般躯体运动性纤维。

舌下神经起于延髓的舌下神经核，以若干根丝自前外侧沟出脑，经舌下神经管出颅。出颅后，舌下神经向前走行于颈内动脉和颈内静脉之间，达舌骨舌肌浅面，穿入颏舌肌入舌内，支配全部舌内肌和大部分舌外肌（图 18-36）。

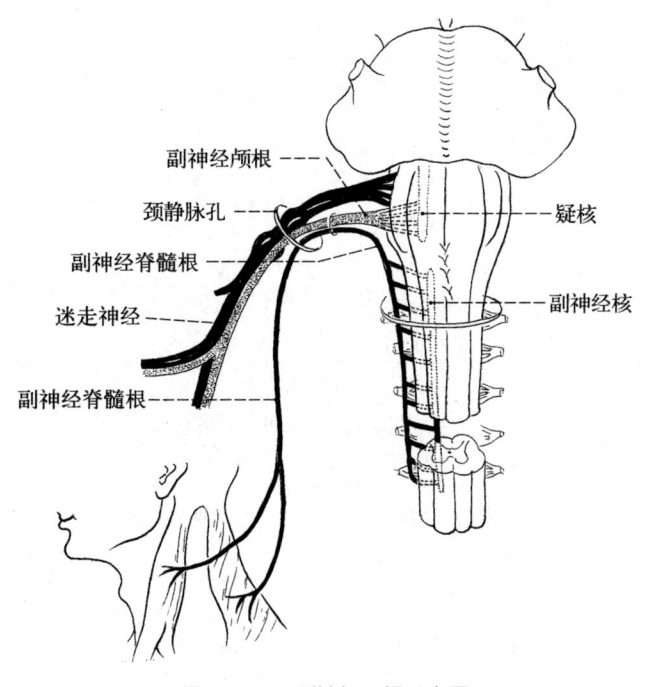

图 18-35　副神经 2 根示意图

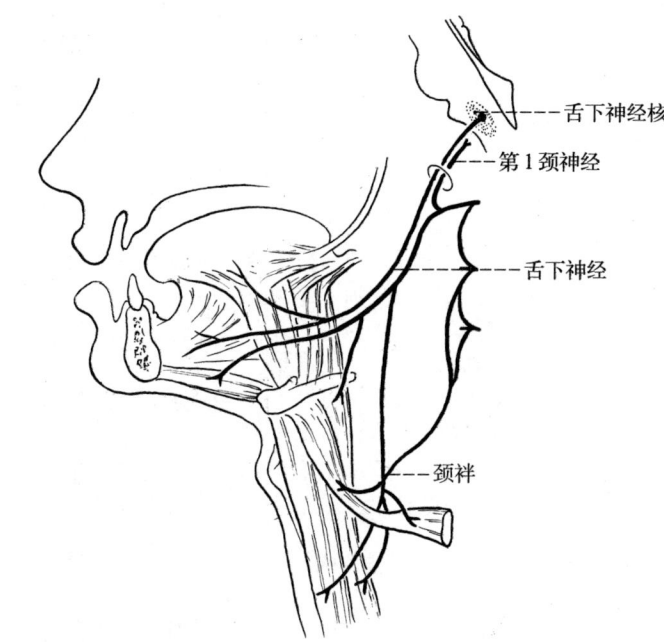

图 18-36　舌下神经的纤维成分及分布

12 对脑神经的纤维成分、起止、分布及损伤症状见表 18-3。

表 18-3　纤维成分、起止、分布及损伤症状

顺序及名称	成分	起	止	分布	损伤症状
I 嗅神经	特殊内脏感觉纤维		嗅球	鼻腔黏膜嗅区	嗅觉障碍
II 视神经	特殊躯体感觉纤维		外侧膝状体	眼球、视网膜	视觉障碍
III 动眼神经	一般躯体运动纤维	动眼神经核		上睑提肌、上直肌、内直肌、下直肌、下斜肌	眼外斜视、上睑下垂
	一般内脏运动纤维（副交感）	动眼神经副核		瞳孔括约肌、睫状肌	对光及调节反射消失
IV 滑车神经	一般躯体运动纤维	滑车神经核		上斜肌	眼不能外下视
V 三叉神经	一般躯体感觉纤维		三叉神经脊束核、三叉神经脑桥核、三叉神经中脑核	头面部皮肤、口腔、鼻腔黏膜、牙及牙龈、眼球、硬脑膜等	头面部感觉障碍
	特殊内脏运动纤维	三叉神经运动核		咀嚼肌、二腹肌前腹、下颌舌骨肌、鼓膜张肌和腭帆张肌	咀嚼肌瘫痪
VI 展神经	一般躯体运动纤维	展神经核		外直肌	眼内斜视

续表

顺序及名称	成分	起	止	分布	损伤症状
VII 面神经	一般躯体感觉纤维		三叉神经脊束核	耳部皮肤	感觉障碍
	特殊内脏运动纤维	面神经核		面部表情肌、颈阔肌、茎突舌骨肌、二腹肌后腹、镫骨肌	额纹消失、眼不能闭合、口角歪向健侧、鼻唇沟变浅
	一般内脏运动纤维	上泌涎核		泪腺、下颌下腺、舌下腺及鼻腔和腭的腺体	分泌障碍
	特殊内脏感觉纤维		孤束核上部	舌前 2/3 味蕾	舌前 2/3 味觉障碍
VIII 前庭蜗神经	特殊躯体感觉纤维		前庭神经核群	壶腹嵴、球囊斑和椭圆囊斑	眩晕、眼球震颤等
	特殊躯体感觉纤维		蜗神经核	内耳螺旋器	听力障碍
IX 舌咽神经	特殊内脏运动纤维	疑核		茎突咽肌	
	一般内脏运动纤维（副交感）	下泌涎核		腮腺	分泌障碍
	一般内脏感觉纤维		孤束核下部	咽、咽鼓管、鼓室、软腭、舌后 1/3 黏膜、颈动脉窦、颈动脉小球	咽后与舌后 1/3 感觉障碍、咽反射消失
	特殊内脏感觉纤维		孤束核上部	舌后 1/3 味蕾	舌后 1/3 味觉丧失
	一般躯体感觉纤维		三叉神经脊束核	耳后皮肤	分布区感觉障碍
X 迷走神经	一般内脏运动纤维（副交感）	迷走神经背核		颈、胸、腹内脏平滑肌，心肌、腺体	心动过速、内脏活动障碍
	特殊内脏运动纤维	疑核		咽喉肌	发声困难、声音嘶哑、呛咳、吞咽障碍
	一般内脏感觉纤维		孤束核	颈部和胸、腹腔脏器，咽喉黏膜	分布区感觉障碍
	一般躯体感觉纤维		三叉神经脊束核	硬脑膜、耳郭后方皮肤及外耳道皮肤	分布区感觉障碍
XI 副神经	特殊内脏运动纤维	疑核（脑部）		咽喉肌	咽喉肌功能障碍
		副神经核（脊髓部）		胸锁乳突肌、斜方肌	一侧胸锁乳突肌瘫痪，面无力转向对侧；斜方肌瘫痪，肩下垂，提肩无力
XII 舌下神经	一般躯体运动纤维	舌下神经核		舌内肌和大部分舌外肌	舌肌瘫痪、萎缩，伸舌时舌尖偏向患侧

第三节 内脏神经系统

内脏神经系统 visceral nervous system 是神经系统的一个重要组成部分，可分为中枢部和周围部。中枢部位于脑和脊髓内，周围部主要分布于内脏、心血管、平滑肌和腺体，故名内脏神经。按照纤维性质，内脏神经可分为感觉性和运动性。内脏运动神经包括交感神经和副交感神经。一般所谓**自主神经系统** autonomic nervous system 或**植物神经系统** vegetative nervous system，仅指内脏运动神经。内脏感觉神经的初级感觉神经元为假单极神经元，胞体位于脑神经节和脊神经节内，周围突分布于内脏和心血管等处的内感受器，将感受到的刺激传递到各级中枢。内脏感觉神经传来的信息经中枢整合后，通过内脏运动神经调节相应器官的活动，从而在维持机体内、外环境的动态平衡，保持机体正常生命活动中发挥重要作用（图 18-37）。

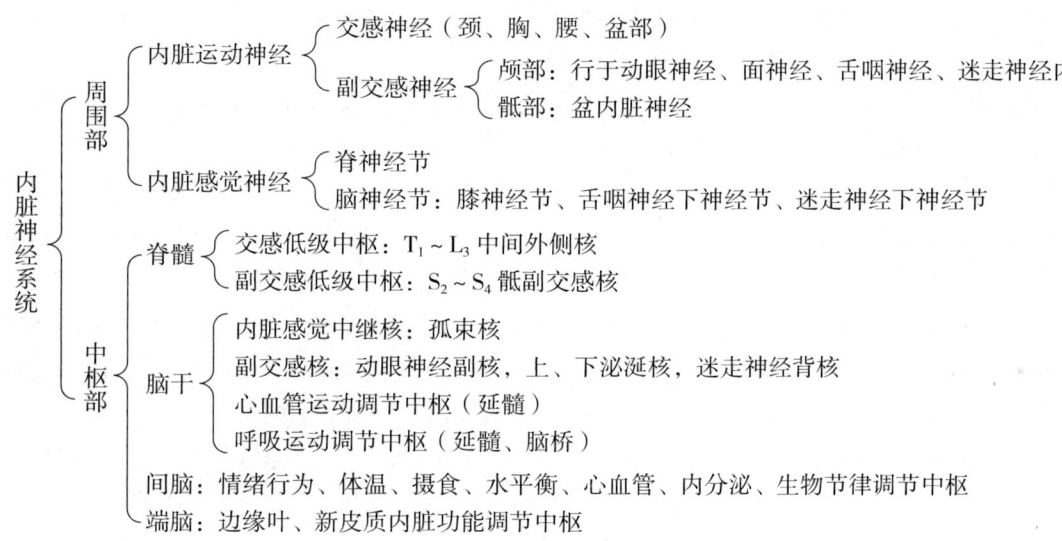

图 18-37 内脏神经系统的组成

一、内脏运动神经

内脏运动神经 visceral motor nerves 与躯体运动神经在功能、形态结构及分布范围等方面有较大差异，现将其在形态结构上的差异简述如下。

1. 支配的器官不同 躯体运动神经支配骨骼肌，内脏运动神经支配平滑肌、心肌和腺体。

2. 控制不同 躯体运动神经受意识支配，内脏运动神经在一定程度上不受意识控制。

3. 神经元数目不同 躯体运动神经自低级中枢至所支配的骨骼肌只需 1 个神经元，而内脏运动神经自低级中枢到其支配的器官，需经过 2 个神经元（肾上腺髓质例外），即自低级中枢发出后，先终止于周围部的内脏运动神经节，与节内神经元构成突触，再由节内神经元发出纤维到达效应器。通常称第 1 个神经元为**节前神经元** preganglionic neuron，其胞体位于脑或脊髓内，发出的轴突称**节前纤维** preganglionic fibre。第 2 个神经元称**节后神经元** postganglionic neuron，胞体位于周围神经系统的内脏神经节内（包括交感神经节和副交感神经节），发出的轴突称**节后纤维**

postganglionic fibre。

4. 纤维成分不同　躯体运动神经只有 1 种纤维成分，以神经干的形式到达所支配的器官；而内脏运动神经含交感和副交感 2 种纤维成分，其节后纤维沿血管或攀附于脏器交织成丛，由丛发支到达所支配的器官，且多数内脏器官同时受交感神经和副交感神经的双重支配。

5. 纤维粗细不同　躯体运动神经一般是较粗的有髓神经纤维，传导速度快；而内脏运动神经纤维多半为无髓鞘或薄髓鞘的细纤维，传导速度较慢。

6. 低级中枢部位不同　躯体运动神经低级中枢位于脑干内的躯体运动核和脊髓的灰质前角，而内脏运动神经的低级中枢则较分散地位于脑干的内脏运动核，脊髓第 1—12 胸节和第 1—3 腰节灰质侧角的中间外侧核及第 2—4 骶节的骶副交感核。

（一）交感神经

交感神经 sympathetic nerve 分中枢部和周围部（图 18-38 至图18-40）。

1. **中枢部**　低级中枢位于脊髓 $T_1—L_3$ 节段的灰质侧角的中间外侧核。中间外侧核内的神经元是节前神经元，它发出的节前纤维有髓鞘，色泽较明亮，形成脊神经的白交通支。

2. **周围部**　由交感神经节、交感干、节前纤维、节后纤维和神经丛等组成（图 18-39）。

（1）交感神经节　包括椎旁节和椎前节两种。

椎旁节 paravertebral ganglia：又称**交感干神经节** ganglion of sympathetic trunk，位于脊柱两旁，由多极神经元组成。每侧的椎旁节有 19～24 个，自上而下分颈、胸、腰、骶、尾 5 部，其中颈部常为上、中、下 3 个节，胸部 10～12 个节，腰部 4 个，骶部 2～3 个，尾部两侧合并为 1 个奇神经节。椎旁节借**节间支**相连接，构成串珠状的**交感干** sympathetic trunk，上达颅底，下至尾骨，在脊柱两侧走行。

椎前节 prevertebral ganglia：位于脊柱的前方，呈不规则的结节状团块，包括**腹腔神经节** celiac ganglia、**主动脉肾神经节** aorticorenal ganglia、**肠系膜上神经节** superior mesenteric ganglion 和**肠系膜下神经节** inferior mesenteric ganglion 等，分别位于同名动脉的根部。

（2）交感干　每个交感干神经节与相应的脊神经之间都有交通支相连，分白交通支和灰交通支 2 种。白交通支主要由有髓鞘的节前纤维组成，呈白色，故称白交通支；节前神经元的细胞体仅存在于脊髓 $T_1—L_3$ 节段的脊髓侧角，因此，白交通支也只存在于 $T_1—L_3$ 各脊神经的前支与相应的交感干神经节之间。灰交通支连于交感干与 31 对脊神经前支之间，由交感干神经节细胞发出的节后纤维组成，多无髓鞘，色灰暗，故称灰交通支。

（3）节前纤维和节后纤维的去向

节前纤维：由脊髓灰质侧角（柱）中间外侧核发出后，走行于脊神经前根和脊神经内，在脊柱两旁离开脊神经，形成白交通支进入交感干。进入交感干的节前纤维有 4 种去向：①终止于邻近椎旁节并换元。②经过邻近椎旁节但不换元，而是在交感干内继续上行或下行一段距离后，至其上方或下方的椎旁节换元，并和在交感干内上升或下降的纤维构成节间支。一般认为，来自脊髓上胸段（$T_1—T_5$）的节前纤维，在交感干内上升至颈部椎旁神经节；中胸段者（$T_6—T_{10}$）在交感干内上升或下降，终止于其他胸部椎旁节；下胸段和腰段者（$T_{11}—L_3$）在交感干内下降，至腰骶部椎旁节。③穿经邻近椎旁节达椎前节再换元。④少部分纤维直接进入肾上腺髓质。

节后纤维：发自交感神经节，无髓鞘，以下述 3 种方式分布到器官。①由椎旁节发出的节后纤维，离开交感干，经灰交通支返回脊神经，随 31 对脊神经分布到头颈部、躯干和四肢的血

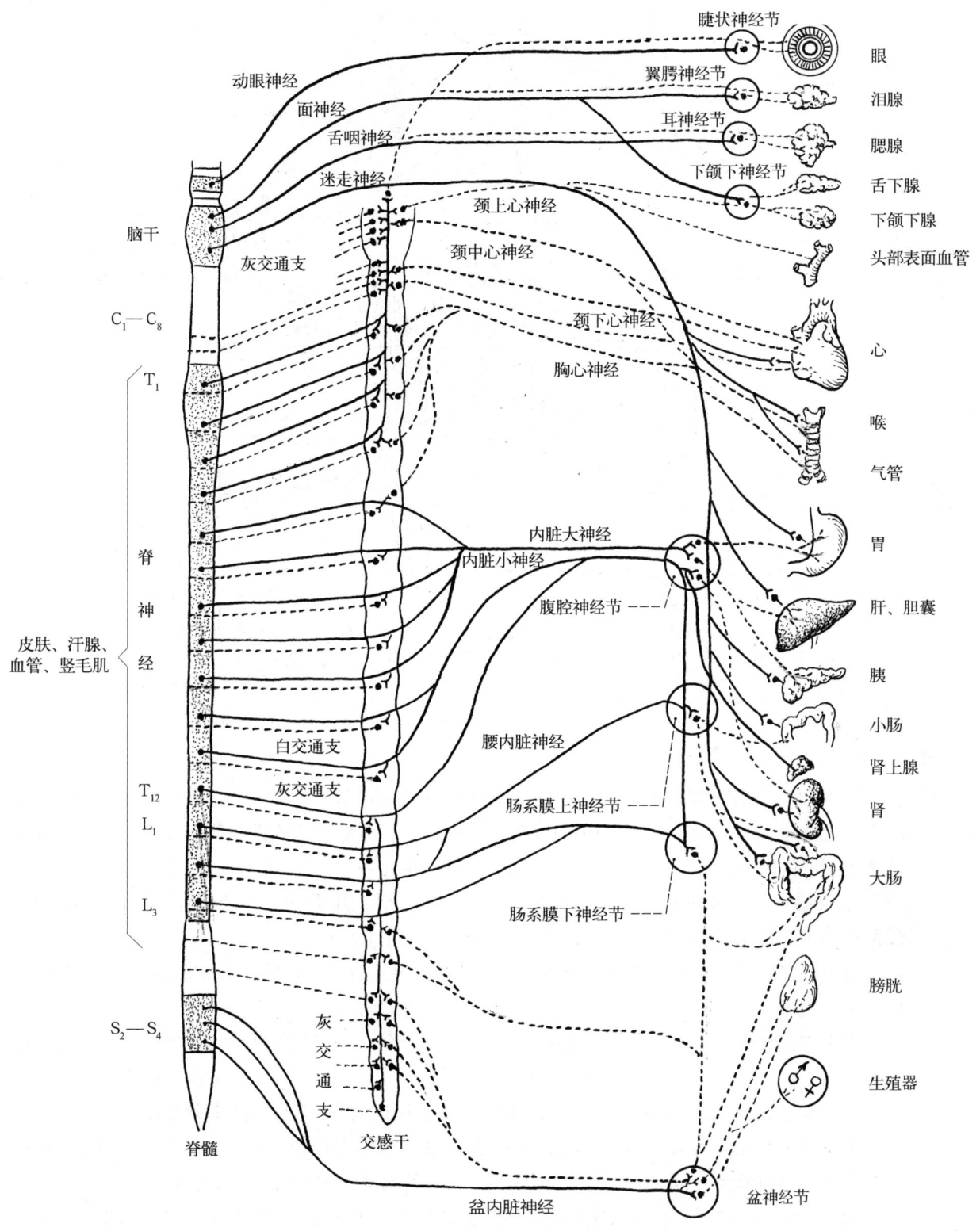

图 18-38　交感干和交感神经节

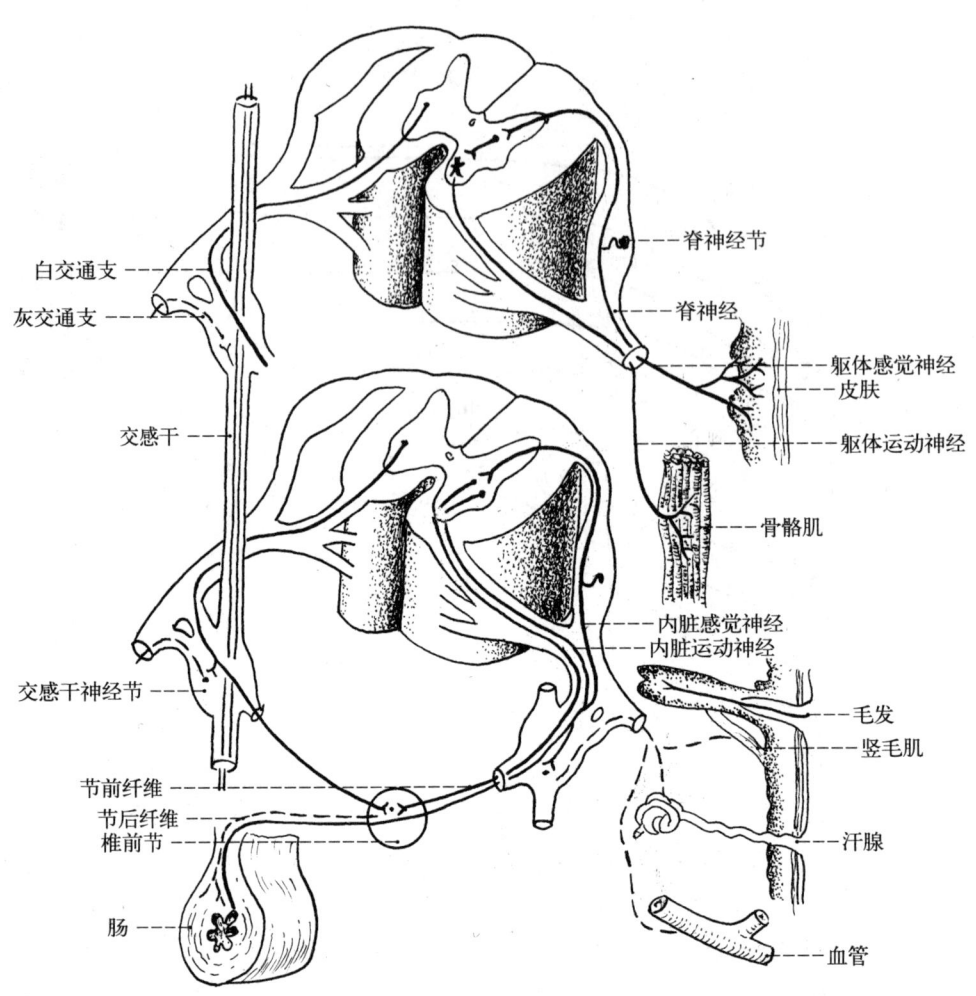

白交通支

灰交通支

交感干

交感干神经节

节前纤维
节后纤维
椎前节

肠

脊神经节

脊神经

躯体感觉神经
皮肤

躯体运动神经

骨骼肌

内脏感觉神经
内脏运动神经

毛发
竖毛肌

汗腺

血管

图 18-39 交感神经
纤维走行模式图

管、汗腺和竖毛肌。②攀附在动脉周围并在其表面形成神经丛（如颈内、外动脉<u>丛</u>、腹腔<u>丛</u>、肠系膜上<u>丛</u>等），并随动脉分支分布到所支配的器官。③由椎旁节或椎前节直接发支到达所支配脏器附近的内脏神经丛，再经该丛的分支至脏器，如心神经。

3. 交感神经的分布概况　交感神经的分布非常广泛，几乎全身各处都有。按颈、胸、腰、骶部将交感神经在人体的分布（图 18-38，图 18-40）概述如下。

（1）颈部　颈交感干位于颈血管鞘后方，颈椎横突前方。一般每侧有 3 个神经节，即颈上、中、下神经节。

颈上神经节 superior cervical ganglion：最大，呈梭形，位于第 1—3 颈椎横突前方，颈内动脉后方。

颈中神经节 middle cervical ganglion：最小，有时缺如，位于第 6 颈椎横突处。

颈下神经节 inferior cervical ganglion：位于第 7 颈椎处，在椎动脉起始处后方，常与第 1 胸神经节合并成**颈胸神经节** cervicothoracic ganglion（又称**星状神经节** stellate ganglion）。

颈上、中、下神经节有节间支相连，各节发出的节后纤维分布概况：①经灰交通支进入 8 对颈神经，随颈神经分布至头颈及上肢血管、汗腺及竖毛肌等。②攀附于附近动脉表面，形成**颈内动脉丛** internal carotid plexus、**颈外动脉丛** external carotid plexus、**锁骨下动脉丛** subclavian plexus 和**椎动脉丛** vertebral plexus 等，随动脉分支分布于竖毛肌、瞳孔开大肌、上睑板肌、泪腺、唾液腺、口腔及鼻腔黏膜内腺体、血管、甲状腺等。
③发出咽支，直接进入咽壁，与迷走神经、舌咽神经的咽支共同组成**咽丛** pharyngeal plexus。④ 3 对颈交感干神经节分别发出颈上、中、下心神经，下行进入胸腔，参加心丛组成（图 18-40）。

（2）胸部　胸交感干位于相应肋头前方，一般每侧有 10~12 个胸交感干神经节，节后纤维的重要分支如下：①经灰交通支进入 12 对胸神经中，伴随胸神经分支分布于胸、腹壁血管、汗腺和竖毛肌等。②从上 5 对胸神经节发出节后纤维加入心丛、肺丛、食管丛、胸主动脉丛等。③**内脏大神经** greater splanchnic nerve：起自脊髓第 5~9 胸段侧角发出的节前纤维，向前下方穿过相应的胸神经节，在走行中合成内脏大神经，于椎体前面倾斜下降，穿过膈脚，主要终于腹腔神经节。④**内脏小神经** lesser splanchnic nerve：起自脊髓第 10~12 胸段侧角发出的节前纤维，穿过相应的胸神经节，向下组成内脏小神经，穿过膈脚，主要终于主动脉肾神经节。由腹腔神经节、主动脉肾神经节等发出的节后纤维组成腹腔神经丛，分布于脾、肝、胰、肾等实质器官和结肠左曲以上的消化管。⑤内脏最小神经常缺如，自最末胸神经节发出，与交感干伴行，穿过膈入腹腔，加入肾神经丛（图 18-38）。

（3）腰部　约有 4 对腰神经节，位于腰椎椎体前外侧与腰大肌内侧缘之间。腰交感干发出的分支有：①灰交通支连接 5 对腰神经，并随腰神经分布；②**腰内脏神经** lumbar splanchnic nerve 由穿过腰神经节的节前纤维组成，终于腹主动脉丛和肠系膜下丛内的椎前神经节，交换神经元后节后纤维分布至结肠左曲以下的消化道及盆腔脏器，并有纤维伴随血管分布至下肢（图 18-41）。当下肢血管痉挛时，可行手术切除腰交感干以获得缓解。

（4）盆部　骶交感干位于骶骨前面、骶前孔内侧，有 4~5 对骶神经节和 1 个奇神经节，各节之间有节间支相连，下端汇合于第 1 尾骨前方的奇神经节。其节后纤维的主要分支有：① 灰交通支，进入骶、尾神经，分布于下肢及会阴部的血管、汗腺和竖毛肌。② 一些小支加入**盆丛** pelvic plexus，分布于盆腔器官（图 18-40）。

综上所述，可见各部交感神经分布非常广泛并有一定规律，详见表 18-4。

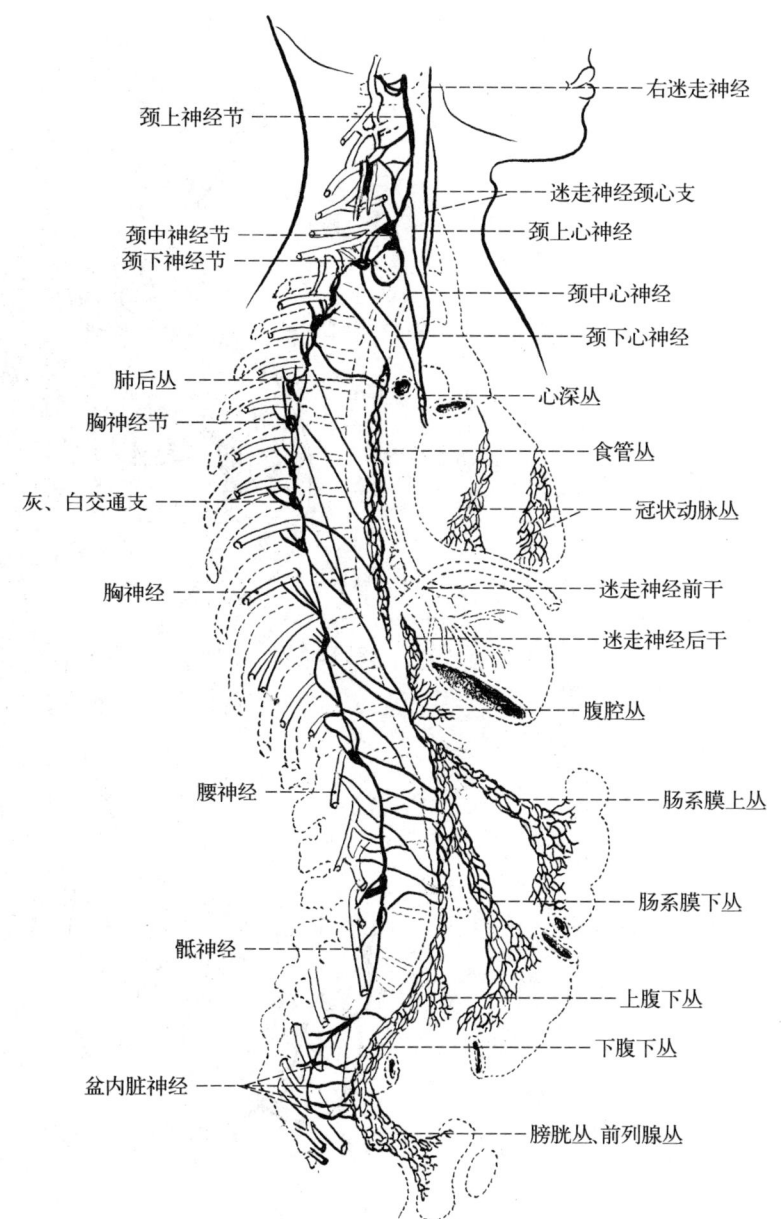

颈上神经节
颈中神经节
颈下神经节
肺后丛
胸神经节
灰、白交通支
胸神经
腰神经
骶神经
盆内脏神经

右迷走神经
迷走神经颈心支
颈上心神经
颈中心神经
颈下心神经
心深丛
食管丛
冠状动脉丛
迷走神经前干
迷走神经后干
腹腔丛
肠系膜上丛
肠系膜下丛
上腹下丛
下腹下丛
膀胱丛、前列腺丛

图 18-40　交感干与内脏神经丛的联系

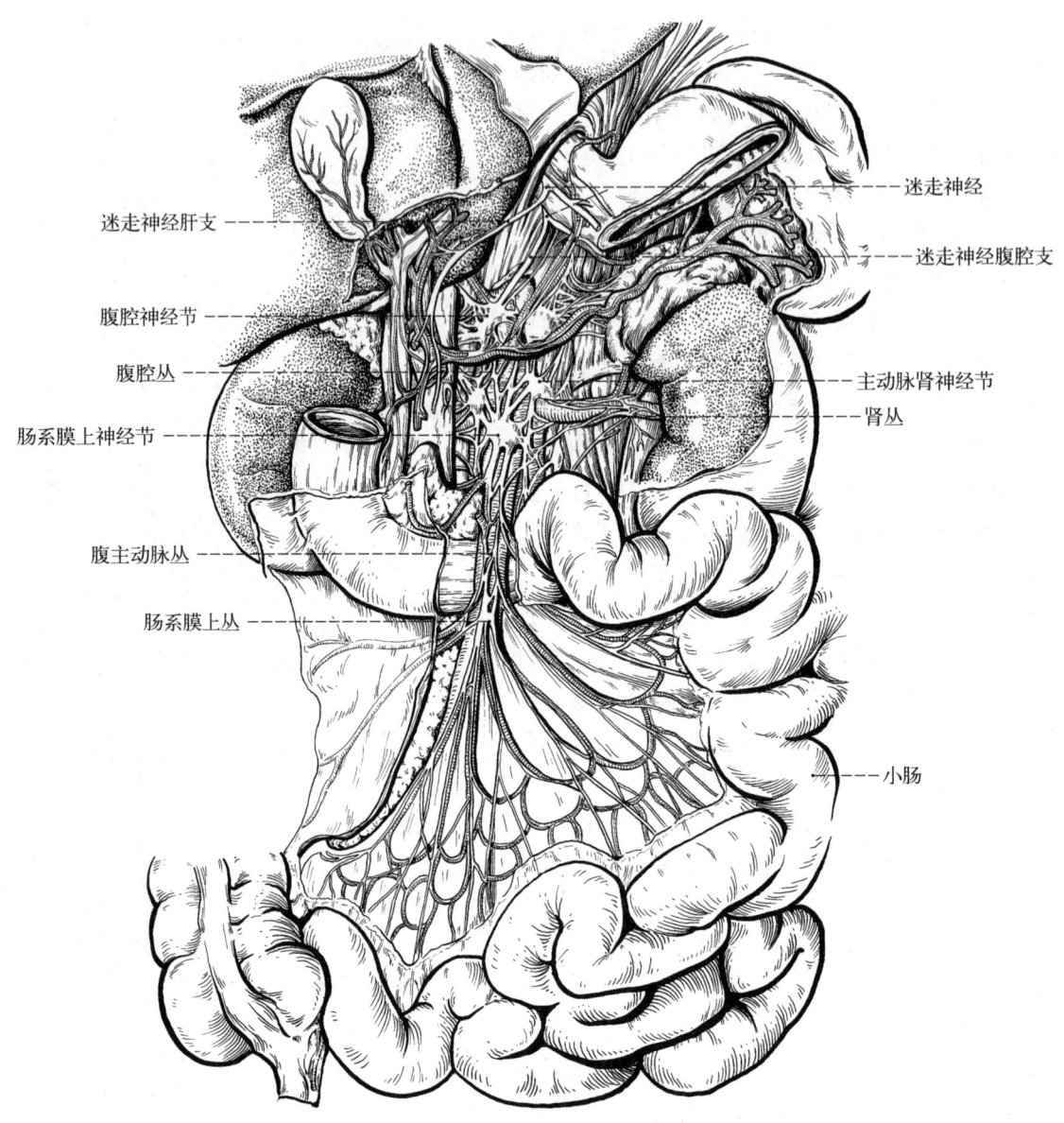

迷走神经肝支

迷走神经

腹腔神经节

迷走神经腹腔支

腹腔丛

主动脉肾神经节

肠系膜上神经节

肾丛

腹主动脉丛

肠系膜上丛

小肠

图 18-41　腹腔内的
内脏神经丛

表 18-4　交感神经的分布规律

节前纤维的来源	节后神经元胞体部位	节后纤维的分布
脊髓 T_1—T_5 节段灰质侧角	椎旁节	头颈、胸腔器官及上肢的血管、汗腺、竖毛肌
脊髓 T_6—T_{12} 节段灰质侧角	椎旁节或椎前节	肝、胰、脾、肾等腹腔实质器官，结肠左曲以上的消化管
脊髓 L_1—L_3 节段灰质侧角	椎旁节或椎前节	结肠左曲以下的消化管、盆腔脏器和下肢的血管、汗腺、竖毛肌

（二）副交感神经

副交感神经 parasympathetic nerve 分为中枢部和周围部。

1. 中枢部　低级中枢位于脑干的一般内脏运动核和脊髓第 2—4 骶节的骶副交感核。副交感神经的节前纤维起于这些核内的神经元。

2. 周围部 包括副交感神经节、副交感节前纤维和副交感节后纤维。

副交感神经节 parasympathetic ganglion 多位于所支配器官的附近或器官壁内，分别称**器官旁节** organ paraganglion 或**壁内节** intramural ganglion，是节后神经元的胞体所在部位。

3. 副交感神经的分布 依据低级中枢部位的不同，副交感神经分脑干副交感神经和骶部副交感神经。其分布概况如表18-5。

表18-5 副交感神经分布概况

节前纤维	副交感神经节	节后纤维	支配对象
动眼神经	睫状神经节	睫状短神经	睫状肌、瞳孔括约肌
面神经	翼腭神经节	经上颌神经	泪腺及鼻、口腔及腭的腺体
面神经、鼓索、舌神经	下颌下神经节		下颌下腺、舌下腺
舌咽神经	耳神经节	经耳颞神经	腮腺
迷走神经	器官旁节、壁内节		肝、脾、肾、胰和横结肠以上消化管
盆内脏神经、盆丛	盆腔脏器周围的器官壁内节		结肠左曲以下消化管、盆腔脏器

脑干副交感神经 brainstem parasympathetic nerve 发自脑干的一般内脏运动核的节前纤维，分别加入第Ⅲ、Ⅶ、Ⅸ、Ⅹ对脑神经中，随相应脑神经到达所支配器官的器官旁节或壁内节更换神经元，其节后纤维分布于所支配的器官（图18-42，详见本章第二节脑神经）。

骶部副交感神经 sacral parasympathetic nerve 节前纤维起自脊髓第2—4骶节的骶副交感核，随骶神经前支出骶前孔后，离开骶神经，组成**盆内脏神经** pelvic splanchnic nerves 加入盆丛，随盆丛分支分布到盆腔脏器，在所支配器官的器官旁节或壁内节交换神经元后，节后纤维支配结肠

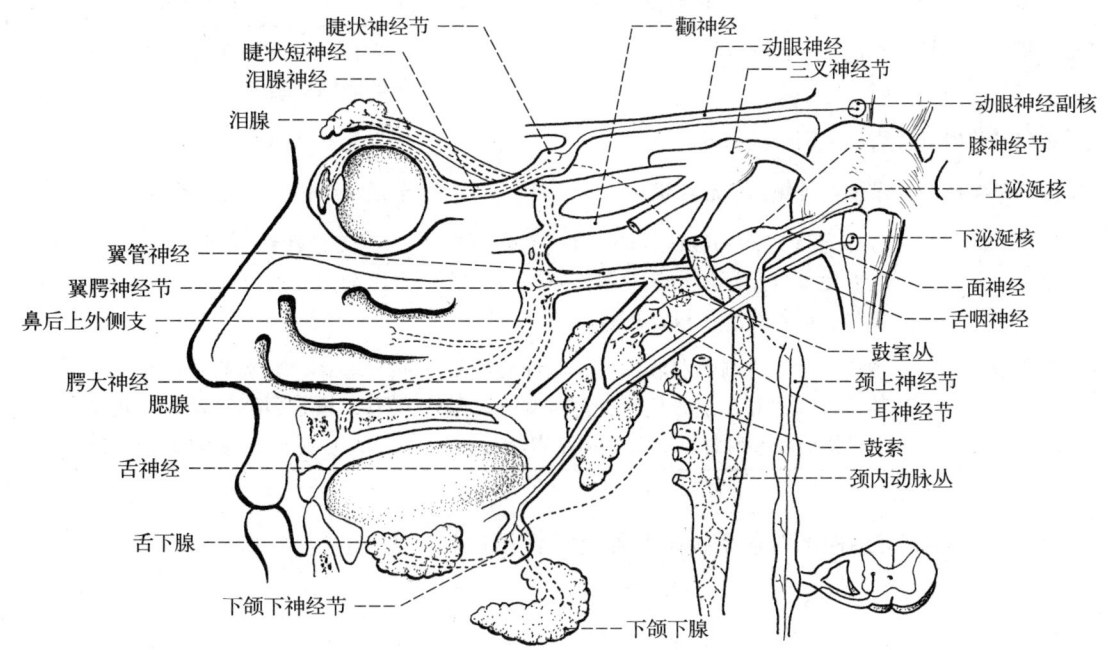

图18-42 头部的内脏神经分布模式图

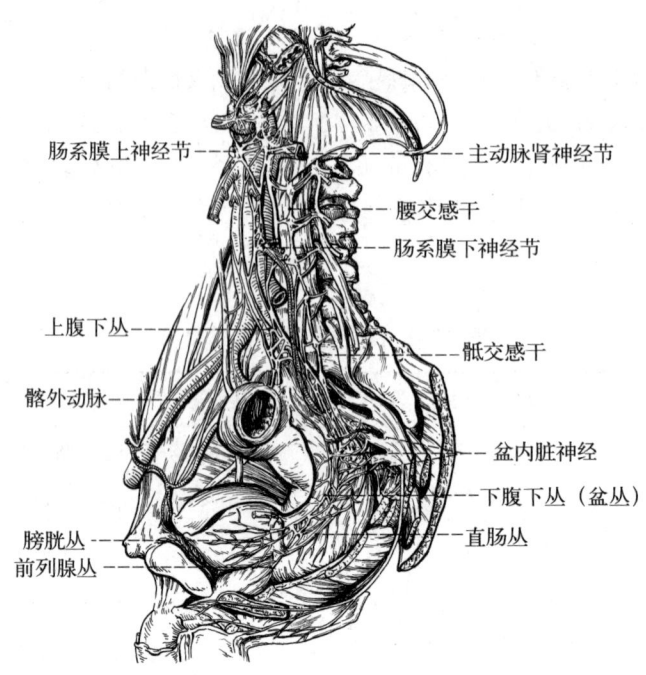

肠系膜上神经节 —— 主动脉肾神经节

腰交感干

肠系膜下神经节

上腹下丛 —— 骶交感干

髂外动脉 ——

盆内脏神经

下腹下丛（盆丛）

膀胱丛 —— 直肠丛
前列腺丛

图 18-43　盆部的内脏神经丛

左曲以下的消化管、盆腔脏器的平滑肌及腺体，部分纤维分布于阴茎或阴蒂，兴奋时引起海绵体血管充血扩张，使其勃起，故有**勃起神经** erectile nerve 之称（图 18-43）。

（三）交感神经和副交感神经的主要区别

交感神经和副交感神经同是内脏运动神经，常共同支配一个器官，形成对内脏器官的双重支配，但两者在来源、形态结构、分布范围等方面又各有其特点（表 18-6）。

表 18-6　交感神经和副交感神经的结构、分布比较表

项目	交感神经	副交感神经
低级中枢	脊髓 T_1—L_3 节	脑干内的一般内脏运动核和脊髓 S_{2-4} 节的骶副交感核
周围神经节位置	脊柱的两旁或前方	所支配器官的附近或壁内
节前、后纤维比较	节前纤维短，节后纤维长	节前纤维长，节后纤维短
分布范围	分布范围广，一般认为除分布于胸、腹、盆腔脏器外，还遍布头、颈器官，全身的血管，皮肤的汗腺和竖毛肌	不及交感神经分布广，大部分血管、汗腺和竖毛肌无副交感神经分布
对主要器官的作用	加快心率，增强心肌收缩力，收缩腹腔脏器及皮肤血管，扩张气管，开大瞳孔，促进汗腺分泌和肝糖原分解，抑制胃肠运动	减慢心率，减弱心肌收缩力，收缩支气管，增强胃肠运动，促进消化液分泌，缩小瞳孔，促进胰岛素分泌

交感神经和副交感神经对各系统主要器官的作用比较见表 18-7。

表 18-7　交感神经和副交感神经对各系统主要器官的作用比较

系统	器官	交感神经	副交感神经
脉管系统	心	心率加快，收缩力增强	心率减慢，收缩力减弱
	冠状动脉	舒张	轻度收缩
	躯干、四肢的动脉	收缩	无作用
呼吸系统	支气管平滑肌	舒张	收缩
消化系统	胃肠平滑肌	抑制蠕动	增强蠕动
	胃肠括约肌	收缩	舒张
	肝、胆囊、胰	抑制腺体分泌	加强腺体分泌
泌尿系统	膀胱壁	平滑肌舒张、括约肌收缩	平滑肌收缩、括约肌舒张
视器	瞳孔	散大	缩小，睫状肌收缩
	泪腺	抑制分泌	增加分泌
皮肤	汗腺	促进分泌	无作用
	竖毛肌	收缩	无作用

（四）内脏神经丛

　　交感神经、副交感神经和内脏感觉神经在到达所支配的脏器的行程中，常互相交织共同构成**内脏神经丛** visceral plexuses（自主神经丛或植物神经丛）。这些神经丛主要攀附于头、颈部和胸、腹腔内动脉的周围，或分布于脏器附近和器官之内。除颈内动脉丛、颈外动脉丛、锁骨下动脉丛和椎动脉丛等没有副交感神经参加外，其余的内脏神经丛内均有交感和副交感神经。另外，在这些丛内也有内脏感觉纤维。由这些神经丛发出分支，分布于胸、腹及盆腔的内脏器官（图 18-40，图 18-41，图 18-43）。

　　1. **心丛** cardiac plexus　位于主动脉弓下方及主动脉弓和气管杈之间，由交感干的颈上、中、下神经节和第 1—5 胸神经节发出的心支及迷走神经的心支共同组成。心丛又可分为心浅丛和心深丛。心浅丛位于主动脉弓下方、右肺动脉前方，心深丛位于主动脉弓与气管杈之间。心丛内有心神经节（副交感节），迷走神经来的节前纤维在此换元。心丛的分支组成心房丛和左、右冠状动脉丛，随动脉分支分布于心肌。

　　2. **肺丛** pulmonary plexus　由迷走神经的支气管支和交感干的第 2—5 胸神经节的分支组成，也有心丛的分支加入，位于肺根前、后方，分为肺前丛和肺后丛，与心丛互相连续。其分支随支气管和肺血管的分支入肺。丛内亦有小的神经节，为迷走神经的节后神经元。

　　3. **腹腔丛** celiac plexus　是最大的内脏神经丛，位于腹腔动脉和肠系膜上动脉根部周围，由来自两侧胸交感干的内脏大、小神经和迷走神经后干的腹腔支以及腰上部交感神经节的分支共同组成。丛内含有腹腔神经节、肠系膜上神经节、主动脉肾神经节等多个神经节。来自内脏大、小神经的交感神经节前纤维终止于丛内的神经节，换元后其节后纤维组成神经丛，随血管的分支分布至腹腔内器官；来自迷走神经的副交感节前纤维随丛的分支至所分布的器官附近或器官壁内交换神经元。腹腔丛及丛内神经节发出的分支伴动脉的分支分布，可分为肝丛、胃丛、脾丛、肾丛以及肠系膜上丛等许多副丛，各副丛分别沿同名血管分支到达相应脏器。

　　4. **腹主动脉丛** abdominal aortic plexus　位于腹主动脉前面及两侧，是腹腔丛在腹主动脉表面向下的延续部分，并接受来自第 1—2 腰交感干神经节的分支。此丛分出肠系膜下丛，沿同名动脉分支分布于结肠左曲以下至直肠上段的肠管。腹主动脉丛的一部分纤维下行入盆腔，参加腹下丛的组成，另一部分纤维攀附髂总动脉和髂外动脉，组成与动脉同名的神经丛，随动脉分布于下肢血管、汗腺、竖毛肌。

5. 腹下丛 hypogastric plexus　按其位置可分为上腹下丛和下腹下丛。

上腹下丛位于第5腰椎椎体前面，腹主动脉末端及两髂总动脉之间，是腹主动脉丛向下的延续部分，接受双侧第3、4腰交感干神经节发出的腰内脏神经，节前纤维在肠系膜下神经节内与节后神经元形成突触。

下腹下丛即盆丛 pelvic plexus，由上腹下丛延续到直肠两侧，接受骶交感干各神经节的节后纤维和第2—4骶神经的副交感节前纤维。此丛伴随髂内动脉及其分支分布于盆腔器官。在器官附近形成直肠丛、膀胱丛、前列腺丛、子宫阴道丛等。

二、内脏感觉神经

人体各内脏器官除有运动性神经（交感和副交感神经）支配外，也有感觉神经分布。

内脏感觉神经元的胞体位于脑神经节和脊神经节内，为假单极神经元，其周围突是粗细不等的有髓或无髓纤维。传导内脏感觉的脑神经节包括膝神经节、舌咽神经下神经节、迷走神经下神经节，其周围突随舌咽神经、迷走神经和面神经分布于脏器。中枢突一部分随同舌咽神经、迷走神经和面神经进入脑干，终于孤束核。脊神经节细胞的周围突随交感神经和骶部的副交感神经分布于相应的脏器，中枢突随交感神经及盆内脏神经进入脊髓，终于灰质后角。在中枢内，内脏感觉纤维一方面直接或经中间神经元与内脏运动神经元联系，以完成内脏–内脏反射，如排尿和排便反射等；或与躯体运动神经元联系，形成内脏–躯体反射；另一方面，内脏感觉纤维可经过较复杂的传导途径，将冲动传导到大脑皮质，产生诸如饥饿、恶心、便意、性兴奋等内脏感觉。

内脏感觉与躯体感觉相比有以下特点。

1. 正常的内脏活动一般不引起感觉，较强烈的内脏活动才能引起感觉。如内脏痉挛性收缩可引起剧痛，胃的饥饿性收缩可引起饥饿感等。

2. 内脏对牵拉、膨胀和痉挛等刺激较敏感，而对切、割等刺激不敏感。因此，在手术切、割内脏时，患者无明显感觉；但当牵拉内脏时，患者则有较难忍的感觉。

3. 内脏感觉的传入途径分散，一个脏器的感觉冲动可经几条脊神经同时传入脊髓的几个节段；而一条脊神经可同时含有传导几个脏器的感觉纤维。因此，内脏痛往往是比较弥散的，定位是模糊的，可出现牵涉痛。

有关内脏神经的中枢及其传导路径见第十七章中枢神经系统。

三、牵涉性痛

当某些脏器发生病变时，常在体表一定部位产生疼痛或感觉过敏的现象，称为**牵涉性痛** referred pain。临床上将脏器患病时体表发生的感觉过敏以及骨骼肌反射性僵硬和血管运动、汗腺分泌障碍的区域称为**海德带** Head zone。牵涉性痛有的发生在患病脏器附近的特定皮肤区，有的发生在距离患病脏器较远的皮肤区，例如心肌缺血时，可发生心前区、左上臂或左肩的疼痛（图18-44）；患肝胆疾病时，常产生右肩胛区皮肤疼痛。所以，海德带有助于内脏疾病的定位诊断。

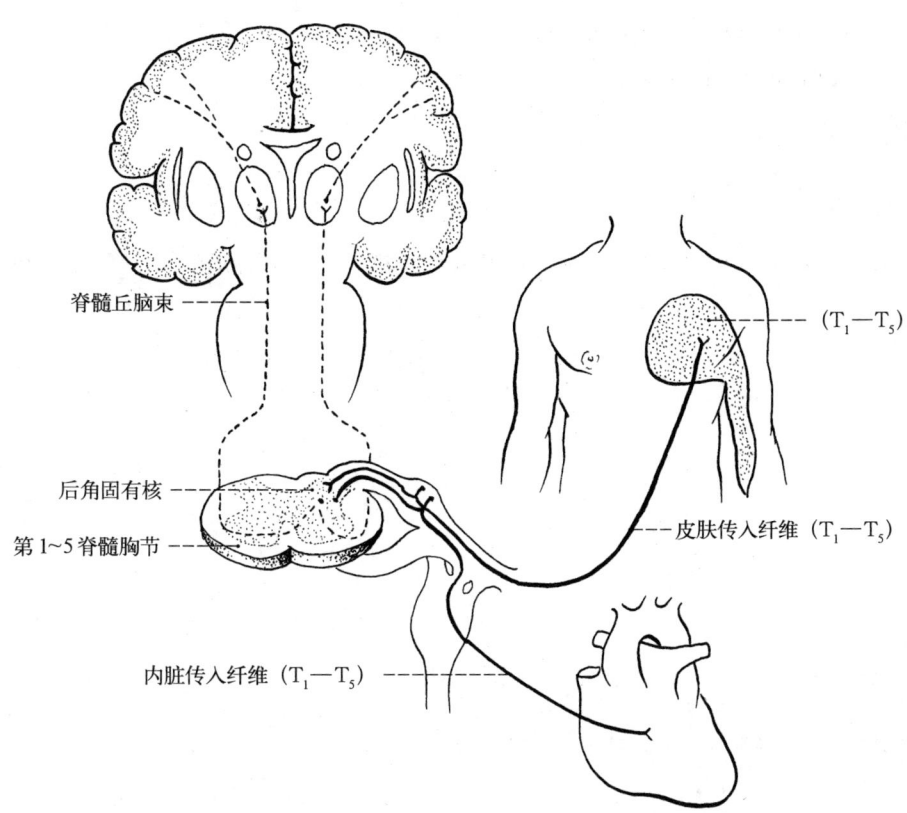

脊髓丘脑束

后角固有核

第1～5脊髓胸节

内脏传入纤维（T₁—T₅）

皮肤传入纤维（T₁—T₅）

（T₁—T₅）

图 18-44　心脏牵涉性痛示意图

关于牵涉性痛的发生机制，现在认为，发生牵涉性痛的体表部位与病变器官的感觉神经进入同一脊髓节段，并在后角内密切联系。因此，从患病内脏传来的冲动可以扩散或影响到邻近的躯体感觉神经元，从而产生牵涉性痛。研究表明，一个脊神经节神经元的周围突分叉至躯体部和内脏器官，并认为这是牵涉痛发生机制的形态学基础。

临床根据牵涉性痛部位，可协助诊断疾病。常见脏器的牵涉性痛部位见表 18-8。

表 18-8　常见脏器的牵涉性痛部位

患病脏器	牵涉性痛部位
心	心前区、左肩、左臂和手尺侧区
肝、胆囊	右上腹、右肩区
胃、胰	左上腹、肩胛间
小肠、阑尾	上腹、脐周围
肾、输尿管	腰、腹股沟

知识扩展 18-3
内脏器官的神经支配表格

（张艳丽　刘　丽　崔晓军）

复习思考题

1. 何为牵涉痛？试述其产生原理和临床意义。
2. 简述内脏运动神经和躯体运动神经的区别。

3. 简述交感神经与副交感神经的区别。

4. 简述内脏大、小神经的来源与分布。

数字课程学习……

　本章小结　　　实物标本图　　　开放性讨论　　　自测题　　　教学 PPT

第十九章
神经系统的传导通路

关键词

本体感觉	深感觉	痛觉	温觉	浅感觉	视觉
瞳孔对光反射	听觉	锥体系	皮质脊髓束
皮质核束	锥体外系

感受器接受机体内、外环境的各种刺激，并将其转变成神经冲动，沿传入神经元传至中枢神经系统各个部位，最后至大脑皮质高级中枢，产生感觉。大脑皮质将这些感觉信息分析整合后，发出指令，沿传出神经经脑干和脊髓的运动神经元传至躯体和内脏的效应器，引起相应的反应。因此，在神经系统内存在着2类传导通路：感觉（上行）传导通路和运动（下行）传导通路。

思维导图

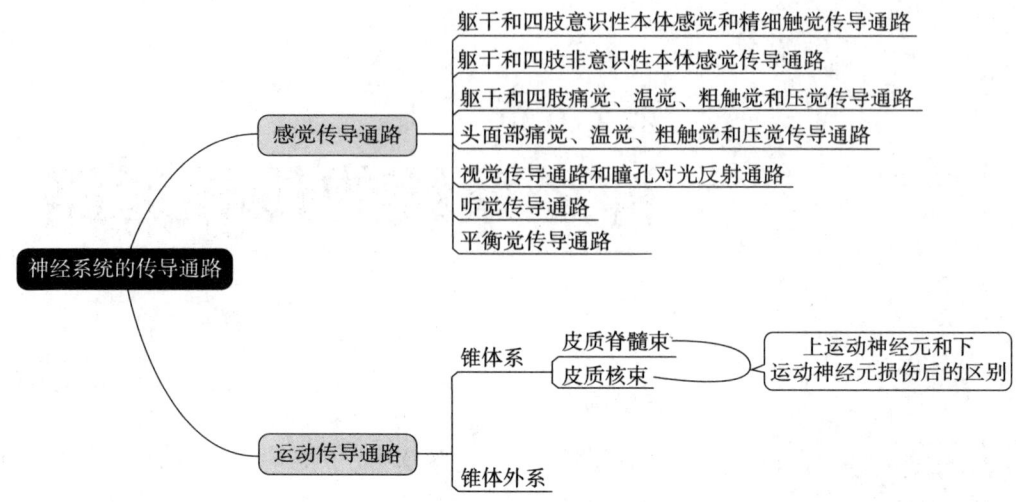

第一节　感觉传导通路

一、本体（深）感觉传导通路

本体感觉是指肌、腱、关节等运动器官在不同状态（运动或静止）时产生的感觉（如人在闭眼时能感知身体各部的位置），又称深感觉，包括位置觉、运动觉和振动觉。该传导通路还传导皮肤的精细触觉（如辨别两点距离和物体的纹理粗细等）。

此处主要阐述 2 条躯干和四肢的本体感觉传导通路（因头面部尚不十分明了），一条传至大脑皮质，产生意识性本体感觉；另一条传至小脑，不产生意识性本体感觉，亦称非意识性本体感觉。

（一）躯干和四肢意识性本体感觉（深感觉）和精细触觉传导通路

该通路由 3 级神经元组成。**第 1 级神经元**为脊神经节细胞，胞体多为大、中型，纤维较粗、有髓鞘，其周围突借脊神经分布于肌、腱、关节等处的本体感觉感受器和皮肤的精细触觉感受器，中枢突经脊神经后根的内侧部进入脊髓后索，可分为长的升支和短的降支。其中，来自第 5 胸节（T_5）以下的升支走在脊髓后索的内侧部，形成薄束；来自第 4 胸节（T_4）以上的升支行于脊髓后索的外侧部，形成楔束。两束上行，分别止于延髓的薄束核和楔束核。短的降支至脊髓后角或前角，完成脊髓牵张反射。**第 2 级神经元**的胞体在延髓的薄束核和楔束核内，它们发出的纤维向前绕过延髓中央灰质的腹侧，在中线上与对侧的纤维交叉，称内侧丘系交叉，交叉后的纤维转折向上，在锥体束的背方呈前后方向排列，行于延髓中线两侧，称内侧丘系。内侧丘系在脑桥呈横位，居被盖的前缘，在中脑被盖位于红核的外侧，最后止于背侧丘脑的腹后外侧核。**第 3 级神经元**的胞体在背侧丘脑腹后外侧核，该核发出的纤维参与组成**丘脑中央辐射** central radiation of thalamus，经内囊后肢，主要投射至中央后回的中、上部和中央旁小叶后部，部分纤维投射至中央前回（图 19-1）。

此通路若在内侧丘系交叉的下方或上方的不同部位损伤时，则患者在闭眼时不能确定损伤同侧（交叉下方损伤）和损伤对侧（交叉上方损伤）关节的位置

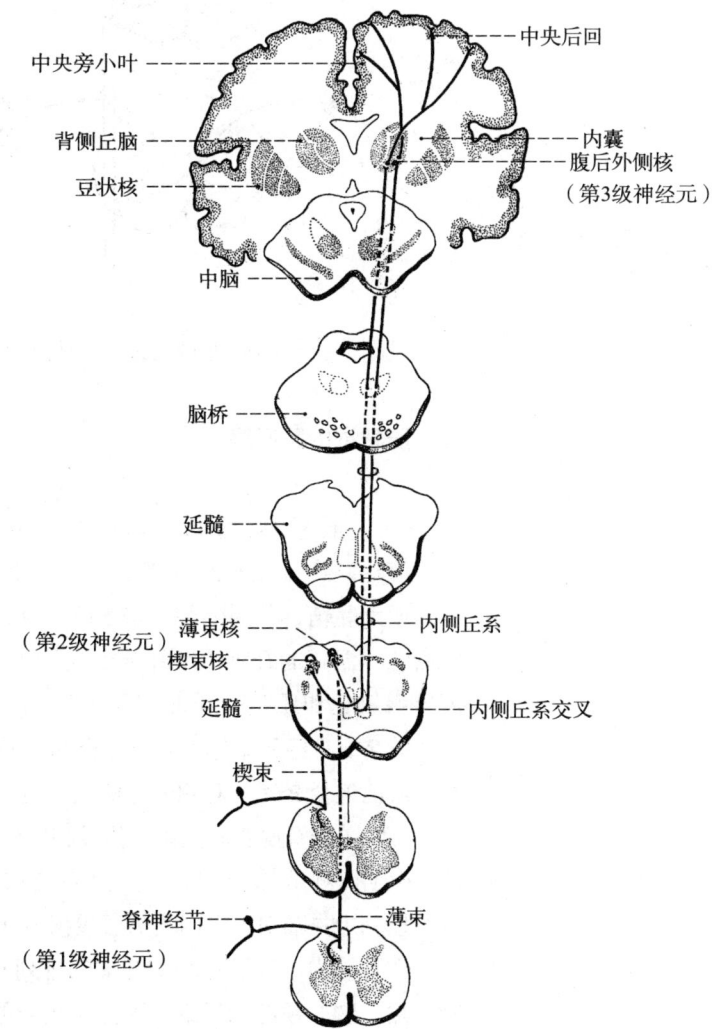

图 19-1　躯干和四肢意识性本体感觉和精细触觉传导通路

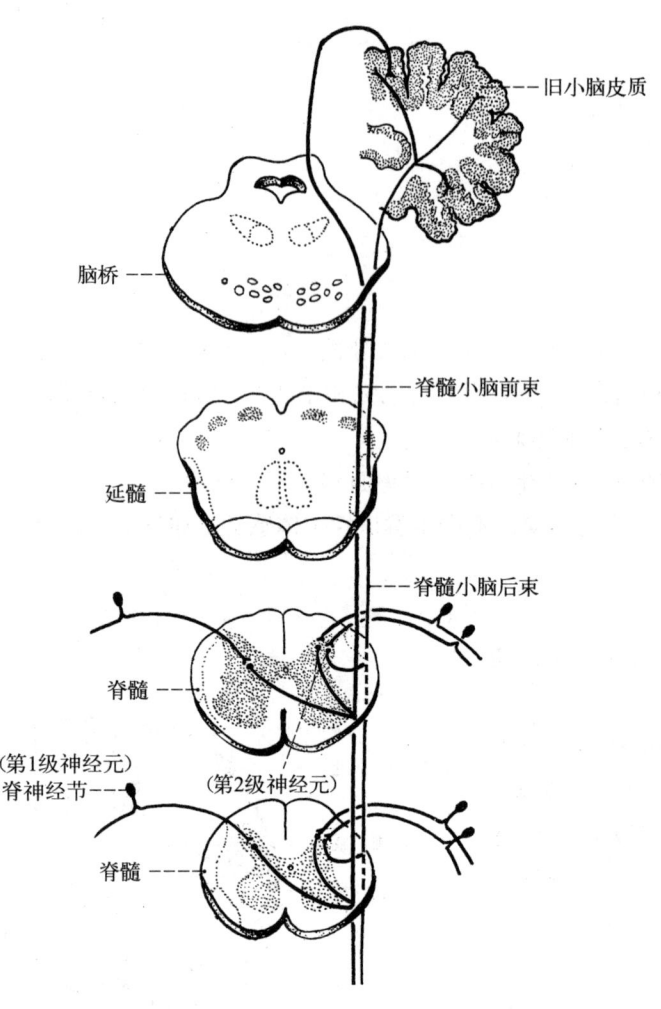

脑桥

脊髓小脑前束

延髓

脊髓小脑后束

脊髓

（第1级神经元）
脊神经节

（第2级神经元）

脊髓

旧小脑皮质

图19-2　躯干和四肢非意识性本体感觉传导通路

和运动方向（深感觉障碍）以及两点间距离（精细触觉障碍）。

（二）躯干和四肢非意识性本体感觉（深感觉）传导通路

非意识性本体感觉传导通路实际上是反射通路的上行部分，为传入至小脑的本体感觉，由2级神经元组成。**第1级神经元**为脊神经节细胞，其周围突分布于肌、腱、关节的本体感受器，中枢突经脊神经后根的内侧部进入脊髓，终止于**第2级神经元**胞体，即 C_8—L_2 节段胸核和腰骶膨大第 V—Ⅶ 层外侧部。由胸核发出的神经纤维在同侧脊髓侧索组成脊髓小脑后束，向上经小脑下脚进入旧小脑皮质；由腰骶膨大第 V—Ⅶ 层外侧部发出的第2级神经元纤维组成同侧和对侧的脊髓小脑前束，经小脑上脚止于旧小脑皮质。上述神经传导躯干（除颈部外）和下肢的本体感觉。传导上肢和颈部的本体感觉的第2级神经元胞体位于颈膨大部第 Ⅵ、Ⅶ 层和延髓的楔束副核，这两处神经元发出的神经纤维也经小脑下脚进入旧小脑皮质（图19-2）。

二、浅感觉传导通路

（一）躯干和四肢痛觉、温觉、粗触觉和压觉（浅感觉）传导通路

该通路由3级神经元组成。**第1级神经元**为脊神经节细胞，胞体为中、小型，突起较细、薄髓或无髓鞘，其周围突分布于躯干和四肢皮肤内的感受器；中枢突经后根进入脊髓。其中，传导痛觉、温觉的纤维（细纤维）在脊神经后根的外侧部入脊髓经背外侧束终止于第2级神经元；传导粗触觉和压觉的纤维（粗纤维）经脊神经后根内侧部进入脊髓后索，再终止于第2级神经元。**第2级神经元**胞体主要位于脊髓灰质第 Ⅰ、Ⅳ—Ⅶ 板层，它们发出纤维上升1~2个脊髓节段，经白质前连合交叉到对侧的外侧索和前索内上行，组成脊髓丘脑束，包括脊髓丘脑侧束（传导痛觉、温觉）和脊髓丘脑前束（传导粗触觉和压觉）。脊髓丘脑束上行，经延髓下橄榄核的背外侧，脑桥和中脑内侧丘系的外侧，终止于**第3级神经元**，即背侧丘脑的腹后外侧核。该核发出的纤维参与组成丘脑中央辐射，经内囊后肢投射到中央后回中、上部和中央旁小叶后部（图19-3）。

在脊髓内，脊髓丘脑束纤维的排列有一定的顺序：自外侧向内侧、由浅入深，依次排列来自骶、腰、胸、颈部的纤维。因此，当脊髓内肿瘤由内向外压迫一侧脊髓丘脑束时，痛觉、温觉障碍首先出现在身体对侧上半部（压迫来自颈、胸部的纤维），逐渐波及下半部（压迫来自腰、骶

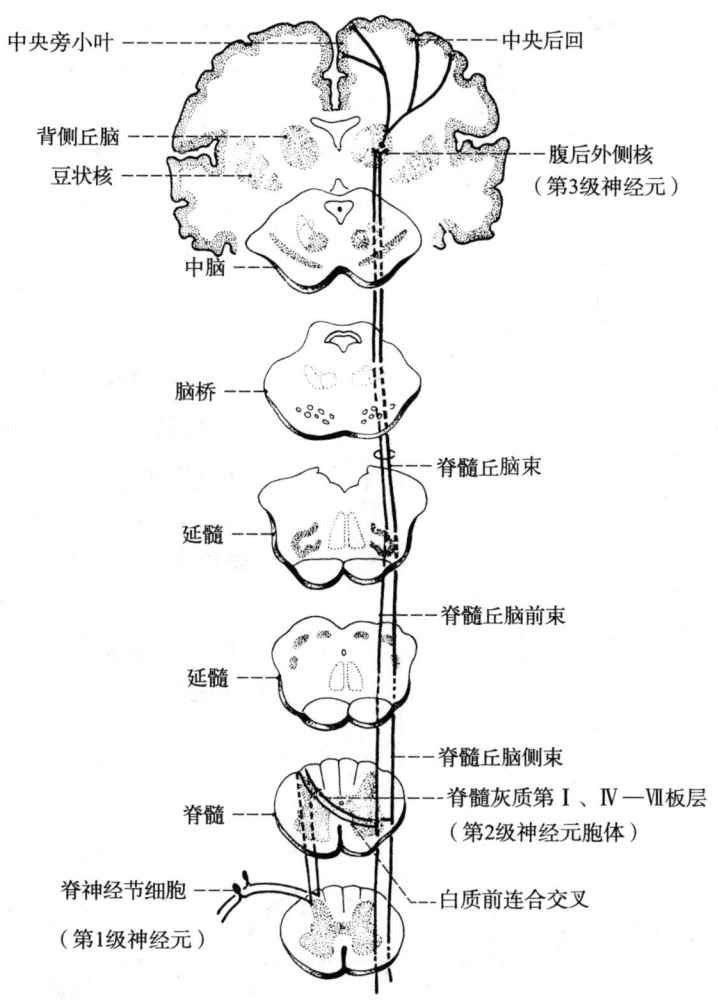

中央旁小叶
中央后回
背侧丘脑
豆状核
腹后外侧核
（第3级神经元）
中脑
脑桥
脊髓丘脑束
延髓
脊髓丘脑前束
延髓
脊髓丘脑侧束
脊髓
脊髓灰质第Ⅰ、Ⅳ—Ⅶ板层
（第2级神经元胞体）
脊神经节细胞
白质前连合交叉
（第1级神经元）

图 19-3　躯干和四肢痛觉、温觉、粗触觉和压觉传导通路

部的纤维）。若受到脊髓外肿瘤压迫，由外向内扩张时则发生感觉障碍的顺序相反。

（二）头面部的痛觉、温觉、粗触觉和压觉（浅感觉）传导通路

该通路由 3 级神经元组成。**第 1 级神经元**为三叉神经节、舌咽神经上神经节、迷走神经上神经节和膝神经节细胞，其周围突经相应的脑神经（Ⅴ、Ⅸ、Ⅹ、Ⅶ）分支分布于头面部皮肤及口鼻黏膜的相关感受器，中枢突经三叉神经根（Ⅴ）以及舌咽神经（Ⅸ）、迷走神经（Ⅹ）和面神经（Ⅶ）入脑干。

三叉神经中传导痛觉、温觉的纤维入脑后下降为三叉神经脊束，连同舌咽神经、迷走神经和面神经的纤维一起止于三叉神经脊束核；传导粗触觉、压觉的纤维终止于三叉神经脑桥核。**第 2 级神经元**的胞体在三叉神经脊束核和三叉神经脑桥核，它们发出纤维交叉到对侧，组成三叉丘脑束（三叉丘系），止于背侧丘脑的腹后内侧核。**第 3 级神经元**的胞体在背侧丘脑腹后内侧核，该核发出的纤维参与组成丘脑中央辐射，经内囊后肢投射到中央后回下部（图 19-4）。

知识扩展 19-1
痒觉信号通路的研究进展

三、视觉传导通路和瞳孔对光反射通路

（一）视觉传导通路

眼球视网膜神经部最外层的视锥细胞和视杆细胞为光感受器，中层的双极细胞为**第 1 级神**

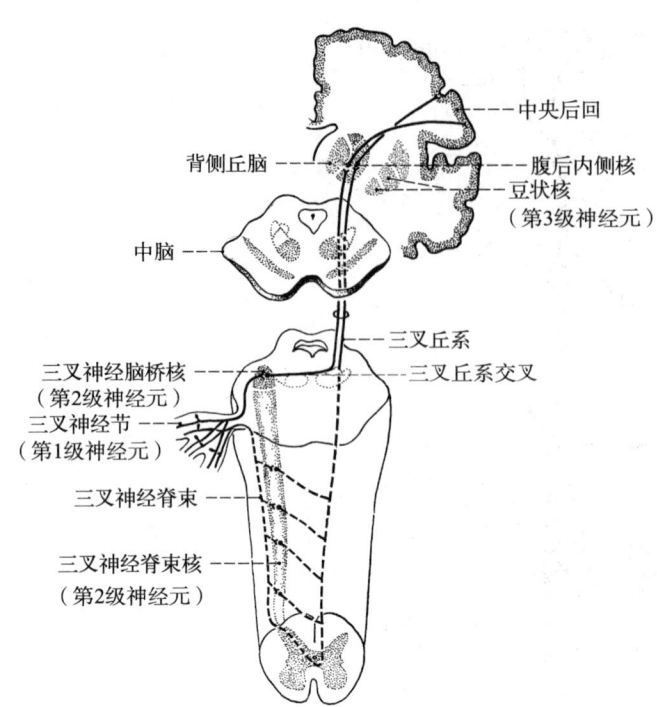

图 19-4 头面部痛觉、温觉、粗触觉和压觉传导通路

经元，最内层的节细胞为**第 2 级神经元**，节细胞的轴突在视神经盘（视神经乳头）处集合成视神经。视神经经视神经管入颅腔，形成视交叉（来自两眼视网膜鼻侧半的纤维交叉，交叉后加入对侧视束；来自视网膜颞侧半的纤维不交叉，进入同侧视束）后，延续为视束。因此，左侧视束内含有来自双眼视网膜左侧半的纤维，右侧视束内含有来自双眼视网膜右侧半的纤维。视束绕过中脑的大脑脚向后，主要终止于后丘脑的外侧膝状体。**第 3 级神经元**胞体在后丘脑的外侧膝状体内，由该核发出纤维组成**视辐射** optic radiation，经内囊后肢投射到端脑距状沟上下的**视区皮质** visual cortex（纹区 striate cortex），产生视觉（图 19-5）。视束中

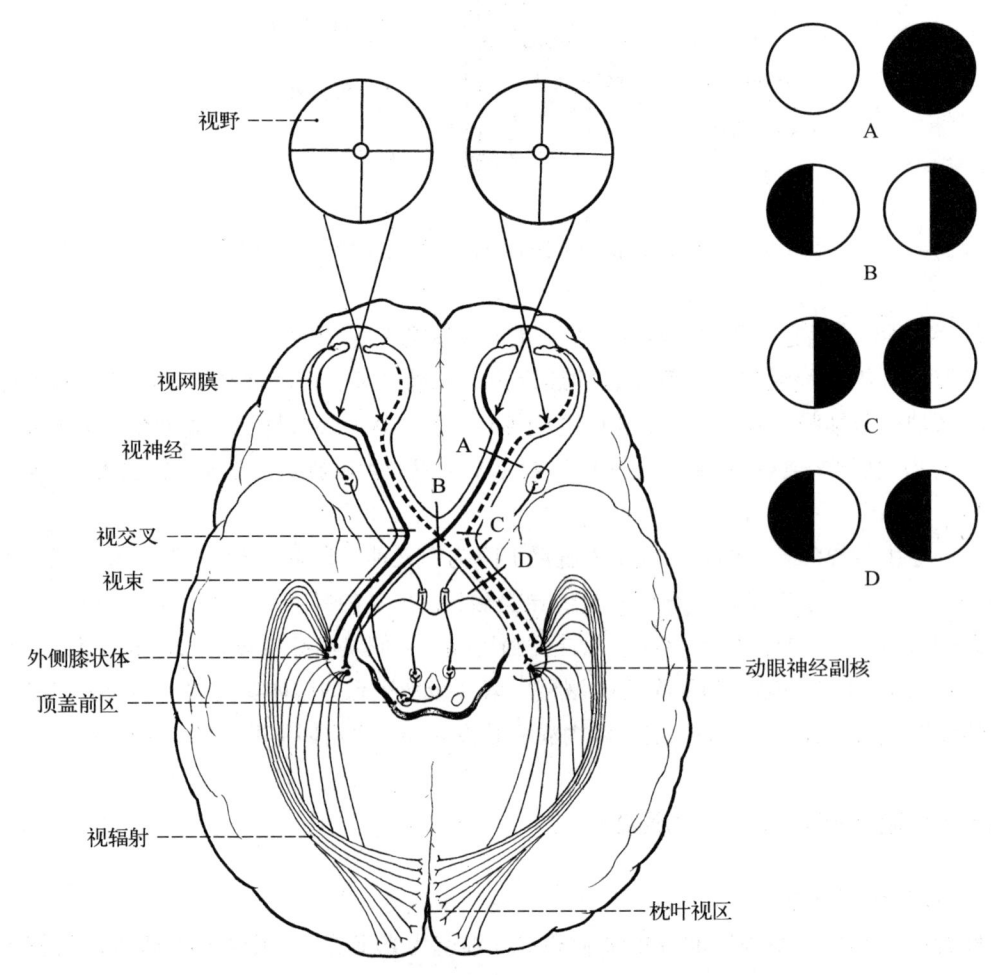

图 19-5 视觉传导通路

尚有少数纤维经上丘臂终止于中脑的上丘和顶盖前区。上丘发出的纤维组成顶盖脊髓束，下行至脊髓，完成视觉反射。顶盖发出纤维至中脑的动眼神经副核，完成瞳孔对光反射部分。

视野是指眼球固定向前平视时所能看到的空间范围。正常情况下，由于眼球屈光装置对光线的折射作用，鼻侧半视野的物像投射到颞侧半视网膜，颞侧半视野的物像投射到鼻侧半视网膜，上半视野的物像投射到下半视网膜，下半视野的物像投射到上半视网膜。

当视觉传导通路不同部位受损时，可引起不同的视野缺损。视网膜损伤引起的视野缺损与损伤的位置和范围有关，若损伤在视神经盘则视野中出现较大暗点，若黄斑部受损则中央视野有暗点，其他部位损伤则对应部位有暗点；一侧视神经损伤可致该侧眼视野全盲；视交叉中交叉纤维损伤可致双眼视野颞侧半偏盲；一侧视交叉外侧部的不交叉纤维损伤，则患侧眼视野的鼻侧半偏盲；一侧视束及以上的视觉传导通路（视辐射、视区皮质）受损，可导致双眼病灶对侧半视野同向性偏盲（如右侧受损则右眼视野鼻侧半和左眼视野颞侧半偏盲）。

（二）瞳孔对光反射通路

光照一侧瞳孔，引起双眼瞳孔缩小的反应称为**瞳孔对光反射** pupillary light reflex。光照侧的反应称直接对光反射，未直接照射侧的反应称间接对光反射。瞳孔对光反射的通路如下：视网膜→视神经→视交叉→双侧视束→上丘臂→顶盖前区→双侧动眼神经副核（节前神经元）→动眼神经（节前纤维）→睫状神经节（节后神经元）→节后纤维→瞳孔括约肌收缩→双侧瞳孔缩小。

一侧视神经受损时，传入信息中断，光照患侧瞳孔，双侧瞳孔均不缩小；但光照健侧瞳孔，则双眼对光反射均存在（即患侧直接对光反射消失，间接对光反射存在）。若一侧动眼神经受损时，由于传出信息中断，无论光照哪一侧瞳孔，患侧对光反射都消失（患侧直接和间接对光反射均消失），但健侧直接对光反射和间接对光反射均存在。若中脑顶盖前区（中枢）受损，则会出现双眼直接对光反射和间接对光反射均消失。

四、听觉传导通路

听觉传导通路 auditory pathway 由 4 级神经元组成。第 1 级神经元为蜗神经节内的双极细胞，其周围突分布于内耳的螺旋器（Corti 器），中枢突组成蜗神经（Ⅷ）与前庭神经（Ⅷ）一起在延髓和脑桥交界处入脑，止于脑桥的蜗腹侧核和蜗背侧核。第 2 级神经元胞体在蜗腹侧核和蜗背侧核，它们发出纤维大部分在脑桥内形成斜方体并交叉至对侧，到上橄榄核外侧折向上行，称外侧丘系。外侧丘系的纤维经中脑被盖的背外侧部大多数止于中脑下丘。第 3 级神经元胞体在下丘，其纤维经下丘臂止于后丘脑的内侧膝状体。第 4 级神经元胞体在后丘脑的内侧膝状体，发出纤维组成**听辐射** acoustic radiation，经内囊后肢，止于大脑皮质的颞横回（听觉区）（图 19-6）。

少数蜗腹侧核和蜗背侧核的纤维不交叉，进入同侧外

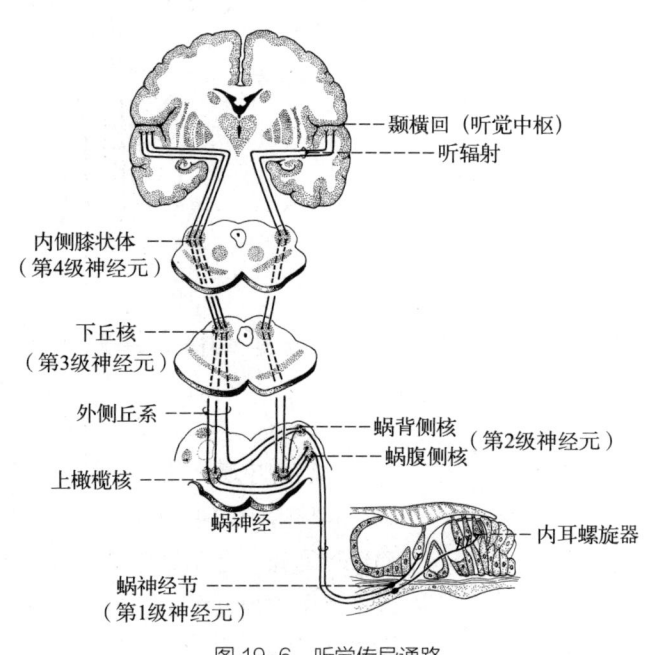

图 19-6　听觉传导通路

颞横回（听觉中枢）

听辐射

内侧膝状体（第4级神经元）

下丘核（第3级神经元）

外侧丘系

上橄榄核

蜗神经

蜗神经节（第1级神经元）

蜗背侧核（第2级神经元）

蜗腹侧核

内耳螺旋器

侧丘系；也有少数外侧丘系的纤维直接止于内侧膝状体；还有一些蜗神经核发出的纤维在上橄榄核换神经元，加入同侧的外侧丘系。因此，听觉冲动是双侧传导的。如果一侧听觉传导通路在外侧丘系以上损伤，不会产生明显症状，但若损伤了蜗神经、内耳或中耳，则将导致听觉障碍。

听觉的反射中枢在中脑的下丘。下丘神经元发出纤维到上丘，再由上丘神经元发出纤维，经顶盖脊髓束下行至脊髓的前角细胞，完成听觉反射。

五、平衡觉传导通路

平衡觉传导通路 equilibrium pathway 的**第 1 级神经元**是前庭神经节内的双极细胞，其周围突分布于内耳半规管的壶腹嵴、球囊斑和椭圆囊斑；中枢突组成前庭神经（Ⅷ）与蜗神经（Ⅷ）一起进入脑桥，止于脑桥的前庭神经核群。第 2 级神经元为前庭神经核群，此核群发出纤维至中线两侧组成内侧纵束，其中上行的纤维止于动眼神经核、滑车神经核和展神经核，完成眼肌前庭反射（如眼球震颤）；下降的纤维至副神经脊髓核和上段颈髓前角细胞，完成转眼、转头的协调运动。此外，由前庭外侧核发出纤维组成前庭脊髓束，完成躯干、四肢的姿势反射（伸肌兴奋、屈肌抑制）。由前庭神经核群还发出纤维与部分由前庭神经直接来的纤维，共同经小脑下脚（绳状体）进入小脑，参与平衡调节。前庭神经核群还发出纤维与脑干网状结构、迷走神经背核及疑核联系，因此当平衡觉传导通路或前庭感受器受刺激时，可引起眩晕、呕吐、恶心等症状。第 2 级神经元为前庭神经核群，由此核群发出的纤维向大脑皮质的投射径路不明，可能是在背侧丘脑的腹后核换神经元，再投射到颞上回前方的大脑皮质（图 19-7）。

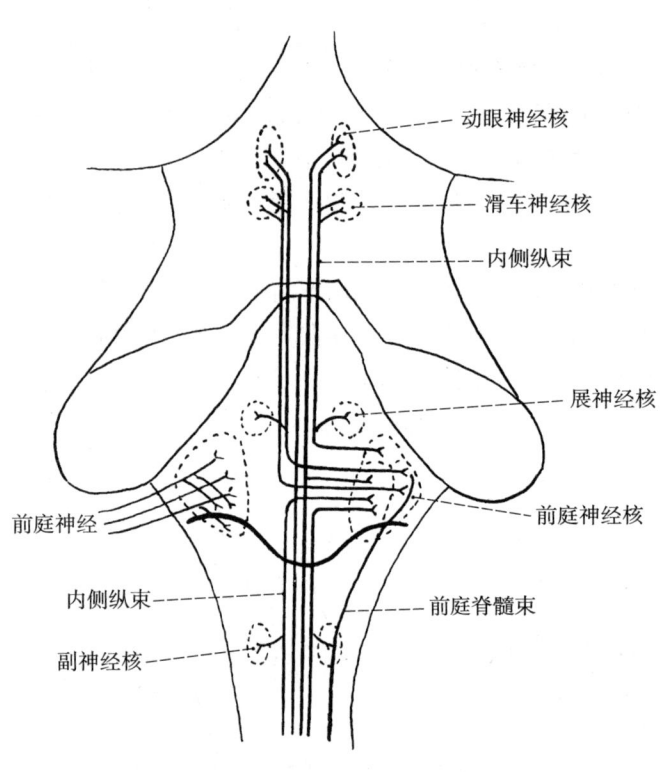

图 19-7 平衡觉传导通路

第二节　运动传导通路

运动传导通路是指从大脑皮质至躯体运动效应器（骨骼肌）和内脏活动效应器（平滑肌、心肌、腺体等）的神经联系。其中，从大脑皮质至躯体运动效应器的神经传导通路，称为躯体运动传导通路，包括锥体系（由上运动神经元和下运动神经元 2 级神经元组成）和锥体外系两部分。**上运动神经元** upper motor neurons 是指位于大脑皮质的投射至脑干的一般躯体运动核、特殊内脏运动核及脊髓前角运动神经元的传出神经元，由中央前回和中央旁小叶前部的巨型锥体细胞（Betz 细胞）、其他类型的锥体细胞及位于额叶、顶叶部分区域的锥体细胞组成。**下运动神经元** lower motor neurons 是指脑干的一般躯体运动核、特殊内脏运动核和脊髓前角的运动神经细胞，它们的胞体和轴突构成传导运动冲动的最后通路。

一、锥体系

锥体系 pyramidal system 上运动神经元的轴突组成**锥体束** pyramidal tract，包括下行至脊髓的皮质脊髓束和止于脑干一般躯体运动核和特殊内脏运动核的皮质核束。

（一）皮质脊髓束

皮质脊髓束 corticospinal tract 由中央前回上、中部和中央旁小叶前半部等处大脑皮质的锥体细胞轴突集中而成，下行经内囊后肢的前部、中脑和大脑脚底中 3/5 的外侧部和脑桥基底部至延髓锥体。在锥体下端，75%～90% 的纤维交叉至对侧，形成锥体交叉。交叉后的纤维继续于对侧脊髓外侧索内下行，组成皮质脊髓侧束。此束沿途发出侧支，逐节终止于脊髓前角细胞（可达骶节），主要支配四肢肌。在延髓锥体，皮质脊髓束中小部分未交叉的纤维在同侧脊髓前索内下行，称皮质脊髓前束。该束仅达上胸节，并经脊髓白质前连合逐节交叉至对侧，终止于脊髓前角运动神经元，支配躯干肌和上肢近端肌的运动。皮质脊髓前束中有一部分纤维始终不交叉而止于同侧脊髓前角运动神经元，主要支配躯干肌（图 19-8）。所以，躯干肌是受两侧大脑皮质支配，而上、下肢肌只接受对侧大脑皮质支配，故一侧皮质脊髓束在锥体交叉前受损，主要引起对侧肢体瘫痪，躯干肌运动不受明显影响；在锥体交叉后受损，主要引起同侧肢体瘫痪。

（二）皮质核束

皮质核束 corticonuclear tract 主要由中央前回下部的锥体细胞的轴突集合而成，下行经内囊膝至大脑脚底中 3/5 的内侧部，由此向下陆续发出纤维，大部分终止于脑干双侧一般躯体运动核（动眼神经核、滑车神经核、展神经核）、特殊内脏运动核（三叉神经运动核、面神经核支配面上部肌的细胞群、疑核和副

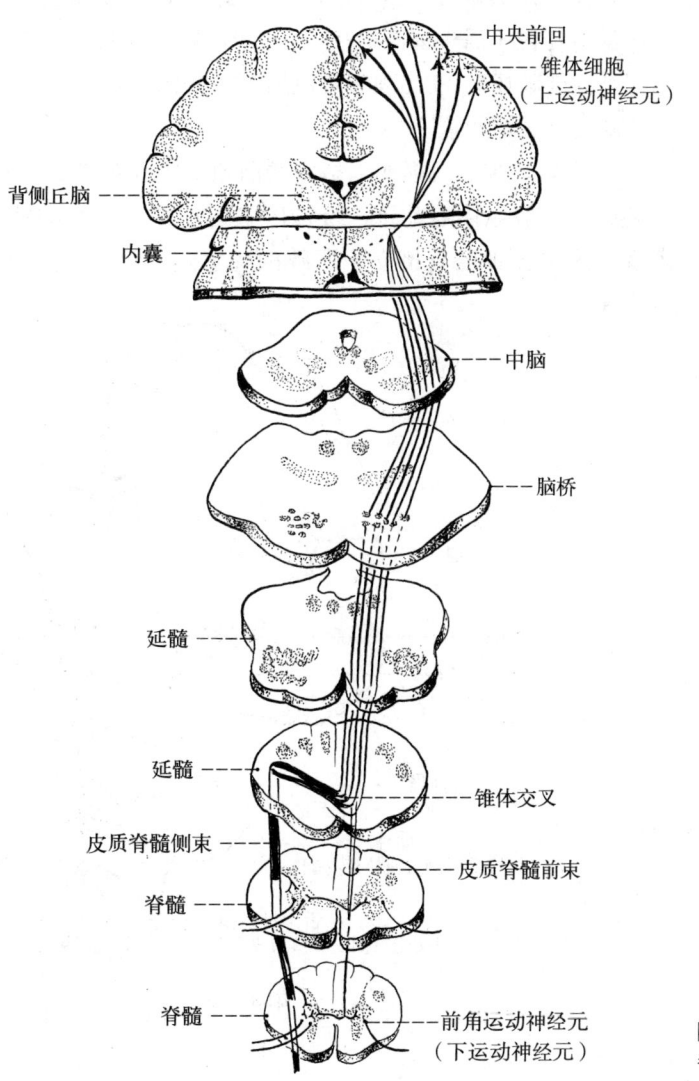

图 19-8　锥体系（皮质脊髓束）

神经脊髓核），这些核发出的神经纤维依次支配眼外肌、咀嚼肌、面上部表情肌、胸锁乳突肌、斜方肌和咽喉肌。小部分纤维完全交叉到对侧，终止于面神经核支配面下部肌（睑裂以下）的细胞群和舌下神经核（图 19-9），它们发出的纤维分别支配对侧面下部的表情肌和舌肌。

因此，除支配面下部肌的面神经核和舌下神经核只接受单侧（对侧）皮质核束支配外，其余脑干一般躯体运动核、特殊内脏运动核均接受双侧皮质核束的纤维。一侧上运动神经元受损，可产生对侧眼裂以下的面肌和对侧舌肌瘫痪，表现为病灶对侧鼻唇沟消失，口角下垂并向病灶侧偏斜，流涎，不能做鼓腮、露齿等动作，伸舌时舌尖偏向病灶对侧，为**核上瘫** supranuclear paralysis；一侧面神经核的神经元（下运动神经元）受损，可致病灶侧所有的面肌瘫痪，表现为额横纹消失，眼不能闭，口角下垂，鼻唇沟消失等；一侧舌下神经核的神经元（下运动神经元）受损，可致病灶侧全部舌肌瘫痪，表现为伸舌时舌尖偏向病灶侧，称为**核下瘫** infranuclear paralysis（图 19-10，图 19-11）。

锥体系的任何部位损伤都可引起其支配区的随意运动障碍（瘫痪），可分为 2 类。

1. 上运动神经元损伤　指脊髓前角细胞和脑干一般躯体运动核、特殊内脏运动核以上的锥体系损伤，即锥体细胞或其轴突组成的锥体束的损伤。表现为：①随意运动障碍。②肌张力增高，故称痉挛性瘫痪（硬瘫），这是由于上运动神经元对下运动神经元的抑制作用丧失的缘故（脑神经核上瘫时肌张力增高不明显），但早期肌萎缩不明显（因未失去其直接的神经支配）。③深反射亢进（因失去高级控制），浅反射（如腹壁反射、提睾反射等）减弱或消失（因锥体束的完整性被破坏）。④出现病理反射等（如巴宾斯基征，为锥体束损伤确凿症状之一），因锥体束的功能受到破坏所致。

2. 下运动神经元损伤　指脊髓前角细胞和脑神经运动核以下的锥体系损伤，即脊髓前角细胞和脑干一般躯体运动核、特殊内脏运动核及它们的轴突（相应的脊神经和脑神经）的损伤。表现为因失去神经直接支配所致的随意运动障碍，肌张力降低，故又称弛缓性瘫痪。由于神

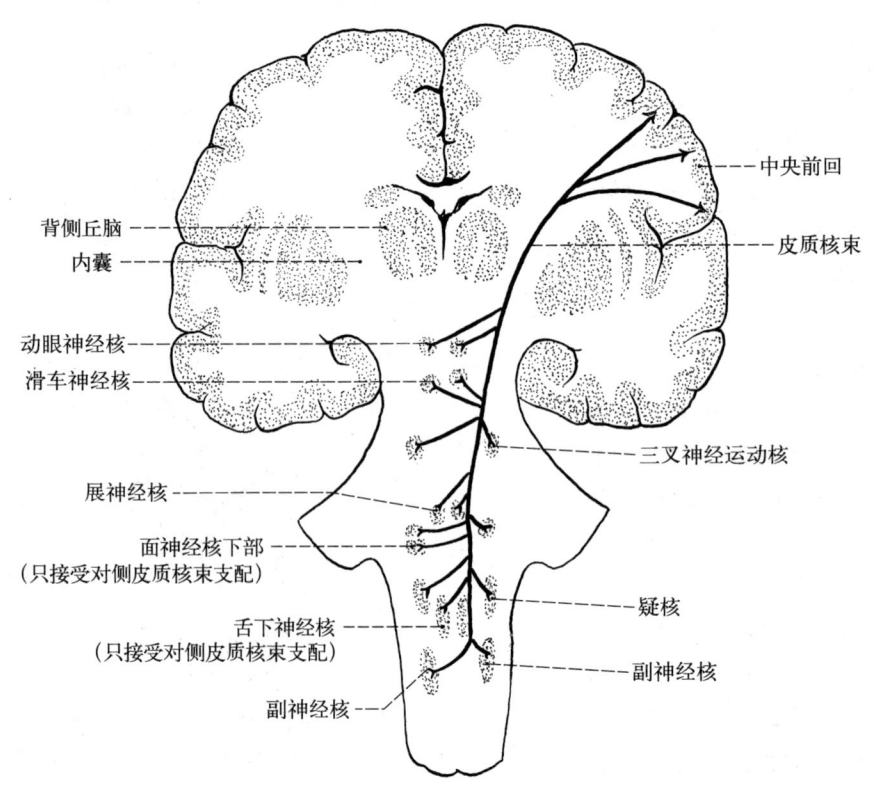

图 19-9　锥体系（皮质核束）

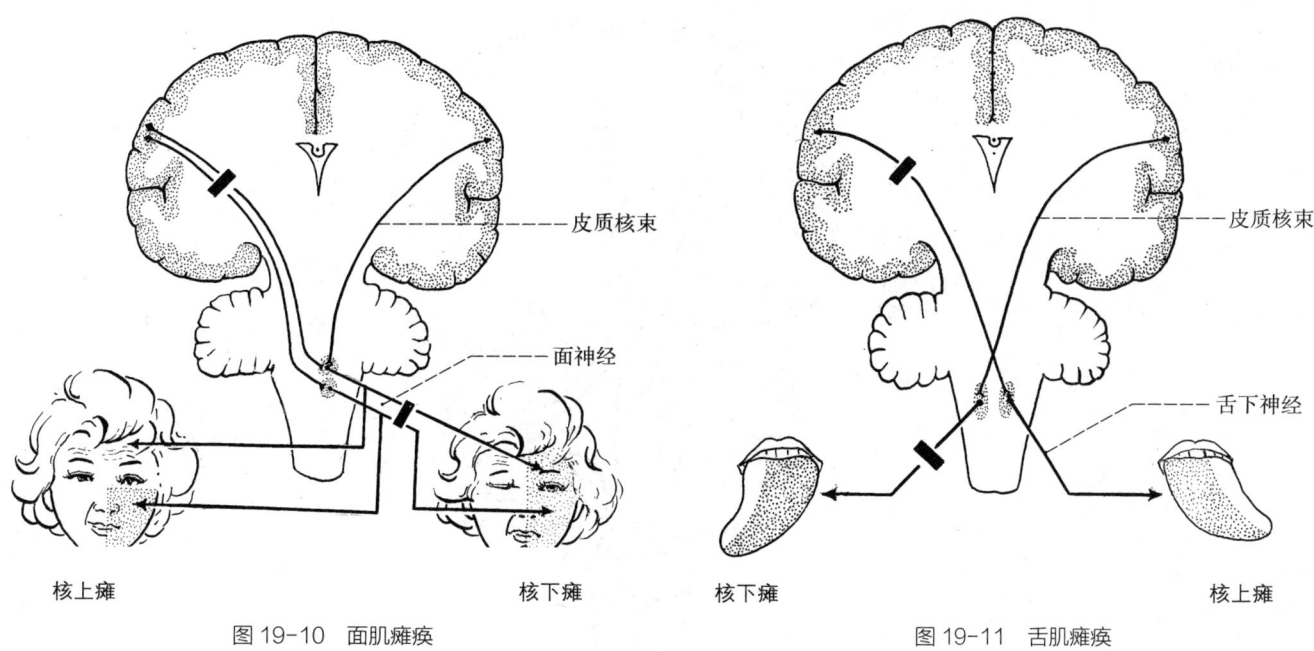

图 19-10　面肌瘫痪　　　　　　　　　　　　　　图 19-11　舌肌瘫痪

经营养障碍，导致肌萎缩。因所有反射弧均中断，故浅反射和深反射都消失，不出现病理反射（表 19-1）。

表 19-1　上运动神经元和下运动神经元损伤后的临床表现

临床表现	上运动神经元损伤（核上瘫）	下运动神经元损伤（核下瘫）
瘫痪特点	硬瘫（痉挛性瘫痪）	软瘫（弛缓性瘫痪）
肌张力	增高	降低
浅反射	减弱或消失	消失
深反射	亢进	消失
病理反射	（+）	（-）
肌萎缩	早期不明显	明显

二、锥体外系

　　锥体外系 extrapyramidal system 是指锥体系以外的影响和控制躯体运动的所有传导通路，其结构十分复杂，纤维联系广泛，包括大脑皮质（主要是躯体运动区和躯体感觉区）、纹状体、背侧丘脑、底丘脑、中脑顶盖、红核、黑质、脑桥核、前庭核、小脑和脑干网状结构等及它们的纤维联系。锥体外系的纤维最后经红核脊髓束、网状脊髓束等中继，下行终止于脊髓前角细胞和脑神经运动核。在种系发生上，锥体外系是较古老的结构，从鱼类开始出现，在鸟类成为控制全身运动的主要系统。到了哺乳类，尤其是人类，由于大脑皮质和锥体系的高度发达，锥体外系主要是协调锥体系的活动，两者协同完成运动功能。人类锥体外系的主要功能是调节肌张力、协调肌肉活动、维持体态姿势和习惯性动作（例如走路时双臂自然协调地摆动）等。锥体系和锥体外系在运动功能上是互相依赖、不可分割的一个整体，只有在锥体外系保持肌张力协调稳定的前提

临床视角 19-1
"踢肚游戏"胎教法促进神经系统传导通路的建立

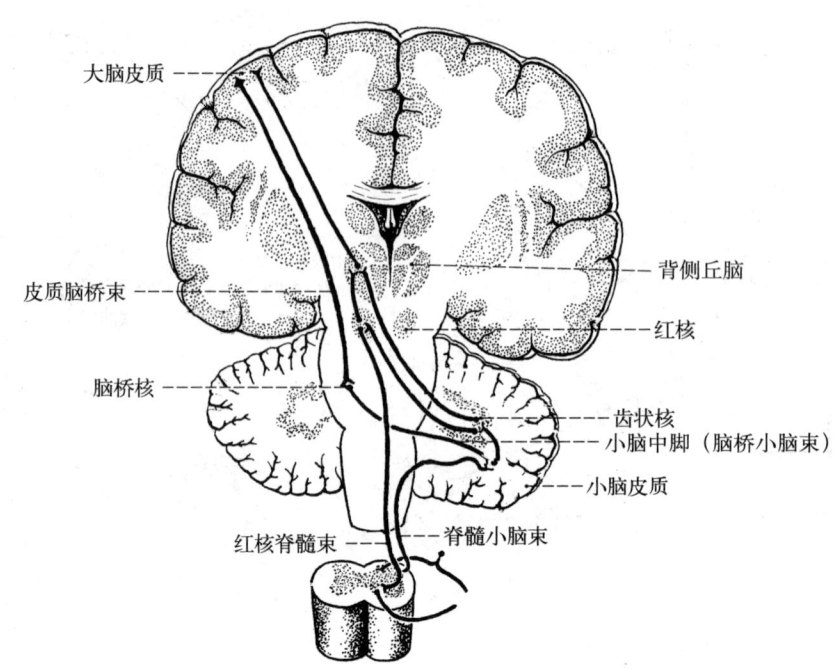

图 19-12 锥体外系
（皮质 – 脑桥 – 小脑 –
皮质环路）

大脑皮质
皮质脑桥束
脑桥核
红核脊髓束

背侧丘脑
红核
齿状核
小脑中脚（脑桥小脑束）
小脑皮质
脊髓小脑束

下，锥体系才能完成一切精确的随意运动（如写字、刺绣等）；而锥体外系对锥体系也有一定的依赖性，锥体系是运动的发起者，有些习惯性动作开始是由锥体系发起的，然后才处于锥体外系的管理之下（如骑车、游泳等）（图 19-12）。

（姚立杰）

复习思考题

1. 针刺左手手指指尖掌侧皮肤，产生的痛觉如何传到大脑皮质？
2. 右上颌牙痛时，其痛觉是如何传导的？
3. 试述完成伸膝关节这一动作的神经传导通路。
4. 试述舌尖伸向左侧的神经传导通路。

数字课程学习……

👤≡ 本章小结　　👥 开放性讨论　　📝 自测题　　⬇ 教学 PPT　　🖥 微课

第二十章

脑和脊髓的被膜、血管及脑脊液循环

关键词

硬膜	蛛网膜	软膜	硬膜外隙
蛛网膜下隙	硬脑膜窦	蛛网膜颗粒	大脑动脉环
脑脊液	脑屏障		

脑和脊髓周围均覆盖着3层被膜，对脑和脊髓起保护和支持作用，并参与形成许多重要结构。脑和脊髓的血液供应十分丰富且复杂，本章将介绍供应脑和脊髓的主要动脉和静脉及相关内容。脑脊液及其循环过程为脑和脊髓提供营养物质并带走代谢产物，同时维护着颅腔和椎管内部的正常压力。最后，本章将简述脑屏障的概念、解剖构成及意义。

思维导图

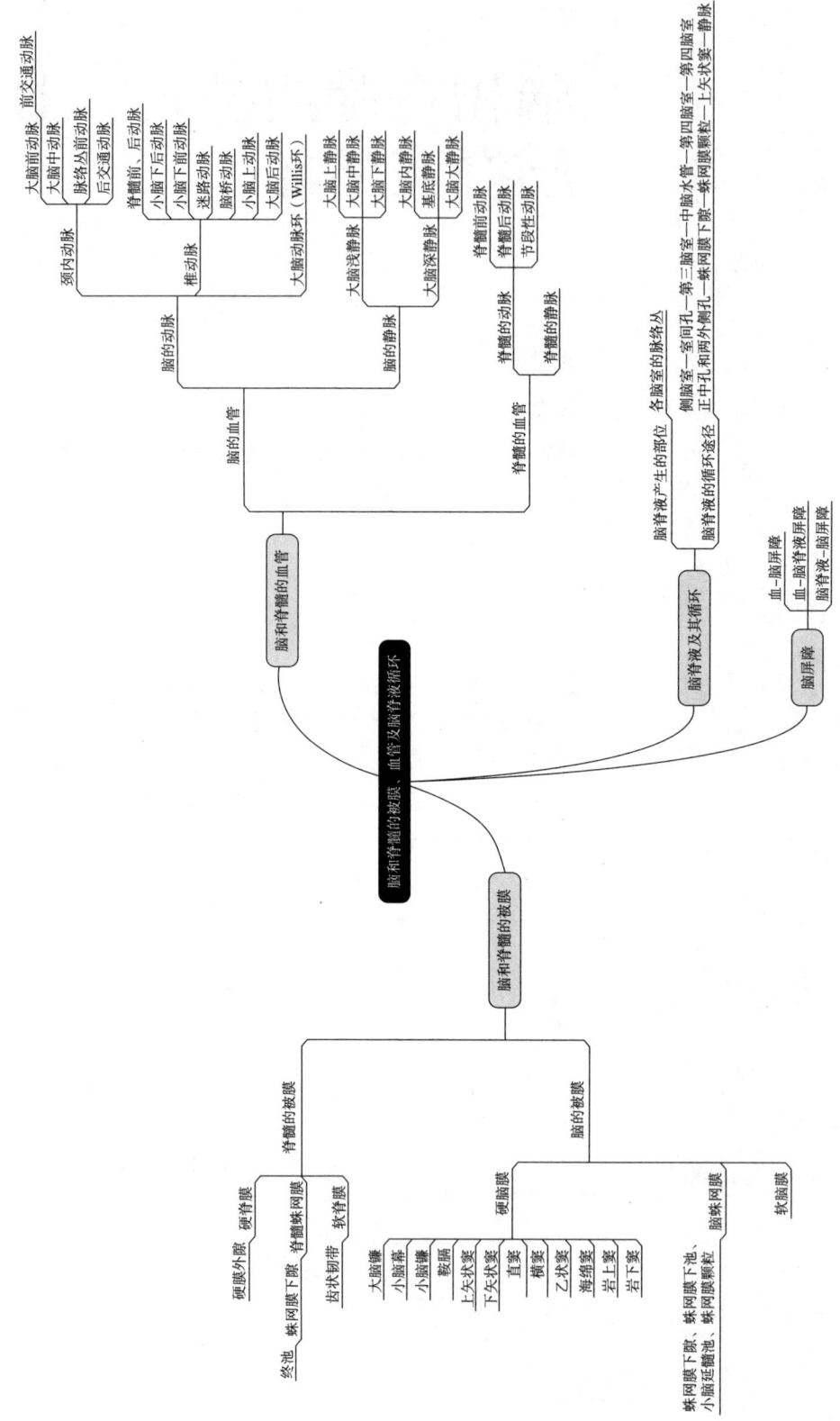

脑和脊髓的被膜、血管及脑脊液循环

脑和脊髓的血管
- 脑的血管
  - 脑的动脉
    - 颈内动脉
      - 大脑前动脉——前交通动脉
      - 大脑中动脉
      - 脉络丛前动脉
      - 后交通动脉
    - 椎动脉
      - 脊髓前、后动脉
      - 小脑下后动脉
      - 小脑下前动脉
      - 迷路动脉
      - 脑桥动脉
      - 小脑上动脉
      - 大脑后动脉
    - 大脑动脉环（Willis环）
  - 脑的静脉
    - 大脑浅静脉
      - 大脑上静脉
      - 大脑中静脉
      - 大脑下静脉
    - 大脑深静脉
      - 大脑内静脉
      - 基底静脉
      - 大脑大静脉
- 脊髓的血管
  - 脊髓的动脉
    - 脊髓前动脉
    - 脊髓后动脉
    - 节段性动脉
  - 脊髓的静脉

脑脊液及其循环
- 脑脊液产生的部位——各脑室的脉络丛
- 脑脊液的循环途径——侧脑室—室间孔—第三脑室—中脑水管—第四脑室—第四脑室正中孔和两外侧孔—蛛网膜下腔—蛛网膜颗粒—上矢状窦—静脉

脑屏障
- 血-脑屏障
- 脑脊液屏障
- 脑脊液-脑屏障

脑和脊髓的被膜
- 脊髓的被膜
  - 硬脊膜
    - 硬膜外腔
    - 蛛网膜下腔——终池
  - 脊髓蛛网膜
  - 软脊膜——齿状韧带
- 脑的被膜
  - 硬脑膜
    - 大脑镰
    - 小脑幕
    - 小脑镰
    - 鞍膈
    - 上矢状窦
    - 下矢状窦
    - 直窦
    - 横窦
    - 乙状窦
    - 海绵窦
    - 岩上窦
    - 岩下窦
  - 脑蛛网膜——蛛网膜下腔、蛛网膜下池、小脑延髓池、蛛网膜颗粒
  - 软脑膜

第一节　脑和脊髓的被膜

脑和脊髓表面由外向内均有硬膜、蛛网膜和软膜 3 层被膜包裹（图 20-1，图 20-2），并借此被膜得到支持和保护，获得营养。

一、脊髓的被膜

1. **硬脊膜** spinal dura mater　由致密结缔组织构成，厚而坚韧，呈囊状包裹脊髓（图 20-1）。上端附于枕骨大孔边缘，与硬脑膜相延续。下部从第 2 骶椎水平开始逐渐变细，包裹终丝，末端附于尾骨。硬脊膜与椎管内面的骨膜之间为**硬膜外隙** epidural space，内含疏松结缔组织、脂肪、淋巴管和椎内静脉丛，并有脊神经根通过。由于硬脊膜在枕骨大孔边缘与骨膜紧密愈着，故硬膜外隙不与颅内相通。临床上进行硬膜外麻醉，即将药物注入此隙，以阻滞脊神经根内的神经传导。在硬脊膜与脊髓蛛网膜之间为潜在的**硬膜下隙**。硬脊膜在椎间孔处与脊神经的外膜相连续。

2. **脊髓蛛网膜** spinal arachnoid mater　为半透明的薄膜，位于硬脊膜与软脊膜之间，与脑蛛网膜相延续。它与软脊膜之间有较宽的**蛛网膜下隙** subarachnoid space，两层间有许多结缔组织小梁相连，隙内充满脑脊液（图 20-1）。此隙下部，自脊髓下端至第 2 骶椎水平扩大为**终池** terminal cistern，内有马尾，故临床上常在第 3、4 或 4、5 腰椎间进行穿刺（腰椎穿刺术），以抽取脑脊液或注入药物而不伤及脊髓。脊髓蛛网膜下隙向上与脑蛛网膜下隙相通。

3. **软脊膜** spinal pia mater　薄而富含血管，紧贴脊髓表面，并深入脊髓的沟裂中，至脊髓下端形成终丝。软脊膜在脊髓两侧的脊神经前、后根之间形成**齿状韧带** denticulate ligament，且尖端附于硬脊膜上（图 20-1）。脊髓借齿状韧带和神经根固定于椎管内，并浸泡于脑脊液中，以减少震荡。

临床视角 20-1
临床腰穿操作技术

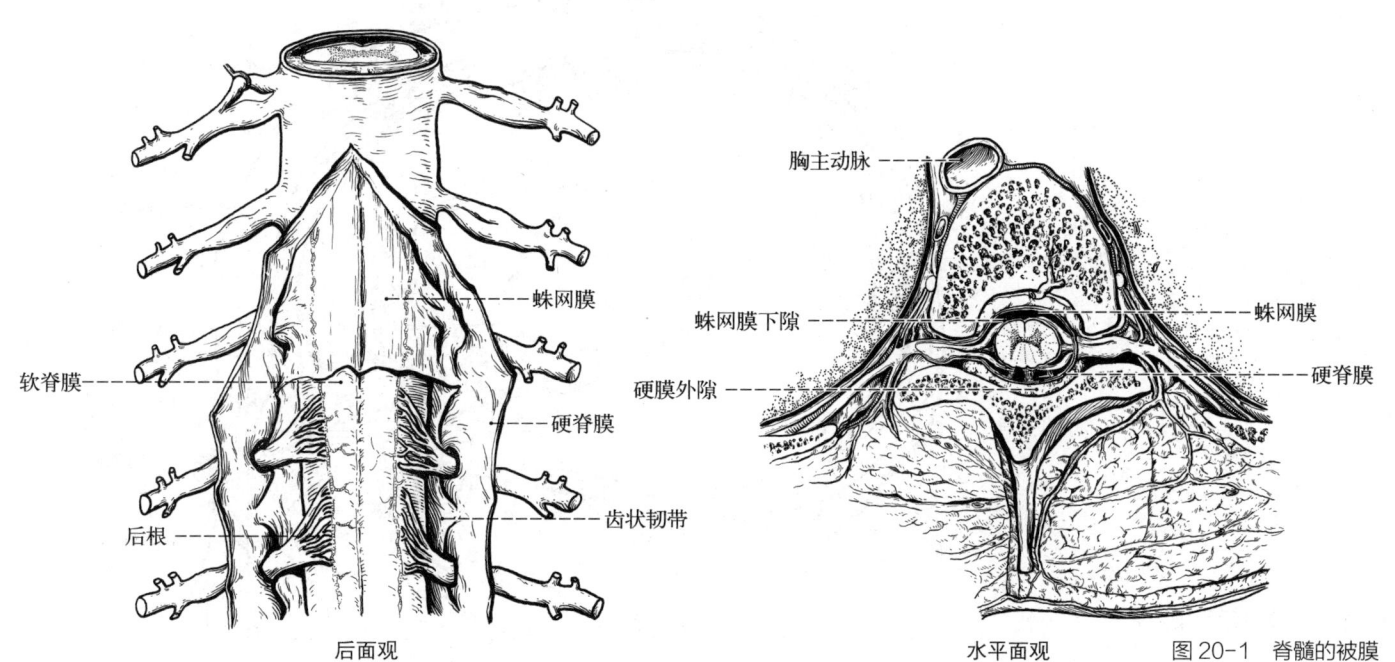

软脊膜

蛛网膜

硬脊膜

齿状韧带

后根

后面观

胸主动脉

蛛网膜下隙

硬膜外隙

蛛网膜

硬脊膜

水平面观　　图 20-1　脊髓的被膜

二、脑的被膜

1. **硬脑膜** cerebral dura mater　坚韧有光泽，可分2层。内层为脑膜层，外层为骨内膜层（图20-2，图20-3），在大多数位置，两层结合紧密不易分开。在颅盖处，硬脑膜与颅骨结合疏松，故外伤时，常因硬脑膜血管损伤而在硬脑膜与颅骨之间形成硬膜外血肿。在颅底处，硬脑膜与颅骨则结合紧密，颅底骨折时易将硬脑膜与脑蛛网膜同时撕裂，致脑脊液外漏。如颅前窝骨折时脑脊液可流入鼻腔，形成脑脊液鼻漏。

硬脑膜不仅呈套状包被脑，而且形成若干板状突起，伸入脑各部分之间，起固定和保护作用。由硬脑膜形成的特殊结构如下。

（1）**大脑镰** cerebral falx　呈镰刀形，伸入两侧大脑半球之间，前端附于鸡冠，后端连于小

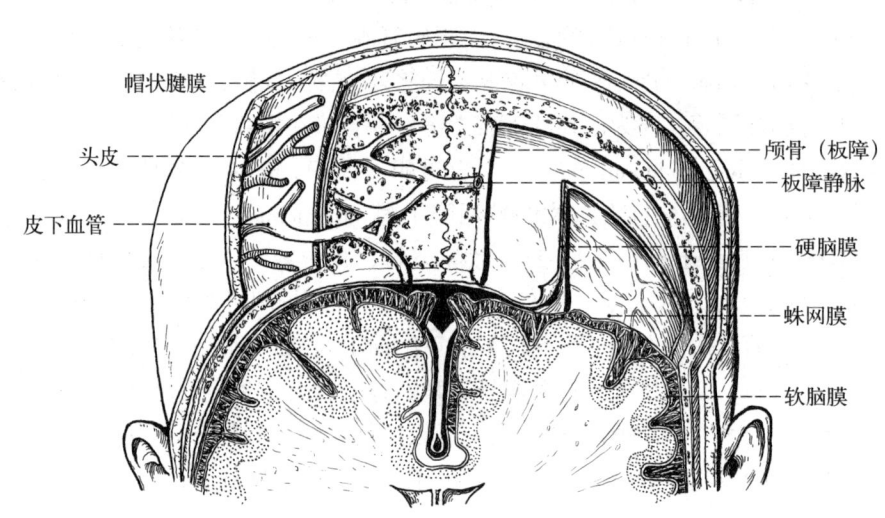

图20-2　脑的被膜示意图

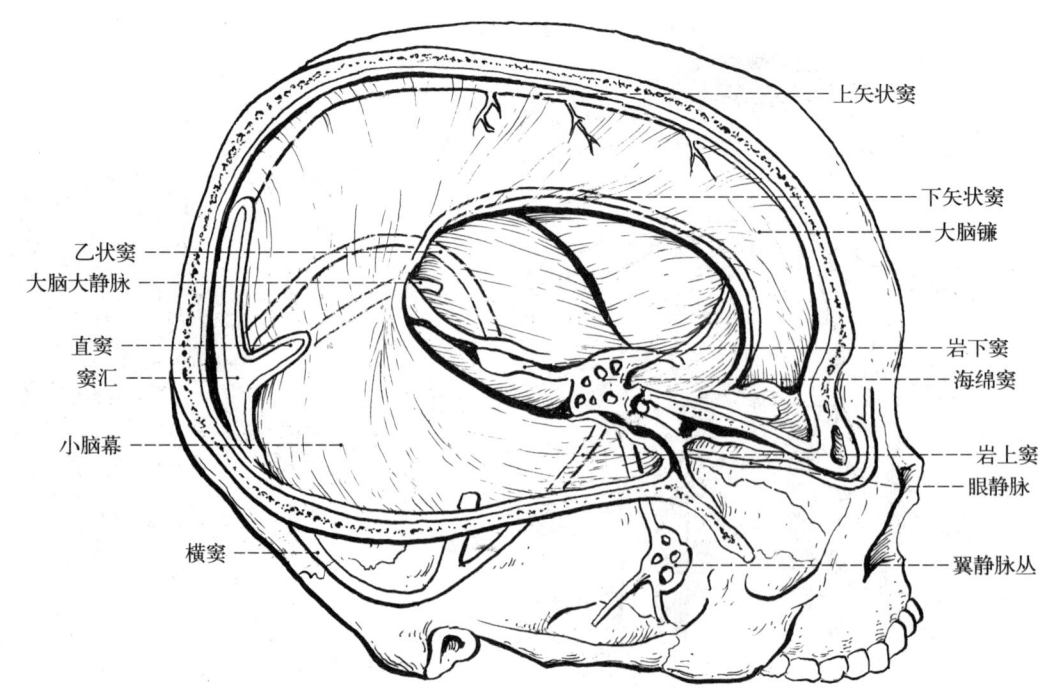

图20-3　硬脑膜及硬脑膜窦

脑幕上面的正中线上，下缘游离于胼胝体上方（图20-3）。

（2）**小脑幕** tentorium of cerebellum　形似幕帐，伸入大脑与小脑之间，附于枕骨横窦沟和颞骨岩部上缘，上面中线处连于大脑镰（图20-3）。幕的前内侧缘形成**小脑幕切迹** tentorial incisure，切迹与鞍背形成一环形孔，称小脑幕裂孔，有中脑通过。当小脑幕上发生颅脑病变引起颅内压增高时，位于小脑幕切迹上方的海马旁回和钩可能被挤入小脑幕切迹，形成小脑幕切迹疝而压迫动眼神经和大脑脚。

临床视角 20-2
小脑幕切迹疝病例的临床表现

（3）**小脑镰** cerebellar falx　短小，位于枕骨大孔后上方，自小脑幕下面正中伸入两侧小脑半球之间。

（4）**鞍膈** diaphragma sellae　位于蝶鞍上方，张于鞍背上缘与鞍结节之间，封闭垂体窝，中部有一小孔，容漏斗通过，鞍膈下面为脑垂体。

在某些部位，硬脑膜的两层分开，内面衬以内皮细胞，形成硬脑膜静脉窦，简称**硬脑膜窦** sinuses of dura mater。因窦壁无平滑肌，不能收缩，故损伤时出血难止，易形成颅内血肿。主要的硬脑膜窦如下（图20-3）。

上矢状窦 superior sagittal sinus：位于上矢状窦沟内、大脑镰的上缘，前方起自盲孔，后端膨大为窦汇 confluence of sinus，位于枕内隆凸附近，两侧与横窦相通。

下矢状窦 inferior sagittal sinus：位于大脑镰下缘，其走向与上矢状窦一致，向后开口于直窦。

直窦 straight sinus：在小脑幕与大脑镰相接处，前方连接大脑大静脉和下矢状窦汇合处，向后通窦汇。

横窦 transverse sinus：成对，位于小脑幕后外侧缘附着处的枕骨横窦沟内，连于窦汇与乙状窦之间。

乙状窦 sigmoid sinus：成对，位于乙状窦沟处，为横窦的延续，向前内侧于颈静脉孔处延续为颈内静脉。

海绵窦 cavernous sinus：位于蝶鞍两侧，为硬脑膜两层间的不规则腔隙，内腔形似海绵。两侧海绵窦借横支相连。颈内动脉和展神经在窦内穿过。在窦的外侧壁内，自上而下有动眼神经、滑车神经、眼神经和上颌神经通过（图20-4）。海绵窦前端借眼静脉与面部浅静脉交通，向下借卵圆孔与翼静脉丛相通，故面部感染可蔓延至海绵窦。海绵窦向后外经岩上窦和岩下窦通横窦和颈内静脉，向后与斜坡上的基底静脉丛相通，基底静脉丛向下与椎内静脉丛相通，而椎内静脉丛又与腔静脉系交通，故腹、盆部的感染（如直肠的血吸虫卵）可经此途径进入颅内。

岩上窦和岩下窦：分别位于颞骨岩部的上缘和后缘处，将海绵窦的血液分别引向横窦和颈内静脉。

硬脑膜窦内的血液流向归纳如下：

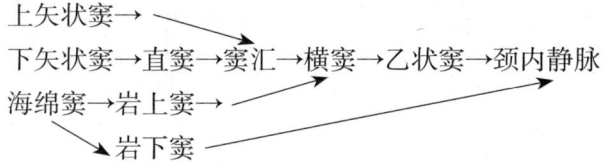

2. **脑蛛网膜** cerebral arachnoid mater　薄而透明，无血管和神经，与硬脑膜间有硬膜下隙；与软脑膜间有**蛛网膜下隙** subarachnoid space，内含脑脊液和较大血管。脑和脊髓的蛛网膜下隙互相交通。脑蛛网膜除在大脑纵裂和大脑横裂处外，均跨越脑的沟裂，故蛛网膜下隙各部的大小不一，扩大处称**蛛网膜下池** subarachnoid cistern。在小脑与延髓间有**小脑延髓池** cerebellomedullary cistern，临床上可在此进行蛛网膜下隙穿刺。此外还有脚间池、交叉池、环池、桥池、纵裂池、

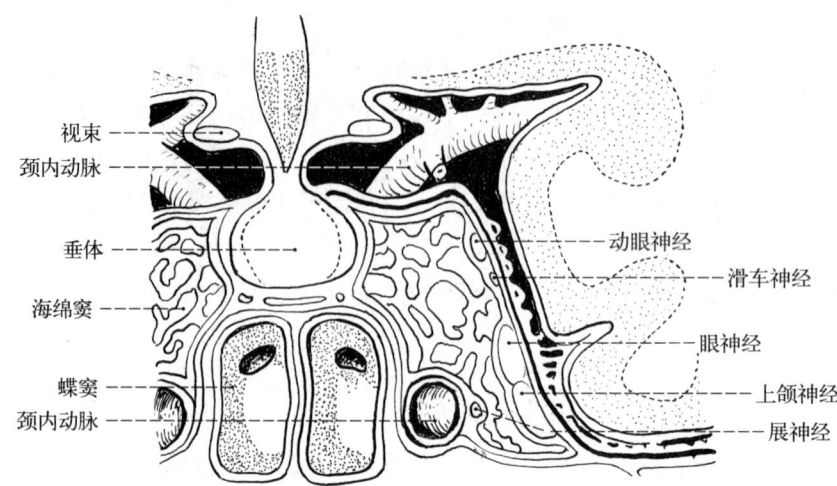

视束
颈内动脉
垂体
海绵窦
蝶窦
颈内动脉

动眼神经
滑车神经
眼神经
上颌神经
展神经

图 20-4 海绵窦

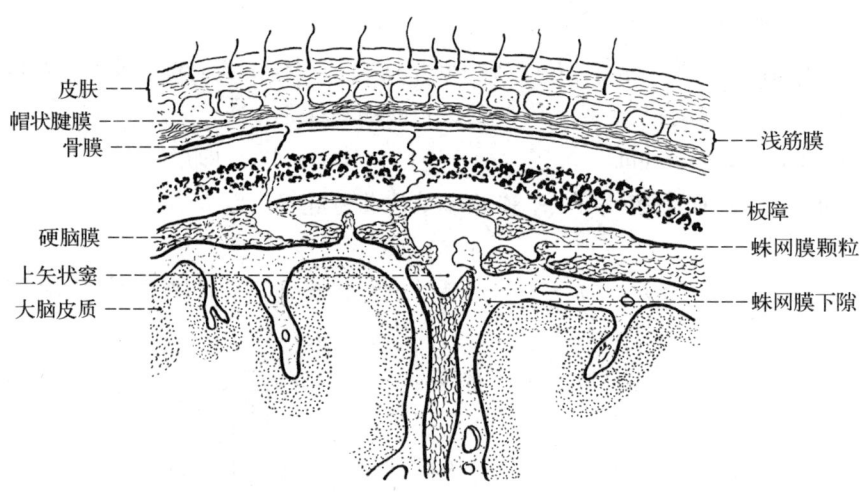

皮肤
帽状腱膜
骨膜
硬脑膜
上矢状窦
大脑皮质

浅筋膜
板障
蛛网膜颗粒
蛛网膜下隙

图 20-5 蛛网膜颗粒
及硬脑膜窦

外侧沟池和鞍上池，其内有大脑动脉环。脑蛛网膜在上矢状窦附近形成许多"菜花状"突起，突入硬脑膜窦内，称**蛛网膜粒** arachnoid granulations，有引流脑脊液入硬脑膜窦，使脑脊液回流入静脉的功能（图 20-5）。

3. **软脑膜** cerebral pia mater　薄而富有血管，紧贴脑表面，对脑起营养作用。在脑室中的某些部位，软脑膜及其血管与该部位脑室壁的室管膜上皮共同构成脉络组织，其中一些局部的脉络组织中的血管反复分支交错成丛，连同其表面的软脑膜和室管膜上皮一起突入脑室，形成脉络丛，具有分泌脑脊液的功能。

第二节　脑和脊髓的血管

中枢神经系统是体内代谢最旺盛的部位之一，流经脑组织的血流量为 750～1 000 mL/min，占心搏出量的 15%～20%，并且能消耗全身 25% 的氧气，表明脑部血液供应丰富，代谢旺盛。

脑是多血供器官，大量的脑动脉分支是脑组织血液供应丰富的基础，脑血管在形态结构、行程配布上均有不同于身体其他部位血管的特点，这是脑部血液供应的特殊需要，也是脑功能的形态学基础。

一、脑的血管

（一）脑的动脉

脑动脉的特点：①管壁薄。类似颅外其他部位同等大小的静脉。②大脑半球的动脉可分为皮质支（营养皮质和浅层髓质）和中央支（营养基底核、内囊和间脑），均自成体系互不吻合。皮质支在软脑膜内吻合丰富。③行程弯曲。进入颅内的动脉行程极其弯曲，是脑动脉无搏动的主要原因。④侧支循环多。对于调节脑组织血供具有重要意义。⑤脑组织不同部位的血供不同，与功能有关。⑥脑与颅骨和硬脑膜的血供各自独立。前者来自颈内动脉和椎动脉，后两者来自颈外动脉。

脑的动脉来自颈内动脉系和椎基底动脉系（图 20-6），以顶枕沟为界，大脑半球的前 2/3 和间脑前部由颈内动脉及其分支供应，大脑半球后 1/3 及脑底后部、间脑后部、脑干和小脑由椎动脉及其分支供应。

1. **颈内动脉** internal carotid artery　约在第 6 颈椎平面平甲状软骨上缘处由颈总动脉分出，上行至颅底后，经颞骨岩部的颈动脉管、破裂孔，贴海绵窦内侧壁继续向上，至后床突处转向前，于前床突处入蛛网膜下隙，向后上方弯曲，最终在脑底前穿质附近发出脉络丛前动脉和后交通动脉后，最后分为大脑前动脉和大脑中动脉两大终末支。

颈内动脉的主要分支如下。

（1）**后交通动脉** posterior communicating artery　起自颈内动脉终段，在视束下面后行，与大

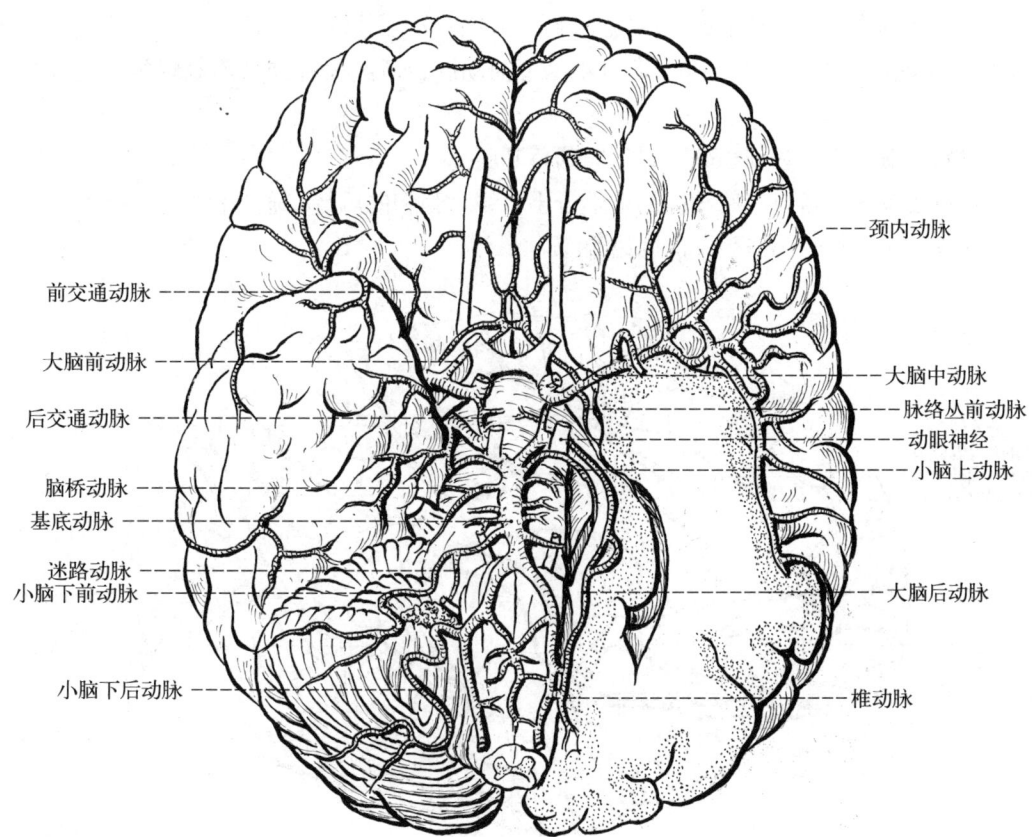

图 20-6　大脑半球的
动脉（底面观）

脑后动脉连接，是颈内动脉系与椎 - 基底动脉系的吻合支（图 20-6）。

（2）**脉络丛前动脉** anterior choroidal artery 自颈内动脉下外侧壁发出，在视束下面行向后外入侧脑室下角，终止于脉络丛。该动脉细小，行程较长，较易发生闭塞。

（3）**大脑前动脉** anterior cerebral artery 在视交叉外侧呈直角由颈内动脉发出，进入大脑纵裂，与对侧的同名动脉在中线上借**前交通动脉** anterior communicating artery 相连，然后沿胼胝体沟由前向后至胼胝体压部（图 20-6，图 20-7）。大脑前动脉的皮质支主要分布于顶枕沟以前的半球内侧面和额叶底面的一部分及额、顶两叶上外侧面的上部的皮质；中央支自大脑前动脉的近侧段发出，经前穿质进入脑实质，主要供应胼胝体嘴、透明隔、尾状核、豆状核前部和内囊前肢。

（4）**大脑中动脉** middle cerebral artery 是颈内动脉的延续，向外行入外侧沟内，分出数条皮质支，营养大脑半球上外侧面的大部分和岛叶（顶枕沟以前）（图 20-6，图 20-8）；大脑中动脉途经前穿质时，发出一些细小的中央支（图 20-9），垂直向上穿入脑实质，供应尾状核、豆状核、内囊膝和后肢的前上部。

临床视角 20-3
"三偏"综合征的临床表现

2. **椎动脉** vertebral artery 起自锁骨下动脉，上行穿第 6 至第 1 颈椎横突孔，经枕骨大孔入颅腔。在延髓脑桥沟附近，左、右椎动脉汇合成**基底动脉** basilar artery，后者沿脑桥腹侧面的基底沟上行至脑桥上缘，分为左、右大脑后动脉（图 20-6）。椎 - 基底动脉系的主要分支如下。

（1）**脊髓前、后动脉** 见"脊髓的血管"。

（2）**小脑下后动脉** 为椎动脉颅内段最大的分支，行程弯曲，在两侧椎动脉汇合成基底动脉之前发出，供应小脑下面后部和延髓后外侧部（图 20-6）。

（3）**小脑下前动脉** 多从基底动脉下 1/3 段发出，行向后外，绕脑桥向下外越展神经、面神经和前庭蜗神经的腹侧至小脑下面，供应小脑下部的前份（图 20-6）。

（4）**迷路动脉** 细长，80% 以上发自小脑下前动脉，后经面神经与前庭蜗神经之间入内耳道，供应内耳。

（5）**脑桥动脉** 为一些细小分支，供应脑桥基底部。

（6）**小脑上动脉** 常自基底动脉的末端分出，绕大脑脚向后行，主要供应小脑上部，也供应脑桥、松果体、上髓帆、第三脑室的脉络组织。

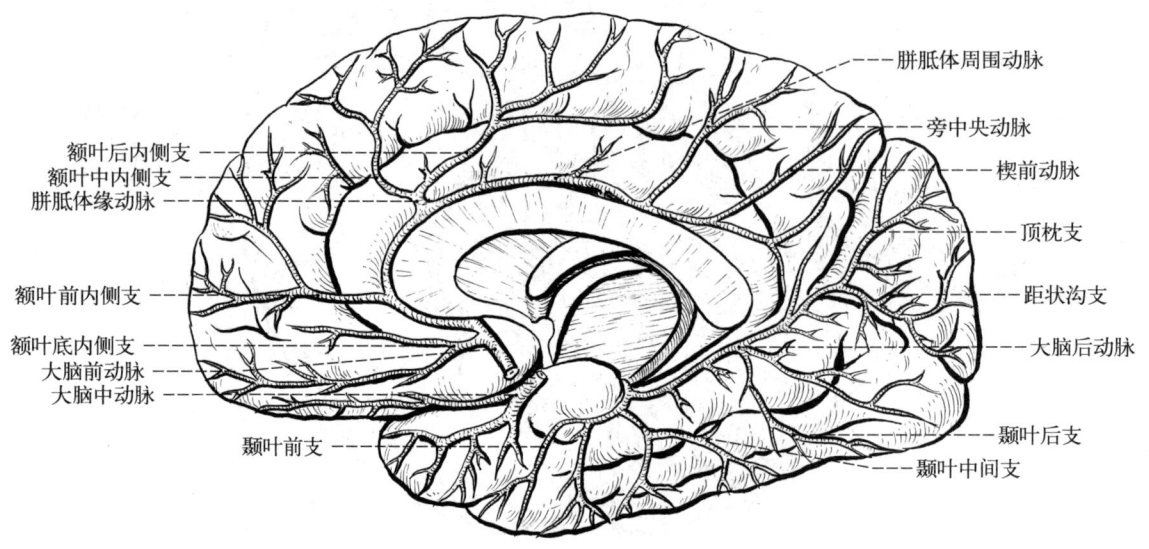

图 20-7 大脑半球的动脉（内侧面观）

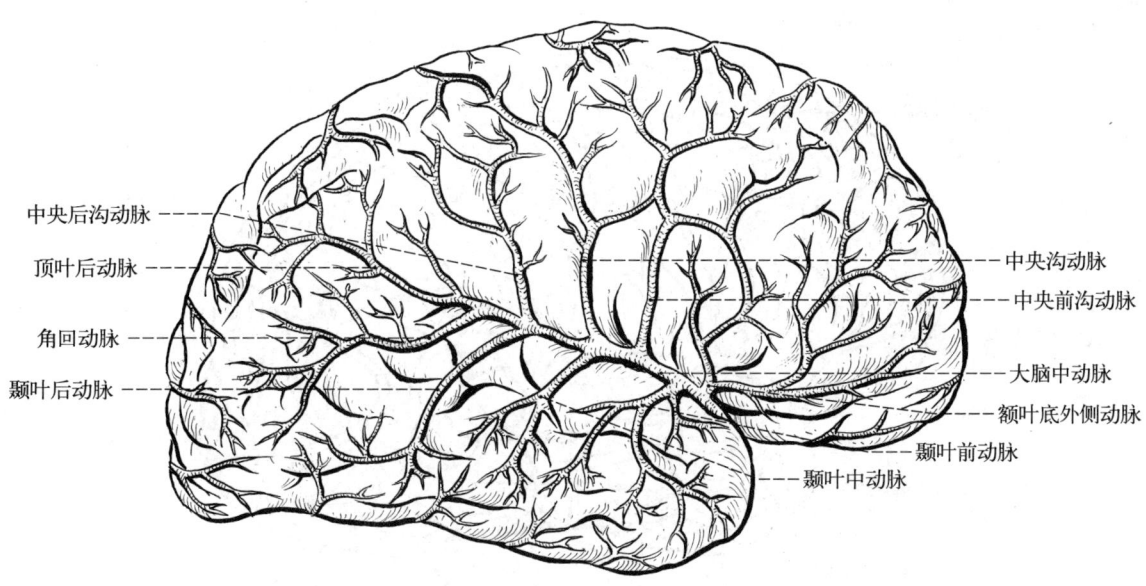

中央后沟动脉

顶叶后动脉

角回动脉

颞叶后动脉

中央沟动脉

中央前沟动脉

大脑中动脉

额叶底外侧动脉

颞叶前动脉

颞叶中动脉

图 20-8　大脑半球的动脉（外侧面观）

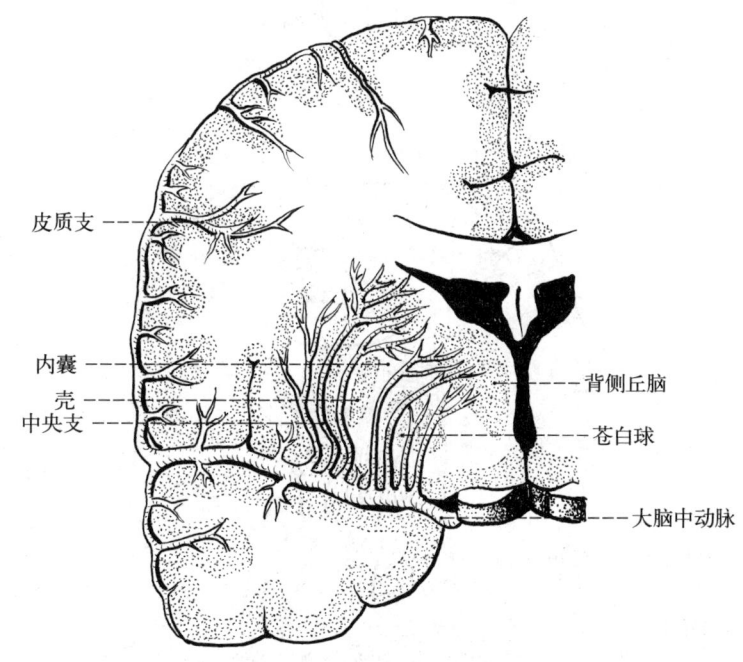

皮质支

内囊

壳

中央支

背侧丘脑

苍白球

大脑中动脉

图 20-9　大脑中动脉的皮质支和中央支

（7）**大脑后动脉** posterior cerebral artery　是基底动脉的终末支，在脚间池内沿大脑脚外侧，经海马旁回内侧行至颞叶和枕叶内侧面（图 20-7）。皮质支分布于颞叶的内侧面和底面及枕叶；中央支由根部发出，由脚间窝入脑实质，供应背侧丘脑，内、外膝状体，下丘脑、底丘脑等。

3. **大脑动脉环** cerebral arterial circle　又称 Willis 环，位于脑底下方、蝶鞍上方，环绕视交叉、灰结节及乳头体周围（图 20-6）。由前交通动脉、两侧大脑前动脉起始段、两侧颈内动脉末端、两侧后交通动脉和两侧大脑后动脉起始段共同组成。当构成此环的某一动脉血流减少或被阻断时，可在一定程度上通过此环使血液重新分配，起到部分代偿作用。

（二）脑的静脉
脑的静脉没有静脉瓣，多不与动脉伴行，分浅、深 2 组，组间广泛吻合（图 20-10）。

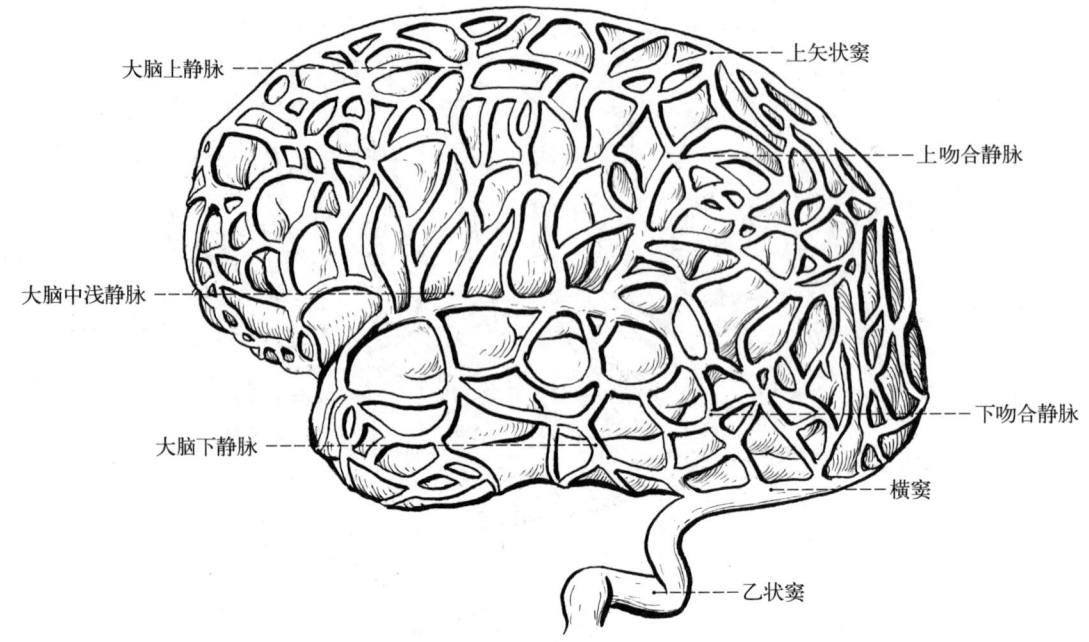

大脑上静脉

上矢状窦

上吻合静脉

大脑中浅静脉

下吻合静脉

大脑下静脉

横窦

乙状窦

浅组

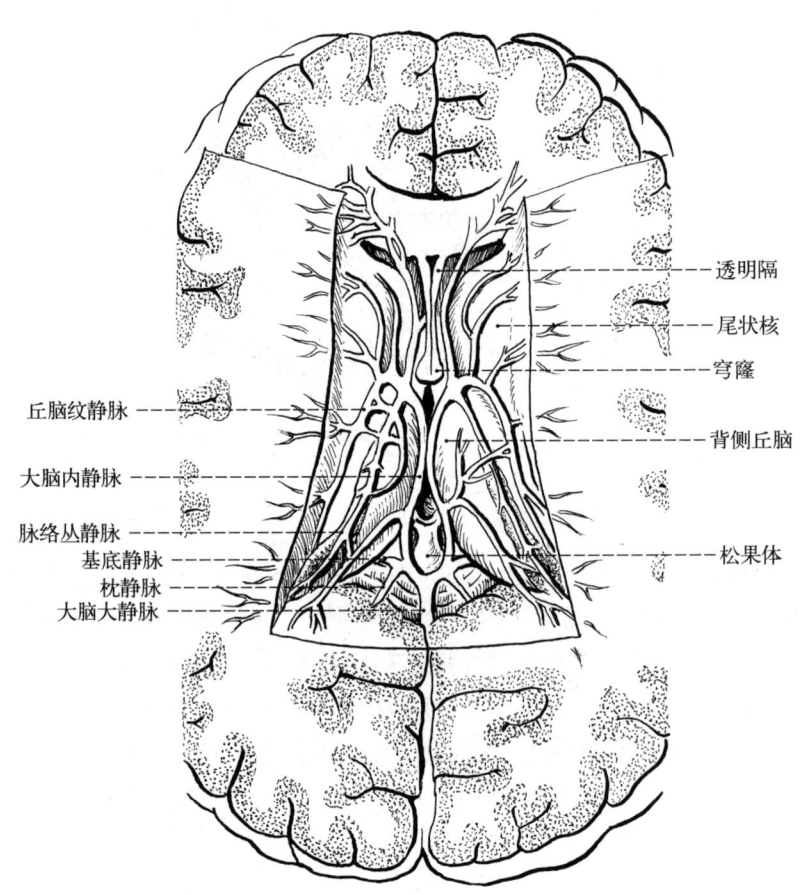

透明隔

尾状核

穹窿

丘脑纹静脉

背侧丘脑

大脑内静脉

脉络丛静脉

基底静脉

枕静脉

松果体

大脑大静脉

图 20-10　脑的静脉

深组

1. 大脑浅静脉　收集皮质及皮质下髓质的静脉血，直接注入邻近的硬脑膜窦（如上矢状窦、海绵窦、岩上窦、横窦等）。根据大脑表面位置，分为大脑外侧、内侧和底面静脉。

（1）**大脑上静脉**　8~12条，位于外侧沟以上，主要收集大脑背外侧面和内侧面（胼胝体以上）的静脉血。该静脉主要沿脑沟走行，行至大脑半球的上内侧缘，注入上矢状窦。

（2）**大脑中静脉**　分为浅、深两组，深组由岛叶的静脉网汇集而成，汇入基底静脉；大脑中浅静脉位于大脑外侧沟内，沿沟前行，至颞极处注入海绵窦，亦可经上吻合静脉（Trolard 静脉）注入上矢状窦，或经下吻合静脉（Labbe 静脉）注入横窦，主要收集外侧沟附近额、颞、顶叶血液。

（3）**大脑下静脉**　1~7支，位于外侧沟以下、颞叶表面，收集大脑半球外侧面下部和底面的血液。一般自前上方向后下方斜行，最后汇入海绵窦和横窦。

2. 大脑深静脉　收集髓质深部、基底节区和脑室旁的静脉血，最后汇成一条**大脑大静脉**（又称 Galen 静脉），于胼胝体压部的后下方向后注入直窦。大脑深静脉可分为3群，即大脑内静脉、基底静脉和大脑大静脉（图 20-10）。

（1）**大脑内静脉**　左右各一，由脉络膜静脉和丘脑纹状体静脉在室间孔后上缘合成，沿第三脑室顶后行，在胼胝体压部下方两侧大脑内静脉汇合为大脑大静脉，收纳胼胝体、透明隔、基底核、丘脑、内囊及侧脑室和第三脑室脉络丛的静脉血。

（2）**基底静脉**　又称 Rosenthal 静脉，由大脑前静脉和大脑中深静脉在前穿质外侧附近合成，而后行向后内，经脚间窝外侧绕大脑脚向后上方，经内、外侧膝状体之间汇入大脑大静脉。接收来自岛叶和相邻灰质、嗅区、眶回、基底核和间脑等的静脉血，同时接收来自前穿质及大脑脚、侧脑室下角、海马旁回和中脑的静脉血。

（3）**大脑大静脉**　又称 Galen 静脉，由两侧大脑内静脉汇合而成，长 1~2 cm，环绕胼胝体压部急转向上，在接收左、右基底静脉后汇入直窦。入直窦前还收纳枕多条小脑静脉及中脑、间脑等部位的静脉血。

二、脊髓的血管

1. 脊髓的动脉　有 2 个来源：①来自椎动脉的**脊髓前动脉** anterior spinal artery 和**脊髓后动脉** posterior spinal artery。②来自一些节段性动脉，如肋间后动脉、腰动脉、骶外侧动脉等的脊髓支。脊髓前、后动脉是脊髓的主要供血动脉，在下行过程中，不断得到节段性动脉的增补，以营养脊髓（图 20-11，图 20-12）。

（1）脊髓前动脉　在延髓脑桥沟下方起自两侧椎动脉，在延髓腹侧面下行，至锥体交叉平面两侧合成 1 支，改称为脊髓前正中动脉。沿脊髓前正中裂下降，沿途不断接受前根动脉（节段性动脉的分支）补充。至脊髓圆锥向后下续为一细支与终丝伴行。

（2）脊髓后动脉　为椎动脉颅内位置较低的分支，发出后绕至颈髓的外侧，沿脊髓后外侧沟、在脊神经后根内侧迂曲下行。下行途中接受经椎间孔进入椎管的根动脉，延续至脊髓下部。

（3）节段性动脉　按顺序来自椎动脉颈段、颈升动脉、肋间后动脉、肋下动脉、腰动脉、髂腰动脉和骶外侧动脉。节段性动脉一般成对，除供应椎旁肌和脊柱外，其余均从相应椎间孔进入椎管，分为前根动脉和后根动脉，分别伴脊神经前根和后根走行，并与脊髓前、后动脉吻合。

2. 脊髓的静脉　分布与动脉相似，在软膜内形成静脉丛，并吻合成纵行的静脉干，再经脊髓前、后静脉引流至椎静脉丛和节段性静脉，从而与颈、胸、腰及盆部其他静脉相交通。脊髓的纵行静脉干向上直接或经过椎内静脉丛与颅内静脉相续。

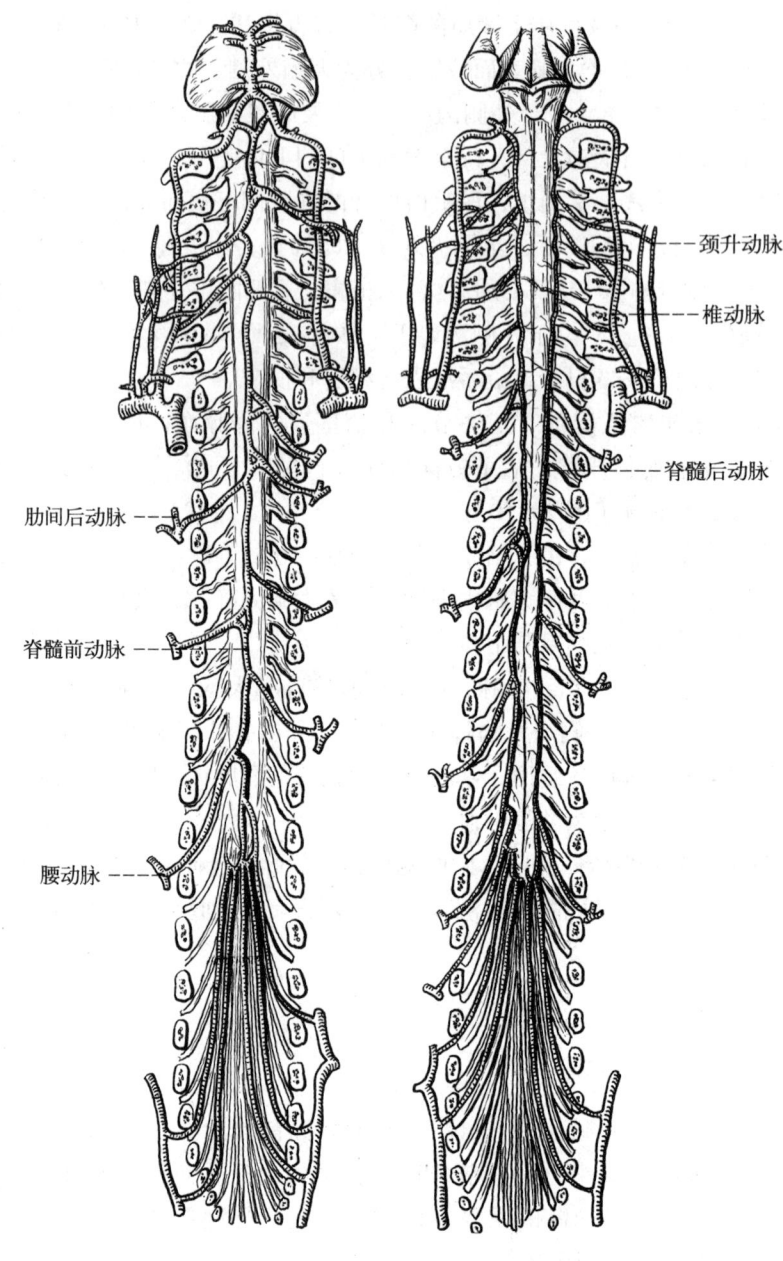

图 20-11　脊髓的血管

颈升动脉

椎动脉

脊髓后动脉

肋间后动脉

脊髓前动脉

腰动脉

前面观　　　　　　后面观

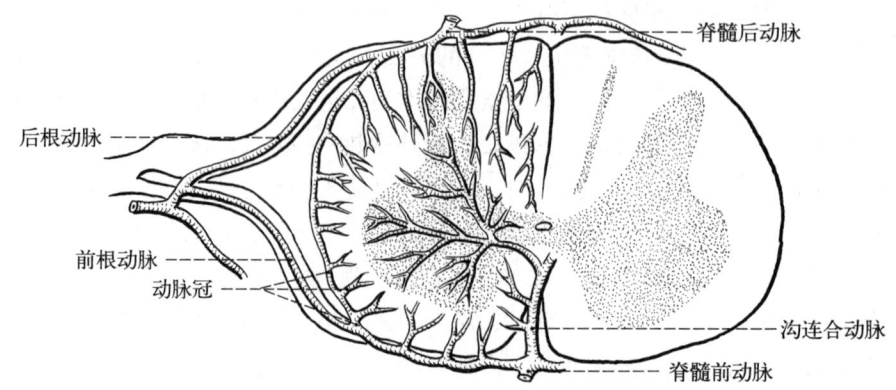

图 20-12　脊髓内部
的动脉分布

脊髓后动脉

后根动脉

前根动脉

动脉冠

沟连合动脉

脊髓前动脉

第三节 脑脊液及其循环

脑脊液 cerebrospinal fluid（CSF）由各脑室的脉络丛产生，充满于脑室系统、脊髓中央管和蛛网膜下隙内的无色透明液体，对中枢神经系统起缓冲、保护、营养、运输代谢产物以及维持正常颅内压的作用。成人 CSF 总量约 150 mL，处于不断产生和回流的平衡状态，其循环途径如图 20-13 所示：侧脑室内的脑脊液经室间孔流至第三脑室，再经中脑水管流至第四脑室，后经正中孔和外侧孔流入蛛网膜下隙，或经中央管到脊髓，最后经蛛网膜粒引流入上矢状窦，回流到静脉。临床上常抽取脑脊液进行检查，以诊断神经系统疾病。

知识扩展 20-1
脑室系统的组成与发育

动画 20-1
脑脊液循环

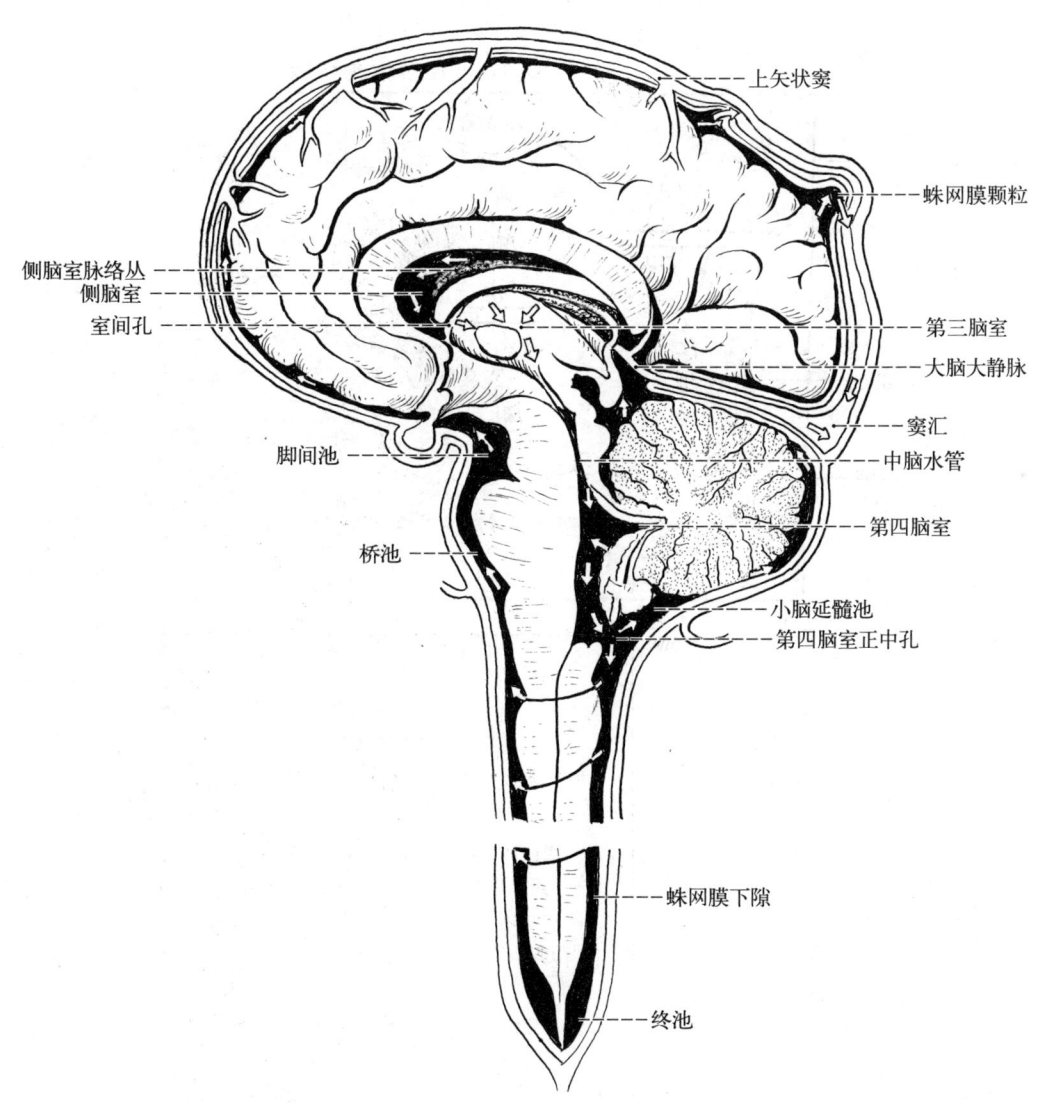

图 20-13 脑脊液循环模式图

第四节　脑屏障

⊜ 图 20-1
腰椎穿刺术体位图

　　神经系统尤其是中枢神经系统的神经细胞功能活动能正常进行，周围微环境就要保持一定的稳定性。血液和脑脊液中的物质在进入脑组织时要受到一定的限制或选择，而起到这种限制或选择作用的结构总称为脑屏障。脑屏障由 3 部分组成（图 20-14）。

一、血 - 脑屏障

　　血 - 脑屏障 blood-brain barrier（BBB）位于血液与脑、脊髓的神经细胞之间，其结构基础

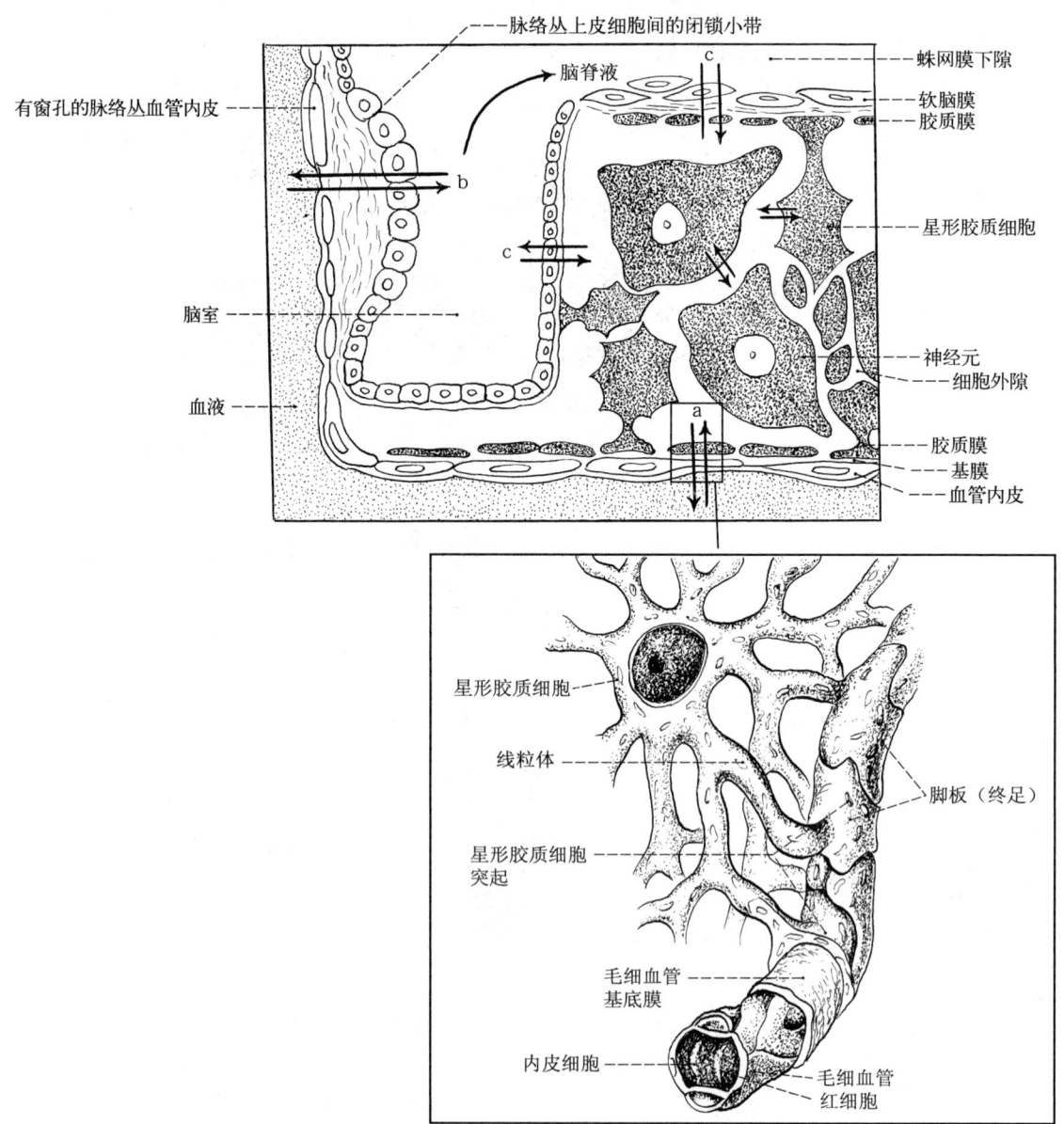

脉络丛上皮细胞间的闭锁小带

蛛网膜下隙

脑脊液

软脑膜
胶质膜

有窗孔的脉络丛血管内皮

星形胶质细胞

脑室

神经元
细胞外隙

血液

胶质膜
基膜
血管内皮

星形胶质细胞

线粒体

脚板（终足）

星形胶质细胞
突起

毛细血管
基底膜

内皮细胞

毛细血管
红细胞

图 20-14　脑屏障的结构和位置关系
a：血-脑屏障；b：血-脑脊液屏障；c：脑脊液-脑屏障

是：①脑和脊髓内毛细血管内皮细胞无窗孔，内皮细胞之间为紧密连接，使大分子不能通过，但水和某些离子仍能通过。②毛细血管基膜。③毛细血管基膜外有星形胶质细胞终足围绕。

二、血－脑脊液屏障

血－脑脊液屏障 blood–CSF barrier 位于脑室脉络丛的血液与脑脊液之间，其结构基础主要是脉络丛上皮细胞之间有闭锁小带（属紧密连接）相连，但脉络丛的毛细血管内皮细胞上有窗孔，故仍具有一定的通透性。

三、脑脊液－脑屏障

脑脊液－脑屏障 CSF–brain barrier 位于脑室和蛛网膜下隙的脑脊液与脑、脊髓的神经细胞之间，其结构基础为室管膜上皮、软脑膜和软膜下胶质膜，但室管膜上皮之间主要为缝隙连接，不能有效地限制大分子通过，软脑膜的屏障作用也很低。因此，脑脊液的化学成分与脑组织细胞外液的成分大致相同。

脑屏障在正常情况下能使脑和脊髓不致受到内外界环境中各种物理、化学因素的影响而维持相对稳定的状态。在脑屏障受到损伤（如外伤、炎症、血管病）时，通透性增高或降低，使脑和脊髓的神经细胞直接受到各种致病因素的攻击，导致脑水肿、脑出血、免疫异常等。

然而，无论从结构或功能上看，脑屏障都只是相对的。这不仅是因为脑的某些部位缺乏血－脑屏障，而且在脑屏障的3个组成部分中，脑－脑脊液屏障最不完善，使脑脊液和脑内神经细胞的细胞外液能互相交通。

（柯荔宁）

复习思考题

1. 简述腰椎穿刺术的进针位置和穿经层次。
2. 简述脑的动脉血供。
3. 颅内出血出现"三偏"综合征，最可能是哪条动脉破裂？为什么？
4. 简述脑脊液的产生与循环途径。
5. 穿经海绵窦的结构有哪些？

数字课程学习……

本章小结　　实物标本图　　开放性讨论　　自测题　　教学 PPT
微课

第二十一章
内分泌系统

关键词

内分泌腺　　内分泌组织　　激素　　垂体　　甲状腺
甲状旁腺　　肾上腺　　松果体　　胰岛　　胸腺
生殖腺

机体的调节方式主要有神经调节和体液调节。在前面的章节中，我们学习了神经调节相关的解剖学基础。本章将为大家介绍体液调节系统——内分泌系统。本章将逐一介绍人体内一些重要的内分泌器官和内分泌组织，包括在神经系统与内分泌腺相互作用中处于重要地位的垂体、调节机体基础代谢的甲状腺、调节钙磷代谢的甲状旁腺，分泌的激素关乎生命体存活与否、素有"激素之王"之称的肾上腺，以及松果体和胰岛等。在各个结构中，除了介绍位置和形态特点外，还将介绍其分泌的主要激素及其功能，了解这些激素分泌过多或不足时产生的临床疾病。

思维导图

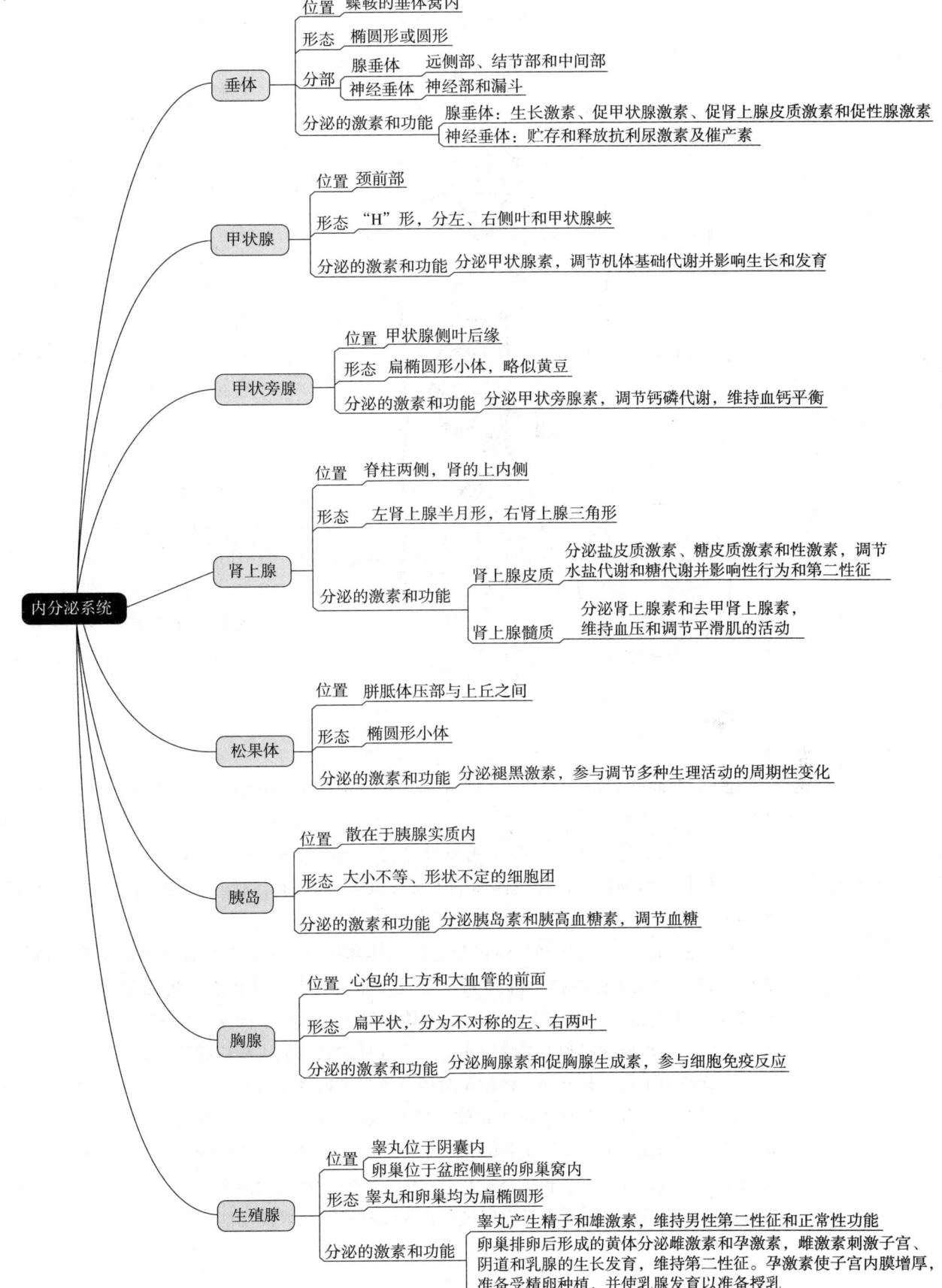

内分泌系统

垂体
- 位置 蝶鞍的垂体窝内
- 形态 椭圆形或圆形
- 分部
  - 腺垂体 远侧部、结节部和中间部
  - 神经垂体 神经部和漏斗
- 分泌的激素和功能
  - 腺垂体：生长激素、促甲状腺激素、促肾上腺皮质激素和促性腺激素
  - 神经垂体：贮存和释放抗利尿激素及催产素

甲状腺
- 位置 颈前部
- 形态 "H"形，分左、右侧叶和甲状腺峡
- 分泌的激素和功能 分泌甲状腺素，调节机体基础代谢并影响生长和发育

甲状旁腺
- 位置 甲状腺侧叶后缘
- 形态 扁椭圆形小体，略似黄豆
- 分泌的激素和功能 分泌甲状旁腺素，调节钙磷代谢，维持血钙平衡

肾上腺
- 位置 脊柱两侧，肾的上内侧
- 形态 左肾上腺半月形，右肾上腺三角形
- 分泌的激素和功能
  - 肾上腺皮质 分泌盐皮质激素、糖皮质激素和性激素，调节水盐代谢和糖代谢并影响性行为和第二性征
  - 肾上腺髓质 分泌肾上腺素和去甲肾上腺素，维持血压和调节平滑肌的活动

松果体
- 位置 胼胝体压部与上丘之间
- 形态 椭圆形小体
- 分泌的激素和功能 分泌褪黑激素，参与调节多种生理活动的周期性变化

胰岛
- 位置 散在于胰腺实质内
- 形态 大小不等、形状不定的细胞团
- 分泌的激素和功能 分泌胰岛素和胰高血糖素，调节血糖

胸腺
- 位置 心包的上方和大血管的前面
- 形态 扁平状，分为不对称的左、右两叶
- 分泌的激素和功能 分泌胸腺素和促胸腺生成素，参与细胞免疫反应

生殖腺
- 位置 睾丸位于阴囊内
  卵巢位于盆腔侧壁的卵巢窝内
- 形态 睾丸和卵巢均为扁椭圆形
- 分泌的激素和功能 睾丸产生精子和雄激素，维持男性第二性征和正常性功能
  卵巢排卵后形成的黄体分泌雌激素和孕激素，雌激素刺激子宫、阴道和乳腺的生长发育，维持第二性征。孕激素使子宫内膜增厚，准备受精卵种植，并使乳腺发育以准备授乳

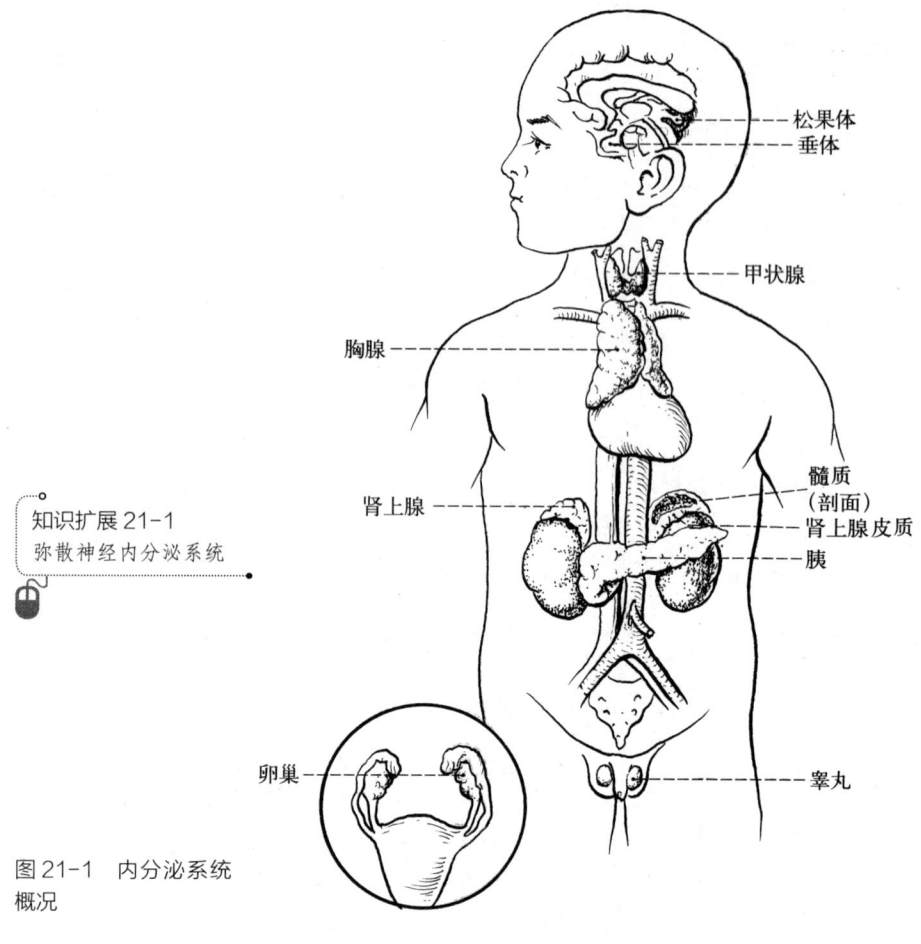

松果体
垂体
甲状腺
胸腺
髓质（剖面）
肾上腺皮质
胰
肾上腺
卵巢
睾丸

知识扩展 21-1
弥散神经内分泌系统

图 21-1　内分泌系统概况

内分泌系统 endocrine system 是机体内重要的调节系统，与神经系统相辅相成，共同调节机体的生长发育和各种代谢活动，维持内环境的稳定，并影响和调控生殖行为等。

内分泌系统由内分泌腺和内分泌组织组成。**内分泌腺** endocrine gland 主要有垂体、甲状腺、甲状旁腺、肾上腺、松果体和胸腺等，这些腺体与一般腺体的区别主要在于没有排泄管，故又称无管腺（图 21-1，图 21-4）；其分泌的物质称为**激素** hormone，直接入血液或淋巴并被运送至全身，作用于特定的靶器官。内分泌腺因旺盛的新陈代谢和运送激素需要，其血液供应十分丰富。

内分泌组织 endocrine tissue 是散在于人体器官或组织内的内分泌细胞团，包括胰岛、睾丸间质细胞、卵巢内的卵泡和黄体，以及消化管、呼吸道和神经组织内的内分泌细胞等。

一、垂体

垂体 pituitary body 分泌的多种激素可调控其他多个内分泌腺，在神经系统与内分泌腺相互作用中处于重要地位。

知识扩展 21-2
垂体的毗邻结构

垂体为灰红色，多呈椭圆形或圆形，成人垂体质量为 0.5 ~ 0.6 g，女性垂体质量略大于男性。垂体位于蝶鞍内，占据垂体窝的大部，其余空间则为硬脑膜窦所填充，包括前、下、后海绵间窦。

垂体根据形态、发生和功能可分为腺垂体和神经垂体 2 部分，腺垂体包括远侧部、结节部和中间部，神经垂体由神经部和漏斗组成，漏斗与下丘脑相连，包括漏斗部和正中隆起（图 21-2）。一般将远侧部和结节部合称为**垂体前叶** anterior pituitary，可分泌生长激素、促甲状腺激素、促肾上腺皮质激素和促性腺激素等，后 3 种激素可促进相应腺体的分泌活动。生长激素可促进骨和软组织生长，若该激素在幼年时期分泌过剩可致巨人症，分泌不足则致侏儒症；在成人时期分泌过剩可引起肢端肥大症。**垂体后叶** posterior pituitary 包括中间部和神经部，下丘脑合成的抗利尿激素和催产素等经转运并贮存于垂体后叶内，在机体需要时将这些激素释放入血液。抗利尿激素可促进肾远端小管和集合管系对水的重吸收，使尿量减少，达到一定量时可使小血管平滑肌收缩，血压升高。催产素具有促进子宫收缩和乳腺排乳的功能。

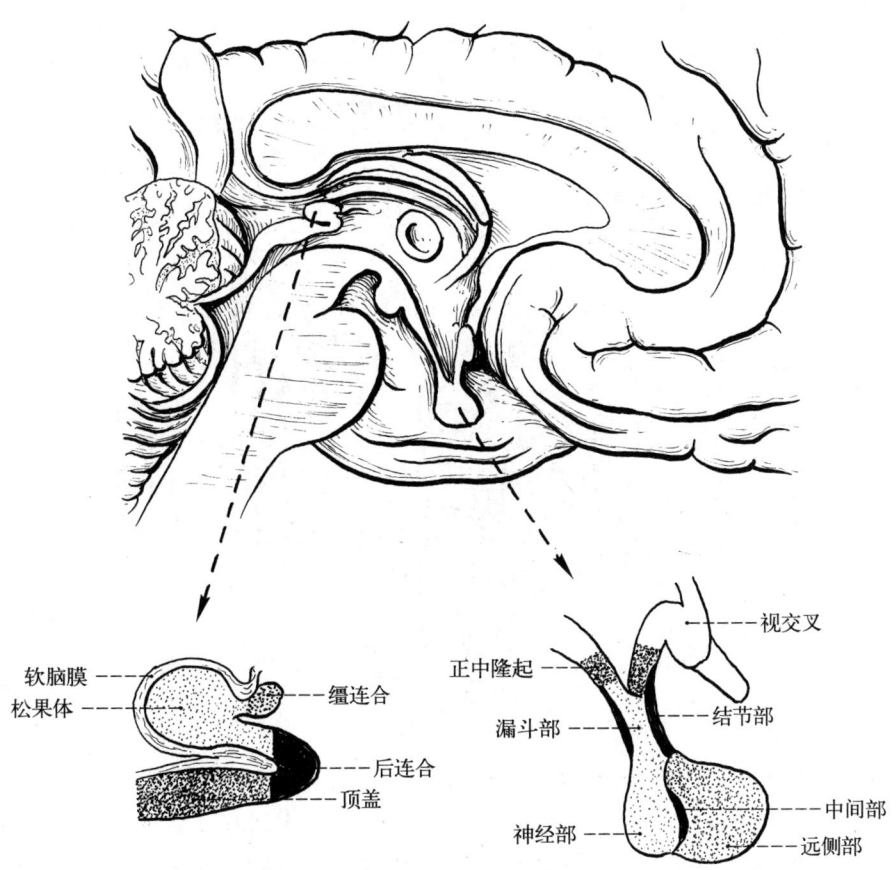

软脑膜
松果体
缰连合
后连合
顶盖

正中隆起
漏斗部
神经部
视交叉
结节部
中间部
远侧部

图 21-2　松果体、垂体和下丘脑

二、甲状腺

甲状腺 thyroid gland 为红褐色腺体，多呈"H"形，由左、右两侧叶及连接其间的甲状腺峡组成，男性甲状腺质量约为 26.71 g，女性甲状腺质量约为 25.34 g。甲状腺侧叶位于喉下部和气管上部的前外侧，上达甲状软骨中部，下至第 6 气管软骨环，后方平对第 5—7 颈椎；甲状腺峡多在第 2—4 气管软骨环的前方，约 50% 的人甲状腺峡向上伸出一锥状叶。甲状腺外面包有 2 层被膜，外层即**甲状腺鞘** sheath of thyroid gland（甲状腺假被膜），由颈深筋膜中层（气管前筋膜）包绕形成，其在甲状腺侧叶与环状软骨间增厚形成**甲状腺悬韧带** suspensory ligaments of thyroid gland，具有固定甲状腺位置的作用，故吞咽时甲状腺可随喉上下移动；内层为**纤维囊** fibrous capsule（**甲状腺真被膜**），直接附于腺体表面，并向腺体内发出许多小隔，将腺体分为若干大小不等的小叶。2 层被膜之间为囊鞘间隙，内有甲状腺的血管、神经及甲状旁腺等（图 21-3）。

甲状腺分泌甲状腺素，能促进机体的新陈代谢，提高神经系统的兴奋性，促进生长发育。该激素分泌过多可致甲状腺功能亢进症，患者表现为心动过速、失眠、烦躁、消瘦、多汗或眼球突出等症状。在婴幼儿分泌不足，可致身材矮小、脑发育障碍、智力低下，即呆小症（克汀病）。

三、甲状旁腺

甲状旁腺 parathyroid gland 为棕黄色、扁椭圆形小体，形状、大小略似黄豆，质量约为 0.05 g。甲状旁腺常有上、下 2 对，多在甲状腺囊鞘间隙内、贴附于甲状腺侧叶后缘处，亦可位

临床视角 21-1
甲状旁腺的作用

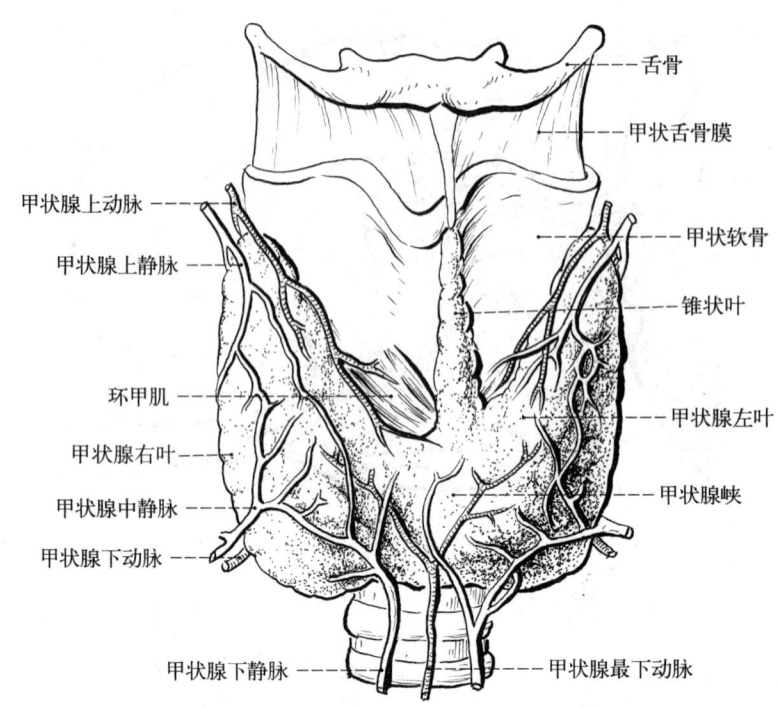

甲状腺上动脉
甲状腺上静脉
环甲肌
甲状腺右叶
甲状腺中静脉
甲状腺下动脉

舌骨
甲状舌骨膜
甲状软骨
锥状叶
甲状腺左叶
甲状腺峡

甲状腺下静脉 —— 甲状腺最下动脉

图 21-3　甲状腺（前面观）

于鞘外或埋入甲状腺组织内。其中上甲状旁腺位置较恒定，位于甲状腺侧叶后缘上、中 1/3 交界处；下甲状旁腺位置变异较大，多在甲状腺侧叶后缘近下端的甲状腺下动脉附近（图 21-4）。

甲状旁腺分泌甲状旁腺素，可调节机体钙和磷代谢，维持机体血钙平衡。

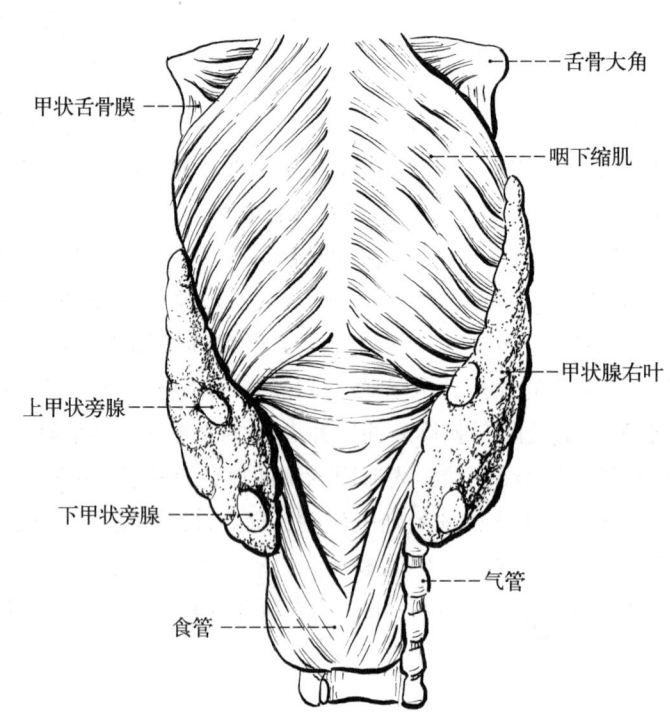

甲状舌骨膜
上甲状旁腺
下甲状旁腺
食管

舌骨大角
咽下缩肌
甲状腺右叶
气管

图 21-4　甲状旁腺（后面观）

四、肾上腺

肾上腺 suprarenal gland 质软，呈淡黄色，左右各一。左肾上腺近似半月形，右肾上腺呈三角形。肾上腺前面有不太明显的肾上腺门，是血管、神经和淋巴管等进出部位。肾上腺位于脊柱两侧、肾的上内侧，并与肾共同包裹在肾筋膜内（图21-5）。

肾上腺实质分为皮质和髓质2部分。浅层的皮质约占肾上腺体积的90%，可分泌调节水盐代谢的盐皮质激素、调节糖代谢的糖皮质激素及影响性行为和第二性征的性激素。深层的髓质仅占肾上腺体积的10%，可分泌肾上腺素和去甲肾上腺素，前者能使心搏加快、心收缩力增强、心输出量增加，后者能使小动脉平滑肌收缩，以维持血压稳定等。

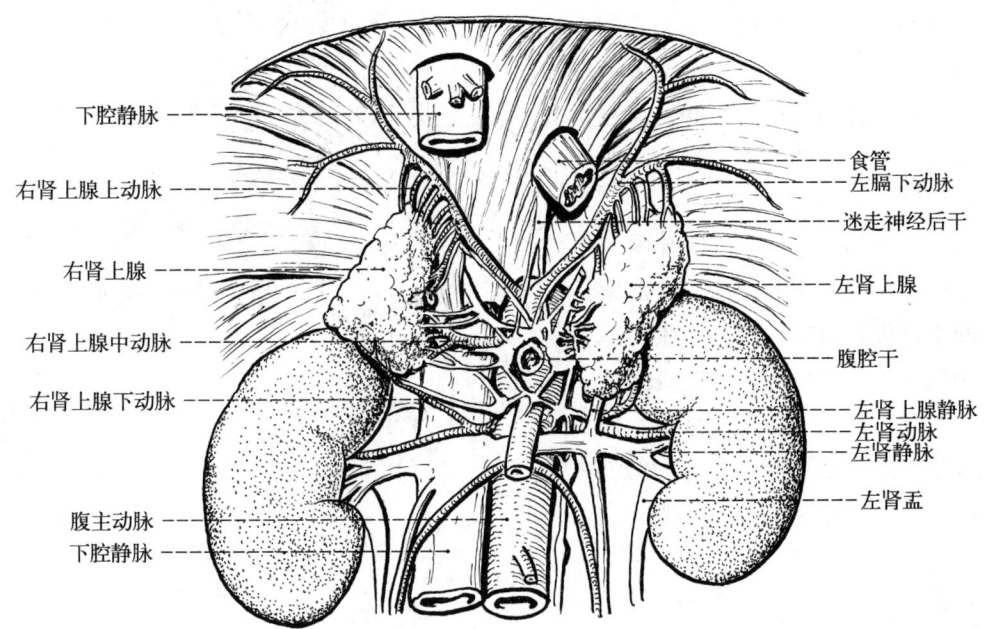

下腔静脉
右肾上腺上动脉
右肾上腺
右肾上腺中动脉
右肾上腺下动脉
腹主动脉
下腔静脉

食管
左膈下动脉
迷走神经后干
左肾上腺
腹腔干
左肾上腺静脉
左肾动脉
左肾静脉
左肾盂

图 21-5 肾上腺

五、松果体

松果体 pineal body 为淡灰红色椭圆形小体，平均质量约为0.2 g。松果体位于胼胝体压部与上丘之间，以短柄附于第三脑室顶的后部（图21-1）。松果体在幼年时期较发达，一般自7岁后开始退化，成年后可部分钙化形成脑砂，是临床上X线颅内定位的标志。

松果体分泌褪黑激素，可调节多种生理活动的周期性变化，参与调节性腺、甲状腺、肾上腺及垂体等多种内分泌腺的功能，还能将光刺激形成的冲动转变成激素分泌的方式，以调节机体与环境的关系。在儿童时期，松果体病变导致功能不足时，可出现性早熟和第二性征异常发育及生殖器官巨大症等；若分泌过剩，则可致青春期延迟。

六、胰岛

胰岛 pancreas islet 是胰的内分泌部，为许多大小不等、形状不定的球形细胞团，在成人约有 100 万个，仅占胰体积的 1.5%。其外周为薄膜包裹，散在于胰的实质内，以胰尾最多见。

胰岛主要分泌胰岛素和胰高血糖素，两者相互作用，可调节血糖浓度，使血糖维持在相对稳定的范围内。胰岛素分泌不足可致糖尿病。

七、胸腺

胸腺 thymus 常分为不对称的左、右 2 叶，借结缔组织相连。其位于胸骨柄后方的上纵隔前部，在心包的上方和出入心的大血管前面，少数胸腺上端可突入颈根部、气管颈部前方（图 21-6）。胸腺有明显的年龄变化，在新生儿和婴幼儿甚为发达，平均质量为 10 ~ 15 g；性成熟后发育至顶峰，质量达 25 ~ 40 g，此后逐渐萎缩、退化，为结缔组织替代。

胸腺是中枢淋巴器官，兼有内分泌功能，可分泌胸腺素和促胸腺生成素等。胸腺素可促使骨髓、脾等产生的原始淋巴细胞成熟、转化为具有免疫活性的 T 淋巴细胞，参与细胞免疫反应。促胸腺生成素可使包括胸腺细胞在内的淋巴细胞分化为参与免疫反应的细胞。

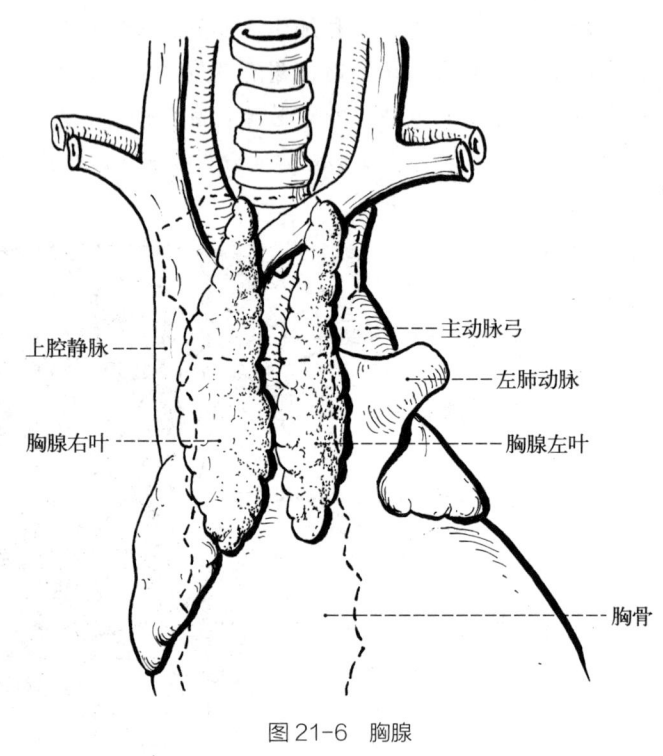

图 21-6 胸腺

八、生殖腺

男性生殖腺为**睾丸** testis，左右各一，位于阴囊内（图 21-1），可产生精子和雄激素。雄激素由精曲小管之间的间质细胞产生。其作用是激发男性第二性征出现和维持正常性功能。

女性生殖腺为**卵巢** ovary，左右各一，位于盆腔侧壁的卵巢窝内，含有不同发育阶段的卵泡。卵泡排卵后，残留在卵巢内的卵泡壁变为黄体。黄体的主要作用是分泌雌激素和孕激素。卵泡壁细胞能分泌雌激素，雌激素可刺激子宫、阴道和乳腺的生长发育，出现并维持第二性征；孕激素则使子宫内膜增厚以准备受精卵植入，同时使乳腺逐渐发育，为哺乳做准备。

（高洪泉）

复习思考题

1. 简述内分泌系统的组成。

2. 简述垂体的分叶及其功能。

3. 试述甲状腺的位置和形态。

4. 根据所学系统解剖学知识，试述甲状腺次全切除术时主要注意事项。

数字课程学习……

👤 本章小结　　📄 实物标本图　　👥 开放性讨论　　📝 自测题　　⬇ 教学 PPT

参考文献

［1］钟世镇. 系统解剖学 [M]. 北京：高等教育出版社，2003.

［2］王怀经. 局部解剖学 [M]. 北京：高等教育出版社，2004.

［3］姚志彬. 临床神经解剖学 [M]. 广州：世界图书出版公司，2001.

［4］丁文龙，刘学政. 系统解剖学 [M]. 9 版. 北京：人民卫生出版社，2021.

中英文名词对照索引 🖱

读者意见反馈

为收集对教材的意见建议，进一步完善教材编写并做好服务工作，读者可将对本教材的意见建议通过如下渠道反馈至我社。

咨询电话　400-810-0598
反馈邮箱　gjdzfwb@pub.hep.cn
通信地址　北京市朝阳区惠新东街4号富盛大厦1座　高等教育出版社总编辑办公室
邮政编码　100029

防伪查询说明

用户购书后刮开封底防伪涂层，使用手机微信等软件扫描二维码，会跳转至防伪查询网页，获得所购图书详细信息。

防伪客服电话　（010）58582300